离心机组3台，液压自动控制下料机1台、骨架成型机1台，液压镦头机3台，装载机1辆，生产能力和技术水平比新厂建成之前有了成倍提高。

自建厂以来，企业领导始终奉行“重质量，抓管理，守合同，讲信誉”的经营原则，坚持“质量第一，用户至上”的经营方针，不断建立和完整质量保证体系，1999年获得云南电网公司颁发的《云南电网砼电杆临时使用许可证书》。曾多次被县委、县人民政府评为“消费者信得过企业”、“纳税先进企业”、“守合同、重信用”企业，被县国税局评为“诚信纳税先进单位”。2005年5月，厂长徐维城受邀出席第二届中国“双优”民营企业家大会。

厂长徐维城携全体员工，热忱欢迎广大新老客户前来洽谈业务，该厂将以“诚信为本、质量第一、追求卓越、做大做强”的企业宗旨恭候您的光临，并与您共创美好明天！

厂　　长：徐维城
联系电话：13908723644　0872—8522650
厂　　址：南涧县城郊洒波村大涝箐

电杆制作

电杆调装

电杆外运

成品堆放区一角

北京中水卓越认证有限公司
Beijing Zhongshui Brilliant Certification Co.,Ltd
北京市西城区黄寺大街23号
质量管理体系认证证书
NO：08910Q0416R0M
兹证明
南涧彝族自治县水泥制品厂
云南省大理白族自治州南涧彝族自治县工业园区
邮编：675700
建立的质量管理体系符合
质量管理体系标准
GB/T19001-2008 idt ISO9001:2008 标准
环形混凝土电杆的生产和服务
公司代表（签名）
体系认证
CNAS C069-Q

质量管理体系认证证书

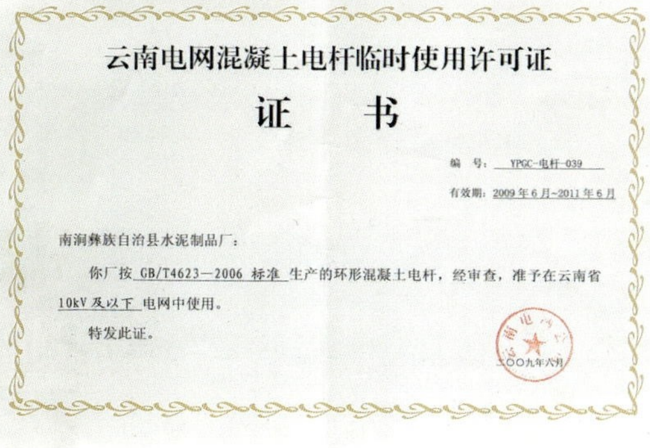

云南电网混凝土电杆临时使用许可证
证　书
编　号：YPGC-电杆-039
有效期：2009年6月~2011年6月
南涧彝族自治县水泥制品厂：
你厂按 GB/T4623—2006 标准 生产的环形混凝土电杆，经审查，准予在云南省 10kV 及以下 电网中使用。
特发此证。
二〇〇九年六月

混凝土电杆使用许可证

南涧五州商贸城有限公司

南涧县人民政府县长吉向阳亲临项目现场指导工作

为开拓南涧商业地产市场，打造南涧商业新坐标，营造南涧城市新亮点，南涧五州商贸城有限公司于2011 年12 月31日正式成立。公司注册资金1000万元，在册职工30 余人。

五州商贸城地处南涧县城小军庄片区与老城区结合处，地理位置优越，承担着新老片区繁荣交接的重要作用。项目西面道路为规划道路，未来政府行政中心、独立办公组团、移民安置组团均集结于此，双生态公园、高档幼儿园、民族中学以及配套的社区级商业服务中心围绕项目周边，以得天独厚的区位优势提升了项目区的商业价值。

公司年轻专业的运营团队

五州商贸城项目总投资13700万元，规划总建筑面积4.9万平方米，项目总用地面积2.24万平方米（约34亩），主要建设内容包括街铺式交易区和配套办公部分。建设项目集“产品交易、产品展示、品牌推广、电子商务、商住办公、餐饮停车、生活配套、运营管理”八大功能于一体，涵盖建材、家居、五金、家电等行业。项目A区的建材、家居、五金交易区于2012年8月19日正式启动，将引进国内外知名品牌商家，以第六代专业市场的先进模式规划市场形态，专业运营团队全程运营管理。

南涧县四班子领导与公司领导在认筹暨奠基仪式上合影

公司置业顾问为客户详细介绍项目设计运作情况

意向购房客户排队办理认筹卡

五州商贸城项目作为南涧县人民政府重点招商引资项目，是南涧县首个大型专业市场重大建设项目。项目建成后，必将成为南涧县城崭新的商业地标，彻底改变南涧县商业贸易市场零乱、分散的格局，填补大型专业市场空缺，充分展示南涧新兴县城的对外形象，推动南涧商贸经济跨越发展。

总 经 理：陶亚光
联系电话：0872—8527288（办）
公司地址：南涧县城富民街356号

公司领导一行到南涧镇团山小学捐赠安全书包

公司赞助南涧县文联第一次代表大会激情无量文艺晚会

广安龙凤房地产开发有限公司南涧分公司

公司领导

龙凤丽都售楼中心

龙凤丽都项目是广安龙凤房地产开发有限公司南涧分公司在2009年12月28日取得国有土地开发权，于2010年5月初开工建设的综合性商住地产项目，也是南涧县目前投资和建设规模最大的房地产开发项目。

该项目位于南涧未来主要商业区金龙路沿线，项目地块总长约3.7千米，占地面积约14.13公顷（212亩），规划总建筑面积约24万平方米，共有2000余户业主，其中商业服务约600余户，商业住宅约1400余户。项目平均建筑密度40%，平均绿地率27%，平均容积率1.68。龙凤丽都项目划分为12个地块，开发建设周期为3年半，每期开发建设4个地块。整个项目总投资72000万元，其中2010年完成投资10500万元、2011年完成投资15000万元、2012年1～9月完成投资15500万元，累计完成投资41000万元，建成房屋14.5万平方米。

购房赠车抽奖仪式

公司开发的部分楼盘

龙凤丽都项目建筑风格是以现代城市建筑风格为主，充分融入地方民族元素，将厚重的民族文化底蕴与现代建筑艺术巧妙结合。项目园林景观主要为东南亚热带建筑园林景观风格。物业管理也将引进一线城市优新的物业管理模式，为入驻龙凤丽都项目的每一位业主提供一个安全、文明、舒适、卫生的园林式工作和生活环境。

目前，龙凤丽都项目的企业形象和所有在建工程的施工进度、质量等，在广大市民心目中形成了良好的口碑。

总 经 理：刘　峰
联系电话：0872—8520669（公司办）
0872—8524666　8524777（售楼部）
地　　址：南涧县城金龙路南段

资助贫困大学生

南涧年鉴

YEARBOOK OF NANJIAN

（2012）

南 涧 彝 族 自 治 县 人 民 政 府　主办

南涧彝族自治县地方志编纂委员会办公室　主编

云南出版集团公司

云 南 美 术 出 版 社

图书在版编目（CIP）数据

南涧年鉴．2012／南涧彝族自治县地方志编纂委员会办公室主编．—昆明：云南美术出版社，2012.12
ISBN 978－7－5489－1056－5

Ⅰ．①南… Ⅱ．①南… Ⅲ．南涧彝族自治县—2012—年鉴 Ⅳ．①Z527.44

中国版本图书馆 CIP 数据核字（2012）第 312028 号

责任编辑　米冠瑾
责任校对　缪　伟　潘建祥　刘　祥　陈爱民　袁登雁　杨梅花
装帧设计　潘建祥　罗林旺　张海龙　白国庆
英文翻译　连仲平

南涧年鉴（2012）

南涧彝族自治县地方志编纂委员会办公室　主编
南　涧　彝　族　自　治　县　人　民　政　府　主办

出版发行	云南出版集团公司 云南美术出版社	字　　数	1000 千
		印　　刷	云南国浩印刷有限公司
地　　址	昆明市环城西路 609 号	版　　次	2012 年 12 月第 1 版第 1 次印刷
邮　　编	650034	印　　数	1～1000 册
开　　本	889×1194　1/16	ISBN	978-7-5489-1056-5
印　　张	31	定　　价	200.00 元

南涧彝族自治县年鉴编辑委员会

顾　　　问：苏发吉　李光琴　李德忠
主　　　任：吉向阳
副　主　任：陈　策　张若尘　黄希里　沈文荣　聂琼芬　李华东　潘建祥
成　　　员：罗林周　张敬宗　字家中　施洪生　方进祥　董如锦　陈镇宇
　　　　　　陈以高　郎沅龙　张嘉茂　刘　祥

南涧彝族自治县地方志编纂委员会办公室

主　　　任：潘建祥
副　主　任：刘　祥
工作人员：袁登雁　陈爱民　杨梅花　付忠学　张海龙

南涧年鉴编辑部

编　　　审：李华东
主　　　编：潘建祥
副　主　编：刘　祥
执行主编：袁登雁
执行副主编：杨梅花
分类编辑：潘建祥（特载、专文、大事记、概况、附录）
　　　　　刘　祥（政治）
　　　　　张海龙（政治）
　　　　　付忠学（政治）
　　　　　陈爱民（军事、法制、农林茶牧水、工业、交通信息、建设环保）
　　　　　杨梅花（贸易、财税金融保险、经济管理、教科文卫）
　　　　　袁登雁（社会、乡镇要览、人物、统计资料选编）
封面设计：潘建祥　张海龙
彩版设计：潘建祥　白国庆
英文翻译：连仲平
责任校对：潘建祥　刘　祥　袁登雁　杨梅花　陈爱民
图片摄影：潘建祥　张海龙　袁登雁　刘建华　刘江明　戴燕娟　张志东
　　　　　白家伟　沙利彪　杨训波　杨政林　张丽君　自凤珠　适志宏
　　　　　自应东　陈继文　苏俊峰　杨政云　熊发兴　字绍礼　杨　锟
　　　　　罗凤荣　沙　敏　杨智刚　张定生

撰稿人员名单

（按栏目先后顺序排列）

苏发吉　吉向阳　李光琴　李德忠　张海龙　杨梅花　邱张红　罗增毅　张滑滢
施洪生　张本才　张应军　张　虎　自　芳　周庆华　黄丽燕　杨文勋　汪洪芹
马学武　字奇象　罗锦志　杨跃宏　许玉寿　张永洪　何美红　李远魏　欧阳贵兴
罗忠明　罗之剑　杨德忠　茶　莉　舒　雁　罗红建　何映涛　刘江明　黄文四
杨　才　董志刚　刘家芬　吴新荣　李朝明　张淑珍　左世娟　自应东　周本能
毕德映　刘永云　陈小锋　姚智国　陈继文　苏俊峰　杨　梅　曹建敏　张玉文
罗金香　杨艳艳　刘荣华　杨贵兴　施光武　李淑凤　潘紫仙　张柳生　刘　璞
鲁鹏翔　赵　莉　字朝生　罗　礼　张发荣　谢庆南　陈本建　刘云亮　何雯婷
任海波　李永平　李作龙　常　清　邱建新　周志全　罗彩琼　杨齐文　王兴章
字绍礼　刘庚泽　王　祥　陆　林　张立新　李一磊　童建忠　邱映波　段建新
王春富　李珍香　杨智刚　王兴忠　李晓坤　邹丽梅　赵炜蓉　罗国彪　张西祥
张　岗　杨政丽　陈建勇　陈爱民　李　豪　吴世喜　李冠华　李文辉　白家伟
李文润　董家位　马赢文　罗汝昌　熊贵祥　张晓君　李廷光　杨凤丽　庄成宏
黄建波　鲁学靖　自文东　自海斌　周连斌　李海斌　何荣权　康亚娅　张若尘
姚卫平　赵成武　胡增荣　聂琼芬

重要会议

中共南涧县委书记苏发吉作县委工作报告（张海龙　摄）

2012年1月12日，中共南涧县委十届二次全体（扩大）会议在南涧宾馆召开（张海龙　摄）

县长吉向阳作政府工作报告（张海龙　摄）

县人大常委会主任李光琴作人大工作报告（张海龙　摄）

2012年2月6日，南涧彝族自治县第十届人民代表大会第五次会议在科技礼堂召开（张海龙　摄）

2012年1月13日，南涧彝族自治县第十届人民政府第四次全体（扩大）会议在南涧宾馆召开（张海龙　摄）

2012年2月5日，中国人民政治协商会议南涧彝族自治县第七届委员会第五次会议在科技礼堂召开（张海龙　摄）

县政协主席李德忠作政协工作报告（张海龙　摄）

2012年3月9日，中共南涧县纪委十届二次全体（扩大）会议在科技礼堂召开（张海龙　摄）

公仆风采

2011年1月11日，州人大常委会副主任、州总工会主席彭增梅（左四）一行到南涧凤凰水电公司开展春节送温暖活动（杨政林　摄）

2011年2月24日，南涧县人民法院公郎人民法庭庭长龙进品被中共云南省委授予“爱民为民模范法官”称号，并受到省委副书记、省长李纪恒等领导接见

（县人民法院供稿）

2011年2月25日，最高人民法院办公厅副主任、新闻办主任孙军功（左三）及云南省高级人民法院副院长田成有（左四）一行到公郎镇慰问“全国模范法官”龙进品及其父母（县人民法院供稿）

2011年3月1日，省委第六巡视组副巡视员李茂根一行到南涧污水处理厂视察指导工作（白家伟　摄）

2011年3月4日,大理州学习龙进品同志先进事迹动员大会在大理国际会议中心举行，中共大理州委书记刘明亲自为龙进品颁发“大理州优秀法官”荣誉证书（杨政林　摄）

2011年3月12日，最高人民法院院长王胜俊在北京亲切接见南涧县公郎人民法庭庭长、“全国模范法官”龙进品（县人民法院供稿）

2011年5月11日，副州长、州政法委副书记、公安局长陈川（左二）到南涧调研政法综治维稳工作
（县委政法委供稿）

2011年5月26日，省人力资源和社会保障厅副厅长杨焰平到南涧视察就业和社会保障服务中心建设情况
（刘江明　摄）

2011年6月1日，州长何金平到南涧凤凰木业公司调研
（白家伟　摄）

2011年6月1日，州长何金平到南涧无量药谷调研
（白家伟　摄）

2011年7月12~13日，以毛义强（左二）为组长的省委第七巡视组一行6人在州教育局相关领导陪同下到南涧视察教育发展工作（杨政林　摄）

2011年7月12日，州委常委、州政法委书记杜涛（左四）到南涧县公安局调研（白家伟　摄）

2011年7月18~19日，州委统战部部长杨秀星到南涧指导统战工作（杨政林　摄）

2011年7月29日，州人大常委会副主任杨宴君、州政协副主席孙明到大理市明珠宾馆参加《南涧县旅游发展总体规划》评审会（县文体广电旅游局供稿）

2011年9月17日，周大福郑裕彤慈善基金和信望爱慈善基金代表谭可功先生等人为得胜小学周大福郑裕彤第77教学楼奠基（杨政林　摄）

2011年11月1日，全省农村公路管养工作现场会议在南涧召开，来自全省各地的交通部门参会领导参观了拥翠公路管养情况（杨政林　摄）

2011年11月17日，省人民政府台湾事务办公室主任岩庄（左三）到南涧调研（杨政林　摄）

2011年12月13日，省政协原常务副主席、省扶贫基金会会长梁林女士到宝华镇凤凰水电希望小学看望慰问学校师生（张志东　摄）

2011年12月24日，省高级人民法院副院长王树良到公郎人民法庭调研（县人民法院供稿）

2012年1月10日，大理州中级人民法院院长黄为华到南涧镇羊角箐村开展“四群”工作（县人民法院供稿）

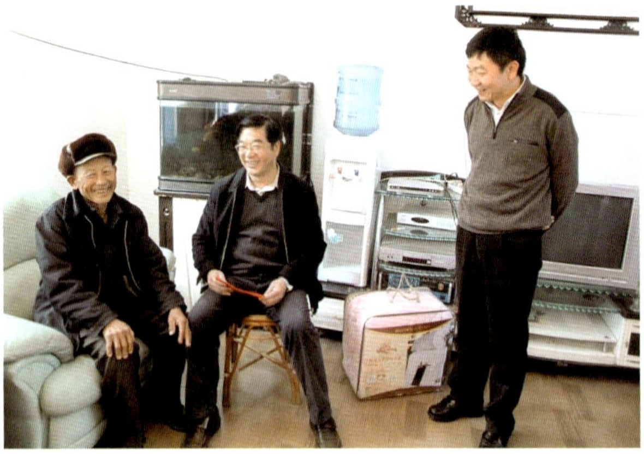

2012年1月12日，州委常委、纪委书记梁志敏到南涧看望慰问困难老党员（戴燕娟　摄）

2012年1月27日，州委常委、副州长蔡春生（右五）及州县有关部门领导参加南涧镇历史文化古街区保护与发展项目启动仪式（县文化馆供稿）

2012年1月30日，省人大法制委主任张金康在州委副书记杨健等领导陪同下到南涧调研（杨政林　摄）

2012年2月1日，副州长段玠到南涧检查指导工作（适志宏　摄）

2012年2月1日，共青团云南省委书记饶南湖到南涧一中调研团建工作（杨政林 摄）

2012年2月28日至3月1日，省工信委副主任、南涧县新农村建设总队长张建明（左二）深入各乡镇调研新农村建设工作（杨政林 摄）

2012年3月9日，中共大理州委书记尹建业到南涧调研茶叶产业发展工作（适志宏 摄）

2012年3月24日，省州新闻媒体采访团到南涧采访无量山乌骨鸡养殖发展情况（白家伟 摄）

2012年4月11日，省扶贫办主任王智到无量药谷调研（县扶贫办供稿）

2012年4月13日，省计生委王云明主任（左五）到县政务服务中心调研人口和计划生育服务工作（刘建华 摄）

南涧县委统战部

南涧县委统战部成立于1965年，“文化大革命”期间撤销，1977年恢复。现有干部职工7人，由县委副书记兼任统战部部长，政协副主席任第一副部长，设有常务副部长、副部长各1名。内设综合办公室、台湾事务办公室2个机构。

统战部是党委主管统一战线工作的职能部门，负有协调、监督和检查本地区、本单位统战工作的重要职责，基本职能是了解情况、掌握政策、调整关系、安排人士。根本任务是凝聚人心、汇聚力量。工作任务是调查研究统一战线的理论和重大方针政策；组织、贯彻、执行中央关于统一战线的方针、政策；向中共中央和各级常委会反映情况，提出开展统战工作的意见和建议。工作重点是民族、宗教、非公有制经济人士和党外知识分子。

为切实加强党对统战工作的领导，县委、县人民政府把统一战线工作纳入全县重点工作考核，并建立健全党委统一领导、统战部牵头协调、各有关部门和人民团体各负其责的体制，形成党委领导、全社会支持统战工作的良好局面。

省台办主任岩庄调研南涧台资企业

原州委常委、统战部长杨秀星一行到南涧非公有制企业调研

县委统战部全体干部职工合影

县委副书记、县委统战部长陈策深入南涧镇把萨拉指导工作

部领导到挂钩村看望慰问困难群众

近年来，南涧县委统战部按照县委的总体部署和上级统战部门的要求，认真贯彻中国共产党领导的多党合作和政治协商制度及方针政策，着眼于促进政党关系、民族关系、宗教关系和海内外同胞关系的和谐，发挥统一战线优势，凝聚人心、汇聚力量，围绕中心，服务大局，为全县经济社会科学发展做出了积极贡献。

组织少数民族和党外干部培训班

大理州第三次统战部长联席会议在南涧召开

州委统战部领导到南涧调研统战工作

召开各界代表人士座谈会

南涧县委宣传部

团结务实的部领导班子

召开县文明委全会

聂琼芬部长进村入户开展“四群”工作

聂琼芬部长深入田间地头指导生产

南涧县委宣传部是南涧县委主管意识形态工作的综合职能部门，下设县委外宣办（县政府新闻办）、县文明办、县文产办3个部门，主管县文联南涧通讯编辑部，现有在编干部职工13人。

县委宣传部在县委的坚强领导下，认真贯彻上级党委重要精神，紧紧围绕县委、县人民政府中心工作，围绕大局、服务人民、改革创新，以学习型党组织创建为载体、理论武装工作扎实深入，以强化舆论引导能力为关键、新闻宣传影响不断提升，以提升全民文明素质为重点、文明创建工作富有成效，以群众性文体活动为主体、特色民族文化不断繁荣，努力构建大宣传工作格局，为全县经济社会科学发展、和谐发展、跨越发展营造良好的舆论氛围和理论支持。

县委宣传部坚持内强素质、外树形象，积极创建学习型党组织。2011年，县委宣传部党支部被列为大理州学习型党组织第一批示范点。组织开展“创新社会管理　凝聚发展力量”年度理论研讨活动，编制印发优秀论文集，国家、省、州级主流媒体先后刊播有关南涧的新闻和专题达1600多件（次），《南涧通讯》、南涧电视台、南涧宣传网、南涧县政府门户网站等县内新闻媒体刊播南涧新闻信息6000多件（次）。年内，申报县级文明单位94家、文明村16家、文明行业1家、文明小城镇3家、文明社区1家，组织推荐华能澜沧江水电有限公司小湾水电厂为第三批全国文明单位。组织社区文艺演出、大型群众文化活动、下乡演出等51场，观众9.65万人（次）。舞蹈《三道弯》获大理三月街民族节民族民间文艺大赛“银奖”，并代表云南省赴中央电视台参加电视歌舞大赛；《羞妹组合》代表大理州参加“云南省第四届青年歌手电视大赛”并获原生态组“银奖”。

争取和实施乡村学校少年宫项目

组织全国主流媒体开展会师无量采访报道活动

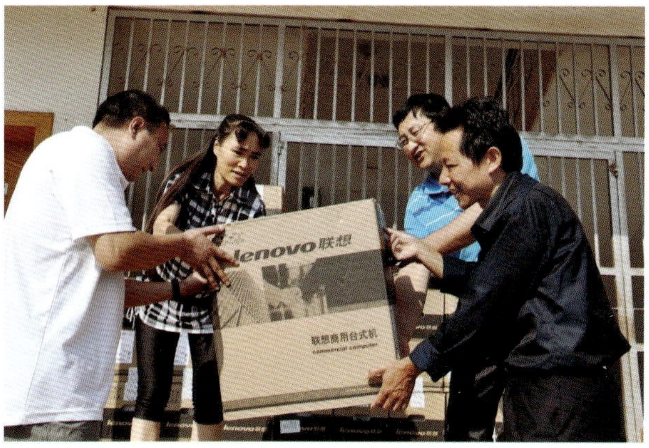

开展西部电脑进校园活动

开展安全书包进校园活动

组织全体干部职工进行理论学习

年度理论研讨成果丰硕

精心打造外宣品

组织党员年度培训

组织全县中小学校开展开学第一课活动

办好党建专栏

南涧县人民法院

最高人民法院党组书记、院长王胜俊接见全国优秀法官龙进品

州中级人民法院党组书记、代院长鲍康到县人民法院看望慰问立案庭干警

南涧县人民法院成立于1965年11月，现有刑事审判庭、民事审判第一、二庭、公郎人民法庭等15个内设机构，政法专项编制46人，实有干警45人。

近年来，县人民法院紧紧围绕“为大局服务，为人民司法”的工作主题，深入推进“社会矛盾化解、社会管理创新、公正廉洁执法”三项重点工作，全面加强审判执行，维护社会安定和谐。2009年至2012年上半年，共受理诉讼、执行案件3117件，审、执结2974件，结案率（执结率）达95.41%，在2011年全州法院绩效考核中荣获第一名的好成绩。2012年，县人民法院采取“请进来”和“走出去”的方式，大力开展“阳光司法工程”活动，将审判工作置于人大代表、政协委员和社会各界的监督之下，提高人民群众对法院工作的满意度和司法公信力。

近三年来，县人民法院集体和个人共获得县级以上表彰60余次，其中：被中央政法委表彰为“全国法院党建工作先进集体”，被云南省高级人民法院表彰为“无执行积案先进法

全院干警合影

院”，被大理州委表彰为“文明单位”，被大理州中级人民法院记集体“三等功”一次，公郎人民法庭被评为“全省优秀人民法庭”。在干警队伍中，涌现出了一批以龙进品为代表的先进个人。

在以后工作中，县人民法院全体干警将一如既往地奋力拼搏、锐意进取，充分发挥审判职能作用，提高队伍素质，全面开创审判、执行工作新局面，为南涧经济发展和社会稳定提供更加有力的司法保障。

荣誉牌证

院党组书记、院长姚卫平到红星村委会开展“四群”工作

干警参加全州法院系统演讲比赛荣获一等奖

党员干警开展重温入党誓词宣誓活动

召开欢迎全国模范法官龙进品载誉归来座谈会

当事人给办案法官赠送锦旗

组织法警年度集训

组织“阳光司法工程”活动首场案件观摩

组织案件质量评查活动

组织院党总支党员开展户外活动

参加全县2012年“三八节”趣味体育运动会

参加建党90周年歌咏比赛

南涧县扶贫开发办公室

2011年，南涧县扶贫开发办公室紧紧抓住国家加强连片特困地区扶贫攻坚的重大机遇，加大投入力度，坚持开发式扶贫方针。实行扶贫开发和农村最低保障制度有效衔接，把特困人口聚集区作为主战场，把稳定解决扶贫对象温饱、尽快实现脱贫致富作为首要任务，坚持“政府主导，分级负责；突出重点，分类指导；部门协作，合力推进；自力更生，艰苦奋斗；社会帮扶，共同致富；统筹兼顾，科学发展；改革创新，扩大开放”的原则，更加注重转变经济发展方式，更加注重增强扶贫对象自我发展能力，更加注重基本公共服务均等化，更加注重解决制约发展的突出问题，努力推进全县经济社会更好更快发展。

2011年，全办整合资金3889万元，实施2个村委会的扶贫整村推进项目及4个村的扶贫开发建设工程；投资1020万元，实施省级扶贫整村推进项目68个；投资202万元，实施易地扶贫项目2个；投资372万元，实施扶贫安居工程372户；投资200万元和贴息23.1万元，扶持产业项目3个；贴息201.48万元，发放扶贫到户贷款4029.7万元；发放“互助资金”贷款114.18万

省扶贫办主任王智到南涧县调研扶贫开发工作

深入贫困村调研扶贫开发工作

新建成的白云村扶贫开发建设工程示范点

元；投资64万元，实施贫困地区农村劳动力转移培训800人；接收社会扶贫捐资106.9万元，资助贫困学生38名，修建小学教学楼1座，开展农民生计综合发展项目1个。

通过各种扶贫项目的实施，改善了全县贫困山区的基础设施条件，美化了村容村貌，促进了农业产业结构调整，增加了农民收入，减少了贫困人口，促进了项目村的发展。

县扶贫办、财政局等部门到碧溪乡检查指导易地扶贫和安居工程建设情况

召开乐秋乡庙山村外资综合发展项目启动会

扶持特少民族发展示范村——乐秋乡乐秋村委会晒肚皮村

广州九旭投资有限公司援建的小学教学楼投入使用

新建成的虎街村扶贫开发建设示范点

劳动力转移培训

拥 翠 乡

拥翠乡古为盘龙镇，是南涧县境内最早建立中国共产党党组织的革命老区，位于全县地理位置的中心，紧靠无量山国家级自然保护区，与县内5个乡镇毗邻，乡人民政府驻地长虫街，距县城29千米。最高海拔2313.6米，最低海拔1600米，国土面积118平方千米。辖拥翠、龙凤、安立、胜利、温泉、旧马街、新华7个村委会、86个自然村、126个村民小组、5343户、20701人，人口密度183人/平方千米，人均占有耕地0.83亩，人口自然增长率4‰。境内有汉、彝、白、哈尼、傣等11个民族，少数民族人口占58%，森林覆盖率达54.2%。

2012年，全乡种植烤烟720公顷，有泡核桃3713.33公顷、茶叶433.33公顷，存栏肉牛1.2万头、生猪1.3万头。有规模化无量山乌骨鸡养殖场2个、生猪养殖场2个。啤大麦、早豌豆、红花等特色产业健康发展，东恒公司完成投资2700多万元。2012年，全乡预计完成粮食总产1200万千克，社会固定资产投资4208万元，农村经济总收入17193万元，农民人均纯收入4417元，经济社会各项事业发展将再上新台阶。

召开拥翠乡第八届人民代表大会第五次全体会议

县委书记苏发吉到拥翠调研集镇规划工作

县长吉向阳到拥翠指导烤烟收购工作

开展纪念建党91周年植树活动

正月闹龙灯

无量山乌骨鸡养殖

龙凤岔河新农村

采访饮水提灌工程建设情况

碧宝公路拥翠段破土动工

凤凰山高山生态茶园

长势喜人的“红大”烤烟

无量山镇

无量山镇位于南涧县东南部，地处无量山和哀牢山中部，镇人民政府驻地距县城50千米，是大理州通往普洱市和西双版纳州的南大门。全镇国土面积251.95平方千米，辖13个村民委员会、222个自然村、290个村民小组，总人口3.64万人，居住有汉、彝、苗等11个民族。

州长何金平到无量药谷调研

近年来，全镇按照“打造生态名镇，建设文明乡村，实现产业富民”的工作思路，着力培植和提升烤烟、畜牧、泡核桃 、茶叶四大优势产业，积极引进外商开发中药材种植。2011年，全镇规范化种植烤烟466.67公顷（7000亩），产值1681.3万元；以生猪、肉牛为主的畜牧业稳步发展，产值5500万元；泡核桃面积达9600公顷（14.4万亩），挂果面积5266.67公顷（7.9万亩），产值7216万元；茶园面积达1600公顷（2.4万亩），产值1000万元。投资1985万元，完成小普线及和平、光明、古德村的水泥路建设，保台村弹石路建设，新政、可保村路基改造建设。建成密集式烤房135座、小水窖50个，新修沟渠1条。完成28个村的农村安全饮水工程、13个村的文化信息工程建设。完成农村安居房新建、改造工程。云南维和药业完成投资20000万元，种植三七等中药材433.33公顷（6500亩），转移剩余劳动力7000多人，实现劳务收入7500万元。

召开无量药谷项目建设现场推进会

在今后工作中，无量山镇党委、政府将团结带领全镇党员、干部和各族群众，全面落实科学发展观，按照既定的发展目标和思路，锐意进取、开拓创新、攻坚克难、真抓实干，大力推进经济、政治、文化、社会建设和党的建设，为全镇经济、社会各项事业和谐发展做出新的更大的贡献。

热忱欢迎社会各界人士前来考察、旅游，洽谈投资项目，与无量山镇人民共创美好明天。

举办纪念建党90周年新农村文艺汇演

无量药谷三七种植大棚群

泡核桃、烤烟间作套种

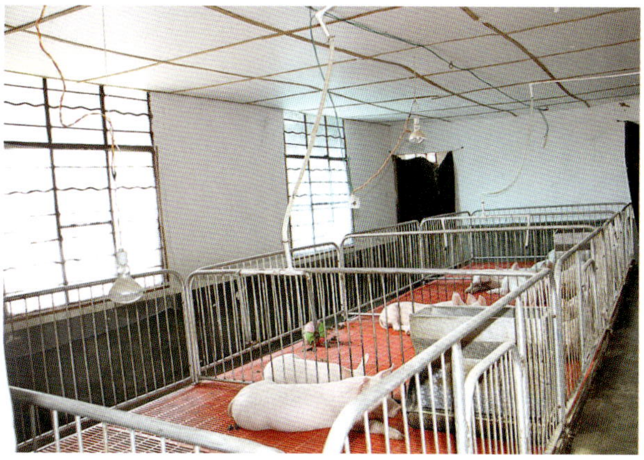

生猪规范化养殖

无量山乌骨鸡生态养殖

无量山镇畜牧业

无量山樱花谷一角

南涧县文学艺术界联合会

省文联副主席段斌在成立大会上致辞

州文联主席杨子东在成立大会上致辞

县委书记苏发吉在成立大会上讲话

杨泽新在成立大会上作工作报告及表态发言

南涧县文学艺术界联合会（下称“县文联”）成立于2012年7月3日，是县委、县人民政府认真贯彻落实党的十七届六中全会精神，进一步推动南涧文化大发展大繁荣应运成立的正科级文化艺术机构，属县委主管的群团组织。县委机构编制委员会核定县文联人员编制5人，现在编专职人员4名，其中主席1名、专职副主席1名、办公室及期刊编辑1名、工勤人员（驾驶员）1名。联合会选举产生委员25名、兼职副主席7名、兼职秘书长1名。有作家、书法家、美术家、摄影家、音乐家、舞蹈家、民间文艺家7个协会。

县文联主要职能职责是：贯彻执行党的文艺方针政策，坚持“百花齐放、百家争鸣”的方针，促进全县文学艺术事业发展与繁荣；培养文艺人才，重点抓好文学、美术、书法、摄影、民间文艺人才的培养，配合政府文化主管部门培养音乐、舞蹈、戏剧、编导方面人才；指导文学艺术创作，唱响先进文化主旋律，满足人民群众精神文化需求；组织、指导、管理和服务全县团体会员；组织会员间的交流活动和调查研究，加强各民族文学艺术工作者的团结协作，统筹各团体会员的有关事宜；接受上级文联的指导，开展县内外、州内外文艺团体及文艺界人士的友好往来；沟通党委、政府、社会各界的联系，充分调动文学艺术工作者的积极性；完成县委、县人民政府交办的其他任务。

县人大常委会主任李光琴代表县委、县人民政府给新当选的县文联主席、专职副主席授牌授印

县文联成立以来开展的工作：一是按照县委要求做好文联筹建工作，建立了各个方面的工作和业务关系；二是做好协会会员的摸底调查和登记；三是搭建了作家、书法家、美术家、摄影家、音乐家、舞蹈家、民间文艺家共7个协会，选举产生了协会领导班子，讨论通过了各自的协会章程；四是召开了南涧县文学艺术界联合会第一次代表大会，大会听取审议了县文联筹建工作报告，审议并通过了《南涧县文学艺术联合会章程（草案）》，选举产生了县文联第一届委员会委员及主席、副主席、秘书长；五是创办编辑了《无量山》文艺期刊，为广大文艺工作者、爱好者搭建了创作展示平台；六是协调组织各文艺家协会开展协会活动；七是努力完成县委、县人民政府安排的“四群”教育活动和挂钩联系村工作，努力为困难、残疾群众办实事、献爱心。

南涧县文联第一次代表大会2012年7月3日在南涧宾馆举行

参会代表投票选举县文联委员

新当选的全体委员合影

新当选的主席、副主席合影

代表大会全体参会人员合影

南涧县凤祥汽车服务有限责任公司
机动车检测站

董事长兼总经理　常加凤

省、州、县有关部门领导参观机动车检测车间

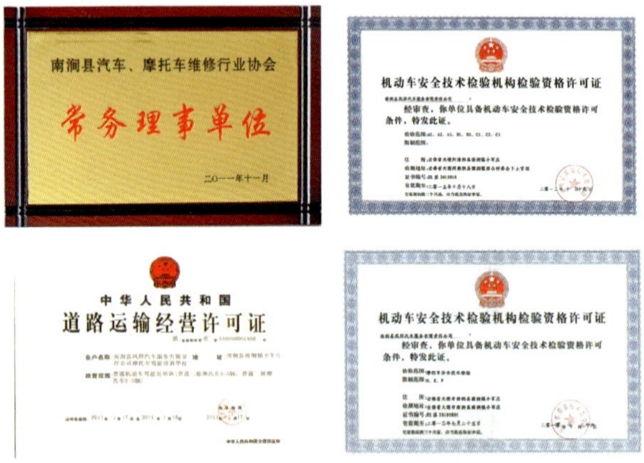

荣誉牌证

省、州、县有关部门领导为机动车检测站开业剪彩

参加机动车检测站开业仪式的省、州、县有关部门领导与公司员工合影

南涧县凤祥汽车服务有限责任公司成立于2009年12月。公司成立之初，首先在县城小军庄建成了摩托车安全技术检测站、摩托车驾驶培训学校，两个机构总占地面积2850平方米，总投资达700万元。3年来，公司共完成摩托车安全技术检测14129辆，为社会培养合格摩托车驾驶人7169人，并得到社会各界的普遍认可和人民群众的广泛好评。

为更好地适应南涧及周边地区经济社会发展需要，公司2011年开始在南涧镇西山村委会下土官坝筹建机动车安全技术检测站和机动车综合性能检测站两个项目。在县委、县政府及相关部门的关心、支持下，机动车安全技术检测站设施建设和人员培训工作已全面完成，经云南省质量技术监督局批准，机动车安全技术检测站于2012年11月5日正式向社会开展检测业务。机动车综合性能检测站计划于2013年3月建成运营。

至2012年11月，公司机动车安全技术检测站、摩托车安全技术检测站、摩托车驾驶培训学校3个机构总占地面积达17518平方米，建筑面积5500平方米，总投资达2200万元，成为全州第三家由私人独资兴建的综合车辆检测企业，大大方便了南涧及周边地区民众的车辆检测、驾驶培训业务，节约了检车、培训成本，为服务人民群众、促进当地交通运输事业的发展提供了有力的设施、技术保障。

在未来的经营发展中，公司将坚持“顾客至上、信誉第一”的服务宗旨，始终秉承“尊重客户，理解客户，想为客户所想，急为客户所急，让客户满意”的服务理念，充分依托熟练的专业技术团队、先进的车辆检测设备、高效的管理服务体制，全力做好车辆的检测服务和驾驶人的培训工作，努力将公司打造成管理科学、技术精湛、服务一流、社会满意的车辆检测、驾驶培训机构，为加快和谐、幸福南涧建设作出积极的贡献。

南涧县凤祥汽车服务有限责任公司热忱欢迎你的光临！公司全体员工将竭诚为你提供最优质的服务！

董事长兼总经理：常加凤
联系电话：13769224888　15125243199
13988549430　0872—8742888 8792041
8792031（传真）
公司地址：南涧镇西山村委会小军庄

机动车检测站开业庆典仪式现场

检测站大门

检测站院区一角

乐队高奏迎宾曲喜迎四方宾朋

驾驶人报检登记

检测站报检业务大楼

机动车外检车间

车辆排队上线检测

车辆线内检测

机动车检测车间一角

检测站会议室

报检人员休息室

报检业务大厅

南涧县人民医院

县长吉向阳率县有关部门到县医院召开项目推进会

院长周崇武深入临床一线检查指导工作

南涧县人民医院是一所集医疗、教学、科研、预防保健、社区卫生、医疗救护为一体的非营利性国家二级乙等综合性医院。2012年10月，医院共有职工245人，其中在编职工140人、临时工105人。在编职工中，有专业技术人员133人，其中：副高职称10人，中级职称42人，初级职称81人；大专以上学历120人。医院设有外一科、外二科、内一科、内二科、内三科、妇产科、急诊科、皮肤科、五官科、医技科、门诊部、麻醉科、药剂科等17个临床医技科室和院办公室、医务科、护理部、财务科、后勤科等6个行政后勤管理科室，新配了螺旋CT、彩超、DR等大中型医疗设备，万元以上设备已达40多台（件），总价值达1400多万元。全院总占地面积19897平方米，业务用房建筑面积19876平方米，绿化面积1200平方米，病床总数470张。2011年，全院总资产达3198万元，业务总收入达2926万元。2012年，业务总收入预计可达4000万元。

医院始终坚持“人才兴院、科技兴院”的战略，加强人才培养和医疗设备配置，不断拓

团结务实的院领导班子

展经营业务。近年来，该院普外科已能开展下中上腹部大中型手术和部分颅脑外伤手术；骨科已能开展腰椎间盘脱出术、血管神经吻合术、颈椎骨折等手术；妇产科已能开展子宫肌瘤、巨大卵巢肿瘤、子宫破裂修补、宫外孕等手术；内科已能开展心血管系统、呼吸系统、消化系统、泌尿系统、儿科等凝难病症的诊治；眼科已能开展白内障手术、人工晶体植入等手术。医院总体业务水平达全州中上水平。

在抓了设施建设、技术培训、收入增长等工作的同时，医院还重视在广大党员中开展行业作风建设，积极开展“五好、五带头”、“四亮四评” 创先争优活动和“三好一满意”活动，使医院病人满意度有了较大提高，并多次受到上级部门的表彰奖励。2011年，该院被南涧县委、县人民政府评为“科普工作先进集体”，被大理州卫生局党组评为“大理州卫生系统创先争优活动先进基层党组织”，并再次被南涧县委、县人民政府授予“文明单位”称号。2012年，被南涧县人民政府评为“门前三包工作先进单位”。

召开“5·12”国际护士节100周年庆祝大会

召开廉政建设暨医德医风工作会议

院区一角

资深医师为患者诊疗服务

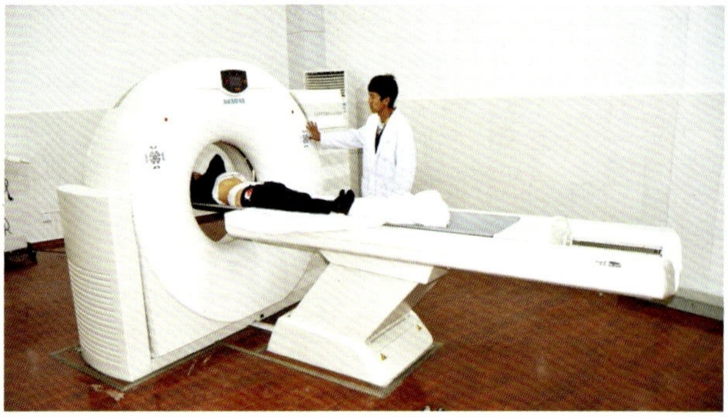
十六排西门子螺旋CT诊疗

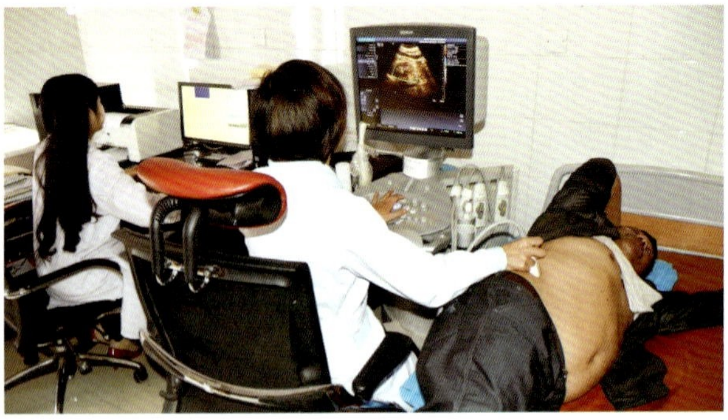
高档西门子彩超诊疗

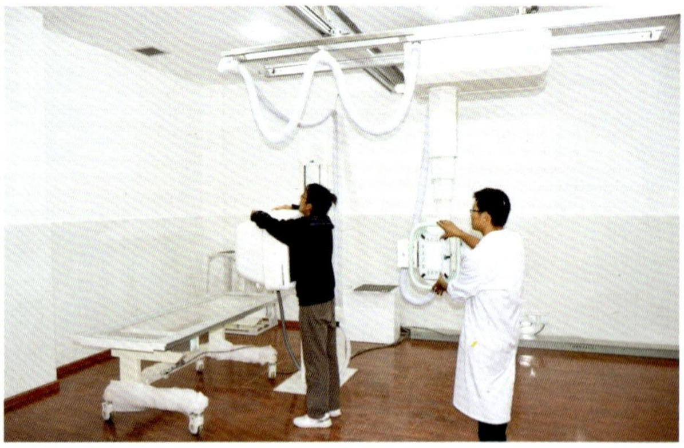
高档数字化DR摄片诊疗

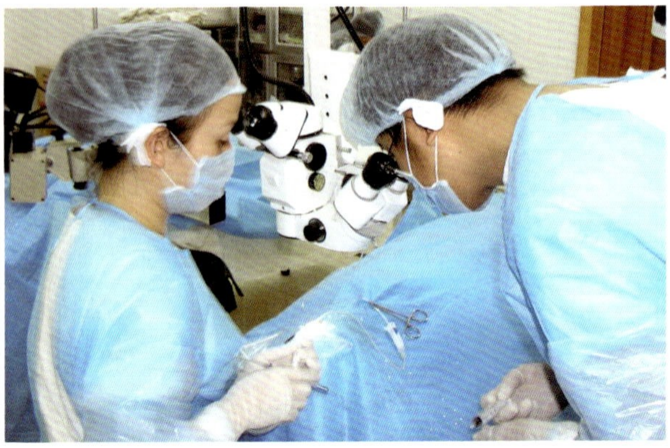
开展白内障复明手术

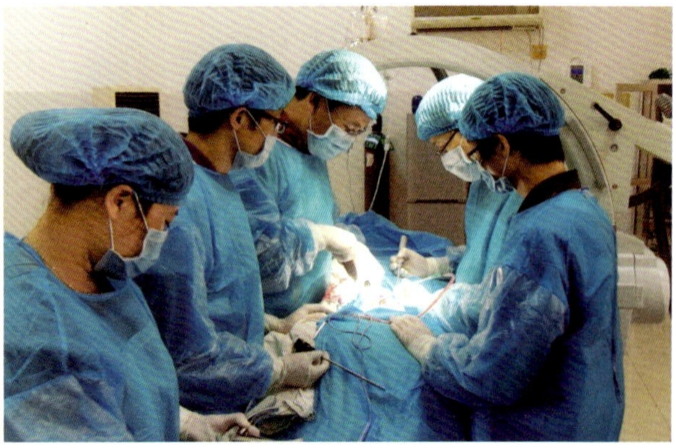
外科实施腰椎骨折手术

新农合报账窗口

医疗队深入乡村巡回诊疗

新建的门诊综合大楼

门诊综合大楼落成搬迁仪式

宽敞明亮的门诊大厅

召开深入学习科学发展观暨文明行医与医疗安全学术讲座

深入开展“三好一满意”主题实践活动

医院中层以上领导到“四群”工作挂钩点开展“六一”慰问活动

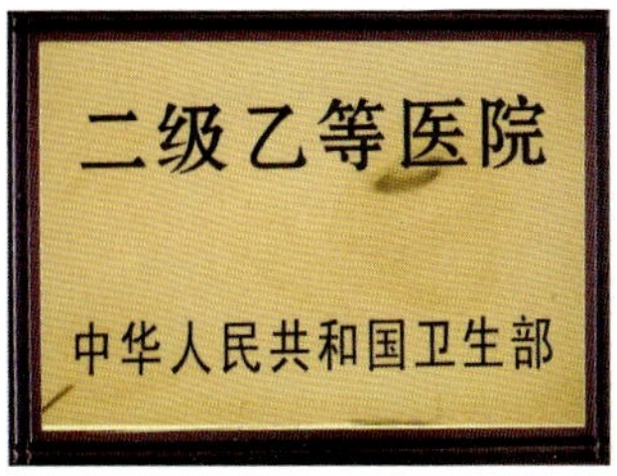

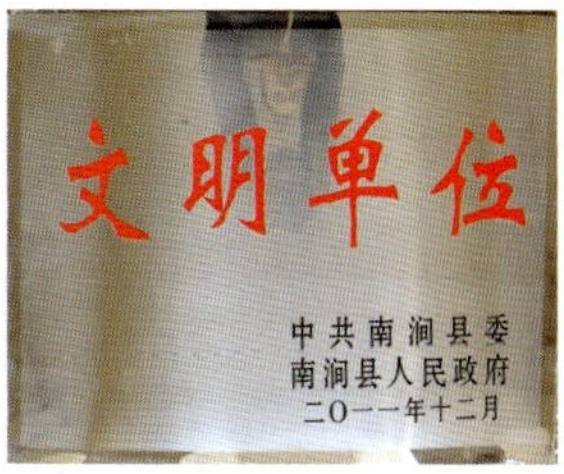

荣誉牌匾

小湾东镇

州委常委、州纪委书记梁志敏和副州长段玠到小湾东镇检查指导工作

县委书记苏发吉到小湾东镇召开瓦郎片区开发现场会

县长吉向阳到三字克移民安置点检查指导工作

镇人民政府办公大楼

小湾东镇位于县境西南部，地处两地（大理、临沧）三县（南涧、凤庆、云县）两江（澜沧江、黑惠江）的交汇点。东北与公郎镇、碧溪乡接壤，西南与临沧市凤庆县、云县隔江相望。全镇国土面积204.44平方千米，辖神舟、营盘、龙街、新龙、新民、龙门、岔江7个村委会，100个自然村，167个村民小组，4816户，18551人。该镇以彝族为主的民族民间文化氛围浓厚，素有“彝族之乡”、“打歌跳菜艺术之乡”的美誉。

近年来，全镇紧紧围绕“村民素质好、村容村貌好、社会治安好、生态保护好、生产发展好、生活过得好”的目标，按照“强素质、促诚信，强基础、促活力，强生态、促产业，强项目、促发展，强服务、促和谐，强民生、促幸福”的工作思路，加快推进经济发展方式转变和产业结构调整，着力推进新农村建设和移民安置，强化招商引智和项目管理，抓实企地党建互联共建活动，创新社会管理，切实改善民生，奋力推动全镇经济社会科学发展、和谐发展、跨越发展。2011年，全镇经济结构调整成效明显，人民群众生活质量不断提高，集镇及相关基础配套设施建设得到进一步提升，社会秩序日趋稳定。2011年，全镇农村经济总收入达10397万元，农民人均纯收入达3201元。小湾东镇荣获州级“文明小城镇”荣誉称号，岔江村党总支荣获州级“创先争优先进基层党组织”荣誉称号。境内小湾水电厂荣获“全国文明单位”荣誉称号。

电站建设的10年，是小湾东镇经济社会跨越发展的10年。小湾水电站建成后，随着“创先争优”活动的开展，经双方党委的多次研究协商，最终确定了“服务电站建设，构建和谐小湾”和“厂镇互联共建，加快小湾发展”的企地共建目标。通过多种方式的企地互联共建活动的开展，小湾东镇得到华能澜沧江小湾水电厂的大力支持，广大农村的基础设施条件得到改善，一直困扰农村发展的水、电、路等问题得到解决，发展后劲明显增强，部分村组走在全镇前列。通过活动的开展，电站周边村组逐步寻找到一条产业发展的长久致富之路。群众以感恩的情怀回报企业和当地党委、政府的帮助和支持，呈现出真心换真情、企地一家亲的和谐氛围，有力促进了全镇经济社会事业的又好又快发展。

召开企地共建工作汇报会

小湾农村文艺队为民演出

小湾恒忠无量山乌骨鸡养殖场

企地党建互联共建杨善洲纪念林

马扎福地生态农业示范村蔬菜种植

岔江村委会马鹿塘移民新村一角

小湾水电站大坝夜景

小湾水电站大坝泄洪

百年古彝村老家库

小湾库区百里长湖

雾起澜沧江

乐秋乡米家禄小学

县委党校给学校鼓号队捐赠队服

中心校领导与该校师生共植师生成长纪念树

少先队员入队宣誓

校长给全校师生上安全教育课

校园一角

乐秋乡米家禄小学距祥临公路3千米、县城17千米，属米家禄学区的中心学校，所辖校点有猪街小学。至2012年10月，该校共有6个年级、6个教学班、130名学生，教职员工11人，其中：大学学历3人，大专学历6人，中师学历1人，高中学历1人；获得一级教师资格8人，二级教师资格1人，三级教师资格1人，代课教师1人。学校总占地面积1.07万平方米，生均82.05平方米；总建筑面积1240平方米，生均9.54平方米。该校2005年被定为远程教育模式二学校，多年来适龄儿童入学率达100%。

近年来，学校以“文明、团结、亲和、宽容”为校训，以“创新、务实、高效、优质”为校风，以“敬业、严谨、博学、爱生”为教风，以“勤奋、自主、合作、求真”为学风，以营造“社会关心、家长放心、学生安心”学校为目标，遵循儿童身心发展规律，使学生得到生动、活泼、主动的发展，努力将学生培养成为具有良好的思想品德、文化艺术素养、身体及心理素质的一代新人。

在未来的教育教学工作中，该校将秉承“为孩子的一生幸福奠基”的办学理念，走“出名师、育名生、塑名校”的可持续发展之路，以教学研究为先导、课程改革为主线、艺术教育为特色，深化素质教育，实施平等教育，努力实现“显特色、轻负担、高质量、上规格”教学目标，不断开创学校教育教学工作的新局面。

南涧县财政局

省财政厅预算处领导到南涧调研乡镇财政所建设工作

到挂钩村开展慰问送温暖活动

建成并投入使用的2011年新增农资综合补贴动态调整项目——小湾东镇瓦郎大沟

建设中的公郎凤岭农业综合开发项目

2011年，南涧县财政局共有干部职工74人，其中男43人、女31人。有大学本科及以上学历30人，占全局干部职工总数的40.54%。从年龄结构看，有35岁及以下干部职工25人，仅占全局干部职工总数的33.78%。局机关内设17个股室，8个乡镇财政所为县局派出机构，2011年12月乡镇机构改革后，财政所人、财、物整体下划给乡镇。

2011年，全局紧紧围绕《南涧县国民经济社会发展第十二个五年规划》（纲要），科学编制《南涧彝族自治县"十二五"财政发展规划》，并按照《规划》和财政科学化规范化管理的要求，通过机构改革，强化税收征管，运用税收、预算、财政贴息、转移支付等手段，充分发挥财政政策在扩大投资、增加消费等方面的重要作用，不断增强财政保障能力。全年争取上级补助资金67325万元，同比增长25.41%，占地方财政一般预算支出87556万元的76.89%，有力保障了全县重点支出的需要、重点工程建设的顺利推进，为全县经济实现跨越发展奠定了坚实基础。全县财政总收入、地方财政一般预算收入和地方财政一般预算支出增幅均达25%以上，3项指标增幅分别达30.04%、28.09%和26.43%。

年内，县局组织全局干部职工到大理监狱

开展警示教育，邀请县人民检察院开展预防职务犯罪知识讲座，做到警钟长鸣、廉政长思。在“创先争优”活动中，南涧县财政局被授予“州级基层党建示范点”荣誉称号，被州委表彰为“先进基层党组织”。

第一批国有商铺经营权公开招租

开展廉政文化进家庭活动

召开2011年财税工作会

县财政局帮扶建设的新虎小学学生食堂

召开小湾水电站库维基金征收联席会议

组织村级财务人员培训

南涧县卫生局

州、县卫生局领导冒雨督查卫生工作

向以省农业厅副厅长寸强为组长的省血防工作检查组一行汇报南涧2012年血防工作开展情况

省血防检查组到乐秋龙马塘检查血防综合治理工作

召开中国—联合国人口基金第七周期少数民族地区文化敏感性孕产期保健项目启动会

新建的县医院门诊大楼

南涧县卫生局在县委、县人民政府的正确领导和上级卫生主管部门的帮助支持下，按照“保基本、强基层、建机制”要求，紧扣“百姓得实惠、医务人员受鼓舞、卫生事业求发展”的工作目标，坚持以人为本、统筹兼顾、整体推进，抓实公共卫生安全保障，加快卫生事业发展。

2011年，全县共有各级各类医疗卫生机构120个，其中：国家医疗卫生机构23个，村卫生室80个，企业、民营医疗机构2个，个体行医户15户。医疗机构共有床位396张，平均每千人拥有1.69张。卫生行业共有工作人员408人，其中卫生技术人员350人、副高职称15人，全年业务收入5100万元。一年来，县卫生局将农村公共卫生、基本医疗服务整体纳入城乡统筹的卫生事业发展规划；推行新型农村合作医疗，参加合作医疗农民比例达93.79%；实施基本药品统一销售，药品统一配送，药价平均下降20%；对村卫生所实行“六统一”规范化管理；归并扩建县妇幼保健院，妇幼保健设施明显加强；扩建新建以县医院医技楼、门诊楼为主的一批建设项目，加强设备配备，提高医疗技术、服务水平。由于采取了以上方法措施，全县人民都能享受到基本的医疗卫生服务，为做到“小病不出村，常见病不出乡，大病不出县”的目标奠定了坚实基础。

另外，县卫生局还重视和加强传染病、地方病防治，保障全县人民群众的身体健康和生

药物灭螺

开展健康教育培训

开展首个中医药宣传日活动

深入乡村开展义务诊疗活动

开展“三基”业务培训

命安全；加强对妇女、儿童的系统保健管理，提高住院分娩率，降低孕产妇和婴幼儿死亡率；加强乡镇卫生院建章立制工作，建立责任明确、工作有序、管理规范、执行有力的规章制度，形成民主管理、自我约束、自我激励的运行机制；创造人才成长、优劳优酬的机制和条件，调动各类人才的积极性和创造力，保证人才进得来、留得住、用得上、出得去，形成优秀人才脱颖而出和人尽其才的良好环境；严格开展医疗卫生监督执法，促进各种医疗行为、学校卫生、公共卫生、医疗市场的正常秩序，保障人民群众的就医和饮食卫生安全。

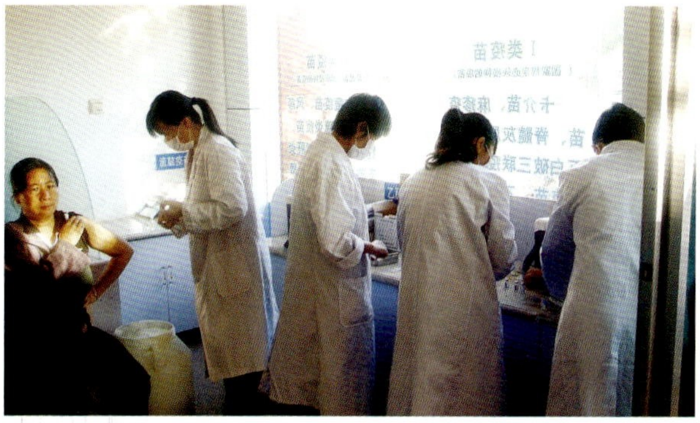

疫苗接种

县卫生防疫队参加州防疫部门组织的军训活动

南涧县人力资源和社会保障局

局领导到挂钩村开展民情恳谈

召开人社系统廉政建设工作会议

南涧县人力资源和社会保障局于2011年3月由原人事局、劳动和社会保障局整合组建，位于南涧镇金龙路210号，占地面积2178平方米，绿化面积906平方米。内设办公室、人才开发与就业培训股、公务员局综合办公室、工资福利股、事业单位人员管理股、劳动保障监察股、社会保险股、调解仲裁管理股等8个股室，下设社会保险局、医保中心、就业管理中心、信息中心、人才交流中心5个事业单位，其中社会保险局、医保中心、就业管理中心属行使行政职能的事业单位。全系统现有干部职工54人。

人力资源和社会保障局在县委、县人民政府的正确领导和上级业务主管部门的指导下，紧紧围绕“保增长、保民生、保稳定”的目标，加快促进就业和完善社会保障体系建设，不断创新工作思路，强化工作措施，人事人才工作卓有成效、就业促进工作稳步推进、社会保险工作成效明显、劳动关系和谐逐步构建、自身建设切实得到加强，为全县经济社会科学发展、和谐发展、跨越发展做出了积极贡

召开省、州、县级领导参加的新办公楼乔迁座谈会

召开企业退休军转干部座谈会

献。2011年，荣获大理州社会保险工作“一等奖”、大理州技校招生工作“三等奖”、南涧县庆祝中国共产党成立90周年“红歌颂党”歌咏比赛“二等奖”。

新建落成的局办公大楼

业务经办大厅

农民工赠送锦旗感谢为其追回工资

干部职工到挂钩村献爱心

开展企业用工情况检查

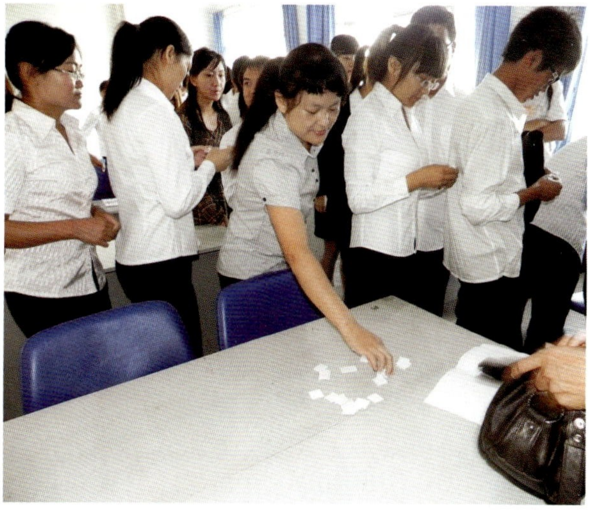

大学生村官面试抽签

南涧县人口和计划生育局

省人口计生委主任陈云生（左三）、州人口计生委主任芮雪梅（右三）到县计生服务站检查指导工作

近年来，南涧县人口和计划生育局工作围绕建立健全“依法管理、村民自治、优质服务、政策推动、综合治理”的工作机制和“奖优免补”为主的利益导向机制，加强基层基础工作，统筹解决人口数量、素质、结构、分布等问题，不断提高人口和计划生育管理水平和服务质量，为全县经济社会科学发展、和谐发展、跨越发展创造了良好的人口环境。2010年12月，南涧县被国家人口计生委表彰为“全国计划生育优质服务先进单位”。

2011年，全县总人口达22.22万人，人口出生率9.06‰，死亡率5.74‰，自然增长率3.32‰，年增长率2.74‰；已婚育龄妇女综合节育率88.66%，长效节育率85.16%。多年来，全县计划生育率一直保持在98%以上，人口出生率连续5年控制在10‰以下，全县因实行计划生育少生8万多人，稳定了低生育水平。2004年实施“奖优免补”政策后，全县农业人口申请办理《独生子女父母光荣证》4246户，3569户享受了一次性奖金345.65万元，160名独生子女享受了20分高考加分，559名享受了中考加分，领取升学奖励金67.24万元；小学、初中在校独生子女领取“奖学金”1.41万人次260.46万元；发放养老生活补助3797人次309.62万元；发放独生子女保健费1.52万人次181.75万元；减免新农合参合费4.52万人次152.82万元。积极推进国家免费孕前优生健康检查项目，扎实开展以出生缺陷一级预防为主的孕前优生健康检查，2008年至2012年6月，共对7459对夫妻进行婚前培训，为3781对夫妻实施免费孕前检查，免费发放服用“叶酸”等营养素4908人份，怀孕早期随访2593人，妊娠结局随访2927人。在控制人口数量的同时，出生人口素质得到提高。

南涧县计生系统职工参加大理州人口计生系统首届职工运动会

为挂钩村委会小学生免费体检

孕前优生健康检查及宣传

组织计生人口业务知识培训

组织全县乡级人口计生数据库及村级计生台账运转评比活动

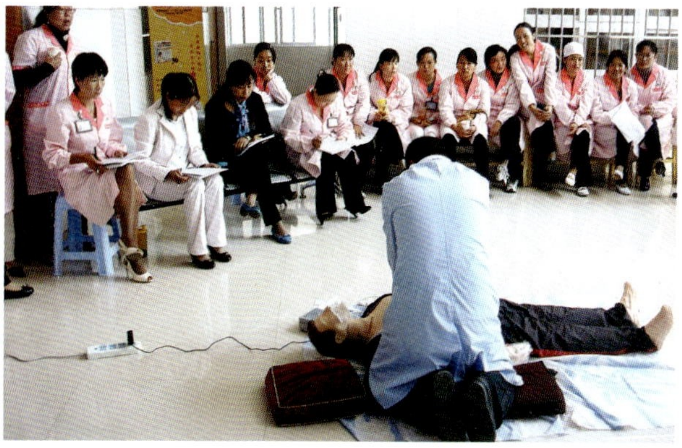

组织计生服务技能竞赛

开展人口计生暨防艾知识进校园专题讲座

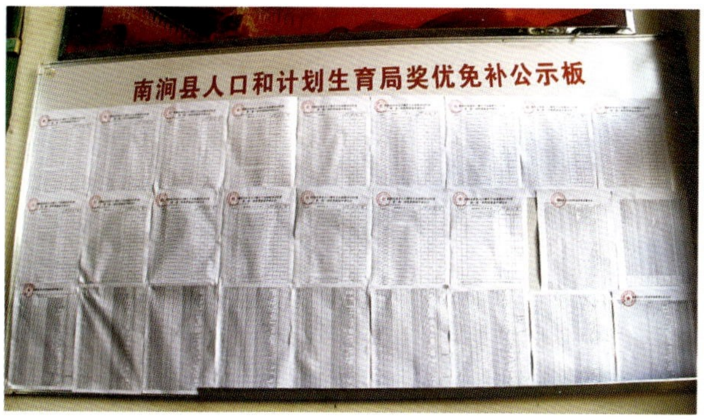

奖优免补三级公示

荣誉牌匾

南涧镇

州长何金平到白云村委会检查指导工作

开展党史知识进社区活动

南涧镇是南涧县人民政府机关所在地，国土面积362.93平方千米，镇人民政府驻县城白沙路22号。全镇有14个村（居）委会、178个自然村、265个村（居）民小组、1.44万户、5.01万人。全镇有林地2.63万公顷，森林覆盖率50.7%，林木绿化率72%；有耕地2385公顷。近年来，镇党委、政府紧紧围绕“团结稳定、发展创新、务实廉洁”的总体要求，坚持“建强班子、带好队伍，抓实项目、打牢基础，抓住重点、力求突破，统筹兼顾、协调发展”的工作思路，转变农业发展方式，把握工作重点，突破工作难点，着力创新社会管理，服务好城镇化建设，扎实推进“森林南涧”建设步伐，大力发展镇域经济，基础设施得到加强，城镇化、工业化进程加快，工业经济和第三产业快速发展。先后被评为“省级文明镇”、“州级文明小城镇”。

2011年，南涧镇坚持“人无我有、人有我优、人优我特”的理念，走区域化布局、规模化发展、标准化生产、一体化经营、品牌化导向的发展模式，有力推动烟草、核桃、鸡、肉

团结务实的镇领导班子

牛、蔬菜等支柱产业提质增效。全镇种植“红大”烤烟1200公顷，收购烟叶213.5万千克，产值4697万元。新种植泡核桃334.19公顷、补植补造362.4公顷，泡核桃面积累计达5416.85公顷，实现核桃产量23.28万千克，产值686万元。大牲畜出栏8220头，完成肉类总产538万千克、禽蛋产量36.2万千克，实现畜牧业产值8856万元。大力培育和发展生态蔬菜产业，发展蔬菜种植户900多户，建设蔬菜种植基地166.67公顷，蔬菜总产1051.2万千克，单产1084千克，实现产值1600万元，蔬菜种植群众实现人均收入3000多元，冬早蔬菜真正成了当地群众脱贫致富奔小康的支柱产业。全镇实现农村经济总收入32960万元，比上年增长22.5%；农民人均纯收入3615元，比上年增长32.4%。完成全社会固定资产投资29419万元，比上年增长30%，全镇逐渐呈现出了“美丽村庄是我家，农村不比城里差”的新景象。

在未来发展中，镇党委、政府将继往开来，在县委、县人民政府的正确领导下，进一步解放思想、实事求是、与时俱进、开拓创新，为全镇经济建设、社会事业发展和构建和谐做出更大贡献。

种植杨善洲纪念林

农村文艺欣欣向荣

开展万棵树苗入农家活动

县城冬早蔬菜喜获丰收

镇领导深入基层开展“四群”工作

白云村委会党费援建水利示范工程

南涧县地方税务局

欢送退休职工

为盈江地震灾区捐款

南涧县地方税务局在大理州地方税务局党组、行政领导班子和南涧县委、县人民政府的正确领导下，以为国聚财、为民收税为神圣使命，以服务科学发展、共建和谐税收为工作主题，以“内提素质，外树形象，打造阳光地税”为工作目标，以“依法治税、阳光办税、征管强税、科技管税、人才兴税、着力培税、服务促税”为工作要求，按照省、州地方税务和党风廉政建设工作会议确定的目标任务，以深入开展“创先争优”活动为契机，全面提高干部队伍的整体素质，不断改进和优化纳税服务措施，以组织收入为中心的各项地方税务工作圆满完成，实现了为“十二五”规划开好局、起好步的目标。

2011年，全局累计组织税费收入24950万元，其中地方税收收入20028万元，完成州局下达年度计划任务数19900万元的100.64%，超收128万元，与2010年的16126万元相比增收3902万元，增长24.20%。社会保险费综合征缴率达99.98%。圆满完成了第三届“澜沧江地税杯”运动会的组织承办工作。干部职工中有3人被

县地税局办公大楼

县级机关党委表彰为“优秀共产党员”，1人被县总工会表彰为全县的“先进职工”，1人荣获“‘五五’普法工作先进个人”。单位被县委、县人民政府表彰为“‘五五’普法工作先进集体”，党风廉政建设考核“优秀”被省委、省政府表彰为“新农村建设指导员先进派出单位”，积极申报省级文明单位，树立优良的行业形象。

召开创建省、州级文明单位动员大会

召开全县地方税务工作会议

深入税源大户开展税收宣传

服务纳税人

职工业余文化学习

县地税局代表队参加第三届“澜沧江地税杯”运动会女子篮球比赛

县地税局代表队参加第三届“澜沧江地税杯”运动会闭幕晚会文艺表演

县地税局代表队参加第三届“澜沧江地税杯”运动会拔河比赛

县地税局代表队参加第三届“澜沧江地税杯”运动会趣味体育比赛

召开单位职工篮球运动会

深入村组开展“四群”工作

县地税局生活区一角

南涧县供排水有限责任公司

公司经理曹永奇到净水处理厂检查指导工作

净水处理厂中心控制室

南涧县供排水有限责任公司前身为南涧县自来水厂，始建于1983年，1997年改名为南涧县供水有限责任公司，2001年公司与大龙潭供水站合并，成为企业化经营管理的县属国有供水企业。目前，公司共有正式职工30名，其中党员5名，拥有固定资产2200多万元。公司下设综合办公室、财务室、抄表收费室、安装维修组、工程组、二水处理厂、东片区供水管理站、得胜片区供水管理站千方水池管理站、三百方水池管理站等科室。现主要承担着县城党政机关、企事业单位、城镇居民的生活用水，供水管网覆盖周边20多个自然村。

2002年，公司投资560万元修建南涧县二水处理厂，改善县城生活用水。2012年7月，公司对二水处理厂进行设备改造，增加了化验、电子监控等设备。目前，公司正在对县城东片区供水管网进行改造，扩大供水覆盖面积，保障居民生活用水。

在县委、县人民政府和上级主管部门的关心支持和公司员工的艰苦努力下，经过二十多年的发展，公司管理模式不断规范，经营路子不断拓宽，基础设施不断完善。公司在抓好经营管理的同时，重视提高员工思想、文化素质，用“辛苦我一人，清泉送万家”的服务理念，树立良好企业形象，不断为南涧供排水事业的发展做出新的贡献。

董 事 长：曹永奇
联系电话：0872—8523189 8520708（传真）
地　　址：南涧县城金龙路167号

综合化验室

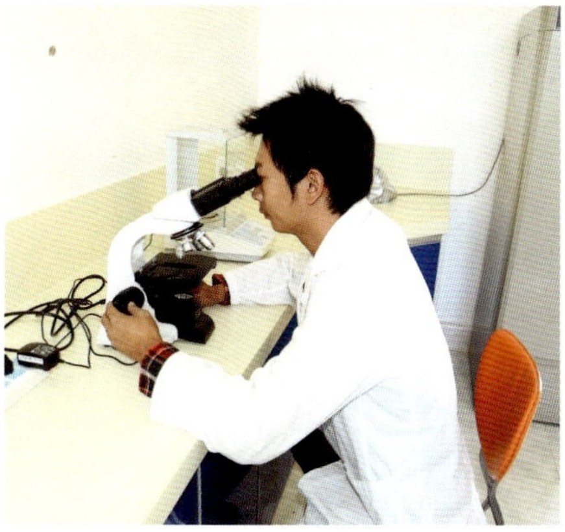
净水处理微生物化验

净水处理自动监测仪

南涧县民政局

团结务实的局领导班子

局领导深入村组慰问困难群众

南涧县民政局成立于1963年11月，局内设老龄办（副科级）、办公室、优抚安置股、救灾救济股、计财股、低保股、基层政权股、社会事务股共8个股室，人员编制13人，现有干部职工18人。下属事业单位有婚姻登记中心、中心敬老院和救助站。

部门主要职责是贯彻执行党和国家关于民政工作的方针、政策和法律、法规，研究和拟定具体实施办法，编制民政事业中、长期发展规划。组织协调辖区内防灾、抗灾、救灾工作，管理分配救灾款物，组织指导救灾捐赠。建立和实施城乡最低生活保障制度，对最低生活保障资金的使用和管理进行监督，实施城乡大病医疗救助，负责城乡社会困难户和其他特殊对象的救助救济，指导农村敬老院建设和五保供养工作，组织指导扶贫济困等社会互助活动。

2011年，全年安排冬春灾民生活救助经费50万元，发放自然灾害救济资金329.1万元。按时足额发放城乡低保、农村五保春节慰问等各种补助资金，共发放城市低保金887.5万元、农村低保金2563万元、农村五保供养金140万元。发放春节慰问及临时价格补贴123.52万元，发

全局干部职工合影

放春节前一次性生活补助295.56万元。完成城乡大病医疗救助一站式即时结算服务管理模式和门诊救助3.6万人（次），支付资金198万元。支付农村医疗救助资金543.6万元。免费为60岁以上老年人办理《云南省老年优待证》1276本，落实发放80岁以上老年人高龄健康补贴3369人121.3万元。积极开展慈善捐资助学活动，福彩公益金共资助9名贫困新入学大学生，资助金额3.1万元。慰问全县困难群众30户，为困难群众发放慰问金6000元、毛毯30床。严格执行《婚姻法》、《婚姻登记条例》，做到执法文明、行为规范，婚姻登记率、合格率均达100%，办理结婚登记1422对，离婚登记154对，补发结婚登记175对。

城乡低保集体审批

接受州局年度工作考核

福彩公益金资助贫困大学生

县民政局办公区

新成立的县婚姻登记中心

县中心敬老院

爱心人士为五保老人送新衣

南涧县畜牧兽医局

省畜牧业协会会长、原省农业厅副厅长杨志民到南涧调研无量山乌骨鸡产业发展情况

省生猪技术体系疾病控制研究室专家高洪教授(左四)一行到南涧指导工作

南涧县畜牧兽医局为2008年基层农业技术推广体系改革后更名和2010年政府机构改革后保留的正科级单位，县级设畜牧站、动物卫生监督所、草山饲料站、动物疫病预防控制中心等机构，在岗职工57人。2011年，8个乡镇畜牧兽医站在深化乡镇机构改革中划归乡镇管理，全县80个村委会设有动物防疫室，共有防疫员115人。

近年来，县畜牧兽医局在县委、县人民政府的正确领导和省、州业务部门的大力支持下，立足本县实际，以肉牛、无量山乌骨鸡产业为重点，狠抓生猪生产，用产业化模式推进畜牧科技与资源的有效整合，强化良种、防疫、饲料、市场四大体系建设，不断调整优化畜牧业产业结构和畜禽品种结构，扩大畜牧业生产规模和提高畜牧业的整体水平，积极引进推广畜牧业新品种、新技术，加快产业链建设，有力推动畜牧产业的转型升级。2011年，全县存栏大牲畜11.61万头，其中肉牛10.61万头、生猪18.05万头、肉羊8.01万只、禽130.51万只。出栏肥猪18.45万头、肉牛7.6万头、肉羊14.81万只、家禽225.05万只。完成肉类总产33414.4吨，禽蛋产量1758.1吨，实现畜牧业产值56200万元。

省、州领导莅临南涧检查指导动物疫病预防控制中心综合楼项目建设

县人民政府到昆明召开无量山乌骨鸡产品推介新闻发布会

“十二五”期间，县畜牧兽医局将继续以科学发展观为统领，按照规模化、标准化、品牌化、产业化的要求，以市场为导向，以科技为动力，以项目为载体，以农民增收为目的，着力推行标准化、生态化健康养殖模式，全面推动畜牧产业快速、持续、协调、健康发展，不断开创南涧畜牧产业发展的新局面。

大理州畜产品质量安全业务培训会在南涧召开

召开无量山乌骨鸡产业发展推进会

种草养畜现场培训

德系西门塔尔牛试验项目进展顺利

召开草原生态保护补助暨动物防疫整村推进工作会议

中央财政现代农业南涧县发展优质肉牛项目建设

2011年10月无量山乌骨鸡被评为“云南六大名鸡”之一

荣誉奖牌

无量山镇和平村委会

团结务实的和平村干部队伍

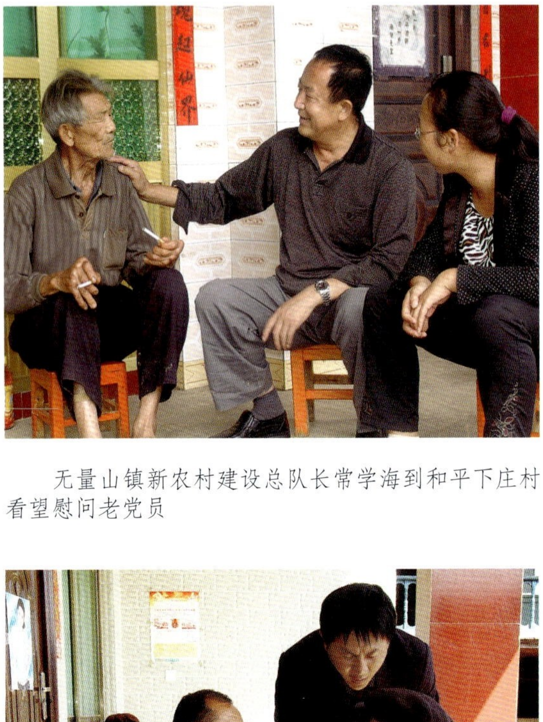

无量山镇新农村建设总队长常学海到和平下庄村看望慰问老党员

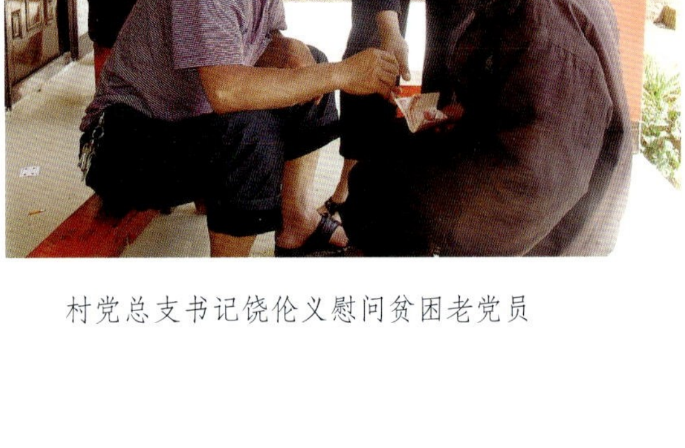

村党总支书记饶伦义慰问贫困老党员

无量山镇和平村委会地处无量山镇镇政府所在地，距县城52千米，下辖18个自然村、22个村民小组，有农户859户、3465人。国土面积18.56平方千米，平均海拔2200米，年平均气温17℃，年降水量1100毫米。有耕地面积134.67公顷，林地426.67公顷。2011年，经济总收入1183.3万元，农民人均纯收入3415元。

近年来，结合村情大力发展烤烟、早豌豆、泡核桃、畜牧四大支柱产业，扶持发展种植、养殖大户，促进了全村优势产业的快速发展。2012年，全村培植烤烟3.33公顷以上种植户2户、0.67公顷以上种植户20户，最大户年收入达24万元；累计种植冬早豌豆64.53公顷，其中样板种植7.07公顷，实现产值193.6万元；培植3.33公顷以上泡核桃种植大户2户、1.33公顷以上的种植户11户，全村累计发展泡核桃1086.67公顷，挂果280公顷；培植50头以上生猪养殖大户8户、20头以上106户、10头以上308户，最大户年收入达21万元，全年存栏6568头，出栏9526头；全年存栏肉牛2401头，出栏936头，培植养殖示范户26户，最大户年收入4.2万元；培植无量山乌骨鸡养殖大户2户，目前全村正在进行大规模养殖推广和发展；组建和平晨曦“三七”专业合作社，种植“三七”1.1公顷；积极推进剩余劳动力转移工作，通过技能培训，全村转移劳动力366人，其中常年在外193人，全年劳务收入达726.8万元。

在未来发展中，和平村委会“两委”班子决心在镇党委、政府的领导下，发挥村域资源优势和人文优势，与热爱无量、钟情无量山的人民群众和有识之士同心协力，共创无量山的美好明天。

州、县新农村建设指导员与镇、村领导深入各自然村调研、论证项目建设工作

丰收上市的和平村冬早豌豆

举办和平村“七一”党员培训会

新农村建设指导员和村干部栽植“四个一”工程纪念树

白鹿地村群众自愿投工投劳修建人畜饮水管道

无量山乌骨鸡养殖

发展兴旺的和平村良种生猪养殖

和谐发展的和平无量山村

村委会农家书屋一角

南涧县燃料有限责任公司

南涧县燃料有限责任公司成立于1986年，经营全县烤烟、生活用煤，2001年公司正式改制为民营企业。经过10年的发展，公司现已发展成为以能源、交通、金融、投资为主，综合经济效益较好的商业骨干企业。公司拥有净资产2800多万元，专业技术人员45名，员工300余名，业务遍及省内外。

公司下设8个基层煤建站，年销售煤炭及煤制品5万多吨，销售收入1700多万元。下属企业有香么所煤矿、丰驰物流运输公司、银定河电站、漾濞潜龙小额信贷公司、弥渡仙女庄油库、大涝箐加油站、拥有5%股权的中畅物流公司，还成立南涧县机动车驾驶学校有限公司。香么所煤矿年销售收入1500多万元。丰驰物流运输公司属县燃料公司新创业投资的公司，拥有粉粒运输车40多辆，年运力50万吨，年承运量23万吨，上缴各种税费 280万元。银定河电站装机容量1000千瓦，年发电量560万千瓦时，年实现销售收入110多万元。大涝箐加油站年销售各类石油制品1500余吨，年销售收入600多万元。漾濞潜龙小额信贷公司成立于2011年，投资2000万元。弥渡仙女庄油库接管于2010年，每年吞吐量达3.28万吨，年运行管理费80万元。中畅物流公司属澜沧江开发公司下属企业，县燃料公司出资1200万元收购了其中5%的股权，年纯收益达120万元。

在漾濞县成立的小额信贷公司

大涝箐加油站

仙女庄加油站

香么所煤矿

经过多年的经营和发展，县燃料公司形成了一套完整、成熟的经营、管理体系，在激烈的市场竞争中快速发展，并树立了企业良好的外部形象。近年来，公司连年被州、县授予“重合同、守信用先进企业”、“消费者信得过企业”等荣誉称号，并受到社会各界的广泛好评。

银定河电站机房

大涝箐煤炭储运站

驾驶员培训学校

南涧办公区一角

丰驰物流运输公司车队

中石化南涧县石油公司

召开公司党支部支委会议

大理市、南涧县公司领导交流管理经验

公司领导与进行安全管理培训员工合影

中石化南涧县石油公司是中央驻地方的国有企业，成立于1980年4月，1998年4月上划中央企业后，主要经营汽油、柴油、煤油、润滑油、润滑脂，同时兼营卷烟、酒类、副食品、小百货等商品。公司现有8座加油站，员工51人，公司设有党支部、工会、共青团、妇代小组，承担着南涧县成品油的销售和沿途过往车辆成品油的销售服务工作。

企业的创立宗旨是：发展企业，贡献国家，回报股东，服务社会，造福员工。企业的远景发展目标是：建设世界一流的能源跨国公

公司中层以上管理人员到大理市建设加油站参观学习

司。企业的工作作风是：精细严谨，务实创新。企业的经营理念是：诚信规范，合作共赢。企业的精神是：爱我中华，振兴石化。

2011年，公司销售成品油1.6万吨，实现销售收入1.3亿元，上缴税收175.3万元，全年实现安全无事故发生。

经　　理：邓和平
联系电话：13577209277　0872—8524977
公司地址：南涧县城金龙路小红桥

开展为民服务、创先争优活动

对员工进行加油服务技能培训

新党员宣誓

组织公司党员召开重温党的历史暨庆祝建党91周年座谈会

组织员工灭火实战演练培训

小红桥加油站员工耐心细致地为客户介绍润滑油价格和性能

中国人民财产保险公司南涧支公司

州公司领导到南涧支公司检查指导工作时与员工合影

县公司领导向州公司领导汇报工作

中国人民财产保险股份有限公司南涧支公司是成立于1949年10月20日的国务院直管央企中国人民保险（集团）公司设立在南涧县的分支机构，具有中国保险监督管理委员会核准的经营各类财产险、责任险及人身意外险、特殊风险等资质，并承担了历年中央及地方各级财政补贴政策性农业保险项目。公司内设综合部、理赔分部、直销部、个代部4个部门。公司目前在县城、小湾、宝华、公郎设置有6个营业网点，拥有近50人的保险营销员队伍，承保、理赔服务范围覆盖了全县行政区域。

公司一直秉承“市场优先、服务优先、效益优先”的发展战略，用优质、高效的服务应对日趋激烈的市场竞争，业务发展中诚信为本、稳健经营，曾多次被评为县级“守合同、重信用”企业和命名为“县级文明单位”。自2007年起，公司连续承担了中央及地方各级财政补贴农业保险项目，承保了全县能繁母猪、奶牛、水稻、玉米等政策性保险，真正做到了“农民得实惠、政府得民心、企业得发展”的三赢局面。2011年，通过公司上下的共同努力，公司保险费收入达1544万元，实现考

公司荣获“2011年度云南省分公司明星城网”称号

南涧支公司本部

公司营销服务大厅

核利润280万元，保费规模首次突破1500万元大关，公司经营、发展跃上了一个新台阶。

人民保险，造福于民！做人民满意的保险公司，是我们的理念，也是我们的追求！我们将始终坚持为彝乡人民提供优质保险服务，充分发挥国有企业的主渠道作用，带头行业自律，规范市场竞争，充分保障客户利益，为全县经济社会发展做出新的更大的贡献。

经　　理：段建新
联系电话：0872—8521273
公司地址：南涧县城振兴北路39号

宝华镇营销服务部

南涧县燃料公司业务代理点

现场查勘农作物受灾情况

肇事车辆定损

兑现民房火灾保险赔款

荣誉牌匾

南涧县血吸虫病防治站

南涧县血吸虫病防治站成立于1978年7月，全站现有干部职工26人。单位主要职能是:提供血防技术支持，拟定技术方案并负责实施和组织评估；组织和指导查螺、灭螺、查病、治病、健康教育及晚期病人救助；负责血防人员培训，对各项工作进行质量控制；组织血防疫情信息的报告、管理和预测；指导农业、水利、林业等部门实施环境改造和灭螺工程；开展合作交流，引进、推广、应用新技术、新方法；完成上级安排的其他指令性任务。

南涧县是大理州血吸虫病中度流行县，流行于乐秋乡、南涧镇的10个村（居）委会，流行区总人口6.5万人、耕牛2.6万头、耕地面积3793.33公顷（5.69万亩）。2009年，开始实施南涧县2009～2015年血吸虫病综合治理重点项目。2011年，县血防部门开展查病1.17万人次，血清学阳性185人，经粪检确诊2人，治疗2人，开展扩大化疗1.12万人（次），救助晚血病人8人（次）。推行“查螺工作绩效奖励管理试行办法”，作为对开展查螺工作的新尝试，在2011年全省血防工作会上进行经验交流，得到省、州领导认可。大力开展形式多样的血防宣传教育活动，在疫区16所中小学开设血防知识课，受教育学生达8536人（次）。在疫区举办8期血防技术培训班，培训人员219人（次），并对查灭螺工作人员、有螺责任田户427人（次）进行防护指导。修建三格式卫生户厕2000座，项目村卫生户厕普及率达到49%。通过开展以上工作，新感染和重复感染得到有效控制，有力地保护了疫区人民群众的身体健康，推动了疫区经济社会又好又快发展。

卫生部、省卫生厅、州卫生局领导到南涧血防站调研

省血防检查组到乐秋龙马塘检查血防综合治理工作

地膜灭螺实验

召开乐秋乡血防禁牧工作会议

春季喷洒法灭螺

机械灭螺培训

病畜户调查

血清及粪便检查

在乐秋阿克地开展化疗工作

乐秋血防分站

小湾东镇新民小学

小湾东镇新民小学位于澜沧江畔的小湾东镇新龙街大平地，与临沧市凤庆县隔江相望。学校下辖4所完小，辐射47个自然村、70个村民小组，居民人口约8800人，是一所集少数民族、贫困山区为一体的寄宿制中心完小。

学校始建于民国二十七年，由当时的地下党组织派专人开办了第一期小学补习班，广泛宣传先进教育思想，变革陈旧封建传统教育理念，推行“能者为师”的教学机制，重视德、智、体、美全面发展的民生教育，学校成了宣传新民主主义革命理想的重要阵地。1946年8月，学校更名为新民小学，学生由原来的20多人增加至100多人。2003年3月，随着小湾水电站的开工建设和撤乡建镇，新民小学更名为小湾东镇中心完全小学。2012年4月，小湾东镇中心完全小学又更名为新民小学。

团结务实的学校领导班子

新民小学学校占地1.04万平方米，建筑面积2617平方米，现有12个教学班，在校学生435人，教职工22人，其中专任教师19人、代课教师3人，学校藏书5700册，拥有阅览室、实验室、实验器材保管室、少先队活动室、德育室，为全面推进素质教育，提高办学质量奠定了坚实的基础。

学校根据“团结、奋进、文明、求实，严谨、奉献、敬业、勤勉”的办学思想，全面贯彻党的教育方针，不断优化教师队伍结构，全面推进素质教育，树立“以人为本”的教育理念，教育教学质量稳步提高，优秀人才大量涌现，为促进地区经济发展、社会和谐进步提供了有力的教育保障。我们坚信，在各级各部门的重视支持、社会各界人士的资助帮扶和全校师生的共同努力下，小湾东镇新民小学的明天将会更加美好。

教育局领导到新民小学指导工作

教学大楼

举行营养餐开餐仪式

组织抗旱救灾教职工捐款活动

开展周末学生离校安全教育

小湾水电站职工与学校少先队结队活动

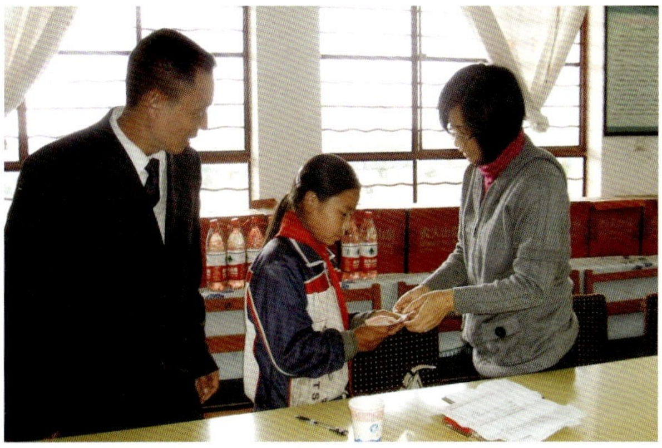
县妇联主席到学校慰问孤儿学生

向家长发放学生生活补助

校园文化长廊

学生课间操

乐秋乡

县委书记苏发吉陪同省委巡视组领导到乐秋乡东升小学检查营养餐开展情况

县长吉向阳到乐秋乡检查指导工作

乐秋乡位于县城西北部，是集山区、民族、贫困为一体的农业乡。全乡辖7个村委会、116个自然村、136个村民小组，总人口1.81万人，国土面积163.26平方千米，有耕地1411.47公顷，人均0.08公顷（1.17亩）。全乡海拔落差较大，平均海拔1910米，山高坡陡，立体气候明显。全年平均气温21～22 ℃，具有雨热同期、有霜期短、冬无严寒、夏无酷暑的气候特点，适宜各类高海拔耐低温、低海拔耐高温的农作物立体种植。

2011年，全乡抓实科技措施普及推广，稳定2560公顷粮食播种面积，实现粮食总产880万千克。完成烤烟种植面积453.33公顷，泡核桃栽植311.95公顷，低产茶园改造33.33公顷，板栗种植53.33公顷。深入实施乡村公路“绿色走廊”工程，植造“杨善洲纪念林”11.2万株，推进“绿色家园”和“生态乐秋”建设。完成总投资60.5万元的集镇升级改造项目；完成猪街、葩木、小新村饮水工程，阿克地沟渠修建工程，上新村、小新村、永乐水塘建设工程和2011年“五小”水利工程建设；做好草皮湾、大尧水库除险加固工程的协调工作；完成上箐生态村建设；配合县级部门做好乐秋河中型水库前期协调服务工作；完成木苴田、东升

开展新农村文艺汇演

乐秋村委会晒肚皮村新貌

村新农村建设和老四度重点村建设；完成2011年100户危房改造；稳步推进瓦阁、龙潭箐易地搬迁项目、庙山外资扶持项目、薛家湾片区以工代赈项目、上虎无量山乌鸡养殖项目和瓦午五组养殖小区建设、村庄规划等工作；全面完成县下达的“村村通”工程任务。

南瓜、黄瓜、番茄、甜椒等蔬菜制种基地

新建的晒肚皮村苗族文化陈列室

组织农业科技措施培训

召开乐秋乡重大项目推进现场会

组织人民调解业务培训

长势喜人的葡萄种植园

云南南涧凤凰沱茶厂

厂区一角

茶叶种植园一角

云南南涧凤凰沱茶厂成立于2005年6月，注册资金500万元，厂址位于南涧县宝华镇，现有员工116人，加工厂房5056平方米，原料基地1.7万多亩，并辐射带动周边2666.67公顷（4万亩）的茶园。茶厂年生产能力300万千克以上，主要开发生产普洱茶、绿茶，产品有“鑫凤凰”牌、“老林”牌凤凰沱茶系列和“小湾”牌小湾绿茶系列、“鑫凤凰”牌鑫凤凰绿茶系列茶产品，现已创制出各种饼茶、砖茶、沱茶、纪念茶、礼品茶、青茶膏片、小湾绿茶、鑫凤凰绿茶等以及各种级别的散茶近100多个花色品种。

云南南涧凤凰沱茶厂以“质量第一、顾客至上、诚信经营”为宗旨，以“为大家、为社会、为全人类服务”为理念，以“强化质量意识、创造绿色产品、求实创新服务、促进企业发展”为质量方针，以“乐于奉献、自强不息”为企业精神，按照“公司+基地+农户”的发展模式，严格按照国家技术监督局茶叶生产加工标准进行生产。2011年7月，云南南涧凤凰沱茶厂生产的鑫凤凰牌凤凰沱茶生沱、熟沱两个产品在中国国际普洱茶评鉴委员会首届“云香杯”名优普洱茶评比活动中双双荣获“金奖”，被云南省档案馆作为云南省品牌普洱茶实物档案永久性收藏。2009～2011年，该厂连续3年创造茶叶直接出口韩国纪录。

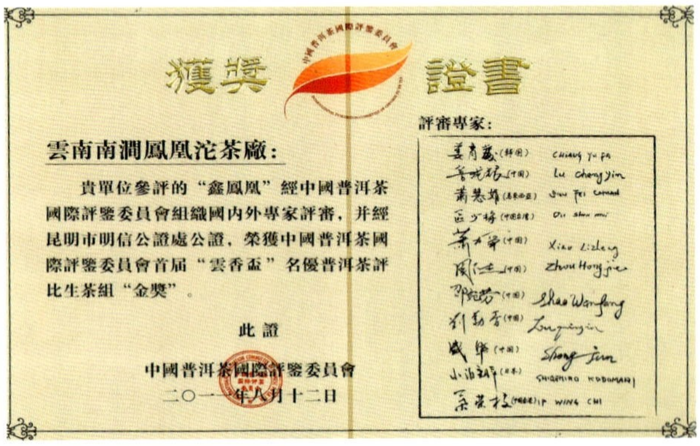

獲獎 證書

雲南南澗鳳凰沱茶廠：

貴單位參評的“鑫鳳凰”經中國普洱茶國際評鑒委員會組織國內外專家評審，并經昆明市明信公證處公證，榮獲中國普洱茶國際評鑒委員會首届“雲香盃”名優普洱茶評比生茶組“金獎”。

此證

中國普洱茶國際評鑒委員會

二〇一一年八月十二日

評審專家：

中国普洱茶国际评鉴委员会“金奖”证书

7年来，茶厂始终坚持可持续发展，加强技术改造和技术进步，不断提高科技创新能力，形成科研、生产、加工销售一体化的产业链，不断增强市场的竞争能力，现已发展成为大理州农业产业化州级重点龙头企业，为南涧现代农业的发展做出了积极的贡献。

总 经 理：李世章
联系电话：13908723611　0872—8740327
厂　　址：南涧县宝华镇阿克塘
网　　址：www.fhtc.cn

出口食品生产企业
备案证明
备案编号：5300/04063
企业名称：云南南涧凤凰沱茶厂
企业地址：云南南涧 宝华镇
备案品种：茶叶类：普洱紧压茶（生茶、熟茶）、普洱茶散茶※※
有效期 2011年12月29日至2015年12月28日
直属检验检疫局
备案专用章
2011年12月29日
国家认证认可监督管理委员会监制

出口食品生产企业备案证明

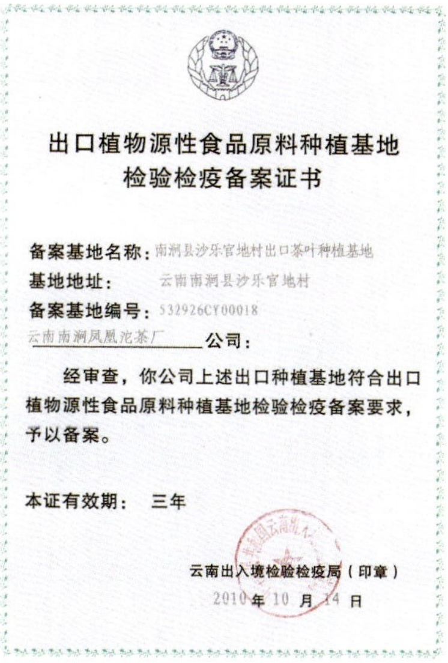
出口植物源性食品原料种植基地
检验检疫备案证书
备案基地名称：南涧县沙乐官地村出口茶叶种植基地
基地地址：云南南涧县沙乐官地村
备案基地编号：532926CY00018
云南南涧凤凰沱茶厂 公司：
经审查，你公司上述出口种植基地符合出口植物源性食品原料种植基地检验检疫备案要求，予以备案。
本证有效期：三年
云南出入境检验检疫局（印章）
2010年10月14日

出口原料基地备案证书

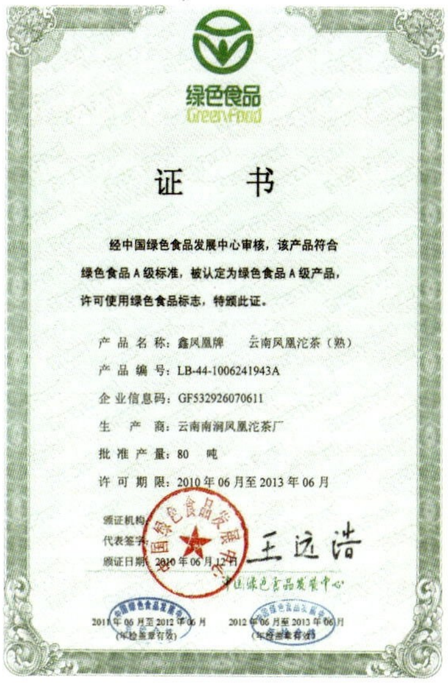

证 书
经中国绿色食品发展中心审核，该产品符合绿色食品A级标准，被认定为绿色食品A级产品，许可使用绿色食品标志，特颁此证。
产品名称：鑫凤凰牌 云南凤凰沱茶（熟）
产品编号：LB-44-1006241943A
企业信息码：GF532926070611
生产商：云南南涧凤凰沱茶厂
批准产量：80 吨
许可期限：2010年06月至2013年06月
颁证机构
代表签字 王运浩
颁证日期：2010年06月12日

绿色食品证书

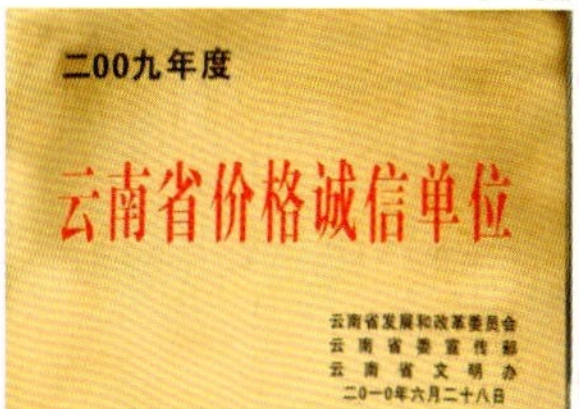

荣誉牌证

茶厂部分茶叶产品

南涧县中医医院

开展“三好一满意”义诊活动

开展首个中医药宣传日活动

南涧县中医医院始建于1995年元旦，位于南涧镇富民街33号，占地面积3984平方米，有业务用房2598平方米，是一所融医疗、教学、科研、康复为一体的国家二级乙等综合中医医院，担负着全县的医疗救治、农村巡回医疗和基层卫生院中医业务技术指导等工作。

医院下设党政办公室、医务科、护理部、财务科4个管理科室和内科、外科、针推科、门诊部、医技科5个临床医技科室。医院共有开放病床80张，医护人员99人，其中在职56人、临时43人。在职人员中，有专业技术人员54人，其中副高职称4人、中级职称21人、初级职称29人。目前，医院已拥有德国进口飞利浦DR、美国进口全自动生化分析仪、彩超、C臂、24小时动态血压仪、电脑控制牵引床、空气波压力循环治疗仪等20多种先进中西医诊疗设备；开展了股骨头置换术、胃癌根治术、脾切除术、胆囊切除术等外科手术；中医治疗中风、偏瘫等疑难杂症取得了较好的疗效，为广大患者提升了医疗空间，节省了大笔医药费用，深受社会各界的好评。2011年，该院门诊就诊49630人次，住院1680人（次），业务收入达632万元。

首批“四群”教育工作组成员在麻栗村委会留影

2012年1～10月，该院门诊就诊48641人（次），住院2323人（次），业务收入达962万元，全年业务收入有望突破1150万元。目前，医院正在积极筹备总建筑面积达8000多平方米的门诊、住院综合楼建设项目，并有望在明年正式启动。

随着全院医务人员业务水平的不断提升，该院业务数量和业务收入也在迅速增加。在未来的发展中，该院将顺应时代发展需要，始终重视中西医疗技术的结合、传承和创新，为祖国的中医药事业发展再创佳绩。

州医院内分泌科专家赵惠珠到该院为糖尿病患者指导治疗

召开"评星"暨"三好一满意"活动表彰大会

收费报账窗口

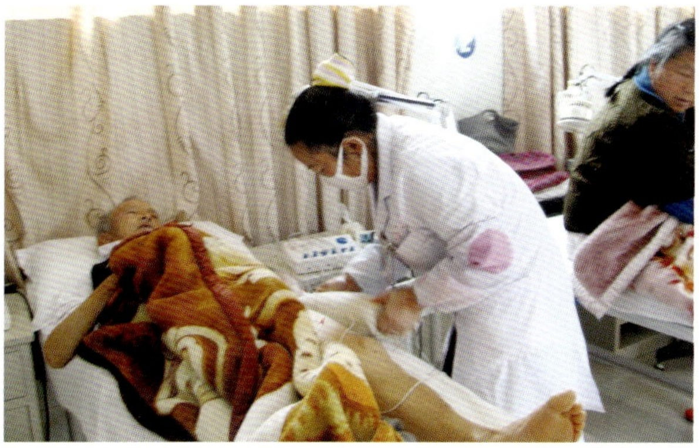

为患者开展针灸治疗

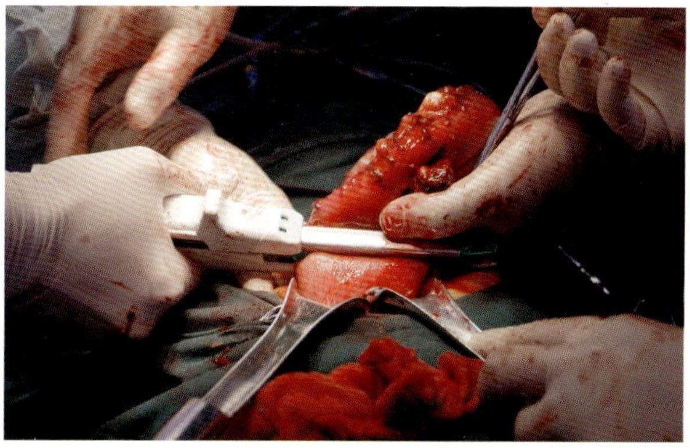

开展胃癌根治手术

用新购的数字化X线摄影系统（DR）为患者摄片

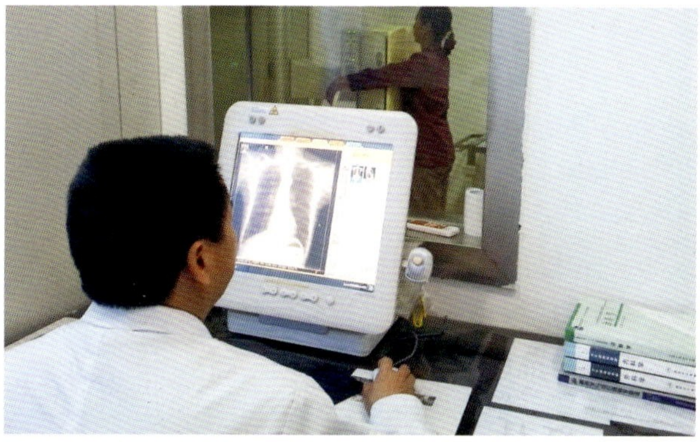

DR系统操控台

无量山国家级自然保护区南涧管理局

县委书记苏发吉到灵宝山调研

县长吉向阳到灵宝山调研

无量山国家级自然保护区（南涧段）位于南涧县东南部，总面积7583公顷，其中核心区面积3985.3公顷，缓冲区面积2786.5公顷，实验区面积811.2公顷。加上凤凰山州级自然保护区2500公顷和漫害山国有林区1560公顷，保护区管理局管辖总面积为11643公顷。主要保护对象是亚热带中山湿性常绿阔叶林森林生态系统和以黑长臂猿、灰叶猴等为主的珍稀濒危野生动植物资源。区内有蕨类以上高等植物2705种，244科，1074属，其中国家珍稀濒危保护植物36种，国家珍稀濒危保护动物50多种。

无量山省级自然保护区南涧管理局成立于1996年3月，2000年4月升格为国家级，为南涧县人民政府直属参公管理的正科级事业单位。内设办公室、宣教股、财务股、资源保护与社区共管股，下设凤凰山管理站、蛇腰箐管理站、自强管理站、宝华管理站、漫害山国有林管理所和科研所。

近年来，无量山国家级自然保护区南涧管理局以保护生态环境和生物多样性、维护生态

保护区管理局办公区

国家七部委对无量山国家级自然保护区开展评估

开展森林防火暨护林员培训

系统平衡、实现人与自然和谐共处为目标，以加快自然保护区建设为主线，积极应对经济社会快速发展对自然保护区工作的挑战。不断增强政治意识、大局意识和责任意识，切实加强队伍建设，强化行政管理，努力提高服务能力，资源保护成效显著。宣传工作形式多样，森林防火常抓不懈，鸟类环志持之以恒，规划编制稳步推进，项目建设取得新进展，科研监测取得新突破，GPS巡护管理凸现新亮点，园林单位和文明单位创建取得新成效，各项工作取得了较好成绩，实现了经济建设与生态建设的互助共赢。

生物多样性保护宣传进学校

西藏类乌齐马鹿国家级自然保护区到该局交流学习

森警进驻周边社区开展宣传

国内知名专家到保护区进行野外监测

护林员进行GPS巡护

公 郎 镇

县委领导到公郎镇指导新农村建设工作

县领导到公郎镇指导中心集镇建设

公郎镇本着“农业稳镇、招商兴镇、三产活镇、人才强镇”的方针，稳步推进生态农业建设，重点突破招商促工，大力发展第三产业，实施可持续发展战略和精品小集镇建设战略。

2011年，全镇农村经济总收入23010万元，人均总收入7564万元，农民人均纯收入3428元，完成全社会固定资产投资4185万元。完成农作物总播种面积4042公顷，总产1459万千克。累计种植烤烟333.33公顷，产值 966.62万元。在适宜区规范化种植泡核桃898.84公顷，累计发展泡核桃面积8683.27公顷，产值7104万元，发展泡核桃加工大户18户。全镇有茶场20个，加工厂20个，茶农5278户，累计种植茶叶面积2112.1公顷，其中可采摘面积1632.33公顷，实现产值2471万元。罗伯克系列绿茶、黑龙潭绿茶、澜沧秀芽等茶叶品牌，曾获国家、省、州级名优茶叶美称。镇内建有1个茶叶集散交易市场。以肉牛、无量山乌骨鸡为主的畜牧业健康发展，特色产业发展走出了新路子，公郎马铃薯享誉省内外。不断优化投资环境，制定工业发展扶持政策，抓实项目建设。中心集镇建设、中山片区扶贫开发、中山公路油路建设、人口较少民族扶贫项目、农村危房改造、落底河垂钓休闲园旅游开发等项目有序推进。依托祥临公路过境的优势，大力发展餐饮、住宿、商贸、物流等服务业，初步形成特色鲜明、优势互补的富民产业。

2010年，被州委、州人民政府评为“大理州核桃种植明星乡镇”。2011年，被省人民政府命名为“农业特色小镇”。

公郎镇概貌

开展综治维稳宣传活动

组织全镇通讯员培训

魅力无限的介瓦洒哑神舞

丰富多彩的群众文化活动

志愿者上街开展宣传活动

巾帼妇卫队在行动

党员干部到大理警示教育基地参观学习

南涧县残疾人联合会

县委副书记陈策及县残联等有关部门领导到大理特殊教育学校看望慰问南涧籍残疾学生

县残联干部职工与到南涧进行轮椅捐赠仪式的天邻基金会爱心人士合影

南涧县残疾人联合会成立于1990年7月，22年来认真履行“代表、服务、管理”职能，恪守“人道、廉洁、服务、奉献”职业道德，回顾过去，成绩斐然。

实施了“视觉第一中国行动”、“爱心光明行”、“健康快车”、“百万亮睛工程”等白内障复明术，使862名白内障患者解除痛苦，重见光明；进行儿麻矫治、聋儿语训等康复工作，使53名儿麻矫治者和32名聋儿得到不同程度的康复；无偿为36人截肢患者安装假肢、为148人（次）精神病患者免费康复治疗；无偿捐助了轮椅、助听器、腋拐、盲仗等特殊用品和辅助器具共821件；将中国彩票公益金残疾人危房改造纳入政府连片开发的大扶贫工作，筹措扶持配套资金150万元，为521户贫困残疾人家庭实施了危房改造；实施“阳光家园”居家托

南涧县残疾人综合服务中心

养204人(户)；给持第二代残疾人证的7164人农村残疾人代缴新型农村合作医疗个人承担部分358200元；每年春节及助残日开展多种形式的助残活动；聋哑、弱智儿童义务教育入学率大幅度提高，输送28名聋盲儿童到州特校就读，积极开展助学活动；举办残疾人实用技术培训班38次参训3821人；全县机关单位残疾人就业在册48人，分散就业298人。建立了文艺、体育人才库，同时还选送参加了36人（次）残疾人文艺、体育竞赛。积极向上争取资金190万元，新建使用面积为900多平方米的南涧县残疾人综合服务中心已竣工并投入使用。

展望未来，任重道远。我们将紧紧围绕县委、县政府的中心工作，坚持“巩固基础、注重实效、突出重点、全面发展”的理念，为残疾人平等参与现代社会生活，共享“四个文明”成果，为建设中国特色的残疾人事业，积极开拓进取，做出新的业绩。

县残联干部接待来访残疾人家属

实施农村贫困残疾人彩票公益金危房改造项目建设

县残联和乡镇领导与轮椅受赠者合影

县残联、假肢厂领导与免费安装假肢患者合影

接受“爱心光明行”白内障复明手术后的老年患者

州、县残联领导进村入户看望慰问身残志坚的残疾人

南涧东恒经贸有限公司

总经理　蔡灿彬

县委书记苏发吉到东恒公司矿区视察指导工作

南涧东恒经贸有限公司注册成立于2010年4月，注册资金1000万元，系南涧县人民政府重点招商引资项目，公司主要从事矿产资源的开采和冶炼。公司持有南涧县拥翠乡60平方千米铜铁多金属矿探矿许可证，矿山开采许可证正在办理中。公司项目总投资预计6000万元，并分三期规划：第一期为矿产勘探，计划投资2000万元，初步探明铁矿储量250万吨，现已建成日处理300吨强磁湿洗生产线1条；第二期为铜矿洗选厂，计划投资2500万元，现已选址；第三期为矿产品深加工，计划投资1500万元。目前，项目一期环评报告已通过州环保局环评专家组评审，二期环评正在办理之中。预计三期项目建成投产后，可实现年销售收入3500万元，利税400万元。

公司落户南涧后，积极为当地群众做好事、办实事。2011年，公司投资230万余元，修建富渡大桥至拥翠乡级机关主干公路1条、连接周边村社支线公路5条，为周边群众解决了出行难问题；当公司领导听到1名宝华籍南涧一中学生考取昆明医学院，因家庭困难而无力上学时，当即决定每年出资1万元帮助该生顺利读完4年大学学业。在今后发展中，公司将在当地党委、政府及社会各界的帮助支持下，本着开发与保护并重的原则，为南涧矿产资源开发和经济社会发展做出应有贡献。

总 经 理：蔡灿彬
联系电话：13908748233　0872—8791614
公司地址：南涧县拥翠村委会富渡村

公司行政生活区

县长吉向阳率相关部门领导到东恒公司考察调研工作

日处理毛矿300吨的强磁湿洗选矿设备

公司水洗选矿厂区

液压式干排污水净化设备

东恒公司思可苴采矿点

繁忙的矿石运输车队

荣誉牌匾

东恒公司为拥翠村委会捐资三十万元修路后村委会赠送的锦旗

南涧县水务局

南涧县水务局是县人民政府的水行政主管部门，内设办公室、财务股、规划计划股、建设管理股、水政水资源管理股（水政监察大队）、农村水利股、防汛抗旱股（县防汛抗旱指挥部办公室）、供排水股8个职能股室，下设水利勘测设计队、水土保持监督站、南涧河道管理所和3个水库管理所共6个事业单位。

至2011年12月，全县水务系统共有在岗职工60人，其中：局机关21人，事业单位39人；有副高级技术职称资格1人，中职技术职称21人，初级技术职称12人；高级技术工人4人，中级技术工人1人。2011年，完成水利基础设施投资4375万元，修建农村供水工程97件，修复水毁工程87件，新修小水池、水窖1015口。清淤沟渠4.3千米，疏浚河道8千米，新增防渗渠道6.05千米。通过农田水利基础设施建设，改善灌溉面积150.67公顷，新增灌溉面积66.67公顷，新增节水灌溉面积25.33公顷，新增供水受益人口1.52万人。

2011年，母子垦水库扩建工程通过省发展和改革委员会、省水利厅验收，累计完成投资8200万元。完成大龙潭西干渠防渗工程2.47千米，完成投资60万元；完成农村饮水安全工程97件，累计完成投资686.77万元。完成4座小

公开招考水务专业技术人员面试现场

召开乐秋河及相关地区水资源利用规划报告评审会

对乡镇农村小水改工作进行培训

局机关办公大楼

（二）型病险水库除险加固项目初步设计工作，并通过州级评审和省级复核项目计划投资783万元。投资165万元的乐秋河水文站建成并投入运行。完成南涧县山洪灾害防治县级非工程措施实施方案的编制工作，项目计划投资557.53万元。积极开展山区“五小水利”项目建设工作。

参加2011年环保世纪行宣传活

送水车为饮水困难山区群众送水

组织依法治水宣传活动

局机关办公区一角

发动群众抗旱夺丰收

扩容升位后的母子垦水库

南涧县住房和城乡建设局

州长何金平到南涧指导县城建设工作

召开县城建设现场会

南涧县住房和城乡建设局内设6个行政股室、8个事业站所，现有在编干部职工63人，其中事业编制40人、事业工人5人、公务员13人、机关工人5人。担负着全县城乡规划、工程建设、城市建设、村镇建设和建筑业、房地产业、勘察设计咨询业、市政公用事业的管理等工作。

近年来，县委、县人民政府高度重视南涧县城的规划、建设、管理工作，确立了将县城建设为“彝族文化生态园林山城”的目标，坚持以科学规划控制建设，以基础设施建设提高承载能力，以发展产业增强综合实力，以加强管理提升县城形象，县城建设步伐逐步加快，城镇化水平不断提高。2011年，该局牵头实施了县城垃圾生态处理场建设、金龙路改扩建、十六米街建设、南北端湿地公园土方回填、涧河宋词长廊建设、跳菜雕塑广场建设、县城东片区开发、中兴路改扩建、城镇保障性住房建设等工程，县城基础设施和保障房建设突飞猛进。至2011年末，全县城镇建成区面积4.76平方千米，城镇总人口6.24万人；县城规划区控制面积6.75平方千米，建成区面积1.87平方千米（不含正在开发片区和城乡一体化发展规划区），城镇人口3.29万人，街道面

富民街延伸段街道绿化

积34.62万平方米，供水主管网43千米，日供水能力1.5万吨，排水管（沟）29千米，路灯1500盏，新建生活垃圾处理场和污水处理厂各一座，开放式广场6座。全县城镇化率达28.11%，比“十五”末提高了11个百分点，比2007年末提高了8个百分点。

在下一步的城市建设工作中，该局将依托得天独厚的山川、河流等自然禀赋，将彝族文化融入县城建设全过程，努力建设绿色、低碳、宜居新南涧，倾心打造彝族文化生态园林山城，创建省级园林县城。

新建完工的涧河宋词长廊

小军庄跳菜雕塑广场一角

建设中的金龙路改扩建工程

开工建设的大箐河保障房小区

新建完工的金龙路南入口段

大箐河廉租房小区

龙凤丽都房地产开发项目一角

南涧旺德福商务礼仪服装服饰有限责任公司

总经理　罗成刚

南涧旺德福商务礼仪服装服饰有限责任公司成立于2010年 8 月，公司主要从事商务、礼仪、企业、学生服装的生产和文化教育用品、各式礼品、中小学生营养餐食品的经营。

公司总经理系国家二等乙级伤残军人罗成刚。罗成刚生于1972年 3月，1990年3月应征入伍到成都军区56031部队。1991年9月，他在参加军区大比武过程中心脏受伤，出院后被评为国家二等乙级伤残军人。1994年12月退伍后，他被分配到南涧县烟草公司工作，2003年在一次下乡途中遭遇车祸截去左腿后病休离开公司，从此走上了自主创业之路。在创业发展过程中，罗成刚始终将“打造品牌，质量立命，重视效益，回报社会”作为企业发展宗旨，将“诚信看待自己，真诚对待顾客”作为企业经营理念，经过两年的拼搏和发展，企业现已发展成为产值上千万，税利超百万，业务覆盖南涧、祥云、弥渡、巍山、云县、景东等相邻各地、州（县）的知名公司，本人也成长为全县残疾人中身残志坚、创业致富的先进典型。罗成刚致富不忘党恩，心系家乡教育事业和贫困孩子，近年来，他共为县内多所农村中小学捐赠价值25.6万元的课桌椅和体育器材，为上百名贫困学生捐资助学37.4万元，受到社会各界的广泛好评。

为使企业获得更大发展，旺德福公司决定投入巨资建造自己的服装加工厂。在南涧县委、县人民政府的关心支持下，总投资2000多万元、占地18亩的旺德福公司服装加工厂2012年1月正式启动建设。至2012年10月底，已完成了厂区土地平整和主体钢结构厂房的建造工作，培养和吸纳了各类技术人才 187人，其中残疾人38人，预计2012年11月正式投产运营，并为解决彝乡南涧社会就业、促进县域经济又好又快发展作出积极的贡献。

总 经 理：罗成刚
联系电话：13988503669　0872—8791889
公司地址：南涧县城安定工业园区

建设中的公司服装缝纫厂

总经理罗成刚参加碧溪永宁小学捐资助学仪式

公司捐赠乐秋东升希望小学课桌凳

新员工报名面试

新员工缝纫实体培训

新员工缝纫理论培训

对新员工进行职业道德和纪律教育

新员工军训成果汇报表演

中小学生营养餐食品配送

南涧县工商业联合会（商会）

州政协副主席、工商联主席寇铸勋到南涧督查中央16号文件落实情况

南涧县工商业联合会（商会）四届二次执委（扩大）会议在凤凰水电公司会议室召开

南涧县工商业联合会（商会），是在中共南涧县委领导下的由工商界企业和人士组成的人民团体和民间商会组织，是党和政府联系非公有制经济人士的桥梁，是政府管理非公有制经济的助手，具有统战性、经济性和民间性的特征。县工商联和县商会实行一套班子两块牌子，成立于1995年3月。现有执行委员会班子成员23人，其中，专职会长1人，专职副会长1人，兼职副会长4人，其他执委成员17人。至2011年末，工商联会员有318人，其中：团体会员2户，企业会员42户，个体会员250人，经济和法律等相关部门24人。

县工商联成立以来，认真履行职能，为南涧经济建设、社会发展做出了积极贡献。一是不断壮大会员队伍，全面贯彻落实各级党委、政府及有关部门关于鼓励、支持、引导非公有制经济发展的政策措施，帮助非公企业取得发展先机，有效促进非公有制经济健康发展和非公有制经济人士健康成长，2011年，非公有制经济总收入占全县国民生产总值的47.6%，县工商联被州委、州人民政府表彰为“非公经济发展先进单位”。二是履行参政议政职能。在全

县工商联领导班子成员合影

县各级人大、政协组织中都有相当比例的代表和委员属于工商联会员，非公有制经济代表人士在多个层面上参政议政，发挥了工商联在建设民主政治中的积极作用。三是维护会员合法权益。与法院、检察院和政府相关职能部门建立对口联系制度，为会员提供信息服务，广泛开展《云南省个体工商户和私营企业权益保护条例》的宣传教育活动，为会员提供政策法律和科技信息，帮助会员提高守法意识和依法维护自身合法权益的能力，保护合法经营，维护公平竞争，促进个体私营经济的健康发展。四是抓好扶贫和光彩事业工作。积极组织引导全县非公有制经济人士致富思源，富而思进，投身于公益事业，扶贫帮困，回报社会。至2011年末，企业实施光彩项目46个，为新农村建设、捐资助学等公益事业捐资捐物达416.7万元。五是促进创业，扩大就业，共发放创业贷款2824万元，新增就业岗位608个，有力促进了全县个体私营经济的健康有序发展。

县委书记苏发吉与本土企业家对话交流

县工商联主席鲁国盛到凤凰木业公司指导工作

县工商联主席鲁国盛到单位挂钩的团山村委会讲党课

县工商联兼职副会长魏红东为贫困大学生捐款

由县工商联牵头凤凰水电公司投资援建的小铁窑凤凰希望小学竣工

拥翠乡中学

团结务实的校领导班子

县教育局领导到学校检查指导工作

县委政法委及相关部门领导到学校召开平安校园创建工作推进现场会

校园一角

拥翠乡中学成立于1985年，是南涧县第一所挂牌成立的乡级中学。学校与拥翠乡人民政府所在地长虫街相距约1.5千米。总占地面积1.87万平方米，校舍建筑面积4586平方米。实验室、图书室、团队室、德育室、简易卫生室等机构设置基本齐全。2004年，被州教育局授予“育人环境优级学校”称号。2005年、2008年、2011年，被县人民政府命名为“文明学校”。2005年、2006年、2008年和2009年、2012年，连续几年被拥翠乡党委、政府评为“教育工作先进集体”。2008年和2012年，因该校中考高分成绩突出，受到县、乡党委、政府表彰。2012年，被南涧县校园歌手大奖赛组委会授予“优秀组织奖”。学校现有12个教学班，有在校学生658人（其中寄宿学生650人），少数民族学生339人，占全校学生总数的51.52%。有教职员工50人，专任教师44人，学历合格率达100%。有党支部1个，党员24人；团总支（团校）1个，团员247人；少先队独立中队1个。

建校二十多年来，学校坚持“全面、特色、求实、创优”的办学方向，以“团结、奋进、改革、创优”为校训，不断加大改革的力度，不断强化管理措施，办学效益明显提高。迄今为止，共完成了101个班级的教育教学，培养了5000多名各级各类人才，为拥翠乡实现和巩固“两基”做出了应有的贡献。在今后的发展中，学校将以“校安工程”的实施为契机，进一步完善和强化学校硬件设施建设，为扩大办学规模、提高教育教学质量打牢基础。在教育教学管理中牢固树立“贯彻教育方针，巩固‘两基’成果，实践以人为本，创建和谐校园”的办学理念，努力探索“用真情感化，用智慧启迪，用人格熏陶，用理想塑造”的教育方法，充分调动校内外一切积极因素，积极营造全程育人、全员育人的教育环境，实现教育公平，提高教学质量，办好人民满意的教育。

学生食用营养早餐

召开学期学生家长会

组织“学习改变命运，感恩成就人生”大型励志演讲活动

召开冬季田径运动会

耐心辅导

开展交通安全知识教育

防震自救演练

南涧县民族宗教事务局

县民宗局全体干部职工合影

2011年，南涧县民族宗教事务局在县委、县人民政府的正确领导和上级部门的帮助指导下，紧紧围绕县委、县人民政府的工作要求，牢牢把握各民族“共同团结奋斗、共同繁荣发展”这一新世纪民族工作主题和宗教工作“四句话”精神，各项工作取得了可喜成绩。

一是做好项目规划、论证、申报工作，全年共争取到项目13个，资金263万元，并争取到大理州扶持人口较少民族（布朗族）项目落户南涧。二是全面贯彻《关于贯彻落实州委州人民政府争当民族团结进步模范州的实施意见》，积极组织协调乐秋乡瓦午五社苗族扶持发展示范村建设，完成投资230万元，民族特色村寨建设取得新突破。三是加强民族宗教维稳工作，为75名符合条件的少数民族群众子女办理了变更民族成分手续，为前往沙特阿拉伯朝觐的5名穆斯林群众办理了出国手续，为28名伊斯兰教教职人员办理了宗教教职人员认定备案，在全县10个宗教合法场所开展了“和谐寺观”创建和财务监督管理活动，发放《宗教法规读本》500册，认真组织3名道教教职人员参加了“云南省道教传度法会”活动，顺利完成了南涧县伊斯兰教协会换届工作。四是重视加强单位自身建设，深入开展“创先争优”、“四群”教育活动，创办《民族与宗教》工作简报，制定《南涧县民宗局内部事务管理制度》、《南涧县民宗局廉政风险防范管理制度》，推动了全局党风廉政建设和反腐败工作的深入开展。五是结合综治维稳工作开展，对老干部、宗教教职人员、残疾人、贫困学生、党员挂钩户进行了看望慰问。2011年，南涧县民宗局“民族团结目标管理”工作被州民委评为一等奖，党风廉政建设工作被县委、县政府评为优秀等次。

乐秋乡晒肚皮苗族村新貌

州人大常委会调研组一行深入南涧公郎镇布朗族村开展少数民族工作调研

州宗教局局长杨化宇(左二)到公郎镇回营清真寺调研

州民委主任张其富（左二）到公郎镇落底河村调研

州民委、州财政局领导到无量山镇下雀田村视察指导周边结合部扶持发展示范村建设

县民宗局领导一行到公郎镇望江查看团结村道路建设情况

县民宗局领导及州伊协相关人员检查公郎镇沙乐旧村清真寺建设情况

召开南涧县伊斯兰教第二次代表会议

召开宗教教务座谈会

云南土林茶业有限公司

云南土林茶业有限公司是集茶叶种植、加工为一体的规模化、专业化茶叶精深加工企业，其前身是1985年成立的原国营南涧彝族自治县茶厂。1991年2月，县委、县人民政府重新组建成立国营南涧县茶叶公司。2007年7月，公司正式改组成立云南土林茶业有限公司，注册资本5000万元。

公司位于南涧县工业园区内，总占地2.5万平方米，建筑面积1.3万平方米，年生产能力2000吨。依托10万亩无量山生态茶园基地，公司倾力传承和打造南涧县第一个注册商标——“土林”牌凤凰沱茶，积极开发“无量山”牌普洱茶、绿茶两大系列产品，所生产的“土林凤凰沱茶”、“无量山绿茶”系列产品在国内外市场深受消费者青睐，并远销日本、韩国、新加坡、马来西亚等国家。2011年，公司生产茶叶产品1000吨，实现产值4000万元。

公司始终坚持“创新无限，诚信永恒”的

云南省委常委、纪委书记李汉伯（左前三），副省长孔垂柱（左前二）在昆明视察公司茶展

中共大理州委书记刘明到公司调研指导工作

公司厂区全貌

经营理念，以做“最受尊重的普洱茶企业”为经营目标。2007年，公司被省人民政府评为“云南省茶叶产业发展先进企业”。2008年，被国务院扶贫办列为国家扶贫龙头企业。同年，公司通过了ISO9001（2000）质量体系认证、HACCP食品安全认证和有机茶认证。2009年，公司被列为云南省省级农业产业化重点龙头企业。2010年，“土林”商标被评为云南省著名商标。

联系电话：0872—8521808
公司地址：南涧县城安定工业园区
公司网址：www.tulintea.com

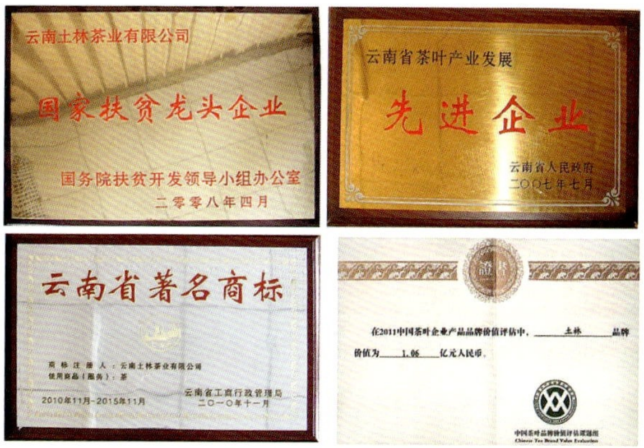

荣誉证牌

厂区一角

厂区一角

公司部分茶叶产品

宝华镇

全国政协委员李汉柏在州、县领导陪同下到宝华镇视察指导工作

宝华镇位于南涧县东南部，总面积240.81平方千米，辖10个村委会、258个村民小组、8295户、31214人，有耕地2066.67公顷，林地1.45万公顷，是“十二五”时期综合经济发展示范镇，全州“红花大金元”山地绿色烟叶核心区，全州畜牧业大镇和泡核桃种植大镇。

2008年以来，宝华镇坚持把发展作为第一要务，以保障和改善民生为根本出发点，促进了经济持续平稳较快发展和社会和谐稳定。全镇产业培育成效明显，培育了烤烟、畜牧业、泡核桃、劳务、茶业和二、三产业6个产值在5000万元以上的产业。基础设施建设强力推进，累计投入资金38600万元，实施了一批交通、电力、农田水利、社会事业等项目，切实打牢了农业农村各类基础设施。小集镇和新农村建设取得显著成绩，累计投入10120万元，实施了集镇第一、二期建设和保障性住房建设，完成大牲畜交易市场改扩建工程，建成了拥政五新村、虎街古驿村等一批新农村建设示范村，实施了6个千村扶贫开发百村整体推进项目、6个温饱示范村和1个巩固温饱奔小康示范村建设项目。同时，生态环境保护和建设持续改善，社会事业全面发展，民生保障能力不断加强。2012年，宝华镇党委被中共大理州委表彰为“创先争优先进基层党组织”。

县委书记苏发吉、县长吉向阳、县人大常委会主任李光琴到宝华镇检查指导烤烟生产工作

千亩基本烟田地

招商引资项目实地考察

农村党员阅览室

新建的宝华集镇街道

新修的宝华至无量药谷柏油公路

新建的保障性住房

修缮后的虎街村茶马古道

修缮后的虎街村茶马古道旅游客栈

修缮完工的虎街村母虎日历碑亭

南涧县政务服务局

省计生委王云明主任(左五)到县政务服务中心检查指导工作

何金平州长到县政务服务中心指导工作

州纪委书记梁志敏、县委书记苏发吉为县政务服务中心成立揭牌

县公共资源交易中心成立授牌仪式

南涧县政务服务局下设南涧县政务服务中心、南涧县公共资源交易中心，其中政务局机关现有工作人员10人、政务服务中心窗口工作人员30人、公共资源交易中心工作人员 7 人。

该局共设置常驻制独立窗口单位14个，每个进驻窗口单位选派2名窗口工作人员，采用AB角轮岗制度到政务中心上班，负责为公民、法人和其他社会组织办理各类行政审批事项、非行政审批和公共服务事项，提供政务咨询、接洽、受理、审批、反馈等服务。政务中心还分别了设置纪检监察窗口、综合代理窗口、96128专线服务，其中纪检监察窗口协助县政务服务局抓好窗口工作人员的日常管理，强化纪律作风建设，受理群众投诉；综合代理窗口受理全县7家综合代理制单位和8家联络制单位的办件业务衔接。县公共资源交易中心负责承担全县公共资源交易的有形市场职责，主要负责政府采购、国有产权交易、土地产权（矿业权）交易、工程建设等公共资源进场交易的综合服务工作。

县政务服务中心和公共资源交易中心正式运行以来，始终坚持便民、务实、高效、清廉、规范、透明的工作原则，始终贯彻落实全心全意为人民服务的宗旨，采取边运行、边探索，边总结、边完善的工作方法，使政务服务工作和公共资源交易工作逐渐步入规范化、良性化运行的轨道，切实解决了各类公共资源交易管办不分、资源分散的状况，建立了统一、有序、公正、透明的公共资源交易平台。

州考核验收组到南涧考核验收乡镇为民服务中心建设

团结务实的县政务服务局领导班子

县政务服务中心为民办事现场

公安分中心成立仪式

县政务服务中心全体干部职工合影

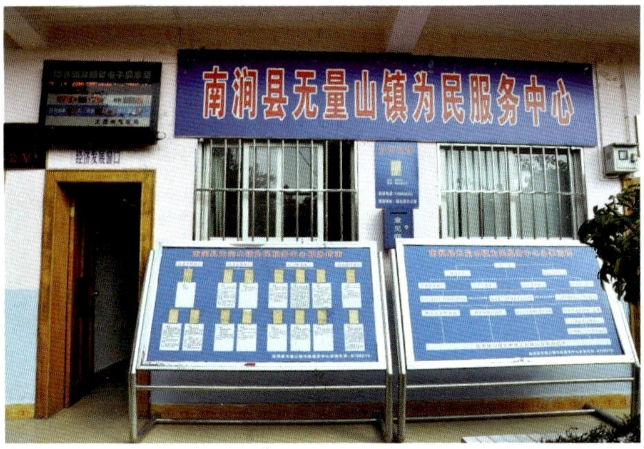

无量山镇为民服务中心

宝华镇为民服务中心

宝华村委会为民服务站

县公共资源交易中心开标现场

县政务服务中心办公大楼

南涧县烟草专卖局(分公司)

国家烟草专卖局离退休办公室副主任、机关工会主席高崇峰一行到宝华镇烟站调研基层烟站建设工作

省烟草公司副总经理童荣昆到南涧调研指导优化烟叶结构工作

云南省南涧县烟草专卖局、大理州烟草公司南涧县分公司成立于1995年3月29日。县局（分公司）下设10个股室、8个烟叶收购站、2个专卖管理所。

近年来，县局（分公司）在县委、县政府和州局（公司）的正确领导下，在各级各部门的积极配合、支持下，公司领导集体以科学发展观统领烟草产业发展全局，认真践行“国家利益至上、消费者利益至上”的行业共同价值观，深入开展“大成”文化宣传贯彻活动，倾力做好“全心全意为烟农服务、全心全意为卷烟零售户服务、全心全意为地方经济社会发展服务”等工作，南涧烟草事业获得持续、稳定、协调、健康发展。自县局（分公司）成立以来，一直被命名为省、州、县级“文明单位”。2006年起，县局（分公司）被州人民政府评为“重合同、守信用”企业，烟草企业成为全县的骨干企业，烤烟产业成为全县农民致富、财政增收的4大支柱产业之一。

2008年以来，南涧种植的“一县一品”红大优良品种因有成熟的栽培技术、调制生产和云南清香型烟叶的独特风格，在国际国内市场获得较高声誉，因此成为红塔集团的核心原料基地。2011年，全县种植烤烟8万亩，其中绿色烟1.1万亩、有机烟500亩，收购烟叶920万千克，烟农总收入20091.18万元。卷烟销售7500箱，实现销售收入1153万元。全县“两烟”税收达5936万元（其中烟叶税3779万元），做到烟农、政府、企业、工业用户“四满意”，烟草产业成为全县当之无愧的支柱产业，“一棵烟”真正成为南涧农民脱贫致富的摇钱树。在未来发展中，中共南涧县委、县人民政府及烟草部门将以云南桥头堡建设为契机，努力打造黄金走廊南涧红大绿色烟叶品牌，走南涧烟叶生产绿色、有机、生态发展之路，努力开创南涧烤烟产业发展新局面。在烟草专卖管理方面，县烟草部门严格按照《中华人民共和国烟草专卖法》规定，做到规范、文明执法，加大打假打私力度，为南涧“两烟”生产经营提供了一个良好的执法环境，为全县经济社会发展作出了积极的贡献。

州委书记尹建业、州烟草公司经理樊在斗等领导到南涧调研烟叶收购工作

州长何金平、州烟草公司经理樊在斗到南涧调研指导烤烟生产及抗旱育苗工作

州委常委、纪委书记梁志敏，副州长段玠深入南涧烟区调研指导抗旱保苗促移栽工作

县长吉向阳在2012年烟叶收购暨现代烟草农业专业合作社建设工作会议上作重要讲话

南涧县烟草公司书记、局长、经理毕敬东到挂钩联系村委会开展“四群”工作

南涧“红大”绿色烟基地

红塔集团到南涧召开核心原料基地建设座谈会

开展党员先锋队助耕活动

现代烟草农业集约化烘烤

烟区机耕路改善烟叶生产条件

井然有序的烤烟收购

专卖执法过程中查获的无证运输卷烟

到挂钩联系村委会开展捐资助学活动

荣誉牌匾

南涧县林业局

国家林业局气候办常务副主任李怒云为南涧林业系统干部职工讲授碳汇经济知识

国家林业局驻云南专员办到南涧检查保护发展森林资源目标责任制工作

南涧县林业局成立于1978年6月，内设局办公室、防火办、林政股、天退办、绿化办、能源办6个机构，下辖县林业工作站、产业办、木材站、种苗站、林权管理中心5个县级事业单位和森防站1个参公管理单位，8个乡镇派出林业站于2011年底下划到各乡镇人民政府。

近年来，县林业局按照“生态建设产业化，产业发展生态化”的发展思路，坚决栽好一棵核桃树，致富一方群众；核发两本权证，盘活森林资源和经济林果资源；开展三大工程，加快城乡绿化步伐。2011年，全县核桃产量达0.8万吨，产值23500万元。率先在全省开展了以泡核桃为主的经济林木（果）权证核发及抵押贷款工作，全县共核发经济林木（果）权证4.86万本。广大林农用林权证作抵押贷款2656万元，用经济林木果权证作抵押贷款超过

县林业局机关公务员、各股（站、办）负责人合影

省、州专家到南涧检查指导全省第二次湿地资源调查工作

县长吉向阳向农村群众颁发经济林木（果）权证

县林业局长和永发到县城后山森林防火通道建设现场督查指导工作

昆明勘察设计院专家代表国家林业局到南涧检查验收2004年度退耕还林工作

1.2亿元。实施了“绿色走廊”建设、县城重点部位植树造林和群山植被修复、城乡绿化三大工程，营造绿色家园。积极开展农村四旁植树、机关义务植树，组织“巾帼林”、“公仆林”、“孝老林”、“植纪念树、造纪念林”等志愿服务活动。认真实施天保工程、农村能源建设工程、退耕还林和巩固退耕还林工程、公益林生态效益补偿工程、野生动植物保护与自然保护区建设工程，森林覆盖率达58.6%，林业总产值达34000万元。

先后荣获“全国造林绿化百佳县”、“云南省深化集体林权制度主体改革先进集体”、“云南省森林防火工作先进单位”等荣誉称号，组织申报了“绿色经济示范县”和“全国绿化模范单位”。2011年，被国家林业局确定为“首批创建全国农民林业专业合作社示范县”。

为乐秋晒肚皮村苗族群众发放电器并进行使用方法培训

开展森林防火技能培训

县城周边重点部位造林绿化

向县城居民免费赠送优质果苗

泡核桃畅销县内外

林下产业种植出效益

建设中的县城后山森林防火人行通道及防火瞭望塔

编辑说明

一、《南涧年鉴》编辑坚持以马列主义、毛泽东思想、邓小平理论、“三个代表”重要思想和十七大精神为指导，坚持实事求是的原则，如实记载全县一年内发生的大事、要事、新事以及各部门年度工作的主要情况。

二、《南涧年鉴》编辑出版坚持党委领导、政府主持的原则。在中共南涧县委的领导下，由南涧县人民政府主办、南涧县地方志编纂委员会办公室编辑、云南美术出版社出版，是一部反映南涧县政治、经济、文化、社会各方面发展情况的大型综合性年鉴。该书体例完备、内容丰富、信息权威、适用性强，是南涧县情的总汇。

三、本年鉴采用分类编辑法，以条目体为主，分设类目、分目、条目3个层次。全书设特载、专文、年内要事、概况、政治、军事、法制、农林茶牧水、工业、交通信息、建设环保、贸易、财税金融保险、经济管理、教科文卫、社会、乡镇要览、人物、统计资料选编、附录20个部类，以图文并茂的形式，全面、准确地记载南涧县2011年度经济、社会发展取得的成果及存在的困难和不足。

四、本年鉴所采用的资料由各乡镇党委、镇政府及县级各部委办局、人民团体、企事业单位选定专人撰写，并经有关部门领导审核通过。所采用数据以统计部门法定数据为准，计量单位按照国家质量技术监督局《量和单位》的规定使用，数字按照国家质量技术监督局《出版物上数字用法的规定》书写。

五、本年鉴有很强的年度特色，把年内的大事、要事、新事和重大发展事实以图、文、表形式展现给读者，是记述南涧、宣传南涧、了解南涧、建设南涧较权威的工具书籍。《南涧年鉴》有双重检索系统，卷首有中英文目录，卷末有索引。

六、本年鉴在注重框架设计稳定的同时，力求突出时代特色、民族特色、地方特色，在编辑中保持了资料的连续性和完整性，使其能够全面、系统地反映南涧经济、社会发展的轨迹，为“存史、资政、育人”发挥重要作用。

七、自1994年《南涧年鉴》创刊以来，封面设计、版式编排、内容收录、出版质量不断提高，在省内外的影响日渐扩大。在此，《南涧年鉴》全体编辑人员向全县各撰稿单位和撰稿人表示衷心的感谢，并向多年来关心支持《南涧年鉴》的各方同仁表示谢忱！

因为水平有限，书中错误、纰漏在所难免，恳请广大读者批评指正。

《南涧年鉴》编辑部

2012年10月

目 录

特 载

专 文

大事记

概 况

县情概要

南涧县党、政、军、群、机关、乡镇领导名录

政　治

中国共产党南涧彝族自治县委员会

·县委办公室工作·

·纪　检·

·组　织·

·老干部工作·

·县级机关党委·

·保　密·

南涧彝族自治县人民代表大会常务委员会

南涧彝族自治县人民政府

·法制局·

·人民防空·

·政　务·

·商　务·

·机关事务管理·

·统 战·

·政策研究·

·党 校·

·党史研究·

南涧彝族自治县人民政府

·法制局·

·人民防空·

·政　务·

·商　务·

·机关事务管理·

·驻昆办事处·

·外事接待·

·信　访·

·人力资源和社会保障·

·机构编制·

·移　民·

中国人民政治协商会议南涧彝族自治县委员会

群众团体

·工　会·

·共青团·

·妇女联合会·

·科学技术协会·

公　安

审　判

检　察

司　法

公安交通警察

工　业

经　济

电　力

燃　料

交通　信息

交通运输

公路管理

中国邮政

贸　　易

供销合作

粮油购销

烟　草

财税　金融　保险

财　政

国家税务

地方税务

人民银行

中国银行业监督管理委员会南涧办事处

建设银行

工商银行

农业银行

食品药品监督管理

质量技术监督

安全生产监督管理

教科文卫

教 育

科　技

地方志　年鉴

气象测报

防震减灾

文体广电旅游

广电网络

通讯编辑

档　案

卫　生

社　　会

民族宗教

人口和计划生育

扶贫开发

国家调查

乡镇要览

南涧镇

拥翠乡

乐秋乡

碧溪乡

小湾东镇

公郎镇

宝华镇

无量山镇

人 物

统计资料选编

附 录

一、领导讲话

二、重要文件

三、企业简介

Main Contents

SPECIAL CONTRIBUTIONS

CONCENTRATED CHARACTER

RECORD OF EVENTS

GENERAL INTRODUCTION

POLITICS

MILITARY AFFAIRS

LEGAL SYSTEM

AGRICULTURE, FORESTRY, TEA, ANIMAL HUSBANDRY AND WATER IRRIGATION

INDUSTRY

TRAFFIC AND INFORMATION

CONSTRUCTION AND ENVIRONMENTAL PROTECTION

TRADE

FINANCE, TAX, BANKING AND INSURANCE

ECONOMICAL MANAGEMENT

EDUCATION, SCIENCE , CULTURE AND HEALTH

SOCIETY

A BRIEF REVIE OF COUNTRIES AND TOWNS

APPENDIX

INDEX

特　　载

坚定信心　奋力拼搏
努力推动全县经济社会科学发展和谐发展跨越发展

——2012年1月12日在中共南涧县委十届二次全体会议上的报告

中共南涧县委书记　苏发吉

同志们：

这次全委会的主要任务是：高举中国特色社会主义伟大旗帜，以邓小平理论和“三个代表”重要思想为指导，深入贯彻落实科学发展观，全面贯彻党的十七届六中全会、省第九次党代会、州第七次党代会和县第十次党代会精神，总结去年工作，安排部署今年任务，组织动员全县各级党组织和广大干部群众，解放思想、坚定信心、抢抓机遇、奋力拼搏，扎实推进“十二五”规划的实施，努力实现全县经济社会科学发展、和谐发展、跨越发展。

现在，我受县委常委会委托，向全委会作报告。

一、凝心聚力、真抓实干，“十二五”时期经济社会发展开局良好

2011年，在州委的正确领导下，县委团结带领全县各级党组织和各族人民，深入贯彻落实科学发展观，统筹推进全县经济建设、政治建设、文化建设、社会建设、生态文明建设和党的建设，为“十二五”时期经济社会跨越式发展赢得良好开局。

（一）经济建设全面提速。我们始终坚持发展第一要务，着力在发展中促转变、在转变中谋发展，不遗余力地打牢发展基础，壮大支柱产业，培育新兴产业，调整产业结构，统筹城乡协调发展。全面实施山区综合开发、中低产田地改造、草原生态保护、中央财政优质肉牛发展等项目，生态农业示范县建设有力推进，农业产业化经营水平不断提高。粮食生产稳中有升；烤烟生产增效明显，烟农收入首次突破20000万元，实现“两烟”税收5936万元；泡核桃产量大幅增长，实现产值23600万元；茶叶生产提质增效、争创品牌，实现产值18600万元；以肉牛和无量山乌骨鸡为主的畜牧业稳步发展，实现产值54000万元；“无量药谷”建设不断加快，完成投资20000万元，种植三七、板蓝根等中草药400公顷（6000亩）。全面实施工业强县战略，工业经济发展取得重大突破，实施招商项目31个，到位资金72319万元；完成工业总产值155743万元、工业增加值24628万元，分别增长40%和35%。以旅游文化为主的第三产业发展良好。旅游产业发展总体规划和重点项目策划工作全面完成，旅游基础设施建设不断加快。金融、保险、地产、商贸、物流、餐饮、住宿等服务水平不断提升，对经济增长的拉动作用日益增强。非公经济快速发展，非公经济增加值占全县生产总值的比重达47.6%。基础设施建设不断加强，完成全社会固定资产投资87738万元，增长30%。投资拉动、项目带动、产业支撑效应明显，经济发展全面提速。全县预计完成地区生产总值214890万元，增长14.9%；实现财政总收入32116万元，增长30.04%，其中地方财政一般预算收入20928万元，增长28.09%。地方财政一般预算支出87556万元，增长26.43%；农村经济总收入143688万元，增长25.8%；农民人均纯收入3391元，增长35.5%。

（二）政治建设卓有成效。我们始终坚持加强党的领导、充分发扬民主和严格依法办事有机结合，着力发展社会主义民主政治，加强民主法制建

设，推进依法治县进程。县委总揽全局，协调各方，全力支持人大依法履行职能，支持政府依法管理经济社会事务，支持政协参政议政，支持司法机关依法独立行使职权。充分调动各级各部门的工作积极性，形成了团结协调、和衷共济、共谋发展的良好局面，全县上下齐心协力抓发展的氛围更加浓厚。巩固和壮大爱国统一战线，认真贯彻党的民族宗教政策，充分行使民族自治地方自治权。老干部工作健康发展。工会、共青团、妇联、科协、工商联、残联等群团组织围绕党政工作中心，卓有成效地开展工作，发挥了党联系群众的桥梁纽带作用。党管武装、国防动员和后备力量建设进一步改善，扎实做好“双拥”工作，军政军民团结的良好局面得到巩固和发展。大力推行政务、村务公开制度，基层民主政治建设得到加强。政务服务体系建设卓有成效，服务群众、服务发展的能力全面提升，社会管理和群众工作水平不断提高，安定和谐的政治局面更加巩固。

（三）文化建设稳步推进。我们始终坚持中国特色社会主义文化发展道路，认真贯彻落实党的十七届六中全会精神，制定出台了《南涧县深化文化体制改革和推动文化产业发展实施意见》，成立了南涧县文学艺术界联合会，不断深化文化体制改革，有力推动民族文化的繁荣发展。社会主义核心价值体系建设、思想道德建设和精神文明创建活动深入推进，新闻舆论引导和媒体建设得到全面加强。公共文化服务体系建设和文化惠民工程扎实推进，文化基础设施建设不断加强。县城雕塑广场建设、偃月公园提升改造、宝华镇、无量山镇等乡镇综合文化站和基层文化信息共享工程全面完成，涧河宋词长廊建设有力推进，农家书屋、大众文体活动场所等建设全面加强，群众文化体育活动更加活跃。南涧镇历史文化古街区保护与发展项目启动实施，重点文物和非物质文化遗产保护工作不断加强。南涧跳菜艺术团改革不断深化，注册成立了南涧跳菜演艺公司，文艺创作喜获丰收，一批精品节目荣获国家和省、州级大奖。彝族舞蹈《三道弯》获全国电视舞蹈大赛十佳节目奖，“羞妹”组合获云南省第四届青歌赛原生态唱法银奖。文化产业发展稳步推进，民族文化发展活力明显增强。

（四）社会建设不断加强。我们始终坚持发展为了人民、发展依靠人民、发展成果由人民共享的原则，优先保障和改善民生，居民生活水平不断改善，实现社会消费品零售总额76173万元，增长20%。统筹发展教育、卫生、科技、社会保障等公共服务。着力推进教育改革发展，认真落实“两免一补”政策，深入推行城乡教师双向交流制度，有力整合教学资源，切实加强教育基础设施建设和教师队伍建设，大幅增加代课教师工资，建立教育教学激励机制，教学水平不断提高。2011年，高考、中考成绩取得重大突破，高考本科上线人数达584人，比上年增加164人，增幅居全州第三；中考600分以上的学生人数达459人，比上年增加194人，增幅居全州第一。公共卫生服务体系加快完善，社会保障体系受益面日益扩大，城乡居民医疗保险、城乡居民最低生活保障、城乡居民社会养老保险试点等工作扎实有效，保障性安居工程建设稳步推进。人口计生工作不断加强，社会福利、优抚安置、老龄工作、慈善和残疾人事业健康发展。就业再就业工作明显加强，城镇登记失业率为3.2%。不断加强和创新社会管理，依法妥善处置各种矛盾纠纷，严厉打击各种违法犯罪，着力抓好食品药品安全、征地拆迁、移民安置、安全生产等工作，各族群众合法权益和生命财产安全得到有效维护，全力维护社会和谐稳定，保障各族群众安居乐业。

（五）生态文明建设成效明显。我们始终坚持生态优先战略，以增强可持续发展能力为核心，以水土流失重点区域和生态环境综合治理为重点，以提高环境承载能力和改善人民群众生产、生活条件为目标，毫不动摇地抓生态环境建设。深入实施天然林保护、退耕还林、生物多样性保护等重点生态工程建设。加快中低产林改造和集体林权制度配套改革。规范林地、林权流转工作，实行经济林木（果）权证抵押贷款，完成林业贴息贷款2800万元，有力加快林产业的发展，有效促进森林资源向森林资产和林业经济转变。深入实施绿色家园行动计划和“绿色走廊”建设，大力开展杨善洲纪念林、万棵树苗进农家等植树活动，扎实推进城乡绿化美化工程。持续推进柴改煤电气和太阳能推广工作，认真落实省、州下达的节能减排目标任务。严厉打击非法采矿、乱砍滥伐、毁林开荒、盗运林木等违法犯罪行为，有效保护森林资源，全县生态环境明显改善，森林南涧建设成效明显。

（六）党的建设全面加强。我们始终坚持以改革创新精神加强党的建设，着力加强党的思想、队伍、组织、作风、制度和反腐倡廉建设，为经济社会的跨越式发展提供坚强保障。深入开展“创先争优”、“三个一”主题实践和“唱红歌、学党史、感党恩”等为主题的各种建党90周年纪念活动，着力实行领导干部在线学习等教育培训，扎实推进学习型党组织和学习型社会建设。圆满完成县乡党委换届工作，县乡（镇）党委班子和干部队伍结构进一步优化，各级党组织的凝聚力、战斗力和执行力进一步增强，党委的领导核心作用进一步发挥，广大党员和干部群众读书学习、干事创业的氛围更加浓厚。全面推行县委权力公开透明运行，大力精减文件和会议，集中召开了全县工作部署会，机关作风建设得到全面加强。坚持德才兼备、以德为先的用人标准，稳步推进竞争上岗、署名推荐、公开选调等制度，“四类干部”培养选拔力度进一步加大，合理使用各个年龄段的干部，选人、用人公信度稳步提升。2011年，提拔科级干部63人，其中，正科23人，副科40人，女干部14人，少数民族干部32人，党外干部8人；平级调整交流103人，免职49人，公开选调5名乡镇干部到县级机关工作。着力构建惩治和预防腐败体系，严格执行党风廉政建设责任制，严肃查处违纪违法案件，反腐倡廉建设取得明显成效。

过去一年的成绩，是州委、州人民政府正确领导和关心支持的结果；是全县人民艰苦创业的结果；是县四班子精诚合作、奋力拼搏的结果；是驻我县人民解放军、武警部队、消防官兵、社会各界大力支持的结果。在此，我代表县委，向所有关心、支持和参与南涧改革、建设、发展的同志们、朋友们，表示衷心的感谢，并致以崇高的敬意！

在肯定成绩的同时，我们也清醒地看到存在的问题和困难：经济总量小、结构不合理、增长速度不够快，进一步转变经济发展方式任重道远；城乡规划建设管理水平不高，交通、水利、环保等基础设施不够完善；教育、医疗、就业等社会事业的发展水平与人民群众的期望和要求仍有差距；加强社会管理和维护和谐稳定的任务依然繁重；少数干部精神不振、责任心不强、开拓创新的劲头不足，机关效能需要进一步提升。这些问题，我们必须引起高度重视，采取有力措施，切实加以解决。

二、坚定信心、奋力拼搏，努力推动全县经济社会科学发展、和谐发展、跨越发展

今年是我县全面实施“十二五”规划的第二年，是持续推进县第十次党代会确定的战略目标和重点工作，保持全县经济社会平稳较快发展的关键之年，做好今年的工作，意义十分重大。我国新一轮西部大开发战略和农村扶贫开发战略的深入实施，云南省“两强一堡”战略和第九次党代会确定的奋斗目标的深入推进，以及我县经济社会平稳较快发展的大好形势，都为我县加快发展提供了良好的机遇，我们必须树立强烈的责任意识、机遇意识，抓住机遇、乘势而上、奋力拼搏，努力推动全县经济社会科学发展、和谐发展、跨越发展。

今年全县工作的总体要求是：高举中国特色社会主义伟大旗帜，以邓小平理论和“三个代表”重要思想为指导，全面贯彻落实科学发展观，紧紧围绕建设“微笑南涧、诚信南涧、创新南涧、活力南涧、森林南涧、和谐南涧”的战略目标，按照“提高全民素质、改善生态环境、提升优势产业、抓实项目建设、强化招商引智、创新发展模式、促进科学发展”的工作思路，以加快转变经济发展方式为主线，以改善民生为根本，以奋力跨越为关键，解放思想、坚定信心、奋力拼搏，为推动经济社会科学发展、和谐发展、跨越发展而努力奋斗。

发展目标是：全县地区生产总值增长15%以上，财政总收入增长22%以上，其中地方财政一般预算收入增长20%以上，全社会固定资产投资增长30%以上，社会消费品零售总额增长20%以上，农村经济总收入增长15%以上，农民人均纯收入增长18%以上，万元GDP能耗控制在州下达指标以内。

为实现上述奋斗目标，我们要着力抓好八个方面的重点工作。

（一）转变发展方式、增加农民收入，着力推进生态农业示范县建设。富民强县是我们一切工作的出发点和落脚点，是我们肩负的重大责任，也是检验全县各级组织执政能力和发展水平的重要指标。农业是安天下、稳民心的基础性产业。我们必须进一步统一思想、坚定信心、转变农业产业发展方式，坚定不移地走生态农业发展之路，牢牢把握“高山净土生态”这一特征，充分挖掘优良的传统生产方式和农耕文化资源，坚持“人无我有、人有

我优、人优我特”的理念，走区域化布局、规模化发展、标准化生产、一体化经营、品牌化导向的发展模式，有力推动生态农业示范县建设。围绕生态农业示范县建设的规划布局，不断完善交通、水利等基础设施建设，培育和扶持生态农业龙头企业，加快标准化生产体系建设，加大农用物资监管力度，完善农产品质量安全检测体系，全面加快“一片烟、一杯茶、一个核桃、一头牛、一只鸡、一棵药”的农业支柱产业提质增效，大力培育新兴产业，着力打造无量山生态农业品牌。认真落实各项强农惠民政策，力保全年生产粮食9960万千克，出栏肉牛7.61万头、无量山鸡180万羽，实现畜牧业产值60000万元，实现泡核桃产值30000万元，茶叶产值21000万元，烟农收入25000万元和“两烟”税收7000万元，加快“无量药谷”建设，着力带动周边地区发展，千方百计促进农业增效、农民增收和农村发展。

（二）狠抓招商引智、扶持企业发展，着力推进新型工业化进程。工业是支撑南涧经济社会跨越发展的核心产业。我们要坚定不移地实施工业强县战略，保持南涧工业经济强劲发展的良好势头，全力推进新型工业化进程。深入实施招商引资目标责任绩效考核办法，切实加大招商引资、招贤引智工作力度，综合考虑投资强度、产业关联度和生态环境承受力，大力引进资金、技术和人才，重点引进劳动密集型、资源深加工型、节约环保型企业，尤其要引进培育生态农产品加工企业，力争全年招商引资突破100000万元。全面完善工业园区规划布局，依法收储、保障工业用地，着力推进园区“五通一平”建设、标准厂房和安居房建设，为企业入驻和发展做好充分准备。全面落实县级领导挂钩重点企业制度和企业家培养、激励机制，加强工业项目协调管理服务，有力推进凤凰木业生物制炭生产线建设、红云核桃技改搬迁扩建和无量维和药业中药饮片加工厂建设等重点工业项目，大力扶持重点工业企业发展壮大，力争实现工业总产值202500万元，工业增加值35000万元，努力完成州下达的节能减排控制指标。

（三）统筹城乡规划、合理布局项目，着力推进城乡一体化发展。投资和消费是扩大内需的两驾马车，就南涧而言扩大投资是保持经济社会快速发展的主要动力，我们必须坚定不移地实施项目带动和投资拉动战略，以支出倒逼收入，以项目支撑投资，以投资拉动内需，从而带动消费、促进发展。深入实施“六个一”重点项目协调推动机制，切实加强项目工作经费投入，着力争取实施一批水利、交通、市政设施、生态环保、文化旅游、社会事业等打基础利长远的重大项目。尤其要围绕重点产业、核心园区、主要景点来布局基础设施建设项目，为产业发展奠定良好的基础。大力实施“兴水强县”战略，着力加快水利改革发展，以乐秋河水库建设项目为龙头，有力推进重点水源工程、病险水库除险加固工程、中央财政农田水利建设工程、五小水利工程、农村饮水安全工程、县城周山提水、河道治理工程等项目，全面加强水利基础设施建设，有力提升用水保障和防洪抗灾能力。要坚定不移地贯彻落实省委、省政府提出的“守住红线、统筹城乡、城镇上山、农民进城”的建设用地上山战略，切实调整完善城镇建设、林业发展和土地利用等相关规划，制定配套政策，以县行政中心建设为突破口，积极引导建设用地向山地、坡地发展，加强坝区优质耕地保护，有力推进绿色家园行动计划和省级园林县城创建活动，全面加快县城彝族文化生态园林山城建设。统筹推进乡镇中心集镇、精品小镇和中心村建设，有力整合山区综合开发、扶贫开发和新农村建设项目，切实加大整乡整村推进和集中连片扶贫开发攻坚力度，千方百计加强农村基础设施建设，切实改善农村生产生活条件，着力推进统筹城乡一体化科学发展。

（四）建设景点景区、提升服务水平，着力推进第三产业快速发展。围绕《南涧县旅游产业发展总体规划（2011～2025）》，按照“一主带三副、六区连一环”的旅游发展空间布局，着力打造云南省独具特色的自驾车旅游环线。积极争取省、州立项扶持，加大项目统筹力度，保障县级财政投入，以“无量药谷”为核心，全力推进灵宝山森林公园、白云生态旅游村、虎街茶马古道和西山跳菜村等重点旅游项目基础设施建设和景点景区建设。启动实施落底河生态垂钓休闲园建设项目，着力打造集“布朗风情展示、自然生态垂钓、亲水休闲娱乐”于一体的云南省知名垂钓休闲旅游景点。着手组建旅游投资开发公司，完善旅游景区景点市场服务功能，促进旅游产业的健康发展，力争实现旅游文化总产值18400万元以上。充分发挥旅游文化产业的促进带动作用，推进商贸物流、金融保险、餐饮服务等行业的发展，着力培育新的经济增长点。全面完成县城生猪定点屠宰厂搬迁、3个乡村集贸市场升级改造工程和4个加油站建设工程，不断完善万村千乡市场工程和家电下乡工程，着力带动城乡消费，力争实现社会消费品零售总额9.14亿元。

（五）加强理论武装、突出民族特色，着力推进文化繁荣发展。文化是民族的血脉，是人民的精神家园。我们必须深入贯彻落实党的十七届六中全会精神，进一步深化文化体制改革，加强民族文化立法，着力推动民族文化繁荣发展，切实增强经济社会发展的软实力，培养“高远、开放、包容”的高原情怀，树立“坚定、担当、务实”的大山精神，全面提升各族干部群众的精气神。加强社会主义核心价值体系建设。坚持用中国特色社会主义理论体系武装干部、教育人民，深入开展社会主义核心价值体系教育实践活动，深入拓展群众性精神文明创建活动，深入推进公民思想道德和社会诚信建设。全面加强和改进新闻舆论工作。充分发挥新闻媒体宣传党的主张、弘扬社会正气、通达社情民意、引导社会热点、疏导公众情绪、搞好舆论监督的重要作用。加快发展文化事业和文化产业。切实抓好乡镇综合文化站、文化信息资源共享、广播电视村村通、农村电影放映等文化惠民工程建设，改善群众文化条件，促进文化成果共享。按照“总体规划、分期实施、抢救保护、协调发展”的原则，扎实推进南涧镇历史文化古街区保护与发展项目建设，全面完成文化遗产资源调查和文庙、城隍庙、观音殿、寿福寺、观音阁、魁阁、锁水阁等古建筑抢救复建，以及停车场、公厕、观景台等基础设施建设。加强优秀民族文化的挖掘传承，加大重点文物和非物质文化遗产的保护开发力度，提升跳菜之乡的彝族特色文化浓郁度和传统文化厚重感。充分发挥南涧县文学艺术界联合会的职能作用，召开好第一次文代会，认真做好特色刊物创办工作和各类文学艺术展览、展演、展评组织活动，尽职尽责促进南涧县文学艺术健康发展。以南涧跳菜艺术团改革为突破口，深化文化体制改革，推进文化与旅游、资本、科技的深度融合，全面加快文化产业的健康发展，着力把文化产业培育成最具活力的新兴产业，促进民族文化的繁荣发展。

（六）加强生态建设、强化环境保护，着力推进森林南涧建设。环境是人类赖以生存的空间，生态是自然赐予我们的宝贵财富。我们必须坚持生态优先不动摇，把生态建设和环境保护摆在更加突出的位置，深入实施好省第九次党代会提出的“绿水青山计划”，持续推进资源节约型和环境友好型社会建设，为经济社会的科学发展提供坚实的生态保障和环境支撑。要以节地、节水、节能、节材为重点，加大监督检查和宣传推广力度，加强能源资源的保护管理和开发利用，着力推动太阳能等新能源的开发利用。持续推进绿色家园行动、城乡绿化工程和柴改煤电气工作。抓实中低产林改造、退耕还林、天然林保护和草原生态保护等项目，大力发展林业和生态产业。加强水土流失重点区域生态保护和环境治理，有力推进县城及周边环境治理和生态修复工程，遏制环境恶化，恢复生态植被，有力推进森林南涧建设。

（七）创新社会管理、抓实民生保障，着力推进和谐南涧建设。发展是第一要务，稳定是第一责任。我们要正确处理好改革、发展、稳定的关系，优先保障民生，着力推进教育、卫生、就业、养老、低保等社会事业和民生保障工作。大力加强和创新社会管理。不断完善党委领导、政府负责、社会协同、公众参与的社会管理格局，抓实社会矛盾化解、社会管理创新、公正廉洁执法三项重点工作，深入推进“六五”普法、“四五”依法治县和社会管理综合治理工作，严厉打击各种违法犯罪行为，继续巩固先进平安县创建成果，有力维护社会公平正义，全力保障人民群众的根本利益。全面加强群众工作。认真贯彻落实党的群众路线和民族宗教政策，深入开展领导干部接访下访活动，着力解决群众合理诉求，理顺群众情绪，密切党同人民群众的血肉联系，有力推动民族团结示范县建设，实现各民族共同团结奋斗，共同繁荣发展。全面加快社会保障体系建设。努力提高基本公共服务水平，不断加强低保动态管理，切实抓好城乡居民医疗卫生保障和社会养老保险工作，全面提升社会保障能力。加强安全生产和食品药品监管，着力保护人民群众的生命财产安全，着力提升人民群众的安全感、幸福感，保持社会和谐稳定，保障人民群众安居乐业，有力推进和谐南涧建设。

（八）强化改革创新、营造良好环境，着力推进活力南涧建设。改革创新是经济社会发展的强大动力。我们必须坚持用改革的办法破解难题，用创新的举措寻求突破，全面推进各领域改革创新。深化县乡政府机构改革，稳妥推进社会事业改革和农村综合配套改革，进一步理顺关系，合理配置资源，有效激发干事创业的积极性，切实消除阻碍经济社会科学发展的体制机制。创新管理方式，加强工作作风建设，完善政务服务体系建设，充分发挥县政务服务中心、乡镇为民服务中心和村为民服务站职能，切实提高行政效率和服务水平。进一步完善行政过错责任追究制，严肃查处不作为、乱作为、慢作为等不良行为。进一步严肃机关、乡镇、村组干部绩效考评纪律，坚持用事实说话，用实绩评分，客观公正地考核评价干部。进一步建立健全督查机制，加强对重点工作的交办、催办、督办、查办，做到工作推进到哪里，督促检查就跟进到哪里，全面提升各级各部门的执行力。全面加快政府职能转变，变"管理型"政府为"服务型"政府，为加快经济社会发展创造周到、周全、周密的办事服务环境，公开、公正、公平的政策服务环境，开明、大度、大气的人文服务环境，切实增强发展活力，有力推进活力南涧建设。

三、加强党的建设，为经济社会科学发展、和谐发展、跨越发展提供坚强保障

办好南涧的事情，核心在党的领导，关键在各级干部。我们要坚持以改革创新精神全面推进党的建设新的伟大工程，特别要把能力建设和先进性建设摆在突出位置，深入推进学习型组织、学习型领导班子和学习型干部队伍建设，着力解决少数党员干部精神懈怠、能力不足、脱离群众、消极腐败的问题，不断提升各级干部的学习力、执行力、创新力、服务力和自律力，切实提高党的建设科学化水平，为南涧经济社会的科学发展、和谐发展、跨越发展提供强有力的组织保障。

（一）加强党的思想建设，着力提升干事创业的精神面貌。思想是行动的先导，理想是前进的路标，信念是人生的支柱。崇高的理想信念，永远是激励广大党员干部不断前进的力量源泉和精神支柱。针对一些党员干部理想信念模糊、宗旨意识淡化、事业心不强等问题，我们要着力推进学习型党组织建设和"创先争优"活动，强化党委理论学习中心组学习和干部日常培训教育工作，大力弘扬读书学习、干事创业的良好风气，不断提高广大党员干部的理论水平、工作能力和精神境界。深化中国特色社会主义理论和党章、党史的学习，尤其要注重学习杨善洲、普发兴、龙进品等优秀共产党员的先进事迹，树立正确的世界观、权力观、事业观，增强为党和人民事业不懈奋斗的坚定性和自觉性。坚定不移地解放思想，坚决破除阻碍发展的思想观念和体制机制，以思想的解放推动发展的跨越。树立强烈的事业心和责任感，满怀激情抓发展，心无旁骛干实事，勇于在困难条件下创造性地开展工作。树立开拓创新的意识，增强敢闯敢试的勇气、昂扬向上的锐气、追求卓越的志气，在不争论中发展，在不折腾中前进，在不甘落后中奋起。以高尚的道德修养赢得信任，以高效务实的工作作风引领干部群众，以优异政绩赢得尊重，以潜心学习和净心实干求得进步，切实为党的组织注入高尚的道德灵魂，全面提升干事创业的精神面貌。

（二）加强党的队伍建设，着力提升广大干部的工作能力。干部的能力素质，是事业发展的决定因素，什么样的领导班子带出什么样的队伍，什么样的队伍创造什么样的业绩。针对党员干部能力不足的问题，我们必须以提高领导水平和执政能力为重点，加大干部教育培训和实践锻炼力度，提高干部驾驭全局、领导发展、处理利益关系和务实创新的能力。着力建设执行力强、创新力强、感召力强的领导班子，培养造就一支推动发展有激情、有招数、有能力、有贡献的高素质干部队伍。我们要围绕实现南涧科学发展、和谐发展、跨越发展这一需要，坚持德才兼备、以德为先的用人标准，深化干部人事制度改革，积极推行提名、竞争、差额选拔任用干部办法，完善领导班子和领导干部考核评价体系，树立重视基层、注重实绩的选人、用人导向，不让埋头苦干的老实人吃亏，不让敢抓敢管的干部受屈，不让改革创新的干部灰心，切实提高选人、用人公信度，拓宽选人、用人视野，造就一支政治上靠得住、工作上有本事、作风上过得硬、人民群众信得过的干部队伍。要切实加大年轻干部培养选拔力度，注重培养选拔少数民族干部、党外干部和女干部，合理使用各个年龄段的干部。健全干部管理监督机制，严格要求和管理干部。认真落实人才强县战略，创新人才政策，完善激励机制，积极面向经济发展主战场、面向产业、面向企业引才

育才，使优秀人才脱颖而出，形成培养引进一批人才、发展壮大一个产业、培育一个经济增长点的链式效应，充分发挥人才在经济社会发展中的引领和支撑作用。

（三）加强党的作风建设，着力密切党同人民群众的血肉联系。水能载舟，也能覆舟。我们必须时刻牢记胡锦涛总书记“密切联系群众是我们党的最大政治优势，脱离群众是我们党执政后的最大危险；只有我们把群众放在心上，群众才会把我们放在心上；只有我们把群众当亲人，群众才会把我们当亲人”的谆谆告诫。针对当前少数党员干部群众观念淡薄、不会做群众工作、漠视群众利益等问题，进一步加强和改进新形势下的群众工作。深入开展群众观点、群众路线、群众利益、群众工作的“四群”教育，全面组织实施党员干部深入基层、深入群众、深入实际的“三深入”活动。把干部直接联系群众制度落实到位，以领导蹲点、部门挂钩、干部结对、驻村入户的形式，开展调查研究、宣讲政策、现场办公和体验生活，着力培养领导干部的平民情怀，真心实意地从群众最关心最直接最现实的利益问题入手，扎扎实实地为群众办实事解难事，进一步密切党群干群关系。进一步畅通群众利益诉求表达渠道，建立健全民情联席会议、信访接待等制度，注重在决策中体现和维护群众权益，正确反映和妥善处理不同方面群众的利益关系。加大群众工作督促检查力度，坚决查处轻视群众工作、漠视群众疾苦、损害群众利益，严重脱离人民群众的人和事，着力营造良好的党群干群关系，密切党同人民群众的血肉联系。

（四）加强党的组织建设，着力增强推动发展的组织保障。党的基层组织是党的全部工作和战斗力的基础。基础不牢，地动山摇。针对少数基层党组织功能不健全、一些党员发挥作用不明显的问题，我们要按照省、州的统一部署，认真组织实施好“跨越发展先锋行动”，深化拓展“云岭先锋”工程，把基层党组织建设成为推动发展、服务群众、凝聚人心、促进和谐的坚强战斗堡垒。扎实开展“创先争优”活动和向杨善洲同志学习活动，引导党员干部把学习先进转化为推动发展的实际行动，认真总结推广先进经验，形成“创先争优”长效机制。突出抓好基层组织带头人队伍建设，提高基层干部应对突发事件、化解社会矛盾的能力。从今年1月起，再次大幅提高村组干部岗位补贴，并逐步建立健全激励保障机制，进一步调动基层干部的工作积极性、主动性和创造性，激励村组干部踏实干事、安心工作，充分发挥基层干部服务发展、带头发展、推动发展的作用。我们要全面推进农村、机关、社区、企业、学校和非公有制经济组织、社会组织的党建工作，强化基层党组织动员群众、组织群众、引导群众、服务群众的功能，充分发挥基层党组织的战斗堡垒作用。

（五）加强党的制度建设，着力以党内民主带动人民民主。重视制度建设是我们党加强自身建设的一个鲜明特点和成功经验，是保持和发展党的先进性，不断提高党的执政能力的重要保障。我们必须把制度建设贯穿党的建设始终，切实加大对制度执行情况的监督检查力度，把制度内化为行为准则和自觉行动，形成尊重制度、服从制度、执行制度的良好氛围。我们要扎实抓好县委权力公开透明运行工作，以党内民主带动人民民主。规范常委会向全委会定期报告工作并接受监督制度，优化全委会、常委会议事规则和决策程序。完善全委会票决重要干部、重大事项决策和社会稳定风险评估制度，以及重大事项决策的协商协调、征求意见、专家咨询和听证等制度，促进科学决策、民主决策和依法决策。稳步推行党代表常任制和党务公开工作，保障党员的知情权、参与权、选举权和监督权。坚持党的领导、人民当家做主、依法治国有机统一，坚持和完善人民代表大会制度、中国共产党领导的多党合作和政治协商制度，着力探索实施党委执政、人大督政、政府行政、政协参政、群众评政、司法公政的有效形式。做好双拥、国防教育、民兵预备役、统战、民族宗教、港澳台侨和老干部工作，更好地发挥工、青、妇等群团组织作用，形成群策群力干事业、同心同德谋发展的强大合力。

（六）加强反腐倡廉建设，着力保持清正廉洁的良好形象。清者莅职之本，俭者持身之基。针对当前一些领域和少数领导干部消极腐败、违法乱纪现象时有发生的问题，我们必须深刻认识惩治和预防腐败关系人心向背和党的生死存亡的极端重要性。坚持标本兼治、综合治理、惩防并举、注重预防的方针，加快惩治和预防腐败体系建设，不断把党风廉政建设和反腐败斗争推向深入。要严格执行党风廉政建设责任制，切实担负起反腐倡廉建设领导责任，着力加强反腐倡廉宣传教育，有针对性地开展示范教育、警示教育和岗位廉政教育，真正做到反腐倡廉常抓不懈，拒腐防变警钟长鸣。要加强对领导干部用权行为的监督，深入开展选人用人责任审查、机构编制责任审核和任期责任审计。要加强对县委、县政府重大决策部署贯彻执行情况的监督检查，实行严格的问责制。要加强领导干部廉洁自律，完善勤廉公示制度，规范住房、投资、配偶子女从业情况等有关事项报告制度。要加大违纪违法案件查办力度，坚决维护党纪国法的权威，着力营造风清气正的发展环境，建设一支清廉务实的干部队伍。

同志们，在推动南涧经济社会科学发展、和谐发展、跨越发展的伟大征程中，全县各级党组织和广大党员，肩负着光荣而艰巨的历史使命，承载着各族人民的殷切期望。让我们紧密团结在以胡锦涛同志为总书记的党中央周围，以邓小平理论和“三个代表”重要思想为指导，深入贯彻落实科学发展观，团结带领全县广大党员干部和各族人民，锐意进取、奋力赶超，努力推动南涧经济社会发展新跨越，以优异的成绩迎接党的十八大胜利召开！

政　府　工　作　报　告

——2012年2月6日在南涧彝族自治县第十届人民代表大会第五次会议上

南涧县人民政府县长　吉向阳

各位代表：

现在，我代表县人民政府向大会作政府工作报告，请予审议，并请政协委员和列席人员提出意见。

一、真抓实干，2011年经济社会发展成效显著

2011年，是“十二五”开局之年。一年来，面对复杂严峻的国际国内形势和各种自然灾害的严重影响，县人民政府在州委、州政府和县委的正确领导下，在县人大及其常委会和县政协的监督支持下，团结和带领全县各族人民，抢抓机遇、锐意进取，攻坚克难、扎实工作，全面完成了县十届人大四次会议确定的年度目标任务。全年预计完成地区生产总值214850万元、增长15%，其中一产78738万元、二产41094万元、三产95018万元，分别增长9.7%、28.8%和14%，三次产业比重调整到36.6∶19.1∶44.3；实现财政总收入32116万元、增长30%，其中地方财政一般预算收入20928万元、增长28.1%，地方财政一般预算支出87556万元、增长26.4%；完成全社会固定资产投资87772万元、增长30%；实现农村经济总收入143688万元、增长25.8%；农民人均纯收入3391元、增长35.5%。

（一）抓产业、促增收，生态农业建设稳步推进。按照生态农业示范县建设实施意见，围绕烤烟、泡核桃、茶叶、肉牛、无量山乌骨鸡、生猪、药材、蔬菜、马铃薯九个标准化生产示范基地，多渠道整合项目资金，以点带面、示范带动，9个生态农业示范村建设稳步推进。全县财政支农资金16857万元、增长11%，其中农民直补资金3216万元、增长21.7%。预计完成农业总产值137970万元、增长17.6%。以稳定和保障粮食安全为重点，大力普及推广良种和骨干科技措施，实现粮食总产量10427万千克。实施烟叶生产考核办法和烤烟种植大户奖励办法，种植“红大”烤烟5333.33公顷（8万亩），收购烟叶936.5万千克，烟农总收入首次突破20000万元，实现“两烟”税收5936万元。新种植泡核桃2820公顷（4.23万亩）、补植补造3060公顷（4.59万亩），泡核桃面积累计达4.88万公顷（73万亩），实现产量800万千克、产值23600万元。茶园面积发展到7066.67公顷（10.6万亩），实现茶叶产量388.3万千克、产值18600万元。认真实施草原生态补助和动物防疫整村推进工作，无量山乌骨鸡评选为“云南省六大名鸡”之一，中央财政现代农业发展优质肉牛项目全面完工，以肉牛和无量山乌骨鸡为主的畜牧业稳步发展。出栏肉牛7.6万头、肉禽225万只、生猪18.4万头，实现畜牧业产值56000万元。与云南维和药业携手打造“无量药谷”，完成项目投资20000万元，种植三七和板蓝根等中药材400公顷（6000亩）。

（二）抓工业、优服务，二三产业不断发展壮大。全面实施工业强县战略，出台加快工业经济发展决定，工业用地收储、园区基础设施和标准厂房建设顺利推进。进一步完善招商引资目标责任绩效考核办法，实施招商引资项目31个，实际到位资金72319万元。收储工业园区土地87.93公顷（1319亩），建成园区标准厂房4368平方米。编制得胜生态农特产品加工园区详规，安定工业园区蚂蟥箐治理一期和园区进场公路太阳能路灯示范工程全面完工。凤凰木业集成材生产线、家具生产线投入生产，东恒经贸日处理30万千克

的铁矿石初选生产线建成投产，南涧水泥制品厂和红云核桃技改搬迁项目、无量山水泥技改扩建项目顺利推进。完成工业总产值155743万元、工业增加值24042万元，分别增长40%和35.1%。加大优秀民营工业企业、企业负责人和个体工商户扶持奖励力度，非公经济增加值占全县生产总值的比重达47.6%。完成旅游产业发展总体规划编制和重点项目策划工作，宝华镇虎街茶马古道修复工程全面完工，南涧镇历史文化古街区保护与开发、白云生态旅游村、西山跳菜村和灵宝山、碌摩山、西山3个森林公园等旅游景点景区基础设施建设正抓紧实施。深化跳菜艺术团改革，成立跳菜演艺公司，积极开发具有民族文化特色的旅游产品，全县旅游吸引力明显增强。制定旅游农家乐评星扶持奖励办法，餐饮、住宿、商贸、物流、保险、房地产等服务水平不断提升，实现外贸出口创汇226万美元，金融机构各项存贷款余额分别为221048万元和290064万元，分别增长22.6%和27.6%。居民消费能力不断提升，实现社会消费品零售总额76173万元、增长20%。

（三）抓项目、增投资，发展后劲明显增强。实施项目带动、投资拉动战略，不断完善项目绩效考核评价机制、县级领导挂钩重点项目责任制、重大项目协调推进机制和反督查机制，切实加大项目储备、申报、争取和实施力度。累计争取上级补助资金67325万元、增长25.4%。农田水利建设完成投资6123万元，完成中低产田地改造528.47公顷（7927亩），建成烤烟密集式烤房250座、育苗大棚50个。新建和修复各类水利基础设施1192件，新增供水受益人口1.52万人，全县水利化程度达49.6%。母子垦水库除险加固扩建工程通过省级竣工验收，大龙潭水库西干渠防渗工程和公郎镇龙平片区以工代赈小型基础设施建设项目全面完工，农村安全饮水工程、“五小水利”工程、县城周边山提水工程、无量山镇保台光明片区以工代赈小型基础设施建设项目和大尧、喂羊盐、草皮湾水库除险加固工程进展顺利，乐秋河中型水库和宝华荨麻箐小（二）型水库前期工作有序推进。交通建设完成投资8916万元，完成通达工程25个228千米，无量、沙乐、保安公路水泥路面建设工程全面完工，公民公路、拥翠公路大中修工程和新山、虎街、云华至发达、碧溪至宝华油路工程及东涌桥建设项目正抓紧实施。电力建设完成投资2150万元，110千伏南涧变电二期增容改造工程、2010年农网改造升级10千伏及以下工程全面完工。社会事业完成投资4332万元，总建筑面积3363平方米的文启、团山、拥翠和卫国小学校舍建成投入使用，县医院医技楼及传染科二期工程、县级和4个乡镇就业和社会保障服务中心、3个乡镇集贸市场、毓秀书院修缮工程、宝华和无量综合文化站建设全面完工，县城果蔬集散场地、县医院门诊综合楼、教师周转宿舍和西山、凤岭、沙乐小学校舍等建设项目正抓紧实施。

（四）抓统筹、重规划，城乡人居环境不断改善。进一步完善“彝族文化生态园林山城”规划建设思路，修编县城总规、控规、近期建设规划和相关专业规划，不断加强县城基础设施建设，县城建成区面积4.75平方千米，城镇化率达28.1%。投资4659万元的县城金龙路改扩建二期一标段、中兴路改扩建、跳菜雕塑广场、偃月公园整体升级改造、移民大楼、十六米街、涧河宋词长廊建设项目全面完工。保障性住房建设完成投资1600万元，开工率达100%、竣工率达60%以上。县城东片区“龙凤丽都”房地产开发项目累计完成投资27600万元。投资3756万元的县城污水处理厂及配套管网项目进入试运行阶段，生活垃圾处理场项目完成投资2500万元。振兴路、安定路、四十米大街、幸福路等路段美化亮化和县城东片区供水管网建设、南北两端城市公园土方回填工程、公安业务技术用房、信合大楼等建设项目完成投资2150万元。投资715万元的县城至祥临路连接线、县城南北入口、富民街、小军庄平交口4个广场和涧河宋词长廊绿化工程全面完工，县城后山生态修复工程和省级园林县城创建活动启动实施，新增城市绿化面积2.7万平方米。组建县公共汽车有限公司，统一客运车辆车身标识，客运市场管理不断加强。完成县城红绿灯及电子监控系统、道路交通标线标识等配套设施建设。推行县城门前三包责任制，加强广告标识规范化管理，县城管理水平不断提升。新农村建设完成投资7014万元，全面完成乡集镇规划和宝华集镇二期工程建设，公郎中心集镇和全县行政村、自然村村庄规划编制顺利推进，2个中心村、3个示范村、2个行政村扶贫开发整村推进、9个新农村省级重点村、68个扶贫重点村和乐秋瓦午晒肚皮苗族村建设全面完工，完成农村危房改造1500户，发放扶贫到户贷款4029万元。农村“一事一议”财政奖补项目完成投资2030万元。

（五）抓生态、兴环保，森林南涧建设成效明显。坚持生态立县、环境优先，深入实施“绿色家园”行动计划，新建沼气池2096口、节柴改灶789眼，推广太阳能801台。开展杨善洲纪念林、“万棵树苗入农家”等植树造林活动，共栽植各类苗木79万余株，新增特色经济林1133.33公顷（1.7万亩）、补植补造80公顷（1200亩）。低碳节能减排工作成效明显，全县单位万元GDP能耗同比下降2.6%。完成天保工程公益林建设1666.67公顷（2.5万亩）、春夏季造林3733.33公顷（5.6万亩）、小湾电站淹没区植被恢复易地造林800公顷（1.2万亩）、中低产林改造2666.67公顷（4万亩）、森林抚育2000公顷（3万亩）。投资564万元的无量山国家级自然保护区二期工程、县森林防火营房建设工程、公郎镇和南涧镇天保工程管理所建设全面完工。完成国家级和省级森林生态效益补偿南涧县实施方案修订和全县林地保护与利用总体规划、天然林保护二期工程规划编制工作。在全国首开经济林木（果）权证抵押贷款先河，核发经济林木（果）权证1.2万本，发放抵押贷款2800多万元。

（六）抓民生、强保障，社会各项事业全面发展。优先发展教育事业，财政投入教育事业经费15681万元、增长25.3%。全面落实“两免一补”政策，建立教育奖励专项资金，深入实施名师工程、师德建设工程，全面推行城乡教师双向交流制度，促进城乡教育事业均衡发展。抓实校安、校舍加固改造、普通高中能力建设、“两基”迎国检成果巩固和“爱心圆梦”工程，教育基础设施不断加强，各级各类教育质量和水平进一步提高。全县小学、初中毛入学率达99.6%以上、高中毛入学率达75%以上。医药卫生体制改革稳步推进，全县基本药物实行省级网上集中公开采购、统一配送，乡镇卫生院、村卫生室药品实行零差价销售，实现城乡居民年人均享受25元的基本公共卫生服务，新农合参合率达93.1%。甲型H1N1、艾滋病、血吸虫等传染病、地方病得到有效控制。成立食品药品稽查大队，食品药品监督管理工作不断加强。严厉打击哄抬食盐价格等违法行为，公交车、出租车、餐饮等行业收费行为进一步规范。就业和再就业工作成效明显，新增城镇就业人口1207人，发放小额担保贷款、创业贷款、劳动密集型小企业贷款2190万元，城镇登记失业率3.2%。开展城乡居民社会养老保险试点工作，城镇居民参保率达96.7%、农村居民参保率达88.1%，全县参保人数达12.69万人。2.92万城乡居民享受最低生活保障，发放低保金3430万元。加强城乡特困群众救助工作，累计救助困难群众15.67万人（次），发放救灾救助资金1274万元。发放廉租住房、农机具购置和家电、摩托车下乡补贴1828万元。医疗、失业、工伤等社会保险不断完善，农民工工资支付保障、优抚安置、残疾人康复帮扶和少数民族村庄重点帮扶工作得到加强。成立县婚姻登记中心，实现全县婚姻登记集中办理。坚持人口和计划生育基本国策，优生促进工程深入推进，人口自然增长率为3.3‰。文化事业繁荣发展，彝族舞蹈《三道弯》获全国电视舞蹈大赛十佳节目奖、“羞妹”组合获云南省第四届青歌赛原生态唱法银奖。文化惠民工程深入实施，完成43个行政村农家书屋建设，群众文化活动更加活跃，体育事业蓬勃发展。地震、气象、档案、县志、侨务、保密、防灾减灾、新闻宣传、机构编制、机关事务管理等工作取得较好成绩。妇女儿童权益保护和残疾人、老龄事业得到进一步发展。财税、审计、工商、统计、供销、粮食、金融、邮政等工作较好地服务经济社会发展。

（七）抓改革、提效能，政务服务水平不断提升。全面完成县政府机构改革和深化乡镇机构改革任务，卫生、供销、财税等各领域改革深入推进。成立县政务服务局，在全州率先建成县乡村三级政务服务体系。开展政府创新项目评选奖励工作。加强规范性及涉法类文件审查。聘请城市建设和无量药谷建设发展顾问，重大事项坚持公开听证、专家咨询、集体决策。自觉接受县人大及其常委会和县政协的监督，依法向县人大及其常委会报告工作，主动向县政协通报工作。认真办理人大代表意见建议和政协委员提案。广泛听取工商联、无党派人士和各人民团体的意见。坚持厉行节约，严格控制行政成本，提倡移风易俗，禁止大操大办，全县性工作会议统筹安排、集中召开，公务卡使用范围不断扩大，政府采购行为进一步规范。深入开展重点建设项目专项稽查和审计、公务用车专项治理、政风行风评议等工作，坚决查处违纪违法案件，政府自身形象不断提升。

（八）抓管理、推创新，全县社会保持和谐稳定。加强群众工作，组建县乡村三级群众工作组织体系。坚持领导干部开门接访、主动约访、带案下访、上门回访制度，企业改制、山林纠纷、征地拆迁、涉法涉诉等一大批信访疑难问题得到妥善解决。平安创建活动和社区矫正工作深入推进，各类违法犯罪活动得到有效遏制，第二轮“禁毒防艾”人民战争和依法治县工作成效显著，违法用地、非法探采矿和公路沿线违法违规建设行为得到严厉打击，社会治安综合治理不断加强。探索完善重性精神病人救治服务机制，启动实施“六五”普法规划和第三轮“禁毒防艾”人民战争。群众性精神文明创建活动深入推进，新闻舆论引导和媒体建设管理得到加强。切实抓好安全生产各项工作，全县安全生产形势总体保持稳定。民兵预备役、征兵、优抚安置、人防战备、国防教育等工作不断加强。

各位代表，回顾过去一年的工作，成绩来之不易。这是州委、州政府正确领导、亲切关怀的结果，是县委统揽全局、科学决策的结果，是县人大及其常委会和县政协有效监督、积极支持的结果，是全县广大干部群众团结奋斗、辛勤劳动的结果，是社会各界大力支持、共同努力的结果。在此，我代表县人民政府，向全县各族干部群众，向各位人大代表、政协委员，向驻我县人民解放军、武警官兵，向关心支持南涧发展的社会各界人士，表示衷心的感谢和崇高的敬意！

在肯定成绩的同时，我们也清醒地看到，全县经济社会发展还存在许多困难和问题。一是县域经济综合实力弱，增长速度不够快，总体发展质量不高，“一产不优、二产短腿、三产不快”的整体发展状况尚未根本改变，调结构、转方式任重道远。二是县乡财源结构单一，“两烟”、水电和非税收入占财政收入比例较大，财政持续增收后劲乏力。三是资金投入不足和基础设施薄弱的瓶颈制约尚未根本破除，社会事业发展滞后，生态依然十分脆弱，推进全面协调可持续发展任务艰巨。四是城乡发展不平衡，农村贫困面大程度深，许多关系民生的问题解决难度大。五是随着全县工业化、城镇化进程和基础设施建设的不断加快，土地征用、山林权属纠纷等引发的社会矛盾日益凸显，社会利益关系日益复杂，群众诉求更加多样化，加强和创新社会管理难度大。六是思想观念和体制机制障碍仍然突出，少数干部服务意识不强，不作为、慢作为等现象不同程度存在。这些问题，我们将高度重视，采取有效措施，认真加以解决。

二、开拓创新，奋力推动2012年经济社会科学和谐跨越发展

2012年是本届政府任期的最后一年，也是应对国际国内经济形势急剧变化的重要一年，做好今年的各项工作意义重大。当前，国内外环境十分复杂，一些国家主权债务问题突出，新兴市场国家通胀压力加大，各种形式保护主义明显增多，世界经济复苏的不稳定性不确定性上升。国内经济增长下行压力和物价上涨压力并存，节能减排形势严峻，极端天气造成的灾害影响不可低估。但我们更要看到，世界经济总体趋稳向好，国家新一轮西部大开发战略和农村扶贫开发战略的深入实施，我省“两强一堡”战略和大理滇西中心城市建设战略的不断推进，以及随着国家和省、州对农田水利等基础设施建设的不断加强，强农惠农富农政策的不断强化，将为我们提供更多难得的发展机遇。我们要准确把握稳中求进、好中求快、变中求新的工作总要求，立足山区、民族、贫困三位一体的基本县情，紧扣发展不够快、不充分、不协调、不平衡的现实县情，着眼潜力较大、特色突出、势头良好、前景广阔的发展县情，以更加强烈的责任意识、机遇意识，争先进位、大干快上，奋力推动全县经济社会科学发展、和谐发展、跨越发展。

2012年政府工作的总体要求是：高举中国特色社会主义伟大旗帜，以邓小平理论和“三个代表”重要思想为指导，全面贯彻落实科学发展观和党的十七届六中全会、中央经济工作会、省第九次党代会、州第七次党代会、县第十次党代会、县委十届二次全会精神，紧紧围绕建设“微笑南涧、诚信南涧、创新南涧、活力南涧、森林南涧、和谐南涧”的战略目标，按照“提高全民素质、改善生态环境、提升优势产业、抓实项目建设、强化招商引智、创新发展模式、促进科学发展”的工作思路，以加快转变经济发展方式为主线，以改善民生为根本，以奋力跨越为关键，解放思想、坚定信心、奋

力拼搏，为推动经济社会科学发展、和谐发展、跨越发展而努力奋斗。

2012年全县经济社会发展的主要奋斗目标是：地区生产总值增长15%以上，财政总收入增长22%以上、地方财政一般预算收入增长20%以上，全社会固定资产投资增长30%以上，社会消费品零售总额增长20%以上，工业总产值和工业增加值分别增长30%和35%以上，农村经济总收入增长15%以上，农民人均纯收入增长20%以上，人口自然增长率控制在5‰以内，单位万元GDP能耗控制在州下达指标以内。

为确保上述目标的实现，主要抓好以下八个方面工作。

（一）以农业增产和农民增收为目标，坚持不懈地抓好生态农业示范县建设，着力培植和提升优势产业。牢牢把握“高山净土生态”特征，全面实施生态农业示范县建设战略，推动“一片烟、一杯茶、一个核桃、一头牛、一只鸡、一棵药”的优势产业提质增效，促进农业增产、农民增收、农村发展。

抓好粮食生产。切实抓好粮食生产，稳定粮食播种面积，抓实科技措施普及推广，加强农业基础设施建设，提高防灾减灾能力，增强粮食综合生产能力，力争实现粮食总产量10688万千克。优化种植结构，提升冬春马铃薯、油菜、早蚕豆、早豌豆等特色农作物种植水平。推广太阳能杀虫灯、生物农药和测土配方施肥技术，实施好得胜生态农产品加工园区、有害生物区域测报站、农产品冷链物流配送中心建设，强化农产品全程质量安全检测监督，积极倡导绿色生产和消费。

提升优势产业。坚持烤烟红大“一县一品”种植，健全完善烟叶生产工作考核机制，积极鼓励支持专业合作社和种烟大户规模连片种植烤烟，提高优质烟叶有效供给能力，计划种植“红大”烤烟5333.33公顷（8万亩），完成烟叶收购925万千克，力争实现烟农收入25000万元以上、两烟税收7000万元以上。以打造无公害茶、绿色食品茶和有机茶为目标，抓好标准茶园建设、龙头企业培育、新产品开发和市场开拓等工作，推动茶叶产业转型升级，力争实现茶叶产值21000万元以上。抓好泡核桃标准化生产示范基地建设，加强日常抚育管护，种植泡核桃1733.33公顷（2.6万亩）、抚育3.4万公顷（51.4万亩），力争实现泡核桃产值30000万元以上。狠抓良种、饲料、防疫、服务四大体系建设，发展壮大无量山乌骨鸡特色产业，延伸肉牛产业链，保障生猪有效供给，建立相对集中的标准化养殖小区，抓实现代农业示范园建设，实现出栏肉牛7.61万头、无量山乌骨鸡180万羽、生猪18.6万头，完成肉类总产量3540万千克，力争实现畜牧业产值60000万元以上。

培植中药产业。充分发挥无量山独特的生态资源和中药材种植优势，全力推进“无量药谷”中药材标准化种植示范基地和天然药物研究生产基地建设，并向周边农户乃至全县适宜地区辐射，大力发展三七、红花、板蓝根、何首乌等名贵中药材。加强中药材原产地及其资源的保护、研究、开发和利用，着力把以三七为主的中药材培植成为全县新的“一棵药”优势产业。

（二）以发展壮大和品牌创建为动力，坚持不懈地抓好工业经济发展，着力推进新型工业化进程。坚持引进、培育、壮大、提升并举，坚定不移地实施“工业强县”战略，着力推动工业经济快速发展。

强化招商引智工作。创新招商引资目标责任绩效考核办法，结合全县产业和资源状况，综合考虑投资强度、产业关联度和生态环境承载能力，主动承接发达地区的产业梯度转移，积极开展产业链招商、会展招商、以商招商和代理制招商，加大招商引资、招贤引智工作力度，努力引进投资强度大、产业关联度高、带动就业强、社会效益好的企业签约落户，积极支持本地优势企业引进合作伙伴做大做强，不断提高招商引资的质量和效益，力争引进县外资金100000万元以上。

加强发展平台建设。按照工业发展空间布局，不断加强基础设施建设。抓好工业园区用地收储工作，落实园区扶持政策，力争完成工业固定资产投资20000万元以上。认真落实鼓励外来投资办法，建立行政审批“绿色通道”，提高服务企业的效率和水平。强化金融部门与企业的沟通和联系，积极为企业搭建良好的融资平台。

加快工业提质增速。强化工业项目协调服务，实施好凤凰木业生物制炭生产线、无量维和药业中药饮片加工厂建设和红云核桃技改搬迁扩建等重点工业项目。深入实施名牌战略，强化质量兴企，加大名牌产品、地理标志产品、驰名商标的开发、保护和宣传力度。坚持工业化和信息化融合，积极推动龙头企业按国际化、标准化要求，进行危害分析与关键控制点认证，着力打造绿色无量山品牌。加强“产学研”结合，支持企业技术创新和改造，力争实现工业总产值202500万元、工业增加值32000万元以上。

（三）以文化体制改革和生态旅游开发为突破口，坚持不懈地抓好文化旅游产业发展，着力打造县域经济新增长极。深化文化体制改革，更加自觉、更加主动地推动文化大发展大繁荣，带动以旅游文化产业为主的第三产业快速发展。

深化文化体制改革。积极引进管理型、经营性人才，培育壮大以跳菜演艺公司为主的文化市场主体，组建公益性文化事业基金会，引导社会资金进入许可行业。积极扶持具有南涧特色和竞争力的民族歌舞、民族民间工艺品参与文化交流。建立完善文化艺术创作激励机制，促进文化精品创作。做好古建筑、民族民间艺术、马帮文化等文化遗产的普查、申报、保护和开发利用工作，抓好跳菜艺术传承和保护。加快广播电视村村通、文化信息资源共享、村级综合文化活动室、农家书屋、农村电影放映等大众文化建设。以农村边远地区为重点，推进文化惠民工程建设。拓展大众文化消费市场，积极培育群众广泛参与的社区文化、农村文化、校园文化和企业文化。推进文化与旅游、资本、科技的深度融合，着力把文化产业培育成最具活力的新兴产业。

加快旅游产业发展。围绕“生态南涧、民族风情”这一主题，按照“一主带三副、六区连一环”的旅游产业发展规划，以县城为核心，辐射带动公郎、无量和小湾旅游开发，充分挖掘以“南涧跳菜”、“哑神舞”、“茶马古道”为主的原生态文化资源，大力开发“跳菜彝乡”特色城镇服务区、“无量药谷”养生休闲度假区、“武侠风情”无量山体验区、“和谐村寨”回族文化体验区、“品茶观鸟”生态体验区和“高峡平湖”澜沧江小湾电站旅游区。抓好无量药谷、灵宝山森林公园、白云生态旅游村、虎街古驿村、西山跳菜村等旅游景点景区基础设施建设。适时组建县旅游投资开发公司，完善旅游景点景区市场服务功能。包装推介高星酒店、跳菜别院、香茗客栈、露营山庄等旅游招商项目，积极推广民族服饰和彝族酒歌等文化。大力扶持发展农家乐旅游，打造一条涵盖全县重要景点景区的自驾车精品旅游环线和独具特色的落底河垂钓园，力争实现文化旅游业总产值18000万元以上。

推动其他服务业发展。充分发挥旅游文化产业的促进带动作用，加快推进流通网络建设，抓好县城生猪定点屠宰厂搬迁和3个乡村集贸市场升级改造建设。加快推进县城新区、南涧镇仁和、无量山镇和平、碧溪乡碧溪4座加油站建设。加快餐饮业发展，推动宾馆评星。做好县境内中缅油气管道和大普高速公路、祥临铁路建设前期协调服务工作，积极发展物流业。加快推动房地产、金融、保险等服务业发展，着力带动城乡消费，力争实现社会消费品零售总额91400万元以上。

（四）以项目带动和投资拉动为支撑，坚持不懈地抓好固定资产投资，着力加强城乡基础设施建设。坚持基础先行，抢抓机遇，认真抓实项目谋划、论证、储备、上报等各环节工作，加大前期经费投入力度，争取启动和建成一批重大基础设施建设项目。

加强农田水利基础设施建设。完成2011年中央财政小农水建设重点县项目、县城周山提水、南涧河县城段分级闸水工程和大尧、喂羊盐、草皮湾水库除险加固工程建设，完成2325件“五小水利”工程建设和658.47公顷（9877亩）中低产田地改造任务，力争解决3万农村群众安全饮用水问题。加快农业综合开发、2012年中央财政小农水建设重点县项目和凤凰山水库除险加固工程建设，实施好山洪灾害防治县级非工程措施项目、水利血防节水灌溉项目和南涧镇小瓦折上村、麻栗树耕地占补平衡项目建设，力争启动实施乐秋河南涧段中小河流治理工程和宝华荨麻箐小（二）型水库建设，全力抓好乐秋河中型水库项目前期工作。

加强交通能源基础设施建设。完成新山、虎街、云华至发达沥青路面建设，实施好58.1千米的碧溪至宝华农村公路改造工程，启动红星、中山、白竹通村油路工程和东涌、乐秋村公路大中修工程。完成35千伏无量变电工程、10千伏及以下农网升级改造和无电地区电力工程建设，抓好2012年农网升级改造项目建设。

（五）以城镇化推进和新农村建设为载体，坚持不懈地抓好城乡统筹发展，着力改善城乡人居环

境。坚持城乡统筹发展，优化区域布局，加快构建城乡互动、区域协调、多极支撑、多元发展的新格局。

加快推进城镇化进程。按照“守住红线、统筹城乡、城镇上山、农民进城”的建设思路，转变建设用地方式，引导城镇、村庄、工业向适建山地发展，全面启动小军庄大坝地片区综合整理开发、行政中心、全民健身中心和四星级以上酒店建设。紧紧围绕县城绿化覆盖率达35%、建成区绿地率达30%、人均公共绿地面积达8平方米以上的目标，引进和培育1~2家有资质的园林绿化工程公司，建立苗木生产基地，全面实施绿色家园行动计划和县城园林单位达标建设。加快“龙凤丽都”房地产开发项目建设，抓紧启动实施南涧五洲商贸城家居市场，完成县城生活垃圾处理场、县城东片区供水管网配套二期工程、金龙路改扩建二期、公安业务技术用房、信合大楼、移动大楼、维和大楼和碌摩山、西山森林公园及亭、台、楼、阁、塔等标志性文化载体的修建修复工程，实施好县城振兴北路延伸段、博爱路改造、县城南北端城市公园、金龙路西北侧规划控制和建筑立面改造、县城主要建（构）筑物夜景照明、巍南路祥临路过县城段照明、县城后山防火通道等工程建设，力争启动实施县城客运站搬迁、偃月公园扩建和县城停车场建设。充分挖掘彝族文化为代表的文化资源，推进历史文化古街区建设，不断提升县城文化内涵。实施县城道路硬化全覆盖工程，加强县城周边工程治理、生态治理、水源防治，建设县城防护绿地。全面推行“门前三包”责任制，不断提高县城管理水平。

加快推进新农村建设。完善以工促农、以城带乡长效机制，推动公共财政向“三农”倾斜、公共设施向农村延伸、公共服务向农民覆盖、现代文明向农村推进。力争全面完成行政村、自然村村庄规划编制任务。按照“放宽城镇户籍、同享城乡待遇、自愿有偿转变、分类协调推进”的原则，有效解决进城农民在就业、住房、社保、医疗卫生、子女教育等方面的突出问题，引导农村人口有序向城镇转移。推动惠农支付网点建设，积极扶持发展农民专业合作经济组织，加大“一事一议”财政奖补资金投入力度，加强以水、电、路、房为重点的农村基础设施建设，改善群众生产生活条件，逐步缩小城乡发展差距。加快推进以中心集镇、中心村、示范村为重点的新农村建设，完成公郎中心集镇和新一轮2个中心村、3个示范村建设任务，完成90个扶贫重点村、9个新农村省级重点村、2个行政村扶贫开发整村推进、2个易地扶贫搬迁项目及三字克、岔江新区、瓦木自移民安置项目和龙潭水库建设。落实好中央扶贫工作会议精神和新10年扶贫开发纲要，按照国家新的扶贫标准，认真做好扶贫对象的摸底调查和认定工作，高质量编制连片特困地区区域发展与扶贫攻坚规划，着力推进红河源头、澜沧江流域、无量山三个集中连片贫困地区开发，大力扶持深度特困村、人口较少民族村落的发展。

（六）以环境保护和森林南涧建设为抓手，坚持不懈地抓好生态文明建设，着力提高可持续发展能力。按照经济建设与生态建设同步进行、经济效益与生态效益同步提高、产业竞争力与生态竞争力同步提升、物质文明与精神文明同步前进的要求，着力建设资源节约型、环境友好型社会。

加强生态环境保护。深入实施柴改煤电气和太阳能推广工程，坚持烤烟用煤政策不动摇，积极构建资源能源价格市场化形成机制和危废垃圾集中处理价格机制，稳步推进能源、矿产、土地、水资源、林地林木等资源性产品价格改革，推行排污收费制度。加强水源地保护，推广节水灌溉和科学施肥技术，加快推进农村垃圾处理设施建设。严格执行新一轮土地利用总体规划和矿产资源规划，规范矿产资源开发秩序，严厉打击国土资源违法行为。落实地质灾害群测群防工作责任，争取实施县城周边地质灾害治理项目。

抓实节能减排工作。积极推进全社会节能，加大太阳能、风能等清洁能源的开发利用，大力发展低碳、循环经济。以重点区域和农村面源污染防治为核心，全面落实污染减排各项措施。鼓励和支持企业进行节能减排技术改造，大力推广节能减排新设备、新工艺、新技术，严控能耗总量。

加快森林南涧建设。按照“生态建设产业化，产业发展生态化”的思路，建立健全林地保护利用管理机制，认真实施好公益林生态补偿、天保二期、巩固退耕还林三大工程，大力发展核桃、芒果、板栗等经济林果，进一步加强和提升城乡植树造林工作，不断提高林业综合效益。深化集体林权制度配套改革，规范林地、林木流转，在全面推开经济林木（果）权证抵押贷款的同时，积极推进林权证抵押贷款，力争两项“权证”抵押贷款突破10000万元。狠抓营林造林工作，完成退耕还林工程封山育林666.67公顷（1万亩）、天保二期工程人工造林666.67公顷（1万亩）、封山育林333.33公顷（5000亩）。完成宝华、公郎两个森林公安派出所业务用房建设。加强森林病虫害监测、防治和检疫，强化自然保护区监管，加强重点林区防火和森林灾害应急处置能力建设。

（七）以教育卫生和就业保障等领域为重点，坚持不懈地抓好社会各项事业发展，着力保障和改善民生。更加重视发展社会各项事业，努力提供基本教育、卫生、就业、社保等公共服务，提升全民素质，让各族群众得到更多实惠和发展机会。

加快教育事业发展。加大财政对教育的投入力度，加快教育软硬件建设，完成4892平方米的D级危房拆除重建和3920平方米的112套教师周转宿舍建设。实施好2012年D级危房拆除重建工程和B、C级危房、初中校舍加固改造工程。全面实施农村义务教育学生营养改善计划，巩固和扩大“两基”成果，大力发展学前教育，落实中、高考奖励办法，加强名师评选和管理，加大教师培训力度，进一步提高教育教学质量。健全完善人才吸引、使用、评价、激励和保障机制，积极开展重点产业人才知识更新、农民实用技术和农村劳动力转移培训，统筹推进各类专业人才队伍建设。

深化医药卫生体制改革。深入推行城乡医护人员双向交流制度，落实乡镇卫生院、村卫生室财政补偿政策，促进基本公共卫生服务均等化。加强疾病预防控制、应急医疗救治、卫生执法监督和城乡急救体系建设，加大医疗服务市场监督执法力度。完成县医院综合楼建设。稳步推进公立医院改革，鼓励和引导民营医院发展。加快建立和完善以基本医疗保障为主、覆盖城乡居民的医疗保障制度，落实国家扩大免疫规划，力争实现城镇居民基本医疗保险参保率达90%、新农合参合率达93%、免疫接种率达95%以上的目标。

加强就业和社保工作。充分发挥县乡人力资源市场作用，引导城乡富余劳动力就近就地转移就业，城镇登记失业率控制在4%以内。深入实施“贷免扶补”工作，促进创业带动就业。进一步规范公益性岗位管理，促进就业困难人员和城镇下岗失业人员再就业。加强城镇企业职工和机关事业单位养老、工伤和生育等社会保险参保工作，落实城乡最低生活保障制度，加大劳动保障监察执法和劳动人事争议调解仲裁工作力度，落实建设领域农民工工资保证金制度。抓实城乡居民社会养老保险工作，实现城乡居民社会养老保险制度全覆盖。扎实开展救灾救济工作，妥善解决好城乡贫困居民生活困难问题，落实优抚安置政策，积极开展残疾人康复救助、慈善捐资助学、医疗救助等工作，力争启动社会福利中心和残疾人托养中心建设。

推进其他社会事业发展。落实“奖优免补”政策，加强流动人口计划生育综合管理，深入实施优生促进工程，努力提高出生人口素质。加强重点农产品和基本生活必需品价格变动监测，依法严厉打击各种价格违法行为。进一步加大食品药品安全监管力度，切实保障群众饮食用药安全。广泛开展群众性体育活动，进一步提高人民群众身体素质。完成2011年保障性住房建设任务，实施好2012年保障性住房建设2.5万平方米、农村危房改造2000户。推动防震减灾、气象、供销、档案、保密、人防、民族宗教、新闻宣传、县志、侨务、机关事务管理等社会各项事业全面发展。

（八）以和谐共建和文明诚信为主题，坚持不懈地抓好社会管理创新，着力维护社会和谐稳定。坚持发展第一要务、稳定第一责任，加强和创新社会管理，为全县经济社会发展提供安定和谐的社会环境。

加强和创新社会管理。以流动人口服务管理、特殊人群帮教管理、非公有制经济组织和社会组织服务管理、网络信息管理为重点，加快构建全面覆盖的群众工作网络，建立健全重大事件预警和应急处置机制，落实重大事项社会稳定风险评估制度和群众工作考核办法。深入开展群众观点、群众路线、群众利益、群众工作“四群”教育，推行领导干部直接联系群众制度，健全完善领导干部接访、约访、下访和包案制度，妥善处理涉及群众切身利益的问题。加快网上信访和信访信息化建设，进一步畅通信访信息渠道。加强国防后备力量和民兵预备役建设，加大国防教育工作力度。深化平安南涧创建工作，深入排查化解矛盾纠纷，始终保持对各类违法犯罪活动的严打高压态势，进一步增强人民群众的安全感。加大危险源监控和事故隐患的排查、综合治理力度，坚决防止重特大安全生产事故发生。完善社区矫正信息平台建设和无缝对接方式，健全县、乡、村、组大调解工作体系。深入推进第三轮“禁毒防艾”人民战争，扎实开展先进平安乡镇、社会管理先进村和民族团结进步示范乡镇、示范村创建工作，建立健全社会治安群防群治体系和社区村组矛盾化解机制，着力营造全民共创平安、共建和谐的大好局面。

切实加强精神文明建设。广泛开展社会主义核心价值体系教育实践活动，深入推进公民道德和社会诚信建设，突出抓好未成年人思想道德建设。深入持久地开展扫黄打非、禁赌专项行动。加强新闻舆论引导和媒体建设，抓好重大主题宣传，壮大主流舆论。扎实开展县级文明单位、村、小城镇、社区和文明行业创建工作，抓好县城脏、乱、差等不文明行为的治理，积极开展“文明窗口行业”创建活动和爱国卫生运动。广泛开展具有行业特色、岗位特点的文明诚信服务创建活动，提高行业服务质量和群众满意度。进一步加强农村精神文明建设，不断拓展群众性精神文明创建活动领域，为推动全县经济社会科学和谐跨越发展提供强大精神动力。

三、执政为民，着力建设人民满意政府

（一）坚持依法行政，建设法治政府。深入推进“六五”普法和“四五”依法治县工作。坚持把依法行政贯穿政府决策、执行和监督全过程，严格按照法定权限和程序行使权利、履行职责，依法受理、办理行政复议案件。加强重大决策听证和重要事项公示工作，进一步提升 96128 专线服务水平，广泛接受社会各界监督，提高政府工作透明度。严格实行执法责任制，推进科学决策、民主决策，自觉接受县人大及其常委会的法律监督、工作监督和县政协的民主监督，认真听取各民主党派、工商联和无党派人士的意见建议，及时办理人大代表意见建议、政协委员提案和群众来信来访，不断提高政府的执行力和公信力。

（二）坚持解放思想，建设创新政府。进一步创新发展理念、发展模式和工作方法，冲出心理“大山”，突破思维“峡谷”，在解决问题和开拓创新中解放思想，敢闯敢试、率先突破，只要有利于科学和谐跨越发展，只要符合各族群众的根本利益，就大胆地试，勇敢地改，不断提升政府工作的创新力，使各项工作更好地体现科学性、增强针对性、富有创造性。

（三）坚持深化改革，建设效能政府。巩固县政府机构改革和深化乡镇机构改革成果，进一步理顺关系，合理配置资源，完善行政管理体制和运行机制。推动事业单位分类改革，深化行政审批制度改革，完善提升县、乡、村三级政务服务体系和县公共资源交易中心功能，扎实推进学习型政府建设，严格落实首问责任、服务承诺和限时办结制，进一步提高行政机关工作效率和服务质量。

（四）坚持科学发展，建设实干政府。进一步扩大行政绩效管理覆盖范围，深入推进目标倒逼管理，全面推行一线工作法，强化行政行为监督管理。切实增强抓发展、促和谐的自觉性和坚定性，察实情、鼓实劲、干实事、求实效，把主要心思放在真抓实干上，把主要精力落实到推动发展上，做到思方言、言必行、行必果、果必优，确保各项工作高标准落实、高效率推进、高质量完成。

（五）坚持以人为本，建设亲民政府。深入推进政风行风建设，强化服务和公仆意识，坚决克服形式主义、官僚主义，坚持问政于民、问计于民、问需于民，始终保持同人民群众的血肉联系。按照“事关民生工作决不松懈、解决民生难题决不推诿、落实民生政策决不敷衍”的要求，多谋关乎群众切身利益的实事好事，多干群众看得见、用得上的民心工程，多做打基础、利长远的实事大事，真正做到感情上贴近群众、行动上深入群众、利益上维护群众，真心实意地为群众谋利益。

（六）坚持廉洁从政，建设清廉政府。深入开展反腐倡廉工作，落实党风廉政建设责任制，全面推行廉政风险防范工作，加大重大工程、重点领域和重要环节的审计监督和行政监察，严格控制重大投资项目概算，减少投资浪费。严格执行项目投资管理有关规定，加强重点岗位、关键环节行政行为监督管理。严格控制会议、文件、庆典、论坛、考察的数量和规模，完善公务卡结算制度，规范政府采购行为。严格执行行政过错责任追究制，加大行政不作为、慢作为、乱作为的问责力度，做到政令畅通、令行禁止，努力营造风清气正、干事创业、促进发展的良好氛围。

各位代表，实现科学发展、和谐发展、跨越发展，是全县人民的共同期盼，更是我们的神圣职

责。让我们高举中国特色社会主义伟大旗帜，以邓小平理论和“三个代表”重要思想为指导，全面贯彻落实科学发展观，在州委、州政府和县委的正确领导下，坚定信心、迎难而上，齐心协力、和衷共济，为全面完成今年各项目标任务而努力奋斗！

专　文

对党政“一把手”落实第一责任的思考

中共南涧县委书记　苏发吉

“郡县治，天下安”、“发展是第一要务，稳定是第一责任”，县的稳定发展，是整个社会发展稳定的“基石”。担任县委书记以来，我始终绷紧稳定这根弦，团结和带领县委班子发挥好总揽全局、协调各方的领导核心作用，落实维稳第一责任，营造了平安和谐稳定的社会环境。2008 年我县被省委、省政府命名为“先进平安县”，被州委、州政府评为“综治维稳工作一等奖”。2008 年、2009 年连续两年被州委、州政府命名为“先进平安县”。

总结近年来我作为党政“一把手”落实综治维稳第一责任的工作实践，有四个方面的体会尤为深刻。

一、落实第一责任，思想认识必须提高到位

思想是行动的先导，党政“一把手”只有在思想上充分认识维稳工作的重要性，时刻居安思危，增强忧患意识，才能在具体工作中实实在在地重视和抓好社会稳定工作。胡锦涛同志在庆祝中国共产党成立 90 周年大会上强调：“发展是硬道理，稳定是硬任务；没有稳定，什么事情也办不成，已经取得的成果也会失去。这个道理，不仅全党同志要牢记在心，还要引导全体人民牢记在心。”经过 30 多年的改革开放，我们经济社会发展取得了举世瞩目的成就，发展是第一要务的观念已经深入人心。但是，同时我们也面临着经济发展方式转变、各种思想交融碰撞、社会矛盾凸显的特殊时期。就南涧县而言，伴随着经济社会的快速发展，工业化、城镇化进程的有力推进，各项改革的不断深化，因利益分配、城镇建设、山林纠纷、移民安置等引发的社会风险和不稳定因素持续增大。这些问题和不稳定因素，如果处理不慎或拖延时机，小问题就会向大问题转化，表象问题就会向深层次问题转化，局部问题就会向全局问题转化，非对抗性矛盾就会向对抗性矛盾转化。作为党政“一把手”，必须时刻以如履薄冰的危机感，重视维稳工作，并教育和引导全县各级各类干部见微知著、居安思危，切实增强忧患意识和风险意识，认真落实维稳第一责任。为此，我一是把综治维稳及平安创建工作纳入全县“十二五”经济社会发展的总体规划，每年年初在县委工作会议、县委全会上亲自安排部署综治维稳工作，对政法综治维稳工作中遇到的重大问题，在常委会上作专题研究。二是把综治维稳工作作为干部年度教育培训和新进公务员培训的重要内容，从而提高广大干部的维稳意识和忧患意识。三是认真落实综治维稳工作责任制。每年与各乡镇和县级单位签订综治维稳和平安创建工作目标管理责任书，明确各级各部门主要领导作为综治维稳工作第一责任人，大力表彰综治维稳工作先进集体和个人，形成党委、政府总揽，政法综治维稳部门牵头，各部门联动，广大群众积极参与的综治维稳及平安创建工作格局。

二、落实第一责任，源头预防必须重视到位

要从源头上预防和化解矛盾，维护社会和谐稳定，坚持以人为本、保障和改善民生是治本之策，加强社会管理、严格公正执法是关键因素。因此，党政“一把手”落实第一责任，必须千方百计保障和改善民生、创新理念加强社会管理、公正执法树立司法公信力。

（一）要坚持科学民主决策。2008 年以来我们推行了县委权力公开透明运行制度，建立了专家咨询及法律顾问制度、社会稳定风险评估制度、基层党代表和各界人士列席县委常委会制度等，实行开门决策、问计于民，协调好各方利益关系，广泛调动各方积极性。对重大决策出台、重大政策调整、重点项目建设，充分听取民意，进行社会稳定风险评估，防止因决策偏差引发社会矛盾和不稳定问题。

（二）要着力解决人民群众最关心最直接最现实的利益问题。我们在落实国家、省、州下达和分配的任务，加快发展教育、社会保障、医药卫生、保障性住房、安全饮水、交通等各项社会事业的同时，组织全县各级各部门积极开展项目的论证、储备和争取工作，努力让人民群众得到更多的实惠。2010年全县完成全社会固定资产投资67491万元，比2007年增长109%。组织开展了绿色家园行动计划，改善了群众生活环境，不断提升群众幸福感；2011年在省、州下达任务的基础上，我积极向相关部门汇报，争取了1300户安居工程建设，仅此一项，可让群众直接得利1300万元。

（三）要创新思维，切实加强社会管理。针对社会管理中遇到的新情况、新问题，县委理论学习中心组把加强和创新社会管理作为一个专题，并把乡镇党委政法专职副书记作为列席人员，专题听取汇报。我们成立了城市管理综合行政执法局、加大了视频监控系统建设力度，重视和支持相关部门开展流动人口管理、特殊人群服务与管理、社会治安问题综合整治、预防青少年违法犯罪等工作。在全州率先建立了司法救助专项基金，并由县财政全额拨款；建立了重性精神疾病患者救治服务机制，对重性精神病人实行免费救治；倡导各学校于每学期开学上一堂法制道德课，并亲自到南涧一中为全体师生讲课。

（四）要严格公正执法，树立司法公信力，匡正社会风气。“公生明，廉生威”，群众最痛恨、最影响政府公信力的问题是执法不严和领导干部贪污腐败。创造一个公平公正的法治环境、赢得群众的信任是党政“一把手”履行好第一责任的关键，也是从源头上预防社会矛盾的关键。任职以来我一方面坚持“严打”方针不动摇，严厉打击严重刑事犯罪、影响市场经济秩序的强买强卖抢做工程等犯罪。另一方面大力清理整顿县境内非法广告、公路沿线和乡集镇的违法堆积物，深入开展非法用地、非法探采矿产资源、网吧、赌博和学校周边环境等专项整治，做到有法必依、执法必严。同时，对贪污腐败渎职侵权等违法犯罪行为，发现一起依法严厉查处惩治一起，匡正社会风气，用公平公正的法治环境取信于民。

三、落实第一责任，化解矛盾必须表率到位

社会矛盾运动是推动社会发展的基本力量。矛盾并不可怕，可怕的是不能发现矛盾、不敢正视矛盾、不敢面对矛盾，甚至掩盖矛盾。党政“一把手”履行好维稳第一责任，必须要以身作则，做出表率，带领全县干部扎实做好矛盾纠纷的预防、排查和化解工作。

（一）要主动预防和化解矛盾。大多数影响稳定的矛盾和问题都有一个酝酿、发生、发展的过程。我们一定要增强防范在先的意识，把防范贯穿于各项工作之中，在矛盾尚未发生、激化之前，主动深入基层，深入群众，了解实情，掌握先机，抓早抓小。为此，我们建立了矛盾纠纷定期排查调处机制、领导干部挂钩重点项目包保矛盾排查机制，对电站移民、农村土地征用、国企改革等影响社会稳定的突出问题，县委、县政府逐一研究措施，将责任分解落实到相关部门和单位，要求包保人员必须面见群众、解决问题。坚持开展领导干部大接访、大下访活动，2008年以来我共接待来访群众143批400多人（次），批阅办理来访信件296件，进驻52个村委会，走访群众300余户600多人（次），妥善解决了群众反映的出行难、用电难和南街基金会借款收回难、拖欠工程款等大批历史遗留的矛盾和问题，最大限度地解决了群众合理诉求，理顺了群众情绪。在接待来访群众、驻村开展调研过程中，我对群众待以真诚，群众还我信任，并愿意与我讲心里话、与我为友。乐秋乡晒肚皮村是一个封闭落后的苗族聚居村，由于苗族特有的语言、生产生活习惯以及居住分散、基础薄弱等原因，多年来只能眼看着周边彝族村汉族村村容村貌越来越好，苗族村民越来越不愿意与外界交往。了解到这情况后，我多次带领县乡干部深入苗族群众中，与他们同吃同住，帮助他们打开心结，并整合农业、林业、畜牧、电力以及群团组织等多个部门的资源，集中力量从财力、物力、智力上给予扶持，使该村村容村貌及群众的精神面貌焕然一新。2011年秋季，晒肚皮村的村民选了4名代表，带着他们种出的梨和山上找到的野生菌特地到我的办公室汇报苗寨新貌，并邀我到苗家做客，还选派村民参加县上组织的考察学习。虽然这只是苗寨发展的一小

步，但他们主动走出家门、主动走进县委机关、打开心结的举措，让我倍感欣慰。

（二）要亲临一线靠前指挥。落实第一责任，领导干部、尤其是党政“一把手”，要勇于担当，不回避矛盾，不害怕出事，遇到重大突发性事件时，主要领导一定要以身作则、直面矛盾、靠前指挥。近年来，南涧县抓住西部大开发、桥头堡战略、小湾电站建设等机遇，在工业化、城镇化、新农村建设等方面取得了较大的发展，但是大发展必然带来利益格局的大调整，大调整必然导致大矛盾，大矛盾化解好了必然能够促进大发展。多年来，在面对重要行动、重大事故、突发事件、主要矛盾和热点难点问题时，我坚持亲自组织领导、亲自坐镇指挥、亲临一线工作、及时妥善处置。2009年，我县小湾电站移民外迁工作全面启动，移民故土难离、家园难舍，移民工作被称为天下第一难的工作，在小湾电站建设中，我县需外迁到宾川的移民有1512人，面对如此艰巨的任务，我亲自担任总指挥，带领县四班子领导亲临一线，现场办公，亲自审定外迁方案的每一个细节，亲自护送移民，不但提前10天完成全县367户1512人移民外迁宾川安置任务，而且做到了没伤一人、没落一人、没丢一物，实现移民外迁安置“零安全事故”的目标。2011年8月8日，南涧镇安定村委会总府庄村民因不服南涧镇人民政府《关于总府庄迤社、外社村民小组与教昌坝村民小组林地权属纠纷的处理决定》，集体到县人民政府上访时，引发聚众扰乱社会秩序的案件。事发后，我及时与县长、政法委书记统一思想、果断采取措施，由我在政府大院内与上百名上访群众对话，县长和其他领导在现场作疏导化解工作，当天将群众劝返回家，做到有效控制，避免了事态恶化。为彻底处理好此案件，我先后主持召开了五次常委扩大会议，分析、研究、部署案件处置工作，多次深入村组和争议地址，走访群众、召开村民大会，了解实情，交心谈心，最终在各工作组的共同努力下，不但及时妥善地处理了事件，解决了争执，安抚了群众，依法严惩了不法分子，维护了社会和谐稳定，还有力促进了全县的群众工作和社会管理工作。

四、落实第一责任，基层基础必须夯实到位

基础不牢，地动山摇。党政“一把手”落实第一责任，必须突出抓基层打基础，不断夯实社会长治久安的根基。担任县委书记以来，我始终坚持把维稳的重点放在基层，着力夯实基层组织，壮大基层力量，整合基层资源，形成“人往基层走、劲往基层使、钱往基层用”的工作机制。

（一）加强基层党组织建设。深入组织开展“创先争优”活动，全面推进农村、企业、机关、学校等各领域党的基层组织建设，加大“两新”组织建设力度，加强基层党组织带头人和党员队伍培训，着力提升基层党员干部做好群众工作、化解矛盾纠纷、维护社会稳定的能力。加强基层党组织活动场所建设、加大工作经费投入，每年核拨每个村（社区）党总支党建工作经费2万元。

（二）加强乡镇职能建设。以建设服务型党委和政府为目标，创新工作机制，今年初，在全省率先制定出台了《关于进一步加强乡镇职能充分发挥乡镇作用的意见》。明确了行政权限，将乡镇应承担“属地管理”责任的行政管理权限和部分可由乡镇执法或可委托乡镇执法的权限交由乡镇履行；赋予了人事权限，赋予乡镇班子配备建议、乡镇工作人员调配、乡镇站所负责人任免建议等人事管理权限；增加了经费投入，保证乡镇人均公用经费高于县级部门30%；提高干部待遇，县级党政班子、县级部门重要岗位出现空缺时，优先推荐使用优秀乡镇党委政府主要领导，乡镇党政班子领导岗位出现空缺时，优先推荐使用乡镇优秀干部，在乡镇工作累计满10年且仍在乡镇工作的科员，经组织考核合格可以享受副主任科员工资福利待遇；建立和明确了乡镇干部定期体检、生病看望、谈话谈心制度等。

（三）加强综治维稳机构建设。县、乡镇、村综治维稳机构全部按标准设置，并落实了机构级别和人员待遇。乡镇党委政法专职副书记全部配备到位，乡镇统一设立综治维稳委、综治维稳工作中心，建立健全了社会矛盾联合调处中心、村治保调解组织，形成综合治理的大平台，并为各乡镇综治维稳办配备必要的办公设备，确保了乡镇综治维稳机构有人管事、有钱办事、有处议事、有章理事。

（四）加强群防群治队伍建设。坚持一切为了群众、一切依靠群众，专群结合、群防群治，既充分发挥政法机关的骨干作用，不断提高综治工作专业化水平，又广泛动员组织群众积极参与，整合社

会力量，不断发展壮大并逐步规范各种群防群治队伍，形成覆盖全县城乡的治保、调解、联防网络体系，筑牢维护社会平安稳定的人民防线。目前，全县共有基层治保委员会 81 个 549 人，调解委员会 88 个 566 人，村民小组信息调解员 1593 人；组建群防群治队伍 69 支 256 人，明确综治维稳联络员 35 人，招聘专职消防队员 25 名，组建志愿消防队 80 支 903 人、义务消防队 10 支 100 人，消防志愿者 3500 人。

（五）落实经费保障。南涧是全省重点扶持的少数民族贫困县，财力非常有限，但是只要维稳工作需要，我们都尽力予以保障。2008 年以来全县政法各部门经费按标准得到保障，并根据财力逐年增加；综治工作经费根据全县总人口数从人均 1 元增加到人均 2 元；基层治保调解经费每年列入财政预算 53.04 万元；从 2010 年起每年增拨 6 万元社会管理先进村奖励经费，每年从县财政安排乡镇应急工作经费 600 万元，其中辖区总人口达 3 万人以上的 80 万元，3 万人以下的 70 万元。2008 年至 2011 年两度提高村干部待遇，目前我县村组干部待遇位居全州前列。

稳定是发展的基础和保障。近几年来，南涧县和谐稳定的良好局面有力地促进了全县经济社会的科学发展、和谐发展和跨越发展。2010 年，实现地区生产总值 176735 万元，比 2007 年增长 53%；财政总收入 24697 万元，比 2007 年增长 79%，其中一般预算收入 16339 万元，比 2007 年增长 62%；全社会固定资产投资 67491 万元，比 2007 年增长 109%；实现农村经济总收入 114193 万元，比 2007 年增长 45%；实现工业总产值 104100 万元，是 2007 年的 3.4 倍。2008 年至 2010 年全县共引进招商项目 53 个，到位资金 135300 万元，是“十五”时期招商引资总额的 18 倍。全县上下呈现出“经济发展、社会和谐、人民安居乐业”的喜人局面。

关于加强和创新社会管理工作的思考

中共南涧县委副书记、县人民政府县长　吉向阳

加强和创新社会管理，是以胡锦涛同志为总书记的党中央正确把握国内外形势新变化、新特点，从党和国家事业发展全局出发确定的一项重大战略任务。2011年2月19日，中央举办了全国省部级主要领导干部社会管理及其创新专题研讨班，胡锦涛、习近平、周永康同志分别在研讨班上作了重要讲话，全面分析了我国社会管理面临的形势，指明了加强和创新社会管理的方向和思路。4月7日，云南省召开了群众工作会议，白恩培、秦光荣和李纪恒同志分别作了讲话，对加强和创新社会管理、做好新形势下群众工作进行了全面部署。4月28日，大理州召开了群众工作会议，州委书记刘明、州长何金平分别作了讲话，就如何加强和创新社会管理提出明确要求。8月24日，我县召开了群众工作会议，认真贯彻落实中央、省、州会议精神，研究部署加强和创新社会管理的办法和措施，为全县加快发展创造良好环境。

随着经济社会快速发展、改革开放不断深入、人们思想观念深刻变化、社会加快转型、利益格局加快调整，社会管理中的各种新情况、新问题不断涌现。国际敌对势力亡我之心不死，总是千方百计对我国进行渗透颠覆破坏活动，企图利用各种热点问题敏感问题挑起事端、制造动乱。同时，我国正处于社会转型期，社会结构、社会利益格局发生深刻变化，社会管理面临许多新情况、新问题，信访和群体性事件时有发生，治安和刑事案件频繁发生，公共安全事故偶有发生，流动人口和特殊人群管理工作亟待加强，非公有制经济组织和社会组织服务管理相对滞后，信息网络建设管理任务十分艰巨。我县和全国、全省、全州一样，正处于经济转型、社会转轨的关键时期，也是各种社会矛盾的凸显期，社会管理工作面临着新的严峻挑战，社会管理和创新工作显得十分迫切。只有不断加强和创新社会管理工作，紧紧围绕全面建设小康社会的总体目标，牢牢把握最大限度激发社会活力、最大限度增加和谐因素、最大限度减少不和谐因素的总体要求，切实解决好社会管理中存在的问题，才能为圆满完成“十二五”规划确定的目标任务、建设更加美好幸福的生活、推动全县经济社会科学发展创造和谐稳定的社会环境。就如何加强和创新社会管理，我认为重点要抓好以下十项工作。

一、进一步完善齐抓共管的社会管理格局

加强和创新社会管理是一项复杂的系统工程，必须进一步健全党委领导、政府负责、社会协同、公众参与的社会管理格局。

（一）要更新社会管理理念。社会管理的过程就是不断解决矛盾的过程，我们要牢固树立以人为本、服务为先的理念，寓管理于服务之中，察民情、知民意、解民忧，保障群众合法权益，理顺群众情绪。要牢固树立关口前移、源头整治的理念，注重从源头上发现和解决问题，不断增强社会管理的前瞻性、主动性和有效性。要牢固树立统筹兼顾、平等协商的理念，正确协调和处理各种利益诉求，尽可能通过教育引导、沟通疏导和协调协商的办法化解各种矛盾。要牢固树立依法办事、综合施策的理念，加强法制教育，倡导依法办事、守法光荣的社会风尚，引导群众理性合法表达利益诉求。

（二）要完善社会管理工作格局。进一步完善党委领导、政府负责、社会协同、公众参与的社会管理格局，加强社会管理法律、体制、能力建设。坚持党委的领导核心作用，总揽全局、把握方向、整合力量、统筹各方，提高引领社会、组织社会、管理社会、服务社会的能力。发挥政府的主导作用，强化社会管理和公共服务职能，建设服务型政府，提高服务型管理能力。发挥人民团体、基层自治组织、各类社会组织和企业事业单位的协同作用，推进社会管理的规范化、专业化、社会化和法制化。广泛动员和组织群众依法有序参与社会管理，培养公民意识，履行公民义务，实现自我管

理、自我服务、自我发展。

二、进一步做好新形势下的群众工作

群众工作是社会管理的一项基础性、经常性、根本性的工作。社会管理，说到底就是对人的管理和服务。

（一）要健全完善社会管理机构。群众工作的好坏，是检验社会管理成效的重要尺度。我们要充分发挥县委群众工作局的职能作用，建立健全服务群众、联系群众、群众工作统揽信访工作、群众工作考核奖励以及党和政府主导的维护群众权益、社会矛盾纠纷排查化解、重大决策社会稳定风险评估、处置突发性和群体性事件群众工作制度和机制，不断提高群众工作的制度化水平。

（二）要牢固树立全心全意为人民服务的宗旨意识。全心全意为人民服务是我们党的根本宗旨，也是社会管理工作的根本出发点和落脚点。在社会管理中践行党的根本宗旨，就必须认真贯彻党的群众路线，牢固树立并认真落实以人为本、服务为先的理念。只有这样，才能使社会管理成为促进和谐的工作，成为得民心的工作。

（三）要切实保障和改善民生。按照“事关民生工作决不松懈、解决民生难题决不推诿、落实民生政策决不敷衍”的要求，加快以保障和改善民生为重点的社会建设。要全力推进教育现代化，继续深化教育改革，扎实抓好校安工程建设，优化校点布局，合理配置教育资源，促进幼儿教育、学前教育、小学教育、初中教育、高中教育和职业教育协调发展，让各族群众学有所教；要把促进就业作为经济社会发展的优先目标，加大对高校毕业生、农村富余劳动力、城镇就业困难人员特别是“零”就业家庭的帮扶力度，搞好军队转业人员安置和退役军人就业工作，引导农民工返乡创业，广开农民增收渠道，不断增加农民收入，落实创业扶持政策，推动以创业带动就业，加强劳动执法，完善劳动争议处理机制，保障劳动者合法权益，发挥政府、工会和企业作用，努力形成企业和职工利益共享机制，建立和谐劳动关系，让各族群劳有所得；要进一步深化医药卫生体制改革，不断完善新型农村合作医疗制度和城镇居民基本医疗保险制度，切实提高城乡医疗保障水平，让各族群众病有所医；要进一步完善社会保障体系建设，认真实施城乡居民社会养老保险试点工作，让各族群众老有所养；要加快保障性住房建设，按照“廉租保底、公租解困、农村改危、抗震安居”的要求，切实抓好保障性住房建设，让各族群众住有所居。

（四）要加强各级干部教育。全县各级领导干部要按照“清廉务实”的要求，正确把握同人民群众的关系，坚持人民主体地位，真正做到在思想上尊重群众、感情上贴近群众、工作上依靠群众。要把群众满意与不满意作为加强和创新社会管理的出发点和落脚点，始终站在最广大人民群众的立场上说话办事，把服务群众、造福百姓作为最大责任，做到县委、县政府的决策部署到哪里、工作推进到哪里，群众工作就跟进到哪里，始终置身于群众之中，认真研究政策、化解矛盾、解决问题、理顺情绪，用实际行动凝聚人心、取信于民，努力实现好、维护好、发展好最广大人民的根本利益。

三、进一步加强特殊人群的管理和服务

人口大流动是城镇化、工业化大发展的必然结果。要针对社会管理中出现的新情况，要牢固树立以人为本、服务为先的理念，切实抓好流动人口和特殊人群的管理服务。

（一）要加强流动人口的管理和服务。坚持从实际出发，积极稳妥地推进户籍管理制度改革，建立流动人口动态管理机制，把流动人口管理和服务纳入经济社会发展规划，逐步探索农村居民生产在农村、生活在城镇的发展模式，确保流动人口在劳动就业、社会保障、子女教育、医疗卫生等方面与流入地城市居民享有平等权利。

（二）要完善特殊人群的管理和服务政策。以化解消极因素、顺利融入社会为目标，加强对精神病人、艾滋病人、吸毒人员等的管理和服务，落实刑释解教人员有关安置政策，帮助和教育他们更好地融入社会，建立完善社区矫正工作体系，认真做实做细各项工作，减少重新违法犯罪，加强对社会闲散人员的管理和服务。

（三）要充分发挥职能部门的作用。教育、残联、司法等部门和工会、共青团、妇联等群团组织要强化社会服务功能，吸纳更多社会组织参与社会建设和管理，做好重点人群的心理疏导，做到在人格上尊重、感情上亲近、生活上关心、权益上保障，帮助他们解决在就业、就学、生活、家庭等方面的实际困

难，使他们感受到党和政府的温暖，感受到社会主义大家庭的温暖，最大限度地化消极因素为积极因素，促进社会和谐稳定。

四、进一步加强非公有制经济组织和社会组织的管理

要紧紧围绕县委、县政府的中心工作，积极探索非公有制经济组织和社会组织的监管途径，不断提高非公有制经济组织和社会组织的监管水平。

（一）要加强非公有制经济组织的管理。完善非公有制经济组织中的党组织和群众组织建设，指导和帮助非公有制经济组织完善内部治理结构，健全规章制度。

（二）要加强社会组织的管理。坚持培育发展和管理监督并重原则，建立健全社会组织管理体制，重点培育和优先发展经济类、公益慈善类、民办非企业单位和城乡社区生活组织，推动行业协会、商会改革和发展。依法加强对政治类、法律类、宗教类社会组织以及有境外复杂背景的社会组织的监管。完善法律监督、政府监督、社会监督、自我监督相结合的监管体系，健全法律法规，严格依法监管，推动社会组织健康有序发展。

（三）要加强非政府组织的管理。加强对境外非政府组织在我县活动的管理，进一步落实管理责任，健全管理机制，做到依法规范登记、管理和监督，不断提高境外非政府组织的监管水平。

五、进一步加强公共安全管理

要针对当前社会治安、食品安全、森林防火、道路交通安全等公共安全管理面临的形势，围绕提高预知、预警、预防、应急处置能力，加快建设主动防控和应急处置相结合、传统方法和现代手段相结合的公共安全管理体系。

（一）要加强防灾减灾体系建设。以加强防震减灾能力建设、增强地质灾害防治能力、提高气象灾害防治水平、加大生物灾害防控力度为重点，不断完善防灾减灾体系，提高灾害应急能力，最大限度地减少灾害造成的损失。

（二）要加强安全生产监管体系建设。深化安全生产专项治理，全面落实安全生产“一岗双责”制，重点抓好非煤矿山、危险化学品、烟花爆竹、特种设备、建筑施工、道路和水上交通、人员密集场所的安全隐患排查整治工作，努力为全县经济科学发展营造安全的社会环境。

（三）要健全食品药品安全监管机制。加强食品药品日常监管体系建设，严肃查处食品药品质量问题案件，确保全县各族群众吃上放心食品、用上放心药品。

（四）要完善应急管理体制。坚持预防和应急并重、常态和非常态结合，建立健全统一指挥、反应灵敏、协调有序、运转高效的应急管理机制，加强全面风险防范和应急处置能力建设，提高处置突发事件、保障公共安全的危机管理和抗风险能力。要通过多层次全方位专题培训、典型案例教育等方式，不断提高各级领导干部处理突发事件的能力。

六、进一步提升网络媒体的有效应对能力

要按照积极利用、科学发展、依法管理、确保安全的方针，建立健全新闻媒体沟通机制、网上重要舆情监测研判机制、重大网络事件快速反应机制和网上舆论引导机制，形成行政监管、待业自律、技术保障、公众监督、社会教育相结合的信息网络综合管理体系，提高网上策划指挥、网下串联行动事件的处置能力，提高依法、规范、科学、系统、动态管理水平，严防别有用心或不明真相的人利用网络媒体恶意炒作、推波助澜，坚决防止网络群体性事件的发生。要进一步加强网吧管理，规范网吧经营行为，严厉打击网络违法犯罪行为，确保网络信息传播规范有序、安全运行。

七、进一步加大违法犯罪行为的打击力度

要以社会化、网络化、信息化为重点，进一步建立健全专群结合、点线面结合、网上网下结合、人防物防技防结合、打防管控结合的立体化治安防控体系，加强城乡社区警务、群防群治等基层基础和执法队伍建设，增强公共安全和社会治安保障能力，加强重点地区、重点场所治安综合治理，扫除黄赌毒等社会丑恶现象，始终保持打击各类违法犯罪活动的高压态势，严密防范和依法打击各种违法犯罪活动，保护合法、打击非法，切实维护良好的社会秩序和安定的生活环境，保障人民群众安居乐业，不断增强群众安全感。

八、进一步做好民族宗教工作

南涧是彝族自治县，全县共有汉、彝、白、回、布朗、傈僳等21个民族，少数民族有11.01万人，占全县总人口的49.68%，是全国、全省重点民族工作县之一。要牢牢把握“各民族共同团结奋斗、共同繁荣发展”的主题，努力改善苗族、布朗族、傈僳族等3个人口较少民族地区群众的生产生活条件，让全县各族群众共享改革发展成果。要认真贯彻落实民族宗教政策，依法管理宗教事务，加强抵御境外利用宗教进行渗透活动，开展创建“和谐寺观教堂”工作，积极引导宗教与社会主义相适应，增强广大宗教界人士的爱国意识、法律意识、公民意识和法制观念，依法开展宗教活动，维护宗教领域的和谐稳定。

九、进一步加强法律和思想道德建设

要坚持把提高各族群众文明素质作为加强和创新社会管理、促进社会和谐的基础性工作来抓，加强社会主义道德建设，强化对群众的教育引导，为加强和创新社会管理打牢思想道德基础。

（一）要加强社会主义核心价值体系建设。深入开展中国特色社会主义理论体系宣传普及活动，准确把握群众思想脉搏，加强形势政策教育，引导群众正确看待社会生活中的现象和问题。

（二）要加强社会主义道德建设。大力弘扬爱国主义、集体主义、社会主义道德建设，深入推进社会公德、职业道德、家庭美德、个人品德教育，引导群众自觉履行法定义务、社会责任和家庭责任。坚持以法治国和以德治国相结合，深入开展“六五”普法工作，增强全社会的法制意识，努力在全社会形成学法、知法、守法、用法、护法的浓厚氛围。

（三）要广泛开展群众性精神文明创建活动。坚持用身边的人、身边的事，教育和引导身边的群众，深入开展学习基层人民好法官龙进品等身边先进模范人物活动，积极营造崇尚先进、学习先进、争当先进的良好风气，大力倡导爱国、敬业、诚信、友善等道德模范，加强人文关怀，注重心理疏导，培育奋发进取、理性平和、开放包容的社会心态，推动形成我为人人、人人为我的社会氛围。

十、进一步加强基层基础建设

基础不牢，地动山摇。加强和创新社会管理大量工作在基层一线，必须坚持“多方参与、共同治理，统筹兼顾、动态协调”的原则，大力加强基层组织建设、壮大基层力量，充分发挥乡、村、组基层党组织和村民自治组织的牵头作用，调动基层组织的主观能动性，利用其贴近群众，能够第一时间了解掌握群众诉求的优势，不断强化基层基础工作。

（一）要加强基层党组织建设。基层组织是加强和创新社会管理最基本最直接最有效的力量，要不断扩大党的工作覆盖面，充分发挥乡镇党委的核心领导作用、村党总支的战斗堡垒作用和全体党员的先锋模范作用，增强党的影响力，把党的政治优势、组织优势转化为管理和服务的优势。

（二）要完善基层配套组织建设。进一步加强和完善村级治保、调解、民兵、工青妇等配套组织建设，充分发挥基层配套组织强化社会管理职能、引领服务群众、反映群众诉求、化解社会矛盾的重要作用。

（三）要注重发挥社会力量在社会管理中的作用。充分调动人民群众依法有序参与社会管理的积极性，努力形成社会管理人人参与、和谐社会人人共享的良好局面。

认真做好民族立法工作 推进自治县科学发展

南涧县人大常委会主任 李光琴

民族立法是我国社会主义法律体系的重要组成部分，《中华人民共和国宪法》第一百一十六条、《中华人民共和国民族区域自治法》第十九条和《中华人民共和国立法法》第六十六条规定：“民族自治地方的人民代表大会有权依照当地民族的政治、经济和文化的特点，制定自治条例和单行条例。”南涧县人大常委会结合自治县实际，积极开展民族立法的探索与实践，1982年制定了《南涧县关于农村〈婚姻法〉结婚年龄变通执行的规定》(该规定于1991年2月废止)；1988年制定了《云南省南涧彝族自治县自治条例》；1995年制定了《云南省南涧彝族自治县林业管理条例》。为使自治条例和单行条例适应改革发展需要和与上位法协调一致，2004年4月启动了自治条例修订工作。通过近一年的努力，修订后的自治条例经省人大常委会批准并于2005年6月1日公布施行。随着林权制度改革的不断推进，原公布施行的林业管理条例已不适应林业改革发展的需要，县人大常委向省人大常委会民族委员会提出了废止我县林业管理条例的建议。2011年，为切实加强对我县民族民间文化艺术精品——南涧跳菜艺术的传承与保护，县人大常委会在认真调查研究的基础上，作出了制定《云南省南涧彝族自治县跳菜艺术传承与保护条例》的决议，并向省人大常委会民族委上报了立法计划。自治条例和单行条例的立、改、废，标志着我县的民族区域自治走上了法制化轨道，全面、有效地行使了自治权，加速了民族地区的发展，维护和发展了新型的社会主义民族关系，增强了民族团结，促进了各民族的共同繁荣。如何进一步做好民族立法工作，提高立法质量，推进自治县科学发展，我们应从以下几个方面做好工作。

一、以突出民族地方特色作为立法工作的出发点

民族区域自治制度决定了民族立法的特有性。民族立法工作必须从民族自治地方的实际出发，充分发挥自治优势，突出地方特色，因地制宜地规范本地方的特殊事项，以达到保障和促进民族经济社会持续发展的目的。

（一）要科学制定立法规划。规划是民族立法的基础，要根据本民族自治地方的实际需要确定立法规划和项目，这是民族立法工作体现民族地方特色的基础，要经过通盘考虑和总体设计，在一定时间内对立法工作作出统筹安排，使立法工作有重点、有目的地开展。从适应经济体制和社会发展的客观要求出发，在每届人大常委会任期之初即制定出五年立法规划，在做好立法规划的基础上，制定好年度立法计划。

（二）要根据实际需要精心选题。选题是做好民族立法工作的关键，要广泛征集立法项目建议，组织力量对所征集的项目进行分析，充分论证，认真筛选，克服盲目性、随意性，从而使民族立法工作有条不紊地进行。立法项目应针对实际需要确立，要根据宪法、民族区域自治法和其他法律关于民族自治地方立法授权的规定来确立，针对国家不可能专项立法，而民族自治地方又需要规范的特殊事项来确立；针对国家一时难以作出规定，但民族自治地方迫切需要调整，且具备条件的事项来确立。

（三）要结合实际突出地方特色。民族区域自治法相关条款授予了民族自治地方自治机关有变通权的特殊权力，这是与非民族自治地方的重要区别。遵循立法的有关规定，在民族立法工作中行使好变通权，对于体现民族立法特色，推动民族自治地方的经济社会和谐发展，保持社会稳定，促进民族团结、进步，坚持和完善民族区域自治制度及加快社会主义法制建设，都具有非常重要的意义。南涧县人大常委会在民族立法实践中，充分运用宪法、民族区域自治法和立法法授予的权力，准确把握和运用好变通权。1982年制定的《南涧县关于农

村〈婚姻法〉结婚年龄变通执行的规定》，规定农村男20岁、女18岁可结婚，结婚年龄的变通规定，符合当时我县民族地区的风俗习惯，体现了以人为本，对加强民族团结起到了积极的作用。随着经济社会发展和民族发展进步，“规定”已不适应形势的要求，于1991年2月废止了该“规定”。《云南省南涧彝族自治县自治条例》第十三条、第十四条规定“自治县县长由彝族公民担任”、“自治县世居各少数民族中至少有一名副科级以上干部”。自治条例和单行条例的变通规定，既符合党的民族政策，又符合当地的实际，体现了地方特色。

二、以注重民族立法质量作为立法工作的着力点

加强民族立法工作，要以提高立法质量为重点，必须坚持科学发展观，以人为本，立法为民，充分体现人民意志，维护人民利益；坚持把立法同改革发展稳定的重大决策紧密结合，增强自治法规所规范的内容具有针对性、可操作性和实效性；坚持走群众路线，完善立法程序，广泛听取人大代表和多方面的意见，切实做到集思广益，集中民智；坚持加强组织领导，进一步明确职责，确保立法任务的完成。

（一）要深入调查研究认真起草。民族法规的起草是民族立法的关键环节，起草时必须将调查研究放在首位。要根据选定的立法项目进行专项调研，弄清其立法的背景，所涉及理论、法律政策问题和实践情况；要突出调研重点，有针对性地调查研究，弄清其本质和深层结构；要将立法调研与借鉴外地立法经验有机结合，开阔视野，取长补短，提高民族立法的质量和效率。在起草阶段，县人大常委会要组织相关人员主动参与，提前介入，帮助解决立法技术上的难题。要通过不同形式，广泛听取各方面的意见和建议，把握法规起草中的各种情况，为审议工作掌握第一手资料。进入审议阶段，要组织力量广泛深入开展调查研究，吸收上级机关、基层单位、实际工作者、法律专家、管理部门、人民代表和群众的意见。在上报上级审批之前，请法律专家认真审改，进行法学知识和技术方面的指导，保障立法的可行性。

（二）要充分发扬民主提高审议质量。审议质量的好坏，直接关系到民族立法的质量。而审议质量的高低，又取决于调查研究和征求意见的广度和深度。审议前，应拓宽征求意见的范围，既要听取上级机关和部门的意见，又要听取相关部门和基层单位的意见；既要听取实际工作者的意见，也要听取法学专家、法律工作者的意见；既要听取管理部门的意见，还要听取人大代表和广大群众的意见。对涉及到大多数公民切身利益的法规，应通过相关网站，公布法规草案，广泛听取和收集人民群众以及各方面的意见；对于涉及专业性行政管理的法规，还应听取规范相对人的意见。审议时要做到畅所欲言，充分讨论。对重要的分歧意见，要展开辩论，组织听证。

（三）要严格工作程序确保合法性。民族立法工作的各个阶段要严格按照立法法和《云南省民族自治地方自治条例和单行条例报批程序暂行办法》的规定，认真执行各阶段的时间要求，坚持立法调研、广泛征求意见、常委会审议、代表大会审查、党内报批、上级人大常委会批准和全国人大备案等工作程序，确保民族法规的合法性。

三、以维护国家法制统一促进民族经济社会发展作为民族立法工作的落脚点

民族立法要牢牢把握立法的政治方向和原则，在立法工作的全过程，要坚持党领导、体现人民意志，要围绕中心、服务大局，要处理好维护国家法制统一与正确行使民族自治地方自治机关自治权的关系，最终落实在全面促进民族经济社会的发展上。

（一）要坚持正确的立法指导思想。在民族立法工作中，要始终坚持以邓小平理论和“三个代表”重要思想为指导，坚持以宪法、民族区域自治法和立法法为依据，坚持科学发展观，遵循立法的基本原则，紧紧围绕提升民族自治地方经济社会发展水平和创新发展能力，发展民生政治、保障公民权利、推进社会事业、规范社会组织、加强社会管理等问题，为促进经济社会又好又快发展，构建社会主义和谐社会提供法制保障。

（二）要坚持合法性、公正性。民族法规要符合国家法制统一性原则，其内容和立法程序合法、操作程序规范等方面要符合有关规定，不得与上位法相抵触。公正性是立法的基本原则，执法主体与执法相对人的权利、义务要对等，不得形成部门权

力和利益倾向，要充分考虑并满足大多数人的利益要求。民族立法的目的是行使自治权，促进民族经济和社会的发展。从地方的眼前利益和部门利益出发进行立法，不但不能促进民族自治地方经济和社会的发展，反而会对民族经济和社会发展产生副作用，甚至会形成民族经济和社会发展的严重障碍。因此，在民族立法工作中，必经处理好国家法制统一与民族经济和社会发展的关系。

（三）要突出经济和社会发展重点。民族立法的出发点和目的，就是为了促进和保障民族自治地方经济社会又好又快的发展。在制定、修订自治条例和单行条例工作中，我们要始终牢记各民族“共同团结奋斗、共同繁荣发展”的主题，把科学发展观落实到民族立法的具体实践中。南涧县人大常委会在民族立法工作中，特别是在修改自治条例工作中，注重了突出科学发展观，努力构建和谐社会为目的。自治条例第二十一条“自治县的自治机关坚持以农业为基础，调整优化产业结构和经济结构，培植支柱产业，促进种植业、养殖业和加工业协调发展。自治县的自治机关大力改善投资环境，积极开展招商引资，加强经济技术合作，发展非公有制经济，加快自治县经济建设的步伐。”第五十一条“自治县的自治机关维护和发展平等、团结、互助的社会主义民族关系。提倡各民族公民互相学习、互相信任、互相帮助和互相尊重语言文字、风俗习惯、宗教信仰，维护民族团结，共同为自治县的经济建设和社会发展作出贡献。”修改完善的自治条例在经济社会发展进程中发挥了较大的作用，2011年，全县地区生产总值214900万元，是2005年82700万元的2.6倍；财政总收入32100万元，是2005年40600万元的3.03倍；农村经济总收入143700万元，是2005年62900万元的2.28倍，农民人均纯收入3391元，是2005年1587元的2.14倍。全县农业基础设施得到加强，支柱产业形成了一定规模，工业经济有了较大发展，生态农业建设稳步推进，招商引资成效明显，全县经济社会呈现繁荣发展的良好态势。

努力发挥政协优势　切实做好群众工作

政协南涧县委员会主席　李德忠

中共十七届五中全会提出：实现“十二五”时期我国经济社会发展目标任务，必须紧紧依靠广大人民群众，必须加强和改进新形势下群众工作。胡锦涛同志在省部级主要领导干部社会管理及其创新专题研讨班开班式上的重要讲话，深刻阐述了新形势下加强和创新社会管理、做好群众工作的重要性以及总体思路和重要任务。贾庆林主席在全国政协十一届四次会议所作的常委会工作报告中，要求各级政协要发挥独特优势，要自觉坚持群众观点，始终站稳群众立场，自觉践行群众路线，坚持以人为本、履职为民、关注民生，充分发挥政协在开展群众工作中的独特作用，牢固树立人民政协为人民的工作理念，切实加强新形势下群众工作。下面，结合政协工作实际，我就政协如何发挥自身优势做好新形势下的群众工作谈几点粗浅的看法。

当前，我县的经济社会发展既处于重要战略机遇期，又处于社会矛盾凸显期。工业化、市场化、城市化、信息化同步进行，经济体制、社会结构、利益格局、思想观念都在发生着深刻变化，这些变化在促进社会活力蓬勃迸发的同时，也带来了新老矛盾的交织叠加，特别是发展过程中长期积累的一些深层次矛盾，在社会领域集中反映出来，出现了各方利益协调难、矛盾纠纷化解难、流动人口管理难、突发事件处置难等一系列新情况、新问题，这些新情况、新问题，既对党委、政府加强和创新社会管理，做好新形势下群众工作提出了新课题，也对人民政协履行职能提出了新要求，迫切需要我们进一步深化认识，准确面对，加强研究，积极主动地把政协工作放到加强和创新社会管理的时代要求中来谋划。比如，如何把加强政协界别工作与推动社会组织健康有序发展结合起来，如何把坚持政协履职为民与强化特殊群体服务结合起来等等。我们要积极围绕社会管理中的重点难点问题，加强调研，积极探索，不断提高做好新形势下群众工作的针对性、有效性。

一、强化认识，创新思路，为政协做好新形势下群众工作提供坚强的思想基础

我们要进一步深化对加强和创新社会管理、做好新形势下群众工作重要性与紧迫性的认识，在工作理念上牢固树立群众意识，在工作思路的谋划上更加关注民生议题，以“心系群众鱼得水、背离群众树断根”为主线，在全年工作的安排上更加突出民生权重，切实做到把重大民生决策作为政治协商的重要范畴，把促进民生政策落实作为民主监督的重要问题，把群众最关心、最直接、最现实的利益问题作为参政议政的重要内容，推动教育、就业、医疗、住房、养老等社会事业加快发展，尤其要对弱势群体的生存状况和权益保障给予重点关注，真正做到思想上尊重群众，感情上贴近群众，工作上依靠群众，全心全意为群众谋福祉，真心实意让百姓得实惠，努力使发展成果惠及全体人民。

二、深入群众，调查研究，为政协做好新形势下群众工作创造有效途径

加强和创新社会管理、做好新形势下群众工作面临对象多元化、利益多样化、环境复杂化等特点，这些特点导致社会问题处理难度明显加大，仅仅依靠单一主体、行政手段、管制控制难以奏效。要把做好群众工作作为履行职能的一项基础性、经常性工作来抓，积极改进方法，不断创新载体，努力提高实效。要研究探索“请群众走进政协”的方法途径，积极顺应我国民主政治发展的趋势，不断改进群众旁听政协例会的办法，根据会议议题，尽量吸收有关群众参加，赋予群众发言权，让群众与政协委员、专家学者、职能部门一起交流互动，积极稳妥地扩大人民群众有序的政治参与，让群众走进政协。要研究探索“让政协深入群众”的方法途径，大力组织委员进社区、进企业、进农村，特别要研究推进政协开展群众工作“网格化”，加强对

委员活动小组的工作指导，实行每个活动小组对口联系一个社区，开展“一对一结对”帮扶，真正深入到基层一线中去，努力做到情况掌握在基层、工作推动在基层、感情融洽在基层。同时，还要主动适应社会信息化快速发展的新形势，积极探索利用互联网开展群众工作的方法，通过加强政协网页建设、开通网络平台、鼓励政协委员密切关注民情，广泛汇集民意，正确引导舆论，让政协深入群众，切实提高做好新形势下群众工作的能力和实效。

三、创新机制，畅通渠道，为政协做好新形势下群众工作提供有效保障

健全的机制是做好新形势下群众工作的有效保障。积极探索政协调研视察、提案工作、社情民意信息等政协经常性工作与群众工作相结合的途径，把人民政协倾听群众呼声、体察群众情绪、解决群众疾苦的工作规范化、制度化、常态化，当前重点是充分利用人民政协的政治优势、组织优势、智力优势和渠道优势，建立健全社会舆情收集和分析机制。通过设立“委员信箱”、网站开通“主席信箱”、走访约谈政协委员、群众来信来访、聘请群众为特邀信息员、利用互联网收集社情民意信息等渠道，广泛收集社情民意信息，在此基础上，组织成立由各界别委员代表和有关专家学者参加的社会舆情收集和分析中心，对收集到的舆情定期进行系统分析和深入研究，找出苗头性、倾向性、源头性的问题，提出对策建议，上报党委、政府，为党委、政府及时掌握社会舆情、做好群众工作决策提供参考。

四、完善机构，凝聚共识，为政协做好新形势下群众工作营造良好的氛围

加强和创新社会管理，做好新形势下群众工作，社会协同是依托，群众参与是基础，需要整合全社会资源，凝聚全社会合力。人民政协要牢牢把握团结和民主两大主题，延伸组织机构，拓展团结范围，为加强和创新社会管理凝聚合力，要认真研究新时期社会各阶层的状况，科学合理地设置政协界别，充分吸纳各个社会阶层的代表人士，扩大团结面，增强包容性，整合不同的社会资源，团结不同的社会阶层，凝聚不同的社会力量，不断巩固和发展最广泛的爱国统一战线。要探索完善乡镇等基层政协组织新平台，推进政协组织向基层延伸，不断增强政协工作的群众基础和民意基础，贯通人民政协协商民主与基层群众自治民主相结合的通道，使政协工作真正做到“上接天线”、“下接地气”，为我县经济社会实现跨域发展服务。

大事记

2011年1～12月

1月

4日　由云南农业大学普洱茶学院副院长周红杰主编，云南农业大学普洱茶学院、南涧县茶叶工作站、南涧县茶叶科学技术研究所联合编撰，云南科技出版社出版的《中国南涧茶业》发行仪式在南涧宾馆举行。该书从南涧茶叶生态环境、品种资源、栽培技术、加工技术及茶文化、茶疗方、茶企业等方面，图文并茂、全面系统地介绍了南涧茶业的产业基础和发展情况。全书集趣味性、可读性、知识性、系统性、实用性于一体，是了解南涧茶业最为详尽、最为权威的书籍。

5日　总投资1500多万元的公郎加油站隆重开业。公郎加油站的建成，对保障公郎片区燃油供应，满足祥临公路沿线驾乘人员用油需求将发挥重要作用，也是中国石油大理公司在南涧建立的第一座加油站。

7日　中共云南省委作出决定，授予公郎镇人民法庭庭长龙进品为“爱民为民模范法官”荣誉称号。

12日　凤凰水电希望小学在宝华镇小铁窑村委会龙树村落成揭牌。凤凰水电希望小学于2008年6月开工建设，2009年9月1日投入使用，2010年底全面建成。该校由省州扶贫资金、校舍安全工程项目投资和企业、个人捐资建设，总投资250万元。

同日　在全省法院院长会议上，公郎人民法庭获首届云南省十大“优秀人民法庭”称号。

13日　小湾东镇中学被七彩云南保护行动领导小组办公室、云南省环境保护厅、教育厅命名为“云南省绿色学校”，是继县示范小学、县民族中学之后的第三所省级绿色学校。

16日　中共南涧县委九届六次全体会议在南涧宾馆召开。会议听取了县委书记苏发吉代表县委常委会所作的工作报告，审议通过了《中共南涧县委关于制定南涧彝族自治县国民经济和社会发展第十二个五年规划的建议》、《关于召开中国共产党南涧彝族自治县第十次代表大会的决议》、《中共南涧县委九届六次全体会议决议》。

同日　南涧跳菜艺术团一行21人赴北京参加为期两天的春节特别节目《春节大庙会》录制。《春节大庙会》是中央电视台新闻综合频道精心打造的一档集娱乐、购物、美食、绝活、游戏等元素于一体，最具春节气氛、最贴近百姓生活的全民狂欢式庙会。

17日　南涧彝族自治县第十届人民政府第三次全体（扩大）会议在南涧宾馆召开，会议讨论修改即将提请县十届人大四次会议审议和县政协七届四次会议协商的《政府工作报告》（讨论稿）、《关于南涧彝族自治县2010年国民经济和社会发展计划执行情况与2011年国民经济和社会发展计划（草案）报告》、《关于南涧彝族自治县2010年地方财政预算执行情况和2011年财政预算（草案）报告》和《南涧彝族自治县国民经济和社会发展第十二个五年规划纲要（草案）》。

18日　在大理州政法工作会议上，南涧一中学生唐东宝被州人民政府表彰为见义勇为“先进个人”。

20日　南涧县民族商贸城举行开市庆典。民族商贸城综合开发项目2006年以招商引资引进，项目总建筑面积约7.6万平方米，总投资近17000万元，开发住宅462套、商铺252间。

22日　中央电视台法制频道（第一线）播出《走进优秀人民法官龙进品》节目。

2月

11日　南涧县2011年人力资源招聘会在科技广场隆重举行，此次招聘会邀请了台资企业江苏南亚塑胶工业（南通）有限公司、云南力帆骏马车辆有限公司、下关沱茶集团、南涧凤凰水电有限公司、南涧县人民医院等34家省、内外企事业单位参会，提供就业岗位1200多个。

15日　北京舞蹈学院舞蹈学教授刘建和继续教育学院院长、副教授钟宁一行6人到南涧进行“彝族舞蹈采风活动”。

22日　最高人民法院召开大会，隆重表彰全国优秀法院、全国优秀法官和全国法院办案标兵，龙进品被授予“全国优秀法官”荣誉称号。

24日　省委第六巡视组对南涧开展为期8天的巡视，巡视组将采取“听、测、查、访、谈”的方式，对县委、县人大、县政府、县政协党组领导班子及其成员，重点是党政班子及其主要负责人，在深入贯彻落实科学发展观、执行民主集中制、执行党风廉政建设责任制和自身廉政勤政、选拔任用干部、基层党建工作、开展创先争优活动、村级组织活动场所建设等情况进行监督检查和巡视了解。

25 日　最高人民法院办公厅副主任、新闻发言人孙军工、省高级人民法院副院长田成有在大理州中级人民法院副院长李雄章、中共南涧县委书记苏发吉和县人民法院院长姚卫平等领导陪同下，到公郎镇回营村亲切看望慰问龙进品父母。

同日　由中宣部牵头，《人民日报》、中国广播网、中央人民广播电台、新华社、《光明日报》、中央电视台、《中国青年报》、《法制日报》等13家中央及省级媒体组成的“时代先锋”采访团，再次对龙进品先进事迹进行深度采访报道。

3 月

1 日　苏军福一行6人深入到无量山镇卫国小学，以自己名下的英德合信置业有限公司的名誉捐资50万元，用于支持卫国小学的建设。在捐赠现场，英德合信置业有限公司还给卫国小学学生赠送了150个书包。

同日　省档案局局长黄凤平一行5人深入县档案局了解档案管理、馆藏资料收录等情况。

2 日　中央电视台新闻联播“时代先锋栏目”以《龙进品——田间地头掌公平18年》为题，播出公郎人民法庭庭长龙进品先进事迹。

3 日　中央电视台1套“身边的感动”栏目专题播出公郎人民法庭庭长龙进品先进事迹。

8 日　由省烟草进出口公司、烟叶复烤有限责任公司、烟叶公司、烟草农业研究院领导组成的烟叶生产调研督导组到南涧检查指导工作。

12 日　国家、省、州摄影家协会多名摄影师和《云南日报》、《春城晚报》、《大理日报》等9家省、州主流媒体记者及州委常委、州纪委书记梁志敏聚焦介瓦洒“哑神会”，共度彝家狂欢夜，30余名摄影师和记者拍摄了整个活动的盛况。

同日　最高人民法院党组书记、院长王胜俊亲切接见了“全国优秀法官”、“时代先锋”龙进品，通过他转达了共和国首席大法官对全国法院广大基层法官的亲切问候。

22 日　副州长段玠到南涧调研烤烟生产工作，并强调任何时候都不能动摇烤烟支柱产业。

25 日　以省纪委驻省水利厅纪检组长杨合辉为组长的省委换届工作督查组到南涧督查县、乡（镇）党委换届工作。

30～31 日　由中国青基会伙伴三部副部长冯敏慧、云南青基会项目拓展部主任蒋磊及九阳集团新闻部总监顾东君、公益品牌部总监陈培娟等人组成的检查团一行9人，到南涧10所学校检查验收“九阳希望厨房”建设使用情况。

4 月

5 日　国际马铃薯中心理事会主席 Peter vander zaag（皮特范德扎格）博士率东南片区负责人 Dao Huy chien（桃辉战）和云南师范大学薯类研究所所长李灿辉，在州农科所领导陪同下，到公郎镇调研马铃薯生产情况。

8 日　中国共产党南涧彝族自治县第九届纪律检查委员会第六次全体会议在南涧宾馆召开。会议传达贯彻十七届中央纪委六次、省纪委八届六次、州纪委六届六次全会精神，贯彻落实县委九届六次全会精神；全面总结2010年党风廉政建设和反腐败工作，通报2010年度推进惩防体系建设暨落实党风廉政建设责任制考核结果，部署2011年工作任务；审议通过县纪委九届六次全会工作报告和决议（草案）。

同日　中国共产主义青年团南涧彝族自治县第十一届二次全体（扩大）会议在小湾宾馆召开，会议学习贯彻团省委十二届五次全会、团州委十一届四次全会、县委九届六次全会精神，总结2010年全县共青团工作，安排2011年工作任务。

同日　被喻为“歌坛轰炸机”的南涧籍歌手高洪章，在昆明剧院举行《打歌》个人首唱会，成为南涧籍歌手在昆明举办个人专场演唱会的第一人。

9 日　以国家土地督察成都局土地例行督察干部许琳为组长的土地督察组一行，到南涧开展2009年以来土地资源管理与利用工作督察。

12 日　南涧小学院内的毓秀书院修缮工程全面竣工，这座饱经风霜并已是多年危房的古建筑群得到了较好的修缮和保护。

同日　美国“妈妈联谊会”会长张春华在州扶

贫基金会会长杨信全陪同下，到南涧捐资助学，对南涧38名品学兼优的孤儿和贫困学生给予每人500元的资助。

26日　州委常委、州纪委书记梁志敏到白云村委会调研、指导整村推进扶贫项目建设工作，帮助协调项目经费，并为白云村委会解决了5万元的工作经费。

28～29日　国家林业局检查组一行到小湾东镇，对2003年度退耕还林工程进行阶段性验收。

28日　云南宏星物流股份有限公司到南涧捐资助学，公司云贵事业部总经理孟忠泽一行参加了在南涧小学举行的捐助仪式，并给来自南涧镇、南涧四中、宝华镇、无量山镇、公郎镇、碧溪乡的100名中小学生捐赠了5万元助学金。县教育局赠送了“爱心助学，情系南涧”的牌匾。

5月

5日　州政协主席袁爱光一行到南涧调研工业经济发展情况。

18日　省残联理事长李丕钧一行在州残联理事长李荣兴陪同下，到南涧开展残疾人工作调研。

23～25日　中国人民政治协商会议南涧彝族自治县第七届委员会第四次会议在县城召开。全县171名县政协委员中，有162名出席会议。会议主要议程是：听取和审议《政协南涧彝族自治县第七届委员会常务委员会作工作报告》；听取和审议《政协南涧彝族自治县第七届委员会常务委员会关于提案工作情况的报告》；列席县十届人大四次会议，听取并讨论《政府工作报告》、“两院”工作报告及其他报告；听取本次会议提案审查情况的报告；审议通过本次会议决议。

23～27日　南涧彝族自治县第十届人民代表大会第四次会议在县城召开。大会应到代表168人，实到代表155名。会议听取和审查了县人大常委会、县人民政府等工作报告；审查批准了《南涧彝族自治县国民经济和社会发展第十二个五年规划纲要（草案）》、《南涧彝族自治县2010年国民经济和社会发展计划执行情况与2011年国民经济和社会发展计划（草案）的报告》等；补选李光琴为南涧彝族自治县第十届人大常委会主任；补选吉向阳为南涧彝族自治县第十届人民政府县长。

26日　省人力资源和社会保障厅党组副书记、副厅长杨焰平率该厅规划财务处处长李保江一行，到南涧就就业和社会保障服务中心建设情况开展调研。

6月

1日　州委副书记、州长何金平率领州政府办、工信委、农业局、林业局、水务局、扶贫办等部门负责人，深入南涧调研经济社会发展情况。

3日　中共南涧县委九届八次全委（扩大）会议在县城召开。会议应到县委委员38名，实到34名；应到候补委员7名，实到5名。会议通过了出席州第七次党代会代表候选人预备人选和下届县“两委”组成人员候选人预备人选名单，通过了《中共南涧县委九届八次全体会议决议（草案）》。

10日　由国家扶贫开发协会董恩晟、内蒙古自治区鄂尔多斯市白建平带队，市扶贫办、达拉特旗、乌审旗、准格尔旗、伊金霍洛旗、杭锦旗、鄂前旗组成的鄂尔多斯市贫困地区干部和扶贫干部考察团一行80多人，到南涧学习考察扶贫开发项目建设及经验。

13日　南涧镇人民政府综合业务楼竣工验收。该工程2010年6月开工建设，5层框架结构，预算投资270多万元，总建筑面积1956平方米。

15日　南涧县城雕塑广场建设项目通过验收并投入使用。雕塑广场位于小军庄平交路口，总占地5226平方米，总投资185万元，项目设计以“南涧跳菜”雕塑为主题，做到雕塑、绿化、灯光交相辉映，协调统一，彰显彝乡南涧的民族风韵和特色。

16日　中国共产党南涧彝族自治县第十次代表大会在县城召开。大会应到代表306名，实到293名。会议听取并通过了县委书记苏发吉代表九届县委所作的《凝心聚力 开拓创新 为实现全县经济社会跨越式发展而努力奋斗》的工作报告和县纪委书记张若尘代表九届纪委所作的《全面总结　科学规划　深入推进党风廉政建设和反腐败工作》的工作报告，选举产生了第十届县委、纪委的委员、常委和书记，选举产生了出席州第七次党代会代表。

同日　县政务服务中心启动仪式在县城举行，州委常委、州纪委书记梁志敏为政务服务中心授牌授印，成为全州率先运行的县级政务服务中心。

22 日　州政协副主席孙明在县委领导陪同下，到公郎镇调研中心集镇建设工作。

7 月

1 日　来自县级各部门的1000名共产党员汇集科技广场，重温入党誓词，以此纪念中国共产党成立90周年。

2 日　在弥渡、祥云警方的大力支持下，南涧县公安局成功打掉一个流窜于南涧、弥渡、祥云3县的飞车抢夺犯罪团伙，抓获团伙成员11人，破获飞车抢夺案件16起。

12～13 日　以毛义强为组长的省委第七巡视组一行6人，到乐秋东升小学、县民族中学、县第四中学视察南涧教育工作。

21 日　大尧水库除险加固工程在昆明开标，由陕西元辰建设工程有限公司中标。该工程投资218万元，总库容14.3万立方米，供水人口3.5万人。

29 日《南涧县旅游发展总体规划（2011～2025）》评审会在下关召开。州7名专家分别对《南涧县旅游发展总体规划（2011～2025）》进行了评审，并一致同意通过评审。

8 月

9 日　省扶贫办党组副书记、常务副主任欧志明在州扶贫办领导陪同下，到南涧调研“无量药谷”建设项目。“无量药谷”是南涧2010年引进的重大招商引资项目，项目计划投资33000万元，计划用5～8年时间，在生态环境优良的无量山谷地建成全国最大的中药材集中连片种植基地。

同日　拥翠乡遭受狂风暴雨袭击，拥翠、旧马街大春作物严重受灾，受灾涉及2个村委会9个村民小组，受灾烟农171户，受灾面积48.47公顷。

10 日　云南成品油管道工程南涧县段线路路由方案征求意见会在县财政局会议室召开。工程由3干5支成品油管道构成，管网以昆明市安宁首站为中心，辐射全省各大城市，总长约2100千米，年输油量可达900万吨，其中大理至临沧支线南涧县段线路从南涧镇东涌村委会大营盘山进入南涧境内，途经南涧镇、拥翠乡等，从公郎镇落底河鸡冠山进入临沧市，境内全长约70千米。

11 日　州委常委、常务副州长马建全率领州政府办、工业和信息化建设局、水务局、财政局等单位领导，深入南涧调研经济社会发展情况。

17～18 日　国务院县域经济发展研究中心秘书长李於禧率厦门以晴集团有限公司董事长周以晴一行5人，到南涧考察茶叶产业。考察团一行先后前往土林茶业有限公司、凤凰生态茶厂、得胜生态农特产品加工示范园区、黑龙潭茶厂、罗伯克茶场实地参观考察，详细了解南涧茶叶面积、加工、销售、收入等情况，并深入黑龙潭、罗伯克茶园察看茶叶、茶籽生长情况。

18 日　龙凤地产南涧分公司、锐珂及合作伙伴到南涧开展捐资助学活动。龙凤地产南涧分公司副总经理张睿将5万元助学金送到20名受助学生手中，县教育局代表锐珂及合作伙伴，将4万元助学金发放到30名受助学生手中。

26 日　乐秋乡大尧水库除险加固工程建设正式启动。该工程计划投资217.72万元，建设工期240天，工程等别V等，工程完工后可确保下游5个自然村10个村民小组防汛安全，解决乐秋乡级机关及附近村社近万人的安全饮水，改善农田灌溉173.33公顷。

30 日　无量山镇可保村委会突遇雹灾，造成15个村民小组473户烤烟、玉米等农作物严重受灾，3个村民小组停电，造成经济损失120余万元。

8 月30 日至9 月1 日，南涧境内普降单点暴雨，并伴有冰雹和大风，全县8个乡镇、48个村委会、303个村民小组、4813户烟农烤烟受灾，受灾面积达1487.7公顷。

9 月

1 日　省教育厅贫义工程办公室专家组杨鹏一行，到南涧检查评审逸夫楼工程实施情况。专家组一行先后到南涧一中、南涧镇中学实地查看，详细了解南涧县逸夫楼工程的实施情况。

5 日　文化惠民设备配送及业务培训会在县文体局灯光球场举行。分别为小湾东镇、宝华镇文化站配送价值7万元的音响器材，为拥翠乡、无量山镇配送价值8.4元的电脑，为全县43个村（居）委会配送用于“农家书屋”建设的书架、书籍、桌椅等设备，总价值达120多万元。

7日　县茶叶工作站荣获国家工商总局商标局颁发的“南涧绿茶”地理标志证明商标注册证书，实现南涧地理标志证明商标零的突破。

8~9日　南涧县伊斯兰教第二次代表会议在县城举行。会议听取和审议了南涧县伊斯兰教协会第一届理事会工作报告，审议通过了《南涧彝族自治县伊斯兰教协会章程》修正案，选举产生南涧县伊斯兰教协会第二届理事会及会长。

15日　云南凤凰水利水电工程有限公司到乐秋虎街哨小学捐赠价值1万多元的350册《成长之路》等爱心图书，满足广大师生的阅读需求，为337名小学生送爱心。

17日　周大福郑裕彤慈善基金会和信望爱慈善基金会代表谭可功先生一行4人到南涧，分别出席团山小学周大福郑裕彤第8综合楼落成典礼、拥翠小学周大福郑裕彤第27宿舍楼奠基仪式、得胜小学周大福郑裕彤第77教学楼奠基仪式和新山小学信望爱第6宿舍楼奠基仪式，并为团山小学综合楼落成剪彩，为其他3所小学奠基。

21~23日　省科技馆副馆长杨晓林一行23人深入南涧镇安定小学、乐秋乡上虎小学和小湾东镇岔江小学，开展以“快乐科普·健康生活”为主题的科普展教活动。

24日　锐珂投资管理（上海）有限公司及合作伙伴到南涧镇保安小学开展爱心助学活动，还参加由该公司同仁捐资16万元新建的教学楼落成剪彩仪式。

29日　南涧县供销合作社改革发展现场推进会在小湾宾馆召开，省供销合作社副主任段继红、副州长程云川到会指导。

10月

7日　全县收购烟叶936.3万千克，烟农交售烟叶收入16919.13万元，兑现红大补贴2915.82万元，实现烟叶税3722万元，烟农售烟收入、红大补贴、烟叶税增幅分别达38.5%、118%、38.9%，实现政府、烟农、企业三满意。

11日　南涧跳菜艺术团《三道弯》演员启程赴京参加央视舞蹈大赛决赛。14日晚8时第一个出场登台决赛，央视第三套节目作现场直播。

12日　团中央“知心姐姐”杂志社心理健康教育全国巡回报告团到南涧举办关注学前儿童心理健康和职场减压情绪管理讲座，近1000名家长、教师和200多名机关企事业单位女职工到场聆听讲座。

27日　总投资165万元的乐秋河水文站正式开工。

11月

7日　喂羊盐、草皮湾水库除险加固工程正式开工建设。喂羊盐、草皮湾水库总投资分别为166.75万元、185.82万元，工程完工后水库库容分别可达11.9万立方米、12.6万立方米，年供水量分别达25万立方米、15万立方米。

15日　副州长洪云龙到南涧检查指导教育卫生工作，要求按照集中办学的思路，努力整合项目、资金，在继续做好学校布局调整、校安工程建设的同时，积极做好校舍加固改造项目建设，扩大办学规模，全力办好人民满意教育。

17日　宝华镇云华至无量山镇发达沥青混凝土公路开工建设。该公路预算投资2200万元，建成路基宽6.5米，路面宽5米，路面长23.87千米。

18日　南涧县2011年度省级农业综合开发项目招投标工作经过投标、评标、定标等各项程序，圆满完成招投标工作。

12月

2日　即将参加云南青年歌手大赛的南涧青歌赛队伍赶赴大理汇报演出，12人“兄妹组合”和6人“羞妹组合”用原生态的演唱方法，分别演唱了《过山调》、《害羞羞》、《小乖哥》等节目，演员们的精彩演出赢得了领导、专家好评和阵阵掌声。

9日　由大理供电局捐建的30口“南网爱心水窖”在宝华镇兔街村委会兔街小村竣工。

13日　由省发改委、水利厅组织的验收组，对母子垦水库扩建工程进行竣工验收。母子垦水库扩建工程属云南省“润滇工程”项目之一，初设批准概算总投资9607.51万元，总库容1266.9万立方米，灌溉面积1780公顷。工程2002年11月6日开工建设，2010年12月竣工，累计完成工程投资8378万元，2011年7月通过省水利厅单元工程验收，并通水试运行。

16日 《南涧彝族自治县县乡土地利用总体规划（2006～2020年）完善成果》审查会在南涧召开，并顺利通过审查。

30日 南涧镇历史文化古街区保护与发展项目启动仪式在南涧镇南街社区钟家坡文庙大成殿举行。州委常委、副州长蔡春生宣布“南涧镇历史文化古街区保护与发展项目”启动。

同日 县城家居市场建设项目在县城瓦窑村正式启动。该项目占地面积2.63公顷，建设工期2年，工程中标方为南涧五州商贸城有限公司，中标价为32500万元。

（张海龙）

概　况

县情概要

【自然概貌】 南涧彝族自治县位于大理白族自治州南端，地跨东经100°06′～100°41′、北纬24°39′～25°10′之间。东与弥渡县接壤，南与景东县毗邻，西南与云县以澜沧江为界，西至黑㵲江与凤庆县隔水相望，北与巍山县山水相连。县域东西横距59千米，南北纵距55千米，边界线长约215千米，国土面积1731.63平方千米。县人民政府驻南涧镇，距省会昆明356千米，距州府大理90千米（南涧经巍山至大理）。境内最高点为县城北部的太极顶，海拔3061米；最低点为漫湾水电站库区最高水位线，海拔994米。2011年，县城地区年平均气温19.1℃，比历年平均偏低0.2℃；年降雨量517.1毫米，比历年平均偏少218.5毫米，偏少29.7%；年日照时数2201.9小时，比历年平均偏少249.9小时。地形以山地为主，大部分地区山高、谷深、坡陡。地貌分为侵蚀构造地貌、侵蚀堆积地貌、剥蚀地貌、断块山地貌和岩溶地貌。气候分为低纬山地季风气候、垂直气候和地域气候。山脉分为哀牢山和无量山，无量山脉横亘县境西南，向东南延伸部分构成南涧县地形的主要骨架之一；哀牢山脉横卧县境东南，是西部季风的屏障。境内江河分元江、澜沧江两大水系，有9条干流、59条支流，总长286千米。

【建置沿革】 "南涧"之称，起于唐代。因地处蒙舍之南，山间夹水，形似大涧槽，故名"南涧"。公元前三世纪初秦始皇统一中国时，南涧之地归属无资料可考。西汉武帝元封年间（前110～105年），南涧地属益州郡邪龙县（今巍山）。元忽必烈至元十二年（1275年），中央朝廷将南涧地设置为县一级政区，命名为定边县，隶属镇南州（州治在今南华）。至元二十四年（1287年），省革定边县建制，改设为乡。明洪武十七年（1384年），将南涧地恢复为县一级政区，仍称名为定边县，改由楚雄府直接管辖。清雍正七年（1729年），终止定边县建制，原定边县辖的"东三百里"地，仍由楚雄府管辖，其余之地则裁归蒙化府管辖，并设南涧、浪沧两个巡检司。乾隆三十五年（1770年），改蒙化府为蒙化直隶厅。民国三年（1914年），蒙化直隶厅改为蒙化县，南涧地设南涧、浪沧两个分县。民国二十一年（1932年），撤销南涧、浪沧两个分县，改设为蒙化县第四、五、六区。民国二十九年（1940年），裁区制改为乡镇制。

中华人民共和国成立后，南涧地归蒙化县（今巍山县）管辖。1950年10月，今南涧县域改设为定边、宝华、蒙乐、南屏、浪沧、碧溪、拥翠、乐秋8个分区人民政府。1950年11月，原8个分区合并为四、五、六3个区，区下设71个乡。1953年8月，原属第五区的民胜、民强、西窑、天宝、青华、银厂、棉农7个乡划归巍山县第七区，并将其余64个乡改设为48个乡。1958年3月，撤销区的建制，把48个乡改设为20个乡。同年10月，将原20个乡改设为8个人民公社。1961年10月，今南涧县地域从巍山彝族回族自治县分出，开始筹建南涧彝族自治县。同年，原8个人民公社改设为21个人民公社。1963年9月，经国务院第135次全体会议通过，批准建立南涧彝族自治县。年内，原21个人民公社改设为南涧、拥翠、乐秋、碧溪、新民、浪沧、宝华、无量8个区，区下设88个人民公社。1965年11月27日，南涧彝族自治县正式成立，隶属大理白族自治州管辖。

1968年，各区名称先后改为南涧、拥翠、乐秋、碧溪、新民、浪沧、宝华、无量区革命委员会。1970年的春夏间，县下区一级建制改称为人民公社革命委员会，原区下的公社改称为生产大队，县下设南涧、拥翠、乐秋、碧溪、新民、浪沧、宝华、无量、城镇（南涧镇的前称）9个人民公社革命委员会、85个生产大队。

1980年10月，改9个人民公社革命委员会为9个人民公社管理委员会。1982年12月，改9个人民公社管理委员会为8区1镇，下辖91个生产大队。1983年1月，将8区1镇改为3个区公所，作为县人民政府的派出机构，区下辖52个乡（镇）。1984年2月，改设为8个区公所和1个区级镇公所，即南涧镇公所和南涧、乐秋、拥翠、碧溪、新民、浪沧、宝华、无量8个区公所，下辖72个乡（镇）和1个办事处，共1620个农业社。1988年1～3月，开展区、乡体制改革，县下设南涧镇和得胜、拥翠、乐秋、碧溪、新民、浪沧、宝华、无量、沙乐乡，全县乡镇下设80个村公所（办事处）。1999年12月，新民乡更名为小湾东镇。2000年7月，浪沧乡、宝华乡更名为公郎镇、宝华镇。同年10月，全县80个村公所（办事处）改名为村民委员会。2002年8月，撤销南涧镇、得胜乡成立新的南涧镇。同月，撤销南涧街村民委员会，建立南涧镇南涧街社区居民委员会。2005年12月，撤销沙乐乡，其行政区域、隶属关系并入公郎镇。2010年1月，无量乡更名为无量山镇。至2011年，全县下设南涧、公郎、宝华、小湾东镇、无量山5个镇和拥翠、乐秋、碧溪3个乡。

【行政区划】 2011年，全县辖5镇3乡，即：南涧镇、小湾东镇、公郎镇、宝华镇、无量山镇和拥翠乡、乐秋乡、碧溪乡，下辖80个村（居）民委员会、1134个自然村、1607个村（居）民小组。

【人口民族】 2011年，全县总人口22.22万人，其中：农业人口20.75万人，占总人口的93.36%；非农业人口1.47万人，占总人口的6.64%；少数民族人口11.14万人，占总人口的50.15%；男11.43万人，占总人口的51.45%；女10.79万人，占总人口的48.55%。年内出生2010人，死亡1273人，自然增长737人，自然增长率3.32‰。人口密度128人/平方千米。境内居住有汉、彝、苗、回、白、傈僳、布朗7个世居民族，有汉、彝、白、哈尼、壮、傣、苗、傈僳、回、拉祜、佤、纳西、景颇、瑶、藏、布朗、独龙、满、土家19个民族成分。

【土地资源】 根据2009年7月县国土资源局完成的《南涧县第二次全国土地调查工作报告》，全县土地利用现状调查结果是：全县辖区总面积17.39万公顷，其中：耕地（水田、水浇地、旱地、菜地等）2.45万公顷，占辖区总面积的14.07%；园地（果园、桑园、茶园、其他园地）6496.79公顷，占辖区总面积的3.74%；林地（有林地、灌木林地、其他林地）11.28万公顷，占辖区总面积的64.89%；草地（天然牧草、人工牧草、其他草地）8440.27公顷，占辖区总面积的4.9%；城镇、村庄及工矿用地（城市建设、建制镇、居民村庄、采矿、风景名胜及特殊用地）4233.86公顷，占辖区总面积的2.43%；交通运输用地（公路、街巷、农村道路、港口码头、管道运输用地）1914.9公顷，占辖区总面积的1.1%；水域及水利设施用地（水面、沟渠、滩涂、水工建筑用地）2131.37公顷，占辖区总面积的1.22%；其他用地（空闲地、设施农用地、沙地、裸地）1.34万公顷，占辖区总面积的7.69%。土地资源的特点是山地占绝大多数，耕地资源有限，土壤类型较多，宜种植物较广，植被覆盖率低，水土流失面大，山高缺水，水土潜力难以充分发挥。土壤种类有棕壤、黄棕壤、红壤、紫色土、石灰（岩土）、冲积土、水稻土、盐土8个土类，分为16个亚类、34个土属、66个土种、10个变种。2011年末，全县实有耕地面积2.45万公顷。

【经济综述】 2011年，全县实现地区生产总值214850万元，比上年增长15%，其中：第一产业78738万元，比上年增长9.7%；第二产业41094万元，比上年增长28.8%；第三产业95018万元，比上年增长14%。三次产业比重由2010年的38:17:45调整到2011年的36.6:19.1:44.3。全年实现财政总收入32116万元，比上年增长30%，其中一般预算收入20928万元，比上年增长28.1%。地方财政一般预算支出87556万元，比上年增长26.4%。金融机构各项存贷款余额分别为221048万元、290064万元，分别比上年增长22.6%、27.6%。实现社会消费品零售总额76173万元，比上年增长20%。实现全社会固定资产投资87772万元，比上年增长30%。

【民生保障】 强化失业保险征收，全县有参保单位180户，参保职工4490人，收缴失业保险费202万元，为全县873名失业人员发放失业保险金43.73万元。认真做好城镇新增失业人员的调查统计，办理《失业证》377本，登记城镇失业人员1207人，新增就业1207人。继续做好就业扶持工作，发放小额担保贷款80户403万元，发放创业贷款42户210万元，发放劳动密集型小企业贷款1户200万元。开发公益性岗位244个，安排就业困难人员244人。建成县级人力资源市场，完成城乡富余劳动力转移1558人，就业困难人员再就业315人，城镇下岗失业人员再就业357人。全县城镇企业职工基本养老保险参保3239人，机关事业单位养老保险参保57人，工伤保险参保5005人，其中农民工参保783人，生育保险参保1502人。城镇职工养老保险基金收入2199万元，支出715万元；机关事业单位养老保险基金收入35万元，支出57万元；工伤保险基金收入138万元，支出38万元；生育保险基金收入25万元，支出18万元。办理集体企业“超龄参保人员”、“中断参保人员”、“未参保人员”参保登记312人；办理个体工商户核定缴费1533人。抓好城乡居民养老保险（新农保和城镇居民养老保险）试点工作，全县参加城乡居民社会养老保险人数达126880人，收缴社会保险费1569.3万元。向全县22979名60周岁以上城乡居民发放每人每月55元的基本养老金，支出资金763万元。

【工　业】　全面实施工业强县战略，出台加快工业经济发展决定，工业用地收储、园区基础设施和标准厂房建设顺利推进。进一步完善招商引资目标责任绩效考核办法，实施招商引资项目31个，到位资金72319万元。收储工业园区土地87.93公顷，建成园区标准厂房4368平方米。编制得胜生态农特产品加工园区详规，安定工业园区蚂蟥箐治理一期和园区进场公路太阳能路灯示范工程全面完工。凤凰木业集成材生产线、家具生产线投入生产，东恒经贸日处理300吨铁矿石初选生产线建成投产，南涧水泥制品厂和红云核桃厂技改搬迁项目、无量山水泥技改扩建项目顺利推进。全年实现工业总产值155743万元，比上年增长49.6%；实现工业增加值24042万元，比上年增长35.1%。

【农　业】　按照生态农业示范县建设实施意见，围绕烤烟、泡核桃、茶叶、肉牛、无量山乌骨鸡、生猪、药材、蔬菜、马铃薯9个标准化生产示范基地建设，多渠道整合项目资金，以点带面、示范带动，9个生态农业示范村建设稳步推进。全县支出财政支农资金16857万元，比上年增长11%，其中农民直补资金3216万元，比上年增长21.7%。实现农村经济总收入143688万元，比上年增长25.8%。实现农民人均纯收入3391元，比上年增长35.5%。以稳定和保障粮食安全为重点，大力普及推广良种和骨干科技措施，年内实现粮食作物种植面积2.62万公顷，粮食总产10568.6万千克。

【畜牧产业】　全县存栏大牲畜11.61万头，其中肉牛10.61万头，生猪18.05万头、肉羊8.01万只、家禽130.51万羽。出栏肉牛7.6万头、肥猪18.45万头、肉羊14.81万只、家禽225.05万羽。完成肉类总产3341.44万千克，禽蛋产量175.81万千克，实现畜牧业产值56208万元。完成肉牛冻精改良2.01万头，产犊1.52万头。完成猪品种改良3.57万窝。种植人工牧草208.6公顷、青贮玉米1125.2公顷。年内配备铡草机114台，铡草机总数达316台，制作青贮饲料3050万千克。对县内17个市场动物及产品进行检疫，检疫畜禽140.4万头（只次），检出病害动物154头。消毒动物、动物产品运载车辆4080辆。检疫动物产品5.8万头，检出病害动物产品138头。无量山乌骨鸡被评选为“云南省六大名鸡”之一。中央财政现代农业发展优质肉牛项目全面完工。草原生态补助、动物防疫整村推进工作稳步实施。全年到位畜牧项目资金720.94万元。

【烤烟产业】　实施烟叶生产考核办法和烤烟种植大户奖励办法，种植“红大”烤烟5333.33公顷，收购烟叶936.3万千克，烟农总收入20091.18万元，其中收购金额16919.13万元、红大补贴2915.82万元、丰产烟叶收购金额259.23万元，烟叶收购总值17178.35万元，比上年增加4962.27万元。完成密集式烤房建设250座（22群）、育苗大棚建设50个。完成农机具补贴677台，补贴资金144万元。完成乐秋东升烟点迁建和宝华兔街烟点扩建项目。

【泡核桃产业】　全年新种植泡核桃2820公顷、补植补造3060公顷，泡核桃面积累计达4.88万公顷。全县核桃规模加工户累计达72户，其中年加工核桃仁5万千克以上、产值150万元以上的达15户，实现产量800万千克，产值23500万元。

【茶叶产业】　全县茶园面积累计达7061公顷，其中通过有机认证741.87公顷、无公害认证6080公顷。当年采摘5200公顷，完成茶叶产量388.3万千克，比上年增加50.3万千克，增长14.6%，其中绿色食品茶产量153万千克。实现茶叶总产值18610万元，比上年增加2209万元，增长13.44%；完成农业产值7577万元，比上年增加1673万元，增长28.3%；实现工业产值11033万元，比上年增加533万元，增长5%。年内，华庆公司投资300多万元，从台湾引进部分乌龙茶加工机械，新建加工车间2000平方米；凤凰生态茶厂新建办公楼；黑龙潭茶厂等企业不断改善初制加工条件，提高清洁化加工水平。公郎镇、无量山镇新建茶叶初制所2所。全县成立茶叶专业合作社（协会）18个，发展会员1.48万户4.33万人，有力带动了茶区茶园管理，大大提高了应对市场风险的能力。

【中药材产业】　“无量药谷”位于境内无量山与

哀牢山谷，总面积82平方千米（8186.67公顷），区域涉及无量山镇的和平、红星、发达、卫国4个村委会，该地区得天独厚的空气、土壤、水质条件完全符合有机农业生产环境要求，非常适合以三七种植为主的中药材产业发展。1月，云南维和控股有限公司开始在“无量药谷”种植第一期三七。5月，公司在药谷区域完成以三七为主的中草药7个品种（三七、板蓝根、木香、大黄、三分三、当归、芹归）种植100公顷，投入资金2700万元。12月，公司投资18000万元，完成三七种植400公顷，并在碧溪乡扩张发展三七种植20公顷，在项目区4个村委会建设了4个三七种植专业合作社，逐渐形成了公司建基地、基地带合作社、合作社连农户的中药材种植发展模式。“无量药谷”计划发展以三七为主的中药材种植基地约1333.33公顷，并在2011年、2012年、2013年分3期推进，所有种植用地将以土地流转的方式向无量山镇和平、发达、红星、卫国4个村委会村民协商获得。全年公司已跟4个村委会农户流转土地455.73公顷，并完成一期以三七为主的中药材种植400公顷，并以此为基础，逐渐带动全县各乡镇中药材产业的发展，形成南涧新的农业支柱产业。

【生态能源建设】 坚持生态立县、环境优先发展思路，深入实施“绿色家园”行动计划，新建沼气池2096口、节柴改灶789眼，推广太阳能801台，新建无量山镇下雀田、乐秋乡晒肚皮太阳能示范村2个，兑现农村太阳能补助款20万元。开展杨善洲纪念林、“万棵树苗入农家”等植树造林活动，栽植各类苗木79万余株，新增特色经济林944.44公顷、补植补造80公顷。完成天保工程公益林建设1666.67公顷、春夏季造林3733.33公顷、小湾水电站淹没区植被恢复易地造林800公顷、中低产林改造2666.67公顷、森林抚育2000公顷。投资564万元的无量山国家级自然保护区二期工程、县森林防火营房建设工程、公郎镇和南涧镇天保工程管理所建设全面完工。完成国家级和省级森林生态效益补偿南涧县实施方案修订和全县林地保护与利用总体规划、天然林保护二期工程规划编制工作。低碳节能减排工作成效明显，全县单位万元GDP能耗同比下降2.6%。

【水利建设】 新建、修复各类水利基础设施1192件，新增供水受益人口1.52万人，全县水利化程度达49.6%。母子垦水库除险加固扩建工程通过省级竣工验收，大龙潭水库西干渠防渗工程和公郎镇龙平片区以工代赈小型基础设施建设项目全面完工，农村安全饮水工程、“五小水利”工程、县城周山提水工程、无量山镇保台、光明片区以工代赈小型基础设施建设项目和大尧、喂羊盐、草皮湾水库除险加固工程进展顺利，乐秋河中型水库、宝华荨麻箐小（二）型水库项目建设前期工作有序推进。

【交　通】 完成沙乐公路水泥路面建设工程39.4千米、无量线水泥路面建设工程23千米、2009年度通达工程1个7.7千米、2010年度通达工程25个228.21千米、碧溪至宝华公路改造工程30千米、2011年度通村油路工程2个34千米（石牛公路24千米、新山公路10千米）、通村水泥路工程2个23千米（保安公路16千米、虎街村公路7千米）、2011年度农村公路养护大中修项目7个。完成货运量114万吨、货物周转量2116万吨千米，客运量78万人、旅客周转量11158万人千米。以政府、公司、车主各投资三分之一的形式，实施客运车辆车身标识统一工作，组建了南涧县公共汽车有限公司和出租车公司，县城公交市场面貌焕然一新，促进了农村客运市场的健康、有序、稳定发展，方便人民群众的安全快捷出行。

【科　技】 安排资金20万元，分别下达县茶叶技术研究所承担的《茶园内种植核桃树对茶叶产量和品质影响的研究》、县无量山自然保护区科研所承担的《泡核桃林下种植红花油茶、石斛和龙胆草试验》、碧溪杏子山金和中药种植专业合作社承担的《碧溪乡杏子山中药材种植示范》、宝华镇阿母腊养殖协会承担的《无量山乌骨鸡生态养殖技术的研究和推广》、公郎镇人民政府承担的《凤岭村“三网融合”信息村建设》和碧溪乡永宁村委会承担的《科普知识进农家》6个县级科技计划项目。抓好碧溪乡杏子山科技示范村建设，积极发展三七、重楼等中药材种植，抓好三七种植示范和科技培训。积极开展知识产权保护工作，鼓励发明创造，注重知识产权保护，年内申请专利10件，其中发明类1件、实用新型类1件、外包装类8件。全年举办农村实用技术培训148期8960人（次），省农函大培训22班1100人。组织由25个相关部门和科普志愿者参加的“科技活动周”活动，发放农村实用技术、防灾减灾、预防疾病等各类宣传资料3.5万份，科技咨询服务1400人（次）。

【教 育】 财政累计投入教育事业经费15681万元，比上年增长25.3%。全面落实“两免一补”政策，建立教育奖励专项资金，深入实施名师工程、师德建设工程，全面推行城乡教师双向交流制度，促进城乡教育事业均衡发展。抓实校园安全、校舍加固改造、普通高中能力建设、“两基”迎国检成果巩固和“爱心圆梦”工程，教育基础设施不断加强，各级各类教育质量、水平进一步提高。全县有中学15所，其中：普通高中2所，职业高中1所，初级中学12所。小学82所，教学点8个、幼儿园33所、成技校88所、县教师进修学校1所，教职工1996人。全县有普通高中在校生2770名，职业高中在校生1286名，初中在校生8999名，小学在校生19205名，幼儿园在园幼儿4935名。全县3~6周岁儿童入园率66.2%，7~12周岁适龄儿童入学率99.60%，小学在校生年辍学率0.23%；13~15周岁适龄少年毛入学率117.59%，初中在校生年辍学率0.70%；青壮年非文盲率99.7%。全县参加普通高考901人，录取811人，上线人数875人，上线率97.1%。中考实考人数2111人，录取1241人（含职中录取中考生38人），其中600分以上人数459人，占参考人数的21.7%。组织校长、教师培训4000多人（次），招聘中小学教师66人。全年争取到援建资金114万元。校舍安全工程项目拆除重建校舍8255平方米，完工验收3363平方米，完成投资534万元。实施校舍加固改造2.6万平方米，年底完成设计工作并全面启动。规划投资560万元、建筑面积3966平方米的教师周转宿舍楼建设项目已全部开工。规划投资840万元、建筑面积6168平方米的教师廉租住房建设项目正在实施。全年办理生源地信用助学贷款615人，发放贷款338.99万元。创建“平安校园”18所。

【文 化】 全年组织接待、社区、下乡文艺演出及大型群众文化活动58场（次），观众达29.65万人（次）。利用接待表演、唱礼仪接待歌曲等多种形式开展实地跳菜38场，接待人数7956人（次）。图书馆实现全免费开放，流通图书5.8万册（次），接待读者4.2万人（次）。组织广场“大家乐”群众文艺汇演6场及正月初九龙灯会汇演。辅导20余支机关、企业、学校、农村文艺队演出文艺节目320场（次）。参加中央电视台春节特别节目《春节大庙会》节目录制。认真完成大理“三月街民族节”系列文艺演出活动，选送7名南涧诗社社员、13首诗词参加“三月街民族节”第四届赛诗会。组织完成“火把节民族团结周”、“纪念建党90周年”各项文艺专场活动和“南涧县庆祝中国共产党建党90周年美术书画摄影作品展”的作品收集、装裱、布展工作。举办国庆献礼——吕宗祥、杨嘉泽书画展，展出书画作品90余幅。组织67幅青少年美术作品参加云南省第二届青少年书画大赛。出版《边地叙事》、《彝乡春晓》、《神奇无量山》文学作品3部。10月14日，彝族群体舞蹈《三道弯》闯进中央电视台第六届电视舞蹈大赛群文群舞类决赛，并荣获全国“十佳节目奖”。争取资金160万元，保证县文化馆、图书馆和乡镇综合文化站的免费开放和正常运行。完成全县43个行政村农家书屋建设，实现全县80个村（居）委会农家书屋全覆盖。完成拥翠乡、无量山镇文化信息共享工程基层站点建设。在全县40个行政村配备信息共享工程专用电脑40台。向省文化厅争取到投资15万元的文化惠民示范村项目，结合西山村委会新农村建设组织实施。完成投资210万元的南涧“跳菜”雕塑广场主题雕塑建设。投资130多万元完成偃月公园升级改造，完成公园楼阁名称及楹联的征集工作和《偃月阁序》及楹联加工安装工作。启动实施南涧镇古街区保护与发展项目。投资50余万元，完成涧河宋词长廊文化墙一期工程。完成宝华镇、无量山镇综合文化站建设工程。投资60余万元，启动涧河长廊中兴路下段3座六角亭建设。完成投资近15万元的西寺山广播电视发射机房大门恢复重建工程。深化跳菜艺术团改革，注册成立南涧跳菜演艺公司，激活内部管理机制，促进南涧跳菜艺术的健康发展。

【卫 生】 全县有各级各类医疗卫生机构128个，其中：国家医疗卫生机构31个，村卫生室80个，企业、民营医疗机构2个，个体行医户15户。有床位478张，卫生行业人员439人，其中卫生专业技术人员375人。医药卫生体制改革稳步推进，全县基本药物实行省级网上集中公开采购、统一配送，乡镇卫生院、村卫生室药品实行零差价销售，实现城乡居民年人均享受25元的基本公共卫生服务。甲型H1N1、艾滋病、血吸虫等传染病、地方病得到有效控制。成立食品药品稽查大队，食品药品监督管理工作不断加强。总投资612万元、建筑面积2699平方米的急救中心综合楼建设项目正在施工。全县参加新农合18.83万人，参合率达93.12%，筹集新农合基金4331.68万元，支出基金3122.4万元。加强对妇女、儿童的系统保健管理，提高住院分娩率，降低孕产妇、婴幼儿死亡率。年内培养学科带头人2名、业务骨干15名、乡镇卫生院全科医生5名，全科医生转岗培训5名，考核招聘卫生专业技术人员18名，考试招聘专业技术人员17名。选派县级医疗单位医师对口支援乡镇卫生院，建立巡回医疗制度。全县选派12名医务人员到5个乡镇卫生院支援农村卫生工作。实施重性精神病人免费救治工作，全年收治重症精神病人41人，住院43人（次），免费金额28.38万元。全县参加无偿献血1101人，采血22.46万毫升。

【邮电通信】 全年邮政局实现业务收入413万元，比上年增加35万元，增长9.25%。县移动公司年末在网2G、TD基站162个，全县乡镇自然村网络移动信号室内覆盖率达93%，行政村网络覆盖率达100%。联通公司投入1500万元加大乡镇网络建设，新建基站22个，全县联通基站总数达37个，网络普及各个乡镇和各重点行政村，在各乡镇设立营业厅及81个农村社区服务点，完善服务体系，年末入网用户6350户，业务收入达240万元。中国电信南涧分公司经营手机、宽带、固定电话、数字互动电视、光纤电路出租等业务，承担着全县党政部门、公众服务部门和重点工程建设项目通信传输重任，全年电信业务收入1416万元，增长52%。年内新建合作营业厅6个、代理点2个、一镇一店10个、一村一点14个；新建碧溪、拥翠、岔江3套OLT（光线路终端）设备和16套ONU（光网络单元）设备；升级改造C网基站13个，新建11个，全县C网基站达54个；完成全县C3、C4传输二期扩容工程；完成拥翠、乐秋、碧溪、新民中兴9203设备的宽带提速工作。投资190余万元，完成无量红星、卫国、发达3个村委的3G手机信号覆盖，开通“无量药谷”项目部的传真、电话、电视和宽带上网业务，推动信息技术在“无量药谷”建设项目中的应用。投资130余万元，完成小湾水电厂地下厂房3G手机信号和WLAN（无线局域网）信号的覆盖，在全国首创电站地下厂房实现立体定位调度功能。全县电话用户达12.45万户，其中固定电话用户1.13户、移动电话（手机）用户11.32万户，电话普及率57.8部/百人。全县互联网用户达7415户，比上年增长50.5%。电视人口覆盖率达98.68%，广播人口覆盖率达72.1%，有线电视入户率达19.06%。

【扶贫开发】 完成新农村建设投资7014万元。乡集镇规划和宝华集镇二期工程建设、公郎中心集镇和全县行政村、自然村村庄规划编制工作顺利推进。2个中心村、3个示范村、2个行政村扶贫开发整村推进和9个新农村省级重点村、68个扶贫重点村和乐秋瓦午晒肚皮苗族村建设全面完工。完成农村危房改造1500户，发放扶贫到户贷款4029万元。农村“一事一议”财政奖补项目完成投资2030万元。

【城乡建设】 进一步完善“彝族文化生态园林山城”规划建设思路，修编县城总规、控规、近期建设规划和相关专业规划，不断加强县城基础设施建设，县城建成区面积达1.87平方千米，城镇化率达28.1%。投资4659万元的县城金龙路改扩建二期一标段、中兴路改扩建、跳菜雕塑广场、偃月公园整体升级改造、移民大楼、十六米街、澗河宋词长廊建设项目全面完工。保障性住房建设完成投资1600万元，开工率达100%，竣工率达60%以上。县城东片区“龙凤丽都”房地产开发项目累计完成投资27600万元。投资3756万元的县城污水处理厂及配套管网项目进入试运行阶段，生活垃圾处理场项目完成投资2500万元。振兴路、安定路、40米大街、幸福路等路段美化亮化和县城东片区供水管网建设、南北两端城市公园土方回填工程、公安业务技术用房、信合大楼等建设项目完成投资2150万元。投资715万元的县城至祥临路连接线、县城南北入口、富民街、小军庄平交口4个广场和澗河宋词长廊绿化工程全面完工，县城后山生态修复工程和省级园林县城创建活动启动实施，新增城市绿化面积2.7万平方米。完成县城红绿灯及电子监控系统、道路交通标线标识等配套设施建设。推行县城门前三包责任制，加强广告标识规范化管理，县城管理水平不断提升。

（杨梅花）

南涧县党、政、军、群、机关、乡镇领导名录

·中国共产党南涧县委员会·

书　　记　苏发吉
副 书 记　莽绍标（彝，4月免）
　　　　　吉向阳（彝，4月任）
　　　　　陈　策
　　　　　浦丽合（挂职，4月免）
　　　　　李　艳（女，挂职，4月任）
常　　委　吴家良（彝）
　　　　　李光琴（女，彝，4月免）
　　　　　董建明（彝，2月免）
　　　　　张若尘
　　　　　黄希里
　　　　　查政朝（彝）
　　　　　沈文荣
　　　　　田　强
　　　　　龙建华（苗，2月任）
　　　　　聂琼芬（女，5月任）

·县委职能工作机构·

县委办公室
主　　任　黄希里
常务副主任　吴　航（彝，2月免）
　　　　　殷文辉（2月任）
副 主 任　许玉寿（2月免）
　　　　　李增发（彝）
　　　　　张凌云（女，3月任）
督查室
主　　任　杨伟宏
机要局（密码管理局）
局　　长　何能祥（彝）
副 局 长　李　伟（彝）
保密局
局　　长　施宗明（彝，2月免）
　　　　　许玉寿（2月任）
副 局 长　孟德琴（女，彝）
纪律检查委员会
书　　记　张若尘
副 书 记　陈镇宇（2月免）
　　　　　谢瑞忠
　　　　　和永发（纳西）
　　　　　鲁文武（彝，3月任）

·县纪委各室、派出纪工委·

办公室
主　　任　施洪生（彝）
监察综合室
主　　任　罗政党
纪检检察室
主　　任　罗正兴（彝，3月免）
　　　　　李春香（女，彝，7月任）
执法监察室
主　　任　王世军
信访室
主　　任　字奇虎（彝）
案件审理室
主　　任　陈　跃
党风廉政室
主　　任　张　琦（3月免）
宣传教育室
主　　任　姚于华（3月免）
　　　　　李德富（3月任）
干部室
主　　任　车媛媛（女）
纪工委
派出东南片区纪工委
书　　记　张玉升（3月免）
　　　　　周建芳（女，白，3月任）
副 书 记　李志良（3月免）
　　　　　朱树泽（3月任）
　　　　　李崇山（3月免）
　　　　　段祖义（3月任）
　　　　　周建芳（女，白，任至3月）

蒋恒升（3月任）

派出西南片区纪工委

书　　记　李　康（彝）

副 书 记　邱艳红（3月免）

李　用（女，白，3月任）

邹智军（3月免）

宇勇虎（彝，3月任）

李国珍（女，彝，3月免）

马剑龙（回，3月任）

派出直属机关纪工委

书　　记　皇信美（女，彝，2月免）

张　琦（3月任）

副 书 记　李德富（3月免）

邹智军（3月任）

派出政法纪工委

书　　记　罗应杰（彝）

副 书 记　黄家琪（12月免）

施玉芳（女，白）

派出财贸纪工委

书　　记　鲁文武（彝，3月免）

副 书 记　柴逢迎（彝）

派出农林水纪工委

书　　记　王家树

副 书 记　吴世伟（彝，3月免）

李秀山（彝，3月任）

派出文教卫纪工委

书　　记　陈培天（3月免）

姚于华（3月任）

副 书 记　何崇林（彝）

派出交通建设纪工委

书　　记　金　丽（女）

副 书 记　吴朝斌（彝）

县委组织部

部　　长　田　强

常务副部长　阿金光（彝，2月免）

时增德（12月任）

副 部 长　王　钊（兼）

罗成武（兼，彝，11月免）

李光亮（彝，12月免）

鲁才旺（彝）

时增德（3月任至12月）

周国祥（3月任）

党代表联络办公室

主　　任　罗会军（2月任）

副 主 任　时增德（3月免）

县级机关党委

书　　记　陈文智（彝）

副 书 记　皇信美（女，彝，2月免）

杨琼丽（女，彝）

纪委书记　皇信美（女，彝，2月免）

老干部局

局　　长　王　钊

副 局 长　何昌会（女，彝）

党史研究室

主　　任　赵文星（彝，2月免）

李光亮（彝，2月任至12月）

副 主 任　杨兴明（彝）

县委宣传部

部　　长　吴家良（彝，5月免）

聂琼芬（女，5月任）

专职副部长　殷文辉（2月免）

欧阳蕊（2月任）

副 部 长　周庆华

欧阳蕊（任至2月）

张　虎（彝，2月任）

文明办

主　　任　欧阳蕊（兼，2月免）

周庆华（兼，2月任）

副 主 任　张永平（彝，3月任）

外宣办、新闻办（合署办公）

主　　任　周庆华（兼，2月免）

张　虎（兼，彝，2月任）

副 主 任　张　虎（彝，任至2月）

南涧通讯编辑部

总　　编　郭家明（彝）

副 总 编　黄树勋（3月免）

左先勋（3月任）

县委统战部

部　　长　刘增武（兼，7月免）

陈　策（兼，7月任）

第一副部长　刘增武（兼，7月任）

常务副部长　李崇贤（女，彝）

副 部 长　汪　武（2月免）

杨文勋（2月任）

县委政策研究室

主　　任　方进祥
副 主 任　高哲夫
　　　　　董家泽（3月免）
　　　　　周应华（彝，3月任）

县委政法委员会

书　　记　查政朝（彝）
副 书 记　阮智齐（兼）
　　　　　吴加尧
　　　　　罗加信（彝）
　　　　　李绍宗（彝）

·县委政法委工作机构·

办公室

主　　任　张凌云（女，3月免）
　　　　　黄树勋（3月任）

社会治安综合治理办公室

主　　任　李绍宗（兼，彝）
副 主 任　（缺）

610办公室

主　　任　罗加信（兼，彝）
副 主 任　周　军（3月任）

维稳办

主　　任　吴加尧（兼）
副 主 任　（缺）

政工科

科　　长　康家良（3月免）
　　　　　张汝春（彝，3月任）

执法监督室

主　　任　陈继文（3月任）

县委党校

校　　长　陈　策（兼）
常务副校长　李乾坤
副 校 长　李　繁（彝，3月免）
　　　　　马学武（3月任）

县委群众工作局（信访局）

局　　长　范志云（8月任）
副 局 长　焦尚国（8月任）

县委机构编制办公室（机构编制委员会办公室）

主　　任　罗成武（彝，11月免）
　　　　　李光亮（彝，12月任）
副 主 任　徐维光（3月任）
　　　　　蒋恒星（3月任）

事业单位登记管理局

局　　长　赵　能（彝）

中国共产党南涧县公安局委员会

书　　记　阮智齐
副 书 记　杨耀参
纪委书记　黄家琪（12月免）
纪委副书记　李文升（彝）

中国共产党南涧县工商行政管理局委员会

书　　记　杨云辉（白）
副 书 记　王丽萍（女）
纪委书记　赵　莲（女）

南涧彝族自治县人大常委会

主　　任　石含铭（1月免）
　　　　　李光琴（女，彝，5月任）
副 主 任　查朝政（彝）
　　　　　李树德
　　　　　王淑清（女）
　　　　　吕宗祥
调 研 员　李　挺（彝）
　　　　　彭天友

·县人大常委会工作机构·

办公室

主　　任　彭志芬（女，彝，3月免）
　　　　　罗林周（彝，3月任）
副 主 任　段亚兰（女）
　　　　　徐思彬

法制工作委员会

主　　任　唐文红
副 主 任　刘永丽（女）

财政经济工作委员会

主　　任　杨增林（3月免）
　　　　　查卫东（彝，3月任至11月）
副 主 任　刘春华

教科文卫工作委员会

主　　任　张学诚
副 主 任　沈润泽

民族宗教工作委员会

主　　任　李红映（女，彝）
副 主 任　王绍基（彝，3月免）
　　　　　马贵成（回，3月任）

选举联络工作委员会

主　　任　张　军

副 主 任　郭庆芬（女）

农业与环境保护工作委员会

主　　任　周洪敏（彝）

副 主 任　周　萍（女）

·南涧县人民法院·

院　　长　姚卫平（女）

副 院 长　李　逵（彝）

杨继诗（彝）

李德斌

尹培忠（彝）

法院纪检组

组　　长　罗应杰（彝）

副 组 长　施国晶（彝）

审判委员会

专职委员　罗朝清（女）

政治处

主　　任　何　洪

执行局

局　　长　段国宏（彝）

副 局 长　罗之雁

张迎红

办公室

主　　任　肖永铭（12 月免）

研究室

主　　任　陈继文（3 月免）

民事审判第一庭

庭　　长　杨德光

民事审判第二庭

庭　　长　（缺）

行政审判庭

庭　　长　（缺）

刑事审判庭

庭　　长　潘　伟

立案庭

庭　　长　李有乾

审判监督庭

庭　　长　张向政（彝）

公郎人民法庭

庭　　长　龙进品（回，5 月任正科）

小湾东镇中心法庭

庭　　长　肖永铭（12 月任）

司法警察大队

大 队 长　何学臣（彝）

政　　委　张　志

·南涧县人民检察院·

检 察 长　赵成武（白）

副检察长　姚贵南

许廷顺

康家勤

李靖萍（女，彝，12 月任正科）

检察院纪检组

组　　长　施玉芳（女，白）

检察委员会

专职委员　施绍龙（彝）

许蔓萍（女）

政工科

科　　长　秦　湘（女，彝）

反贪局

局　　长　彭志辉（彝）

副 局 长　曾建军

办公室

主　　任　曹建敏

法警大队

大 队 长　聂琼惠（女）

政　　委　汪洪光

反渎职侵权局

局　　长　周宏伟（彝）

职务犯罪预防科

科　　长　（缺）

侦查监督科

科　　长　（缺）

公诉科

科　　长　罗家晟（彝）

人民监督员办公室

主　　任　冯萍芝（女）

民事行政检察科

科　　长　（缺）

监所检察科

科　　长　徐建波

·南涧县人民政府·

县　　长　莽绍标（彝，5 月免）

吉向阳（彝，5 月任）

副 县 长　沈文荣（常务）
　　　　　吴家良（彝，6月任）
　　　　　李光琴（女，彝，5月免）
　　　　　阮智齐
　　　　　李宏才（12月免）
　　　　　李华东
　　　　　茶绍荣（彝）
　　　　　冯志宏（挂职，7月任）
　　　　　刘海涛（12月任）
调 研 员　蒋恒武
副调研员　张家庆
　　　　　张秉唐

·县政府工作部门·

办公室
主　　任　陈朝聪（6月免）
　　　　　张敬宗（彝，11月任）
常务副主任　罗之华（2月免）
　　　　　罗进川（彝，2月任）
副 主 任　罗进川（彝，任至2月）
　　　　　杨向国（白）
　　　　　康家良（3月任）
　　　　　杨忠文（彝，8月任）
县政府督查室
主　　任　杨向国（白，12月免）
　　　　　孔世崑（12月任）
法制局
局　　长　余增嘉
副 局 长　周应华（彝，3月免）
　　　　　左际胜（彝，3月任）
县政府侨办
主　　任　茶龙芬（女，彝）
信息化建设局（3月机构改革撤销）
局　　长　杨德慧（女）
副 局 长　苏建华
驻昆办事处
主　　任　茶　莉（女，彝）
副 主 任　普李兵（彝）
外事接待办
主　　任　罗中华（彝）
副 主 任　段艳美（女）
政务服务中心（更名前）
主　　任　（缺）
副 主 任　尹文鹏（3月任至6月）
政务服务局（更名后）
局　　长　蒋桂莲（女，6月任）
副 局 长　尹文鹏（6月任）
发展和改革局（粮食局）
局　　长　胡增荣
副 局 长　关元章
　　　　　杨本成（3月免）
　　　　　胡寿忠（兼，3月任）
　　　　　杨丽娟（彝，女，3月任）
粮食局
局　　长　胡寿忠
副 局 长　赵永静（白，3月免）
　　　　　张永香（女，3月任）
经济局、乡镇企业局（3月机构改革撤销）
局　　长　段家文
副 局 长　关其祥
　　　　　沙利彪（回）
　　　　　李文开
工业园区管委会
专职副主任　李文开
工业和信息化局（新设）
局　　长　段家文（3月任）
副 局 长　李文开（3月任）
　　　　　罗加跃（彝，3月任）
　　　　　苏建华（3月任）
　　　　　杨开旺（兼，3月任）
工业园区管委会
专职副主任　李文开
商务局
局　　长　杨开旺
副 局 长　宋国淑（女，白）
　　　　　朱兆易（3月免）
　　　　　饶耀东（3月任）
教育局
局　　长　董　学（12月免）
副 局 长　杨映元
　　　　　艾　伟
　　　　　张　榆（女，3月免）
　　　　　段　华（女，3月任）
教育督导室

主　　任　刘世武

科学技术局

局　　长　欧阳照都

副 局 长　熊发兴

　　　　　白玉珍（女）

民族宗教事务局

局　　长　吴凤礼（3 月免）

　　　　　陈镇宇（3 月任）

副 局 长　施艳芳（女，彝）

　　　　　马贵成（回，3 月免）

　　　　　沙利彪（回，3 月任）

公安局

局　　长　阮智齐

政　　委　杨耀参

副 局 长　和永顺（兼，纳西）

　　　　　饶宗发

　　　　　罗廷军（彝）

　　　　　蒋维武（兼）

　　　　　周宜富（兼，彝）

　　　　　关其胜（兼，4 月免）

副 政 委　陈朝利

调 研 员　王兴国（彝）

指挥中心（办公室）

主　　任　白　斌

副 主 任　施兆廷（彝）

　　　　　李　莉（女，彝）

政工监督室（警务督察大队）

主　　任　刘志远（彝）

副 主 任　李文升（彝）

　　　　　钟学智

警务保障室

主　　任　（缺）

法制室（控申室）

主　　任　何太龙

公共信息网络安全监察大队

大 队 长　周仕明

教 导 员　李屹峰

国内安全保卫大队

大 队 长　周国华

教 导 员　杨世清

经济犯罪侦查大队

大 队 长　饶荣彪

教 导 员　杨永建

治安管理大队

大 队 长　自明成（彝）

教 导 员　（缺）

副大队长　（缺）

刑事侦查大队

大 队 长　（缺）

教 导 员　（缺）

副大队长　（缺）

禁毒大队（县禁毒委员会办公室）

大 队 长　曾桂荣（布朗）

教 导 员　李一启（彝）

副大队长　（缺）

交通警察大队

大 队 长　关其胜（4 月免）

　　　　　周宜富（彝，4 月任）

教 导 员　李崇宣

副大队长　祁政祥

　　　　　薛春唐

南涧交警中队

中 队 长　祝绍佩

小湾交警中队

中 队 长　李廷茂（彝）

宝华交警中队

中 队 长　薛春唐（兼）

碧溪交警中队

中 队 长　（缺）

指 导 员　（缺）

看守所

所　　长　杨维荣

指 导 员　段永寿

拘留所

所　　长　杨增金（白）

指 导 员　祖国祥

城镇派出所

所　　长　朱正银（彝）

指 导 员　陈荣庆

副 所 长　曹永红

　　　　　者德学（彝）

小湾东镇派出所

所　　长　周廷良（彝）

指 导 员　陈　绩

副　所　长　（缺）
内勤民警中队
中　队　长　（缺）
治安中队
中　队　长　常林富
刑侦中队
中　队　长　（缺）
缉毒中队
中　队　长　字海平（彝）
宝华派出所
所　　　长　姜德政
指　导　员　段兆虎
无量派出所
所　　　长　李培国
指　导　员　李德胜
公郎派出所
所　　　长　李志坚（彝）
指　导　员　杨技周
乐秋派出所
所　　　长　李朝光（彝）
指　导　员　杨耀鑫（彝）
拥翠派出所
所　　　长　秦尚尧
指　导　员　（缺）
碧溪派出所
所　　　长　李雪松
指　导　员　（缺）
监察局
局　　　长　谢瑞忠
副　局　长　周　菊（女，3月免）
　　　　　　查荣婷（女，彝）
　　　　　　罗正兴（彝，3月任至11月）
派出东南片区监察分局
局　　　长　李志良（3月免）
　　　　　　朱树泽（3月任）
派出西南片区监察分局
局　　　长　邱艳红（3月免）
　　　　　　李　用（女，白，3月任）
派出直属机关监察分局
局　　　长　李德富（3月免）
　　　　　　邹智军（3月任）
派出政法监察分局
局　　　长　施玉芳（女，白）
派出财贸监察分局
局　　　长　柴逢迎（彝）
派出农林水监察分局
局　　　长　吴世伟（彝，3月免）
　　　　　　李秀山（彝，3月任）
派出文教卫监察分局
局　　　长　何崇林（彝）
派出交通建设监察分局
局　　　长　吴朝斌（彝）
民政局
局　　　长　蔡家兴（彝，3月免）
　　　　　　丰崇武（3月任）
副　局　长　李崇富
　　　　　　赵佳芬（女）
老龄委办公室
主　　　任　张增福
司法局
局　　　长　李文忠
副　局　长　尹培靖（彝，3月免）
　　　　　　石建华（女）
　　　　　　李崇山（3月任）
县委依法治县领导组办公室
主　　　任　李文忠
副　主　任　赵雄本（彝，3月免）
　　　　　　汪洪军
政工科
科　　　长　黄雄斌
财政局
局　　　长　聂琼芬（女，6月免）
　　　　　　董如锦（9月任）
党总支书记　何　钟（彝）
副　局　长　李国兴（彝）
　　　　　　董如锦（任至9月）
　　　　　　汪洪金（8月免）
　　　　　　黄玉芬（女，8月任）
人事局（3月机构改革撤销）
局　　　长　罗成武（彝）
副　局　长　席文元
　　　　　　吕强江
劳动和社会保障局（3月机构改革撤销）
局　　　长　杨继尧

副　局　长　陈忠平（女）
　　　　　　徐维光

社会保险局

局　　　长　字家茂（彝）

人力资源和社会保障局（新设）

局　　　长　罗成武（彝，3 月任至 12 月）
副　局　长　席文元（3 月任）
　　　　　　吕强江（3 月任）
　　　　　　陈忠平（女，3 月任至 11 月）
　　　　　　唐利萍（女，12 月任）

公务员局

局　　　长　刘金桥（3 月任）

社会保险局

局　　　长　字家茂（彝）

国土资源管理局

局　　　长　李绍波
副　局　长　周　海
　　　　　　赵玉祖
　　　　　　朱毓纲（5 月任）

环境保护局

局　　　长　字桂珠（彝，2 月免）
　　　　　　李春达（2 月任）
副　局　长　曹永凤（女，彝，3 月免）
　　　　　　邓文清（瑶）
　　　　　　杨立慧（女，12 月任）

规划建设局（3 月机构改革撤销）

局　　　长　李文荣（兼）
党支部书记　自德炼（彝）
副　局　长　陈朝海
　　　　　　杨志强

住房保障和房产管理局

局　　　长　左世通

住房和城乡建设局（新设）

局　　　长　李文荣（兼，3 月任）
党总支书记　自德炼（彝，12 月任）
副　局　长　陈朝海（3 月任）
　　　　　　杨志强（3 月任）
　　　　　　左世通（8 月任）

城市管理综合行政执法局

局　　　长　和永顺（纳西）
副　局　长　唐　柱
　　　　　　杨忠富（彝，8 月任）

交通局（3 月机构改革撤销）

局　　　长　李　典（彝）
副　局　长　叶荣春（彝）
　　　　　　马国荣（彝）
　　　　　　李德祥

交通运输局（新设）

局　　　长　李　典（彝，3 月任）
副　局　长　叶荣春（彝，3 月任）
　　　　　　马国荣（彝，3 月任）
　　　　　　李德祥（3 月任）

地方公路管理段

段　长　高云华（彝，3 月任）

农业局（县政府扶贫开发办公室、畜牧兽医局、茶叶生产办公室）

局　　　长　连仲林
党总支书记　李天玉（2 月任）
副　局　长　施绍忠（彝）
　　　　　　李天玉（兼，2 月免）
　　　　　　焦　点
　　　　　　杨清权（兼，3 月任）
　　　　　　汪德芬（兼，女，3 月任）
　　　　　　杜应伟（兼，布朗，2 月任）

县政府扶贫开发办公室

主　　　任　汪德芬（女）
副　主　任　宋学林（彝，2 月免）
　　　　　　熊　磊（彝）
　　　　　　熊绍琴（女，彝，8 月任）

畜牧兽医局

局　　　长　杨清权
副　局　长　陈文洋
　　　　　　者德开（彝）

茶叶生产办公室

主　　　任　李天玉（2 月免）
　　　　　　杜应伟（布朗，2 月任）
副　主　任　杜应伟（布朗，任至 2 月）

林业局

局　　　长　张家祝
副　局　长　沈家学
　　　　　　段建伟（白，兼）
　　　　　　何太彪（2 月免）
　　　　　　张学康
　　　　　　张启云（8 月任）

森林防火指挥部

副指挥长 沈家学

南涧县森林公安局

局　　长 蒋维武

政　　委 饶平贵

副 局 长 陈进勇（彝）

无量山自然保护区派出所

所　　长 熊文武（彝）

指 导 员 左贤丽（女，彝）

水利局（3 月机构改革撤销）

局　　长 阿青峻（白）

副 局 长 张　先

　　　　 李　勇（彝）

母子垦水库管理局

局　　长 李　勇（兼，彝）

水务局（新设）

局　　长 阿青峻（白，3 月任）

副 局 长 李　勇（彝，3 月任）

　　　　 杨本成（3 月任）

　　　　 李红宇（女，拉祜，8 月任）

母子垦水库管理局

局　　长 李　勇（兼，彝）

文化体育局（3 月机构改革撤销）

局　　长 商　祥

副 局 长 段易君

　　　　 高文华（彝）

文化体育广播电视旅游局（新设）

局　　长 郎沅龙（3 月任）

副 局 长 商　祥（2 月任）

　　　　 童莹莹（女，2 月任）

　　　　 陈朝锦（3 月任）

　　　　 高文华（彝，3 月任）

卫生局

局　　长 吴军生（3 月免）

　　　　 张嘉茂（彝，3 月任）

党总支书记 皇信美（女，彝，2 月任）

副 局 长 张　平（12 月免）

　　　　 施国美（女，11 月免）

　　　　 欧阳俊（兼，3 月任）

　　　　 徐　华（女，彝，12 月任）

防治艾滋病办公室

主　　任 欧阳俊

卫生局卫生监督所

所　　长 邓　飞

县医院

院　　长 周崇武

中医院

院　　长 罗正开（彝）

人口和计划生育局

局　　长 张嘉茂（彝，3 月免）

　　　　 沈志荣（9 月任）

副 局 长 茶卫国（彝）

　　　　 刘世英（女）

审计局

局　　长 郭正平（3 月免）

　　　　 杨继尧（3 月任）

党支部书记 郭正平（2 月任）

副 局 长 罗国森（彝，11 月免）

　　　　 邱应昌

　　　　 郭华云（12 月任）

统计局

局　　长 商绩邦（5 月免）

　　　　 马　勇（回，8 月任）

副 局 长 席惠仙（女）

　　　　 段易君（3 月任）

安全生产监督管理局

局　　长 罗国彪

副 局 长 李江泉（彝）

　　　　 杨春权（白，2 月任）

食品药品监督管理局

局　　长 罗　定

副 局 长 杨榆生（白，3 月免）

　　　　 杨家升（白，3 月任）

　　　　 周　菊（女，3 月任）

纪检组长 杨家升（白，3 月免）

食品药品稽查大队

大 队 长 杨政华（12 月任）

指 导 员 叶荣海（彝，12 月任）

人民防空办公室（新设）

主　　任 张廷伸（2 月任）

副 主 任 罗正兴（彝，11 月任）

　　　　 杨春秀（女，苗，12 月任）

· 参公事业单位 ·

移民开发事业局

局　　长　李崇伟（彝）
副 局 长　蔡世鸿（彝，3月免）
　　　　　邹国胜
　　　　　徐元春（彝，3月任）

档案事业局

局　　长　杨进忠
副 局 长　杨利民

机关事务管理局

局　　长　陈艳平（女）
副 局 长　何　跃（3月任）

无量山国家级自然保护区南涧管理局

局　　长　段建伟（白）
副 局 长　何加润（彝，8月免）

供销合作社联合社

主　　任　尹培高
副 主 任　黄红梅（女）

地方志编纂委员会办公室

主　　任　潘建祥
副 主 任　刘　祥

广播电视事业局（3月机构改革撤销）

局　　长　郎沅龙
副 局 长　宁　刚
　　　　　陈朝锦

旅游事业局（3月机构改革撤销）

局　　长　童莹莹（女）
副 局 长　（缺）

·事业单位·

地震事业局

局　　长　施光武（彝，2月免）
　　　　　施兰芳（女，彝，2月任）
副 局 长　张春锦（白）
　　　　　施兰芳（女，彝，任至2月）

·中国人民解放军南涧县人民武装部·

第一书记　苏发吉
党委书记　龙建华（苗）
副 书 记　和茂庚（纳西，3月免）
　　　　　赵文辉（3月任）
政治委员　龙建华（苗）
部　　长　和茂庚（纳西，3月免）
　　　　　赵文辉（3月任）
副 部 长　刘期彬（3月免）
　　　　　赵迎旭（3月任）
军事科长　刘期彬（兼，3月免）
　　　　　赵迎旭（兼，3月任）
政工科长　高发源（白，3月免）
　　　　　和崇星（纳西，3月任）
后勤科长　王柏林（4月免）
　　　　　杨启杰（苗，4月任）

·政协南涧县委员会·

主　　席　李德忠（彝）
副 主 席　刘增武
　　　　　杨发英（女，白）
　　　　　李文荣
　　　　　卢志坚
调 研 员　叶兆良（彝）
　　　　　查云巧（彝）
　　　　　吴凤标
　　　　　方建生

县政协机关

办公室

主　　任　杨泽新（12月免）
副 主 任　黄　顺（3月免）
　　　　　字家中（彝）
　　　　　马学友（回，3月任）

学习文史资料委员会

主　　任　刘家芬（女）
副 主 任　梅映清

提案委员会

主　　任　左　武
副 主 任　周洪武

经济建设委员会

主　　任　查朝雄（彝）
副 主 任　李明权（彝，3月任）

科教文卫体委员会

主　　任　罗丽仙（女）
副 主 任　张　榆（女，3月任）

民族宗教“三胞”联络委员会

主　　任　蒋桂莲（女，7月免）
副 主 任　张世祥（彝）

社会和法制委员会

主　　任　杨定福（白，11月免）
副 主 任　黄朝荣（土家）

人口资源环境委员会

主　　任　吴军生（3月任）
副 主 任　毕治鑫（彝，3月免）
　　　　　曹永凤（女，彝，3月任）

·人民团体·

县总工会

主　　席　吕宗祥
常务副主席　杨家银（女，2月任）
副 主 席　杨朝艳（女）
　　　　　张伟胜（傈僳）

共青团南涧县委员会

书　　记　马荣林（彝）
副 书 记　唐利萍（女，12月免）
　　　　　罗美玲（女，彝）

县妇女联合会

主　　席　邹智菊（女，2月免）
　　　　　吕亚新（女，2月任）
副 主 席　李凤峥（女，彝）
　　　　　张秀清（女，纳西，3月免）
　　　　　李国珍（女，彝，3月任）

县工商业联合会

会　　长　杨开旺（2月免）
　　　　　鲁国盛（彝，2月任）
副 会 长　段　洁（女，5月免）
　　　　　周本能（7月任）

县残疾人联合会

理 事 长　何元周（彝）
副理事长　罗秀娟（女，彝）

县科学技术协会

主　　席　石文龙
副 主 席　杨培升
　　　　　皇治凤（女，彝）

县文学艺术界联合会

主　　席　杨泽新（12月任）
副 主 席　（缺）

·协管单位·

中国人民银行南涧县支行

行　　长　石　恺
副 行 长　杨栋明（布朗）
　　　　　漆家发

中国银行业监督管理委员会大理监管分局南涧办事处

主　　任　周少华（彝）
副 主 任　（缺）

中国工商银行南涧支行

行　　长　王文宇
副 行 长　邱映晖

中国农业银行南涧支行

行　　长　史　均
副 行 长　马富军（回）

中国建设银行南涧支行

行　　长　李官章（彝）
副 行 长　李国荣

南涧县农村信用合作联社

理 事 长　（缺）
副理事长　何义荣（12月任）

中国人民财产保险股份有限公司南涧支公司

经　　理　段建新
副 经 理　董俊清（彝）

工商行政管理局

局　　长　杨云辉（白）
副 局 长　王丽萍（女）
　　　　　余国旗（彝）
纪检组长　赵　莲（女）

南涧县质量技术监督局

局　　长　任海军
副 局 长　赵伟本（彝）
纪检组长　李再利（彝）

国家税务局

局　　长　方朝荣（1月免）
　　　　　赵　周（白，4月任）
副 局 长　赵　周（白，任至4月）
　　　　　张中群（白，3月免）
　　　　　李　应（9月免）
　　　　　李刘源
　　　　　梁　雄（11月任）
纪检组长　童臻华（4月任）

地方税务局

局　　长　李德孝（彝）
副 局 长　华志明
　　　　　姚映南
纪检组长　马晓龙（彝）

邮政局

局　　长　郜争荣（回）

电信公司

经　　理　杨　青（白）

副 经 理　张家荣

　　　　　李远高

南涧县消防大队

大 队 长　姚志国（10 月免）

副大队长　李　伟（10 月任）

教 导 员　周朝武（10 月免）

　　　　　姚志国（10 月任）

气象局

局　　长　（缺）

副 局 长　张　旭

　　　　　李　豪

南涧县烟草专卖局

局　　长　毕敬东（白）

副 局 长　李树贵

大理州烟草公司南涧县分公司

经　　理　毕敬东（白）

副 经 理　吴永兴

　　　　　朱　凯

纪检组长　康　辉

国家统计局南涧调查队

队　　长　陈在祥（彝）

副 队 长　曹联鸿（彝）

云南广电网络南涧支公司

经　　理　梁建生

副 经 理　杨启雄（彝）

　　　　　郭晓明（白，6 月免）

·乡镇主要领导名录·

南涧镇党委

书　　记　李春达（2 月免）

　　　　　字文源（彝，2 月任）

副 书 记　罗如钧

　　　　　罗会军（2 月免）

　　　　　高　虎（2 月任）

政法专职副书记

　　　　　李天荣（3 月任）

镇人大主席团

主　　席　陈建文（彝）

镇人民政府

镇　　长　罗如钧

副 镇 长　陈在文（彝）

　　　　　杨丽娟（女，彝，3 月免）

　　　　　高　虎（挂职，2 月免）

　　　　　朱毓纲（挂职，5 月免）

　　　　　李奇彪（挂职，3 月免）

　　　　　张秀清（女，纳西，3 月任）

　　　　　周洪虎（12 月任）

镇纪委

书　　记　李志良（3 月免）

　　　　　朱树泽（3 月任）

镇人民武装部

部　　长　余　理（彝，3 月免）

　　　　　袁兆辉（3 月任）

镇总工会

专职副主席　杨秋芳（女，彝，3 月任）

拥翠乡党委

书　　记　张敬宗（彝，11 月免）

　　　　　何瑞祥（彝，11 月任）

副 书 记　汪洪金（7 月任）

　　　　　张　波

政法专职副书记

　　　　　薛汝良

乡人大主席团

主　　席　张启宏

乡人民政府

乡　　长　马　勇（回，8 月免）

代理乡长　汪洪金（8 月任）

副 乡 长　汪洪金（8 月任）

　　　　　段　华（女，3 月免）

　　　　　蒋恒升（挂职，3 月免）

　　　　　郭应娇（女，彝，3 月任）

　　　　　张　春（8 月任）

乡纪委

书　　记　周建芳（女，白，3 月免）

　　　　　蒋恒升（3 月任）

乡人民武装部

部　　长　张华文（彝）

乐秋乡党委

书　　记　查卫东（彝，2 月免）

　　　　　邹智菊（女，2 月任）

副书记 张廷伸（2月免）
宋学林（彝，2月任）
杨梅花（女，2月免）
杨清耀（2月任）
政法专职副书记
李奇彪（3月任）

乡人大主席团

主席 范有德（3月免）
赵秉龙（彝，3月任）

乡人民政府

乡长 张廷伸（2月免）
宋学林（彝，2月代理，3月任）
副乡长 杨清耀（2月免）
徐志明
尹文鹏（挂职，3月免）
马立宽（回，3月任）

乡纪委

书记 邹智军（3月免）
宇勇虎（彝，3月任）

乡人民武装部

部长 张亚敏（回）

碧溪乡党委

书记 罗林周（彝，2月免）
吴航（彝，2月任）
副书记 沈志荣（7月免）
吴剑平（7月任）
杨春权（白，2月免）
施增宏（彝，2月任）
政法专职副书记
刘国红（2月任）

乡人大主席团

主席 吕亚新（女，3月免）
左贤娟（彝，3月任）

乡人民政府

乡长 沈志荣（8月免）
代理乡长 吴剑平（8月任）
副乡长 吴剑平
周军（3月免）
施增宏（彝，挂职，3月免）
曾桂华（女，布朗，挂职，3月免）
张世丽（女，3月任）
伽正叁（彝，8月任）

乡纪委

书记 李康（彝）

乡人民武装部

部长 字应查（彝）

小湾东镇党委

书记 陈以高
副书记 王崇标
左国梁（2月任）
政法专职副书记
王洪波（3月任）

镇人大主席团

主席 茶文高（彝）

镇人民政府

镇长 王崇标
副镇长 杨秋芳（女，彝，5月免）
马学武（5月免）
左国梁（挂职，5月免）
庄耀祥（彝）
查彭冲（彝，3月任）

镇纪委

书记 邱艳红（3月免）
李用（白，3月任）

镇人民武装部

部长 王洪波（3月免）
杨永（彝，3月任）

公郎镇党委

书记 李晓华
副书记 字文源（彝，2月免）
何太彪（2月任）
杨文勋（2月免）
邱艳军（2月任）
政法专职副书记
马学能（回，3月任）

镇人大主席团

主席 何瑞祥（彝，11月免）

镇人民政府

镇长 字文源（彝，2月免）
何太彪（2月代理，3月任）
副镇长 邱艳军（2月免）
马学能（回，3月免）
自强（彝，挂职，3月免）
张朝富

罗福昌（挂职，3月免）
曾桂华（女，布朗，3月任）

镇纪委

书　　记　李国珍（女，彝，3月免）
马剑龙（回，3月任）

镇人民武装部

部　　长　杨清侯

镇总工会

专职副主席　查永清（彝）

无量山镇党委

书　　记　丰崇武（2月免）
阿金光（彝，2月任）

副 书 记　鲁国盛（彝，2月免）
张　仁（彝）
黄　顺（2月任）

政法专职副书记
席世军（3月任）

镇人大主席团

主　　席　李平山（彝）

镇人民政府

镇　　长　鲁国盛（彝，2月免）
张　仁（彝，2月代理，3月任）

副 镇 长　李明权（彝，3月免）
张永香（女，3月免）
段祖义（挂职，3月免）
李世香（女，彝）
李　学（8月任）

镇纪委

书　　记　李崇山（3月免）
段祖义（3月任）

镇人民武装部

部　　长　席世军（3月免）
罗向琪（布朗，3月任）

宝华镇党委

书　　记　邹国仁（彝，1月免）
查政权（彝，2月任）

副 书 记　查政权（彝，任至2月）
罗之华（2月任）
赵斌龙（彝，2月免）
查秀宾（彝，2月任）

政法专职副书记
杨耀波（彝，3月任）

镇人大主席团

主　　席　洪赛全（白）

镇人民政府

镇　　长　查政权（彝，2月免）
罗之华（3月任）

副 镇 长　杨家银（女，2月免）
钟学华
杨耀波（彝，挂职，3月免）
查秀宾（彝，挂职，2月免）
欧阳义荣（3月任）

镇纪委

书　　记　张玉升（3月免）
周建芳（女，白，3月任）

镇人民武装部

部　　长　吴加周（彝，3月免）
李永超（3月任）

镇总工会

专职副主席　罗福昌（3月任）

（邱张红）

政　　治

中国共产党南涧彝族自治县委员会

【概 述】 2011年，中共南涧县委在州委的正确领导下，带领全县各级党组织和各族人民，高举中国特色社会主义伟大旗帜，以邓小平理论和“三个代表”重要思想为指导，深入贯彻落实科学发展观，全面贯彻党的十七届六中全会、省第九次党代会、州第七次党代会和县第十次党代会精神，解放思想、坚定信心、抢抓机遇、奋力拼搏，统筹推进全县经济建设、政治建设、文化建设、社会建设、生态文明建设和党的建设，为“十二五”时期经济社会跨越式发展赢得良好开局。

2011年6月3日，中共南涧县委九届八次全委扩大会议在南涧宾馆召开（杨政林 摄）

【经济建设全面提速】 全县完成地区生产总值214850万元，增长15%；实现财政总收入32116万元，增长30%，其中地方财政一般预算收入20928万元，增长28.1%。地方财政一般预算支出87556万元，增长26.4%；农村经济总收入143688万元，增长25.8%；农民人均纯收入3391元，增长35.5%。全年粮食生产稳中有升；烤烟生产增效明显，烟农收入首次突破20000万元，实现“两烟”税收6044万元；泡核桃产量大幅增长，实现产值23580万元；茶叶生产提质增效、争创品牌，实现产值18610万元；以肉牛和无量山乌骨鸡为主的畜牧业稳步发展，实现产值56280万元；“无量药谷”建设不断加快，完成投资20000万元，种植三七、板蓝根等中草药400公顷。全面实施工业强县战略，工业经济发展取得重大突破，实施招商项目31个，到位资金72319万元；完成工业总产值155743万元、工业增加值24042万元，分别增长40%和35.1%。以旅游文化为主的第三产业发展良好。旅游产业发展总体规划和重点项目策划工作全面完成，旅游基础设施建设不断加快。金融、保险、地产、商贸、物流、餐饮、住宿等服务水平不断提升，对经济增长的拉动作用日益增强。非公经济快速发展，非公经济增加值占全县生产总值的比重达47.6%。基础设施建设不断加强，完成全社会固定资产投资87772万元，增长30%。投资拉动、项目带动、产业支撑效应明显，经济发展全面提速。

【政治建设卓有成效】 始终坚持加强党的领导、充分发扬民主和严格依法办事有机结合，着力发展社会主义民主政治，加强民主法制建设，推进依法治县进程。县委总揽全局，协调各方，全力支持人大依法履行职能，支持政府依法管理经济社会事务，支持政协参政议政，支持司法机关依法独立行使职权。充分调动各级各部门的工作积极性，形成了团结协调、同舟共济、共谋发展的良好局面，全县上下齐心协力抓发展的氛围更加浓厚。巩固和壮大爱国统一战线，认真贯彻党的民族宗教政策，充分行使民族自治地方自治权。老干部工作健康发展。工会、共青团、妇联、科协、工商联、残联等群团组织围绕党政工作中心，卓有成效地开展工作，发挥了党联系群众的桥梁纽带作用。党管武装、国防动员和后备力量建设进一步改善，扎实做好“双拥”工作，军政军民团结的良好局面得到巩固和发展。大力推行政务、村务公开制度，基层民主政治建设得到加强。政务服务体系建设卓有成效，服务群众、服务发展的能力全面提升，社会管理和群众工作水平不断提高，安定和谐的政治局面更加巩固。

【文化建设稳步推进】 制定出台了《南涧县深化文化体制改革和推动文化产业发展实施意见》，成立了南涧县文学艺术界联合会，不断深化文化体制改革，推动民族文化的繁荣发展。社会主义核心价值体系建设、思想道德建设和精神文明创建活动深入推进，新闻舆论引导和媒体建设得到全面加强。公共文化服务体系建设和文化惠民工程扎实推进，文化基础设施建设不断加强。县城雕塑广场建设、偃月公园提升改造、宝华镇、无量山镇等乡镇综合文化站和基层文化信息共享工程全面完成，澜河宋词长廊建设有力推进，农家书屋、群众文体活动场所等建设全面加强，群众文化体育活动更加活跃。南涧镇历史文化古街区保护与发展项目启动实施，重点文物和非物质文化遗产保护工作不断加强。南涧跳菜艺术团改革不断深化，注册成立了南涧跳菜演艺公司，文艺创作喜获丰收，一批精品节目荣获国家和省、州级大奖。彝族舞蹈《三道弯》获全国电视舞蹈大赛十佳节目奖，“羞妹”组合获云南省第四届青歌赛原生态唱法银奖。文化产业发展稳步推进，民族文化发展活力明显增强。

【社会建设不断加强】 始终坚持发展为了人民、发展依靠人民、发展成果由人民共享的原则，优先保障和改善民生，居民生活水平不断改善，实现社会消费品零售总额76173万元，增长20%。统筹发展教育、卫生、科技、社会保障等公共服务。着力推进教育改革发展，认真落实“两免一补”政策，深入推行城乡教师双向交流制度，有力整合教学资源，切实加强教育基础设施建设和教师队伍建设，大幅增加代课教师工资，建立教育教学激励机制，教学水平不断提高。2011年，高考、中考成绩取得重大突破，高考本科上线人数达584人，比上年增加164人，增幅居全州第三；中考600分以上的学生人数达459人，比上年增加194人，增幅居全州第一。公共卫生服务体系加快完善，社会保障体系受益面不断扩大，城乡居民医疗保险、城乡居民最低生活保障、城乡居民社会养老保险试点等工作初见成效，保障性安居工程建设稳步推进。人口计生工作不断加强，社会福利、优抚安置、老龄工作、慈善和残疾人事业健康发展。就业再就业工作明显加强，城镇登记失业率为3.2%。不断加强和创新社会管理，依法妥善处置各种矛盾纠纷，严厉打击各种违法犯罪，着力抓好食品药品安全、征地拆迁、移民安置、安全生产等工作，各族群众合法权益和生命财产安全得到有效维护，全力维护社会和谐稳定，保障各族群众安居乐业。

【生态文明建设成效明显】 始终坚持生态优先战略，以增强可持续发展能力为核心，以水土流失重点区域和生态环境综合治理为重点，以提高环境承载能力和改善人民群众生产、生活条件为目标，毫不动摇地抓生态环境建设。深入实施天然林保护、退耕还林、生物多样性保护等重点生态工程建设。加快中低产林改造和集体林权制度配套改革。规范林地、林权流转工作，实行经济林木（果）权证抵押贷款，完成林业贴息贷款2860万元，加快林产业的发展，有效促进森林资源向森林资产和林业经济转变。深入实施绿色家园行动计划和“绿色走廊”建设，开展杨善洲纪念林、万棵树苗进农家等植树活动，扎实推进城乡绿化美化工程。持续推进柴改煤电气和太阳能推广工作，认真落实省、州下达的节能减排目标任务。严厉打击非法采矿、乱砍滥伐、毁林开荒、盗运林木等违法犯罪行为，有效保护森林资源，全县生态环境明显改善，森林南涧建设成效明显。

2011年3月29日，县委书记苏发吉、县长莽绍标陪同省委第六巡视组组长、巡视员孙耕耘到飞龙钾盐公司调研工业经济发展情况（白家伟 摄）

【党的建设全面加强】 始终坚持以改革创新精神加强党的建设，着力加强党的思想、队伍、组织、作风、制度和反腐倡廉建设，为经济社会的跨越式发展提供坚强保障。深入开展“创先争优”、“三个一”主题实践和“唱红歌、学党史、感党恩”等为主题的各种建党90周年纪念活动，开展领导干部在线学习等教育培训，扎实推进学习型党组织和学习型社会建设。圆满完成县乡党委换届工作，县乡（镇）党委班子和干部队伍结构进一步优化，各级党组织的凝聚力、战斗力和执行力进一步增强，党委的领导核心作用进一步发挥，广大党员和干部群众读书学习、干事创业的氛围更加浓厚。全面推行县委权力公开透明运行，精减文件和会议，集中召开全县工作部署会，机关作风建设得到全面加强。坚持德才兼备、以德为先的用人标准，稳步推进竞争上岗、署名推荐、公开选调等制度，“四类干部”培养选拔力度进一步加大，合理使用各个年龄段的干部，选人用人公信度稳步提升。2011年，提拔科级干部63人，其中正科23人、副科40人、女干部

14人，少数民族干部32人、党外干部8人；平级调整交流103人、免职49人；公开选调5名乡镇干部到县级机关工作。着力构建惩治和预防腐败体系，严格执行党风廉政建设责任制，严肃查处违纪违法案件，反腐倡廉建设取得明显成效。

【成立乡镇党委换届工作领导组】 1月12日，成立南涧县乡镇党委换届工作领导组，县委书记苏发吉任组长，莽绍标、陈策、浦丽合、张若尘、田强任副组长，吴家良、李光琴等15人为成员，领导组下设办公室，由组织部部长田强任办公室主任。

【表彰2010年先进工业企业及优秀企业管理者】 1月20日，县委、县人民政府授予云南南涧凤凰生态茶厂等10家企业为“先进工业企业”称号，授予杨利雄等3人为“优秀企业管理者”称号。

【成立南涧县政务服务体系建设工作领导小组】 1月27日，成立南涧县政务服务体系建设工作领导小组，县人民政府常务副县长任组长，县纪委书记、县人民政府办公室主任、县监察局局长任副组长，县发展和改革局局长等11家单位主要负责人为成员，领导小组设办公室在县法制局，由法制局副局长兼任办公室主任。

【出台《进一步加强乡镇职能充分发挥乡镇作用的意见》】 为进一步加强乡镇职能，发挥乡镇作用，1月28日，出台《关于进一步加强乡镇职能充分发挥乡镇作用的意见》。

【成立县委权力公开透明运行工作领导小组】 2月9日，成立县委权力公开透明运行工作领导小组，县委书记苏发吉任组长，莽绍标、陈策、浦丽合任副组长，吴家良、李光琴等7人为成员，领导小组下设办公室在县纪委，张若尘兼任办公室主任。

【出台《关于生态农业示范县建设的意见》】 为加快转变农业发展方式，改造提升传统农业，推进农业生态化、产业化、现代化，加快社会主义新农村建设，2月10日，出台《关于生态农业示范县建设的意见》。

【授予浦丽合“优秀挂职干部”称号】 浦丽合于2010年2月被省委组织部选派到南涧县挂职锻炼，任中共南涧县委副书记、县新农村建设工作队总队长。为充分肯定浦丽合的成绩，激励先进、弘扬正气，2月23日，县委、县政府授予浦丽合“优秀挂职干部”荣誉称号。

【表彰全县城乡绿化先进企业和个人】 为表彰先进，树立榜样，激发干劲，营造全社会积极参与城乡绿化的良好氛围，3月9日，县委、县人民政府对南涧县飞龙钾盐综合回收有限公司等14个城乡绿化先进非公企业和城乡绿化先进个人李国顺进行表彰。

【印发《南涧县政务服务体系建设实施方案》】 为切实改进政务服务，创造良好的发展环境，建设人民满意的服务型政府，3月9日，印发《南涧县政务服务体系建设实施方案》。

【出台《关于加快“十二五”期间新农村建设的意见》】 为认真贯彻党的十七大和十七届三中、四中全会精神，3月14日，出台《关于加快推进“十二五”期间新农村建设的实施意见》。

【成立南涧县维护稳定工作指挥部】 3月14日，成立南涧县维护稳定工作指挥部，由县委政法委书记查政朝任指挥长，县公安局局长阮智齐任副指挥长，吴加尧、张虎等6人为成员，指挥部下设办公室在县公安局，县公安局指挥中心（办公室）主任白斌任办公室主任。

【印发《南涧县党委系统信息工作考核办法》】 为充分调动各乡镇、各部门进一步做好信息工作的主动性、积极性和创造性，进一步提高信息工作为各级党委科学决策和服务的水平，3月29日，印发《南涧县党委系统信息工作考核办法》。

【印发《南涧县关于移风易俗节俭办事的规定》】 为进一步转变机关作风和干部思想观念，加强党风廉政建设和社会主义精神文明建设，提倡移风易俗、节俭办事的良好风气，制止大操大办等不正之风，3月29日，印发《南涧县关于移风易俗节俭办事的规定》。

【印发《南涧县2011年文明南涧建设示范工程工作要点》】 为巩固文明南涧建设成果，总结经验，查找差距，进一步推动文明南涧建设示范工程深入开展，4月2日，制定《南涧县2011年文明南涧建设示范工程工作要点》。

【印发《南涧县机关事业单位工作人员资格考试奖励暂行办法》】 为鼓励机关事业单位工作人员积极参加资格考试，营造良好的学习氛围，培养造就高素质人才队伍，4月6日，根据国家和省、州有关规定，结合实际，制定南涧县机关事业单位工作人员资格考试奖励暂行办法。

【印发《南涧县2011年度宣传思想文化工作要

点》】 为促进全县“十二五”开好局、起好步，为开展文明南涧建设提供强大的思想保证、精神动力、舆论支持和文化条件，4月8日，制定《南涧县2011年宣传思想文化工作要点》。

【授予龙进品“勤政为民好干部”称号】 为表彰先进，树立典型，4月11日，县委授予龙进品“勤政为民好干部”荣誉称号。号召全县广大干部职工以龙进品为榜样，立足本职，求真务实，扎实工作，开拓进取，为建设富裕、民主、文明、开放、和谐南涧做出更大贡献。

【印发《南涧县2011年烟叶生产考核办法》】 为巩固提升烤烟支柱产业，提高优质烟叶有效供给能力，全面完成2011年烟叶生产任务，实现烤烟产业可持续发展，4月11日，印发《南涧县2011年烟叶生产考核办法》。

【命名表彰2010年度先进平安乡镇、社会管理先进村】 为进一步推动全县社会治安综合治理维护社会稳定工作深入开展，深化平安创建工作，拓展创建方式，丰富创建内容，提升创建成效，深化社会管理，4月14日，县委、县人民政府对宝华镇等2个“先进平安乡镇”、南街社区居委会等20个“社会管理先进村”进行命名表彰。

【印发《关于实行党风廉政建设责任制的实施办法》】 为强化各级领导班子和领导干部抓反腐倡廉建设的政治责任，扎实推进惩治和预防腐败体系建设，深入开展党风廉政建设和反腐败斗争，不断提高广大党员干部推动科学发展、促进社会和谐的能力和水平，4月26日，印发《关于实行党风廉政建设责任制的实施办法》。

【开展中国共产党成立90周年纪念活动】 为隆重纪念党的生日，讴歌党的丰功伟绩，提高全县各级党组织的凝聚力、战斗力和号召力，增强广大共产党员的荣誉感和责任感，全面推进全县党的建设新的伟大工程，4月28日，印发纪念活动有关事项安排通知。

【印发《中共南涧县委权力公开透明运行工作实施方案》】 为开展好县委权力公开透明运行工作，根据党内相关法规章程，结合南涧实际，于4月29日印发《中共南涧县委权力公开透明运行工作实施方案》。

【印发《南涧县2011年惩防体系建设暨党风廉政建设责任制考核办法》】 为进一步贯彻落实惩防体系建设暨党风廉政建设责任制，推动全县反腐倡廉建设深入开展，健全和完善教育、制度、监督并重的惩治和预防腐败体系，4月29日，印发《南涧县2011年惩防体系建设暨党风廉政建设责任制考核办法》。

【印发《南涧县廉政风险重点环节防范管理实施细则（试行）》】 为拓展从源头上防治腐败工作领域，进一步增强预防腐败工作实效，5月4日，印发《南涧县廉政风险重点环节防范管理实施细则（试行）》。

【出台《关于加强和改进新形势下党史工作的意见》】 为进一步加强和改进新形势下全县党史工作，繁荣和发展党史事业，充分发挥党史以史鉴今、资政育人的作用，5月6日，出台关于加强和改进新形势下党史工作的意见。

【印发《南涧县2011年党风廉政建设和反腐败工作主要任务分解》】 为进一步明确责任，细化任务，确保2011年党风廉政建设和反腐败工作的部署落到实处，5月6日，印发《南涧县2011年党风廉政建设和反腐败工作主要任务分解》。

【成立《中共南涧县委执政纪要》编纂委员会】 为加强对《中共南涧县委执政纪要》编纂工作的领导，确保编纂工作顺利开展和编纂任务的顺利完成，5月10日，县委成立《中共南涧县委执政纪要》编纂委员会。

【开展以“学习杨善洲精神”为主题的学习生活会】 5月18日，县委决定全县各党委（党组）于6月20日前开展一次以“学习杨善洲精神做人民满意的好党员好干部”为主题的学习生活会。

【印发《南涧县深化医药卫生体制改革实施意见》】 为着力改善民生，深化全县医药卫生体制改革，建立新型医药卫生服务体系，推动医药卫生事业科学发展，5月19日，制定《南涧县深化医药卫生体制改革实施意见》。

【评选推荐全县2011年先进基层党组织和优秀共产党员】 5月20日，县委决定对“创先争优”活动开展以来在全面建设小康社会，推动科学发展、增进民族团结、服务人民群众、加强基层组织、构建和谐南涧中涌现出来的先进基层党组织和优秀共产党员进行表彰。

【成立南涧县创建省级环境教育基地工作领导小组】 为切实加强对创建凤凰山候鸟迁徙通道省级

环境教育基地工作的组织领导，5月23日，成立南涧县创建省级环境教育基地工作领导小组，县人民政府分管副县长任组长，县环境保护局局长任副组长，县委宣传部副部长、县文明办主任等7家单位主要负责人为成员，领导小组下设办公室在县环境保护局，由环境保护局局长兼任办公室主任。

【开展“植纪念树　造纪念林”志愿服务活动】　为改善全县城乡环境质量，提高城镇总体功能，创造良好人居环境，结合“讲文明、树新风”志愿服务活动深入开展，5月30日，县委、县人民政府决定在全县广泛开展“植纪念树 造纪念林”志愿服务活动。

【开展庆祝中国共产党成立90周年“红歌”大合唱比赛】　为庆祝中国共产党成立90周年，充分展示全县各级机关、企事业单位干部职工的爱国主义热情，推动全县精神文明建设再上新台阶，6月2日，县委决定举办“红歌”大合唱比赛。

【成立南涧县党政机关公务用车问题专项治理工作领导小组】　6月10日，成立南涧县党政机关公务用车问题专项治理工作领导小组，由县纪委副书记鲁文武任组长，县人民政府办公室副主任杨向国任常务副组长，张凌云、罗正兴、董如锦任副组长，欧阳蕊、周国祥等8人为成员，领导小组下设办公室在县人民政府办公室，由杨向国兼任办公室主任。

【印发《南涧县党政机关公务用车问题专项治理工作实施方案》】　为认真贯彻中央、省、州有关文件精神，确保全县党政机关公务用车问题专项治理工作顺利开展，6月10日，印发《南涧县党政机关公务用车问题专项治理工作实施方案》。

【启用“县委机构编制办公室”印章】　原与县人事局合署办公的县机构编制委员会办公室单独设置，列入党委机构序列，为便于开展工作，于6月11日启用“中国共产党南涧彝族自治县委员会机构编制办公室”印章。

【印发《南涧县庆祝中国共产党成立90周年党史教育宣传活动实施方案》】　为庆祝中国共产党成立90周年，深入开展党史教育宣传活动，6月20日，制定《南涧县庆祝中国共产党成立90周年党史教育宣传活动实施方案》。

【印发《农村基层干部廉洁履行职责若干规定（试行）》】　为加强反腐倡廉法规制度建设、完善农村基层干部行为规范、促进农村基层干部廉洁履行职责，6月22日，印发《农村基层干部廉洁履行职责若干规定（试行）》。

【表彰“五好”先进基层党组织和优秀共产党员】

为表彰先进，弘扬正气，全面加强党的基层组织建设和党员队伍建设，7月1日，县委对县人民法院党支部等18个基层党组织、张钧等40名共产党员予以表彰，分别授予“五好”先进基层党组织、“五带头”优秀共产党员称号。

【出台《加快工业经济发展的决定》】　为深入实施“工业强县”战略，大力推进新型工业化进程，7月4日，出台《加快工业经济发展的决定》。

【撤销南涧县祥临公路南涧段建设协调工作组及办公室】　7月4日，经县委、县人民政府研究决定撤销南涧县祥临公路南涧段建设协调工作组及办公室，办公室财务、财产、档案资料以及接受省级审计等后续工作移交县国土资源局，办公室人员返回原单位上班。

【印发《南涧县开展清理和规范庆典、研讨会、论坛活动的实施意见》】　为认真贯彻落实中央及省、州文件精神，大力弘扬艰苦奋斗、厉行节约的优良作风，7月11日，出台《南涧县开展清理和规范庆典、研讨会、论坛活动的实施意见》。

【印发《南涧县“彝乡人才”评选和激励暂行办法》】　为认真贯彻落实人才强县战略，加强人才队伍建设，激发各类人才为南涧经济社会发展作贡献，努力营造干事创业的良好氛围，7月12日，印发《南涧县“彝乡人才”评选和激励暂行办法》。

【印发《南涧县2011年度经济社会发展重点工作考核办法》】　为确保各项重点工作任务的落实和年度工作目标的完成，实现全县经济社会又好又快发展，7月15日，印发《南涧县2011年度经济社会发展重点工作考核办法》。

【印发《南涧县2011年县级领导挂钩重点项目责任制实施意见》】　为切实抓好2011年重点建设项目实施工作，进一步强化项目工作责任，加快重点项目建设，营造重点项目实施的良好氛围，7月15日，县委、县人民政府决定对2011年的39项重点项目实行县级领导挂钩责任制。

【下达2011年度招商引资责任目标】　为切实抓好全县2011年招商引资工作，进一步加大招商引资工作力度，全面提升招商引资工作质量和水平，7月

15日，将2011年度招商引资责任目标分解下达至各乡（镇）党委、乡镇政府和县级有关单位。

【印发《南涧县项目资金争取工作考核办法》】 为加快实施项目带动战略，充分发挥项目带动作用，不断强化法制意识，激发和调动全县各部门争取项目资金的积极性，7月15日，制定《南涧县项目资金争取工作考核办法》。

【印发《南涧县优秀民营工业企业、企业负责人和个体工商户评选奖励办法（试行）》】 为推动民营经济快速发展，积极鼓励全县企业和个体工商户科学管理、守法经营、发展壮大，通过典型引路带动全社会创业热情，促进全县经济社会又好又快发展，7月15日，制定《南涧县优秀民营工业企业、企业负责人和个体工商户评选奖励办法（试行）》。

【出台《进一步促进招商引资工作的意见》】 为构建规范、有序、高效的招商引资工作体系，进一步扩大对外开放，不断提高利用外来投资的质量和水平，更好地发挥外来投资在推动科技创新、产业升级、区域经济社会协调发展中的积极作用，7月19日，出台《进一步促进招商引资工作的意见》。

【成立中共南涧县委群众工作领导小组】 7月29日，成立县委群众工作领导小组，县委副书记陈策任组长，黄希里、查政朝等5人任副组长，李文荣、殷文辉等44人为成员，领导小组下设办公室在县委群众工作局（县信访局），由范志云兼任办公室主任。

【出台《关于加强和改进新形势下人大工作的意见》】 为进一步加强党对人大工作的领导，充分发挥县人大及其常委会在推进全县经济社会健康快速发展中的作用，7月29日，出台《关于加强和改进新形势下人大工作的意见》。

【出台《关于支持人民政协履行职能发挥作用的意见》】 为切实支持人民政协履行职能，充分发挥人民政协在促进全县经济平稳较快发展和社会和谐稳定中的重要作用，7月29日，出台《关于支持人民政协履行职能发挥作用的意见》。

【印发《南涧县“绿色家园”行动计划》】 为加快生态文明建设，把南涧建设成为“观看着美丽、感受着舒服、生活着幸福、谈论着自豪”的绿色家园，8月1日，印发《南涧县“绿色家园”行动计划》。

【成立南涧县建设用地收储协调工作领导组】 8月2日，成立南涧县建设用地收储协调工作领导组，由县人民政府常务副县长沈文荣任组长，县委组织部部长田强任副组长，李文荣、殷文辉等25人为成员，领导组下设征地协调办公室在县国土资源局，由县国土资源局局长兼任办公室主任。

【出台《关于加强领导干部反腐倡廉教育实施意见》】 为加强全县领导干部反腐倡廉教育，建立健全拒腐防变教育长效机制，推动以完善惩治和预防腐败体系为重点的反腐倡廉建设深入开展，8月4日，出台《南涧县关于加强领导干部反腐倡廉教育的实施意见》。

【成立南涧县“8·08”聚众扰乱社会秩序案件处置工作领导组】 8月8日，成立南涧县“8·08”聚众扰乱社会秩序案件处置工作领导组，由县委书记苏发吉、县长吉向阳任组长，张若尘、黄希里等7人任副组长，姚卫平、赵成武等18人为成员，领导组下设政法维稳、林权纠纷调处复查、伤员医治处置、宣传报道及媒体应对、信息收集报送、县城东片区开发协调和人员受伤原因调查7个组。

【印发《南涧彝族自治县中长期人才发展规划（2011～2020年）》】 为大力推进人才强县战略，加快发展人才事业，为实现南涧全面建设小康社会奋斗目标提供人才保证，8月8日，印发《南涧彝族自治县中长期人才发展规划（2011～2020年）》。

【成立南涧县水利改革发展工作领导组】 8月9日，成立南涧县水利改革发展工作领导组，由县委副书记陈策任组长，县人民政府副县长茶绍荣任常务副组长，王淑清、卢志坚任副组长，李文荣、殷文辉等23人为成员，领导组下设办公室在县水务局，办公室主任由县水务局局长阿青峻兼任。

【启用“中国共产党南涧彝族自治县委员会群众工作局”印章】 根据相关文件，南涧县设立中国共产党南涧彝族自治县委员会群众工作局。为便于开展工作，9月5日，启用“中国共产党南涧彝族自治县委员会群众工作局”印章。

【表彰南涧县首届中小学名师】 为深入实施“名师工程”，建立有利于教师专业成长的激励机制，着力打造全县中小学骨干教师梯队，9月8日，县委、县人民政府授予蒋桂枝等10名教师“南涧县首届中小学名师”称号，并分别给予一次性奖励4000元，届期内每人每年补助教育科研经费1000元。

【表彰2011年度教育教学工作先进集体和先进个人】　为进一步倡导尊师重教的良好风尚，不断激发全县广大教育工作者投身教育事业的积极性、主动性和创造性，9月8日，县委、县人民政府对南涧一中等11个教育教学质量突出单位、县教研室等8个教育先进集体、李家学等20名先进教育工作者、丰加忠等80名优秀教师、杨文演等40名师德标兵和严南华等2名高考状元给予表彰奖励。

【印发《中国共产党南涧彝族自治县委员会群众工作局主要职责内设机构和人员编制方案》】　根据相关文件精神，南涧县设立中国共产党南涧彝族自治县委员会群众工作局，为县委工作部门，正科级，与县信访局合署办公，实行一个机构，两块牌子。9月14日，印发《中国共产党南涧彝族自治县委员会群众工作局主要职责内设机构和人员编制方案》。

【印发《中国共产党南涧彝族自治县委员会机构编制办公室主要职责内设机构和人员编制方案》】　根据相关文件精神，南涧县设立中国共产党南涧彝族自治县委员会机构编制办公室，为中共南涧县委工作部门，正科级。同时，为南涧彝族自治县机构编制委员会办事机构，保留南涧彝族自治县机构编制委员会办公室牌子。9月15日，印发《中国共产党南涧彝族自治县委员会机构编制办公室主要职责内设机构和人员编制方案》。

【规范全县综治维稳及群众工作机构设置】　9月22日，设立南涧县社会治安综合治理维护社会稳定工作委员会，下设社会治安综合治理工作办公室、维护社会稳定工作办公室。设立县委群众工作局，与信访局合署办公。乡（镇）分别设立综治维稳委及办公室、综治维稳工作中心、社会矛盾纠纷联合调处中心、群众工作站。村（居）委会统一规范设立综治维稳工作室和群众工作室，实行一套班子、两块牌子，合署办公。

【成立南涧县“无量药谷”项目建设协调领导组】　9月27日，成立南涧县“无量药谷”项目建设协调领导组，由县人民政府县长吉向阳任组长，李光琴、吴家良任副组长，黄希里、田强等32人为成员，领导组下设办公室在县商务局，由县商务局局长杨开旺兼任办公室主任。

【印发《南涧县无量药谷项目建设推进工作实施方案》】　为切实解决好“无量药谷”项目建设中的问题和困难，更加优质高效地服务好“无量药谷”项目建设，结合南涧县“无量药谷”项目建设推进现场会议精神，10月10日，制定《南涧县无量药谷项目建设推进工作实施方案》。

【表彰南涧县科普工作先进集体、优秀科普工作者】　为进一步激发全县各级科普团体、科普单位和广大科普工作者的积极性、创造性，10月12日，县委、县人民政府对南涧镇科协等10个科普工作先进集体、高虎等30名优秀科普工作者予以表彰。

【印发《南涧县深化乡镇机构改革实施方案》】　为进一步转变乡镇政府职能，理顺职责关系，创新体制机制，优化机构设置，严格控制人员编制，提高公共服务水平，增强社会管理能力，巩固农村税费改革成果，促进农村经济社会又好又快发展，10月13日，印发《南涧县深化乡镇机构改革实施方案》。

【开展其他事业单位2010年度津贴补贴清理核查工作】　为切实掌握其他事业单位津贴补贴实际发放水平，准确核定事业单位奖励性绩效工资总量，10月20日，就做好全县其他事业单位津贴补贴清理核查工作有关事项做出安排。

【印发全县8个乡镇主要职责机构设置和人员编制规定】　根据《中共南涧县委南涧县人民政府关于印发南涧县深化乡镇机构改革实施方案的通知》精神，10月28日，印发南涧镇、公郎镇、小湾东镇、碧溪乡、拥翠乡、乐秋乡、宝华镇、无量山镇主要职责机构设置和人员编制规定。

【加强南涧县革命遗址遗迹认定及保护工作】　为切实加强南涧县革命遗址遗迹认定及保护工作，记录与再现南涧人民革命斗争的历史，充分发挥以史鉴今、资政育人的作用，11月2日，发出关于切实加强南涧县革命遗址遗迹认定及保护工作的通知。

【认真学习贯彻党的十七届六中全会精神】　根据中央和省、州党委的部署，11月2日，县委就学习贯彻党的十七届六中全会精神有关要求做出安排，由县委宣传部和县委督查室对学习情况进行督促检查。

【出台《关于加强公共文化服务体系建设的实施意见》】　为使全县公共文化服务体系建设落到实处，建立和完善全县公共文化服务体系，让全县各族人民享受到更多更好的文化服务，11月3日，出台《关于加强公共文化服务体系建设的实施意见》。

【印发《南涧县第三轮禁毒人民战争实施方案

(2011～2015 年)》和《南涧县第三轮防治艾滋病人民战争实施方案(2011～2015 年)》】 为进一步加强对禁毒和防治艾滋病工作的领导，采取有力措施，最大限度地减轻毒品和艾滋病危害，严厉打击各类毒品违法犯罪活动，全力做好防治艾滋病工作，11 月 4 日，印发《南涧县第三轮禁毒人民战争实施方案（2011～2015 年)》和《南涧县第三轮防治艾滋病人民战争实施方案（2011～2015 年)》。

【印发《中共南涧县委常委班子 2011 年度民主生活会整改落实方案》】 为进一步提高县委常委班子带领科学发展的能力和水平，推动南涧经济社会跨越式发展，11 月 8 日，印发《中共南涧县委常委班子 2011 年度民主生活会整改落实方案》。

【印发《南涧县 2011 年度推进惩防体系建设暨党风廉政建设责任制工作检查考核方案》】 为切实做好 2011 年度推进惩防体系建设暨党风廉政建设责任制工作检查考核工作，11 月 9 日，印发《南涧县 2011 年度推进惩防体系建设暨党风廉政建设责任制工作检查考核方案》。

【印发《南涧县创建省级园林县城工作实施方案》】 为进一步改善县城生态和人居环境，努力提升县城形象，县委、县人民政府决定南涧县城申报省级园林县城，为确保省级园林县城创建各项工作任务落实到位，11 月 14 日，印发《南涧县创建省级园林县城工作实施方案》。

【调整充实南涧县公共机构节能工作领导组】 11 月 14 日，调整充实南涧县公共机构节能工作领导组，组长由县人民政府常务副县长担任，副组长由县人民政府办公室和县机关事务管理局主要领导担任，领导小组成员由县委办、县人大办等 9 个单位分管领导和乡镇分管副乡镇长组成。领导组下设办公室在县机关事务管理局，办公室主任由县机关事务管理局局长兼任。

【出台《关于加强与原县级领导干部联系的意见》】 为进一步加强与原县级领导干部的联系，11 月 19 日，出台《关于加强与原县级领导干部联系的意见》。

【印发《南涧县国民经济和社会法治第十二个五年规划纲要主要奋斗目标和重点任务分解方案》】 为确保全面或超额完成“十二五”国民经济和社会发展计划目标及主要任务，11 月 28 日，印发《南涧县国民经济和社会法治第十二个五年规划纲要主要奋斗目标和重点任务分解方案》。

【出台《关于开展法治南涧建设的实施意见》】 为进一步推进依法治县、创建法治南涧进程，11 月 30 日，出台《关于开展法治南涧建设的实施意见》。

【成立法治南涧创建工作领导小组】 11 月 30 日，成立法治南涧创建工作领导小组，县委书记任组长，县人民政府县长任常务副组长，县委政法委书记、县人大常委会分管联系副主任、县人民政府分管联系副县长、县政协分管联系副主席任副组长，县委办公室分管联系副主任等 29 家单位负责人为成员，领导小组下设办公室在县司法局，与依法治县领导组办公室合署办公，由县司法局局长兼任办公室主任。

【成立县文联前期筹建工作领导组】 12 月 2 日，成立县文联前期筹建工作领导组，县委宣传部部长聂琼芬任组长，李树德、吕宗祥等 4 人任副组长，张敬宗、殷文辉等 15 人为成员，领导组下设办公室在县委宣传部，由县委宣传部专职副部长欧阳蕊兼任办公室主任。

【印发《对农村党员干部进行省第九次党代会精神专题培训方案》】 为及时传达学习省第九次党代会精神，把全县农村党员干部的思想和行动统一到省第九次党代会确定的目标任务上来，12 月 6 日，印发《对农村党员干部进行省第九次党代会精神专题培训方案》。

【提高全县村组干部岗位补贴】 为充分调动村组干部的工作积极性、主动性和创造性，激励村组干部踏实干事、安心工作，12 月 8 日，县委、县人民政府下发通知适当提高村组干部岗位补贴。

【进一步严肃有关组织人事纪律】 为进一步加强管理，严肃组织人事工作纪律，12 月 8 日，下发关于进一步严肃有关组织人事纪律的通知。

【出台《关于对村（社区）干部实行绩效考核的意见》】 为进一步加强对村（社区）干部的管理，建立完善科学合理的绩效考核机制，充分调动村（社区）干部的积极性、主动性和创造性，促进农村（社区）工作有序开展，12 月 8 日，出台《关于对村（社区）干部实行绩效考核的意见》。

【印发《南涧县关于进一步健全重大社会安全事件应急处置机制的实施意见》】 为进一步健全党委统一负责、有关部门共同参与的重大群体性事件和大规模暴力犯罪事件等重大社会安全事件应急处置机制，妥善处置重大群体性事件和大规模暴力犯罪事件等重大社会安全事件，有效维护全县社会和谐稳定，12月9日，印发《南涧县关于进一步健全重大社会安全事件应急处置机制的实施意见》。

【表彰第二轮禁毒和防治艾滋病人民战争先进集体和先进个人】 为表彰先进，推动工作，促进禁毒和防治艾滋病人民战争深入开展，12月16日，县委、县人民政府对第二轮禁毒人民战争中涌现出的县公安局禁毒大队等5个先进集体及李绍宗等15名先进个人和对第二轮防治艾滋病人民战争中涌现出的县委宣传部等5个先进集体及欧阳俊等15名先进个人予以表彰奖励。

【表彰南涧县“五五”普法工作先进集体和先进个人】 为进一步推动法制宣传教育工作的深入开展，充分发挥法制宣传教育在服务经济社会发展、维护社会和谐稳定中的重要作用，12月20日，县委、县人民政府对县委办公室等25个先进集体和阿玉华等70名先进个人予以表彰奖励。

【成立南涧县行政中心建设工作领导组】 12月20日，成立南涧县行政中心建设工作领导小组，由县人民政府常务副县长沈文荣任组长，黄希里、李树德、杨发英、李文荣任副组长，罗林周、张敬宗等24人为成员，领导组下设办公室在县机关事务管理局，由县机关事务管理局局长兼任办公室主任。

【成立南涧县国有文艺院团体制改革工作指导组】 12月21日，成立南涧县国有文艺院团体制改革工作指导组，由县委宣传部部长聂琼芬、县人民政府副县长李华东任组长，张虎、郎沅龙任副组长，黄玉芬、吕强江等5人为组员，指导组下设办公室在县文体广电旅游局，由高文华兼任办公室主任。

【成立中共南涧县委开展群众观点群众路线群众利益群众工作教育实行干部直接联系群众制度领导小组】 12月22日，成立中共南涧县委开展群众观点群众路线群众利益群众工作教育实行干部直接联系群众制度领导小组，由县委书记苏发吉任组长，吉向阳、陈策等8人任副组长，殷文辉、张敬宗等23人为成员，领导小组下设办公室（简称“四群”教育办公室）在县委组织部，由田强兼任办公室主任。

【出台《关于加快水利改革发展的实施意见》】 为认真贯彻落实中央、省、州有关文件精神，努力实现全县水利发展新跨越，12月23日，出台《关于加快水利改革发展的实施意见》。

【出台《关于加强农村劳动力转移就业工作的意见》】 为切实加强对全县农村劳动力资源管理，加大农村劳动力转移就业工作力度，着力解决县内企业“用工难”问题，12月23日，出台《关于加强农村劳动力转移就业工作的意见》。

【出台《关于开展群众观点群众路线群众利益群众工作教育实行干部直接联系群众制度的实施意见》】 根据省、州党委关于开展群众观点群众路线群众利益群众工作教育，实行干部直接联系群众制度的意见，12月23日，出台《关于开展群众观点群众路线群众利益群众工作教育实行干部直接联系群众制度的实施意见》。

【命名表彰第十二批县级文明单位、第十二批县级文明村、第三批县级文明行业、第二批县级文明小城镇、第二批县级文明社区】 为表彰先进、树立榜样，进一步推动全县精神文明建设工作，12月27日，县委、县人民政府授予县人民检察院等88个单位“第十二批南涧县文明单位”称号；授予南涧镇西山村民委员会羊角箐大村等20个村（组）“第十二批南涧县文明村”称号；授予县工商行政管理局“第三批南涧县文明行业”称号；授予南涧镇等4个镇“第二批南涧县文明小城镇”称号；授予南涧镇南涧街社区居民委员会“第二批南涧县文明社区”称号。

【表彰2010年度千村扶贫开发百村整体推进工作先进集体先进个人和优秀工作者】 为表彰先进，树立典型，12月28日，县委、县人民政府对在2010年度千村扶贫开发百村整体推进工作中成绩突出的县委政策研究室等7个先进集体、张紫明等9名先进个人和周国祥等10名优秀工作者予以表彰奖励。

·县委办公室·

【概　述】 2011年，中共南涧县委办公室坚持以邓小平理论和“三个代表”重要思想为指导，深入学习实践科学发展观，全面贯彻落实党的十七届六中全会、省第九次党代会和州第七次党代会精神，在县委的直接领导下，在州委办公室的帮助指导下，围绕中心，服务大局，务实创新，全面加强自身建设，提高服务水平，各项工作取得较好成绩。

【调研工作】 紧紧围绕全县经济发展和社会进步的大局，抓住全局性、战略性的问题，有目的、有计划、有组织地开展调研工作。强化中心意识、超前意识、创新意识和精品意识，增强调研工作的全局性、前瞻性、针对性和可操作性。为起草好县委重要文稿进行广泛调研，充分利用信息通讯技术，力求吃透政策，掌握县情，使调研成果转化为县委的决策，推动全局工作。对工业经济发展、生态农业示范县建设等方面进行专题调研，努力使调研成果转化为县委的正确决策。刊发《南涧调研》1 期、《学习思考》2 期，适时刊载一些有价值的调研报告和理论文章供领导参考。

【信息工作】 完善信息工作领导责任制和信息工作目标管理责任制，把信息工作纳入各乡镇、各部门的工作日程，坚持信息工作考核奖惩激励机制，有效调动信息工作者的积极性、主动性和创造性，拓宽信息渠道，提高信息质量。紧紧围绕工作的重点、改革发展的难点和群众关心的热点向省、州党委上报南涧的各种信息，坚持实事求是、喜忧兼报，对突发事件和群体性事件做到不迟报、漏报和瞒报，充分发挥了“耳目”作用。全年上报州委办公室信息 596 条，采用 57 条，信息综合考核位居全州第三名；上报省委办公厅信息 975 条，被综合或单篇采用 70 条，得 218 分，完成指定任务数 200 分的 109%。编印《南涧信息》13 期、《信息摘编》2 期、《信息增刊》1 期。

【办文工作】 (1) 严格执行来文办理制度和文件制发制度，所有来文或需要制发的文件先由秘书股提出拟办意见，然后送副主任、主任、副书记、书记逐级审批，并严格执行办结反馈制度。(2) 认真及时做好来文的签收、登记、拟办、请办、分发、传阅、承办、催办和归档等工作。(3) 做好书记办公会、县委常委会、专题工作会、县委全会、党代会和有关会议的服务工作。(4) 起草文稿从县委工作的角度着笔，注重掌握政策原则，充分体现领导意图，力求拟制的材料准确、可行，严格按公文格式和公文程序草拟文件，不规范的文件不出办公室，不如意的材料不送领导审阅，不断提高文稿质量，维护文件权威，做到以文辅政、谋在其中。(5) 各种介质的资料管理更加规范、安全。

【督查工作】 (1) 抓好决策督查，努力保证党委决策的贯彻落实，编报《南涧督查专报》26 期，其中 1 期被州委督查室单篇采用并上报省委督查室，编发《南涧督查工作情况》10 期，及时将乡镇和部门的落实情况报告上级和领导，保证各级党委决策部署的落实。做好县委领导批示件的登记、交办、督办和反馈工作，登记办理 19 件。(2) 努力完善督查机制，不断提高督查工作水平。根据领导授权原则，不断创新督查方式方法，灵活运用电话督查、材料督查、跟踪督查、现场督查、暗访督查等督查手段，最终达到县委、县政府重大决策、重要工作部署和领导批示交办事项的贯彻落实。(3) 做好群众来信来访工作，认真倾听群众的意见、建议，根据政策规定耐心细致给予解答，能解决的合理诉求及时给予帮助解决，切实做到为群众排忧解难，全年接访群众 13 批 27 人（次）。

【综合协调工作】 (1) 搞好办公室内部协调。认真处理好个人与集体、局部与全局、分工与合作的关系，努力做到风正、气顺、劲足，好事办实，实事办好。领导班子进行科学分工，确保每个班子成员都能有职有权地开展工作，班子成员之间相互尊重，相互支持，紧密配合，形成合力。股室之间沟通多、配合多，遇到重要工作任务，不分彼此，促进了办公室工作的有效运转。(2) 搞好部门之间的协调。加强与县其他班子办公室的联系和沟通，采取召开主任联席会议、联办会议和开展联谊活动等方式，增进了解，维护领导班子的团结，增强班子的凝聚力和战斗力。加强与乡镇和县级部门的联系，加强沟通，理顺关系，遇到问题及时帮助协调，不推诿、不扯皮，协调相关部门完成了重要文稿起草、大型接待活动等，努力做到既服务到位又不越权越位，充分调动各部门的工作积极性，发挥部门联动、互相配合的良好工作局面。(3) 搞好上下之间的联系和沟通。对上及时了解中央、省、州的重大部署和决策意图，争取获得上级更多的指导和帮助；对下密切与乡镇的联系，及时掌握基层工作情况，为领导决策提供依据，并帮助基层解决实际困难。

【行政后勤工作】 (1) 把握工作规律，充分发挥主观能动性，增强预见性，超前谋划，及早部署，着眼全局，把握重点，统筹安排，以高效优质的后勤服务，为领导和机关干部职工创造良好的工作条件和工作环境，使领导有更多的时间和精力深入基层搞调研、抓落实，谋大局、抓大事。(2) 坚持和完善《中共南涧县委办公室管理制度》，严格执行办公室学习制度、会议制度、保密制度、信息工作制度、督查工作制度、请销假制度、财务管理制度、财产管理制度、车辆管理和使用制度、接待制度、值班工作制度等；做好24小时值班，热情、耐心、细致地做好来电来访工作；努力改善办公条件；加强以“四防”为主的安全防范工作。(3) 县委及办公室领导经常到挂钩联系的村委会指导工作，帮助村“两委”班子出谋划策，理清发展思路，制定发展规划；积极动员办公室全体职工献策出力，力所能及做好结对帮扶工作，帮助解决群众生产生活中遇到的困难和问题；在“六一”、助残日、春节等期间开展送温暖活动，看望慰问困难儿童、困难残疾群众、困难党员、困难群众等。积极鼓励职工参与义务献血活动。

【关工委工作】　健全关心下一代工作组织体系，以关心青少年成长为核心，进一步加强社会主义核心价值体系主题教育。加强法制教育，优化育人环境，预防和减少未成年人违法犯罪。创新活动载体，结合建党90周年开展中华魂（颂歌献给党）读书活动。关爱青少年弱势群体，开展助困、助学、助残、助孤活动，发放未成年人困难家庭救助金2万元。

【老干部工作】　县委及县委办公室领导经常过问老干部工作。进一步完善《老干部管理工作制度》和《老干部借阅文件制度》，建立老干部台账，按规定落实老干部的政治和经济待遇。敬老节和春节期间，采取召开座谈会、走访慰问等方式开展看望慰问活动。

组织政法系统领导召开欢迎全国模范法官龙进品凯旋归来座谈会（县人民法院供稿）

【办公室自身建设】　坚持集中学习制度，大力提倡业余自学，加强干部职工理论知识和业务知识的学习，注重理论联系实际；严格要求，严格管理，培养严谨求实作风，确保办公室工作快速运转高效；关心干部的工作、生活，创造良好环境；认真开展“创先争优”活动；抓好学习型机关建设。

（罗增毅　张滑滢）

·纪　检·

【概　述】　2011年，南涧县纪委监察局在县委、县人民政府和省、州纪检监察机关的坚强领导下，坚持以邓小平理论和“三个代表”重要思想为指导，深入贯彻落实科学发展观，按照以人为本、执政为民的要求，全面贯彻党的十七大和十七届五中、六中全会精神，按照中央和省、州纪委全会和县第十次党代会的部署，加强党风廉政建设和反腐败斗争，坚持标本兼治、综合治理、惩防并举、注重预防的方针，围绕中心、服务大局，突出重点、整体推进，改革创新、狠抓落实，努力提高反腐倡廉建设科学化水平，为“十二五”开好局，促进南涧经济社会又好又快发展提供有力的政治和纪律保障。

【县纪委九届六次全会】　4月8日，县纪委九届六次全体会议在县城召开，县纪委委员29人出席会议，县监察局非党副局长，不是县纪委委员的县纪委各室负责人、派出各纪工委副书记，省、州属驻南涧有关单位的纪委书记或纪检组长、县级各党委（党组）和县级机关党风廉政建设责任制考核单位分管领导列席了会议。(1) 县委常委、县纪委书记张若尘代表县纪委常委会作题为《突出重点、狠抓落实，不断开创党风廉政建设和反腐败斗争新局面》的工作报告，传达学习十七届中央纪委六次和省纪委八届六次、州纪委六届六次全会精神，宣读《中共南涧县委 南涧县人民政府关于南涧县2010年度推进惩防体系建设暨落实党风廉政建设责任制考核结果的通报》。(2) 审议通过县纪委九届六次全会工作报告和决议（草案）。

【县第十次党代会和县纪委十届一次全会】　6月18日，县第十次党代会和县纪委十届一次全会上选举产生了33名县纪委委员、9名县纪委常委和书记、副书记，其中张若尘当选为书记，谢瑞忠、和永发、鲁文武当选为副书记。新当选的33名县纪委委员均为大专以上学历，与上届相比学历层次明显提高，按照干部交流的有关要求，在县纪委常委中，主要领导干部进行交流，关键岗位干部进行优化调整，同时注重保持班子的相对稳定性。

召开县纪委十届一次全体会议（县纪委供稿）

【党风廉政建设和反腐败工作】（1）严格执行中央《关于实行党风廉政建设责任制的规定》和省、州、县实施办法，进一步健全完善落实责任制考核的方法、程序，首次把党群部门133个单位纳入党风廉政建设责任制工作考核，其中15个党委（党组）、9个党群部门、29个政府部门和80个村（居）委会；层层签订党风廉政建设责任书，形成一级抓一级，层层抓落实的工作格局，确保党风廉政建设各项工作落到实处；惩防体系建设和党风廉政建设责任制采取半年和年终两次检查考核，并对上半年检查考核结果进行通报，由派出纪工委监察分局对被考核单位进行跟踪督促整改，11月，由县委领导带队，组成8个考核组对纳入考核的部门进行年终全面检查考核。（2）印发《南涧县2012年底前落实〈工作规划实施意见〉推进惩治和预防腐败体系建设工作要点》，明确到2012年惩防体系建设中要完成100项任务。（3）印发《南涧县2011年村级勤廉监督工作落实情况督查方案》，着重督查了全县80个村级勤廉监督机构设置、规章制度、工作职责和“三簿一测评”等工作运转情况。（4）执行《农村基层干部廉洁履行职责若干规定（试行）》，并对贯彻实施情况进行专项督查，各乡镇把《规定》编印成小册子1320本发放到乡镇村干部手中加强学习，以《规定》为主要内容进行考试。（5）制定《南涧县政务服务体系建设实施方案》和《南涧县加快推进政务服务体系建设工作方案》，政务服务中心工作于6月有序开展。（6）10月26日，在碧溪乡召开南涧县2011年度农村党风廉政建设工作会议，会上各乡镇相互交流了抓农村党风廉政建设工作经验，会议全面总结了2011年全县抓农村党风廉政建设工作取得的成效和存在不足，部署2012年农村党风廉政建设工作。

召开2011年农村党风廉政建设工作会议（张丽君　摄）

【反腐倡廉宣传教育】（1）制定《南涧县2011年反腐倡廉宣传教育工作意见》，明确任务、具体措施和工作要点。（2）充分利用报刊、电视、网络、板报、橱窗和以会代训等方式，多层次全方位开展反腐倡廉宣传，编印《纪检监察信息》22期210条，其中专刊1期。积极向省、州新闻媒体及《纪检监察信息》投稿，宣传南涧反腐倡廉工作取得的成果、经验及做法。全年在南涧县纪检监察信息网络平台发布各类信息51条，撰写网络评论文章12篇，其中被州纪检监察网采用5篇。（3）把县法院、县财政局、宝华镇拥政村、拥翠乡新华村、县信联社、南涧四中确定为廉政文化“六进”活动示范点，并上报州纪委。指导宝华镇完成拥政村廉政文化进农村省级示范点申报及检查验收工作，在全县各乡镇分别创建一个“党风廉政建设、惩防体系建设、廉政文化进农村”示范点。（4）县纪委书记与各乡镇主要领导谈话16人（次）。在节假日来临之际，向全县479名副科以上领导干部各发送1条廉政短信，通过学习先进典型、观看警示片、到警示教育基地参观、上廉政党课等形式，加强对领导干部的勤政廉政教育。（5）向处级以上领导干部和相关单位发放廉政台历和廉政字画各48本，组织全县副科以上领导干部444人参加纪念建党90周年反腐倡廉知识竞赛。

【信访和案件查处】坚持领导信访接待日制度，积极开展信访线索集体排查和信访件办理领导督办，全年受理来信来访39件，其中上级转办9件、本级受理30件，办结率为100%。坚持依纪依法办案，树牢文明办案理念，做到宽严相济、区别对待，全年查办案件14件14人，审结14件14人，作出党政纪处分14件14人，其中：开除党籍3人，留党察看2人，撤销党内职务1人，党内严重警告3人；行政开除1人，行政降级1人，行政记过1人，行政警告3人。恢复党员权利1人，解除行政处分1人。

【执法监察和纠风工作】（1）对中央扩大内需已完工的30个项目开展“回头看”工作，发现存在问题5个，已按要求限期整改。对2010年中央投资27个项目建设情况进行监督检查，涉及项目资金15864万元。对1～4批230套廉租房入住情况开展检查，确保入住廉租房住户符合规定。开展加快转变经济发展方式监督检查，对7个牵头单位排查出44个重点项目进行督查，并形成月报制。开展农村公路专项执法监察，涉及农村通畅工程1条23千米，通达工程24条228千米，建设资金4349万元。围绕安全生产法律法规宣传和危险化学品企业安全、非煤矿山企业安全、烟花爆竹企业安全监管等方面进行监督检查。对节能减排、环保收费、政府采购、小农水建设项目进行了专项督查。（2）深入开展公务用车专项治理，根据上级有关要求，对存在的问题制定措施，责令相关部门认真纠正。（3）对全县106家96128政务信息直通车管理专网（VPDN）运行情况进行专项检查，纠正不合理收费资金2.1万元；对全县各乡镇农村义务教育阶段贫困家庭寄宿学生生活补助发放情况进行检查，并责令南涧县教育局对存在问题的3所学校负责人进行通报批评的问责。对全县各乡镇进行农村低保扩面工作和城乡低保及农村五保户动态管理工作进行督查，对不“以户施保”、不“分类施保”和存在“关系保、人情保”的，责令相关乡镇及时纠正。对2010年强农惠农政策落实情况和资金安排使用情况进行专项检查，重点抽查14个单位和3个乡镇，涉及项目27个，要求对未兑付给农户的资金要加快兑付进度。对高价销售食盐的3家超市给予3.7万元的处罚，并责令3家超市将多收取的资金退还给消费者。对不严格遵守上下班纪律的11个部门65名干部职工在全县范围内通报批评，并对单位干部职工上下班迟到早退现象较为突出的4个部门主要领导进行问责。（4）对35个县级行政机关和5个县级公共服务部门落实法治政府、责任政府、阳光政府、效能政府四项制度的情况，以及行政管理、行政执法和行风情况进行了评议，满意率最高为97.69%（不含基本满意率），不满意率最高为3.08%，通过评议推动政府职能部门依法行政、廉洁从政，改进工作作风，强化服务意识，提高工作效能。（5）严格实施行政问责，全年对13名干部以责令作出书面检查、通报批评等方式进行问责，其中正科级干部4人、副科级干部1人、一般干部8人。

【预防和治理腐败】（1）按照《南涧县关于移风易俗节俭办事的规定》，对30名乡科级领导干部办客进行严格审批，并进行现场督查；严格执行《党政领导干部职务任期暂行规定》，切实保证乡（镇）主要领导任期的稳定性和工作连续性；执行《南涧县关于认真贯彻落实干部选拔任用工作四项监督制度》，选拔任用年轻干部70名，对70名拟任乡科级领导干部进行了任前廉政考试和廉政谈话。（2）加强廉政风险重点环节防范管理，并将廉政风险防范管理工作纳入党风廉政建设责任制一并考核，并将科级以上领导班子、领导干部防范管理及考核情况录入个人“廉政档案”。（3）开展县委权力公开透明运行工作，累计明晰县委权力15项，编制工作流程图12个，确定公开目录42项，健全和完善工作制度17个，网上发布公开信息126条，发送手机报21次8306条，报刊、电视刊播6条，制作工作简报2期，乡镇村黑板报、橱窗刊载3期1920条信息，组织乡村干部进村组宣传480余人（次），邀请县党代表列席县委常委会议2次6人。（4）按照中央纪委、中央组织部“5个严禁、17个不准、5个一律”和省委组织部“10个严禁”的要求，制定换届工作方案，成立换届工作督查组，并加强对换届工作监督检查，确保换届工作风清气正。（5）加强对经营性土地使用权招标、拍卖和挂牌出让的监督，严厉打击国土资源领域腐败问题，挂牌出让国有土地13宗，面积14.63公顷，出让总金额4680.41万元；加强对工程招投标情况的监督，全年监管3个建设项目，涉及金额4431.39万元；加强对政府采购工作的监督，完成338项采购项目，其中集中采购15期，各乡（镇）和部门申报政府采购预算资金1660万元，实际采购资金1525万元，节约资金135万元，节约率8.1%。(6) 按照《南涧县关于采取有力措施认真贯彻落实党政机关厉行节约要求的通知》精神，全县119个预算单位无因公出国（境）团组、人，无因公出国（境）经费支出。公务用车购置及运行和公务接待等八项费用支出均比上年同期减少，全县实现控制目标。

【自身建设】 (1) 修改完善《南涧县纪检监察系统工作绩效考核暂行办法》等相关制度，规范办事程序，加强内部管理和监督。(2) 组织18名纪检监察干部表演《跳菜》节目，参加全州纪检监察机关庆祝建党90周年文艺汇演；组织15名干部参加全县红歌比赛，组织31名党员参加全县千名党员重温入党誓词宣誓；组织开展委局机关支部、党员评星活动和优秀党员推荐工作。(3) 强化每周一上午的集体学习制度，副科以上干部采用PPT演示文稿进行授课，全年组织学习39次。(4) 选派23名纪检干部赴成都、海南等地考察学习，1名副书记参加中央纪委举办的培训班，1名监察局副局长到州纪委监察局顶岗学习2个月，监察局局长、办公室主任、信访室主任、案审室主任分别参加省纪委组织的纪检监察干部培训，其他干部以开展“创先争优”活动，巩固学习实践科学发展观活动和“做党的忠诚卫士，当群众贴心人”主题实践活动为契机，按照“五严守、五禁止”的要求，加强纪检监察干部思想建设、组织建设、作风建设和能力建设，不断提高队伍的整体素质。

【扶贫挂钩】 先后派出43名纪检监察干部深入文启、兔街、旧马街和胜利村帮助村委会开展大春粮烟生产、村委会建设和公路、水利等基础设施建设等工作。帮助旧马街村委会购置电器以及食堂所需灶具等设备，价值8500元，帮助胜利小学购置打印设备，价值1200元。协调相关部门、爱心人士为兔街、旧马街2名困难大学生分别捐资5000元、8000元；全体纪检监察干部2次捐款1.05万元，积极开展扶贫助残、儿童节、春节等走访慰问活动。

（施洪生）

·组　织·

【概　述】 2011年，组织工作在县委的正确领导和州委组织部的精心指导下，紧紧围绕“三服务、两满意”目标，以县乡党委换届工作为重点，统筹推进干部人事制度改革、匡正选人用人风气、加强领导班子能力建设、从严管理和重点管理干部、全面加强基层党组织建设等各项工作，努力提高选人用人公信度，努力建设过硬组工干部队伍，努力提高组织工作科学化水平，为全县经济社会科学发展提供坚强的组织保证和人才支持。

【党组织和党员状况】 全县有11个基层党委（乡镇党委8个）、10个党组、94个党总支、818个党支部。有党员9970名，其中：预备党员506名，占5.07%；女党员2007名，占20.13%；少数民族党员4939名，占49.54%；农村党员7732名，占77.55%。党员年龄结构为：35岁以下2745名，占27.54%；36～45岁2797名，占28.05%；46～59岁2705名，占27.13%，60岁以上1723名，占17.28%。党员学历结构为：研究生16名，占0.16%；大学本科1327名，占13.31%；大学专科1341名，占13.45%；中专812名，占8.15%；高中823名，占8.25%；初中及以下5651名，占56.68%。

【干部队伍状况】 全县有公务员（含参公管理工作人员）1310名，其中：男946名，占72.21%；女364名，占27.79%；少数民族干部554名，占42.29%；党员干部1023名，占78.09%。年龄结构为：35岁以下463名，占35.34%；36～45岁449名，占34.28%；46岁以上398名，占30.38%。学历结构为：研究生22名，占1.68%；大学本科698名，占53.28%；大学专科451名，占34.43%；中专及以下139名，占10.61%。有副处以上领导干部39名（含非领导职务），其中正处4名、保留正处级待遇1名、调研员8名、副处24名、副调研员2名。有正科干部149名，主任科员44名，副科干部262名，副主任科员112名。

【县乡党委换届】 (1) 加强领导，及早部署。成立由县委书记任组长的党委换届工作领导组，召开动员会议，安排部署县乡党委换届选举工作。成立由挂钩联系乡镇的县委常委任组长的乡镇党委换届指导组，实行“一对一”指导和“一对一”督查。(2) 规范换届程序，营造良好的换届氛围。通过多种形式，广泛宣传省、州党委关于换届工作的有关精神，统一征订《党的地方和基层组织选举工作流程》，制定《乡镇党委换届选举工作流程》，分别下发各乡镇和各指导组，保证换届选举工作规范有序进行。(3) 严肃纪律，营造风清气正的换届选举环境。把“5个严禁、17个不准、5个一律”的要求落实到换届工作的每一个环节，坚决抵制一切不正之风，组织党代表和群众代表开展换届工作满意度测评，满意率均为100%。（4）充分发扬民主，坚持走群众路线。教育和引导代表树立全局观念和整体观念，在酝酿选举候选人的过程中，充分发扬民主，尊重每位代表的意愿，依法依规开展换届选举工作。3月19日，在全州率先完成乡镇党委换届选举工作。选举产生新一届乡镇党委委员83名、纪委委员40名，乡镇党委书记8名，副书记23名，纪委书记8名。于6月15～18日，召开县第十次党代表大会，圆满完成了县委换届选举工作任务。选举产生十届县委委员43名、县委候补委员8名、县纪委委员33名、出席州第七次党代表大会代表25名；选举产生县委常委11名，其中书记1名、副书记2名；选举产生县纪委常委9名，其中书记1名、副书记3名。

【“四群”教育工作】　根据省、州党委关于开展“四群”教育实行干部直接联系群众制度的有关要求，及时成立领导机构和工作机构，制定了实施意见，抽调工作人员集中办公，12月23日，召开全县动员大会，部署开展“四群”教育实行干部直接联系群众工作，全县各级各部门于12月30日前全面启动。

【领导班子思想政治建设】　深入开展“个人形象一面旗、工作热情一团火、谋事布局一盘棋”主题实践活动，不断提高领导班子的凝聚力、执行力、创新力；继续加强各级领导班子民主集中制教育，增强班子成员民主意识、大局意识、团结意识和纪律意识。

【干部队伍建设】　科学合理选拔任用干部，坚持“德才兼备、以德为先”的用人标准，注重选拔政治上靠得住、工作上有本事、作风上过得硬、善于做群众工作的优秀干部，把各级领导班子建设成为坚定贯彻党的理论和路线方针政策、善于领导科学发展的坚强领导集体。全年提拔科级干部63人，其中正科23人，副科40人；女干部14人；少数民族干部32人；党外干部8人；平级调整103人，免职49人；晋升副主任科员3人。

【加大竞争性选拔干部力度】　认真贯彻落实《南涧县县级机关公开选调公务员暂行办法》和《南涧县县级综合部门内设机构负责人竞争上岗工作实施办法》，年内从乡镇公开选调了5名公务员到县纪委、县委组织部、团县委、人社局、文体广电旅游局工作；通过竞争上岗的方式，选拔了县医保中心主任等。

【干部教育培训】　按照“大规模培训干部，大幅度提高干部素质”的要求，大力推进干部教育培训改革创新，组织429名副科级以上干部参加云南省干部在线学习；组织科级以上领导干部收看云南省时代前沿知识讲座；组织1名新任处级领导参加学习“七一”讲话及州第七次党代会精神专题培训班；组织2名处级领导参加学习“杨善洲精神”专题培训班；组织1名处级领导、6名科级领导参加“兴水强滇”加快水利改革发展专题培训班；组织2名处级领导、3名科级领导参加“加强和创新社会管理”专题研讨班；组织8名乡镇党委书记参加省级举办的乡镇党委书记培训班；推荐涉农部门领导、新任乡镇党委班子成员、农村致富带头人、企业负责人20人参加云南省农村干部教育学院的培训；组织4名从大学生“村官”中选拔的乡（镇）党委委员参加省委组织部专题培训班；举办青年干部培训班，采用专题讲座、分组讨论、大会交流发言、综合测试等灵活多样的培训方式，集中培训88名30岁以下优秀青年干部；分班分课对全县基层党务干部、新任科级干部及乡（镇）党委班子成员、大学生“村官”、党外干部和少数民族干部200多名基层干部进行专题培训；整合培训资源，在全县范围内组织3000多名基层干部开展教育培训活动。

举办青年干部培训班（县委组织部供稿）

【用好用活非领导职务干部】　调整了10名改任非领导职务干部的工作岗位，抽调了26名改任非领导职务干部分别到县绿化办、学习杨善洲精神行动队、县委党建工作督导办、土地收储工作队工作，确保改任非领导职务干部工作有平台、有目标、有任务。

【公务员管理信息系统建设】 加强公务员日常管理工作的信息化、科学化、规范化水平，全年完成1333名公务员管理信息系统建设工作。

【“创先争优”活动】 （1）分类开展“创先争优”活动。以富有特色的争创主题和党建品牌引领基层党组织和广大党员“创先争优”当先锋，在农村开展争做“新农村建设先锋”，在社区开展争做“文明和谐先锋”，在机关和窗口行业开展争做“文明高效服务先锋”，在事业单位开展争做“敬业奉献先锋”，在非公有制经济组织、社会组织开展争做“创业先锋”。（2）深入开展党群共建“创先争优”活动。充分发挥工青妇组织作用，开展社会主义劳动竞赛“青春彩云南”系列活动，创建“工人先锋号”、“青年文明号”，开展双学双比等活动。在全县各乡镇、村、机关、学校、事业单位、医疗卫生机构和非公有制企业中广泛开展党群共建“创先争优”活动。（3）深入开展“为民服务创先争优”活动。在窗口单位和服务行业全面推行“四亮四创四评”主题实践活动，全县923个基层党组织、9766名党员作出公开承诺。成立了县政务服务局，在全州率先建成1个县政务服务中心、8个乡镇为民服务中心和80个村（居）委会为民服务站，实现了县乡村三级政务服务体系同步建设、同步运行的目标。（4）宣传氛围浓厚。强化舆论宣传和社会宣传，在国家级媒体刊播信息87条，省级媒体刊播66条，州级媒体刊播319条；印发《简报》43期63条，县级网络媒体刊登信息1172条，《南涧通讯》刊登76条，南涧电视台播出148条，向流动党员发送手机短信850多条。

【向杨善洲学习活动】 （1）领导干部带头学习。县委书记主持召开领导干部大会和县委理论学习中心组专题学习会议，对学习杨善洲先进事迹提出要求。各级党组织开展“学习杨善洲”专题学习生活会，全县开展集中学习953场（次），举办各类座谈会324场（次），召开专题组织生活会316场（次）。（2）创新学习载体。县委主要领导结合做好新形势下群众工作，带头深入联系点和分管部门开展调查研究。全县各级党组织把学习杨善洲先进事迹与“创先争优”公开承诺、结对帮扶困难群众、领导点评等工作结合起来，把向杨善洲学习活动转化为实际行动，转化为为群众办实事、办好事的实践。（3）紧密联系实际。成立“学习杨善洲精神行动队”，以创建“绿色家园”为抓手，扎实推进“绿色走廊”、“百棵大树进县城”、“万棵树苗进农家”工程建设，积极组织开展“全民义务植树活动”、“植纪念树，造纪念林”活动，全县各级各部门栽植纪念树18.47万株，接收“杨善洲纪念林”捐款14万余元。

积极参加全县植纪念树、造纪念林活动（县委组织部供稿）

【开展纪念建党90周年系列活动】 召开中国共产党成立90周年纪念表彰大会，对在“创先争优”活动中涌现出来的18个“‘五好’先进基层党组织”和40名“‘五带头’优秀共产党员”进行表彰。广泛开展“党在我心中”党史知识竞赛，党史知识进校园、进机关、进企业、进社区活动。积极开展向全国优秀法官龙进品学习活动，全县掀起学先进、赶先进、超先进热潮。开展节日慰问和走访慰问活动，向全县2677名老党员、老干部寄发了《中共中央组织部致全国老干部、老党员〈慰问信〉》，向全县9493名共产党员寄发省委和县委的《慰问信》，给困难党员发放慰问金5.6万元。在县城开展“千名共产党员重温入党誓词”活动，各乡镇、村也结合实际认真组织开展重温入党誓词活动。举办“红歌颂党”歌咏比赛，全县有36个部门组建20支参赛队参加比赛。在全县党员干部中开展征文活动，举办了庆祝中国共产党建党90周年美术书法摄影展，充分展示和谐南涧建设的辉煌业绩。组织“创先争优在彝乡”主题演讲比赛，全面展现在中国共产党的坚强领导下，全县经济社会发展取得的巨大成绩。在《南涧通讯》、南涧电视台、南涧跳菜宣传网、县人民政府门户网站等宣传媒体开设专题专栏，开展系列宣传活动。各乡（镇）、各部门以纪念中国共产党成立90周年为主题，开展丰富多彩、生动活泼的纪念活动，为中国共产党的90华诞献礼。

【进一步推进各领域基层党组织建设】　深入推进基层党建工作示范点创建活动，打造党建“品牌”，分行业、分领域确定了23个基层党建工作示范点。把党建工作作为年度考核的重要内容，研究制定了《南涧县基层党建工作督导制度》，成立县委党建工作督导办公室，从县级机关抽调了8名政治素质好、工作务实、党建工作经验丰富的党员干部担任党建工作督导员，负责对各基层党组织抓党建工作进行检查、督促、指导和评估。以“创先争优”活动为抓手，进一步推进机关党的工作科学化、民主化、制度化建设。继续深入开展“同抓共促共建”活动，切实抓好机关、企事业单位党组织结对帮扶农村基层党组织工作。认真抓好村级组织活动场所的规范管理和综合使用，在村组建立了134个党员活动室。优化党员干部现代远程教育站点建设，全县建成电信模式终端接收站点64个，卫星模式站点25个，实现党员干部现代远程教育网络全覆盖的目标。加大党员教育专题片制作力度，以建设生态农业示范县、发挥村级组织活动场所作用、弘扬优秀老共产党员先进事迹等为载体，制作党员教育专题片6部。认真执行大学生“村官”日常管理办法，结合乡镇党委换届工作，选拔了4名符合条件的优秀大学生“村官”任乡镇党委委员，按省、州要求将大学生“村官”的生活补助从每月1000元提高到1500元。切实抓好村（社区）干部日常管理，着力解决“干好与干坏、干多与干少一个样”的问题，认真抓好“一定三有”政策落实，为全县村（社区）“两委”干部办理养老保险。大幅度提高村干部待遇，村党总支书记、村委会主任从每月的700元提高到1200元，村党总支副书记、村委会副主任和文书从每月的650元提高到1000元，村农科员从每月的470元、计生员和护林员从每月的500元均提高到750元，村党支部书记和村民小组长的岗位补贴也适当提高。加强对基层干部的思想教育和作风整顿，认真组织开展1次调查研究，进行1次民情恳谈，举行1次向杨善洲专题学习讨论会，召开1次专题组织生活会，激发基层干部提高思想素质、转变工作作风的内在动力。全县8个乡镇开展调查研究343次，进行民情恳谈335次，举行向杨善洲学习讨论会243次，召开专题组织生活会235场。加强党员队伍建设，全年发展党员474名，培训党员1.19万人（次）。积极开展党员公开承诺、设岗定责、评星挂牌、结对帮扶、志愿服务以及党员责任区、党员先锋岗、党员示范窗口等活动。严格党内组织生活，坚持和完善“三会一课”制度。认真受理“12371”党员咨询服务电话。筹集慰问资金20.15万元，认真开展春节慰问困难党员、老党员工作。研究制定了《南涧县关于加强农民专业合作组织党建工作的实施意见（试行）》，进一步加强非公有制经济组织和社会组织的党建工作，全县建立4个农民专业合作组织党组织和2个非公有制经济组织党组织。大力发展村集体经济，全县80个村（居）委会中有集体经济收入的31个，年可支配收入1万元以上的有5个。

【加大党建工作宣传力度】　围绕“群众希望了解的”和“需要群众了解的”这两个重点，充分利用报刊、电视、网络等媒体，及时宣传报道组织工作的重大部署、重点任务，推介组织工作中涌现出来的亮点和先进典型，介绍组织工作政策措施，正确把握宣传方向，通过舆论引导形成全社会关注、支持、监督组织工作的良好局面。全面推广应用“党建网站集群”模块，及时收集、发布、上报各类党建信息充实网站栏目内容，充分发挥基层网络党建平台在党员教育、管理和服务中的重要作用。

【积极推进党内民主】　认真履行县委党代表联络办公室的职能职责，加强与党代表的联系，适时组织党代表开展调研、组织活动，强化党代表服务基层、服务群众、服务全县工作大局的意识，进一步提高党代表行使权利和履行义务的能力。年内，邀请了12名县党代表列席县委常委会，进一步加大县委权力公开透明运行工作力度。坚持“群众关注什么、就公开什么”的原则，规范公开程序，落实广大党员和人民群众的知情权、参与权，把党务公开和政务公开、厂务公开、村务公开有机结合起来，进一步增强党组织工作的透明度。

【干部监督工作】　（1）强化干部选拔任用工作法规的学习宣传。紧紧围绕“学习贯彻四项监督制度，提高选人用人公信度”这一主题，不断加大《干部选拔任用工作条例》、四项监督制度等法律法规的学习宣传力度，提高干部选拔任用工作水平，确保选人用人环境风清气正。(2) 严肃干部人事纪律。把加强教育、严格监督、严明纪律贯穿干部选拔任用工作的始终。开通了网络举报系统，构建了电话、网络、信访“三位一体”的干部选拔任用举报监督体系，不断畅通干部群众反映问题的渠道。(3) 从严管理领导干部。抓好干部选拔任用工作全过程的监督，坚持和完善干部谈话制度、领导干部有关事项报告制度、干部任前公示制、干部选拔任用工作全程记实制度、述职述廉制度、诫勉谈话和函询制度，拟任职人选书面征求纪检、公安、检院等部门的意见。对拟任干部进行任前组织谈话、任前廉政知识考试，对3名科级领导开展任期经济责任审计，对23名科级领导干部办理了离任经济责任交接手续。(4) 认真做好来信来访工作。坚持政策标准，热情接待来访人员，切实为来信来访者解决问题，全年办理来信来访26件（次），做到办理有依据、件件有答复。

【人才工作】 制定《南涧彝族自治县中长期人才发展规划（2011～2020年）》，盘活用好人才资源。全年招录公务员52名，招聘专业技术人员118名，选聘大学生“村官”21名；积极争取上级支持，省级下派了1名领导干部任挂职副县长；认真开展云南省首批专家服务团工作，为专家服务团服务地方、服务基层营造良好环境；结合部门工作实际，年内选派了16名干部到省、州部门跟班学习；制定出台《南涧县“彝乡人才”评选和激励暂行办法》，每两年一届，评选10名“彝乡人才”，由县委、县人民政府予以命名，授予荣誉称号并奖励，对其申报的项目给予政策支持。

【老干部工作】 成立老干部工作领导组，强化组织领导，专题研究部署老干部工作。将老干部工作经费列入县级财政预算，大幅度提高退休干部公用经费标准。坚持县级领导干部联系老干部制度，调整充实了县处级领导干部联系老干部工作。进一步加强离退休干部党支部建设和思想政治建设，落实好离退休干部的政治、生活待遇，改进离退休干部服务管理工作。组织全县离休干部、实职副科以上退休干部和事业单位副高职退休干部162人进行免费体检活动，组织54名离退休干部到临沧参观考察。扎实抓好南街社区、公郎村委会“四就近”试点工作。

【自身建设】 按照建设“模范部门”和打造“过硬队伍”的要求，切实加强组织部门自身建设。带头开展“四群”教育和“创先争优”活动，进一步推进“讲党性、重品行、作表率”活动和组工干部下基层活动，积极组织开展向先进典型学习活动，弘扬政治坚定、公道正派、廉洁勤奋、求实创新的组织工作优良传统，不断增强组工干部的大局意识、宗旨意识和责任意识，树立坚持原则、公道正派的良好形象；将党风廉政建设和反腐败工作各项任务纳入组织工作大局统筹安排，切实加强领导，落实责任，不断完善规章制度，全面推进党风廉政建设和反腐败工作；坚持从严治部，从严律己，从严带队伍，落实“六要”要求，增强“六个意识”，严格执行“十严禁”纪律要求，注重部机关作风建设，从严考勤、考廉、考学、考绩；加强推进组工文化建设，积极营造团结和谐、健康向上的工作氛围。

（张本才）

·宣　传·

【概　述】 2011年，全县宣传思想文化工作在县委的正确领导下，认真贯彻党的十七大和十七届五中、六中全会精神，落实各级宣传思想文化工作会议和县委九届六次全会、第十次党代会精神，高举旗帜、围绕大局、服务人民、改革创新，为实现“十二五”各项奋斗目标、努力建设“微笑南涧、诚信南涧、创新南涧、活力南涧、森林南涧、和谐南涧”营造良好的舆论氛围和内外环境。

【中心组学习丰富多样】 (1) 结合建党90周年，到祥云县学习普发兴先进事迹，瞻仰王德三、王复生烈士故居，并实地考察学习祥云县城建设。(2) 专题学习了杨善洲先进事迹，专题学习研究“绿色家园”建设工作，统一思想，形成共识，为森林南涧和绿色家园建设工作提供思想基础和行动指南。(3) 组织了“胡总书记建党90周年讲话”和“创新社会管理”、“贯彻落实十七届六中全会精神暨文化建设工作”等专题的讨论学习，对全县工作大局起到指导作用。

【党庆教育效果明显】 (1) 以建党90周年为契机，与县党史办联合开展“党在我心中”党史知识竞赛进校园、进机关、进企业、进社区、进农村活动，宣传党的光荣传统和奋斗史，全面掀起学习党史知识热潮。（2）通过建党90周年系列教育活动，增强了党员的责任意识，让广大党员干部自觉在全县经济社会发展中立楷模、当先锋、作表率。（3）加大党员典型的宣传力度，用龙进品、李正林、杨元臣、徐珍、李大兰等优秀共产党员的先进事迹激励教育广大干部群众。

【理论研讨扎实开展】（1）编印2010年“转变经济发展方式”理论研讨文集500册。（2）与县委统战部联合发起“与党同行”统战理论研讨征文活动。（3）组织开展主题为“创新社会管理 凝聚发展力量”的2011年度理论研讨活动，收到理论研讨征文216篇。（4）乡镇和部门结合各自实际，组织开展“纪念建党90周年征文”等理论研讨活动。

【实践活动营造氛围】（1）全县深入开展“创先争优”活动，各领域党组织不断涌现履职尽责、共产党员立足本职岗位争创一流业绩的典型事迹得到不断宣传。（2）开展龙进品先进事迹学习活动，龙进品先进事迹报告团深入全县8个乡镇进行巡回报告，掀起以龙进品为榜样的学先进、赶先进、超先进热潮。（3）“四群”教育工作全面启动，全县在职干部职工深入基层、挂村联户，按照每一名干部职工均联系基层群众、每一户群众都有干部职工联系的全覆盖工作思路扎实推进。

【学习活动卓有成效】（1）各级各部门中心组学习制度、党员干部学习制度、建立考核评比制度等学习长效机制不断完善。（2）各级各部门深入推动建设学习型党组织、建设学习型社会工作，结合单位实际开展形式多样的读书学习活动，促进干部职工素质提高，形成了推动工作的重大动力。（3）县委宣传部党支部和拥翠乡党委被州委宣传部确定为全州学习型党组织建设示范点。（4）5月，在全州学习型党组织工作会议上，南涧县作了《落实五个要求、抓好五项工作》的工作经验交流。

【大外宣格局稳步推进】 年初制定下发了《南涧县2010年工作总结和2011年工作要点》，明确了十二项主要外宣工作任务，制定了形势政策教育宣传、重大活动宣传策划、中心工作实效宣传三个重点内容的工作目标，并对南涧的生态农业示范县建设情况、建党90周年、纪念辛亥革命100周年的宣传报道等重点工作进行安排部署。年内，在国家、省、州级主流媒体先后刊播新闻和专题达1600多件（次）。

【内宣工作扎实有效】 成功举办通讯员培训班，全县各乡镇各部门200多人参加了省、州专家、学者授课的培训班。《南涧通讯》、南涧电视台、南涧宣传网、南涧县人民政府公众信息网等县内新闻媒体刊播南涧新闻信息6000多件（次）。

【先进典型宣传】 人民日报、新华社、光明日报、光明网、中央人民广播电台、中央广播网、中国广播网、中央电视台、中国青年报、法制日报、人民法院报等中央主流媒体记者深入南涧采访报道龙进品“勤政为民”的先进事迹，并于全国“两会”期间集中报道，有效提升了南涧对外影响力。被称为“身边的杨善洲”的优秀共产党员杨元臣的事迹在国家、省级媒体上刊播。

【民族文化宣传】 南涧跳菜“跳八仙”亮相央视《春节大庙会》，《南涧跳菜》两次在《欢乐中国行》闪亮登场，福州电视台摄制《跳菜人家》纪录片获“2010年度中国电视纪录片短片好作品”奖，并在全国30多家省级卫视展播，《香港文汇报》刊登了“南涧彝族跳菜进入艺术殿堂”专版文章。10月，南涧原生态彝族舞蹈《三道弯》在中央电视台第六届电视舞蹈大赛决赛中登场亮相。在第四届云南省青年歌手电视大奖赛中，南涧参赛节目《羞妹》组合获全省青歌赛银奖，南涧跳菜应邀参加云南民族服装服饰文化节暨中国彝族赛装节。30多名摄影师到公郎介瓦洒实地拍摄哑神舞，省内外媒体大篇幅刊登了哑神舞活动，年内出版发行了《大理哑神》一书。

【建党90周年活动宣传】 建党90周年之际，根据省、州和县委的部署，制定了《南涧县纪念中国共产党成立90周年纪念活动宣传方案》，组织县内媒体围绕“中国共产党成立90周年纪念表彰大会”、“党史宣传教育月”、“向龙进品学习”、“节日慰问和扶贫帮弱送温暖”、“重温入党誓词”、“红歌”大合唱比赛、征文书画摄影展、“创先争优”演讲比赛等活动进行主题宣传、成就宣传及典型宣传，营造了建党90周年的良好氛围。“红歌”大合唱比赛荣获省委宣传部外宣办“优秀组织奖”。

【“创先争优”活动宣传】 县内新闻媒体《南涧通讯》、南涧电视台、南涧宣传网、南涧县人民政府公众信息网开辟专栏，用鲜活的新闻素材大力宣传全县各族人民在“创先争优”活动中涌现出来的先进典型和事例，大力宣传全县各条战线科学发展、和谐发展取得的辉煌成就，掀起了各级党组织“创先争优”的高潮。大理日报、大理电视台、大理人民广播电台以及中央、省、州网站分别在重要版面和时段大量刊播了南涧县“创先争优”活动相关新闻报道，进一步树立了南涧科学发展、和谐发展的良好形象。中央官方网站、省、州媒体刊播采用稿件信息200余条。

【“走转改”活动宣传】 南涧通讯编辑部、南涧电视台在全州新闻媒体中率先开展了“走基层、转作风、改文风”和“记者走基层”活动，派出资深新闻记者深入生产工作一线和村社群众当中，贴近基层、贴近群众、贴近生活，采写了大量文风清新的新闻稿件在县内外媒体上刊播，收到较好效果。

【中心工作宣传】 围绕全县经济社会发展思路，在南涧电视台、《南涧通讯》、南涧宣传网和政府政务公开门户网站开设专栏，做好动态报道、系列报道、综合报道，制作一期电视《对话》栏目，谋划南涧本土企业发展远景，《大理日报》头版头条刊发《南涧强势推进工业经济发展》、《南涧科学谋划十二五蓝图》等专题报道，为南涧工业经济发展营造出积极健康向上的舆论氛围。围绕生态农业示范县建设、旅游文化产业、城镇化建设等重点建设，拍摄和采写了大批新闻稿件在各级媒体上刊播，促进了县内重点建设工程的顺利推进。中央电视台、人民日报海外版等主流媒体刊播了关于生态农业示范县建设和无量药谷建设的相关文章，加大了南涧县的产业宣传力度。

【处置“8·08”案件宣传】 8月8日，南涧镇安定村委会总府庄村200多名群众集体到县人民政府上访，部分上访群众情绪过激。县委宣传部积极和政法委、组织部等部门协调配合，主动参与整个案件的处置工作，积极做好新闻媒体应对。《南涧通讯》、南涧电视台等县内新闻媒体做好宣传报道工作，加大宣传报道力度，正确引导社会舆论，为工作顺利推进营造了良好的氛围和环境，突发公共新闻事件新闻媒体应对工作得到了州委宣传部的肯定和好评。

【社会主义核心价值体系和未成年人思想道德建设】 （1）推荐上报了助人为乐模范杨元臣、见义勇为模范左兴保、诚实守信模范罗婷章、敬业奉献模范龙进品、孝老爱亲模范张发奎参加第三届云南省道德模范评选。（2）中央、省、州、县相继召开“讲文明树新风”志愿者服务活动视讯会议，扎实开展倡导文明风尚、提升社会服务、维护公共环境秩序等志愿者服务活动，大力普及志愿理念、弘扬志愿精神。（3）全县小学、初中、高中学校开展“我为母校添绿色，我与小树共成长”主题活动，每年集中安排2次栽植活动，借助学生入学、入队、入团、儿童节、植树节等纪念日，在校园内或学校周围的荒坡栽花植树，增强学生爱家乡、爱学校、爱劳动、爱环境的意识，打造绿色校园。（4）全县少先队组织开展交通安全教育进课堂，通过主题班会并聘请当地交警或民警担任校外辅导员，用“听、记、看、读、写”的方法，加深中小学生对交通法律法规的认识，实现“走路规范、骑车规范、乘车规范”。全县中小学校在9月1日开学第一天开展了同上理想道德教育一堂课活动，3.21万名师生及家长同受教育。

【精神文明创建活动】 （1）印发《南涧县2011年精神文明建设工作考核办法》，从精神文明建设工作、未成年人思想道德建设、群众文化活动、文明村镇建设、法制宣传教育和活动场所建设等方面，对群众性精神文明建设进行量化考核。（2）开展公共场所控烟倡议活动，在全县各机关、企事业单位、广大人民群众中发放控烟倡议书4000份，倡议机关工作者、教师、医务人员率先垂范不吸烟，努力实现全县公共场所全面禁烟的目标。（3）根据《南涧县关于移风易俗节俭办事的规定》，印发2000份倡议书给各单位和个体经营户，倡议全县广大干部职工节俭办事、文明办客。

【文明单位创建】 （1）做好第十二批县级文明单位（村）、第三批县级文明行业申报评选工作。全年申报县级文明单位94家，申报县级文明村16家，申报县级文明行业1家，申报县级文明小城镇3家，申报县级文明社区1家。做好第十二批省级文明单位、第五批省级文明村、第二批省级文明小城镇、第十一批州级文明单位（村）、第二批州级文明小城镇、第二批州级文明社区复查工作。（2）协助州文明办组织推荐华能澜沧江水电有限公司小湾电厂为第三批全国文明单位，6月10日，省、州全国文明单位考评组一行15人，到小湾华能澜沧江水电有限公司小湾电厂进行考评。（3）学习宣传公民文明礼仪知识，为全县干部职工发放《大理公民简明文明礼仪知识手册》5761册。

【文明南涧建设示范工程和文明县城创建工作】（1）开展爱国卫生运动，组织专项行动20场（次）、出动工作人员350余人（次），清理非法小广告和乱贴乱画“牛皮癣”近3万多条，在公园设置2块公众信息粘贴栏。（2）开展“文明南涧建设，从我做起，从保护芒果树做起”主题实践活动，发放1.8万份《黄澄澄的芒果挂满枝头，南涧人将赢得比金子还珍贵的诚信——致南涧县城居民的一封公开信》。（3）开展“植纪念树造纪念林”志愿服务活动，87家单位和8个乡镇共栽植巾帼林、青年林、成长林、长寿林、八一林、姻缘林、职工林、烟草林、气象林等各种纪念树1.5万多棵。开展“万棵树苗入农家”活动，栽植各种树苗2.38万株。制定“绿色家园行动计划”，各乡镇各部门植树任务逐步分解落实。（4）围绕“彝族文化生态园林山城”这一目标，对县城小军庄平交路口进行绿化美化，投资200万建成了跳菜雕塑广场。（5）开展“门前三包”工作，县城设置垃圾箱2000个。（6）巩固好文明南涧建设十大示范工程建设成果，抓好“微笑南涧”建设、“文明窗口行业”创建以及单位“亮化、绿化、美化”。

【文化管理机构改革】　原文化体育局、广播电视事业局、旅游事业局行政管理职责整合成立南涧彝族自治县文化体育广播电视旅游局，负责全县文化、体育、新闻出版、著作权管理、广播电影电视、旅游方面相关法律法规政策的贯彻执行、规划计划组织实施、行政许可、行业监管等工作。年内机构改革工作全面完成，职能职责明确，各项工作运转良好。

【文化基础设施建设】　投资40多万元的宝华镇综合文化站已建设完成，无量山镇综合文化站年内建设完工，80个行政村农家文化大院全部建成，实现了全覆盖。投资近200万元，实施偃月公园整体升级改造工程，投资200多万元，完成南涧跳菜广场主体雕塑工程建设，投资120万元的南涧县级重点文物保护单位毓秀书院古建筑群修缮工作如期竣工，预计投资2亿元的南涧古街区保护项目顺利启动。投资1800多万元，建设3.7千米的县城涧河宋词休闲长廊。

【文化事业和文化产业】　南涧诗社举行换届选举，举办诗歌朗诵会、社员作品展，并编印了《南涧诗社会员作品选》，开通了诗社博客。县文联完成筹建工作，于12月正式批准成立，完成了县文联会员申请入会登记工作，搭建了组成县文联的7个协会框架，县第一次文代会完成了前期准备工作。积极争取成立县文产办，年内启动实施白云寺景点建设、虎街茶马古道修复、南涧古街区保护开发、西山跳菜村建设等一批重大文产项目，各个重大工程正扎实推进。

【文化创作和文化演出】　组织社区文艺演出、大型群众文化活动、下乡演出等51场，观众9.65万人（次）；图书馆共流通图书5.8万册（次），接待读者4.2万人（次）。春节期间，在跳菜广场举办“过新年广场歌曲大家唱”活动；利用接待表演、唱礼仪接待歌曲等多种形式开展实地跳菜24场，接待人数6400多人（次）；参加中央电视台春节期间特别节目《春节大庙会》节目录制，为纪念中国共产党成立90周年，举办“我心向党”大型歌咏比赛。器乐合奏《无量山之音》获铜奖，舞蹈《三道弯》获大理三月街民族节民族民间文艺大赛银奖和优秀编导奖，代表云南省赴中央电视台参加电视歌舞大赛。举办“南涧县庆祝中国共产党建党90周年美术书画摄影作品展”，国庆期间举办吕宗祥、杨嘉泽书画展。开展州、县“文化到基层”活动，各类群众演出活动近500场（次），受益群众近22万人（次）。

【跳菜艺术团体制改革】　推动以跳菜艺术为主的民族民间文化事业和文化产业繁荣发展，做大做强“南涧跳菜”文化品牌，结合跳菜艺术团实际，在保持艺术团国家事业单位性质不变，当年有在职人员事业编制身份不变，人员工资和公务经费由财政全额拨款不变，在职人员调动、退休等均按国家事业单位政策执行不变的前提下，深化南涧跳菜艺术团体制创新，强化内部管理机制，引入市场管理模式，主动参与市场竞争，获取民间艺术商品化的经济效益，促进南涧跳菜艺术的健康发展。

【特色民族文化工作】　依托深厚的民族文化底蕴，丰富的传统文化资源，在改革中推进特色民族文化强县建设，充分发挥南涧跳菜艺术团在民族强县建设中龙头作用，用产业化的理念经营“南涧跳菜”品牌。办好跳菜艺术班，开展特色民族文化进机关、进校园、进村寨活动，广泛普及《打歌》、《跳菜》、《彝族健身操》等优秀传统歌舞，办好小湾东镇密马郎跳菜培训中心，着力打造西山农家乐跳菜村，促进城市和农村“跳菜”礼仪服务业持续、健康、快速发展，全县已有10多支农民跳菜礼仪队为农村婚礼庆典提供跳菜礼仪服务。积极申报争取文化产业项目，计划投资25万元的宝华小学乡村少年宫项目已启动实施，西山跳菜村扶持项目进入全省文化产业项目规划。

【文化市场管理工作】 清查出版物市场，出动执法人员25人（次）、车辆6辆（次），检查经营户36户（次），查缴盗版音像制品158盘，收缴盗版图书15册，查处违规文化经营户4户，其中责令限期整改4户，依法取缔无证照经营游商地摊1户。开展学校周边安全工作专项整治行动，出动执法人员15人（次），检查音像市场等出版物经营场所20余家，收缴违法音像制品89张（盘）、“口袋本”图书等20册，取缔非法临时摊点1户。

【学习型党组织建设】 各级党委（党组）中心组完善规章制度，积极开展学习活动，围绕重大经济社会中的重大课题抓好学习。各单位深入开展“爱读书、读好书、善读书”活动，通过建立“学习日”、“辅导周”、“读书月”等形式，不断推进学习型党组织建设向纵深发展。农村（社区）和“两新”组织、县级机关及事业单位、教育系统、卫生系统等党组织深入开展建设学习型活动，全县学习型党组织、学习型社会建设取得实效。

【全民思想道德建设】 深入开展中国特色社会主义理论体系、社会主义核心价值体系和形势政策教育学习，以社会主义核心价值体系为根本，以践行社会主义荣辱观为主要内容，学习贯彻《公民道德建设实施纲要》，深入开展各类主题实践活动，把全民思想道德教育与群众性精神文明创建活动、未成年人思想道德建设、文明南涧建设示范工程、文明县城创建和塑造文明南涧、微笑南涧、诚信南涧相结合，加强思想道德建设的深度和广度。

【干部教育工作】 制定年度干部教育培训计划，开展“四个一”创建活动，提倡干部职工每周读一篇文章，每月看一本好书，每季度参加一次培训，每年写一篇理论文章。干部职工主动、积极、自觉地参加各类学习和培训。全县组织多种方式的干部学习培训，深入8个乡镇为基层干部职工宣讲龙进品先进事迹，举办环保知识培训多期，为全县领导干部举办建设美好“绿色家园”专题讲座等。

【教育质量提升】 组织学习《国家中长期教育改革和发展规划纲要（2010～2020年）》，积极开展法制教育进校园宣讲活动，人口计生暨防艾知识进校园活动，中华魂读书系列活动、龙凤杯“铸师魂·树师魂”演讲比赛，唱红歌，重温入党誓词，“三生教育”等活动。资助贫困学生615人，争取学生助学金20万元，争取校舍设备资助金85万元，争取建设九阳厨房10个。全年普通高考实考901人，上线人数875人，上线率97.11%；本科上线584人，上线率64.82%，比上年提高21.7%；一本上线40人，上线率4.44%，比上年提高1.67%。

（张应军）

·对外宣传·

【概　述】 2011年，全县对外宣传工作在县委、县人民政府的正确领导下，坚持以邓小平理论和“三个代表”重要思想为指导，全面贯彻落实科学发展观，深入学习贯彻十七大及十七届五中、六中全会精神，高举旗帜、围绕大局、服务人民、改革创新，紧紧围绕县委、县人民政府的总体工作部署和各阶段的工作重点，邀请省、州新闻媒体记者和组织县内新闻记者、业余通讯员找准载体，突出重点，采写了大量反映南涧经济社会发展的新闻作品在各级媒体上刊播，为全县经济社会发展营造了良好的舆论环境，为构建“微笑南涧、诚信南涧、创新南涧、活力南涧、森林南涧、和谐南涧”提供舆论支持。

【大外宣格局构建】 构建全方位、多层次、宽领域大外宣格局，是宣传工作一项具有全局性和战略性的系统工程。县委外宣办、县人民政府新闻办充分发挥统揽全局、协调各方的职能作用，认真策划外宣选题，积极整合外宣资源，不断拓宽外宣渠道，充分调动全县各级各部门参与和支持外宣工作的积极性，全县形成了“党委主导、全社会广泛参与、内外结合、上下联动、各尽所能、各展所长”的大宣传格局。年初，制定并下发了《南涧县2011年对外宣传工作意见》，明确了全县外宣工作的指导思想和目标任务，对全县各级各部门的外宣工作任务量化分解，落实责任；修改完善并下发了《南涧县来访记者报告及责任追究制度》，进一步规范了外来记者的采访活动，明确了全县各级各部门接受记者采访的有关规定及责任追究制度。

【生态农业示范县建设宣传】　以生态农业示范县建设为契机，充分调动各种宣传资源大力宣传南涧发展生态农业的有利条件、政策措施、发展前景等，让群众知晓生态农业示范县建设的重要意义、生态农业示范县建设规划发展的主要产业、发展生态农业给群众带来的好处等，彻底打消群众的顾虑，放手发展生态农业。重点宣传了“无量药谷”建设，在《云南日报》、《大理日报》、大理电视台等省、州主流媒体上推出一批反映南涧生态农业建设的重头稿件、大理新闻，营造良好的外部舆论环境，推动生态农业示范县建设。

【工业经济和招商引资宣传】　（1）在《中国共产党新闻网》刊登了云南南涧“创先争优”助推工业经济强劲发展的专稿。（2）在省、州媒体全方位、多视角、高密度地宣传了工业园区配套建设情况、准入政策、投资环境，为进一步扩大招商引资营造了良好的外部环境。（3）县内媒体开设专栏，《南涧通讯》宣传县内重点工业企业。

【旅游文化宣传】　充分利用南涧深厚的历史文化资源和丰富的旅游资源优势，把旅游宣传与扩大对外开放结合起来，展示南涧旅游的开放形象、服务形象；把旅游宣传与建设特色民族文化强县结合起来，提升文化在旅游中的含量，提升旅游品位，提升旅游价值。重点向外宣传推介了南涧特色民族文化、无量山、小湾电站、罗伯克万亩生态茶区生态游、凤凰山百鸟朝凤观鸟游，开展虎街茶马古道修复和白云寺进村公路加固等旅游基础设施建设。

【支柱产业宣传】　按照“突出特色，发挥优势，挖掘潜力，加大扶持，加快培植壮大优势产业，促进农业增效、农民增收、农村经济全面发展”的要求，不断加大优势产业的宣传力度。（1）强化南涧红花大金元山地烟宣传，着力打造“中国一流，世界知名”的南涧红花大金元品牌。（2）抓好中央财政现代农业发展优质肉牛项目县建设，大力发展乳肉兼用牛养殖，培育乳业发展，做强做大以肉牛为主的畜牧业产业宣传。（3）抓好以生态茶园建设、龙头企业培育、市场开拓和品牌创建为主要内容的茶叶产业宣传，提升了南涧茶叶的品位和档次，提高了对外知名度。（4）抓好以泡核桃产业为重点的林产业的对外宣传，2011年南涧县启动经济林木（果）权证抵押贷款试点工作，首开全国经济林木（果）权证抵押贷款先河。

【重点工程建设宣传】　抓住国家实施扩大内需政策的重大机遇，坚决实施项目带动、投资拉动战略，教育引导广大干部群众抓机遇、求发展，识大体、顾大局，事关全局和长远的交通建设、县城建设、农田水利、生态能源、移民安置等重大新闻素材，拍摄和采写了大批新闻稿件在各级新闻媒体上刊播，加大了重点工程建设的宣传力度，营造了全县各族人民抓机遇、求发展，识大体、顾大局的良好氛围。

【十七届六中全会和省、州、县党代会精神宣传】

《南涧通讯》、南涧电视台、南涧宣传网、南涧县政府门户网站开设专栏、专题，多层次、多角度地宣传报道全县学习贯彻十七届六中全会和省、州、县党代会精神的实际举措和成效，引导广大干部群众自觉贯彻落实党的十七届六中全会和省、州、县党代会精神。邀请州委宣讲团到南涧宣讲，组建宣讲团深入全县8个乡镇80个村（居）委会和县级相关部门开展宣讲活动。全县各级各部门还运用宣传栏、黑板报、橱窗等多种群众喜闻乐见的形式展开宣传，确保十七届六中全会及省、州、县党代会精神家喻户晓、深入人心。

【开展建党90周年系列活动】　开展多形式、多层次的系列红色主题活动，以老百姓喜闻乐见的方式宣传红色文化，展示党的丰功伟绩，庆祝建党90周年。系列活动包括举行中国共产党成立90周年纪念表彰大会，对先进基层党组织、优秀共产党员进行表彰；开展党史知识进校园、进机关、进企业、进社区、进乡村和党史知识竞赛活动，在全县掀起党史教育宣传活动热潮；开展向龙进品学习活动；开展向全县共产党员寄发一封节日慰问信和一条节日祝福短信，走访慰问老党员特别是农村困难老党员等节日慰问和帮贫帮弱送温暖活动；开展重温入党誓词活动；开展“红歌”大合唱比赛活动，在全县掀起“高唱红歌、高唱爱国主义歌曲”的热潮；开展以党建为主题的征文及书画摄影活动和“创先争优”演讲比赛；在县级媒体开辟专栏深入宣传中国共产党的光辉历程，宣传在党的领导下南涧经济社会发展的成就，及时报道各乡镇各部门丰富多彩的系列活动；组织开展一系列群众性纪念活动。

【“创先争优”活动宣传】　开展“创先争优”活动中，县内新闻媒体开设专栏、专题、制作简报，集中宣传报道开展“创先争优”活动的重要意义，宣传各乡镇、各部门、各单位“创先争优”活动进展情况、典型经验、先进人物和典型事迹，努力营造浓厚的争创氛围。邀请省、州主流媒体对全县“创先争优”活动开展情况进行适时报道，在中国共产党新闻网刊登了云南南涧“创先争优”助推经济社会跨越式发展，2011年《大理日报》头版头条刊登了南涧“创先争优”稿件6篇，有效提升了活动的吸引力和影响力。

【学习型党组织建设宣传】 紧紧围绕“学习促进观念更新、学习促进素质提升、学习促进工作创新、学习促进保障民生、学习促进科学发展”的目标，集中展开学习型党组织建设宣传，引导各级党组织和广大党员干部积极参与，形成争创学习型党组织和学习型社会的浓厚氛围。在《党的生活》、《云南日报》、《社会主义论坛》、《大理日报》等多家省、州主流媒体报道南涧学习型党组织建设的典型、经验和成效。

【跳菜艺术再上央视】 10月，南涧原生态彝族舞蹈《三道弯》在中央电视台第六届电视舞蹈大赛决赛中闪亮登场,《三道弯》由14名女演员和6名男演员完成，时长为5分钟，充分展示了南涧民族文化艺术的独特魅力。12月中旬，参加省委宣传部主办的第四届云南省青年歌手电视大奖赛，以南涧彝族文化为主题的参赛节目《羞妹》组合获全省青歌赛银奖，该成绩为历史以来大理州同类节目最好成绩。南涧跳菜参加云南民族服装服饰文化节暨中国彝族赛装节，再次把南涧跳菜的风采完美地展现给世界。

【民族文化建设】 县委、县人民政府把“文化强县”作为发展战略列入“十二五”规划中，政府在民族文化领路人上“创先争优”，投入资金100多万元，县级文物保护单位毓秀书院（古建筑）的修缮工作已顺利完成，80个村（居）委会实现“农村书屋”全覆盖、8个乡镇综合文化站相继建立。有农村跳菜艺人1000余人，其中有150多人活跃在全国一些大中城市，50多人曾在《云南映象》、《云南响声》等剧组扮演主要角色。9月13日，《香港文汇报》刊登了“南涧彝族跳菜进入艺术殿堂”专版文章，有力推动了民族文化建设。

【“哑神舞”走出大山】 3月12日（农历二月初八），县委外宣办、县人民政府新闻办精心策划“公郎镇介瓦洒村哑巴舞”原生态民族文化宣传活动，邀请了国家、省、州摄协30多名摄影师到南涧采风，组织县内新闻媒体赴实地进行采访报道，省、州主流媒体大篇幅刊登了哑神舞活动。9月，第三届大理国际影会专题展出“南涧哑神摄影展”。11月份，出版发行了《揭秘哑神》一书，进一步扩大了南涧民族文化的国际影响力。

【“走基层、转作风、改文风”活动开展】 根据中央宣传部等五部门的“走基层、转作风、改文风”活动要求，县委外宣办、县政府新闻办组织县内媒体率先在全州开展“走基层、转作风、改文风”活动，全县的新闻工作者深入基层一线采访报道，把最鲜活的新事物、新变化、新气象充分展示出来，刊播了大批广大人民群众爱读爱看爱听的新闻。

【弘扬时代精神宣传】 外宣办、新闻办积极推动先进典型人物宣传，组建宣讲团深入到8个乡镇开展“远学杨善洲、近学龙进品”宣讲活动，并在国家、省、州主流新闻媒体上成功宣传了17年如一日坚守在基层法庭一线的“云南省优秀少数民族法官”龙进品。3月，《人民日报》、中央电视台、《光明日报》、中央人民广播电台、新华网等国家高端主流媒体记者齐聚南涧，采访龙进品先进事迹，并在全国“两会”期间集中刊播。

【“十一五”成就和“十二五”展望宣传】 集中开展“辉煌十一五、展望十二五”宣传活动，县内各新闻媒体开设专栏，以专版、专题、专栏、图片、系列报道等多种形式，用客观、翔实的文字和生动的图片，全面报道南涧“十一五”期间在工业、农业、旅游和社会建设等方面取得的辉煌成就，展望“十二五”主要发展目标，彰显可喜变化，进一步凝聚人心，鼓舞士气。

【社会主义新农村建设宣传】 围绕“建设新村庄、培植新产业、培养新农民、建立新机制、塑造新形象”的新农村建设目标，推出了一大批有分量的新闻稿件在各级新闻媒体上刊播，营造了新农村建设的良好氛围。重点宣传生态农业示范县建设、虎街茶马古道修复、白云寺进村公路建设、集体林权制度改革成果、农村公益性基础设施建设以及在新农村建设过程中涌现出来的先进典型、采取的新措施、取得的新经验等，激励广大人民群众积极投身社会主义新农村建设的信心，在全县范围内掀起了新农村建设的高潮。

【媒体负面炒作应对】 针对全县“8·08”案件

（总府庄与教场坝林地权属引发纠纷），县委外宣办、县人民政府新闻办组织记者深入事发现场、深入村组，第一时间在南涧电视台、《南涧通讯》发布通稿，把案件真相告知公众，杜绝了媒体的负面炒作，树立正面形象。深入村组积极做好村民的思想工作，做到了稳人心、暖人心，以及解疑释惑的宣传工作，使可能发生的媒体危机得到最大限度的控制，做到了帮忙不添乱，促进社会和谐稳定。

【通讯员培训】　8月24～26日，邀请《云南日报》、《大理日报》、大理电视台、大理州广播电台资深编辑记者到南涧，对200多名专兼职通讯员进行业务培训，通过培训，提高了全县通讯员的业务技能和综合素质。

【互联网建设】　通过多次改版，中国跳菜·南涧宣传网以页面更加简洁流畅，素材更加丰富，形式更加贴近群众和贴近实际的特点吸引了广大网民的眼球。

【第十二个记者节庆祝活动】　11月8日，县委外宣办、政府新闻办组织举办"走进南涧二月八哑巴会摄影展"、"记者节座谈会"、"篝火晚会"等南涧县庆祝中国第12个记者系列活动，县党政领导、全县新闻工作者、意识形态部门全体干部职工140多人参加活动。全年邀请并接待了国家、省、州级主流新闻媒体记者200多人（次），借助他们的镜头和手中的笔，全方位、多视角、宽领域的宣传南涧的特色产业、民俗文化以及经济社会发展情况。县内记者、业余通讯员深入基层、深入群众、深入现场，拍摄、采写了大量有影响、有深度的新闻作品在各级媒体上刊播。全年有4160多件（次）新闻作品在国家、省、州、县主流新闻媒体上刊播，其中国家级150多件（次）、省级350多件（次）、州级1300多件（次）、县级2360多件（次）。国家、省、州级主流媒体刊播的相关南涧的新闻稿件，在数量和质量上都取得了重大突破。

（张虎　自芳）

·精神文明建设·

【概　述】　2011年，全县精神文明建设工作在县委、县人民政府的正确领导下，坚持以邓小平理论和"三个代表"重要思想为指导，深入贯彻落实科学发展观，按照高举旗帜、围绕大局、服务人民、改革创新的总要求，以社会主义核心价值体系建设为根本，以提高公民文明素质和社会文明程度为目标，以群众性创建活动为抓手，解放思想、务实创新、锐意进取，贴近实际、贴近生活、贴近群众，各项工作在改进中提高、在创新中发展，迈上了新的台阶，为"微笑南涧、诚信南涧、创新南涧、活力南涧、森林南涧、和谐南涧"建设提供思想保证、精神动力、舆论支持和文化条件。

【干部理论教育】　年内，县委理论学习中心组组织5次6个专题学习，多次聘请省、州专家、学者到南涧授课，组织宣讲团到各乡镇、各机关宣讲党的路线、方针、政策和先进事迹，把社会主义核心价值体系建设融入到群众性精神文明创建活动、未成年人思想道德建设、文明南涧建设示范工程、文明县城创建和塑造文明南涧、微笑南涧、诚信南涧的各项工作之中。

【建党90周年庆祝活动】　召开中国共产党成立90周年纪念表彰大会，对在"创先争优"活动中涌现出来的18个"五好"先进基层党组织和40名优秀共产党员进行表彰。开展"党在我心中"党史知识竞赛进校园、进机关、进企业、进社区、进农村活动。开展节日慰问和扶贫帮弱送温暖、千名党员重温入党誓词、征文书画摄影展、3万名师生同上理想道德教育课、"红歌"比赛等活动，"红歌"大合唱比赛被省委外宣办授予"优秀组织奖"。组建龙进品先进事迹报告团到8个乡镇进行巡回报告。

【道德模范慰问】　做好云南省道德模范推荐上报和春节慰问道德模范工作。根据评选表彰第三届云南省道德模范的通知，走访了县妇联、县总工会、县政法委、团县委和南涧通讯编辑部征求意见，推荐上报助人为乐模范杨云臣、见义勇为模范左兴保、诚实守信模范罗婷章、敬业奉献模范龙进品、孝老爱亲模范张发奎。春节前夕，走访慰问了全国第一届诚实守信道德模范提名奖李正林和云南省首届孝老爱亲道德模范普家兰，营造向道德模范学习的氛围。

【精神文明建设】　按照社会主义新农村建设"生产发展、生活宽裕、乡风文明、村容整洁、管理民主"的总体要求，从精神文明建设工作、未成年人思想道德建设、群众文化活动、文明村镇建设、法制宣传教育和活动场所建设等方面，对群众性精神文明建设工作进行督促检查，着力推动全县精神文明建设迈上新台阶。

【群众性文化活动】 组织社区文艺演出、大型群众文化活动、下乡演出等58场（次），观众达29.65万人（次）。参加中央电视台春节期间《春节大庙会》节目录制。组织2场“大家乐”群众文艺、正月初九龙灯会汇演。参加大理“三月街民族节”系列文艺演出，其中舞蹈《三道弯》获文艺大赛银奖和优秀编导奖，并参加了中央电视台第六届电视舞蹈大赛群文群舞类决赛，荣获十佳节目奖，器乐合奏《无量山之音》获铜奖。举办“火把节民族团结周”文艺专场演出，组织洞经演奏、山歌对唱和篝火晚会。举办“南涧县庆祝中国共产党建党90周年美术书画摄影作品展”。国庆期间举办吕宗祥、杨嘉泽书画展。67幅青少年美术作品参加云南省第二届青少年书画大赛，取得好成绩。

【文明礼仪知识宣传教育】 向全县在职干部职工发放《大理公民简明文明礼仪知识手册》5761册，做到每个干部职工人手一册，给全县各中小学赠送300册，开展学生文明礼仪的宣传教育。通过组织开展文明单位、服务窗口等的文明礼仪知识学习竞赛活动，广大干部职工和公民的文明素质有较大提高。

【公共场所控烟和文明办客倡议】 在全县各机关、企事业单位、广大人民群众中发放《公共场所控烟倡议书》4000份，倡议机关工作者、教师、医务人员率先垂范不吸烟，通过宣传动员工作，实现大小会议场所、部分公共场所不吸烟。结合《南涧县关于移风易俗节俭办事的规定》，文明办印发了2000份“移风易俗、客事新办”倡议书，倡议全县广大干部职工崇尚中华礼仪，提倡移风易俗，节俭办事，倡导文明办客，全县呈现出一个良好的文明氛围。

【讲文明讲礼仪保护青芒果教育活动】 开展“人民城市人民护、护好城市为人民”的宣传教育活动和“文明南涧建设，从我做起，从保护芒果树做起”主题实践活动。年内，对县城振兴路沿线两侧的585株芒果树私采滥摘芒果不文明行为进行整治，发出1.7万份《黄澄澄的芒果挂满枝头，南涧人将赢得比金子还珍贵的诚信》致南涧县城居民的一封公开信。开展“讲文明、讲礼仪、保护青芒果”活动进校园、进课堂，杜绝了私采滥摘行为。

【村容村貌整治】 结合新农村建设，不断强化群众的环境保护意识，加大农村的文明建设力度，依托妇联、共青团等积极开展文明和谐家庭、文明和谐村组的精神文明创建活动，组建农村妇女村容整洁护卫队12支，发放队服470套，实现了公共卫生大家扫，定期对公路沿线和村庄主干道进行集中清扫。通过广泛开展创建文明生态村活动，广大农村村容村貌有较大改观，人居环境更加舒适，促进人与自然和谐发展。

【文明单位创建】 开展第十二批县级文明单位（村）、第三批县级文明行业、第二批县级文明小城镇、第二批县级文明社区的申报评选工作。全年命名表彰文明单位88个、文明村20个、文明行业1个、文明小城镇4个、文明社区1个。完成复查省级文明单位12个、省级文明村3个、省级文明小城镇1个和州级文明单位29个、州级文明村6个，州级文明小城镇3个、州级文明社区1个。

【第三批全国文明单位命名表彰】 按照中央文明办《关于做好第三批全国文明城市、文明村镇、文明单位等推荐工作的通知》和2011年省文明委的安排，推荐华能澜沧江水电有限公司小湾电厂、南涧县检察院、南涧县国税局、南涧县公安局交通警察大队4个单位申报第三批全国文明单位。通过考核评选，华能澜沧江水电有限公司小湾电厂被命名表彰为第三批全国文明单位。

【绿化美化亮化及文明服务】 抓好办公区域、城市街道的绿化、美化、亮化工作和文明行为。开展园林单位、园林小区、诚信示范街创建活动。持续开展“创文明窗口、树南涧形象”、“微笑服务、温馨他人、奉献社会”为主题的实践活动。加大宾馆酒店从业人员的文明礼仪知识培训教育和实践力度，推广文明规范用语和微笑服务，加强机关干部职业道德教育，提高自身的文明意识、自律意识和主人翁责任意识，激发干事创业的激情，坚决破除门难进、脸难看、事难办等不文明行为，推行一张笑脸、一声问候、一把椅子、一杯热茶服务。

【未成年人思想道德建设】 认真抓好《关于进一步加强和改进未成年人思想道德建设的若干意见》的贯彻落实。开展中小学生“远离不良文化，革除不良行为”教育活动。开展“唱红歌、读好书”、“爱祖国、爱家乡”和遵纪守法活动。加强和改进农村未成年人活动场所建设。

【优秀童谣传唱】 为推动优秀童谣传唱，增强广大未成年人爱党爱国情感，丰富未成年人的精神文化生活，学唱优秀童谣，县文明办向南涧机关幼儿园、南涧新星幼儿园等23所幼儿园赠送《中华是我家2009年全国优秀童谣评选获奖作品集》和《中华是我家2011年第二届全国优秀童谣评选获奖作品集》72册。

【绿色校园建设】 开展“我为母校添绿色 我与小树共成长”主题教育实践活动。以培养学生的实践能力，全面推进“森林南涧”建设，年内，借助学生入学、入队、入团、儿童节、植树节纪念日，在校园内和学校周围栽植纪念树3300多棵，增强学生爱家乡、爱学校、爱劳动、爱环境和护绿爱绿意识，建设绿色校园。

【文明小交警教育活动】 开展“文明小交警”主题教育实践活动。聘请当地交警担任校外辅导员，深入校园、走进课堂给学生讲授交通安全课，加深中小学生对交通法律法规的认识，提高自我防护能力，增强遵章守纪的自觉性。

【电影下乡活动】 组织农村电影放映队，在全县8个乡镇开展“百场电影下农村，安全知识进万家”活动，播放电影186场（次），增强了广大群众和儿童崇尚文明、崇尚礼仪、遵守道德的意识。

【西部开发助学工程】 做好“西部开发助学工程”和“宏志班”推荐工作。根据《关于做好2011年“西部开发助学工程”有关工作的通知》要求，县文明办严格程序、精心选拔，推荐王树美同学为“西部开发助学工程”大学生受助对象，在云南师范大学哲学与政法学院法学专业就读的4年间资助学费2万元。一次性资助考取中国海洋大学的陈国文同学，资助金额5000元。熊文军、张学东、芮荣祥、刘国凤、李明军、徐杉檬、赵春艳、饶杰钢、周兰、周紫慰10名优秀中考家庭贫困生推荐到大理州民族中学“宏志班”就读，3年中，每生每月补助生活费300元，每生每年免交1200元学费。从而为学习成绩好、家庭困难的学生解决了实际困难。

【绿色电脑进西部项目】 积极争取，把“绿色电脑进西部”项目的50台绿色电脑分配到南涧镇安定小学、拥翠小学和部分乡镇文化站。价值4000多元的2套音响器材分别赠送给宝华镇宝华小学和南涧镇白云小学。

【乡村学校少年宫项目】 实施“乡村学校少年宫”项目。县文明办争取到了25万元的乡村学校少年宫建设项目和县人民政府10万元的资金补助，在宝华小学实施乡村学校少年宫，实现了首个“乡村学校少年宫”项目在南涧县中小学落成。

【乡镇文化站建设】 建成拥翠乡、无量山镇文化信息共享基层站点建设，配备电脑14台。部分乡镇文化站及文艺队配发总价值8万元的音响器材6套。建成43个行政村农家书屋建设，配送价值100余万元的图书及设备，即配发图书6.55万册，期刊1.64万册，音像制品4343册，书架及阅览桌43套，座椅344把，实现80个村（居）委会农家书屋全覆盖。

【“绿色走廊”建设】 继续实施“绿色走廊”建设工程。全县105个“绿色走廊”责任单位对责任路段苗木加大管护力度，及时进行补植补造。在南涧县与景东、云县、凤庆、弥渡、巍山等邻县交界路段入境公路两旁大量栽植景观树、设置绿化带，美化环境。实施百棵大树进县城工程，栽植大树125棵。在县城周边4个村委会实施“万棵树苗入农家”工程，栽植2.38万株各种树苗。

【栽植纪念树活动】 印发了《南涧县“绿色家园”行动计划·栽植纪念树的实施意见》，安排布置全县各级各部门每年栽植纪念树任务。年内，县妇联、团县委、县教育局、县老干局、县人武部等87家单位和8个乡镇共栽植巾帼林、青年林、成长林、长寿林、八一林、姻缘林、职工林、烟草林、气象林等各种纪念树1.5万多株。

【学生沐浴工程及爱国主义、法制教育进校园工程】 南涧一中、二中、拥翠中学、宝华小学等21所中小学校先后建成师生沐浴室。全县中小学校结合每周升、降国旗仪式，结合地方课、三生教育课、思想政治课、学科教学活动、班团队活动进行爱国主义教育。9月1日，县、乡党政领导和法制副校长在全县各学校给3万余名中小学生和部分学生家长上了一堂以“幸福”为主题的道德教育课，推动全县德育教育进程。抓实依法治校示范校建设，开展法制教育讲座40场（次），南涧三中、四中、县示范小学、拥翠小学、拥政小学被授予州级“依法治校示范校”荣誉称号。

【“城市牛皮癣”清除、文明养犬、公厕达标工程】 对非法小广告、乱贴乱画“城市牛皮癣”进行时时清除，建立长效管理机制。开展“门前三包”工作，县城区设置垃圾容器2000个。依据《南涧县养犬管理办法》的有关规定，对县城区的无主流浪犬进行集中整治，全年出动车辆41辆（次）、出动人员400余人（次），捕杀流浪犬270余只。投资40多万元，建成旅游公厕2座。

【新型燃料代柴工程】 全面推行柴改煤、电、气工程，家庭逐步使用节能灯、太阳能和家用电器，全县累计建成沼气池1.88万口，太阳能6142台，节能灶1.57万眼。全年建成沼气示范村2个，太阳能示范村5个。加大“禁白”工程宣传力度，全县1000多个家庭承诺从衣、食、住、用和行等生活细节做起，认真践行“家庭低碳计划”，相关职能部门深入乡集镇街场、大型购物超市广泛开展执法检查和“禁白”宣传，出动执法人员120多人（次），车辆30多辆（次），检查市场30多场（次），发放宣传资料3万多份，倡导社会低碳环保意识。

【文明交通行动计划】 投资50多万元，建成公路标志、标线16.8千米，建成县城建成区交通标线23.43千米。投资15万元，在县城8个平交路口新建交通安全宣传牌及警示灯。投资100多万元，在县城建成区4个平交路口设置标准化红绿灯。完善县城公共汽车站点、城市旅游观光车招呼点52个，建成公共停车场2个，有效制止了车辆乱停乱放、闯红灯等交通违章现象。

【出租车和乡村客运车辆颜色统一】 年内，对县城公交车12辆，电瓶车22辆，出租车20辆分别统一了外观颜色，增进了市容市貌。全县127辆乡村客运车辆车身颜色统一为上绿下黄，车头车尾喷涂红色“城乡客运”字样，车身两侧喷涂红色“跳菜之乡欢迎您”字样。县客运站强化自身服务和硬件基础设施提质改造，售票厅、候车室明亮整洁，站内的厕所实现24小时保洁，出行车辆做到安全、洁净、舒适。

【县城基础设施建设】 完成投资200多万元的偃月公园整体升级改造工程和灯光工程。投资640多万元，新建小军庄跳菜雕塑广场，彰显南涧“彝族文化生态园林山城”新形象。投资120万元，实施南涧县重点文物保护单位毓秀书院古建筑群修缮工作。投资40多万元，建成南涧网球馆。投资1800多万元，建设3.7千米的县城涧河宋词休闲长廊。投资117万元，对县城四十米街道绿化，切实改善县城人居环境。投资3795万元，建成污水处理厂及配套管网；完成振兴路、安定路、四十米大街、幸福路等道路美化和路灯改造，县城建成区面积4.75平方千米，城镇化率达29.2%，新增城市绿化面积2.7万平方米。通过改善基础设施建设，为“彝族文化生态园林山城”建设奠定了良好的基础。

【户外公益广告管理】 开展公益广告专项整治工作，组织专项整治4场（次），拆除陈旧破损广告牌30余块，处置不当大型广告牌3块，合理新增公益广告牌10块。在偃月公园设置2块公众信息粘贴专栏。结合“创先争优”活动和向杨善洲学习活动，建成两块大型户外广告牌，在昆明国际机场和大理火车站通道设置南涧旅游形象宣传广告，树立南涧新形象。

【“南涧精神”大讨论活动】 广泛开展“学习型党组织”学习活动和“大理精神”、“南涧精神”大讨论活动。县级机关、企事业单位深入开展建设学习型党组织、学习型社会活动，开展“大气明理、崇尚礼仪、诚信进取、德化和谐”的大理精神和“仁德无量、坚韧不拔、智信明达、自强不息”的南涧精神大讨论活动，营造了良好的学习氛围。

（周庆华　黄丽燕）

·统　战·

【概　述】 2011年，南涧县统战工作在县委的坚强领导下和省、州统战部门的正确指导下，以邓小平理论和“三个代表”重要思想为指导，高举中国特色社会主义伟大旗帜，深入贯彻落实科学发展观，认真学习贯彻党的十七大，十七届五中、六中全会，省九次党代会，州八次党代会，全国、全省、全州统战部长会议精神。紧紧围绕全县经济社会发展目标，牢牢把握“大团结、大联合”的主题。大力加强“社会主义、爱国主义”教育，认真履行“了解情况、掌握政策、协调关系、举荐人士”的统战职责。充分发挥“人才众多、智力密集、联系广泛”的资源优势，进一步更新观念，增强创新意识，转变服务方式，积极调整关系，促进和谐，不断开创统战工作新局面。

【纪念建党90周年活动】 （1）开展重温党的历史活动，组织党的知识学习、竞赛、重温入党誓词、唱红歌活动，调动统战干部发挥爱国主义统一战线的优势，增强了做好新形势下统战工作的自觉性和责任感。（2）开展统战理论研讨活动。宣传部、统战部联合在全县范围内开展统战理论与实践研讨活动，收集理论文章54篇，评出一等奖3篇，二等奖7篇，三等奖16篇，并择优编写入选《南涧县统战理论与实践》，在全县领导干部中印发。（3）组织统战成员认真开展“重温历史，与党同行”的主题实践教育活动。

【“创先争优”活动】　按照“强素质、抓调研、求发展、办实事”的总体要求，明确工作目标、突出工作重点、强化工作措施、完善工作机制、创新工作方法，加强党的思想组织、作风、制度建设和反腐倡廉建设，不断增强党支部的创造力、凝聚力和战斗力，充分发挥了党支部的战斗堡垒和党员的先锋模范作用。

【全州第三次统战部长联席会议】　8月8～10日，全州第三次统战部长联席会议在南涧成功召开。会议由县委书记苏发吉致辞，全州各县市就加快转变非公有制经济发展方式，促进非公有制经济转型升级作了交流，州人大党组副书记、州委统战部长杨秀星作了重要讲话。会议期间，参会人员对云南大理南涧华庆茶业有限公司、云南南涧凤凰生态茶厂、华能集团澜沧江水电站等企业进行参观考察，达到了互相学习、互相交流、共同提高、增进友谊的目的。

【统战调研和宣传信息】　新时期统一战线工作范围涉及面广、工作量大，是党的重要工作之一。统战部为了进一步巩固和壮大爱国统一战线，创新统战信息宣传工作，扩大宣传面，提高社会知晓率。全年上报统战宣传信息28条，调研文章12篇。分别被省、州媒体刊登20条8篇，其中《关于做好新时期基层统战工作的思考》荣获2011年“全省统战理论研究优秀调研成果”三等奖，南涧县委统战部2011年分别被云南省委统战部评为“全省统战理论研究和调研工作优秀组织奖”和大理州委统战部信息工作先进单位。

【民族宗教工作】　（1）认真学习贯彻落实中央第五次藏区工作会议精神，以加强民族团结为主要内容，加强统战成员单位的协调联系，继续开展民族团结宣传教育活动，大力宣传党的民族政策、法律法规和先进典型，紧紧围绕南涧县创建民族团结进步示范县的目标，加快推进民族团结进步示范乡镇、示范村的创建工作，着力改善少数民族地区的生产生活条件，加快少数民族和民族地区经济社会发展，促进各民族共同团结奋斗、共同繁荣发展。（2）积极组织部门推荐培养少数民族干部，切实加大对少数民族干部队伍的培训、培养力度，为县委选拔使用少数民族干部提供参考依据。（3）积极配合政法委、民宗局、国保大队等部门，分别到依法登记的宗教场所，进行民族宗教政策的宣传和爱国主义法制教育宣传。深入开展“和谐寺观教堂”创建活动，坚决抵御境外利用宗教进行渗透，确保宗教活动有序进行。于9月8日，圆满完成了县伊协换届工作。切实加强爱国宗教团体建设，积极主动帮助宗教团体（伊斯兰教协会）、宗教代表人士解决存在的实际困难和问题，得到了宗教代表人士的好评。年内，向省、州争取宗教场所修缮资金、宗教维稳经费等18万元。

【党外干部工作】　党外干部和党外代表人士是建设社会主义事业的一支重要力量，党外干部身居党外，地位超脱，联系面广，分布各行各业，对宣传贯彻党的方针政策和联系广大人民群众发挥着不可替代的作用。按照省、州党外干部工作要求，把培养和选拔一批党外干部和党外代表人士作为工作重点，11月5～6日，举办民族干部党外干部培训班。全年选拔8名党外干部担任领导职务，为党外干部发挥才智，建功立业创造了宽松优越的环境。建立了党外代表人士联系制度，加强对党外代表人士的沟通和联络、培养和教育，使之成为政治可靠、能力超群、品德优秀的人才队伍，为全县的经济社会发展贡献力量。积极配合组织部及相关部门，认真做好党外干部和党外代表人士的选拔推荐和政治安排工作，进一步完善机制，规范制度，不断推动统一战线工作可持续发展。

【非公有制经济工作】　（1）加强对工商联工作的指导。深入贯彻落实《中共中央国务院关于加强和改进新形势下工商联工作的意见》，指导好工商业联合会的换届工作，配齐配强班子，充分发挥工商联联系非公有制经济的桥梁和纽带作用，为非公有制经济发展提供优质服务创造良好条件。（2）认真贯彻“充分尊重、广泛联系、加强团结、热情服务、积极引导”的方针，积极引导非公有制经济人士坚持爱国、敬业、诚信、守法、贡献，自觉接受党的领导和履行社会责任。“六一”、大学新生入学、教师节等期间，南涧非公有制经济代表人士，自发筹资帮助学校和贫困学生解决实际困难。（3）深入非公有制企业，认真开展经济发展情况调研工作。分别深入到南涧飞龙钾盐、华庆茶场等非公有制企业进行调研，掌握非公有制企业发展状况，积极为企业发展服务。(4) 切实做好非公有制经济代表人士的政治安排。全年有17名非公有制经济代表人士进入了工商联执委班子，有1名非公有制经济代表人士担任了县政协委员。

【对台及海外服务工作】 (1) 为体现党和政府对台属、台胞和台资企业的关爱和关心，坚持平时走访和中秋、春节等慰问。全年走访慰问台属5户，台资企业3家，慰问资金5000多元。(2) 全面宣传党的对台方针政策，做好台胞、台属、台商的引导工作，促进两岸广泛交流，促进祖国和平统一。(3) 贯彻落实《台湾同胞投资保护法》，切实为台资企业服务。年内4次到台资企业走访，了解情况，帮助解决生产经营中的实际困难和问题。(4) 邀请台商、台属参加座谈会、茶话会，共叙情谊，共商发展大计。(5) 做好台胞返乡探亲，各项涉台事务交流往来的接待和服务工作，帮助他们解决困难，通过沟通联系和热情服务，加深感情，激发他们的爱国爱乡热情，坚定“反独促统”信心。

【扶贫挂钩工作】 (1) 积极协助挂钩村委会抓好大小春粮烟生产工作。(2) 积极帮助困难群众解决实际问题。分别为乌龟山3户农户协调人畜饮水资金1000元，为良子队等解决修路资金2000元，在助残日、“六一”节、敬老节期间，分别对30户困难户、20户困难党员、10残疾户、10名困难学生和24名高龄老人进行了看望慰问，慰问资金1.04万元。积极向有关部门协调资金，帮助协调办公设备经费、科技培训经费等资金1.2万元。

【自身建设】 (1) 按照建设学习型组织的要求，不断完善学习计划，制定学习制度，形成统战干部学理论、抓工作、促统战的良好局面。(2) 结合党风廉政建设责任制，进一步建立和完善了统战部各种管理制度和相关规定，不断建设廉洁型统战机关。(3) 抓好信息宣传，展现南涧统战良好面貌。密切与县委宣传部、文化体育广播电视旅游局、南涧通讯编辑部等部门的联系，贯彻落实做好全国、全省、全州统战部长会议精神和县委、县政府的中心和统一战线工作重点，开展宣传报道活动。(4) 抓实调查研究，树立扎实的工作作风。结合实际，统战调研在不断丰富调研内容、突出调研重点、提高调研质量、完善调研机制上下功夫，为县委、县人民政府科学决策提供了参考依据。

（杨文勋）

·政策研究·

【概　述】 2011年，南涧县委政研室在县委、县人民政府的正确领导下，认真贯彻落实党的十七大和十七届五中、六中全会精神，紧紧围绕县委、县政府的总体部署，认真履行“决策参谋、审核把关、检查督导、咨询参考”的重要职能，做好各项工作。重点是抓住关乎全县经济社会发展的重大问题和县委主要领导关注的重要问题以及群众关心的热点难点问题，深入开展调查研究，调研成果得到县委、县政府领导和有关方面的肯定和采纳，在促进科学决策中发挥作用。

【专题调研工作】 围绕县委、县政府的工作重点和工作思路，认真选择课题，扎实抓好调研，共开展调研活动200多人（次），其中参与省、州、县调研30多人（次）。完成调研报告和典型材料13篇，编发以刊载调研报告为主的《调研动态》8期。全年向《大理农村经济》推荐文稿20余篇，采用10篇，其中政研室撰写的稿件被采用6篇。形成《东涌村泡甘蔗产业发展情况调研报告》、《南涧县扶持农业龙头企业政策分析》、《南涧县旅游文化产业开发对策研究》、《建设无量药谷，打造养生圣地——无量药谷建设情况调研报告》、《南涧县烟叶生产效益情况调研报告》、《转变农村生产生活方式 促进农村生态健康发展》等专题调研报告10个，提交县委、县人民政府决策参考，报送州委政研室和州政府研究室研究参考，其中《无量药谷建设情况调研报告》被州委政研室编印成《调研内参》(第8期)，送省、州、县30多个相关部门领导参阅，由州委政研室改编为专题报告报州委、州政府主要领导和分管领导，州委分管领导批示要求州级各部门和县委、县人民政府做好对无量药谷的支持，10月10日，县委办以《学习思考》(第2期) 向全县各乡镇及各部门全文转发了《关于南涧无量药谷建设情况的调研报告》及杨健副书记的批示。

【草拟文稿工作】 起草有关重要文件、会议报告、领导讲话等文稿，是政研室参与和服务于县委决策的重要内容，也是对政研室综合服务能力和服务水平的实际检验。全年围绕国家、省、州有关政策要求，草拟和审核各类文稿20多篇，其中“2011年度经济社会发展重点工作考核办法”、“南涧县新农村建设实施意见”、“县级机关单位挂钩村委会工作制度”等文稿转化为县委、县政府或“两办”文件。完成了县领导在县委农村工作会议上的讲话、县委执政纪要（政策研究篇）、州委农村工作会议精神贯彻落实情况报告、“两大工程（中心集镇建设和扶贫开发）”建设情况报告等文稿，发挥了以文辅政的作用，提高了政研室决策服务水平。

【调研动态和新农村建设简报编发】　全年编发《调研动态》8期，《新农村建设简报》29期。刊发的稿件主要来自于县委政研室撰写的调研报告和全县新农村建设指导员及新农办工作人员编报的信息，内容涉及经济社会发展和新农村建设各个方面。

【经济社会发展重点工作考核】　县委政研室及时研究和起草2011年度考核办法，做到重点工作重点考核。年内，由县委政研室牵头，依照考核办法完成了县委、县人民政府对各乡镇、县级相关部门年度经济社会发展重点工作考核。牵头组织县级相关职能部门完成了州委、州人民政府对全县2011年度经济社会发展重点工作考核申报工作。参与配合县发改局等部门完成了项目资金争取、县级领导挂钩重点建设项目、招商引资、扶贫开发整村推进等专项考核工作。

【新农村指导员管理工作】　全年组建第五批新农村建设工作队8支，下派新农村建设指导员80名，工作队员于2月16日入驻全县8个乡镇79个村委会。第五批新农村建设指导员驻村工作以来，紧紧依靠当地党组织和干部群众，找准定位，扎实工作，认真履职，在南涧县新农村建设中发挥了积极作用，推进南涧县新农村建设。(1) 驻村指导员争取各类工作经费41.5万元，保障了所驻村的各项工作顺利开展。(2) 79名驻村指导员与村组干部一起进村入户宣传政策，逐户落实烤烟种植面积，为圆满完成全县种植5333.33公顷，收购烟叶936.3万千克做出了贡献。(3) 开展农村劳动力转移培训。各指导员驻村后，认真开展农村劳动力转移调查，摸清了全县农村劳动力转移的基本情况，根据劳动力转移需求开展培训。年内，8个乡镇开展各种培训650多场（次），受训农民达3.1万人（次），争取各种培训经费9万多元。(4) 总队长带头开展“三农”工作调研。总队长李艳通过进村入户走访调研，撰写了关于全县“三农”工作的专题调研报告2个，79名指导员撰写了调研报告79个，针对全县新农村建设、破解农民增收难题、解决“三农”问题提出了意见建议。(5) 参与“创先争优”和“四群”教育活动。在“创先争优”活动中，驻村指导员讲党课161次，培训党员和入党积极分子6479人（次），发展党员104名。开展“四群”教育活动以来，指导员深入群众，服务群众，千方百计地做好群众工作。(6)“学先进、比贡献、见行动”。根据省委新农队办的安排，第五批指导员认真学习优秀指导员张晓东先进事迹，把学习张晓东和学习杨善洲、学习本县的先进人物龙进品结合起来，在广大指导员中形成“学先进、比贡献、见行动”的良好风尚，为驻村办实事745件。在建党90周年之际，对老党员和贫困党员进行慰问。(7) 参与农田水利建设工作。指导员争取农田水利建设项目资金40多万元，修建农田灌溉沟渠21.1千米，架设人畜饮水管道24.5千米。(8) 争取新农村建设项目资金。全年向各级各部门争取项目29个，项目资金1793.5万元。州纪委下派的指导员为所驻的南涧镇白云村争取到项目资金42.5万元；州移民局及下派的指导员为所驻的公郎镇公郎村争取到项目资金119万元；省科协下派的指导员为所驻的乐秋乡上虎村争取到项目资金8万元；县科协下派的指导员为所驻的碧溪乡杏子山村争取到项目资金11万元等。(9) 表彰奖励先进。根据省、州要求，经认真考核评选，2名优秀指导员和1个先进派出单位上报省表彰；7名优秀指导员、1名优秀工作队长、1名先进工作者和1个先进派出单位上报州表彰；2名优秀工作队长和24名优秀指导员受到县委、县人民政府表彰。

【新农村建设工作】　2007～2011年，全县下派新农村建设指导员398名，其中总队长2名，省级下派指导员17名，州级下派指导员62名，县级下派指导员197名，乡级下派指导员120名。指导员中男331名，女67名，党员337名，连续担任两届指导员的34名，连续担任三届指导员的6人，副处级以上5名，副科级以上67名。每年组建8支工作队，派驻79个村委会（2007年派驻80个村居委会）。5年来，广大指导员认真履行职责，在新农村建设中发挥了重要的作用，取得了明显的成效。(1) 实施新农村示范村建设。5年中，南涧县实施了公郎镇回营村委会、拥翠乡新华村委会、乐秋猪街村委会3个新农村示范村建设。投入建设资金近3000万元，在村容整洁、村民素质提高、产业发展等方面成为全县新农村建设样板，拥翠新华左家村民小组获得了“省级文明村”的殊荣。(2)整村推进成效显著。千村扶贫开发百村整体推进工程是大理州着力实施的新农村建设项目，是一项投资大覆盖广、受益多的工程。5年中，南涧县围绕“866”实施了整村推进项目45个村，完成投资30600万元，基础设施明显改善，农业结构合理优化，贫困人口减少了2.6万，全县2010年农民人均纯收入达到2502元，比“十五”末增长57.1%，为“十一五”期间农民人均纯收入年均增长11.2%做出了重要贡献。(3)省级重点建设村建设造福百姓。2009~2011年，全县实施了22个省级重点建设村建设，围绕村容村貌整治、人居环境改善、支柱产业培植共投入了近2200多万元，涌现出了大乌木龙、白马箐等一批省级重点村的先进典型，造福了项目村的群众。(4)实施“一事一议”奖补项目。“一事一议”财政奖补政策是新农村建设中为了激活群众投资积极性的一种有效办法。自2008年实施“一事一议”财政奖补政策以来，南涧县共实施了360个项目，获得财政奖补资金3138.5万元，项目覆盖63个村委会，受益群众10.51万人，改善了人畜饮水、农田灌溉和村容村貌，群众的生活水平明显提高，在广大农村形成了大办公益事业建设的浓厚风气。(5)实施抗震安居和危旧房改造工程。农村民居地震安全工程建设项目是为了改善贫困村民的住房状况和提高其住房抗震防震能力而实施的一项惠民德政工程。自2007年实施民居地震安全工程建设以来，南涧县完成拆除重建1128户，改造加固8033户，补助资金1890.98万元。在8个乡镇43个村委会实施，9000多户4万多人受益，增强了农村住房抗震防震能力；2011年危旧房改造工程补助资金1750万元，实施改造2750户，拆除重建1500户，每户补助1万元，加固改造1250户，每户补助2000元。(6)两大工程建设顺利推进。中心集镇建设和扶贫开发建设工程是南涧“十二五”期间实施的新农村建设两大工程。公郎镇的中心集镇建设工程自年初启动以来，由于县镇两级的高度重视和强力推进，通过一年的工程实施，公郎中心集镇建设、回营和中山的中心村建设和3个示范村的建设完成投资3727万元，顺利完成了中心集镇主干道建设所需的8公顷土地收储任务，整个工程建设将在两年内如期完成；全县的扶贫开发工程在南涧镇的白云和宝华镇的虎街实施，项目涉及2个村委会、4个自然村、348户、1287人，贫困人口626人。这两个村都有着丰富的旅游资源，通过工程的实施实现了扶贫开发和旅游资源开发相得益彰的良好效果。(7)特色产业增收明显。广大指导员在指导新农村建设中，千方百计的出主意想办法，与广大干部群众一起认真分析当地的优势，因地制宜培植新型特色产业，有力地助推当地群众增收致富。实现泡核桃产值达3亿元，肉牛、生猪、乌骨鸡和黑山羊等年产值达5亿多元，茶产业通过建立专业合作社、打造品牌等很好地发挥了增收的作用，三七、金银花等中药材的发展后劲足。

【新农村省级重点建设村工作】　全县把新农村省级重点建设村建设工作作为全县新农村建设的主要抓手之一，认真组织实施了第二批、第三批新农村省级重点建设村建设。7月，第二批新农村省级重点建设村通过了州级考核验收，获得了“优良”工程。4月，申报并组织实施了2011年度省下达的第三批9个新农村省级重点建设村建设项目。全县实施的第三批新农村省级重点建设村，分别为：西山村委会羊角箐大村、羊角箐小村，虎街村委会虎街小新村，乐秋村委会瓦午五组，保台村委会乐所塘，回龙山村委会回龙山下村，回营村委会回营大村、下凹子、老鸭箐，项目涉及6个乡镇、9个自然村、497户、2260人，计划投资1500万元。每个自然村省级补助资金15万元，合计135万元，实际完成投资1600多万元，其中：整合新农村建设、农业综合开发、旅游文化产业、农村危房改造、一事一议财政奖补、农网改造、民族团结示范村、林业、畜牧、环保、农业、水利、卫生等各类项目资金1115万元，县财政投入20万元，带动群众投资投劳379万元（含投工投劳折合21万元）。省级补助资金规划建设项目为绝大多数群众受益的小型基础设施建设、进村入户道路硬化、村内公共绿化和清洁能源建设、公厕修建、垃圾处理、排水沟等村内户外环境卫生整治以及文体活动场地建设。8月19日，在南涧宾馆小会议室召开了有县委、县政府分管领导，涉及项目建设的南涧、乐秋、碧溪、公郎、宝华、无量6个乡镇分管领导及县新农村省级重点建设村工作领导小组成员参加的“新农村省级重点建设村工作会”，会议对相关工作进行了安排。10月14～15日，组织南涧、宝华等项目涉及乡镇分管领导到宾川、大理市考察学习了新农村省级重点建设村建设先进典型宾川乔甸小梨园村、力角乌龙位村、大理市银桥西城尾村、喜洲峨崀回村建设情况。

【《彝乡大地展新颜》编辑出版】 2007～2011年，下派社会主义新农村建设指导员的5年中，全县新农村建设以科学发展观为统领，以农民增收为核心，以培养新型农民为载体，以增强农村发展后劲为目标，紧紧围绕新农村建设“二十字”方针，精心谋划和组织全县新农村建设，为全面总结5年来社会主义新农村建设的经验，展示5年来新农村建设的成果，突出新农村建设新亮点，以达到“存史、资政、育人”的目的，编辑出版《彝乡大地展新颜》一书。该书收录了5年来新农村建设工作中县委、县政府领导的重要讲话，相关文件资料，5年主要成果，指导员调研报告和心得体会，指导员、工作队和派出单位先进事迹，各年度指导员花名册等资料。

【中心集镇建设和扶贫开发工程】 （1）二年一轮的中心集镇工程建设在公郎镇实施，工程建设包括具有地方民族特色的公郎中心集镇建设、回营和中山2个中心村建设以及回营的老鸭箐、下凹子、回营大村3个示范村建设。工程计划总投资1649.58万元，到位资金1212万元，资金到位率50%左右。集镇主干道建设所需的土地收储工作完成95%以上。（2）2011年的扶贫开发工程建设在白云村委会的营盘大村、营盘小村和虎街村委会虎街一组、虎街二组实施。涉及4个自然村348户1287人，贫困人口626人。工程项目计划总投资757.14万元，就位资金757万元。4个自然村的扶贫开发工程建设都与旅游资源的开发紧密结合，效果较好。

【烟叶生产】 全年出台工作制度、烟叶生产考核办法、种烟大户奖励办法等文件，对领导干部实行烟叶生产抵押金管理制度，使领导干部服务烟叶生产的意识得到加强。县烟办领导及工作人员经常深入各乡镇、村和田间地头，在烟叶生产的面积落实、预整地、移栽、病虫害防治、中后期管理、烤煤供应及烟叶收购管理进行了全程督促落实，对烟叶生产中存在问题，及时提出科学、合理、可行的方案，确保了全县烟叶生产的顺利进行，在当年的烟叶生产中，县烟办将烟叶生产的工作重点放在提质增效，增加农民收入上，不断增强烟农的质量意识，不断增强各级干部服务意识，在全县上下形成了狠抓烟叶质量，增加烟农收入共识，烟农收入20000万元，实现“两烟”税收5936万元。

【种烟大户表彰奖励】 在全县各级各部门和广大种烟农户的共同努力下，圆满完成了年度烟叶生产目标任务。烟叶生产工作中涌现出了一批种植面积大、技术好，交售烟叶数量足、质量好的烤烟种植大户，全县烟叶生产形成了“大户带动、基地联动、绿色种植”的新格局。为表彰先进，树立典型，促进烤烟产业发展，全县对左欧福等30户烤烟种植大户进行表彰奖励，并授予孔桂仙户“南涧县2011年烤烟规模种植状元户”称号。

【农村经营体制创新】 按照《农民专业合作社法》规范和引导，在县供销、农业、林业、科协等部门配合下，将发展前景好的合作社建设成示范社，使其在农民专业合作组织的建设中发挥主导和示范带动作用，以带动全县农民增收。全县有农民专业合作经济组织85个3378人（户），占全县农户总数的6.5%，服务农户达2.67万户，占全县农户总数的51.4%，其中：专业协会13个，占15.3%；专业合作社40个，占47.1%；研究会等其他组织32个，占37.6%。南涧县农民专业合作经济组织的生产经营范围涵盖了烤烟、茶叶、泡核桃、生猪、无量山乌骨鸡、蔬菜、中药材等传统农业产业和区域特色产业。合作组织主体呈多元化格局，有能人大户带动型、龙头企业带动型、村“两委”带动型、行业部门带动型、资金互助型和多种形式混合型等几种合作形式。涌现出润馨乌鸡养殖合作社、红河源特色产业合作社、华亿养猪协会和斯须乐茶叶合作社等一批管理规范、带动能力强的专业合作经济组织，在为会员户提供统一技术服务、统一物资采购、统一产品营销的同时，还给周边农户提供帮助，增加了会员户收入，也带动了周边农户的发展。通过深入调研，把有较好产业发展基础，对发展农村经济和增加农民收入具有很好的促进和带动作用，各种管理制度基本健全，发展潜力大、示范作用好的“红河源特色产业合作社”、“润馨—无量山乌骨鸡生态养殖专业合作社”、“乐秋宏雁养鸡场”和“杏子山金和”4个合作经济组织申报上级扶持，争取到扶持资金7万元。

【扶贫挂钩工作】 以解决突出问题、促进农村发展为重点，帮助挂钩村（居）委会理清发展思路、制定工作计划、争取项目资金、加强基础设施建设、促进产业发展、组织各项实用科技培训、解决实际困难。积极探索挂钩帮扶工作新路子，力争在促进农民增收、农业增长、农村繁荣方面有新的提高，达到干部受锻炼、农民得实惠的目的。年内，对部分县级机关挂钩联系村委会进行了调整。在实施好全县挂钩扶贫管理工作的同时，认真做好本部门的挂钩联系工作，派出2名干部驻村，指导好所挂钩的龙门村委会粮烟生产等工作，主要领导多次深入挂钩的龙门村委会帮助指导工作，并帮助村委会解决工作经费4000元，为村委会、村内的贫困户、残疾人和贫困学生解决了一些资金和物资等方面的困难。

【部门自身建设】 7月，制定和完善了县委政研室学习、会议、文秘、调研、考勤、财务、用车7项《内部管理制度》，使各项工作更加科学、规范。

（汪洪芹）

·党 校·

【概 述】 2011年，中共南涧县委党校围绕“三大阵地”、“一个熔炉”的建设要求，坚持理论联系实际，坚持与时俱进、开拓创新，坚持从严治校、从严施教、从严管理，切实加强校风和学风建设，始终重视全县党员干部的培训轮训，始终重视党员理论干部的培养、马列主义和中国特色社会主义、各级党委理论及政策的学习宣讲，努力把党校建设成党性锻炼的熔炉。全年授课107场（次），受训人数达5682人（次）。

【办学思路】 年初确立了办学“十字方针”：团结、鼓劲、树正气、压邪气；确立了党校教育的“三真方法”：用真理说服人、用真情感动人、用真心关爱人。在具体教学实践中，党校充分发挥自身优势，参与各种形式的组织调训，设置流动式主题讲坛，积极开展“送教下乡”，采用案例式教学、主题化教学、体验式教学等模式。

【省、州、县党代会和党的十七届六中全会精神宣讲】 认真解读各级党代会确定的指导思想和奋斗目标，深入领会各级党代会的会议精神，教师全动员，分组分地区进行各级党代会精神宣讲，把各级党代会会议精神宣传到各乡镇、村。县委党校按照县委的要求，围绕南涧县“彝族文化生态园林山城”的打造，及时组织教师到县级有关党组织和乡镇、村进行宣讲培训，使广大党员干部及时掌握中央精神，学习南涧发展思路，使广大党员干部提高认识、明确任务，把思想真正统一到党代会精神上来。

【加强和创新社会管理专题培训】 结合南涧实际，研究创新社会管理方式，认真备好社会管理知识培训课件，分工负责，到各乡镇各部门进行社会管理专题知识培训。培训专题主要有《乡镇加强和创新社会管理》、《维护社会公平正义，创新基层社会管理》、《争创学习型党组织，争当优秀共产党员》、《学习先进，创新管理》等。

【环保知识宣讲和行政强制法普法】 6月，环保局、党校、教育局3家联合组织了以“环保知识进校园、进机关、进企业”为主旨的环保知识宣讲活动，党校教师紧紧围绕当年世界环保日主题“森林，大自然为你效劳”，精心备课，激情宣讲，在全县各机关、乡镇、企业进行环保知识宣讲19场（次），为南涧绿色家园建设和可持续发展贡献力量。《行政强制法》的颁布是全国依法行政史上的一件大事，党校抽出2名教师参与了省上组织的行政强制法师资的培训工作，并积极配合县政府法制局组织了南涧县的普法工作。并深入学习了相关的学习读本，研究了相关案例，精心制作普法课件，认真开展了行政强制法县、乡普法，培训了一大批县上的普法师资，为全县行政强制法的顺利实施打下了良好的基础。

【多种形式培训】 积极参加了科级党员干部、青年干部、乡镇党委换届后新班子成员、村干部、工会干部、团干部、入党积极分子、公务员（大学生“村官”）初任、专业技术人员初任、县级机关和乡镇科级以下干部推动科学发展能力和构建和谐社会能力等专题的培训。党校教师讲授的课题有《胡锦涛总书记在庆祝中国共产党成立90周年大会上的讲话解读》、《以史为鉴，牢记宗旨》、《大礼不辞小让，细节决定成败》、《切实转变观念，推动科学发展》、《深入贯彻“十二五”规划，开启南涧畜牧业跨越式发展的新征程》、《忠于职守、创先争优、清正廉洁、服务人民》、《青年党员干部怎样提高素质》等。

【建党成立90周年庆祝活动】 积极参与“重温入

党誓词”、“唱红歌”、“演讲比赛”等活动。负责全县“党史知识竞赛”评卷、“党史进机关、企事业单位、学校、社区、农村”的宣讲26场（次），受教育人数达2600多人。为树立“用身边事教育身边人”的典型，县委党校配合广电部门制作了老党员“杨茂先进事迹”专题片，在州、县电视台播放。

【理论研讨活动】 全年撰写《浅析南涧掘金契机》、《中国共产党90年焦点经典记忆》、《加强创新社会管理，推进和谐南涧建设》等理论文章16篇。5人参与“统战论文”评审和《统战理论与实践》一书的编辑统稿；2人参与2011年度全县理论文章评审。

【教育教学方法探索】 根据中央《2010～2020年干部教育培训改革纲要》和《中共南涧县委关于进一步加强党校工作的意见》，联系实际认真总结教学实践中的经验教训，按照“先导性、基础性、战略性工程”的要求，面对世情、国情、党情的深刻变化，坚持党校教育在党性原则、教学内容、实效性、学用结合等方面不断加以改进，力求达到“以我为主、为我所用、趋利避害、注重实效”的教育培训目的。县委党校由于办学资源有限，在办班培训有困难的情况下，坚持“走出去”、“沉下去”的办学方法，以“送教下乡”、“送学进村”、“送学进机关和企事业单位”为载体，主动与有关单位联系，基本形成了“由主管部门或各级党组织负责组织、党校教师负责授课”的培训模式。

【“创先争优”活动】 按照中共南涧县委《关于在全县党组织和党员中深入开展“创先争优”活动的实施意见》，县委党校联系党校自身职能，充分发挥政策宣讲、党性教育等作用，组织全体教职工积极投身各种社会实践活动。围绕县委、县人民政府中心工作，党校全体教师深入开展“个人形象一面旗、工作热情一团火、谋事布局一盘棋”主题实践活动，在做好本职工作的基础上，继续做好“绿色走廊”建设、新农村建设、抗灾救灾、挂钩扶贫等工作，为“党风带政风、政风带民风”起好表率作用。

【杨善洲及龙进品学习教育活动】 杨善洲是党员领导干部的表率，他不为名、不为利，永葆共产党员先进性的精神是全县干部最值得弘扬的典范。龙进品是全县干部身边的先进人物，其事迹是党校教育活生生的教材，“服从分配、服务群众”的精神，不仅是法官的楷模，也是党员干部必须遵循的职业道德。党校全体教职员工不仅以身作则学好他们的先进模范事迹，而且在教学中充分运用这些典型事例，做好“用真理说服人、用真情感动人、用真心关爱人”的工作。

【帮扶挂钩工作】 （1）抓实粮烟生产。按照县委、县政府的要求，全体教职员工分期分批投入挂钩村抓生产、抗灾救灾，协调资金、帮助群众解决生产生活困难，尤其是在烤烟移栽时，全员出动，直接参与烤烟移栽。（2）到挂钩村组织村组干部、农村党组织带头人、部分党员和群众进行党的政策、勤劳致富技能、新农村建设、防艾知识等培训。（3）助残日、“六一”儿童节期间为困难群众和学生办好事实事。（4）按照“同抓共促共建活动”的实施意见，由领导带队6次到挂钩村帮助理清发展思路。（5）积极帮助挂钩村解决工作经费不足等问题，为结对户捐款捐物。

（马学武）

·党史研究·

【概　述】 2011年，中共南涧县委党史研究室紧紧围绕县委、县政府工作中心，认真履行“存史、资政、育人”职能，继续坚持“一个转移”，突出“两个重点”。不断创新工作思路，创新研究方法，巩固党史成果，强化党史宣传教育，提升党史工作影响力。更好地为加强党的建设、保持党的先进性、提高党的执政能力、加快转变经济发展方式、促进全县经济长期平稳较快发展和社会和谐稳定服务。

【部门自身建设】 （1）加强党史研究队伍建设，向县委机构编制委员会争取人员编制，按编制配齐办公室工作人员1名，有干部职工4人。（2）1名室领导参加了由省委组织部和省委党校共同组织的党史工作业务培训；2名干部职工参加了由州委党史研究室组织的全州党史系统职工赴革命圣地韶山、井冈山等地考察学习活动，激发了干部职工对党史工作的热情，增强了党史研究的责任感、使命感。（3）积极请示汇报、争取资金，改善办公条件。年内，搬迁了办公地点，添置了桌椅、书柜、电脑、打印机、复印机、扫描仪、数码相机等价值7万多元的办公设备，改善了办公环境和办公条件。（4）针对单位主要领导变动的实际，健全和完善了党支部班子，组建了南涧县委党史研究室工会。

【《中共大理州委执政纪要（2010）》南涧部分资料撰写上报】 根据中共大理州委执政纪要编纂委员会的安排，南涧县委党史研究室高度重视，精心组织，圆满完成2010年度《中共大理州委执政纪要》南涧县委工作综述的编撰上报工作。

【党史宣传教育月活动】 （1）积极参与中国共产党成立90周年纪念表彰大会、千名党员重温入党誓词活动和唱红歌比赛。（2）在部分学校、机关、企业、南街社区和老干部中组织开展了党史知识进校园、进机关、进企业、进社区活动；在县级机关和部分乡镇组织开展了党员和入党积极分子党史知识培训。（3）在全县各级党组织中开展学党史、读红色书籍活动；开展向基层党组织、困难党员赠阅红色书籍活动，共赠阅红色书籍6套3000余册。（4）在全县各级各部门中组织开展了由共产党员、入党积极分子和社会各界群众广泛参与的"党在我心中"——云南省纪念中国共产党成立90周年知识竞赛活动。并对参赛活动中获得组织奖的7个单位和60名优胜奖获得者进行了表彰奖励。

【《南涧彝族自治县情（2011年）》编辑出版】 由县委党史研究室牵头，在县委办、县政府办和县志办的大力支持和各有关部门的积极配合下，8月，编辑出版了《南涧彝族自治县情（2011年）》。该书既包括自然地理、建置沿革、人文历史、人口民族、传统文化、风景名胜等县情综合资料，又包括农业、林业、水利、交通运输、科技、教育、文化、卫生等传统行业和烤烟、泡核桃、茶叶、以肉牛和无量山乌骨鸡为主的畜牧业等支柱产业的发展情况，还包括工业、招商引资、城乡建设、环境保护、重点企业、重要政策及统计资料分析等。全书分38章8.5万字，具有较强的可读性和实用性。

【《中共南涧县委执政纪要（2006～2011）》编纂出版】 由中共南涧县委主办，中共南涧县委办公室和中共南涧县委党史研究室共同编纂的全面反映中国共产党南涧彝族自治县第九届委员会任期5年执政实践的地方党史书籍《中共南涧县委执政纪要（2006～2011）》于5月启动，12月，由云南人民出版社出版。《县委执政纪要》是南涧县党史研究工作的一项重要成果，全书包括重大发展、领导名录、重要决策、重要活动、纪检工作、部门工作、党委党组工作、群团工作、乡镇党委工作、执政论坛、执政大事和附录12个部分，约110万字。《县委执政纪要》资料翔实，文风朴实，忠实记录县第九次党代会以来全县各族人民追求幸福生活、建设和谐社会的丰富实践和伟大创造，具有较高的可读性和珍藏价值。

【挂钩结对帮扶】 （1）帮助挂钩村委会解决工作经费3000元。（2）挤出400元资金走访慰问2户残疾困难家庭，让困难户感受到党和政府的温暖。（3）与挂钩村党组织开展"同抓共促共建"活动，落实4户党员困难户进行一对一的结对帮扶，力所能及地帮助解决了一些实际困难。（4）结合县委、县政府的重点工作，适时组织干部职工深入居委会协助开展工作。

（字奇象）

·老干部工作·

【概　述】 2011年，南涧县老干部工作以马列主义、毛泽东思想和中国特色社会主义理论体系为指导，在县委、县人民政府的领导和州委老干部局的指导下，继续深入贯彻落实党的十七大关于"全面做好离退休干部工作"的总要求，紧紧围绕"让县委、县政府放心、让老干部满意"目标，按照年初制定的工作要点，逐项加以落实，切实加强离退休干部思想政治建设和党组织建设，进一步做好为老干部服务工作，全县老干部工作健康发展。

【离退休干部基本情况】 全县有离退休干部968人，其中：离休干部21人，占2.57%；退休干部947人，占97.43%。机关单位离退休干部309人，占31.72%，事业单位离退休干部559人，占58.01%；企业单位离退休干部100人，占10.27%。有离退休干部党员422人，设党总支1个，党支部9个。

【落实老干部政治待遇】 （1）组织召开南涧县2011年新春团拜会、县情通报会议。县委书记、副书记在会上作重要讲话，县长向离退休老干部通报了县情，让老干部充分感受到组织的关心和尊重。（2）坚持订阅报刊制度和阅文制度。免费给离退休干部征订1份《云南老年报》，给离休干部和副县级以上退休干部征订《大理日报》、《老干部参考》各1份。每月26日，由专人将中央、省、州、县各级文件呈送离休干部和副处以上退休干部阅读，全年送阅12次，阅读文件61个，有102人（次）阅文。（3）坚持理论学习制度。每月 20 日组织老干部集体学习，主要组织学习中国共产党历史、党的创新理论、当前形势和政策以及上级重要会议精神等内容，全年组织集中学习 12 次，参学老干部达 1640 人（次）。（4）坚持参观考察制度。10 月 27 ~28 日，组织全县离休干部、副处级以上退休干部（含享受待遇）、事业单位副高职退休干部、老干党总支各支部书记、副书记 54 人到小湾发电厂和临沧市参观考察。通过考察学习，广大老党员、老干部解放了思想，开阔了眼界，进一步增强了爱党爱国爱社会主义的情怀。（5）坚持老干部参加重大会议、重要活动制度。为保证离退休干部对南涧重要工作部署和重大决策充分享有参与权、知情权和监督权，邀请老干部参加县党代会、人代会、政协会和县委全会、政府全会以及省委第六巡视组巡视南涧工作动员会，先后 77 人（次）参加各种会议。并在重要人事任免、干部队伍建设、基层党组织建设等方面都积极征询、听取离退休干部的意见和建议。

【落实老干部生活待遇】 （1）关心老干部遗属生活。对去世的老干部，县委组织部、县委老干部局都及时组织人员赶赴逝者家中进行缅怀。春节期间，县委老干部局走访慰问了 8 名离休干部遗属，给予每人 300 元慰问金；为离退休干部遗属办理了增加生活困难补助手续。农业户口遗属补助由原来每月 40 元提高到 104 元，非农户口遗属补助由原来每月 70 元提高到 237 元；离休干部遗属补助由原来每月 200 元提高到 500 元。（2）做好离退休干部特困帮扶工作。除县财政列入老干部局的 1 万元特困专项资金外，积极向省委、州委老干局争取到 1.9 万元特困金。先后给身患绝症的退休老干部李希贤 5000 元补助，给身患重病、长年医治的离退休干部李秉兴、左凤清等 5 人各补助 2000 元，给罗旺才等 5 人各补助 1000 元；给吴光秀等 14 人离退休干部各补助 500 元。全年累计支出特困金 3.6 万多元。（3）按规定及时增加老干部离退休生活费。“三个机制”运行良好，保证了离休干部离休金、医药费、就地健康休养费等各项经费按时足额发放。退休干部退休生活费足额拨付到位，医药费报销无滞留、无拖欠。给关先、许国臣等 22 名建国初期参加革命工作的退休干部办理了每月增加 200 元生活补贴业务；给杨振德、张钧等 25 名离休干部办理了每人增发一个月的基本离休费业务。（4）认真做好老干部保健工作。3 月 3 ~4 日，组织全县离休干部、实职副科以上退休干部和事业单位副高职退休干部 162 人，在南涧县人民医院健康体检，建立了健康档案；10 月 20 日，在县老干部活动中心举办“南涧县 2011 年度老干部保健知识讲座”，邀请县人民医院许丹桂医师为老干部讲授心脑血管疾病预防和治疗知识，安置在县城的离退休干部 160 多人聆听了讲座。（5）关注老干部精神生活。每名老干部生日之际，向老干部送去组织的问候和祝福，全年给老干部寄送生日贺卡 198 份、发送生日祝福短信 185 条；各涉老工作部门密切配合，组织开展丰富多彩、积极向上的文体活动；县老年大学根据老干部的兴趣设置课程，实施教学。广大老干部通过参加学习活动，丰富了生活，陶冶了情操，增长了知识，促进了身心健康。

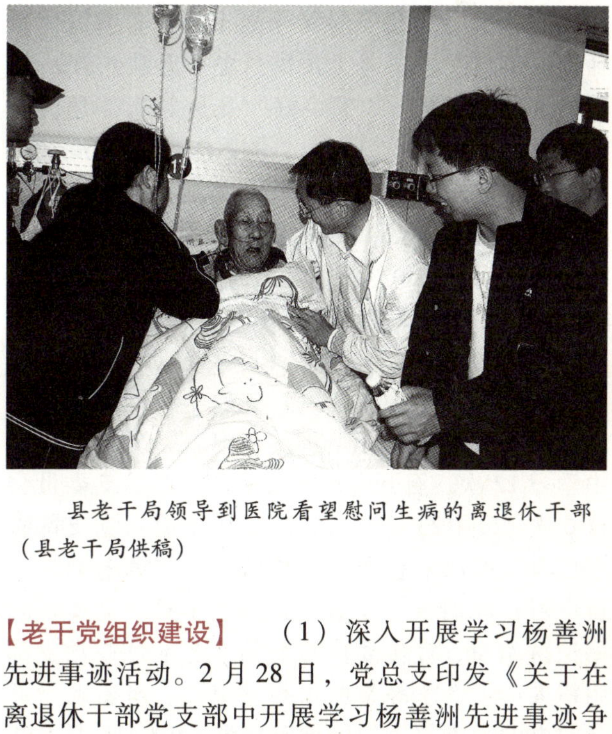

县老干局领导到医院看望慰问生病的离退休干部（县老干局供稿）

【老干党组织建设】 （1）深入开展学习杨善洲先进事迹活动。2 月 28 日，党总支印发《关于在离退休干部党支部中开展学习杨善洲先进事迹争做优秀共产党员活动的通知》，就学习活动的意义、内容、作了明确安排。要求以党支部为单位，集中开展了“四个一”活动，即：一次集中动员、一次专题讨论、一次组织生活会、一次季度之星评选。组织广大党员学习《杨善洲先进事迹选编》，收看杨善洲先进事迹报告会电视实况，分 2 次播放报告会光碟，到祥临公路南涧段栽植长寿林，推动学习杨善洲先进事迹活动向纵深发展。(2) 深入开展"创先争优"活动。根据县委《关于在全县党组织和党员中深入开展"创先争优"活动的实施意见》要求，突出"永葆革命本色、共建和谐社会"主题，制定《2011年党支部开展"授旗评星"活动考核管理办法》，统一考评标准；适时召开"创先争优"活动推进会，强化过程指导监督，使"创先争优"活动有部署、有载体、有标准、有评比、有考核，富有特色。全年党总支命名"季度之星"35名，表彰"五个好"先进党支部2个，表彰"五个好"优秀共产党员11名。老干党总支被县级机关党委命名为第三、第四"季度流动红旗党总支"，12月7日，县委老干部局被县委、县人民政府授予第十二批"县文明单位"称号。(3) 积极开展纪念建党90周年系列活动。在纪念建党90周年之际，组织开展赠红书、讲党史、评先进活动，协调县委党史办将1000多册地方党史资料赠予老干部，聘请退休教师肖云东讲授了题为《领悟三史、讴歌八路》的党史教育课，表彰"五个好"先进党支部和优秀共产党员，命名第二季度"季度之星"。开展党员重温入党誓词活动，组织50名离退休干部参加全县庆祝建党90周年红歌比赛，县委老干部局荣获组织奖。报送"我为党旗添光彩"征文9篇。组织86名老党员参加"党在我心中"党的知识竞赛，老干第六党支部荣获组织奖，自玉、刘能等5名老党员荣获优胜奖。(4) 建设学习型组织，开展党员和党支部书记培训。年内，组织老干部集中学习12次，召开党员大会4次、党总支委员会议6次。5月23～29日，选派老干第六党支部副书记自玉参加全省老干部党校举办的第七期培训班学习；11月9～11日，选派老干第二党支部副书记黄家贵、宣传委员施美仙、老干第一党支部组织委员王贵才等参加州委组织部、州委老干部局举办的党支部书记培训班培训。9月16日，在县老干部活动中心举办党支部书记暨基层干部培训班。(5) 强化目标管理，积极开展民主评议党员工作。各支部先后召开党员大会，组织广大党员围绕理想信念、党性观念、履行义务、遵纪守法、完成任务等内容开展自评和互评，评议党员214名，其中：评出优秀党员38名，合格党员176名。(6) 开展共促共建工作，组织党员发挥先锋模范作用。年内，县委老干部局继续挂钩无量山镇古德村委会，结合部门挂钩和离退休干部"四就近"试点工作的推进，老干党总支与古德村党总支结成对子。组织带领广大党员在全县经济、社会事业发展中继续奉献余热。老干第一党支部组织党员捐赠离退休生活费1.2万元，资助19名贫困学生安心学习，其中：离休干部张钧资助贫困高中生8名，捐赠生活费4000元；退休干部王明奎资助贫困大学生1名，捐赠生活费3000元。老干第六党支部组织在县城居住的17名党员捐赠生活费1150元，从党费返还部分拿出350元，资助南涧一中的3名贫困学生。老干第二、第三、第四、第五、第七、第八党支部也捐赠生活费资助1～2名贫困学生。

张钧、杨肇民、王明奎3名老干部被县委、县人民政府授予首届"道德模范"奖（县老干局供稿）

【老干部活动中心工作】 为加强老干部活动中心工作，提高为广大老干部服务的质量，先后投资12万元，修缮活动中心房屋，并增加了一个公益性岗位。在服务工作方面，不断改进工作方式方法，尽量做好服务，让老干部满意，每天平均参加活动的有200多人（次），全年累计活动7.2万多人（次）。

【老年大学工作】 招收老年大学电脑基础知识班学员25名。3月15日，在县老干部活动中心举行第三届老年大学结业暨第四届老年大学开学典礼。

【"四就近"工作】 1月28日，在南街社区会议室组织召开志愿者结对服务经验交流会，6名志愿者分别交流了各自结队服务情况。8月19日，召开南涧县离退休干部“四就近”试点工作推进会，公郎镇党委、南涧镇党委、南街党总支、试点工作领导组办公室分别总结交流了试点工作经验，县委常委、县委组织部长田强安排下一步工作。

【宣传调研】 全年报送各级各部门老干部工作信息46条，其中：被云南老年报采用3条，被州委老干部局采用11条，被县内刊物采用13条。组织开展高龄离退休干部服务管理、家居农村老干部服务、发挥离退休干部在推进经济社会科学发展中的作用等课题调查研究，撰写调研报告6篇。寄、发老干部生日贺卡198份，发送生日祝福短信185条。

【结对扶贫工作】 春耕生产期间，先后派出4批工作队驻村帮助挂钩村完成粮烟生产，抢抓节令，在5月17日前全面完成栽种任务。由于工作到位，措施得力，全村28户种烟户均获得好收成，最高的周体军户收入3万多元，何荣周户2.7万多元，最低户也收入1万元以上。核桃产业初见成果，仅核桃一项，收入较高的古德一组李超吉、十五组陈怀仁户，每户收入近4万元，多数农户收入在4000元~5000元。5月11日，给挂钩村毕德林等15名残疾人每人发放慰问金100元。“六一”国际儿童节期间慰问了本单位干部职工子女慰问金200元。投资4859元，给古德村委会购置了办公电脑1台，改善挂钩村办公条件。

（罗锦志）

·县级机关党委·

【概 述】 2011年，中共南涧县县级机关党委在县委、县人民政府的正确领导下，始终坚持以邓小平理论和“三个代表”重要思想为指导，深入学习实践科学发展观，认真贯彻落实党的十七大和十七届五中、六中全会及胡锦涛总书记“七一”重要讲话精神，紧紧围绕县委、县政府的中心工作，按照“围绕经济抓党建，抓好党建促发展”的工作思路，坚持以党的执政能力建设和先进性建设为主线，以建设为民、务实、清廉机关为目标，以开展“创先争优”活动为抓手，以加强党的先进性建设和执政能力建设为重点，坚持“党要管党，从严治党”，围绕中心、服务大局，改革创新、开拓进取、狠抓落实，使党的思想建设、组织建设、作风建设、制度建设和反腐倡廉建设得到不断加强，不断提高县级机关党建工作科学化水平，促进南涧县社会经济文化快速发展。

【党组织和党员队伍状况】 机关党委下设8个党总支，118个党支部，比上年增加2个党总支和6个党支部。实有党员2011名，比上年增加64名，其中：正式党员1970名，占党员总数的97.96%；女党员987名，占党员总数的29.18%；少数民族党员763名，占党员总数的37.94%。年内新发展党员35名，转入120名，转出78名，开除党籍2名，死亡11名。

【贯彻落实州、县党代会精神】 机关党委树立责任意识、大局意识、危机意识，要求县级机关党组织和广大共产党员认真学习和深入贯彻落实州第七次党代会、县第十次党代会精神，以“授旗评星”、“四亮四评四创”、“四强四优”等主题实践活动为载体，服务中心，建设队伍，“创先争优”。以只争朝夕精神，奋发有为的状态认真抓实日常党建、党风廉政建设、“创先争优”活动、学习型党组织建设等工作，切实加强机关基层党组织建设和党员队伍建设。

【建设学习型党组织】 （1）始终坚持星期一例会学习制度、领导干部带头调研制度和干部职工参学、促学制度，鼓励干部职工参加各种形式的学习和培训。（2）党委委员每年每人都撰写1篇以上理论文章或调研报告，2篇以上信息，并积极参加县委宣传部举办的理论研讨活动。全年撰写理论文章7篇，报送并刊发信息24篇。（3）坚持每月至少编印1期《机关党建》，全年编印《机关党建》14期。（4）认真坚持“三会一课”、党员教育培训、年底党员民主评议制度。（5）切实开展好“四个一”学习活动和“五比五看”活动。（6）建立激励机制，凡是在各级各类媒体上发表信息、通讯报道、调研报告等理论文章和获得表彰奖励的，均给予适当奖励。（7）为进一步加强党委中心组理论学习和做好党员的教育培训工作，制定了《党委中心组理论学习计划》和《党员教育培训三年规划》，并坚持开展《副科级以上党员领导干部为基层讲党课制度》和《年度党员教育培训制度》，近2000名机关党员人人动手、个个动笔，每年都撰写学习体会文章或党性分析材料。（8）始终坚持共产党员标准，通过在线学习、信息网络、形势报告等平台，认真开展学理论、学《党章》、学党史等活动。（9）认真开展民主评议党员工作，按照共产党员标准，结合党员学习、生活、工作情况，118 个党支部组织各支部党员开展批评与自我批评，评出优秀党员 310 名，合格党员 1700 多名。

【学典型专题生活会】（1）召开党委理论学习中心组专题会议，学习龙进品先进事迹，畅谈学习体会，并撰写学习“勤政为民好干部”龙进品先进事迹体会文章，会议要求全体委员要立足本职，认真工作，爱岗敬业，将学习龙进品和杨善洲精神与“创先争优”活动、党风廉政建设教育活动紧密结合起来，发扬传统，坚定信念，勤奋工作，积极创新，充分发挥机关党组织的先锋模范作用。（2）召开以“学习杨善洲精神，做人民满意的好党员好干部”为主题的专题学习生活会，邀请县委组织部、县直属纪工委领导到会指导。（3）召开党委班子民主生活会，通过认真学习、发放征求意见表征求意见、交心谈心、召开民主生活会开展批评与自我批评，邀请县直属纪工委、县委党建督导办到会指导等形式，找准机关党委班子 2011 年存在的问题及不足，并提出努力方向和整改措施。（4）与县委创先争优办、县绿化办共同发出倡议，倡议机关党员每人至少捐款 100 元打造县城河滨长廊——杨善洲纪念林。机关党委支部 4 名党员捐款 500 元，县级机关党员捐款 13 万多元。

【慰问困难党员】春节前夕和“七一”期间，走访慰问了粮食购销公司、供水公司、军供站、小湾宾馆、环卫站等党支部的 10 名困难党员，支出慰问金 4000 元。4 月，人均捐款 100 元，由书记带队，分别到南街居委会碱坝二社杨家洪、马鞍山自昌武等困难党员困难群众家中走访慰问，了解生产生活情况，帮助解决实际困难。10 月，按照县委组织部关于机关党员与农村党员进行一对一结对帮扶的要求，县级机关党委 4 名党员与南街社区的 4 户困难党员结成了帮扶对子，并进行走访慰问。

【开展领导点评】为进一步加强各级党组织对“创先争优”活动的领导，充分发挥领导干部的引领、示范作用，促进党组织和党员履职践诺，推动“创先争优”活动深入开展。年内，机关党委分 2 次对所属 8 个党总支书记和 76 个党支部书记进行点评；各党总支、支部书记按要求，采取集中点评、个别点评、现场点评等方式对支部党员进行点评，点评率达 93%。

【授旗评星活动】分别于 2 月、8 月召开党建工作暨授旗评星工作推进会，县委常委、组织部长到会指导并作重要讲话，会议对在“创先争优”活动中涌现出财政局等 4 个党总支、发改局等 16 个党支部授予流动红旗党组织，各党总支（支）部结合部门和行业实际，以季度或半年为限积极开展了党员评星定级活动，全年评出“季度之星”近 1000 名，使县级机关党员学有榜样赶有目标。

【“四亮四评四创”活动】（1）为促进窗口单位和服务行业党组织充分发挥基层党组织的战斗堡垒作用和共产党员的先锋模范作用，不断巩固和拓展深入学习实践科学发展观活动成果。机关党委对县级机关窗口单位和服务行业党组织开展“四亮四评”活动情况进行了认真督促检查。（2）召开窗口单位和服务行业党组织“四亮四评”活动推进会。6 月 2 日，在法院会议室召开“四亮四评”暨党建工作座谈会。党委委员、总支书记、“四亮四评”试点工作的党支部书记 35 人参加了会议。会议听取了法院党支部“四亮四评”暨机关党建工作开展情况介绍，实地参观学习了法院党支部“四亮四评”暨机关党建工作。各党组织书记，结合自身行业特点就如何开展党建工作及所取得的成绩和经验进行了交流，对如何做好机关党建工作提出意见和建议。窗口单位和服务行业党组织通过“亮流程、亮身份、亮职责、亮承诺”和“自己评、群众评、领导评、组织评”的程序，广泛开展“党员示范岗”、“工人先锋号”、“青年文明号”等活动，努力打造优质服务品牌。“四亮四评四创”活动的开展，促进窗口单位和服务行业服务意识明显增强，服务作风明显改善，服务效能明显提高，服务能力明显提升。

【廉政风险重点防范】注重从源头上预防腐败，认真落实党风廉政建设责任制，深入总支（支部）讲廉政党课，开展廉政风险重点环节防范管理工作，以容易滋生腐败的重点领域、关键环节、关键岗位为主体，以“查找、建制、监控”三个环节为重点，做重点领域重点抓、关键环节关键抓、关键岗位经常抓。针对评先选优、资产采购、党费收缴等重点领域重点抓；针对财务管理、资产管理、大额经费支出等，关键环节关键抓；针对党委书记岗位、组织委员兼出纳岗位、办公室主任兼会计岗位，采取关键岗位关键抓。利用身边人、身边事作为反面教材对机关党员进行警示教育，全年对 4 名违纪党员做出处分建议；主要领导深入总（支）部讲廉政党课26场（次）。

【县第十次党代会代表选举】　按照县委“选举第十次党代会代表应认真贯彻执行党的民主集中制原则，充分发扬党内民主，走群众路线，采取自下而上、自上而下、反复酝酿、逐级遴选的办法，严格把好质量关，确保选出高素质的代表”的要求，县级机关党委高度重视代表选举工作。机关党委按照“提名推荐代表候选人初步人选、组织考察、确定代表候选人初步人选、确定代表候选人预备人选、召开党代表会议进行选举”的程序，完成县委交办的选举任务，选举产生出席县第十次党代会的代表71名。

【“同抓共促共建”活动】　机关党委结合“四群”教育工作，扎实开展了2011年“同抓共促共建”活动。66个机关党组织与71个行政村党组织结成71个共建点，机关党组织班子成员驻村1617天1091人1282次；工作队员驻村3705天2593人3049次；帮扶项目113个，资金553.34万元；1147名党员与857户结对帮扶困难党员结成帮扶对子；召开支委联席会议186次；研究部署结对共建工作186次；为行政村党组织提供致富信息228条；解决启动资金337.59万元；教会实用技术71项；联系就业岗位1599个；落实脱贫项目69个；理清发展思路181条；走访慰问4392人1887次，慰问资金24.18万元、物资562件。

【入党积极分子培训】　6月20～21日，在小湾宾馆大会议室举办2011年度入党积极分子培训班，来自全县各行各业的108名入党积极分子参加了培训。县委常委、组织部长到会指导并作讲话，培训专题包括党的指导思想、性质、宗旨，党的历史，党员的条件和入党程序，开启新形势下党建工作新篇章，如何提高党员干部素质，党的纪律和作风，生态农业示范县建设等，并对参训人员进行理论考试。

【发展党员工作】　严格按照《中国共产党发展党员工作细则》和“坚持标准，保证质量，改善结构，慎重发展”的发展党员工作方针，严格把好发展党员“五关”，做好新党员发展工作，全年发展党员35名，培养入党积极分子108名。

【重温入党誓词活动】　7月1日，组织县级各部门1000名共产党员在科技广场重温入党誓词，以这种特别的方式纪念伟大的中国共产党成立90周年。

2011年7月1日，县级机关党委在县城科技广场举行千名党员重温入党誓词仪式（县级机关党委供稿）

【党务公开工作】　充分利用《机关党建》平台，对党费收缴、上缴、留成、使用及党组织、共产党员评先、评优等情况，向各党组织和广大共产党员进行了公开，做到阳光、透明。

【县级党建示范点命名】　为充分发挥先进基层党组织的典型带动和辐射作用，推动县级机关基层党建工作再上新台阶，县级机关党委于6月21日命名县国税局党支部、县气象局党支部、县烟草专卖局（分公司）党总支为县级机关党委党建示范点。

【百名优秀共产党员表彰】　机关党委对在“创先争优”活动中涌现出的109名优秀共产党员进行表彰奖励，并号召县级机关广大共产党员要以命名及表彰对象为榜样，在深入开展“创先争优”活动中，学先进、比先进、赶先进。按照县委第十次党代会跨越式发展的工作思路，坚定信心，振奋精神，开拓进取，扎实工作，为建设微笑南涧、诚信南涧、创先南涧、活力南涧、森林南涧、和谐南涧做出新的更大的贡献。

（杨跃宏）

·保　密·

【概　述】　2011年，南涧县国家保密局认真落实中央、省委、州委保密委员会会议精神，紧紧围绕县委中心工作，以宣传贯彻新修订《保密法》为重点，以编制和实施“六五”保密法制宣传教育规划为契机，以充实完善各项保密管理制度为载体，不断推进保密工作取得新进展。全年未发生失泄密事件，被州委、州政府评为“五五”保密法制宣传教育先进单位。

【保密宣传教育】 (1) 扎实开展“五五”保密法制宣传教育“回头看”工作，根据活动中存在的问题，全县各单位认真开展自检自查自纠，进一步梳理问题、查缺补漏、完善制度，使全县的宣传教育工作顺利通过验收。(2) 编写出60个保密知识点1.8万多字的“党政机关工作人员保密须知”，并利用南涧县政府信息公开门户网站进行广泛宣传。(3) 组织开展保密法实施一周年纪念宣传活动。发放保密提醒书签400条、宣传折页100份，发送手机短信175条，电子屏滚动播放“国家利益高于一切，保密责任重于泰山”等10条宣传语，组织603名中层以上领导干部、涉密人员参加保密法规知识测试。(4) 举办2011年新任科级领导干部及乡镇党委班子成员培训，使57名新任科级领导干部及乡镇党委班子成员受到了保密知识教育。(5) 征订《保密工作》杂志122份，把《保密工作》杂志作为各级党政机关、企事业单位领导干部、涉密人员了解掌握保密业务知识的一个重要途径。

【保密工作管理】 (1) 保密工作纳入全县2011年工作会议日程，县委、县人民政府分管领导在会上就保密工作作了安排。4月25日，召开保密委全体会议，传达学习省、州保密工作会议精神，并对2011年工作进行了具体安排。(2) 抓保密责任书签订工作，全县保密要害部门、部位涉密人员和印刷、复印行业负责人签订了保密责任书。换发了印刷、复制行业备案证和涉密载体定点复制单位许可证。(3) 抓《大理州国家秘密、工作秘密和内部资料载体销毁暂行办法》的贯彻落实工作，实现涉密载体在销毁环节的规范管理。全年清退中央、省委涉密文件709份，回收各类文件资料9500千克。(4) 认真研究解决计算机信息系统设备的使用、防护、维修、淘汰等环节的管理问题，严禁出售、转让和捐赠涉密计算机系统设备。推行涉密办公设备的定点维修维护试点工作，确保了维修维护质量和涉密载体的安全保密。(5) 参加全县事业单位考核录用、公务员选调等工作5批（次），完成全县高考、中考试卷的保密工作。参加《南涧年鉴》、《中共南涧县委执政纪要》等出版物的审核工作。

【保密工作检查】 (1) 督促各级各部门按照《大理州领导干部履行保密工作责任制实施细则》的要求，认真落实保密工作责任制。(2) 针对近年来涉密计算机、移动存储介质泄密隐患突出的实际，定期不定期地开展保密监督检查，通过检查来发现保密管理的薄弱环节。坚持以查促教、以查促防、以查促管、以查促改，不断转变保密管理方式。4~12月，保密检查小组先后3次对25个保密要害部门和5个一般部门进行了专项检查。(3) 建立政府信息公开网站和门户网站保密检查长效机制，实行每月一检查、一报告制度，凡是公开的政府信息，必须通过保密审查程序才能公开。信息公开认真执行保密审查程序，严格把关，做好书面记录，做到有据可查。(4) 采取不定期对印刷复印店和废旧物资收购点进行保密检查，消除泄密隐患，确保国家秘密安全。

（许玉寿）

南涧彝族自治县人民代表大会常务委员会

【概　述】 2011年，南涧县人大常委会在中共南涧县委的领导和上级人大常委会的指导下，紧紧围绕全县“十二五”发展规划和“提高全民素质，改善生态环境，提升优势产业，抓实项目建设，强化招商引智，创新发展模式，促进科学发展”的工作思路，认真履行宪法和法律赋予的职权，各项工作取得较好成绩，为全县经济社会健康发展作出了积极的贡献。

【县十届人大四次会议】 5月24~27日，南涧彝族自治县第十届人民代表大会第四次会议在县城隆重召开。来自全县各行业的158名人大代表出席会议。会议听取和审查南涧彝族自治县人民政府工作报告、人大常委会工作报告、人民法院工作报告、人民检察院工作报告，审查批准南涧彝族自治县国民经济和社会发展第十二个五年规划纲要、2010年国民经济和社会发展计划执行情况与2011年计划（草案）的报告、2010年地方财政预算执行情况和2011地方财政预算（草案）报告，补选南涧彝族自治县第十届人大常委会主任和南涧彝族自治县第十届人民政府县长。会议期间，与会代表紧紧围绕大会主题，共商全县经济社会发展大计，审查报告，提出建议、批评和意见103件。大会实事求是、客观全面地总结了“十一五”期间全县各项工作，确定了“十二五”期间经济社会发展目标任务，安排了2011年的各项工作。大会号召，全县各族人民要在县委的坚强领导下，攻坚克难，团结一致，为全面完成大会确定的各项目标任务而不懈努力。

【县十届人大常委会第十八次会议】 1月18日，县十届人大常委会第十八次会议在县城召开。会议分别由县人大常委会主任石含铭和副主任查朝政、王淑清主持，县人大常委会主任石含铭，副主任查朝政、李树德、王淑清、吕宗祥和委员25人出席会议。县委常委、组织部长田强到会作指导，县人大常委会调研员李挺、彭天友、县政协副主席卢志坚应邀参加会议。县人民政府常务副县长沈文荣、县人民法院领导、县人民检察院领导、县委组织部领导和县人大常委会机关全体干部职工列席会议。会议作出关于接受石含铭辞去南涧县第十届人大常委会主任的决定和关于推迟召开县十届人大四次会议的决定。

【县十届人大常委会第十九次会议】 1月28日，县十届人大常委会第十九次会议在县城召开。会议分别由县人大常委会副主任查朝政、王淑清主持，县人大常委会副主任查朝政、李树德、王淑清、吕宗祥和委员21人出席会议。县委常委、组织部长田强到会作指导，县人大常委会调研员李挺、彭天友、县政协副主席卢志坚应邀参加会议。县人民政府副县长李宏才、县人民法院和县人民检察院领导以及县人大常委会机关全体干部职工列席会议。会议补选苏发吉为大理白族自治州第十二届人民代表大会代表。

【县十届人大常委会第二十次会议】 3月17日，县十届人大常委会第二十次会议在县城召开。会议分别由县人大常委会副主任查朝政、李树德、吕宗祥主持，县人大常委会副主任查朝政、李树德、王淑清、吕宗祥和委员22人出席会议；县委常委、组织部长田强到会作指导；县政协副主席刘增武，县人大常委会调研员李挺、彭天友，县人大代表罗仲良应邀参加会议；县人民政府副县长李宏才、茶绍荣，县人民法院和县人民检察院领导，县人民政府办公室、计生局、民宗局、水务局、扶贫办、发改局、农业局、烟草公司、民政局领导，县人大常委会机关全体干部职工和各乡镇人大专干列席会议。会议分别听取和审议县人民政府关于人口和计划生育工作情况的报告、县人民政府关于水利工作情况的报告、县人民政府关于民族宗教工作情况的报告，作出相应的审议意见；会议根据县人大常委会主任会议的议案，作出免去彭志芬南涧彝族自治县人大常委会办公室主任职务、免去杨增林南涧彝族自治县人大常委会财政经济工作委员会主任职务、免去王绍基南涧彝族自治县人大常委会民族宗教工作委员会副主任职务的决定，作出了罗林周任南涧彝族自治县人大常委会办公室主任、查卫东任南涧彝族自治县人大常委会财政经济工作委员会主任、马贵成任南涧彝族自治县人大常委会民族宗教工作委员会副主任的决定；根据县人民政府人事任免议案，作出免去罗成武南涧彝族自治县人事局局长职务、杨继尧南涧彝族自治县劳动和社会保障局局长职务、张嘉茂南涧彝族自治县人口和计划生育局局长职务、商祥南涧彝族自治县文化体育局局长职务、吴军生南涧彝族自治县卫生局局长职务、郭正平南涧彝族自治县审计局局长职务、吴凤礼南涧彝族自治县民族宗教事务局局长职务、蔡家兴南涧彝族自治县民政局局长职务、段家文南涧彝族自治县经济局局长职务、李文荣南涧彝族自治县规划建设局局长职务、李典南涧彝族自治县交通局局长职务、阿青峻南涧彝族自治县水利局局长职务的决定；作出罗成武任南涧彝族自治县人力资源和社会保障局局长、杨继尧任南涧彝族自治县审计局局长、丰崇武任南涧彝族自治县民政局局长、陈镇宇任南涧彝族自治县民族宗教事务局局长、张嘉茂任南涧彝族自治县卫生局局长、郎沅龙任南涧彝族自治县文化体育广播电视旅游局局长、段家文任南涧彝族自治县工业和信息化局局长、李文荣任南涧彝族自治县住房和城乡建设局局长、李典任南涧彝族自治县交通运输局局长、阿青峻任南涧彝族自治县水务局局长的决定。

【县十届人大常委会第二十一次会议】 5月11日，县十届人大常委会第二十一次会议在县城召开。会议分别由县人大常委会副主任查朝政、王淑清、吕宗祥主持，县人大常委会副主任查朝政、李树德、王淑清、吕宗祥和委员22人出席会议。县委副书记吉向阳，县委常委、县委办主任黄希里到会作指导；县人大常委会党组书记李光琴、调研员彭天友，县政协副主席刘增武，县人大代表黄菊、自佳泉应邀参加会议。县人民政府副县长李宏才、县人民法院和县人民检察院领导列席了会议，县委组织会2011年工作。

【代表视察】 10月27～28日，县人大常委会组织南涧县选出的部分州十二届和部分县十届人大代表对全县招商引资工作情况进行专题视察。视察组先后深入无量药谷基地、飞龙钾盐综合回收有限公司，分别对药谷建设情况、钾盐综合回收生产情况进行实地查看，听取2个公司的情况介绍和副县长、公安局局长阮智齐代表县人民政府作的全县2011年招商引资工作情况汇报和无量山镇2011年度招商引资工作情况汇报。人大代表充分肯定招商引资工作取得的成绩，提出以下意见：(1) 要统一思想，营造全民招商的浓厚氛围。(2) 要突出重点，扩大招商引资的工作成果。(3) 要规范包装，增强招商引资的吸引力。(4) 要优化环境，提高招商引资的服务质量。(5) 要关注民生，处理好项目落地后的实际问题。

州、县人大代表视察农村饮水安全工程（县水利局供稿）

【执法检查】 6月8～14日，县人大常委会组织部分代表组成执法检查组对全县贯彻实施《中华人民共和国土地管理法》情况进行执法检查。常委会对执法检查情况进行审议，对贯彻实施土地管理法提出审议意见：加大土地管理法的宣传力度，加强土地执法工作，抓好国土资源管理；加强土地管理队伍建设，提高依法行政水平；积极争取并实施好土地复垦项目，确保全县耕地总量平衡。

【主任会议听取部门工作汇报】 4月27日上午和10月20日上午，县十届人大常委会在县人大会议室分别召开第八十四、九十三次主任会议。县人大常委会主任李光琴，副主任查朝政、王淑清、吕宗祥分别出席会议，县人民政府副县长李华东、茶绍荣和县农业局、县文化体育广播电视旅游局、县科技局和县人民检察院领导以及县人大常委会各委室主任分别列席会议。会议分别听取农业、文化体育和旅游、科技和监所检察工作情况汇报。主任会议对所听取的部门工作表示满意，并提出意见建议。

【决议决定和审议意见检查落实】 为增强监督实效，确保作出的决议决定和审议意见得到更好的贯彻落实，县人大常委会组成由副主任李树德任组长，各委室相关人员为成员的检查组，对县人大常委会2011年作出的决议决定和审议意见落实情况及2010年检查中提出的意见建议落实情况进行检查。检查采取听、看、议的方法，于11月15日上午听取县人民政府和县人民法院关于对县人大常委会2011年作出的决议决定和审议意见落实情况及2010年决议决定和审议意见检查中提出的意见建议落实情况的报告，听取报告后，于11月15～18日，分别到县水务局、民宗局、森林公安局、国土资源局、人口和计划生育局、财政局，重点对县人民政府1～7月国民经济和社会发展计划、预算执行情况报告，审计工作、水利工作、民族宗教工作、森林公安工作、人口和计划生育工作情况报告，《中华人民共和国土地管理法》执法检查报告的审议意见落实情况进行督促检查。检查组认为，绝大多数决议决定和审议意见得到贯彻落实，促进工作，取得成效，有力的维护人大监督工作的严肃性和权威性，确保决议决定和审议意见更好的执行，切实增强监督实效，促进各项工作。

【代表回访选区活动】 组织2名政党提名推荐选举产生的代表回访选区。年内，县十届人大代表田强、茶绍荣分别回访当选选区。通过回访，了解选区民情民意，密切代表与选民的联系，增强代表责任意识和自觉接受选民监督的意识。

【代表回访选区征求意见座谈会】 11月28日下午，县人大常委会组织部分人大代表就建立代表回访选区制度以及实施情况进行座谈。座谈会上，县人大常委会选联工委介绍《南涧彝族自治县人民代表大会代表回访选区报告履职暂行办法》(征求意见稿）的起草修改过程和主要内容。参会代表纷纷发言，结合实际对征求意见稿提出意见和建议。大家认为，代表回访选区活动，创新代表联系选民方式，畅通代表联系选民并受选民监督的渠道，得到广大选民和回访代表的普遍欢迎，收到明显成效。

【代表建议办理】 县十届人大四次会议期间，人大代表共提出建议103件。县人大常委会及时召开代表建议交办会，安排代表建议办理工作。主任会议研究把代表提出的《加强县城周边生态工程建设的建议》、《加强对乡镇村幼儿园教师管理培训的建议》和《加强移民工作的建议》列为重点建议。对重点建议的办理，组成检查组进行跟踪检查，提出意见建议，提高建议办理质量。

【信访工作】　全年受理群众来信来访25件，其中信访8件、接访17件43人（次）。根据分级负责、归口办理的原则，对受理的信访件登记、分类，并按要求进行办理。本着化解社会矛盾、促进社会和谐的目的，耐心向来信来访群众宣传党的方针政策和国家的法律法规，妥善处理信访群众的诉求，依法维护当事人的合法权益。

【开展机关活动】　（1）认真组织开展向杨善洲学习活动。学习活动按照胡锦涛总书记重要指示精神，紧紧围绕学习杨善洲的先进思想、先进事迹和先进影响，组织召开1次专题学习生活会、撰写1篇党性分析材料或学习体会、开展1次为民活动。6月20日，县人大常委会组织召开专题学习生活会。党员领导干部根据自学和集中学习，对照查找出来的不足和差距，认真开展党性分析，深刻剖析思想根源，找准努力方向，形成个人党性分析材料，党组成员认真审阅分管党员领导干部的党性分析材料，党组书记认真审阅党组成员的党性分析材料。其他党员干部根据实际情况撰写学习体会。县人大常委会领导带队，深入挂钩的宝华镇宝华、云华村委会开展为民服务活动。开展建党90周年扶贫帮弱送温暖活动，县人大常委会党组书记、主任带队看望慰问部分改制和破产企业的困难职工，帮助其解决生产和生活上的困难，将党组织的温暖送给破产企业的困难职工。（2）6月29日，县人大常委会机关全体干部职工在主任李光琴的带领下，到祥临路南涧段公路旁栽植树木，开展"植纪念树、造纪念林"志愿服务活动，栽种树木近60株。（3）12月30日，县人大常委会机关召开"四群"教育启动大会。（4）在第二十一个全国助残日来临之际，县人大常委会认真开展助残日活动，常委会副主任查朝政、吕宗祥带队代表县四班子分别对小湾东镇7户和南涧镇的14户残疾人进行了慰问，常委会副主任李树德、王淑清带队分别对人大常委会机关挂钩联系宝华镇宝华、云华村委会的20户残疾人进行了慰问，分别给残疾人发放慰问品和慰问金，并且深入到各农户家中，了解残疾人的生产生活情况，鼓励残疾人要树立信心，自力更生，战胜困难，努力改善自己的生活。（5）牵头组织开展以"共享的水、共享的机遇——节水、防污"为主题的环保世纪行宣传活动。（6）完成"绿色走廊"责任路段的绿化工作和"百棵大树进县城"的分包任务。（7）常委会领导带领各委室，积极开展看望慰问企业困难职工、残疾群众、少年儿童、单位离退休老干部等活动，派出机关干部职工帮助指导挂钩联系村开展工作。（8）由于人事变动，年内对机关支部班子、工会班子、妇代小组进行改选，组建新的领导和工作班子。

县人大常委会主任李光琴到无量药谷调研（白家伟　摄）

【召开党组民主生活会】　10月10日，县人大党组在人大小会议室召开民主生活会。会议由县人大常委会党组书记、主任李光琴主持，邀请县人大常委会调研员、非党副主任和组织部、纪委的相关人员参加会议。党组成员根据征求到的意见建议，结合实际深刻查找自身存在的不足和问题，提出了下一步整改措施。李光琴书记反馈了党组征求到的意见建议，通报党组查找出的不足和问题，针对存在的不足，提出整改意见。党组成员、办公室主任罗林周通报2010年民主生活会县人大党组查找出的问题和不足的整改落实情况。会议认为，县人大党组在县委的领导下，为人大和整个机关工作取得实效发挥了不可替代的作用。县人大班子思想统一、步调一致、决策民主，班子成员认真负责，很好地完成各项工作任务，是团结干事的班子、学习型的班子、廉洁务实的班子。

【学习胡总书记在庆祝建党90周年大会上的讲话精神】 7月18日，南涧县人大常委会组织机关全体干部职工集中学习胡锦涛总书记在庆祝中国共产党成立90周年大会上的重要讲话。会议传达学习《中共南涧县委办公室关于认真学习贯彻〈胡锦涛总书记在庆祝中国共产党成立90周年大会上的讲话〉的通知》和《胡锦涛总书记在庆祝中国共产党成立90周年大会上的讲话》。会议要求机关广大党员干部要认真学习领会、深入贯彻落实胡锦涛总书记重要讲话精神，迅速掀起学习热潮，切实把思想和行动统一到总书记的讲话精神上来，把学习成果转化为推动工作的强大动力。

【机关自身建设】 为适应新形势、新任务的需要，县人大常委会切实加强自身建设，提高工作能力。(1)制定机关年度党风廉政建设实施意见和廉政风险重点环节防范管理实施方案，认真查找廉政风险防范重点环节，逐级签订党风廉政建设责任书，扎实开展廉政文化进机关活动和“创先争优”活动，全面贯彻落实党风廉政建设责任制，稳步推进反腐倡廉建设。(2)县人大常委会把发扬求真务实的精神作为加强和改进机关作风建设的关键，结合人大工作的实际，在听取和审议“一府两院”专项工作报告之前，派出调查组对专项工作进行调查，掌握了第一手资料，总结工作中取得的成绩和经验，发现存在的问题和不足，研究提出解决问题的措施和办法，为常委会审议好专项工作打下坚实的基础，把人大工作建立在察民情、解民意、求实效的基础上。积极在机关开展政治理论、爱国主义、集体主义和艰苦创业精神教育，引导干部职工树立正确的世界观、人生观、价值观。定期派出干部职工轮换驻村，深入基层，深入群众，帮助谋划发展思路，协调解决困难问题，拉近与人民群众的距离，培养与人民群众的深厚感情，培养干部职工自觉维护群众利益、真抓实干的作风。(3)在各委室集中学习和干部职工平时自学，组织学习每月不少于1次。机关副科以上领导干部积极参加云南省干部在线学习学院的网络学习教育。选派干部参加省、州人大组织的专题培训和各级党委组织的学习培训。(4)为使社会更加了解人大、支持人大，县人大常委会采取多种形式广泛宣传人大工作。召开部门工作座谈会和与县总工会的联席会议。通过座谈交流，使县级各部门进一步认识和了解县人大常委会的工作，达到互相理解、互相支持、共同促进的目的。认真做好机关刊物《会刊》和《人大通讯》的编印工作，全年编印《会刊》10期、《人大通讯》7期。机关干部职工积极向《云南人大》、《大理人大》、南涧县人民政府公众信息网等各类新闻媒体投稿近百篇，宣传人大工作。

【召开年度工作座谈会】 根据人大常委会年度工作要点，为加强与县级各部门的沟通联系，更好地开展本年度各项工作，2月22日下午，在人大大会议室召开了2011年度涉及工作议题的部门工作座谈会。县人大常委会副主任查朝政、人大各委室主任、县人民政府副县长茶绍荣、县人民法院、县人民检察院等部门领导参加会议。县人大常委会各委室及各部门就2010年工作开展情况和2011年工作计划作了交流发言。查朝政副主任要求各部门要认真学习宪法等法律法规，进一步提高对人民代表大会制度的认识；人大常委会各委室要认真按照工作要点安排，加强与各部门的沟通联系，按计划开展好2011年度的各项工作。茶绍荣副县长就自觉接受人大监督作了表态发言，要求政府各部门要进一步增强自觉接受人大监督的意识，充分尊重人大代表的法律地位，重要工作要向人大报告备案，在人大的监督支持下开展好各项工作。

【县人大与总工会联系会】 7月5日，南涧县人大常委会办公室与县总工会在县人大机关会议室召开联席会议。县十届人大常委会主任李光琴，副主任查朝政、李树德、王淑清，县人大常委会各委室主任；县人大常委会副主任、县总工会主席吕宗祥，县总工会副主席杨朝艳及有关人员参加会议。南涧县人大常委会办公室与县总工会联系制度自建立以来，运行正常，效果明显，在促进人大和工会工作健康发展中充分发挥沟通联系、协调配合等积极作用。

【老干部工作】 重视老干部工作，给予离退休老干部更多关心、爱心和更好的服务。春节、敬老节期间，县人大常委会机关分组走访慰问人大机关离退休领导及遗属29人，给老干部送上了慰问信和慰问金，转达机关全体干部职工对老干部的问候和祝福。

【李光琴挂钩帮扶】 12月14日，县人大常委会主任李光琴在县交通局、南涧镇人民政府领导和工作人员陪同下，到南涧镇复兴村委会帮扶指导工作。李光琴主任全程查看复兴公路通行情况，走访部分村民小组，与村委会干部进行座谈。针对复兴公路水毁严重等情况，李光琴主任协调资金10万元，用于修复复兴公路，解决群众通行难的问题。要求镇村两级认真组织施工，协调公路沿线的群众支持配合，县交通局做好技术指导，确保施工质量和进度；村委会干部要认真做好道路交通安全宣传引导工作，加强安全监管，确保道路交通安全，加强公路建成后的日常管护，确保通畅；村“两委”班子要团结协作，合力抓好复兴村的各项工作；要重点关注孤寡老人，给孤寡老人提供力所能及的帮助；冬季干燥，要做好护林防火工作，确保林区安全；要认真调查了解，全面掌握村委会的贫困人口情况，谋划解决贫困的发展思路。

【查朝政检查指导春耕生产】　3月12日，县人大常委会副主任查朝政到宝华烟站和挂钩的云华、宝华村委会检查指导以烤烟为重点的春耕生产工作，在听取镇村领导汇报后，先后到云华阿里务烤烟大棚育苗点、烟站烤烟大棚育苗点等田间地头实地检查指导。查朝政副主任对宝华镇的工作给予高度评价，认为宝华镇镇村两级干部工作扎实，思路清晰，粮烟生产重点突出，成效明显。提出以下具体要求：（1）要高度重视小春生产的后期管理和收割，做到九黄十收，颗粒归仓。（2）烤烟移栽要按合同，真正落到实处，各阶段的工作中要具有预见性，定期不定期分析烟叶生产情况，上下齐心，为农民增收和烤烟支柱产业的持续发展打下坚实的基础。（3）要重视烟煤的落实和调运，防止植被破坏。（4）要高度重视森林防火，抓好矛盾纠纷排查调处，维护社会稳定。

【召开大理州《村庄规划建设管理条例》颁布施行电视电话会议】　4月28日，根据州人大常委会办公室统一安排，南涧县在县人民政府视频会议室设立分会场组织召开《云南省大理白族自治州村庄规划建设管理条例》（以下简称《条例》）并颁布施行电视电话会议。县人大常委会副主任李树德参加州主会场会议。县人大常委会副主任查朝政、王淑清、吕宗祥，县政协副主席李文荣，县人民政府副调研员张秉堂，县人大常委会各委室主任、副主任，各乡镇人大主席团主席，县住房和城乡建设局、国土局、政研室、发改局、财政局、环保局、水务局、林业局、交运局、扶贫办、文体广电旅游局、教育局的领导参加南涧分会场的会议。会议回顾了《条例》的起草过程，对《条例》颁布施行的重要意义作了阐述。查朝政副主任对学习贯彻《条例》作了明确的要求：（1）各级各部门要认真学习领会会议精神，结合部门工作实际抓好会议精神的贯彻落实。（2）各乡镇参会的人大主席回单位后要把会议精神向乡镇党委汇报，加强与乡镇政府的沟通协调，把会议精神传达到乡镇站所和村委会。（3）县人大常委会办公室要尽快到州人大常委会办公室领取《条例》并分发到基层，确保各级各部门有学习资料。

【州人大调研南涧少数民族村】　4月21～22日，州人大常委会副主任刘世兴为组长的调研组到南涧调研少数民族特色村寨保护与发展工作。县人大常委会副主任、民工委和办公室的领导参加了调研。调研组参加了在县人大会议室召开的工作情况汇报会，听取县人民政府副县长李宏才关于南涧少数民族特色村寨保护与发展工作情况汇报，并深入到乐秋乡瓦午晒肚皮苗族村、公郎镇乌木龙村和望江村进行实地调研。调研组认为，南涧县从解决少数民族和民族地区经济社会发展的突出问题为切入点，紧紧围绕“提高全民素质、改善生态环境、提升优势产业、抓实项目建设、强化招商引智、创新发展模式、促进科学发展”的工作思路，加大对少数民族地区的扶持力度，切实推进少数民族和民族贫困村庄发展，苗族、布朗族等少数民族群众的生产生活条件得到明显改善，民族文化的传承和保护工作扎实有效。调研组建议，继续加大对少数民族地区基础设施建设的扶持力度，切实解决少数民族地区群众基础设施落后的问题。继续加大对少数民族特色村寨保护和发展资金支持力度，抓实规划，突出民族特色。要整合资金，多渠道增加投入，把建设的重点放在提高农村公路路况等级和加大产业培植上，结合实际，加快发展，推动少数民族地区经济社会全面协调可持续发展。

【州人大调研南涧公益林生态效益补偿工作】　7月7日，州人大常委会公益林生态效益补偿机制调研组到南涧调研，调研组由州人大常委会农业委员会主任张寿松带队，州人大常委会农业工作委员会和州林业局一行5人深入南涧开展调研。县人民政府安排专题汇报会，副县长李宏才就全县生态公益林的基本情况，公益林生态效益补偿工作的基本情况及取得的经验、存在的主要困难和问题作了专题汇报，同时向调研组提出了工作建议和意见。县人大常委会副主任王淑清和相关委室负责人参加汇报会。

【州人大调研南涧县国民经济和社会发展计划执行情况】 8月3日，州人大常委会调研组到南涧调研1～7月国民经济和社会发展计划、财政预算执行情况及工业创新发展情况，调研组由州人大常委会副主任张如旺带队，州人大常委会财经委主任赵旭和州发改委、州财政局、州工信委相关人员深入南涧开展调研。调研组听取县人民政府就南涧县2011年1～7月计划和预算执行情况及工业创新发展情况和市场物价工作情况的汇报，实地察看飞龙钾盐有限责任公司和东片区开发建设项目。县人大常委会主任李光琴、副主任王淑清和相关委室负责人陪同调研。

【州人大到南涧进行执法检查】 9月20日，州人大常委会执法检查组到南涧对贯彻实施《中华人民共和国科学技术进步法》进行执法检查，检查组由州人大常委会副主任杨宴君任组长，州人大常委会科教文卫工委主任杨达亨任副组长，成员由罗启文、罗朝玺等5人组成，县人大常委会主任李光琴参加南涧的执法检查。检查组采取听、看、访、议的方式进行检查，重点检查学习、宣传和贯彻《中华人民共和国科学技术进步法》的情况；资金投入和提高资金使用效益以及技术创新体系情况；保护知识产权、激励自主创新以及科技成果转化和应用的情况；健全科技机构和加强科技人才队伍的情况。

【州人大开展信息化建设督促检查】 9月20～21日，州人大常委会督查组到南涧对公安机关开展信息化建设工作情况进行督促检查，督查组由州人大常委会法制委主任委员黄启忠，调研员周汝林、周建国组成，州公安局副局长田树泽、科技信息化处处长张庆繁陪同督查。主要督促检查公安机关信息化基础设施建设情况、落实省州公安机关此项工作相关要求的情况和机构设置及人员配备情况；公安机关信息化应用情况；信息化建设的成效和经验；开展信息化建设工作中存在的问题、困难；加强和改进信息化建设工作的意见、建议和下一步工作打算。21日，在县公安局会议室召开督查工作座谈会，县公安局政委杨耀参就全县公安机关信息化建设工作情况作了汇报。督查组对南涧公安机关信息化建设工作给予充分肯定，认为南涧公安机关紧紧围绕构建和谐社会，服务经济社会发展大局，不断加大工作力度，推进信息化建设，发挥信息化优势，充分履行职能，为维护全县社会稳定，经济发展做出了贡献，对南涧公安机关进一步做好信息化建设工作提出意见建议。县人大常委会副主任查朝政、县人民政府副县长李宏才，县委政法委、县人民法院、县人民检察院、县司法局和县人大常委会法工委领导参加会议。

【州人大调研南涧人大工作】 9月27日，州人大常委会调研组到南涧对贯彻落实州委《关于加强和改进新形势下人大工作的意见》情况进行调研，由州人大常委会秘书长李宗贤任组长，州人大常委会研究室主任贺跃云任副组长，相关人员组成调研组，采取听、看、访、议的方式进行调研，重点调研贯彻州委《关于加强和改进新形势下人大工作的意见》的基本情况；进一步提高对坚持和完善人民代表大会制度重要性的认识；加强和改进新形势下人大工作，在机构设置、人员编制、干部年轻化、经费保障等方面的落实情况；存在的主要问题及建议。县人大常委会办公室主任罗林周向调研组汇报南涧县贯彻落实州委意见情况，县人大常委会副主任查朝政作补充汇报，建议州人大进一步抓好督促检查，促进意见的落实，县人大常委会工委负责人参加调研座谈会。

【州人大办调研老干部工作】 10月9日，州人大常委会办公室调研组到南涧调研老干部工作情况，调研组由州人大常委会办公室副主任鲁文红带队，成员由州人大常委会办公室老干人事科相关人员组成。调研以召开座谈会的方式进行，县人大常委会副主任查朝政和办公室主任罗林周参加座谈，座谈会邀请原县人大常委会主任李国修、李彭章和原县人大常委会副主任查海旺、鲁技祥，退休干部自玉参加。办公室主任罗林周就县人大常委会机关的老干工作情况向调研组作了汇报。南涧县人大常委会机关有离退休干部27人，针对人大机关离退休干部较多的实际，为确保老干工作管理有序，服务到位，工作顺利开展，明确了由县人大常委会党组副书记、副主任分管老干工作，并由办公室1名干部专职负责具体抓落实。每年就老干工作中的生活和政治待遇问题专题开会研究解决，及时处理和解决老干的实际困难，按照有关规定认真落实老干部的政治和经济待遇。参加座谈会的老干部对全县和县人大常委会机关的老干工作给予高度评价，南涧县的老干工作紧紧围绕老有“所医、所养、所为、所乐”开展，为老干部晚年幸福生活做了大量的卓有成效的工作。就老干工作中存在的一些不足提出意见建议，建议各级各部门要加大投入，建设与老干部人数相适应的活动场所，为老有“所乐”创造更好的条件。建议对老干部的管理应以原单位分散管理和老干部局集中管理相结合的方式进行，以减轻老干部局集中管理带来的工作压力。

【州人大调研南涧民族立法工作】 10月11日，州人大常委会调研组到南涧对民族立法工作情况进行调研，由州人大常委会民族委主任李绍平任组长，组织相关人员组成调研组，采取座谈的方式进行调研，重点调研民族立法工作情况，对南涧拟纳入立法规划的《南涧彝族自治县跳菜艺术传承与保护条例》进行指导。县人大常委会主任李光琴、副主任查朝政、相关工委负责人、文化体育广播电视旅游局和县人民政府法制局领导参加调研座谈会。

（张永洪）

南涧彝族自治县人民政府

【概　述】 2011年，南涧县人民政府在州委、州人民政府和县委的正确领导下，在县人大及其常委会和县政协的监督支持下，团结和带领全县各族人民，抢抓机遇、锐意进取，攻坚克难、扎实工作，全面完成了县十届人大四次会议确定的年度目标任务，实现了“十二五”良好开局。

2011年6月1日，吉向阳县长陪同何金平州长到南涧无量药谷调研（白家伟　摄）

【经济实力明显提升】 全年完成地区生产总值214850万元、增长15%，其中一产78738万元、二产41094万元、三产95018万元，分别增长9.7%、28.8%和14%，三次产业比重调整到36.6:19.1:44.3；实现财政总收入32116万元、增长30%，其中地方财政一般预算收入20928万元、增长28.1%，地方财政一般预算支出87556万元、增长26.4%；完成全社会固定资产投资87772万元、增长30%；实现农村经济总收入143688万元、增长25.8%；农民人均纯收入3391元、增长35.5%。

【生态农业建设稳步推进】 按照生态农业示范县建设实施意见，围绕烤烟、泡核桃、茶叶、肉牛、无量山乌骨鸡、生猪、药材、蔬菜、马铃薯9个标准化生产示范基地，多渠道整合项目资金，以点带面、示范带动，9个生态农业示范村建设稳步推进。全县财政支农资金16857万元、增长11%，其中农民直补资金3216万元、增长21.7%。完成农业总产值137970万元、增长17.6%。以稳定和保障粮食安全为重点，大力普及推广良种和骨干科技措施，实现粮食总产量10427万千克。实施烟叶生产考核办法和烤烟种植大户奖励办法，种植“红大”烤烟5333.33公顷，收购烟叶936.3万千克，烟农总收入突破20000万元，实现“两烟”税收6044万元。新种植泡核桃2820公顷，补植补造3060公顷，泡核桃面积累计4.88万公顷，实现核桃产量800万千克、产值23600万元。茶园面积发展到7061公顷，实现茶叶产量388.3万千克、产值18600万元。认真实施草原生态补助和动物防疫整村推进工作，无量山乌骨鸡评选为“云南省六大名鸡”之一，中央财政现代农业发展优质肉牛项目全面完工，以肉牛和无量山乌骨鸡为主的畜牧业稳步发展。出栏肉牛7.6万头、肉禽225万只、生猪18.4万头，实现畜牧业产值56208万元。与云南维和药业携手打造“无量药谷”，完成项目投资20000万元，种植三七和板蓝根等中药材400公顷。

【二三产业不断发展壮大】 全面实施工业强县战略，出台加快工业经济发展决定，工业用地收储、园区基础设施和标准厂房建设顺利推进。进一步完善招商引资目标责任绩效考核办法，实施招商引资项目31个，实际到位资金72319万元。收储工业园区土地87.93公顷，建成园区标准厂房4368平方米。编制得胜生态农特产品加工园区详规，安定工业园区蚂蟥箐治理一期和园区进场公路太阳能路灯示范工程全面完工。凤凰木业集成材生产线、家具生产线投入生产，东恒经贸日处理300吨的铁矿石初选生产线建成投产，南涧水泥制品厂和红云核桃技改搬迁项目、无量山水泥技改扩建项目顺利推进。完成工业总产值155743万元、工业增加值24042万元，分别增长40%和35.1%。加大优秀民营工业企业、企业负责人和个体工商户扶持奖励力度，非公经济增加值占全县生产总值的比重达47.6%。完成旅游产业发展总体规划编制和重点项目策划工作，虎街茶马古道修复工程全面完工，南涧镇历史文化古街区保护与开发、白云生态旅游村、西山跳菜村和灵宝山、碌摩山、西山3个森林公园旅游景点景区基础设施建设正抓紧实施。深化跳菜艺术团改革，成立跳菜演艺公司，积极开发具有民族文化特色的旅游产品，全县旅游吸引力明显增强。制定旅游农家乐评星扶持奖励办法，餐饮、住宿、商贸、物流、保险、房地产等服务水平不断提升，实现外贸出口创汇226万美元，金融机构各项存贷款余额为221048万元和290064万元，分别增长22.6%和27.6%。居民消费能力不断提升，实现社会消费品零售总额76173万元、增长20%。

【发展后劲明显增强】 实施项目带动、投资拉动战略，不断完善项目绩效考核评价机制、县级领导挂钩重点项目责任制、重大项目协调推进机制和反督查机制，切实加大项目储备、申报、争取和实施力度。累计争取上级补助资金67325万元、增长25.4%。农田水利建设完成投资6123万元，完成中低产田地改造528.47公顷，建成烤烟密集式烤房250座、育苗大棚50个。新建和修复各类水利基础设施1192件，新增供水受益人口1.52万人，全县水利化程度达49.6%。母子垦水库除险加固扩建工程通过省级竣工验收，2010年家畜血吸虫病综合治理、大龙潭水库西干渠防渗工程和公郎镇龙平片区以工代赈小型基础设施建设项目全面完工，农村安全饮水工程、“五小水利”工程、县城周山提水工程、无量山镇保台光明片区以工代赈小型基础设施建设项目和大尧、喂羊盐、草皮湾水库除险加固工程进展顺利，乐秋河中型水库和宝华荨麻箐小（二）型水库前期工作有序推进。交通建设完成投资8916万元，完成通达工程25个228千米，无量、沙乐、保安公路水泥路面建设工程全面完工，公民公路、拥翠公路大中修工程和新山、虎街、云华至发达、碧溪至宝华油路工程及东涌桥建设项目正抓紧实施。电力建设完成投资2150万元，110千伏南涧变电二期增容改造工程、2010年农网改造升级10千伏及以下工程全面完工。社会事业完成投资4332万元，总建筑面积3363平方米的文启、团山、拥翠和卫国小学校舍建成投入使用，县医院医技楼及传染科二期工程、县级和4个乡镇就业和社会保障服务中心、3个乡镇集贸市场、毓秀书院修缮工程、宝华和无量综合文化站建设全面完工，县城果蔬集散场地、县医院门诊综合楼、教师周转宿舍和西山、凤岭、沙乐小学校舍等建设项目已组织实施。

【城乡人居环境不断改善】 进一步完善“彝族文化生态园林山城”规划建设思路，修编县城总规、控规、近期建设规划和相关专业规划，不断加强县城基础设施建设，县城建成区面积4.75平方千米，城镇化率达28.1%。投资4659万元的县城金龙路改扩建二期一标段、中兴路改扩建、跳菜雕塑广场、偃月公园整体升级改造、移民大楼、十六米街、涧河宋词长廊建设项目全面完工。保障性住房建设完成投资1600万元，开工率达100%、竣工率达60%以上。县城东片区“龙凤丽都”房地产开发项目累计完成投资27600万元。投资3756万元的县城污水处理厂及配套管网项目进入试运行阶段，生活垃圾处理场项目完成投资2500万元。振兴路、安定路、四十米大街、幸福路等路段美化亮化和县城东片区供水管网建设、南北两端城市公园土方回填工程、公安业务技术用房、信合大楼建设完成投资2150万元。投资715万元的县城至祥临路连接线、县城南北入口、富民街、小军庄平交口4个广场和涧河宋词长廊绿化工程全面完工，县城后山生态修复工程和省级园林县城创建活动启动实施，新增城市绿化面积2.7万平方米。组建县公共汽车有限公司，统一客运车辆车身标识，客运市场管理不断加强。完成县城红绿灯及电子监控系统、道路交通标线标识等配套设施建设。推行县城门前三包责任制，加强广告标识规范化管理，县城管理水平不断提升。新农村建设完成投资7014万元，全面完成乡集镇规划和宝华集镇二期工程建设，公郎中心集镇和全县行政村、自然村村庄规划编制顺利推进，2个中心村、3个示范村、2个行政村扶贫开发整村推进，9个新农村省级重点村、68个扶贫重点村和乐秋瓦午晒肚皮苗族村建设全面完工，完成农村危房改造1500户，发放扶贫到户贷款4029万元。农村“一事一议”财政奖补项目完成投资2030万元。

【森林南涧建设成效明显】　坚持生态立县、环境优先，深入实施“绿色家园”行动计划，新建沼气池2096口、节柴改灶789眼，推广太阳能801台。开展杨善洲纪念林、“万棵树苗入农家”等植树造林活动，栽植各类苗木79万余株，新增特色经济林1133.33公顷、补植补造80公顷。全县单位万元GDP能耗同比下降2.6%。完成天保工程公益林建设1666.67公顷、春夏季造林3733.33公顷、小湾电站淹没区植被恢复易地造林800公顷、中低产林改造2666.67公顷、森林抚育2000公顷。投资564万元的无量山国家级自然保护区二期工程、县森林防火营房建设工程、公郎、南涧镇天保工程管理所建设全面完工。完成国家级和省级森林生态效益补偿南涧县实施方案修订和全县林地保护与利用总体规划、天然林保护二期工程规划编制工作。核发经济林木（果）权证1.2万本，发放抵押贷款2800多万元。

【社会各项事业全面发展】　优先发展教育事业，财政投入教育事业经费15681万元、增长25.3%。全面落实“两免一补”政策，建立教育奖励专项资金，深入实施名师工程、师德建设工程，全面推行城乡教师双向交流制度，促进城乡教育事业均衡发展。抓实校安、校舍加固改造、普通高中能力建设、“两基”迎国检成果巩固和“爱心圆梦”工程，教育基础设施不断加强，各级各类教育质量和水平进一步提高。全县小学、初中学龄人口毛入学率达99.6%和117.6%、高中毛入学率达75%以上。医药卫生体制改革稳步推进，全县基本药物实行省级网上集中公开采购、统一配送，乡镇卫生院、村卫生室药品实行零差价销售，实现城乡居民年人均享受25元的基本公共卫生服务，新农合参合率达93.12%。甲型H1N1、艾滋病、血吸虫等传染病、地方病得到有效控制。严厉打击哄抬食盐价格等违法行为，公交车、出租车、餐饮等行业收费行为进一步规范。新增城镇就业人口1207人，发放小额担保贷款、创业贷款、劳动密集型小企业贷款2190万元，城镇登记失业率3.2%。开展城乡居民社会养老保险试点工作，城镇居民参保率达96.7%、农村居民参保率达88.1%，全县参保人数达12.69万人。2.92万城乡居民享受最低生活保障，发放低保金3430万元。加强城乡特贫困群众救助工作，累计救助困难群众15.67万人（次），发放救灾救助资金1274万元。发放廉租住房、农机具购置和家电、摩托车下乡补贴1828万元。医疗、失业、工伤等社会保险不断完善，农民工工资支付保障、优抚安置、残疾人康复帮扶和少数民族村庄重点帮扶工作得到加强。成立县婚姻登记中心，实现全县婚姻登记集中办理。坚持人口和计划生育基本国策，优生促进工程深入推进，人口自然增长率为3.32‰。文化事业繁荣发展，彝族舞蹈《三道弯》获全国电视舞蹈大赛十佳节目奖、“羞妹”组合获云南省第四届青歌赛原生态唱法银奖。文化惠民工程深入实施，完成43个行政村农家书屋建设，群众文化活动更加活跃，体育事业蓬勃发展。地震、气象、档案、县志、侨务、保密、防灾减灾、新闻宣传、机构编制、机关事务管理等工作取得较好成绩。妇女儿童权益保护和残疾人、老龄事业得到进一步发展。财税、审计、工商、统计、供销、粮食、金融、邮政等工作较好地服务经济社会发展。

【政务服务水平不断提升】　进一步转变政府职能，完善政府工作机制，改进行政管理方式，政府运行效率不断提高。全面完成县政府机构改革和深化乡镇机构改革任务，卫生、供销、财税等各领域改革深入推进。成立县政务服务局，在全州率先建成县、乡、村三级政务服务体系，全县15个常驻制单位、8个综合代理制单位和7个联络制单位进驻中心，335项行政审批事项纳入县政务服务中心和4个分中心集中办理，全面推行窗口受理、内部流转、全程服务、窗口出件“一窗式”服务，群众办事更加方便快捷。法治政府、责任政府、阳光政府和效能政府、创新政府建设深入实施，依法行政水平逐步提高。开展政府创新项目评选奖励工作。加强规范性及涉法类文件审查。聘请城市建设和无量药谷建设发展顾问，重大事项坚持公开听证、专家咨询、集体决策。自觉接受县人大及其常委会和县政协监督，依法向县人大及其常委会报告工作，主动向县政协通报工作。认真办理人大代表建议和政协委员提案。广泛听取工商联、无党派人士和各人民团体的意见。深入推进党风廉政建设工作，严格厉行节约，提倡移风易俗禁止大操大办，全县性工作会议统筹安排、集中召开，公务卡使用范围不断扩大，政府采购行为进一步规范。严肃查处各类违纪违法案件，强化行政监察、审计监督和财政管理，对不作为、乱作为，服务态度差、办事效率低的干部实行问责，政风行风、行政效能建设和反腐倡廉等工作得到加强。深入开展重点建设项目专项稽查和审计、公务用车专项治理、政风行风评议等工作，坚决查处违纪违法案件，政府自身形象不断提升。

【社会治安和谐稳定】　加强群众工作，组建县乡村三级群众工作组织体系。坚持领导干部开门接访、主动约访、带案下访、上门回访制度，企业改制、山林纠纷、征地拆迁、涉法涉诉等一大批信访疑难问题得到妥善解决。平安创建活动和社区矫正工作深入推进，各类违法犯罪活动得到有效遏制，第二轮禁毒防艾人民战争和依法治县工作成效显著，违法用地、非法采探矿和公路沿线违法违规建设行为得到严厉打击，社会治安综合治理不断加强。探索完善重性精神病人救治服务机制，启动实施“六五”普法规划和第三轮禁毒防艾人民战争。群众性精神文明创建活动深入推进，新闻舆论引导和媒体建设管理得到加强。切实抓好各项安全生产工作，全县安全生产形势总体保持稳定。民兵预备役、征兵、优抚安置、人防战备、国防教育等工作不断加强。

2011 年 9 月 13 日，吉向阳县长主持召开无量药谷项目建设推进现场会议（白家伟　摄）

【办公室工作水平不断提高】　县人民政府办公室紧紧围绕县委、县政府中心工作，充分发挥办公室承上启下、联系左右、协调各方的枢纽作用，认真做好办文、办会、办事各环节工作，保证各项工作及时、高效、有序运转，为县人民政府正常有序运转提供了有效保障。(1）按照精简、高效、规范的要求，不断加强公文处理工作的规范化、制度化建设，进一步规范办文程序和公文格式，在政府、办公室文件制发上严把政策关、文字关、程序关、责任关，确保政府机关行文的准确性、严肃性和权威性，全年制发政府各类文件 373 件、办公室各类文件 377 件。强化信息调研督查工作，编发南涧政务信息普刊 12 期，特刊 3 期，上报并被州政府办公室采用政务信息 113 条、省政府办公厅采用 2 条。开展专项督查 15 次、联合督查 33 次、电话督查 50 多次，发出专项督办通知 7 期、政务督查通报 1 期、政务督查专报 8 期，促进各项工作落实。扎实抓好应急值守工作，按照“应急值守、信息汇总、综合协调”的职责要求，坚持 24 小时专人值班、节假日领导带班，保证联络通畅，切实加强应急管理工作，处置突发公共事件能力得到进一步提高。(2）认真落实《南涧县机关事业单位节假日双休日公务车辆使用报告审批制度》、《南涧县财政支出项目审批制度》、《南涧县行政事业单位国有资产处置审批制度》和《南涧县政府办车辆及驾驶员管理暂行办法》、《南涧县政府办财务管理办法》等管理制度，严格执行财政预算、公务用车、公务接待、财物管理等各项规章制度，用制度管人、管事、管财、管物，有效保证政府各项事务的规范、有效开展。(3）切实加强上级与下级之间、部门与部门之间、全局与局部之间的协调，促进政府部门之间形成整体合力，确保政府各项工作的正常有序运转。圆满完成了县内各种重大活动、重要会议和节庆活动的组织筹备工作。全年筹办政府常务会议 12 次、各类专题工作会 41 次。(4）坚持从提高服务质量和效率出发，不断提升队伍素质，加强能力建设，办公室干部职工的进取精神、责任意识、工作活力显著提高，形成了团结奋进、干事创业的良好工作格局。年内，县政府办 1 名正科提拔为副处级干部，1 名副科提拔为正科干部，7 名科员提拔为副科干部，2 名干部选调到州级机关工作。认真执行廉洁自律各项规定，机关作风明显好转，行政效能和工作绩效进一步提高。

【县人民政府重要会议】

1 月 17 日　召开县第十届人民政府第三次全体（扩大）会议。

1 月 13 日　召开全县 2011 年道路交通安全工

作会议。

1月18日 召开2011年烟叶生产工作会议。

2月17日 召开全县2011年安全生产工作会议。

3月9日 召开南涧县2011年项目工作会议。

4月13日 召开南涧县2011年工作会议和南涧县深入学习龙进品先进事迹动员大会。

8月8日 召开南涧县2011年烟叶收购暨现代烟草农业建设工作会议。

8月19日 召开全县2011年上半年经济运行分析会议。

8月19日 召开南涧县2011年新农村省级重点建设村工作会议。

8月26日 召开南涧县质量兴县工作会议。

9月3日 召开南涧县经济林木（果）权证抵押贷款试点工作会议。

9月9日 召开南涧县城乡居民社会养老保险试点工作会议暨养老金首发仪式。

9月9日 召开南涧县庆祝第27个教师节暨全县教育工作会议。

9月13日 召开南涧县"无量药谷"项目建设推进现场会议。

9月23日 召开南涧县2011年防震减灾工作会议。

9月29日 召开南涧县供销合作社改革发展现场推进会议。

10月14日 召开南涧县深化乡镇机构改革动员会议。

10月18日 召开全县2011年度冬季征兵工作会议。

10月24日 召开全县重大基础设施基础产业及工业项目建设现场推进会议。

11月14日 召开南涧县工业经济运行情况分析会议。

12月6日 召开南涧县扶持中小微型企业发展对话会议。

12月8日 召开县城"门前三包"工作会议。

12月16日 召开全县第三轮"禁毒防艾"人民战争工作会议。

12月16日 召开南涧县2012年森林防火暨核桃生产工作会议。

12月20日 召开南涧县"五五"普法总结表彰暨"六五"普法启动会议。

12月22日 召开2012年烟叶生产工作会议。

12月23日 召开南涧县开展群众观点群众路线群众利益群众工作教育、实行干部直接联系群众制度启动大会。

12月29日 召开南涧县第六次全国人口普查总结表彰会议。

12月29日 召开全县千村扶贫开发百村整体推进总结表彰暨连片特困地区区域发展与扶贫攻坚规划编制工作会议。

【县人民政府上报及转报的重要文件】

1月5日 上报《关于2010年度移民工作目标管理责任落实情况的自查报告》。

1月12日 上报《关于2010年粮食行政首长负责制目标责任完成情况的自评报告》。

1月19日 上报《关于请求解决南涧县审计事业工作经费的请示》。

3月3日 上报《关于请求批准南涧县2010年核桃基地建设项目作业设计的请示》。

3月7日 上报《关于请求给予出具南涧绿茶原产地地域范围证明的请示》、《关于审定2011年村民一事一议筹资筹劳标准的请示》。

3月12日 上报《关于请求批准小湾水电站淹地影响农业移民安置方案的请示》。

3月14日 上报《关于请求批准瓦木自移民安置点规划变更方案的请示》。

3月22日 上报《关于请求立项扶持南涧生态农业示范县建设项目的请示》。

3月29日 上报《关于请求审批2011年中心集镇中心村和示范村建设实施方案的请示》。

4月7日 上报《关于请求解决新烟区现代烟草农业基础设施建设资金的请示》。

4月27日 上报《关于申报创建云南省茶叶生产"十优十强"县的请示》、《关于申报创建云南省肉牛生产"十优十强"县的请示》。

4月30日 上报《关于请求解决新型工业发展规划经费的请示》。

5月11日 转报《县文化体育广播电视旅游局关于请求申报公郎石箭等为云南省第七批重点文物保护单位的请示》、上报《关于请求解决南涧县旅游总规编制和旅游开发项目缺口资金的请示》。

5月27日 上报《关于请求"十二五"期间给

予重点扶持南涧县生态建设转移支付补助的请示》、《关于请求将南涧县列入2011年中央财政小型农田水利建设重点县的请示》、《关于请求给予立项扶持南涧县小湾东镇库区瓦朗山泵站提水主体工程的请示》。

5月31日　上报《关于请求解决南涧蔬菜批发交易市场建设缺口资金的请示》、《关于请求给予解决县政务服务中心建设缺口资金的请示》、《关于请求解决农业产业发展资金的请示》。

6月3日　上报《关于提请吴家良等任免职务的议案》。

6月24日　上报《关于提请冯志宏任职的议案》。

6月29日　上报《关于南涧县大中型水库移民后期扶持规划的报告》。

7月18日　上报《关于全县2011年上半年经济运行情况及下半年经济工作重点的报告》。

8月10日　上报《关于地方政府性债务审计发现问题整改情况的报告》。

8月12日　上报《关于2006～2010年耕地保护目标履行情况的自检自查报告》。

8月16日　上报《关于2010年机关单位规范津贴补贴的自查报告》。

8月23日　上报《关于请求省人口计生委给予转报国家人口计生委将南涧县列入2012年国家免费孕前优生健康检查项目试点县的请示》。

8月26日　上报《关于请求批准南涧彝族自治县城乡居民社会养老保险试点实施方案的请示》。

8月29日　上报《关于南涧县大中型水库库区和移民安置区基础设施建设和经济发展规划编制情况的报告》。

9月2日　上报《关于推荐"两基"工作先进集体和先进个人的报告》。

9月20日　上报《关于请求转报南涧县汉江河水库工程建设资金的请示》、《关于请求转报解决南涧县小湾东镇瓦朗山泵站提水工程建设资金的请示》。

9月23日　上报《关于在全县公民中开展法制宣传教育第六个五年规划的议案》。

10月12日　上报《关于请求转报省住房和城乡建设厅给予核发南涧彝族自治县县城区污水处理厂特许经营证的请示》。

10月18日　上报《关于调整南涧城镇新增建设用地山坝利用比例的报告》。

10月24日　上报《关于请求批准南涧县2011年度第一批城镇建设用地转用及土地征收的请示》、《关于南涧县2011年工作总结及2012年工作意见的报告》。

11月7日　上报《关于请求批准完善土地利用总体规划（2006～2020）工作方案的请示》。

11月17日　上报《关于提请审议南涧县2011年财政预算调整方案的议案》、《关于请求审批天然林资源保护工程云南省南涧彝族自治县实施方案的请示》。

11月19日　上报《关于调整南涧县坝区基本农田保护比例的请示》。

11月28日　上报《关于提请刘海涛等同志任免职务的议案》。

11月30日　上报《关于请求解决绿色有机烟叶种植工作经费的请示》、《关于2010年均衡转移支付综合绩效评价的报告》。

12月2日　上报《关于请求帮助解决〈南涧县旅游产业发展总体规划（2011～2025）〉编制补助经费的请示》。

12月5日　上报《关于南涧县2012年村庄规划编制计划的报告》。

12月7日　上报《关于批准南涧县2012年新型农村合作医疗实施方案（试行）的请示》。

12月12日　上报《关于核准小湾水电站库区移民后期扶持人口的请示》。

12月14日　上报《关于2011年度安全生产责任状执行情况的报告》。

12月19日　上报《关于贯彻落实全州加快工业发展大会精神的报告》、《关于给予养殖专业合作社会资金扶持的请示》。

12月20日　上报《关于南涧彝族自治县土地利用总体规划（2006～2020年）完善成果审查意见的报告》、《关于请求审查上报南涧彝族自治县土地利用总体规划（2006～2020年）完善成果资料的请示》。

12月21日　上报《关于南涧县2011年依法行政工作自检自查的报告》、《关于请求批准南涧彝族自治县实施农村义务教育学生营养改善计划实施方案的请示》。

12 月 28 日　上报《关于上报〈南涧彝族自治县林地保护利用规划技术方案〉的请示》、《关于上报〈南涧彝族自治县林地保护利用规划〉框架的请示》。

12 月 29 日　上报《关于 2011 年度农业工作目标责任考核自检自查情况的报告》。

12 月 31 日　上报《关于 2011 年招商引资工作情况报告》。

【县人民政府下发及转发的重要文件】

1 月 11 日　下发《关于 2011 年烟叶生产工作的意见》。

1 月 21 日　转发《云南省财政票据管理办法文件的通知》。

1 月 27 日　转发《州人民政府关于进一步规范房地产市场秩序文件的通知》、《大理白族自治州建设领域农民工工资保证金管理办法的通知》。

2 月 11 日　转发《云南省交通运输工程造价管理办法文件的通知》。

3 月 14 日　下发《关于 2011 年大春生产的意见》。

3 月 21 日　转发《省政府自身建设 2011 年工作要点文件的通知》。

3 月 22 日　下发《2011 年森林防火命令》、《关于行政事业单位经营性国有资产实行统一管理的通知》。

3 月 24 日　转发《州政府关于 2011 年 10 项惠民工程 20 项重大建设项目 20 项重要工作任务分解的通知》。

4 月 14 日　下发《关于表彰见义勇为先进个人的决定》。

4 月 21 日　转发《省人民政府关于加快推进和规范全省政务服务中心建设意见文件的通知》。

4 月 25 日　转发《转发省人民政府关于农民工工资支付保障规定文件的通知》。

4 月 26 日　下发《关于印发南涧县 2011 年惩防体系建设暨廉政建设责任制考核办法的通知》。

4 月 27 日　转发《州人民政府关于进一步做好房地产市场调控工作意见文件的通知》。

5 月 4 日　下发《关于印发南涧县政府自身建设 2011 年工作要点的通知》。

5 月 23 日　转发《州人民政府关于严格规范城乡建设用地增减挂钩试点切实做好农村土地整治工作文件的通知》。

5 月 26 日　转发《州人民政府关于加强地质灾害防治工作意见文件的通知》。

5 月 30 日　下发《关于调整项目审批核准备案职责的通知》。

6 月 7 日　下发《关于下达南涧县 2011 年国民经济和社会发展计划主要指标的通知》、《关于南涧县 2011 年乡镇经济发展考核奖励办法的通知》。

6 月 8 日　转发《州人民政府关于废止部分规范性文件的决定的通知》。

6 月 21 日　转发《大理白族自治州国民经济和社会发展第十二个五年规划纲要的通知》。

7 月 3 日　转发《州人民政府关于进一步加强食品安全工作实施意见的通知》。

7 月 12 日　下发《关于调整县第十届人民政府领导分工的通知》、《关于印发南涧彝族自治县国民经济和社会发展第十二个五年规划纲要的通知》。

7 月 21 日　转发《大理白族自治州科学技术奖励办法文件的通知》。

9 月 15 日　转发《省人民政府关于印发云南省财政监督办法文件的通知》。

9 月 20 日　下发《关于 2012 年小春生产意见的通知》。

9 月 26 日　转发《省人民政府关于促进义务教育均衡发展实施意见文件的通知》。

10 月 18 日　转发《云南省行政许可监督检查办法的通知》。

11 月 3 日　转发《州人民政府关于进一步加强机关事业单位和社会团体个人所得税征收管理工作文件的通知》、《州人民政府关于进一步规范政府核准的投资项目审批权限和监管权限文件的通知》。

11 月 14 日　下发《关于大力扶持发展农家乐旅游促进自主创业的实施意见》。

12 月 11 日　下发《关于扶持和促进中医药事业发展的实施意见》。

12 月 13 日　下发《关于开展第 5 轮行政审批制度改革的通知》、《关于印发表彰奖励南涧县首届政府创新奖励获奖项目决定的通知》。

12 月 26 日　下发《关于印发国土资源管理共同责任制度的通知》。

12 月 28 日　下发《关于 2012 年核桃生产的意见》。

【县人民政府办公室下发及转发的重要文件】

1月6日　下发《关于印发南涧县2011年综合整治非法采石点实施方案的通知》。

1月10日　转发《州政府办公室关于印发〈大理白族自治州政府信息公开工作制度〉文件的通知》、《州政府办公室关于建立城镇居民大病补助医疗保险实施意见文件的通知》、《州政府办关于切实开展好大理州州花评选工作文件的通知》。

1月24日　下发《关于印发南涧县打击侵犯知识产权和制售假冒伪劣商品专项行动实施方案的通知》。

2月9日　下发《关于印发南涧县农业综合开发资金县级报账实施办法（暂行）的通知》。

2月14日　转发《省政府办公厅关于进一步做好政府机关使用正版软件工作文件的通知》。

2月17日　下发《关于印发南涧县其他事业单位绩效工资实施办法的通知》。

2月21日　下发《关于2010年新农合基金专项审计的通知》。

2月28日　下发《关于成立南涧县生态农业示范县建设领导组的通知》。

3月21日　下发《关于印发南涧县质量兴县实施方案的通知》、《关于印发南涧县第一次全国水利普查实施方案的通知》、《关于印发〈南涧县2011年无偿献血工作实施方案〉的通知》、《关于印发南涧县2011年烤烟种植大户奖励办法的通知》、《关于成立南涧县旅游产业土地利用专项规划编制领导小组的通知》、《关于成立南涧县推进商标战略工作领导组的通知》、《关于印发南涧县机关事业单位差旅费管理办法的通知》、《关于印发南涧县森林防火责任行政问责办法（试行）的通知》。

3月23日　转发《省政府办公厅关于切实做好2011年烟叶生产工作文件的通知》、《省政府办公厅关于切实做好2011年烟叶生产工作文件的通知》、《州政府办公室关于进一步加强道路运输管理工作文件的通知》。

3月24日　下发《关于启用南涧彝族自治县工业和信息化局等单位印章的通知》、《关于成立南涧县小（二）型病险水库除险加固工程建设领导组的通知》、《关于印发南涧县流动人口服务和管理实施意见的通知》、《关于印发南涧县药械安全责任体系评价试点工作实施方案的通知》。

3月31日　下发《关于孔雀岭岗移民安置区边坡防护工程竣工决算审计的通知》、转发《省推丘办2011年全省丘北经验推广工作要点文件的通知》。

4月6日　下发《关于印发南涧县深入推进优生促进工程工作实施方案的通知》。

4月21日　下发《关于印发南涧县2011年地质灾害防治工作方案的通知》。

4月27日　下发《关于深化政务公开推进政务服务工作任务分解的通知》、《关于成立南涧县环境保护咨询委员会的通知》。

5月2日　下发《关于印发南涧县城区门前三包责任制实施办法的通知》、《关于成立南涧县小金库治理工作领导组的通知》。

5月6日　转发《州人民政府办公室关于进一步加强乳品质量安全工作文件的通知》。

5月9日　下发《关于成立南涧县应用房地产估价技术评估存量房交易价格工作领导小组的通知》。

5月13日　下发《关于调整全县2011年新型农村合作医疗补偿方案的通知》、《关于印发南涧县2011年草原生态保护补助奖励机制实施方案的通知》。

5月19日　下发《关于成立南涧县林权抵押贷款工作领导小组的通知》。

5月23日　转发《州人民政府办公室关于建立完善土地管理长效机制进一步落实耕地保护共同责任文件的通知》、《州人民政府办公室关于加强和规范采矿权出让管理文件的通知》。

5月26日　下发《关于印发南涧县2011年政府自身建设实施方案的通知》。

6月2日　转发《云南省流动人口服务管理暂行办法文件的通知》。

6月4日　下发《关于成立南涧县大中型水库移民后期扶持规划编制工作领导组的通知》、《关于印发南涧县开展非法占用林地、盗伐乱伐林木及违法违规采脂等破坏森林资源行为专项整治行动实施方案的通知》、《关于调整计划生育手术减免费标准的通知》。

6月14日　下发《关于公布2011年村民一事一议筹资筹劳上限标准的通知》、《关于成立退役士兵安置工作领导小组的通知》。

6月19日　下发《关于印发县政务服务中心进驻事项目录的通知》。

6月21日　下发《关于启用南涧彝族自治县人民政府政务服务局印章的通知》、《关于做好全县城乡低保资金审计工作的通知》、《关于发达水库除险加固扩建工程进行竣工决算审计的通知》、《关于成立南涧县加快工业经济发展协调领导组的通知》。

6月23日　转发《省政府办公厅关于国有土地出让收入计提水利建设专项资金征收和使用管理规定文件的通知》、《转发州政府办公室关于贯彻〈云南省农民工工资支付保障规定〉实施意见文件的通知》。

6月30日　下发《关于成立南涧县村庄规划工作领导小组的通知》、《关于印发南涧彝族自治县森林火灾应急预案的通知》、《关于办理县十届人大四次会议代表建议批评意见和政协七届四次会议委员提案的通知》。

7月1日　下发《关于印发南涧县2011年整治违法排污企业保障群众健康环保专项行动实施方案的通知》。

7月8日　下发《关于印发2011年政府自身建设各项制度实施方案的通知》。

7月11日　下发《关于印发南涧县林地保护利用规划编制工作方案的通知》、《关于印发南涧县进一步推进计划生育村民自治实施方案的通知》。

7月13日　下发《关于启用南涧彝族自治县发展和改革局行政审批专用章等印章的通知》。

7月19日　转发《州政府办公室关于严厉打击食品非法添加行为切实加强食品添加剂监管工作文件的通知》。

7月29日　转发《州政府办公室关于进一步加强国有资产产权交易管理文件的通知》。

8月1日　下发《关于成立南涧县滇西中心城市总体规划实施管理工作协调领导组的通知》、《关于印发〈南涧县生态文明建设及生态县创建实施方案〉的通知》。

8月4日　下发《关于做好2011年优化烟叶结构和烤烟后期管理及收购工作的通知》。

8月9日　下发《关于印发南涧县2011年保障性住房建设实施方案的通知》。

8月10日　转发《云南省人民政府办公厅关于进一步加强农业基础设施建设资金管理和使用工作文件的通知》。

8月11日　下发《关于印发南涧县中高考奖励办法（试行）的通知》。

8月15日　下发《关于印发南涧县保障性住房管理办法（试行）的通知》。

8月19日　下发《关于印发南涧县继续深化安全生产年活动工作方案的通知》。

8月24日　下发《关于转发南涧县中低产林改造总体规划及南涧县2011年中低产林改造实施方案的通知》。

8月29日　下发《关于车辆划拨的通知》、《关于县政务服务中心升级改造工程决算审计的通知》、《关于组建南涧彝族自治县人事劳动争议仲裁委员会的通知》、《关于成立南涧县城乡居民养老保险试点工作领导组的通知》、《关于开展人民防空行政许可事项审批工作的通知》。

8月30日　下发《关于印发南涧县经济林木（果）权证发放暂行办法的通知》、《关于印发南涧县经济林木（果）权证抵押贷款试点工作实施方案的通知》、《关于推进村乡镇、村（居）为民服务中心（站）规范化建设的通知》。

8月31日　转发《省政府办公厅关于进一步加强烟花爆竹安全监督管理工作的实施意见文件的通知》、《省政府办公厅关于进一步加强危险化学品企业安全生产工作实施意见文件的通知》。

9月1日　下发《关于印发南涧彝族自治县城乡居民社会养老保险试点实施方案的通知》。

9月13日　下发《关于南涧县生态公园河边长廊土方回填及挡墙工程竣工结算审计的通知》、《关于对全县乡镇卫生院债务审计的通知》、《关于印发南涧县开展治大隐患防大事故安全隐患排查治理专项行动实施方案的通知》。

9月14日　下发《贯彻落实大理州人民政府办公室关于开展2011年全国粮食稳定增产行动文件的实施意见》。

9月16日　下发《关于建立南涧县依法查处取缔无照经营工作联席会议制度的通知》。

9月19日　下发《关于印发南涧彝族自治县抗震救灾专项应急预案的通知》、《关于进一步加强农村家庭宴席食品安全监管工作的通知》。

9月22日　下发《关于印发南涧县城乡居民房屋火灾保险工作方案的通知》。

9月27日　下发《关于成立乐秋河中型水库项目筹建工作领导组的通知》、《关于印发南涧县知识产权联席会议制度的通知》，转发《州人民政府办公室关于印发大理州推进知识产权战略实施意见任务分解方案文件的通知》。

10月9日　下发《关于成立南涧县中医药工作协调领导小组的通知》。

10月10日　下发《关于成立南涧县省级中央财政小型农田水利建设重点县项目建设领导组的通知》。

10月12日，下发《关于印发南涧县人民政府重大决策听证实施方案的通知》、《关于印发南涧县村庄规划编制工作实施方案的通知》。

11月3日　下发《关于成立南涧县农民工工资支付不良信用单位管理联席会议制度的通知》。

11月9日　下发《关于加快推进村庄规划编制工作的通知》、《关于南涧县无量乡发达地土地开发（占补平衡）等项目决算审计的通知》。

11月15日　下发《关于印发南涧县困难职工帮扶中心"四位一体"规范化建设实施方案的通知》。

11月19日　转发《州政府办公室关于印发省政府工作会议确定重点工作目标任务分解文件的通知》、《州人民政府办公室关于切实做好村庄规划编制工作文件的紧急通知》。

12月1日　下发《关于印发南涧县深化乡镇机构改革财务移交方案的通知》。

12月6日　《转发中央财政森林生态效益补偿基金云南无量山国家级自然保护区（南涧）实施方案的通知》。

12月15日　转发《州人民政府办公室关于加强耕地保护促进城镇化科学发展完善土地利用总体规划（2006～2020年）工作文件的通知》。

12月20日　下发《关于印发南涧县深化政务公开加强政务服务工作实施方案的通知》。

12月23日　下发《关于印发南涧县2012年新型农村合作医疗实施方案（试行）的通知》、《关于启用南涧彝族自治县供排水有限责任公司印章的通知》。

12月26日　下发《关于印发南涧彝族自治县粮油评价销售应急预案的通知》。

12月31日　下发《关于印发南涧县处置电网大面积停电事件应急预案的通知》。

【2011年度人事任免】

1月6日　李绍波（县国土资源局局长）兼任县国有土地收储开发有限责任公司董事长职务；赵玉祖（县国土资源局副局长）兼任县国有土地收储开发有限责任公司副董事长及总经理职务；周海（县国土资源局副局长）兼任县国有土地收储开发有限责任公司副总经理职务。

县国有土地收储开发有限责任公司董事会（兼职）人员由陈朝聪（县人民政府办公室主任）、段家文（县经济局局长）、聂琼芬（县财政局局长）、李文荣（县规划建设局局长）、李绍波（县国土资源局局长）、杨开旺（县商务局局长）、赵玉祖（县国土资源局副局长）、周海（县国土资源局副局长）、姜春良（县国土资源局利用股股长）组成。

县国有土地收储开发有限责任公司监事会主席由谢瑞忠（县监察局局长）兼任，监事会成员由谢瑞忠（县监察局局长）、郭正平（县审计局局长）、金丽（县交通建设纪工委书记）、周世候（县国土资源局地籍股股长）、左家禄（县国土资源局执法大队队长）组成。

2月23日　罗进川　任南涧县人民政府办公室副主任（正科）

李春达　任南涧县环境保护局局长

许玉寿　任南涧县国家保密局局长

张廷伸　任南涧县人民防空办公室主任

张　虎　任南涧县人民政府新闻办公室主任

施兰芳　任南涧县地震事业局局长

杜应伟　任南涧县农业局副局长、茶叶生产办公室主任

商　祥　任南涧县文化体育广播电视旅游局副局长（正科）

童莹莹　任南涧县文化体育广播电视旅游局副局长（正科），免去南涧县旅游事业局局长职务

杨春权　任南涧县安全生产监督管理局副局长

罗之华　免去南涧县人民政府办公室副主任（正科）职务

郎沅龙　免去南涧县广播电视事业局局长职务

宋学林　免去南涧县扶贫开发领导组办公室副主任职务

何太彪　免去南涧县林业局副局长职务

左贤娟　免去南涧县机构编制委员会办公室副

主任职务

周庆华　免去南涧县人民政府新闻办公室主任职务

李天玉　免去南涧县农业局副局长、茶叶生产领导组办公室主任职务

施宗明　免去南涧县国家保密局局长职务（保留正科待遇）

字桂珠　免去南涧县环境保护局局长职务（保留正科待遇）

施光武　免去南涧县地震事业局局长职务（保留正科待遇）

3月10日　康家良　任南涧县人民政府办公室副主任

尹文鹏　任南涧县政务服务中心副主任

胡寿忠　任南涧县发展和改革局副局长

杨丽娟　任南涧县发展和改革局副局长

张永香　任南涧县粮食局副局长

杨开旺　任南涧县工业和信息化局副局长

李文开　任南涧县工业和信息化局副局长，免去南涧县经济局副局长、乡镇企业局副局长职务

罗加跃　任南涧县工业和信息化局副局长

苏建华　任南涧县工业和信息化局副局长，免去南涧县信息化建设局副局长职务

段　华　任南涧县教育局副局长

沙利彪　任南涧县民族宗教事务局副局长，免去南涧县经济局副局长、乡镇企业局副局长职务

罗正兴　任南涧县监察局副局长

邹智军　任南涧县监察局派出直属机关监察分局局长

李秀山　任南涧县监察局派出农林水监察分局局长（试用期一年）

李崇山　任南涧县司法局副局长

席文元　任南涧县人力资源和社会保障局副局长，免去南涧县人事局副局长职务

吕强江　任南涧县人力资源和社会保障局副局长，免去南涧县人事局副局长职务

陈忠平　任南涧县人力资源和社会保障局副局长，免去南涧县劳动和社会保障局副局长职务

徐维光　任南涧县机构编制委员会办公室副主任，免去南涧县劳动和社会保障局副局长职务

陈朝海　任南涧县住房和城乡建设局副局长，免去南涧县规划建设局副局长职务

杨志强　任南涧县住房和城乡建设局副局长，免去南涧县规划建设局副局长职务

叶荣春　任南涧县交通运输局副局长，免去南涧县交通局副局长职务

马国荣　任南涧县交通运输局副局长，免去南涧县交通局副局长职务

李德祥　任南涧县交通运输局副局长，免去南涧县交通局副局长职务

汪德芬　任南涧县农业局副局长、南涧县人民政府扶贫开发办公室主任，免去南涧县扶贫开发领导组办公室主任职务

杨清权　任南涧县农业局副局长

熊　磊　任南涧县人民政府扶贫开发办公室副主任，免去南涧县扶贫开发领导组办公室副主任职务

李　勇　任南涧县水务局副局长，免去南涧县水利局副局长职务

杨本成　任南涧县水务局副局长，免去南涧县发展和改革局副局长职务

高文华　任南涧县文化体育广播电视旅游局副局长，免去南涧县文化体育局副局长职务

陈朝锦　任南涧县文化体育广播电视旅游局副局长，免去南涧县广播电视事业局副局长职务

欧阳俊　任南涧县卫生局副局长

段易君　任南涧县统计局副局长，免去南涧县文化体育局副局长职务

杨家升　任南涧县食品药品监督管理局副局长

周　菊　任南涧县食品药品监督管理局副局长，免去南涧县监察局副局长职务

段家文　免去南涧县乡镇企业局局长职务

左世通　免去南涧县住房保障和房产管理局局长职务（保留副科）

周应华　免去南涧县法制局副局长职务

赵永静　免去南涧县粮食局副局长职务（保留副科待遇）

朱兆易　免去南涧县商务局副局长职务（享受正科待遇）

关其祥　免去南涧县经济局副局长、乡镇企业局副局长职务

张　榆　免去南涧县教育局副局长职务

马贵成　免去南涧县民族宗教事务局副局长职务

张　先　免去南涧县水利局副局长职务（享受

正科待遇）

李德富　免去南涧县监察局派出直属机关监察分局局长职务

吴世伟　免去南涧县监察局派出农林水监察分局局长职务（保留副科待遇）

李志良　免去南涧县监察局派出东南片区监察分局局长职务（保留副科待遇）

邱艳红　免去南涧县监察局派出西南片区监察分局局长职务（保留副科待遇）

尹培靖　免去南涧县司法局副局长职务（享受正科待遇）

曹永凤　免去南涧县环境保护局副局长（正科）职务

杨榆生　免去南涧县食品药品监督管理局副局长职务（保留副科待遇）

宁　刚　免去南涧县广播电视事业局副局长职务（享受正科待遇）

蔡世鸿　免去南涧县移民开发事业局副局长职务（享受正科待遇）

李天荣　免去南涧镇副主任科员职务

3月10日　杨向国　任南涧县人民政府办公室副主任、南涧县人民政府督查室主任

茶龙芬　任南涧县人民政府侨务办公室主任

查荣婷　任南涧县监察局副局长

张学康　任南涧县林业局副局长

罗正开　任南涧县中医院院长

3月14日　左际胜　任南涧县法制局副局长（试用期一年）

蒋恒星　任南涧县机构编制委员会办公室副主任（试用期一年）

饶耀东　任南涧县商务局副局长（试用期一年）

朱树泽　任南涧县监察局派出东南片区监察分局局长

李　用　任南涧县监察局派出西南片区监察分局局长

刘金桥　任南涧县公务员局局长（试用期一年）

何　跃　任南涧县机关事务管理局副局长（试用期一年）

徐元春　任南涧县移民开发事业局副局长（试用期一年）

高云华　任南涧县地方公路管理段段长（试用期一年）

4月28日　周宜富　任南涧县公安局交通警察大队大队长

关其胜　免去南涧县公安局副局长、交通警察大队大队长职务（保留正科待遇）

5月16日　商绩邦　免去南涧县统计局局长职务（保留正科待遇）

6月1日　陈朝聪　免去南涧县人民政府办公室主任职务

8月8日　马　勇　任南涧县统计局局长

杨忠文　任南涧县人民政府办公室副主任（试用期一年）

黄玉芬　任南涧县财政局副局长（试用期一年）

左世通　任南涧县住房和城乡建设局副局长

张启云　任南涧县林业局副局长（试用期一年）

李红宇　任南涧县水务局副局长（试用期一年）

熊绍琴　任南涧县人民政府扶贫开发办公室副主任（试用期一年）

杨忠富　任南涧县城市管理综合行政执法局副局长（试用期一年）

汪洪金　免去南涧县财政局副局长职务

何加润　免去云南无量山国家级自然保护区南涧管理局副局长职务（保留副科待遇）

11月28日　张敬宗　任南涧县人民政府办公室主任

罗正兴　任南涧县人民防空办公室副主任，免去南涧县监察局副局长职务

罗成武　免去南涧县机构编制委员会办公室主任职务

陈忠平　免去南涧县人力资源和社会保障局副局长职务

罗国森　免去南涧县审计局副局长职务

施国美　免去南涧县卫生局副局长职务

11月28日　段艳美　任南涧县外事接待办公室副主任（任职时间从2010年10月起计算）

黄红梅　任南涧县供销合作社联合社副主任（任职时间从2010年10月起计算）

12月26日　李光亮　任南涧县机构编制委员会办公室主任

孔世崑　任南涧县人民政府督查室主任（试用期一年）

唐利萍　任南涧县人力资源和社会保障局副

局长

杨立慧　任南涧县环境保护局副局长（试用期一年）

徐　华　任南涧县卫生局副局长（试用期一年），免去南涧县卫生局副主任科员职务

郭华云　任南涧县审计局副局长（试用期一年）

杨政华　任南涧县食品药品稽查大队大队长（试用期一年）

杨春秀　任南涧县人民防空办公室副主任（试用期一年）

杨向国　免去南涧县人民政府督查室主任职务

张　平　免去南涧县卫生局副局长职务（享受正科待遇）

（何美红）

·法制局·

【概　述】　2011年，法制员在县委、县人民政府的正确领导及州政府法制局的指导下，以宣传、学习《中华人民共和国行政强制法》为契机，忠实履行宪法和法律赋予的各项职责，进一步提高行政管理效能，努力创新行政管理方式，把依法行政工作落实到政府工作的各个方面、各个环节，充分保护公民、法人和其他组织的合法权益，切实做到执法为民。全县各级行政机关依法行政意识明显增强，职能转变步伐明显加快，行政决策更加科学民主、公开透明，行政执法水平显著提高，法治政府建设成效显著，为推动全县经济社会又好又快发展提供法制保障。

【机构和队伍建设】　（1）根据依法行政工作需要，调整充实县依法行政工作领导组，于12月15日制定下发了《南涧县人民政府办公室关于调整充实南涧县依法行政工作领导组的通知》。县依法行政工作领导组由县人民政府县长任组长，县人民政府分管副县长、县人民政府办公室主任任副组长，成员由县法制局局长等组成，领导组下设办公室在县法制局，由县法制局局长任办公室主任，负责处理日常事务。（2）县法制局为正科级机构，设局长1名，副局长1名，工作人员4名，6名干部均具有大学本科以上学历，其中5名接受过正规法学教育。（3）进一步强化人才队伍建设，切实加大政府法制干部的培养、教育、使用力度。全年选派干部参加省、州培训8人（次）。切实增强做好新形势下依法行政工作的责任感和使命感，不断提高自身的政治素质、业务素质和工作能力，努力当好县人民政府依法行政工作的参谋、助手和顾问，在推进全县依法行政工作中充分发挥统筹规划、综合协调、督促指导、政策研究和情况交流等作用。

【制定规范性文件】　（1）严格规范性文件制定权限和发布程序。认真按照《云南省行政机关规范性文件制定和备案办法》的规定、把好规范性文件制定、审查和备案关。年内制定的规范性文件中没有出现创设行政许可、行政处罚、行政强制、行政收费和违法增加公民、法人或者其他组织义务等情况。在制定规范性文件过程中积极采取举行听证会、征求相关部门及人员意见等形式广泛听取民意，在法制审查通过后由制定机关班子成员集体讨论决定，做到未举行听证、未征求意见、未经法制审查、未经集体讨论决定的规范性文件不发布施行。（2）积极推行规范性文件清理工作制度，进一步加强规范性文件管理。对不符合法律、法规、规章规定，或者相互抵触、依据缺失以及不适应经济社会发展要求的规范性文件，特别是对含有地方保护、行业保护内容的规范性文件，坚决予以修改或者废止。清理后积极向社会公布继续有效、废止和失效的规范性文件目录。对未列入继续有效文件目录的规范性文件，一律不得作为行政管理的依据。全年清理规范性文件61件，其中保留47件、废止14件。

【行政执法监督】　认真贯彻落实《云南省行政执法监督条例》和《云南省行政执法监督规定》，切实加强行政执法监督工作。（1）对全县行政执法人员的资格进行严格管理，凡是不符合《云南省行政执法证件管理规定》要求的人员一律不予办理行政执法证报批手续，把好行政执法人员入口关。（2）公布行政执法投诉电话，认真受理行政执法投诉。行政执法机关及其工作人员违法或不当行政执法行为及行政不作为行为，损害行政相对人合法权益，或者贻误行政管理工作，造成不良影响或后果的，一经行政相对人投诉，坚决立案调查，根据调查结果向有关机关提交书面处理建议。（3）建立健全执法检查制度，开展行政执法检查活动，积极推广各行政执法机关在行政执法工作中的先进经验，对行政执法工作中存在的不足责令进行整改。

【行政复议】 切实履行行政复议法定职责，县人民政府及各乡镇、各部门认真贯彻执行《中华人民共和国行政复议法》和《中华人民共和国行政复议法实施条例》，发挥行政复议在行政监督、解决行政争议、化解人民内部矛盾和维护社会稳定方面的重要作用。畅通行政复议渠道，坚持便民利民原则，依法受理行政复议案件。改进行政复议审理方式，综合运用书面审查、实地调查、举行听证会、和解、调解等办案手段。坚持行政复议案件集体讨论制度，将讨论发言作为卷宗内容予以归档。依法公正作出行政复议决定，对违法或者不当的行政行为，该撤销的坚决予以撤销，该变更的坚决予以变更，审理行政复议案件努力做到“案结事了、定纷止争”，切实做到法律效果与社会效果相统一。认真做好行政应诉工作，鼓励、倡导行政机关负责人出庭应诉。年内，办理行政复议案件5件，其中不予受理2件、受理3件，受理中申请人撤回1件、维持被申请机关决定2件。

【重大决策听证和重要事项公示】 认真贯彻落实《云南省人民政府重大决策听证制度实施办法》等相关规定。严格按照省人民政府规定的听证范围实施重大决策听证制度，对法律、法规、规章规定应当举行听证的事项和涉及重大公共利益和群众切身利益的决策事项，一律通过举行听证会后再纳入政府决策。对听证中提出的合理意见和建议予以采纳，意见采纳情况及不采纳理由都以书面形式告知听证代表，并以适当形式向社会公布。年内举行听证会9场。严格遵循依法行政、全面真实、程序规范、及时便民的原则，对县人民政府作出的重要事项实施政府网站公示制度，主动接受人民群众监督，保障人民群众的知情权、参与权、表达权和监督权，推进行政权力公开透明运行，促进政府决策科学化和民主化，切实提高政府的执行力和公信力。按照行政管理权限，分级负责、归口管理，坚持工作通报与工作落实相结合，加强监督与行政责任相结合的原则，确保重点工作通报有序开展。

【政府信息公开】 认真贯彻落实《中华人民共和国政府信息公开条例》和《云南省人民政府政务信息查询制度实施办法》，建立健全政府信息公开工作制度，要求各单位指定专人负责本单位政府信息公开的日常工作，理顺内部工作机制，明确职责权限，确保政府信息及时有效公开发布。积极清理本单位政府信息，认真编制、修订政府信息公开指南和公开目录。建立健全政府信息公开工作考核、社会评议、年度报告、责任追究等制度，定期对政府信息公开工作进行考核、评议。严格按照政府信息公开条例规定的内容、程序和方式，及时、准确地向社会公开政府信息，确保公民的知情权、参与权、表达权和监督权。

（李远魏）

·人民防空·

【概　述】 南涧县人民防空办公室是县人民政府人防工作的主管部门，于2011年4月正式挂牌成立，主要负责全县人防工程建设及收取人防工程易地建设费、人防执法检查、人防宣传教育、人防专业队伍组建、战时人口疏散基地建设等。2011年，人防办在县委、县人民政府、县人武部和州人防办的正确领导下，认真贯彻落实“长期准备、重点建设、平战结合”的人防建设方针，坚持与经济建设协调发展，与城市建设相结合的原则，完善城市防护功能，不辱使命，团结一致，开拓进取，真抓实干，推动了全县人防工作再上新台阶。

【机构独立设置】 县委、县政府把人防工作纳入重要议事日程，及时解决人防工作重点、难点问题，有力地促进人防工作顺利开展。（1）提高机构规格，把县人防办列为县人民政府工作部门，确定为正科级单位，机构独立设置。（2）落实人员编制，设定职能职责。根据县人民政府办公室《关于印发南涧县人民防空办公室主要职责、内设机构和人员编制规定的通知》精神，县人民防空办公室设综合股、工程股、指挥通信宣传股。暂定人员编制5名，其中：领导职数3名，即主任1名，副主任2名。（3）按照公务员管理，由组织人事部门及时调配5名工作人员。（4）落实办公场所和改善办公条件，县人民政府安排两间计88平方米的办公室和必要的办公经费，购置电脑3台、办公桌4套和其它办公设备，为顺利开展工作创造基础条件。

【通信系统建设】 （1）完善人防指挥体制建设，成立南涧县重要经济目标防护领导小组。（2）申报“十二五”时期防灾减灾人防工程项目。争取南涧县人防应急指挥通信系统建设、南涧县人防基本指挥所建设2个项目。（3）选派单位职工参加在北京举办的第10期人防应急救援培训班。(4)依法组织“9·18”防空警报试鸣，县城警报鸣响率、统控率达100%。完善警报器日常维护管理工作。(5)开展制定人防建设“十二五”规划，着手修订完善《南涧县城市防空袭方案》工作。

【人防工程建设】　全面启动人防工程审批、建设管理工作。根据大理州人防工作会议和州人防办文件精神，将县人民防空办纳入县规划委员会成员单位，全县抓好城市规划区内新建民用建筑依法同步修建防空地下室及易地建设费收缴审批工作。制定并向全县各级各部门下发《南涧县人民政府办公室关于开展人防行政许可事项审批工作的通知》。对全县开展人防行政审批工作进行安排，提出审批要求，办理易地建设费收缴《收费许可证》。

【人防宣传教育】　2011年，人防办利用“科技活动周”、“防灾减灾宣传日”等有利时机上街宣传，制作《中华人民共和国人民防空法》展板，悬挂永久性宣传标语，编制人防知识宣传材料4000余份在机关、中学进行分发。在“9·18”防空警报试鸣期间，试鸣公告、宣传标语等相关内容在县电视台进行滚动播出，试鸣仪式制作成视频新闻在电视台头条播出。动员干部职工撰写人防理论文章参加全县理论研讨活动，向省、州人防新闻媒体投递新闻稿件。

举行“9·18”防空警报试鸣仪式（县政府办供稿）

（欧阳贵兴）

·政　务·

【概　述】　根据县委批复，南涧彝族自治县人民政府政务服务局于6月2日成立，后经县机构编制委员会核定，南涧彝族自治县人民政府政务服务局为隶属县人民政府办公室管理，参照公务员法管理的正科级事业单位，核定领导职数3名，其中：局长1名，副局长2名，人员编制10名。县政务服务中心于6月16日正式投入运行。中心办公楼面积1026.85平方米，全县34个县级部门的335项行政审批事项纳入县政务服务中心和4个分中心集中办理，其中：行政许可类182项，非行政许可类103项，服务类50项。县政务服务中心设置常驻制独立窗口单位15个，综合代理制窗口单位7个，联络制窗口单位8个，设置分中心单位4个。15个常驻制单位进驻县政务服务中心窗口办公，选派30名窗口工作人员，采用A B角方式轮岗上班。

【乡镇（村）为民服务中心（站）建设】　全县8个乡镇为民服务中心和80个村（居）委会为民服务站于8月建成并运行。乡镇为民服务中心，分别设立党建群团、社会事务、经济发展、综治维稳4个综合窗口，实行街天集中办公，平时轮值受理的方式开展工作。村级为民服务站采取主动服务、上门服务、流动服务、代办服务等灵活多样服务方式，加强值班工作，切实确保群众申请办理服务事项时，能够找得到人，办得了事。做好委托代办、纠纷调处、证明出具、政策解答、科技培训、办事指导等各类协调服务。

【政务服务业务受理】　2011年，政务服务中心受理各类行政服务事项3.09万件，其中办件2.18万件，承诺件8149件，联办件108件，上报件832件。办结3.09万件，其中件2.18万件，承诺件7938件，联办件103件，上报件951件，补办件3件，退回件28件，业务咨询4437件，均在规定时限内办结，群众满意率达100%。

【“96128”专线建设与管理】　6月，根据省、州、县文件精神，将政府信息直通车专网监督管理工作划转县政务服务局。接受管理工作后，政务服务局对专网建设运行做进一步核查落实，依据要求，应开通“政府信息直通车”的单位有107个，现都能正常使用。认真开展好专网建设宣传、督查、转接、测评等相关工作。全年粉刷“有事找政府、请拨‘96128’”墙体标语148条，粘贴宣传画289张；组织开展测评工作6次，被测评单位均为良好。

【政务党建】　县政务服务局、进驻中心的纪检监察及15个常驻中心窗口单位的工作人员有41名，其中党员27名，9月1日成立政务局党支部。支部建立后，以“为民服务，创先争优”活动为载体，广泛开展“三亮三创三评”活动，即党员“亮身份、亮承诺、亮形象”、“创岗位奉献先锋、创群众满意窗口、创优质服务品牌”、“组织考评、领导点评、群众测评”。每月开展一次民主评议，评选出星级党员，充分发挥党支部的战斗堡垒和共产党员的先锋模范作用，以党建带团队，打造一支优良的政务服务队伍。

【挂钩扶贫】（1）与挂钩的宝华镇宝华村委会开展同抓共促共建活动。（2）派出单位工作人员积极帮助挂钩村委会开展经济林木（果）权证抵押贷款、新农合收缴、新农保发放、烤烟种植等相关工作。（3）根据挂钩村委会办公家具紧张情况，积极予以协调帮助，帮助解决办公家具5套，文件柜2套、档案柜1套、桌椅6套等。（4）根据县委、县政府的相关要求，认真完成好挂钩村委会的各项工作。

（罗忠明）

·商 务·

【概 述】2011年，南涧县商务局在县委、县人民政府的正确领导下，在省、州商务部门的重视支持下，坚持以邓小平理论和“三个代表”重要思想为指导，认真贯彻落实党的十七大和十七届、五中、六中全会、中央经济工作会议和县委九届六次全会、第十次党代会精神，认真实施“提高全民素质、改善生态环境、提升优势产业、抓实项目建设、强化招商引智、创新发展模式、促进科学发展”战略，加强统筹协调、创新工作方法，加大招商引资力度，继续推进“万村千乡市场工程”和家电下乡工作，强化流通行业监管，优化流通环境，努力扩大外贸出口和推动商务事业持续快速发展。

民族商贸城开市庆典（自凤珠 摄）

【招商引资】县商务局认真宣传贯彻落实《南涧县鼓励外来投资办法》、《南涧县招商引资绩效考核办法》、《关于加快工业经济发展的决定》、《关于进一步促进招商引资工作的意见》等文件精神，抓好引进外资各项优惠政策的落实，提高投资便利化水平，认真做好外来投资企业项目建设协调服务，进一步营造良好的投资环境，全面开展招商引资工作。全县实施招商引资项目31个，项目协议资金322265.44万元，到位资金72319.44万元，完成县政府下达年度目标70000万元的103.31%。全县引进项目分别为：（1）工业项目9个，分别是：凤凰木业木材综合开发项目，协议投资5600万元，到位资金3120万元；红云核桃加工销售有限公司泡核桃加工项目，协议投资5000万元，到位资金3000万元；公郎核桃加工厂项目，协议投资2800万元，到位资金300万元；阿里木业加工厂木材加工项目，协议投资1500万元，到位资金1000万元；南涧县阳光红砖厂技改项目，协议投资1300万元，到位资金500万元；南涧县沃南特农产品开发有限公司厂房建设项目，协议投资1600万元，到位资金200万元；南涧县强林林业开发有限公司技改项目，协议投资1000万元，到位资金500万元；南涧县无量山水厂扩建项目，协议投资680万元，到位资金420万元；云南南涧凤凰生态茶厂6000吨茶叶粗精加工生产线建设项目，协议投资2600万元，到位资金1600万元。（2）增资扩股（改扩建）项目2个，分别是：云南大理华庆茶叶有限公司技改项目，协议投资200万元，到位资金200万元；无量山水泥有限责任公司年产60万吨水泥磨粉生产线技改项目，协议投资2000万元，完成投资1600万元。（3）房地产开发项目1个，即县城东片区开发项目，协议资金50000万元，到位资金19000万元。（4）农业项目1个，即云南维和无量山农业科技有限公司“无量药谷”建设项目，协议投资210000万元，到位资金20000万元。（5）服务业项目10个，分别是：万祥工贸有限公司煤炭经营项目，协议投资1000万元，到位资金600万元；县城新区加油站建设项目，协议投资2500万元，到位资金2000万元；和乐加油站建设项目，协议投资1200万元，到位资金1500万元；机动车安全性能检测线建设项目，协议投资800万元，到位资金800万元；宝华集镇市场综合配套项目，协议投资2200万元，到位资金1280万元；公郎大牲畜市场建设项目，协议投资400万元，到位资金200万元；温州大酒店建设项目，协议投资1000万元，到位资金850万元；云南锦通物流有限公司扩建项目，协议投资1279.95万元，到位资金679.95万元；南涧县农产品冷链物流配送中心建设项目，协议投资3306万元，到位资金1010万元；县城家装市场建设项目，协议投资10000万元，到位资金3200万元。（6）商业项目4个，分别是：凤凰小额信贷公司增加注册资本项目，协议投资2000万元，到位资金2000万元；云南鸿翔一心堂药业（集团）股份有限公司建设项目，协议投资227.89万元，到位资金227.89万元；云南同丰医药有限公司南涧分公司建设项目，协议投资171.6万元，到位资金171.6万元；公郎华联超市扩建项目，协议投资400万元，到位资金400万元。（7）矿业开发项目1个，即东恒经贸公司矿产开发项目，协议投资6000万元，到位资金800万元。（8）建筑项目2个，分别是：工程建设公司组建项目，协议投资4000万元，到位资金4410万元；云南康鑫建筑有限公司，协议投资1000万元，到位资金600万元。（9）养殖业项目1个，即无量山乌骨鸡原种保种场建设项目，协议投资500万元，到位资金150万元。（10）在谈项目5个，协议资金180000万元，其中：香港阳光企业集团投资膨润土综合开发项目，协议资金5000万元；无量山乌骨鸡开发项目，协议资金5000万元；厦门以晴集团茶叶籽综合深加工项目，协议资金50000万元；国电龙源南涧风力发电项目，协议资金50000万元；光伏太阳能发电项目，协议资金70000万元。

【对内贸易】 全年新增家电下乡备案销售网点17个，全县家电下乡备案销售网点已达75个。全年销售家电下乡产品8508台，销售额2043.64万元；申报补贴家电下乡产品5993台，已补贴家电下乡产品5993台，补贴财政资金174.01万元；启动“家电以旧换新”工作，当年有4个“家电以旧换新”销售网点、4个回收网点。争取到小湾岔江综合集贸市场列入省政府重点支持的100个重点市场升级改造项目，争取补助资金30万元；争取到碧溪乡综合集贸市场、乐秋乡综合集贸市场列入了州政府重点支持的20个市场升级改造项目2个，争取补助资金50万元；按“加强大型零售商业网点和‘万村千乡市场工程标准农家店建设’”要求，争取了28个“万村千乡市场工程”农家店建设指标，争取补助资金28万元。

农民群众喜购家电下乡产品（县商务局供稿）

【对外贸易】 全县累计发展外贸企业8家，3家实现对外贸易业绩，其中：云南南涧凤凰沱茶厂完成外贸出口31万美元；南涧县沃南特农产品开发有限公司完成外贸出口61万美元；云南茶花林化有限公司完成外贸出口134万美元。实现外贸出口创汇226万美元，完成州下达32万美元任务的706%。

【县级领导挂钩工作】 商务局完成县政府分解2011年县级领导挂钩招商引资重点项目任务外，积极做好云南维和无量山药业有限公司无量药谷项目建设推进工作，年内企业投资20000万元，完成三七种植400公顷、11座基地生活体验站、接待中心和专家楼等基础设施建设前期工作，全面完成县级领导挂钩任务考核数20000万元的任务。

【机关建设】 （1）加强学习型机关建设，认真开展好读书学习活动，投资1000多元，购买了一批经济类、商务知识类、法律类、党的方针政策类书籍，采取集中学习和自学的方式，要求干部职工加强学习，增强干部职工爱读书、读好书、善读书的意识，提高干部职工的理论水平和政策业务水平。（2）围绕“团结、敬业、诚信、和谐”的商务局机关文化建设目标，认真贯彻落实好“一岗双责”工作责任制。（3）抓队伍建设，努力建设“政治过硬、内部和谐、业务熟练、作风优良、执法公正、服务规范”的创新型、奉献型的商务团队。（4）坚持“突出重点，突破难点，克服弱点，实现亮点”

的工作方法，抓实教育培训工作，拓展培训渠道，扩大培训覆盖面，派出职工参加招商引资统计业务培训、家电以旧换新业务培训及商务部组织的对外贸易经营者备案登记业务培训，提高职工综合素质，增强干部职工服务大局意识和发展意识。（5）积极开展职工间的帮扶活动，让进入商务局的新职工能在较短时间内掌握商务工作要点，有效提高办事效率和业务服务水平。

【对外宣传】　全年在《云南省商务之窗》、《云南日报》、《大理日报》、《大理州商务局工作通讯》、南涧公众信息网、《南涧通讯》等媒体上报送工作宣传报道30多条，做到每项重点工作均能在媒体上进行宣传的良好态势；加强信息反馈工作，按照县委宣传部下达的外宣工作目标要求，研究确定本局的宣传重点和工作目标，及时将任务下达给信息员，重大决策、重点工作突破、上级领导检查和重要客商来访及阶段性工作成果等向上外向做好宣传报道，努力提高南涧商务局对外知名度。

【党风廉政建设】　（1）以预防职务犯罪工作为重点，开展警示教育活动。将爱国主义与预防职务犯罪教育有机结合，警醒商务干部做到“自重、自省、自警、自励”，筑牢思想道德和党纪国法两道防线，打造建设高效廉洁的干部队伍。（2）举办“预防职务犯罪知识”讲座，邀请财贸纪工委领导到商务局进行廉政知识讲座，教育干部职工防微杜渐，倍加珍视手中的权力、珍惜个人的事业、珍爱自己的家庭，维护队伍的荣誉，做一名经得住考验、挡得住诱惑、守得住底线的商务干部。（3）狠抓工作纪律，提高了干部职工的精、气、神，形成“比工作、讲业绩，看奉献、树形象”的良好氛围，展现充满激情、富有活力的商务干部队伍形象。积极推进廉政文化建设，创新工作方法，开辟《南涧县商务局廉政文化专栏》，加强“团结、敬业、诚信、和谐”为主题的商务机关文化建设。

【信访建议和提案回复】　认真做好群众来信来访和县人大、县政协交办的建议、提案回复工作。认真做好群众来信来访和县人大、县政协交办的建议、提案回复工作。对县人大代表提出的《关于加大乐秋集贸市场建设扶持的建议》等2个建议进行回复，对县政协委员提出的《关于尽快建设蔬菜批发市场建议》等6个提案进行答复。

【精神文明创建】　扎实开展精神文明创建活动，积极申报县级文明单位。（1）深入开展“文明礼仪普及”活动，加强全局职工文明礼仪学习，促进和提升机关公务员的文明道德素质。（2）扎实开展群众性精神文明创建活动。全年组织职工向杨善洲纪念林等各类捐款3500元，累计无偿献血4人（次）800毫升；结合学习实践“创先争优”活动，注重培养和挖掘先进典型，并利用多种形式宣传学习普发兴、杨善洲、龙进品等先进典型人物的先进事迹，在全局上下形成崇尚先进、学习先进、争当先进的浓厚氛围，为完成各项目标任务提供智力支持。12月7日，商务局被县委、县人民政府授予第十二批“县级文明单位”称号。

【中心工作】　县商务局积极做好挂钩联系点的抗旱救灾和粮烟生产帮扶等工作，年初旱情严峻时，由局领导班子成员负责，派出干部职工30人（次）指导抗旱救灾工作；派出1名新农村建设指导员负责发达村委会的新农村建设指导工作；全年安排给挂钩联系的无量山镇发达村委会专项经费9000多元，组织村民参加农村适用技术培训300多人（次），开展残疾人、贫困群众、困难老党员、困难学生、村干部慰问活动30多人（次）；圆满完成大春粮烟生产185.67公顷的种植任务；全体干部职工深入农户认真开展“四群”教育活动，宣传政策、掌握民情、化解矛盾、营造环境、服务项目，促进地区经济社会发展。

（罗之剑）

·机关事务管理·

【概　述】　2011年，南涧县机关事务管理局在县委、县人民政府的正确领导下，统筹兼顾、协调各方，按照“管理科学、敬业奉献、开拓创新、优质服务”的工作方针，坚持以人为本，认真贯彻落实科学发展观，在全体干部职工的共同努力下，使行政办公区的安全保卫、环境绿化、卫生保洁、水电路维修、食堂管理、房产管理、公共机构节能等各项工作健康、稳妥、有序地开展。

【管理工作】　按照“管理科学化、保障法制化、服务社会化”的总体要求，设立绿化保洁股、安全保卫股、财务股、公共机构节能股、房产管理股。制定各股室工作职责并明确负责人，严格按照工作职责开展工作，促进了行政办公区日常事务管理工作的有序进行，为行政办公区内各单位创造了良好的工作、生活环境。

【安全保卫】 (1) 门卫值勤实行局领导带班制，做到全天24小时有人在岗（包括双休日和节假日），并明确责任要求，对进出的人员及车辆进行登记管理。(2) 协助群众工作局、信访局做好群众来信来访工作，全年接待来信来访人员4326人（次），登记来访人员4089人，登记外来人员4745人。(3) 加强对安全保卫人员的培训工作，并统一安全保卫工作人员的服装和标识，提升工作形象，增强服务意识，提高了安全保卫的能力。(4) 加大对办公区夜间巡逻力度，定时、不定时对办公区车库、食堂、办公室、干部周转房进行巡逻检查，及时排除安全隐患。(5) 加强与办公区内各部门的联系沟通，切实做好防火、防盗、防泄密等各项工作。

【绿化保洁】 严格按照绿化保洁工作职责认真开展工作，确保办公区清洁卫生。不断加大办公区绿化和美化工作力度，投资13万余元，对县委、县政府办公区，人大、政协办公区部分地段进行绿化、美化，改善办公区的办公环境。

【后勤服务】 (1) 对电源电线定期不定期进行检修，排除用电安全隐患。(2) 对人大、政协办公楼出现的楼顶破损、断裂及时进行修缮。(3) 按照建设节约型社会的要求，认真落实节水节电工作，对部分设备进行了节能改造。(4) 加强对食堂工作人员的日常管理，确保饮食的安全、清洁、卫生，给机关干部职工提供一个舒适的就餐环境，生活质量得到不断改善。

【公共机构节能】 (1) 2011年是公共机构节能“十二五”规划的开局之年，全年用电382万千瓦，水38万立方米，车辆用油80万升，实现了比上年单位人均能耗下降3%，单位建筑面积能耗下降2.5%的目标。(2) 组织开展公共机构节能宣传周活动工作，6月14日，组织县委、人大、政府、政协机关开展“低碳体验日”，倡议公共机构工作人员乘坐公共交通工具、骑自行车或步行上下班。向全体公共机构工作人员发出倡议书，要求从我做起，从今天做起，提倡节约，反对浪费，自觉抵制商品过度包装。(3) 按照建设节约型社会的要求，认真落实节水节电工作，对部分设备进行了节能改造，更换节能灯200多个、水龙头60多个。

【党支部工作】 (1) 春节期间，对困难党员群众及80岁以上的老人进行了慰问，发放慰问金1300元，物资1500多元。(2) 在助残日和“六一”儿童节期间，对挂钩村委会部分残疾人和儿童进行了慰问，发放困难补助金1000元，物资折合人民币800多元。(3) 局党支部在党员中开展“创先争优”活动。结合每个党员结对帮扶对象，认真开展结对帮扶工作。

【基建工作】 (1) 投资1.7万元，对县人大、政协大门进行修缮。(2) 投资3.7万元，在县委、县政府大门顶安装LED显示屏，积极宣传好县委、县政府中心工作。(3) 对县委、县政府电动伸缩大门进行维修。

【扶贫挂钩】 (1) 安排2名干部职工积极主动参与挂钩村委会的大春粮烟生产、纠纷调解等工作，为挂钩村委会解决粮烟生产工作经费3000元。(2) 协助村“两委”成立了农业专业合作社。为专业合作社外出考察学习解决经费1000元。(3) 九九敬老节期间，为挂钩村委会老年协会解决活动经费1000元。

【“绿色走廊”建设】 在绿化责任段内补植苗木53棵，浇水10余次，松土施肥2次，苗木成活率及合格率均达90%以上。

（杨德忠）

·驻昆办事处·

【概　述】 2011年，南涧驻昆明办事处认真贯彻落实县委全会精神，以服务和沟通为立足点和着眼点，认真履行职能，加强政治理论学习和业务知识学习，开展服务、对外联络、接洽招商引资等各项事务，不断开创工作新局面，为全县的社会和经济发展做出积极努力。

【协调服务】 (1) 积极做好南涧各部门、各企事业单位在昆办理公务的协调、联络和服务工作，在此基础上，争取到了上级部门的扶持和关心。(2) 积极做好向省级在昆的南涧籍老领导和相关人士的联络工作，传递南涧经济和社会发展的最新情况，使在昆人能够及时了解南涧、关心家乡，为家乡的经济建设和社会发展献计献策。(3) 组织150名南涧在昆工作和创业人员参加昆明白族协会举办的三月街白族节。(4) 做好大理昆明商会成立南涧片区在昆知名企业家推荐入会工作，推荐会员10名，副会长3名，理事1名。(5) 收集和反馈全省经济社会的政策、项目和信息，为全县经济和社会发展服务。(6) 利用各种行之有效的形式宣传和推介南涧，提高南涧在昆明的知名度。

【招商引资】 维和药业落户南涧后，配合维和南涧分公司做好各专家团队考察药谷的后勤服务工作，为专家认知南涧提供第一手资料。

（茶 莉）

·外事接待·

【概 述】 2011年，南涧县外事接待办公室紧紧围绕县委、县人民政府的中心工作，牢记服务宗旨，认真履行职责，统筹兼顾，协调各方，坚持按照打造“学习型接待办、和谐型接待办、活力型接待办”的工作思路，狠抓队伍素质建设，坚持从制度规范入手，创新工作方法，不断探索和拓展外事接待为南涧经济建设和社会发展服务的路子，实现接待工作始终在制度化、规范化的轨道上运行，提升外事和公务接待工作质量，树立全县对外开放的良好形象。

【接待工作】 全年累计完成各级各类检查、考核、参观、调研、督导、考察等团队（组）380场（次）2000多人（次）的接待任务，其中：接待省级部门以上93场（次），州级部门190场（次），其他县市和地区交流、考察、参观团队（组）97场（次）。完成省委第六巡视组、大理州统战部长联席会议、“8·15”会议、大理州供销系统改革发展现场推进会议、大理州工会工作会议及县委、县政府组织召开重要会议的接待服务。

【队伍建设】 县机构编制委员会办公室为接待办核定临时工作人员编制4名，通过向全州公开招聘，所招聘的4名工作人员经过培训已上岗工作，为南涧公务接待工作注入了新的活力。

【务实创新】 坚持务实创新的工作理念，不断提高接待水平。在接待过程中经常使用的一系列接待用品，如名片、各类席卡、接待手册、礼品袋、接待专用礼品等，采用招标的形式，聘请专业公司进行整体的包装设计，选择了一批能够代表南涧特色的图案为背景，全面展现了地方文化特色及经济社会发展所取得的成绩。

【制度建设】 坚持工作规范化，加强内部管理，进一步增强凝聚力和战斗力，严格执行接待标准，提高服务质量。通过广泛征求干部职工意见并召开干部职工会议，研究制定了《南涧县外事接待办公室岗位职责》、《南涧县外事接待办公室内务管理制度》，明确各岗位职责，规范学习、会议、考勤、保密、财务管理、车辆管理使用等制度。坚持思想教育常抓不懈，增强廉洁自律意识。工作中，提倡学习、敬业、实干、奉献、节俭的职业道德，促进每一名干部职工切实改进工作作风，提高服务水平。

（舒 雁）

·信 访·

【概 述】 2011年，全县信访工作在县委、县人民政府的正确领导下，在州委群众工作局（州信访局）的帮助指导下，坚持以邓小平理论和“三个代表”重要思想为指导，全面贯彻落实科学发展观，紧紧围绕县委九届六次全体会议精神。按照“提高全民素质、改善生态环境、提升优势产业、抓实项目建设、强化招商引智、创新发展模式、促进科学发展”的要求。紧紧围绕全县工作大局，以群众工作统揽信访工作，从解决群众最关心、最直接、最现实的利益问题入手，全力破解信访难题，取得了显著成效，为保持全县经济平稳较快发展创造稳定和谐的社会环境。

【信访工作基本情况】 全年受理群众来信来访585件（次），其中：受理来信149件，来信办结率为92%；接待来访436批（次）1083人（次）。县信访部门受理群众来信来访162件（批），信访总量与上年相比下降41.8%，其中：来信55件，比上年相比下降53.4%；来访107批557人（次），比上年相比分别下降34.8%、5.1%。全年接待群众集体访12批412人（次），与上年相比批（次）下降63.6%、人（次）增长9.2%。办理省、州转交办件29件，其中立案交办4件，办结率100%。办理网上信访受理群众诉求24件，办理23件，办结率95.8%；县委书记、县长信箱邮件13件，办结13件，办结率100%。开展县委书记、县长大接访活动4期，接待上访群众10批137人（次）。专题回访4期5批57人（次）。加强对到信访局锻炼培训的优秀年轻干部的业务指导，根据锻炼干部的工作表现适时做出工作鉴定。全年编制工作简报7期。

【认真开展“四访”促和谐活动】 县委、县人民政府高度重视信访工作，坚持开展党政领导干部开门接访、主动约访、带案下访、上门回访、包案处理工作。全年县委、县政府主要领导共阅批来信35件，接待上访群众21批528人（次）；县委、县人民政府班子成员接待上访群众113批1140人（次），涉及企业改制遗留问题、山林纠纷、城镇拆迁和土地征用、劳动社保、特殊群体、涉法涉诉等方面的重要信访问题。

【集中力量化解信访积案】 为确保信访事项依法、按政策处理到位，使信访人稳定在本地。建立健全了信访工作首办责任制、责任追究和绩效考核等制度，并严格落实领导包案、督查督办、信访会审和疑难信访问题专项资金救助等制度，对新发生的重点信访事项实行领导包案处理，综合运用督导检查、带案下访、座谈走访、调查研究等形式，下大力气解决复杂疑难信访问题。

【深入排查化解矛盾纠纷】 为防止矛盾纠纷升级为信访问题和群体性事件，充分利用基层资源，做到经常性排查和集中性排查相结合，加强矛盾纠纷的分类化解，努力做到“早发现、早化解、早控制”。全年排查各类突出矛盾纠纷320起，成功调处316起，调处率达98.75%。

【加大重要信访问题督查督办力度】 根据县委、县人民政府批示，由县委、县政府督查室牵头，信访、纪检、组织及有关职能部门参与督查督办，完结信访件21件。

【加强全国信访信息系统的推广和使用】 （1）立足全国信访信息系统的应用和推广，认真做好信访数据统计上报与信访数据录入工作，做到有信必登、有访必录，信访信息数据录入率达100%。（2）积极参与大理州第七期全国信访信息系统操作培训班，2名信访工作骨干经过考试获得了合格证书。（3）认真做好“书记、县长信箱”、云南省网上信访系统、“绿色专邮”、信访热线电话等信访渠道的应用和宣传，切实畅通信访渠道，创新群众反映诉求的新途径。

【县委群众工作局挂牌成立】 根据省、州党委群众工作会议的要求，印发了《中共南涧县委办公室关于成立中共南涧县委群众工作领导小组的通知》文件，成立了南涧县委群众工作领导小组。印发《南涧彝族自治县机构编制委员会关于设立中国共产党南涧彝族自治县委员会群众工作局的批复》文件，批准设立中国共产党南涧彝族自治县委员会群众工作局，机构属正科级，人员编制6人，县信访局与其合署办公，实行一个机构，两块牌子；增加副科级领导职数1名，县委群众工作局和县信访局正、副职领导实行交叉任职、分工负责。8月24日，召开南涧县群众工作会议，中共南涧县委群众工作局挂牌成立。县委群众工作局成立后印发了《关于征求〈南涧县群众工作考核办法（试行）〉意见建议的通知》和《关于征求〈中共南涧县委关于坚持以人为本执政为民进一步加强新形势下群众工作的实施意见〉意见建议的通知》，广泛征求意见建议。

【业务培训】 9月26日，中共南涧县委召开群众工作暨社会矛盾纠纷化解业务培训会议，对县级相关部门领导、各乡镇分管领导、司法所长、派出所所长、法庭庭长、各村委会书记主任160多人进行群众工作业务培训，重点培训如何做好人民调解、司法调解工作以及如何应对处置突发事件。

【规范全县综治维稳及群众工作机构设置】 根据党委领导、政府负责、社会协同、公众参与的群众工作大格局，按照“谁主管、谁负责”和“属地管理、分级负责”的原则，形成县、乡（镇）、村、组4级上下联动、齐抓共管的工作格局，制定下发了《关于规范全县综治维稳及群众工作机构设置的通知》。（1）设立南涧县社会治安综合治理维护社会稳定工作委员会。（2）乡镇设立综治维稳委及办公室、综治维稳工作中心、社会矛盾纠纷联合调处中心、群众工作站。（3）村（居）委会设立综治维稳工作室和群众工作室。（4）村民小组设立综治维稳及群众工作联络员，规范了全县综治维稳及群众工作机构设置。

（罗红建　何映涛）

·人力资源和社会保障·

【概　述】 2011年，南涧县人力资源和社会保障局在县委、县人民政府的正确领导和省、州业务主管部门的指导下，继续围绕“保增长、保民生、保稳定”目标，以深入开展“创先争优”活动为抓手，贯彻落实科学发展观，加快促进就业和完善社会保障体系建设，不断创新工作思路，强化工作措施，各项工作扎实推进，取得明显成效。

【公务员管理】 (1) 认真抓好公务员培训，组织全县行政机关1318名公务员参加了“强素质比奉献”、深化“忠诚教育”的培训教育活动。(2) 严格落实“凡进必考”制度，全年招录27个职位46名公务员，有1163人报名，最终开考招录26个职位45名公务员，2009年政法院校招录培养体制改革试点定向招录培养学员录用为公务员7名。(3) 认真抓好公务员考核，全县应参加考核1494人，实际参加考核1491人，考核为优秀等次285人，2010年新录用40人和违规违纪受处分4人不定等次，对考核结果为称职及以上人员兑现奖励，对2008～2010年度考核结果为优秀等次人员兑现了奖金。(4) 抓好公开选调县级机关公务员，经报名、考试、考察体检、拟调公示等程序，成功选调5名公务员进入县级机关工作。

【事业单位管理】 (1) 抓好事业单位工作人员考核，全县应参加考核3104人，实际参加考核3101人，考核结果优秀等次602人、合格等次2440人、不合格1人、不定等次58人。(2) 抓好继续教育登记验证，年内接受继续教育总人数2893人，占专业技术人员总数的99.90%，完成规定学时数2885人，占年内接受继续教育数的99.72%，有452名专业技术人员参加学历教育。(3) 抓好事业单位招聘专业技术人员工作，全年招聘事业单位专业技术人员118名，分别为：考核招聘17个岗位27名，考试招聘18个岗位73名，定向招聘“四个项目”人员14名，招聘“三支一扶”服务期满人员3名，安置退役运动员1名。(4) 抓好初职评聘和中高职晋升推荐，完成236人晋职资料审查，经审查符合晋职条件235人，推荐各级评审委员会评审通过183人，其中：高级45人，中级62人，助理级51人，员级25人；年内办理聘用手续171人。

【工资福利与退休管理】 (1) 全年办理增降工资和重新确定工资745人（次），提高遗属生活困难补助标准审批377人（次），遗属生活困难补助43人（次），工作人员到龄退休14人（次），事业单位工作人员病休7人（次），实行职级工资制工作人员按年度考核结果晋升级别工资250人（次），事业单位正常增加薪级工资3500多人（次）。(2) 完成部分退休干部生活补贴调整审批20人（次），完成离休干部生活补贴标准和扩大发放范围审批25人（次），审批已退休聘用制干部增加生活补贴21人（次），机关事业单位工作人员工龄核定19人。(3) 完成信访岗位津贴、审计人员工作补贴、人民法院办案人员岗位津贴、人民检察院办案人员岗位津贴、纪检监察办案人员补贴标准提高的审批工作。

【人才开发管理与服务】 (1) 草拟《南涧县机关事业单位工作人员资格考试奖励暂行办法》，对参加国家统一组织的执（职）业资格考试取得证书人员分别给予3000元、5000元的奖励；参与制定《南涧县“彝乡人才”评选和激励暂行办法》，每两年评选一届，每届评选10名“彝乡人才”，对获得“彝乡人才”荣誉称号的，每人每届奖励1万元。(2) 做好流动人员档案管理及接收工作，年内接收流动人员档案539份，转出档案199份，发出档案商调函70份，开具档案存放证明48份。(3) 做好高校毕业生就业工作，选聘到村任职高校毕业生21名，申报3家事业单位为南涧高校毕业生就业见习基地，以农历正月初九龙灯会为契机，举办南涧县2011年大型人力资源招聘会，34家用人单位入场招聘，提供就业岗位1200多个，吸引近万名大、中专毕业生和城乡富余劳动力求职，现场达成初步就职意向960多人。

2011年正月初九，南涧县首场大型人才招聘会在县城科技广场举行。图为青年志愿者为求职者介绍人员招聘情况（杨政林　摄）

【就业再就业工作】 (1) 强化失业保险征收，全县有参保单位180户，参保职工4490人，收缴失业保险费202万元，为全县失业职工873人发放失业保险金43.73万元。(2) 认真做好城镇新增失业人员的调查统计，办理《失业证》377本，登记城镇失业人员1207人，新增就业1207人，城镇失业率为3.2%，低于州控制失业率。（3）继续做好就业扶持工作，发放小额担保贷款80户403万元，发放创业贷款42户210万元，发放劳动密集型小企业贷款1户200万元。（4）进一步规范公益性岗位管理，开发公益性岗位244个，安排就业困难人员244人。（5）建成县级人力资源市场，完成城乡富余劳动力转移1558人，就业困难人员再就业315人，城镇下岗失业人员再就业357人。

【养老保险】 （1）全县城镇企业职工基本养老保险参保3239人，机关事业单位养老保险参保57人，工伤保险参保5005人，其中农民工参保783人，生育保险参保1502人。城镇职工养老保险基金收入2199万元，养老保险基金支出715万元，机关事业单位养老保险基金收入35万元，养老保险基金支出57万元；工伤保险基金收入138万元，工伤保险基金支出38万元；生育保险基金收入25万元，生育保险基金支出18万元；农村养老保险基金支出1万元。（2）办理集体企业“超龄参保人员”、“中断参保人员”、“未参保人员”参保登记312人；办理个体工商户核定缴费1533人。（3）抓好城乡居民养老保险（新农保和城镇居民养老保险）试点工作，省批准南涧7月1日试点工作启动，县辖区内年满16周岁（不含在校学生）的城乡居民纳入城乡居民社会养老保险，印制发放《南涧养老保险特刊》6.2万份，制作大型户外广告牌9个；全县参加城乡居民社会养老保险人数达12.69万人，收缴社会保险费1569.3万元，其中：农村居民参保人数达12.51万人，参保率88.05%；城镇居民参保人数达1744人，参保率96.67%。向全县2.3万名60周岁以上城乡居民发放每人每月55元的基础养老金共763万元，其中：农村居民22694人753万元，城镇居民164人6万元，重度残疾121人4万元。（4）完成公郎云康加油站等5个建设项目138户482人被征地农民养老保障金征缴工作，被征地面积35.07公顷，征缴养老保障金1050.23万元。（5）完成538名企业退休人员生存认证调查，发放春节慰问信540封，发放企业退休移交人员春节慰问金360人3.6万元，社会化发放率100%，社区管理率99.6%。

【医疗保险】 （1）全县城镇职工基本医疗保险参保8388人，城镇居民基本医疗保险参保人数6184人，城镇居民大病补充医疗保险4082人。（2）年内征缴城镇职工基本医疗保险费1743万元，征缴城镇职工大病补充医疗保险费119万元，征缴居民基本医疗保险213万元，其中县级配套资金20万元、财政补助22万元，征缴城镇居民大病补充医疗保险费18万元；城镇职工基本医疗保险基金支出376万元，其中待遇支出374万元，城镇居民基本医疗保险支出69万元。（3）全年办理职工医保特殊病、慢性病就医证475人，居民医保特殊病、慢性病就医证8人。（4）完成医疗保险州级统筹筹备工作，实现职工医疗保险州级统筹，参保职工在州内就医可持医保卡消费，并可直接与医院结算。（5）做好医疗保险待遇提高工作，将城镇居民住院报销比例分别提高到85%（一级医院）、75%（二级医院）、60%（三级医院），封顶限额提高到9万元，职工封顶限额提高到20万元。（6）完成县中医院信息系统建设。

【劳动保障】 （1）稳步实施劳动合同法，完成60家775人的劳动用工登记和4家用人单位集体合同的审查。（2）组织开展农民工工资支付保障、人力资源市场秩序、整治非法用工打击违法犯罪3个专项检查行动，开设了建设领域农民工工资保证金专户，接受4家5个项目共30.1万元的农民工工资保证金业务工作，开通了农民工工资支付网上举报投诉信箱，逐步实现从源头上预防和治理建设领域拖欠农民工工资行为。（3）对264户各类用人单位7104人开展执法年审，走访75户各类企业用人单位，发放《社会保险法》和《云南省农民工工资支付保障规定》宣传资料400多份。（4）加强劳动人事争议调解工作，处理劳动争议信访案件2件，立案受理劳动关系争议案件1件。（5）积极做好劳动保障服务事项受理工作，受理并审核办理提前退休手续8件，受理工伤认定19件，受理劳动能力鉴定17件，受理特殊工种认定5件。

【自身建设】 （1）按南涧县人民政府机构改革方案，不再保留县人事局、县劳动和社会保障局，组建南涧彝族自治县人力资源和社会保障局，在改革过程中，全县人力资源和社会保障系统广大干部职工做到队伍不散、思想不乱、工作不断。（2）制定了《机关事务管理制度》，从学习制度、公文处理制度、内勤制度、计算机及网络使用管理制度等12个方面加强对干部职工的管理。（3）开展内设机构负责人竞争上岗。经个人报名、资格审查、笔试、竞职陈述、民主测评、组织考察、决定任用等程序，1名优秀年轻干部脱颖而出，竞争南涧县医保中心主任职位成功。（4）制定宣传和信息奖励办法，在国家、省、州、县级主流媒体刊出的，分别按稿费的4、3、2、1倍给予奖励；在国家、省、州级业务部门媒体刊出的，分别按稿费的3、2、1倍给予奖励；在县人力资源和社会保障局网站刊出的，每篇（则）按10～50元兑现稿费。

【四项制度】 （1）实行局机关各股室和局属单位工作月报告制度，每月的1日以前，将上月工作小结及本月工作计划报局办公室整理后印发，局领导根据月小结和计划进行督查落实。（2）深入推进目标倒逼管理，将县级就业和社会保障服务中心建设项目确定为开展目标倒逼管理的重点工作，通过任务细化分解，实施压力传导，推动执行力的提高。（3）不断扩大承诺制度的实施范围，重新梳理局机关各股室、下属单位的工作范围和责任权限，全部行政审批和服务事项实行服务承诺，结合问责制的实施在重点工作和重要工作中主动要求纪检监察、信访等部门全程介入。（4）强化学习制度，每季度组织一次局中心学习组学习，每月组织一次全体干部职工集中学习，学习要求“九有”，学习方法要求“六个结合”，规范“四个一学习制度”，建立个人学习档案，干部职工执行学习制度情况列入年度考核内容。

【公共服务平台建设】 （1）通过积极争取，省发改委2010年将南涧列为全省8个开展就业和社会保障服务设施建设试点县之一，项目建设配套资金到位830.5万元，建成建筑面积3129平方米的县级服务中心，完成公郎镇、乐秋乡服务中心2个新建项目和宝华镇、无量山镇服务中心2个改造项目。（2）建成开通县人力资源和社会保障局门户网站，网站于6月15日投入运行，设有10余个信息版块60余个子栏目，网站累计上传信息428条，访问量5.39万人（次）。

【挂钩帮扶】 组织局机关干部职工帮助无量山镇德安村委会和拥翠乡旧马街村委会开展大春粮烟生产100余人（次），春节慰问困难群众12户，助残日慰问残疾人20户，安排村委会工作经费2万元，帮助争取的德安小学饮水项目已建成并投入使用。

【政务服务】 按县人民政府的要求，对行政审批和服务事项进行全面梳理，规范编制一次性告知书和办理指南，选派2名业务骨干于6月16日进驻县政务服务中心，受理非行政许可事项361件，已办结361件；受理公共服务事项43件，已办结37件；来访咨询36件，来电咨询2件，满意率100%。接听信息直通车专线电话15件。

（刘江明）

·机构编制·

【概　述】 2011年，中共南涧县委机构编制办公室单独设置，保留县机构编制委员会办公室牌子。县委编办自成立以来，始终坚持以邓小平理论和“三个代表”重要思想为指导，深入学习实践科学发展观，紧密围绕县委、县政府工作大局，全面加强自身建设，不断提高服务水平，严格机构编制管理，服务全县经济社会科学发展。

【机构编制管理】 坚持县编委会议研究机构编制工作重大事项制度，抓好“12310”机构编制监督举报电话受理工作，做好机构编制管理数据统计和信息化管理等日常工作。积极开展《地方各级人民政府机构设置和编制管理条例》、《事业单位登记管理暂行条例》、《云南省机构编制管理条例》、《云南省各级机关机构设置和管理暂行办法》和《云南省各级机关领导职数管理暂行办法》等法规宣传活动，深入贯彻机构编制管理政策法规，严格执行工作程序，推进机构编制管理创新。

【行政机构和编制审批】 设立中国共产党南涧彝族自治县委员会群众工作局，为县委工作部门，级别为正科级，县信访局与其合署办公，实行一个机构、两块牌子。设立南涧彝族自治县文学艺术界联合会，为群团组织，正科级。

【事业机构和编制审批】 设立南涧彝族自治县人民政府政务服务局，正科级，属县人民政府办公室管理机构。设立南涧彝族自治县食品药品稽查大队，副科级，属县食品药品监督管理局管理机构。设立南涧彝族自治县婚姻登记中心，属县民政局管理的股所级事业单位。设立南涧彝族自治县农产品质量安全检测站，加挂南涧彝族自治县农业环境保护监测站牌子，属县农业局管理的股所级事业单位。设立南涧彝族自治县园林局，属县住房和城乡建设局管理的股所级事业单位。设立南涧彝族自治县普查中心，属县统计局管理的股所级事业单位。设立云南无量山国家级自然保护区宝华管理站，属县自保局管理的股所级事业单位。将“南涧彝族自治县旅游事业局项目开发中心”更名为“南涧彝族自治县旅游项目开发中心”，隶属南涧彝族自治县文化体育广播电视旅游局。将“南涧彝族自治县中医院”更名为“南涧彝族自治县中医医院”。

【事业单位登记管理】 按照《事业单位登记管理暂行条例实施细则》，严格审核事业单位年审材料，认真清理规范事业单位设立登记和变更登记，完成2010年事业单位年度检验182件、变更登记25件、设立登记4件，并已全部录入“事业单位登记管理系统”。

【政府机构改革】 顺利完成政府机构改革各项工作任务，合理设置政府工作部门25个，直属政府参照公务员法管理的事业机构6个，直属政府事业单位1个，部门管理机构1个，进一步整合了机构，理顺了职责，提升了行政效能。

【乡镇机构改革】 圆满完成深化乡镇机构改革各阶段工作任务，各乡镇党政机构统一设置党政、经济发展、社会事务、社会治安综合治理办公室；事业机构（除教育、卫生外）统一设置农业综合、人口和计划生育、文化广播电视、国土和村镇规划建设、社会保障、生态保护与开发服务中心和财政所。乡镇服务基层职能作用进一步发挥，人员编制管理进一步规范，行政事业管理体制进一步完善。

【政务和公益中文域名注册】 广泛宣传政务和公益中文域名注册工作，严格审核把关，完成政务和公益中文域名注册13件，审核通过待缴费6件，进一步规范了党政群机关和事业单位网上名称的管理，有效提高党政群机关和事业单位网站的权威性、可信度和认知度。

【机构编制执行评估】 开展政府工作部门执行机构编制情况评估，全县25个政府工作部门实现了机构按规定设置到位、部门职能职责界定到位、相关部门之间的关系理顺到位、各部门“三定”协商一致落实到位和“三定”方案印发到位，以及“职责、班子、牌子、印章”四到位，行政管理机制运行高效、有序。

【事业单位清理规范】 开展事业单位清理规范工作，减少事业机构32个，其中：整合减少事业机构16个，撤销事业机构16个。机构加挂牌子减少9块、撤销11块、新增2块，规范事业单位机构名称23个，为分类推进事业单位改革夯实了基础。

【部门自身建设】 制定《中共南涧县委机构编制办公室工作规则》，建立健全包括《会议制度》、《文件审批制度》、《学习调研制度》、《请销假制度》和《保密安全制度》等10项管理制度，用制度管人办事。结合“创先争优”活动，深入开展学习型单位建设，不断增强干部职工的服务意识，提高工作能力和水平。积极开展文明单位创建活动，提高干部职工自身素质，树立机构编制管理部门良好形象。

【其他相关工作】 围绕县委、县政府中心工作，帮助拥翠乡旧马街村委会抓好大春粮烟生产。组织全体干部职工看望慰问旧马街村委会贫困残疾人家庭。积极参与全县党政机关公务用车专项治理工作和“绿色家园”行动计划，栽植纪念树36棵。组织参加建党90周年红歌赛，并与县人社局一起获得了全县第二名的好成绩。

（黄文四）

·移　民·

【概　述】 2011年，南涧县移民开发事业局在县委、县人民政府的正确领导和高度重视下，在省、州移民部门的帮助指导下，认真贯彻落实省、州有关移民工作会议精神，紧紧围绕“搬得出、稳得住、逐步能致富、环境得到保护”的工作目标，按照《小湾水电站招标设计阶段水库淹没处理规划设计报告（审定本）》和移民后期扶持政策要求，认真履行部门工作职责，加强移民政策宣传，优化安置方案，扎实开展县内移民安置工作和大中型水库后期扶持工作，确保库区和移民安置区的社会稳定。

【优化移民安置方案】 为做好小湾水电站淹地影响移民安置工作，按程序完成规划设计变更。根据《小湾水电站招标设计阶段水库淹没处理规划设计报告（南涧县分册）》，在深入调查淹地影响移民剩余资源，广泛征求移民意愿的基础上，针对南涧淹地影响移民安置提出《南涧县小湾水电站淹地影响农业移民安置方案》上报州移民局。

【安置点建设】 县内三字克和岔江新区安置点场地平整及水、电、路基础设施、生产配置和移民户履行政治协商、民主监督、参政议政职能，齐心协力谋发展，凝心聚力促和谐，为全县“十二五”良好开局作出了贡献。

【政协七届四次会议】 5月22~25日，县政协七届四次会议在县城举行。全县政协委员171名，有163名出席会议。会议邀请县级领导35人，邀请列席的县处级以上离退休老干部9人，不是政协委员的政协委室领导9人，县人大各委室主要领导7人，没有县政协委员的县级各部门领导42人，住南涧的州政协委员3人。会议主要议程：（1）听取和审议《政协南涧彝族自治县第七届委员会常务委员会工作报告》。（2）听取和审议《政协南涧彝族自治县第七届委员会常务委员会关于提案工作情况的报告》。（3）列席县十届人大四次会议，听取并协商讨论《政府工作报告》、“两院”工作报告及其他报告。（4）补选1名县政协常委。（5）听取本次会议提案审查情况的报告。（6）审议通过本次会议决议。

【提案办理情况】 县政协七届三次会议提交118件，闭会期间提出3件，经提案审查委员会审查，立案121件，立案率100%。提案委员会将审查立案的提案认真梳理后，送交县人民政府，县人民政府于6月30日召开了提案交办工作会议，按照分级负责、归口办理的原则，将121件提案交由27个党政机关（单位）办复落实。提案交办后所有承办单位均按照《中国人民政治协商会议云南省委员会提案工作条例》的规定，在3个月内办理完毕，办复率100%。具体情况如下：（1）提案提出情况。121件提案中，委员个人提出的55件，占提案总数的45.5%；以委员联名、界别、活动小组提出的58件，占提案总数的47.9%；集体提出的提案有8件，占提案总数的6.6%。提案内容涉及：经济建设类的58件，占47.9%；教科文卫类的21件，占17.4%；政法社会保障类的39件，占32.2%；其它类的3件，占2.5%。（2）提案办复情况。121件提案，办复率达100%，其中：已落实的（A类）提案有20件；正在办理落实的（B类）提案有76件；因条件有限暂不能落实的（C类）提案有17件；需等待上级出台政策，短时间内无法解决的（D类）提案有8件。

【政协七届十八次常委会】 3月31日，政协七届十八次常委会在县城召开。会议由县政协主席李德忠主持，县政协常委会委员18人出席会议。会议主要议程：（1）听取了县政协七届四次会议有关情况作说明。（2）根据县委组织部的任免通知，决定免去黄顺县政协办公室副主任的职务，免去毕治鑫县政协人口资源环境委员会副主任职务；决定吴军生任县政协人口资源环境委员会主任、马学友任县政协办公室副主任、李明权任县政协经济建设委员会副主任、曹永凤任县政协人口资源环境委员会副主任、张榆任县政协科教文卫体委员会副主任。（3）因人事变动，部分单位的委员、常委发生变化，按照政协章程有关规定，对部分县政协委员、常委作调整增补：调整阿金光县政协七届委员会委员、常务委员职务，调整吴航、邹智菊、罗会军、杨梅花、杨春权、杨文勋、赵斌龙、自德炼、张仁、连仲林、黄朝荣县政协七届委员职务，增补鲁才旺为政协南涧县七届委员会委员、常务委员，增补殷文辉、李国珍、高虎、杨清耀、施增宏、左国梁、邱艳军、查秀宾、黄顺、吴军生、罗建川为政协南涧县第七届委员会委员；由于部分政协活动小组长工作变动，为便于开展委员活动，决定免去罗会军南涧镇政协委员活动小组组长、杨梅花乐秋乡政协委员活动小组组长、杨春权碧溪乡政协委员活动小组组长、自德炼小湾东镇政协委员活动小组组长、杨文勋公郎镇政协委员活动小组组长、赵斌龙宝华镇政协委员活动小组组长、张仁无量山镇政协委员活动小组组长职务；决定高虎任南涧镇政协委员活动小组组长、杨清耀任乐秋乡委员活动小组组长、施增宏任碧溪乡委员活动小组组长、左国梁任小湾东镇委员活动小组组长、邱艳军任公郎镇委员活动小组组长、查秀宾任宝华镇委员活动小组组长、黄顺任无量山镇委员活动小组组长。

【政协七届十九次常委会】 5月13日，政协七届十九次常委会在县城召开。会议由政协主席李德忠主持，县政协常委会委员20人出席会议。会议主要议程：（1）听取县政协副主席、县委统战部部长刘增武关于县政协七届十七次常委会议以来七届四次会议有关变动情况的说明。（2）作出了召开县政协七届四次会议的决定。（3）因部分县政协委员工作变动，按照政协章程有关规定，决定调整刘期彬南涧县七届委员会委员职务，同意增补徐思彬、杨利雄为政协南涧县七届委员会委员，撤销杨枝臣政协南涧县七届委员会委员资格。

【政协七届二十次常委会】 5月24日，政协七届二十次常委会（七届四次会议期间）在县城召开。会议由县政协主席李德忠主持，县政协常委会委员18人出席会议。会议收集了讨论县政协两个报告和协商讨论《政府工作报告》情况；推荐补选1名常委候选人；讨论修改《选举办法》(草案)；提名推荐总监票人、监票人；讨论修改会议《决议》(草案)。

【政协七届二十一次常委会】 7月22日，政协七届二十一次常委会在县城召开。会议由县政协主席李德忠主持，县政协常委会委员20人出席会议。会议听取副县长冯志宏关于茶叶产业发展情况通报；听取县质量技术监督局2009年以来质量技术监督工作情况报告；听取县政协民主评议工作组关于对县质量技术监督局工作情况的调查报告；讨论并民主评议南涧县质量技术监督局工作；因人事变动，根据政协章程有关规定，决定调整段洁政协南涧县第七届委员会委员、常务委员职务，免去蒋桂莲县政协民族宗教“三胞”联络委员会主任职务。

【政协七届二十二次常委会】 10月21日，县政协七届二十二次常委会在县城召开。会议由县政协主席李德忠主持，县政协常委会委员20人出席会议。会议听取副县长李宏才关于全县2011年上半年经济运行情况通报；组织学习《中共南涧县委关于支持人民政协履行职能发挥作用的意见》。

【政协七届二十三次常委会】 11月30日，县政协七届二十三次常委会在县城召开。会议由县政协主席李德忠主持，县政协常委会委员18人出席会议。根据县委组织部免职通知，决定免去杨定福政协南涧县委员会七届委员会委员和社会法制委员会主任职务。

【政协七届二十四次常委会】 12月29日，县政协七届二十四次常委会在县城召开。会议由县政协副主席刘增武主持，县政协常委会委员19人出席会议。会议作出召开县政协七届五次会议的决定；确定在县政协七届五次会议上常委会工作报告和提案工作报告的报告人；协商讨论县政协七届五次会议议程（草案）；协商讨论县政协七届五次会议日程（草案）；通过政协七届五次会议执行主席编组建议名单；通过政协七届五次会议提案审查委员会组成人员建议名单；协商讨论县政协七届五次会议提案截止时间（草案）；通过县政协七届五次会议邀请人员范围（草案）；作出政协七届五次会议未尽事宜处理办法的决定；讨论修改《政协七届委员会第四次会议常务委员会工作报告》(讨论稿）和《政协南涧县七届委员会第四次会议以来提案工作情况的报告》(讨论稿)。

【主席会议听取专题汇报】 9月29日，县政协召开57次主席会议，县政协主席李德忠和副主席刘增武、杨发英、卢志坚、李文荣出席会议，会议由李德忠主席主持，会议邀请相关部门领导和县政协常委会各委室主任列席会议。会议听取县人民法院和县安全生产监督管理局工作情况通报，主席会议对人民法院和县安全生产监督管理局的工作情况表示满意，针对工作中存在的困难和不足分别提出意见、建议。

【委员视察】 7月13～14日，县政协组织州政协南涧活动小组委员和部分县政协委员对全县工业经济发展和县城东片区开发情况进行了视察，针对视察中发现的问题和工作中存在的困难，提出意见和建议。

【调研工作】 根据县政协常委会2011年工作要点，县政协常委会组成调研组分别对全县泡核桃林下产业开发、农村太阳能热水器推广使用和城市管理工作情况等进行调研，形成了专题调研报告，针对工作中存在的困难和问题，提出解决问题的意见建议。

【民主评议】 为认真履行政协民主监督职能，完善民主监督机制，促进有关单位和部门改进工作作风，提高工作效率和服务质量，县政协常委会按照《政协民主评议办法》，组成民主评议工作组，于4、7月对县质量技术监督局工作进行民主评议。经过听取工作汇报、调查研究、走访调查，形成调查报告，并将调查报告提交政协南涧七届委员会二十一次常委会进行民主评议。工作组将评议意见和测评结果分别报送县委、人大、政府、纪委和被评议单位。县质量技术监督局根据评议意见形成整改措施报县政协，并将整改措施落实情况向县政协作汇报。

【宣传工作】 全年政协机关干部职工积极撰写理论文章、新闻稿件，在各级宣传媒体上刊载稿件25篇，分利用新闻媒体宣传报道政协各种重要会议、活动，为开展政协工作营造良好的氛围。

【文史工作】 县政协第四辑文史资料编撰委员会完成了南涧第四辑文史资料编印出版工作，收录34篇文史资料约20万字，内容涉及南涧的历史、人物、民族文化、行政机构改革、风景名胜和社会经济发展的各个方面，对南涧史料形成很好的补充，发挥了政协文史资料“存史、资政、团结、育人”的社会作用。

【省政协调研组到南涧调研“优生促进工程”】 3月17日，以省政协人环委副主任毕励为组长的省“优生促进工程”调研组一行6人，在州政协和州计生委相关领导的陪同下，到南涧调研“优生促进工程”工作。调研组在县委书记苏发吉、副书记陈策、政协主席李德忠、副县长阮智齐、李宏才、政协副主席卢志坚及相关部门领导陪同下，先后深入到县计划生育服务站和南涧镇计生服务所进行了调研。调研组在实地调研和听取汇报后，调研组充分肯定了南涧“优生促进工程”工作，要求提高对“优生促进工程”重要性和长期性的认识，要全面推进“优生促进工程”开展；要加大资金的扶持力度，增加检验设备；要加强制度建设和平台建设，加强部门联动，创新工作机制和管理模式，干部队伍和人才培养，提升计生工作队伍的整体素质；要加大宣传力度，让群众广泛知晓。

【袁爱光到南涧调研】 5月5日，州政协主席袁爱光一行，在县委书记苏发吉、县长吉向阳、政协主席李德忠、县委常委、副县长沈文荣、李光琴、县人大副主席查朝政及县工信局领导的陪同下，先后深入云南茶花林化有限责任公司、南涧县飞龙钾盐综合回收有限公司、云南凤凰木业开发有限公司、南涧县凤凰生态茶厂进行实地调研，详细了解各企业建设、生产经营情况。在汇报会上，县委书记苏发吉就南涧工业经济远景发展和工业园区建设情况向调研组作了汇报，县委常委、副县长李光琴就南涧工业经济发展情况向调研组作汇报。通过实地调研和听取汇报，袁爱光对南涧工业经济发展所取得的成绩给予肯定，认为南涧工业经济发展思路清、目标明、氛围浓、办法多、成效大、前景好。并要求进一步深化认识，提高对工业强县战略的认识，抢抓机遇，增强加快经济发展的责任感和紧迫感，加大宣传力度，营造经济稳步快速发展的良好氛围；要建好工业园区，抓好项目前期工作；要狠抓招商，抓实项目的巩固发展，推动工业经济快速发展；要强化措施，改善机制，切实提高服务水平，创造更好的发展环境，巩固发展现有企业；要加大投入，推动工业经济发展；要开拓创新，加快转变经济发展方式，要加强领导，全面落实项目的目标、任务。

【梁林到南涧调研】 12月13～14日，原省政协常务副主席梁林到南涧对农村经济、教育发展和社会捐资助学等工作进行调研。在县委书记苏发吉、县政协主席李德忠、副县长李华东、政协常务副主席刘增武陪同下，先后到宝华镇凤凰水电希望小学、县城集贸市场和云南南涧凤凰生态茶厂参观调研，听取了相关工作情况汇报。梁林一行对农村教育发展尤为关注，并对农村经济收入、产业发展、农村教育、物价水平等各方面进行了详细询问。并指出，教育要从娃娃抓起，要加强教师队伍建设，加大对教师的培训力度，提高教育教学质量。县委、县人民政府抓住机遇，加快发展，经济社会各项事业发展取得令人瞩目的成绩，全县经济社会取得长足发展，培植优势产业，增加收入，使村民生产生活发生新的变化。希望南涧继续加大工作力度，深入推进各项工作，更加重视农村教育，使南涧经济社会事业得到更好发展。

2011年12月14日，原省政协副主席梁林在县政协主席李德忠、副主席刘增武陪同下，到南涧凤凰生态茶厂调研（白家伟　摄）

【州政协调研水利基础设施】 5月5日，以州政协副主席张树蕃为组长的州政协调研组一行到南涧调研水利基础设施建设工作。调研组在副县长李宏才、政协副主席杨发英及相关部门负责人的陪同下，先后深入母子垦水库、宝华镇进行了实地调研，详细了解母子垦建设情况、宝华现代烟草农业建设工作情况，调研组通过实地调研和听取副县长李宏才汇报了南涧“十一五”水利基础设施建设情况后，调研组认为，南涧县高度重视水利基础设施建设工作，思路清晰、措施有力、成效明显，探索出的山区农田水利建设路子得到省、州各地好评和学习借鉴。并要求，要进一步树立机遇意识，增强生态保护识意识，树立项目意识，多方式多渠道争取和整合资金，加大建设力度；要进一步探索工程成本，提高工程实施效果；要进一步创新管理体制，加强水利基础设施管护，使其长时间发挥应有的效益。

【自身建设】　为适应新形势、新任务的需要，县政协常委会切实加强自身建设，提高工作能力。(1) 制定了机关党风廉政建设实施意见，层层签订党风廉政建设责任书，稳步推进防腐倡廉建设工作。(2) 运用党组会议、常委会议、主席会议、职工会议、委员小组活动、参加专题讲座和会议培训等多种形式，认真学习党的路线方针政策，认真学习政协统战理论和业务知识，提高委员、机关干部的综合素质和工作能力。(3) 理论学习与开展“创先争优”活动、学习“杨善洲精神”、“龙进品先进事迹”结合起来，引导干部职工树立正确的世界观、人生观、价值观，发扬求真务实的精神、真抓实干的作风。(4) 发挥政协委员的主体作用和县政协各专委室的职能作用，凝心聚力，共谋发展，立足岗位，建言献策。(5) 各委员活动小组结合各自特点，积极撰写提案，反映社情民意，组织开展多形式的调研视察活动，努力为促进南涧经济社会发展服务。(6) 充分发挥政协各专门委员会在县政协工作中的基础性作用，不断提高专门委员会组成人员的政治和业务素质，积极探索专门委员会工作新思路新方式，切实增强工作活力和成效。(7) 县政协各专委室认真负责，组织完成各项调研视察工作，积极参加各项中心工作，担任有关部门的行风监督员、巡视员、陪审员等，参加公务员、事业单位人员招考监督和中考、高考巡视等工作。

【老干部工作】　春节、敬老节期间，县政协主席、副主席在各委室的陪同下，看望慰问16名离退休老干部，了解老干部生活情况、健康情况，通报单位的工作。

【其他工作】　县政协常委会履行工作职责，围绕中心，服务大局，认真完成各项工作任务。(1) 经常深入基层，调查研究，掌握实情，积极帮助指导挂钩联系村组的各项工作，分阶段派工作队员协助做好新农村建设和产业发展等工作，帮助协调解决工作中遇到的困难和问题。(2) 认真做好处级领导挂钩重点项目工作，深入现场调研，详细掌握情况，积极献计献策，推动工作发展。(3) 服从服务于全县工作大局，选派工作队员，积极参与做好国有土地收储、基层党建、经济林（果）权证抵押贷款和绿色家园建设等工作。(4) 做好挂钩联系村委会工作，先后为挂钩的公郎镇底么、落底河和宝华镇兔街、小铁窑4个村委会争取新农村建设、学校建设等项目经费20.5万元。

（刘家芬　吴新荣）

群众团体

·工　会·

【概　述】　2011年，南涧县总工会在州总工会和县委的正确领导下，全面贯彻落实省总工会十届六次全委会、州总工会八届五次全委会和县委九届六次全委会精神，紧紧围绕“贯穿一条主线，实现两个普遍，做到三个坚持”的工作思路，以发展和谐劳动关系为主线，实现企业普遍建立工会组织、普遍开展集体协商或工资专项协商；坚持围绕中心、服务大局，坚持推进乡镇工会规范化建设，坚持“党工共建”、“创先争优”。围绕发展和谐劳动关系、维护职工合法权益这条主线，切实做好星级乡镇创建各项工作，突出开展维权机制建设、困难职工帮扶、技能提升、乡镇工会建设、工资集体协商等重点工作，团结动员全县广大职工为建设富裕、民主、文明开放和谐南涧，推动全县经济社会又好又快发展做出新的贡献。

【“创先争优”活动】　县总工会按“党工共建”工作的要求，充分利用工会组织覆盖广、深入职工一线的特征，发挥好工会组织是职工的大学校作用，切实深入开展好“创先争优”活动。(1) 深入开展党群共建示范点创建活动，创建1个州级和10个县级党群共建示范点。(2) 深入开展“创先争优”活动“三挂三扶三提升”工作，县级工会干部职工深入基层挂钩，开展好帮扶助困工作。(3) 积极开展志愿者服务活动，组织73个基层工会107名职工参加，完成县“职工林”建设工作。(4) 在建党90周年来临之际，对20名优秀工会工作者和30名先进职工进行表彰。

【创先培训及竞赛】 充分发挥组织引导作用，以开展“创建学习型组织，争当知识型职工”、“职工技能大赛”、技能培训等活动为载体，大力实施职工经济技术创新工程，通过职工技术技能大赛的开展，提高职工技术素质，把开展岗位技能竞赛作为职工经济技术创新工程的核心内容来抓，发挥工人阶级主力军作用。(1) 广泛开展“创先争优”活动，培育职工学习风尚。申报州级“工人先锋号”2家、“先进职工之家”3家，全县有“先进职工之家”83家（州级17家、“工人先锋号”11家），合格职工之家150家。(2) 举办全县机关企事业单位有32支球队参加职工篮球运动会，其中男队24支、女队8支。(3) 为开展好企业建会工作、宣传好当年出台的《云南省企业工会条例》，举办首届企业职工篮球运动会。(4) 积极开展技能培训，全年完成4个工种206人的培训工作。(5) 全年在大交集团、供电公司、卫生系统、乡（镇）工会举办技能竞赛，9个工种181人参加，有33人受到表彰奖励。(6) 继续抓好电力公司8名师傅结成25名徒弟的“师徒结对”工作。(7) 在教育系统开展师徒结队工作，结成45对，形成“一带一、一帮一”的格局。

举办2011年职工技术技能大赛（县总工会供稿）

【健全机制】 按照主动、依法、科学维权的新要求，不断完善机制，创新工作载体，全面推进劳动关系和谐企业建设，在全县营造和谐稳定的劳动关系。(1) 加强民主管理和民主监督工作，完善以职代会和职工大会为载体的厂务、校务、院务公开制度，畅通诉求渠道，保护了职工群众的知情权、参与权。(2) 按全总“两个普遍”的总体要求，进一步规范平等协商集体合同制度，对运营正常的75家企业工会开展集体合同签订工作，签订72家，集体合同签订率达96%，其中68家企业签订工资专项集体合同，签订率达90.67%。(3) 深入开展“创建劳动关系和谐企业”活动，全年新创建县级劳动关系和谐企业5家，申报州级劳动关系和谐企业家3家。全县有劳动关系和谐企业11家，其中省级1家、州级4家。(4) 为有效地调整劳动关系，加大源头参与和监督的检查力度，建立健全与人大、政府的联席会议制度以及劳动关系三方协商会议制度。(5) 深入学习宣传贯彻《云南省企业工会条例》。县总工会与工业和信息化局、人力资源和社会保障局3家共同联发贯彻学习条例的通知，深入基层开展《条例》宣传工作，不断加强企业规范化建设。(6) 全县有7家企业19个班组437名职工和13个机关企事业单位739名职工参加“安康杯”竞赛活动。

【组织建设】 总工会按照“哪里有职工，哪里就有工会组织”的建会方针，创新思路，强化措施，着力构建“横向到边、纵向到底”的工会组织网络，把壮大组织队伍和加快标准化建设步伐作为工作的重要内容。(1) 按省总工会“广普查、深组建、全覆盖”的总体要求，完善和健全组织网络，有27家企业新建立工会组织，新增企业会员203人，职工入会率达100%。新建会22户，发展会员356名，全县有基层工会200个，会员8420名，净增会员356名。(2) 对44家行政、企事业单位和乡镇工会拨付补助款14.42万元，用于支持基层工会“职工之家”建设和开展职工文化体育活动。(3) 加大对乡镇工会规范化建设扶持力度。累计下拨22.5万元，用于支持乡镇工会建设。(4) 出台星级乡镇工会创建工作考核评比办法，切实落实创星工作的目标任务。

【帮扶解难】 切实转变观念，强化服务意识，努力为全县困难职工办实事、办好事、解难事。(1) 做好困难职工档案管理，深入开展“送温暖”工程。制定《南涧县总工会困难职工帮扶办法（暂行）》，形成帮扶工作日常化、制度化、规范化。全年筹措资金27.96万元，帮扶629人（次）。全县建有困难职工档案830户2562人，全面实现困难职工档案动态管理。(2) 全年累计完成374人（次）26.11万元的医疗报销工作，完成6490人的第八期职工医疗互助金收取工作，收取互助金78.56万元。(3) 积极配合州总工会做好劳模评选工作，龙进品获省级先进工作（劳模）称号；在“五一”期间组织12名中央、省部级、州级劳模及“五一”奖彰获得者参加的劳模座谈会，发放劳模慰问金5200元。(4) 积极解决困难职工、农民工子女上学难问题，认真开展“金秋助学”活动。全年帮扶特困职工子女18名，发放助学救助金2.1万元，使全县困难职工家庭的学生感受到党和政府的温暖，感受到社会的关爱。(5) 完成16名下岗、失业、农民工等人的2011年创业贷款，协同银行发放贷款80万元，其中完成6名30万元的贷款额度。

【经费管理】 积极争取党政支持，工会经费按工资总额的2%纳入县级财政预算。全年收缴机关事业单位工会经费379.64万元，其中县级工会入账315.56万元。全年基层工会全部完成自检自查，县总工会重点抽取审计41个基层工会，占基层工会总数191个的21.14%，其中对8个乡镇工会进行了全部审计，审计面达100%；对本级的2010年预算执行情况、2011年预算和上半年执行情况进行审计审查，进一步规范了工会系统的资金管理，确保工会资金财产安全完整。

召开2011年劳动关系和谐企业评审会（县总工会供稿）

【自身建设】 为适应新形势对工会工作的新要求，抓实各项工作，积极做好州、县文明单位复查工作，不断强化自身建设，加大工会工作的规范化管理，工会在职工群众中的影响力和凝聚力进一步增强。(1) 认真组织机关干部职工加强政治理论和业务知识学习，努力做到用科学的理论武装工会干部的头脑，使机关干部职工在行为实践上有明显的改观，工作作风有明显的转变，宗旨意识、服务意识明显增强；按领导班子成员工作分工，切实抓好党风廉政建设，重点工作和重点环节防范工作，落实了工作任务，做到人人有目标、工作有重点、任务有时限，确保了阶段目标工作任务如期完成。(2) 按照工会干部岗前培训的要求，通过各种方式方法，积极参加省、州的培训，加强对全县工会干部的教育培训。全年选派21名干部职工参加省、州组织的培训，并对全县乡镇工会、部分机关企事业基层工会干部进行培训，通过培训，不断提高了职工的工作能力和素质。

【中心工作】 按县委、县人民政府的统一部署，派驻工作队员抓好挂钩村的烤烟生产工作；开展残疾人慰问、“六一”儿童节慰问等活动；积极为挂钩村协调工作经费1万元。

（李朝明）

·共青团·

【概　述】 2011年，共青团南涧县委在县委、县人民政府的正确领导下，在团州委的精心指导下，全县各级团组织高举中国特色社会主义伟大旗帜，以邓小平理论和“三个代表”重要思想为指导，深入学习贯彻落实党的十七届五中、六中全会、团省委十二届五次全会、团州委十一届四次全会、县第十次党代会、县十届人大三次全会精神，围绕党政中心，坚持重心下移，全面履行职能，强素质建队伍，抓重点创特色，夯基础树品牌，带领全县广大团员青年圆满地完成各项任务。

【共青团南涧县十一届二次全体（扩大）会议】 4月8日，共青团南涧县十一届二次全体（扩大）会议在县城召开，会议总结了2010年工作，安排2011年任务，并与各基层团委签订《2011年团内目标管理责任书》，印发《2011年团工作要点及实施计划》，做到任务明确，责任到人。

【少先队第一次代表大会】 6月1日，中国少年先锋队南涧彝族自治县第一次代表大会在县城召开，会议选举产生了县第一届少先队工作委员会委员，李华东当选为少工委主任，董学、马荣林当选为少工委副主任；会议听取并审议通过少先队工作报每月 25 日为学习日，开展党员承诺、领导点评活动。

【信息宣传】 制定《南涧县基层团组织宣传工作实施方案》和《南涧县企业和新社会组织宣传工作实施方案》，利用网络媒体、报刊、广播电视和共青团信息等，及时报送全县团活动信息，全年在《大理青年》刊登信息 183 条，县级媒体刊登信息 42 条，大理电视台播出宣传南涧共青团工作新闻 5 条，其中天津美术学院研究生支教团工作先进事迹在大理电视台《身边》栏目播出。

（张淑珍）

·妇女联合会·

【概　述】 2011 年，南涧县妇联在县委、县人民政府的正确领导下，坚持“一手抓发展，一手抓维权”的工作方针，紧紧围绕县委、县政府的中心工作，按照“党政所急、妇女所需、妇联所能”的要求定位妇女工作重点，在创新上谋思路、特色上做文章、实效上下功夫，突出推进“双学双比”、“巾帼建功”、“五好文明家庭”、“争做合格家长、培养合格人才”四大主题活动，开展提高妇女素质、促进妇女创业就业、帮助妇女增收致富、增进家庭文明和谐、维护妇女合法权益、帮扶弱势妇女儿童、加强未成年人思想道德建设等工作，促进全县经济社会又好又快发展。

【“巾帼林”建设】 县妇联积极响应县委、县政府号召，充分发挥妇联在“森林南涧”建设中的示范带动作用，认真筹备，精心组织，制定实施方案，深入实地踩点、规划设计、绘制效果图、精选苗木，建设“巾帼林”。(1) 5 月 17 ~ 18 日，组织机关巾帼志愿者开展“建设滨河巾帼林，共建生态园林城”植树活动，率先完成了涧河走廊“巾帼林”建设，让原先的垃圾点变成美丽的绿化带。(2) 在巾帼示范村，组织村民在房前屋后栽花种树，美化绿化庭院，净化居室环境，先后投入 2.4 万元，在拥翠乡小村、无量山镇和平、宝华镇阿克塘大村、小湾东镇阿务里、南涧镇下南厂、乐秋乡晒肚皮开展“巾帼林”建设，栽植绿化树 1200 多株。(3) 积极做好“绿色走廊”、“巾帼林”抚育管护工作，责任段内树木成活率达 100%，成为全县第一批通过验收单位之一，并在全县“绿色走廊”建设表彰大会上进行经验交流发言。

【创建巾帼护卫队】 针对农村白色污染日趋严重的问题，深入各乡镇创建村容整洁示范点 10 个，组建村容整洁巾帼护卫队 12 支，统一发放队服 470 套，垃圾桶 170 只。(1) 制定环境卫生管理制度，实行环境卫生门前三包（包卫生、包绿化、包秩序）、公共区域分片包干，定期集中处理垃圾，保证村内环境卫生整洁干净。(2) 建立团结互助制度，队员平时积极参与村内矛盾纠纷调解，帮助老弱病残家庭，开展互助活动。(3) 确立村内事务管理制度，倡导移风易俗，红白喜事从简，并定期开展义务活动。

【项目争取】 (1) 认真组织实施“贷免扶补”项目，设立专门服务窗口，确定专人负责。全年帮助 138 名创业者申请贷款 687 万元，其中大学生 8 名、农民工 111 名、复转军人 3 名、城镇登记失业人员 16 名，带动 226 人就业。(2) 为 19 名贫困孤儿提供 3.3 万元的生活补助。全年县、乡妇联深入农户开展入户关怀活动 67 次 156 人（次），选送 2 名贫困儿童参加州妇联举办的心理健康知识培训。(3) 实施贫困妇女社区关怀救助项目，为农村贫困妇女提供无利息、无担保的小额贷款，帮助贫困妇女发展生产、勤劳致富。截至 2011 年 5 月，累计贷款资金 11.8 万元，受益农户 59 户。5 月 24 日，全国基层妇女项目骨干到南涧县参观考察项目实施情况，县妇联对项目实施情况进行经验交流。

【巾帼志愿服务】 在全县范围内组建巾帼助农志愿队 1 支、巾帼维权志愿队 1 支。9 月 12 日，组织 12 名巾帼志愿者到拥翠乡大瓦锅村开展支农活动，为贫困妇女解决 8 亩多烤烟入窑难的问题。

县妇联组织巾帼志愿者到拥翠乡大瓦锅村帮助特困妇女收烤烟（县妇联供稿）

【创建“平安家庭”】 举办“平安家庭”培训5场（次），创建“平安家庭”示范村4个、示范单位1个，申报“平安家庭”示范户280户，授牌215户，促进了社会和谐稳定。

【帮教工作】 帮教工作是妇联参与社会管理的重要工作之一。充分利用妇联组织联系广大妇女的优势，在树立信心、关心生活、贴近感情上下功夫，到省女子二监开展帮教行动，到县看守所开展“送服务、助帮教、促回归”温暖教育主题活动，真诚帮助女服刑人员改造，开导女服刑人员树立正确的世界观、人生观、价值观。全年帮教10名女服刑人员、2名刑满释放人员。

【未成年人教育】 （1）结合涧河宋词长廊被损坏一事，于12月1～20日，先后到南涧二中、四中、职中、宝华中学、城镇中学举办中学生家庭教育法律讲座，有5900多名家长和学生听取专题讲座。（2）摸底调查帮教问题儿童，年内开展12人（次）的一对一、面对面的感化教育工作。

【“三八”纪念活动】 （1）举办“三八”文艺晚会，邀请五名杰出妇女代表走上舞台发表感言，号召全县各行各业的妇女以她们为榜样，在平凡的岗位上做出不平凡的业绩。（2）“三八”期间，县妇联、县保健院对全县机关、企事业单位的女干部、女职工进行以妇科为主的健康检查，实行检查费用减半优惠，有500多名妇女参加了检查。

【“六一”慰问活动】 “六一”期间，牵头组织相关部门到南涧小学、示范小学、宝华小学、公郎小学、碧溪中心完小、乐秋中心完小、米家禄小学、建设希望小学、乐乐幼儿园等学校看望慰问少年儿童。全县各级各部门、企业、爱心人士慰问贫困儿童3617人11.58万元。

【维护妇女儿童合法权益】 （1）开展以“温暖你我她、维权服务进万家”为主题的“三八”维权周系列宣传活动，累计解答法律咨询260多人（次），发放宣传单2.6万余份，展出宣传板报30余块。（2）认真接待来信来访，全年接访群众63人（次），解答回复率达100%，其中婆媳关系调解4人（次）、家庭教育12人（次）、婚姻关系调适34人（次）、家庭暴力5人（次）、解决其它困难问题8人（次）。

【关注儿童】 （1）做好《2001～2010年妇女儿童发展规划》终期评估工作。（2）开展留守妇女儿童现状调查。全县有农村儿童3.3万人，留守儿童1.3万人，其中父母双方长期（连续1年以上）外出务工的小学生及学龄前留守儿童828人。（3）邀请团中央《知心姐姐》心理健康教育全国巡回报告团到南涧免费为学前儿童家长暨中小学教师做关注学前儿童心理健康报告会，有1000多名家长、教师和妇女干部参加。（4）实施春蕾计划，为乐秋中学争取到安康图书室1个，配置了价值4万余元的图书2681册。推荐家庭贫困、成绩优异的南涧县乐秋中学应届毕业生罗涛到昆明市女子中学春蕾班免费就读。

【挂钩扶贫】 （1）深入农户调查了解大春粮烟生产情况，督促群众按节令收种庄稼，并对备耕物资就位困难的特困户进行摸底登记，为20户特困家庭送去20包尿素，价值2100元。（2）为挂钩村的8户创业者申报“贷免扶补”项目贷款，促进农民创业增收。（3）为上虎村委会解决大春粮烟生产科技培训经费2000元，购置打印机1台。（4）在第21个全国助残日，走访慰问11户残疾户。（5）春节期间，慰问6户困难党员、6户困难群众。

【“感恩党·感恩父母”宣讲活动】 为庆祝建党90周年，县妇联深入各乡镇基层一线，组织开展“感恩党·感恩父母”宣讲活动，累计开展讲座12场，参与听讲的群众达1300多人。

【创建低碳家庭·共享时尚生活】 5月10日，在科技广场开展“创建低碳家庭·共享时尚生活”宣传活动，有1000多个家庭、50多名妇女在“创建低碳家庭·共享时尚生活”行动登记表上郑重签名，承诺从衣、食、住、用、行等生活细节做起，认真践行“家庭低碳计划十五件事”。组织广大妇女开展全民健身活动，其中偃月公园健身场所被全国妇联授予“全国妇女健身示范站点”荣誉称号。

【党风廉政建设】 2011年，县妇联被列入县委党风廉政建设工作考核单位。按照县纪委九届六次全会的部署，县妇联抓实党风廉政建设和反腐败工作，年内组织集中理论学习15场（次），主要领导为单位干部职工讲廉政党课1次，班子成员为农村讲党课11场（次），撰写理论研讨文章3篇。

【乡镇妇联换届选举工作】 全县各乡镇圆满完成乡镇妇联换届选举工作，选举产生乡镇妇联主席8名、副主席5名、执委委员58名，进一步优化了妇联干部队伍，增强了基层妇女组织活力，提升了乡镇妇女工作整体水平。

【自身建设】 (1) 1月28日，八届三次执委（扩大）会议在南涧宾馆召开。会议听取了2010年工作报告，总结2010年全县妇联工作，分析了存在的问题和不足，安排2011年的妇联工作，并增补了1名县妇联八届执委。(2) 结合科学发展观、“创先争优”等活动，积极组织全县广大妇女参加妇联干部岗位读书、党史知识竞赛等活动。(3) 选送1名女“村官”参加第二期云南省优秀女“村官”能力建设培训；1名农村妇女参加云南省农村先进女能手培训；11名妇联干部参加省妇联举办的妇女干部培训。(4) 开展妇女素质培训。全年先后深入村民小组开展平安家庭、“禁毒防艾”、疾病防治、交通安全等培训12场（次），参训人数达1500多人（次），增强了农村群众的法律意识、“禁毒防艾”意识、保健意识和文明交通意识。

县妇联到公郎镇大乌木龙开展“禁毒防艾”宣传培训（县妇联供稿）

【信息工作】 以《南涧妇女》、《南涧消息》、《大理日报》、《大理妇女》、大理电视台、南涧电视台为载体，广泛宣传妇联工作。累计在各类媒体上发表信息20余篇，编辑《南涧妇女》6期，提高了妇联组织的影响力和凝聚力。

（左世娟）

·科学技术协会·

【概 述】 2011年，南涧县科协在县委、县人民政府的领导下，在省、州科协的具体指导下，按照中国科协提出的努力为广大科技工作者服务，为经济社会全面协调可持续发展服务，为提高公众科学文化素质服务，全面加强科协组织的自身建设的“三服务一加强”的工作定位，紧紧围绕全县工作大局，充分发挥县科协桥梁纽带的职能作用，扎实开展科普宣传、科技服务、学术交流、技术培训和青少年科普工作，认真组织实施科普惠农兴村计划，着力加强自身建设，推动了全县科学素质建设工作，促进了公民科学素质的提高，为促进全县经济社会又好又快发展做出了积极的贡献。

【召开科协第五次代表大会】 10月12～14日，县科协召开了第五次代表大会，会议审议通过了《南涧县科学技术协会第四届委员会工作报告》，根据科协章程和组织程序选出了25名第五届委员、7名常务委员会委员、1名主席、2名副主席、1名秘书长，表彰了10个科普工作先进集体和30名优秀科普工作者。

2011年10月14日，南涧县科学技术协会第五次代表大会在小湾宾馆召开（适志宏 摄）

【科普宣传】 (1) 配合县农业、林业、科技、畜牧等部门组织县乡（镇）两级科技人员深入农业第一线开展农村适用技术的培训、试验、示范、推广等工作。(2) 以“携手建设创新型国家”为主题的科技活动周于5月13日在县城开展。有24个单位85人参加活动，展出展板42块，宣传标语2条，发放《预防疾病关爱生命》、《泡核桃栽培和病虫害防治》、《肉牛养殖》、《气象与灾害》、《云南科技报》、《抗震减灾》等科普宣传资料2.28万份，药具4200只，接受气象防灾减灾等各类咨询200多人（次）。

【省农函大培训】 云南省农村致富技术函授大学在南涧招收茶叶、泡核桃、黑山羊、养牛、石榴、枇杷、梨、桃和养猪8个专业、22个教学班、学员

1100人，分专业人数为：茶叶250人、泡核桃450人、黑山羊 50人、养牛100人、石榴、枇杷100人、梨 50人、桃50人、养猪50人。经过面授辅导培训和学员自学，考试合格结业学员1095人，结业率99.5%。县科协被云南省农函大表彰为先进集体。

【青少年科普活动】 （1）科技活动周期间与州科协、州地震局一道深入南涧县宝华镇虎街完小，开展了“防灾减灾日”科普宣传活动。（2）9月，组织27届青少年科技创新大赛。（3）“体验科学”——中国流动科技馆全国巡展南涧站活动于11月14日至12月14日在南涧举办。（4）省科技馆分别到安定小学、和平小学和虎街哨小学开展“科普剧”和“科普小讲堂”演出活动。

【农村科普工作】 围绕县委、县人民政府的中心工作，坚持“实际、实用、实效”的工作原则，依靠科普组织、网络体系，充分利用现有设备，开展了多层次、多形式、多内容的农村实用技术培训。全年举办培训148期8960人（次），其中省农函大22班1100人。

2011年11月14日，由中国科协主办的体验科学——中国流动科技馆全国巡展启动仪式在南涧县文化馆前广场举行（自应东 摄）

【学会工作】 南涧县有县级各类学会10个，南涧县科协积极组织协调开展学术交流。年内，茶叶学会会员撰写的《茶树芽叶的变异》在《中国茶叶》2011年第2期上发表；县茶叶学会和茶叶协会组织编写出版《南涧茶业》一书。

【项目工作】 （1）南涧县科协认真组织实施科普惠农兴村计划工程，积极申报科普惠农兴村计划项目。碧溪乡杏子山村委会被列为省级科普村，获得项目经费5万元；宝华镇阿母腊鸡养殖协会被评为“全国科普惠农先进单位”，获得科普惠农经费20万元；宝华镇华亿生猪养殖协会实施的三元杂交生猪养殖科普示范项目取得效益，顺利通过州级验收。（2）协助省科协挂钩乐秋乡政府做好扶贫项目的申报工作和县科协组织的中国科协、省科协、州科协的项目申报和储备工作。10月，积极向省科协组织申报三元杂交生猪养殖、有机茶生产2个省级科普示范项目。

【扶贫挂钩】 县科协挂钩南涧镇太平村委会，在帮扶工作中派2名有农村工作经验的干部驻村帮助春耕生产，完成粮烟生产任务。在助残日、“六一”儿童节期间，对10户贫困残疾人、10名学习成绩优异的贫困学生进行慰问，支付慰问金2500元；“九九”敬老节期间，支持太平老年人协会开展科普文艺演出。12月，启动“四群”教育主题活动。

（自应东）

·工商联·

【概 述】 2011年，南涧县工商联在县委、县人民政府的正确领导和州工商联、县委统战部的指导帮助下，围绕中心、服务大局、求真务实、团结奋进，切实履行工商联职能，充分发挥作用，团结带领广大会员和非公有制经济人士紧紧围绕县委、县政府中心工作，积极参政议政、建言献策。搭建企业交流合作平台，促进地区经济健康快速发展；引导会员发扬“致富思源，德行并重，发展企业，回馈社会”的光彩精神，积极开展扶贫济困等公益活动。工商联自身建设得到全面加强，组织不断壮大，职能日趋健全，服务会员企业水平明显提高，全县非公有制经济呈现出强劲的发展势头。

【理论学习】 县工商联始终把加强学习作为提高素质、创新思路、增强能力、推动工作的重要基础常抓不懈。（1）坚持每周学习制度，有计划地学习党的方针政策，各级会议精神，法律、经济知识，做好新时期工商联工作的新知识，胡锦涛总书记在建党90周年的重要讲话。（2）认真落实县委《关于开展向杨善洲学习的决定》，学习杨善洲先进事迹，每个职工撰写一篇心得体会，形成学习先进、争当先进、赶超先进的良好氛围。（3）把集体学习与个人自学相结合，认真组织全体执委开展多种形式的学习活动。重点学习《中华全国工商业联合会章程》、《党中央、国务院关于加强和改进新形势下工商联工作的意见》、《云南省委、省人民政府关于加强和改进新形势下工商联工作的实施意见》等，把学习成果转化为促进科学发展举措和自觉行动，推动工商联工作新的发展。

【贯彻落实中央文件精神】 全面学习贯彻落实中发关于《中共中央、国务院关于加强和改进新形势下工商联工作的意见》精神。(1) 县工商联高度重视，认真领会，深刻认识中共中央制定下发《意见》是以胡锦涛为总书记的党中央着眼全国经济社会发展全局，为加强和改进新形势下工商联工作而采取的一项重大措施，是统一战线中的一件大事，并积极采取措施抓好学习贯彻。(2) 开展调查研究，主动向县委、县政府拟定上报《实施意见》，为县委出台文件打下基础，并从认识问题、行业主管、人员编制、秘书长设立高配、工作经费等方面为县工商联开展好工作逐步创造了条件。(3) 转变工作作风，抓住机遇，做好贯彻落实，推动工作开展。结合学习贯彻《意见》，抓好县工商联各项制度建设，加强党支部和工会组织以及干部勤政廉政建设，积极创造条件，改善办公环境，不断增强责任意识、创新意识，提高素质和履职能力。

【召开第四次会员代表大会】 4月11～12日，县工商联组织召开第四次会员代表大会，有正式代表135人，实际到会代表128人。县委副书记陈策出席大会作重要讲话。出席会议的代表审议和通过第三届县工商联执行委员会的工作报告。会议根据工商联章程选举产生第四届执行委员会，选举出会长1人，专职副会长1人，兼职副会长3人，秘书长1人，执委委员17人，涵盖全县较多民营经济战线上的优秀代表人士，增强工商联的影响力和代表性，为开展好工商联工作打下良好的基础。

【建立健全非公企业数据库】 南涧县工商联为加强与非公有制经济代表人士的联系和沟通，为59户外地非公有制企业和88户南涧非公有制企业建立电子档案，分行业建立“全县非公有制企业数据库”，将非公有制经济代表人士的基本情况、发展企业状况、纳税、守法、环保、诚信等方面的资料，输入数字档案，每半年进行一次更新，实行动态管理。

【组织建设】 工商联作为民营企业最主要、最具代表性的人民团体，日益为越来越多的人所认识和接受。抓住这一历史机遇，迅速发展壮大会员队伍，按照坚持标准、确保质量、突出重点、优化结构的原则，加大工作力度，把全县最有实力、最具代表性的非公有制企业吸收到工商联队伍中来，年内发展会员21名，使会员的数量和质量与南涧的非公有制经济发展更加适应，使工商联组织真正能代表和反映全县非公有制经济的发展和水平。

【荣获“大理州工商联系统先进集体”称号】 根据人力资源和社会保障部、全国工商联联合发出的《关于评选全国工商联系统先进集体和先进工作者的通知》精神，大理州启动开展了全州工商联系统先进集体和先进工作者评选表彰活动。经宣传发动，按照评选条件逐级推荐、审核，4月30日，南涧县工商联被大理州委、州人民政府授予“大理州工商联系统先进集体”荣誉称号 。

【搭建交流平台】 5月21～22日，县工商联在南涧电视台举办第一期《对话》栏目，县委书记、县委宣传部长、县工商联会长与全县88名本土企业家及相关政府职能部门主要领导进行对话交流，认真分析制约本土企业发展因素，寻求非公有制经济发展途径，聆听企业家心声，加强政府与企业、企业与企业之间的心灵沟通。进一步发挥工商联（商会）团结、服务、引导、教育的职能作用，强化对非公有制经济组织的认识，增强非公有制经济组织的影响力和凝聚力。

【承办政协提案答复】 7月，南涧县工商联接到县政协七届四次会议提案承办通知后，成立调研组，针对政协委员提出的“关于强化对非公有制经济组织的认识”调研课题，深入20多家企业和相关职能部门对全县非公有制经济发展现状作调查与分析，认真回复县政协委员的提案，形成《对南涧县非公有制经济发展现状的调查与思考》专题报告，报送县委、县人民政府、县委宣传部，作为全县非公经济发展的决策和依据。

【“贷免扶补”工作】 2011年，工商联开展了以创业带动就业的“贷免扶补”工作，向州工商联争取“贷免扶补”指标100户，对100名有创业能力的首次自主创业人员提供免利息、免担保的小额贷款500万元，占全州总数的12.8%。受理创业申请100份，推荐创业项目100个，发放创业计划书100份，经过工商登记推荐至农村信用社创业人员100

人，其中农民工 68 人、城镇失业人员 28 人、复转军人 4 人。

【光彩事业工作】 为认真贯彻落实《中共云南省委统战部、云南省工商业联合会（商会）关于引导非公有制经济人士积极投身“云南红土情·光彩进万家——民营企业感恩行动”的实施意见》，积极引导南涧非公有制经济人士致富思源，回报社会，更好地履行社会职责，促进非公有制经济组织健康发展和非公有制经济人士健康成长。全县有 27 名非公经济代表人士为困难群众、贫困学生捐款 21.6 万元，其中无量山维合药业有限公司为红星、发达、卫国、和平 4 所中心完小捐赠校服 829 套，折合人民币 8.2 万元，为 56 名在校贫困大学生每人每月捐助生活费 200 元，切实为群众解决困难。

【参与劳动关系三方会议】 南涧县劳动关系三方协调机制围绕“保增长、保民生、保稳定”的工作目标，明确劳动关系三方职能，发挥工商联协商机制优势，向企业及劳动者宣传劳动法律法规，全县非公有制企业劳动合同签订率达 86.7%，累计创建劳动关系和谐企业 28 家，其中省级 3 家、州级 11 家、县级 14 家 。

【组团赴临沧地区学习考察】 12 月 4 ~9 日，南涧县工商联一行 7 人组团赴临沧市临翔、沧源、耿马、云县等县（区）工商联对行业商会、异地商会、乡镇商会建设管理进行学习考察。通过此次考察和交流，深感建设行业商会、异地商会、乡镇商会及工商联工作有很多好的做法和经验，值得南涧县工商联学习和借鉴。

【完成县委、县政府交办任务】 县工商联认真完成职能任务、落实县委、县政府布置的各项中心工作。(1) 投资 4000 多元，补植补栽“绿色走廊”树苗 36 株。(2) 单位主要领导到挂钩村委会指导工作 3 次，先后派出 48 人（次）到挂钩村委会帮助指导粮烟生产和抗灾救灾工作。(3) 为挂钩村委会的 8 户贫困户争取创业扶持贷款 40 万元，发展养殖业。(4) 认真开展结对帮扶工作，每个职工为接对贫困党员捐资 200 元，解决生产生活困难。(5) 筹措资金 5000 元，帮助解决团山村社公路尾欠款。

（周本能）

·残　联·

【概　述】 2011 年，县残联始终认真履行“代表、服务、管理”职能，恪守“人道、廉洁、服务、奉献”职业道德，坚持以人为本，树立和落实科学发展观，做好核（换）发第二代《中华人民共和国残疾人证》的工作，求真务实、开拓进取，帮助残疾人解决在康复、扶贫、教育、就业等方面遇到的困难和问题，改善残疾人参与社会生活的环境和条件，对促进残疾人事业发展、促进社会稳定和五个文明建设，发挥了积极的作用。

【助残日活动】 围绕“改善残疾人民生 保障残疾人权益”的主题，开展第二十一次全国助残日活动。县残联重点对全县 80 户特困、重症残疾户进行慰问，给予每户 100 元慰问金和 1 桶食用油。各乡（镇）人民政府、县级各国家机关、企事业单位的广大干部职工积极捐款捐物，纷纷深入挂钩联系村委会走访慰问贫困残疾人，涌现出许多先进事迹，如：县委办分别对龙街、瓦折 2 个村委会的 20 名贫困残疾人进行慰问，为残疾人送价值 2450 元的食用油和大米；中国农业银行南涧县支行捐款 2100 元，对挂钩联系的 42 名残疾人，给予每人 50 元的慰问金；县国家税务局捐款 1660 元，对挂钩联系的公郎镇官地村委会的 16 名残疾人进行慰问；县委组织部对挂钩联系的乐秋猪街村委会的 10 名残疾人，给予每人 100 元的慰问金；县总工会对无量山镇保台村委会的 12 名残疾人进行慰问，给予每人一袋大米，100 元慰问金。全县有 45 个单位，捐款 6.23 万元，捐物 572 件，使 828 名残疾人得到实惠。

【危房改造】 将残疾人扶贫纳入当地政府扶贫工作，认真做好上年度 42 户农村贫困残疾人危房改造后续工作，拨付 8.4 万元补助金；实施农村贫困残疾人危房改造 40 户，农村残疾人危房改造每户补助 1 万元，中国残联专项彩票公益金增加补助 1000 元，州、县残联每户配套补助 500 元；实施“1 户多残”深度贫困残疾人危房改造 6 户，每户补助 1 万元。

【康复工作】 切实做好残疾人康复工作，实施“百万贫困白内障患者复明工程——云南亮睛行动”项目，县残联深入乡（镇），服务前移，对 476 名眼疾患者进行义诊，初查出白内障患者 185 名，通过昆明红会医院、县人民医院医护工作者及残联全体干部职工的辛勤工作，除 25 名白内障患者不宜手术外，免费使 148 名贫困白内障患者得到康复，重见光明。11 月，协同县人民医院筛查出白内障患者

军　事

中国人民解放军南涧县人民武装部

【概　述】　2011年，人武部以中国特色社会主义理论，党的十七大和十七届六中全会精神为指导，紧紧围绕国防和军队建设发展主题和主线，全面贯彻科学发展观，认真落实省军区、军分区党委全会精神，按照“抓学习强素质，严作风强责任，打基础求特色，保稳定促发展”工作思路，加强党委班子和人武（专武）干部队伍建设，加紧做好军事斗争准备，转变工作作风，着眼安全发展，开拓创新，人武部建设和民兵预备役工作呈现出协调发展、整体推进、稳步上升的态势。年内，南涧县民兵应急连被国家人力资源和社会保障部、解放军四总部表彰为“全国民兵工作先进单位”，南涧县人武部被大理军分区表彰为“先进人武部”、“安全稳定工作先进单位”。

【思想政治建设】　突出中国特色社会主义理论武装，以党委成员和干部党员为重点，组织干部职工学习胡锦涛在建党90周年、纪念辛亥革命100周年大会上的讲话精神、党的十七届六中全会精神、国防和军队建设主题主线论述。读原文、学原著，在理解内涵、掌握本质上狠下功夫，推动人武部全面发展。

【党委建设】　人武部始终把党委班子建设作为全面建设的关键，开展学习型党组织建设和“创先争优”活动，抓实《中国共产党军队委员会工作条例》、《政治工作条例》、《军队党员领导干部廉洁从政规定》的学习贯彻，单位团结、奋进、有为的氛围得到加强，党委核心领导作用得到发挥，单位全面建设持续稳步发展。

【队伍建设】　注重干部职工队伍建设，先后选派6人（次）参加上级学习培训，选送2名干部到院校进修学习、3名职工参加技能培训，组织专武干部业务培训3期，抽调2名专武干部到县人武部机关换岗锻炼，推荐4名专武部长到重要岗位任职，会同县委组织部考察任用了4名专武部长，从而优化了队伍结构，履职尽责能力进一步增强。

【战备工作】　抓实《战备工作条例》和《内务条令》的学习，坚持在元旦、春节、“五一”、“七一”、“十一”等重大节假日前和“3·14”、“7·5”等敏感时期，召开战备形势分析，深入开展军队职能、历史使命、战斗精神、形势战备教育，强化官兵战备意识。抓实战备教育、战备值班、战备检查等制度的落实，加强节日战备值班和森林火灾高危期、洪涝泥石流高发期的战备值班。3月，组织人员对《应急动员方案》、《维护社会稳定方案》和《抢险救灾行动方案》进行修订完善。

【军事训练】　始终坚持以军事训练大纲为根本，1月份，组织官兵学习以《陆军军事训练与考核大纲》、《民兵军事训练与考核大纲》、《军事训练条例》、《军事训练指导法》为重点的军事训练法规，依据军分区军事训练工作指示，细化每月训练内容、标准，编写完善训练教案。抓实军事训练考核讲评制度落实，坚持做到每项训练有考勤登记和成绩统计，训练中开展小评比、小竞赛、小比武、小会操、小讲评“五小活动”。结合职能任务和岗位职责，以机关参谋“六能”、“六会”为主要内容，组织机关干部职工深入开展岗位练兵活动，每月组织1次考核评比，激发官兵训练热情。6月，在军分区组织的军事训练考核中，人武部干部职工取得了优异成绩。突出民兵专业分队和应急分队训练，从3月下旬开始，分2个批次，按照“时间、内容、人员、效果”四落实的标准，组织民兵应急分队和专业分队训练，完成了年度民兵军事训练任务。根据年度学生军事训练工作计划，9月，会同县教育局、县武警中队，圆满完成南涧一中、民族中学、职业中学3所高级中学1288名学生军训工作。

【民兵整组】　3～4月，利用45天的时间对全县民兵组织进行了认真调整，将年龄偏大和思想不纯洁的人员调整出民兵队伍。通过组织整顿，民兵队伍得到了优化。

【征兵工作】　坚持把征兵工作列为第四季度的中心工作，树立“质量第一”的观念，通过宣传、报名、初审、初检和县检县审把关。全县有202名适龄青年报名，各乡（镇）推荐出198名参加县检。经过集体研究，民主推荐，社会公示，从中挑选出65名优秀青年应征入伍。

【后勤建设】　修订完善后勤保障方案和相关保障计划，加强后勤战备库室建设和物资器材储备，抓好军人保障卡的推广应用，完善社会化保障体系和公务卡支付改革，推进了后勤保障工作的开展。规范改善营区文化环境，投资1万余元，建立完善了娱乐文化活动场所。

【民兵政治工作规定试点】 根据大理军分区学习贯彻《民兵政治工作规定》试点工作方案，按照学懂弄通规定、搞好调查研究、科学制定方案、加强协调统筹、狠抓规范指导、加强分析总结六个步骤，结合民兵组织整顿、民兵军事训练、组织民兵执行抢险救灾任务等，对新形势下开展民兵工作“双争”活动（争创民兵工作先进单位、争当民兵工作先进个人）的方法路子进行了研究探索，制定了《南涧县民兵工作“双争”活动实施细则》。

【倾向性问题整治活动】 召开党委会重温党委工作条例和党委议事规则，组织干部职工重新学习《军队党员领导干部廉洁从政若干规定》等省、州军分区指示规定，开展领导、干部和职工之间广泛谈心交心活动，强化了主官尊干爱兵、模范带头落实制度和干部职工尊重领导、履职尽责的意识，营造了人武部团结干事的氛围。

【基层武装部建设】 县乡党委、政府重视，采取以点带面的方法，以南涧镇武装部为试点，按照A类建设标准，县人武部投资2万余元，为全县8个乡镇武装部制作了图表、职责牌，规范了办公室、器材库设施，狠抓乡镇武装部正规化建设，进一步夯实了持续发展的基础。

【专武干部建设】 结合地方工作，组织3期专武干部培训，通过学习政策法规、业务培训、交流工作经验，使专武干部了解关于后备力量建设的方针政策和法规，以及乡镇武装部工作的主要任务，乡镇武装部如何抓好民兵整组、军事训练、征兵工作和完成重大任务的基本方法，掌握了民兵工作的基本内容、方法、程序，专武干部队伍军政素质和组织指挥能力得到提高。

【双拥工作】 发挥民兵预备役在地方经济社会发展中的生力军和突击队作用，不断巩固军政军民团结的良好局面。参加“森林南涧”建设，组织干部职工和民兵预备役人员，在祥临公路沿线种植了“八一”公益林。开展扶贫帮困活动，组织干部职工捐款8000余元，资助扶贫挂钩点的困难群众和困难学生，利用“八一”、春节等节日组织慰问伤残军人、老党员，发放慰问金6000余元。参加农业生产，安排干部职工驻村协助搞好春耕和烤烟生产，为挂钩村委会修建蓄水池2个，铺设引水管线2千米。

县人民武装部政委龙建华到挂钩村慰问困难群众（县人民武装部供稿）

【抢险救灾】 积极承担急难险重任务，在森林防火期、洪涝泥石流高发期，组建民兵巡察小分队，加强对灾情的预警监控，民兵应急分队始终保持战备状态。4月14日，组织100名民兵及时出动，完成了南涧镇复兴村森林火灾扑救任务。

（刘永云）

中国人民武装警察部队南涧县中队

【概　述】 2011年，武警南涧县中队在支队党委，县委、县人民政府的正确领导下，坚持马列主义、毛泽东思想，坚持邓小平理论，坚持“三个代表”重要思想，以科学发展观统领部队的各项工作，大力培育官兵树立当代革命军人核心价值观，以“强素质、树形象、保安全”，争创基层先进中队为目标，为南涧县的安全稳定、平稳发展保驾护航，完成以执勤、处突、反恐为中心的各项任务，被武警云南总队评为“基层建设先进中队”、“安全工作先进中队”。

【支部建设】 中队加强以党支部为核心的组织建设，认真贯彻落实《党支部工作条例》，严格落实党管干部、党管党员制度，按照集体领导、民主集中、个别酝酿、会议决定的原则讨论决定重点问题，特别是在战士入党、转改士官等热点问题上坚持民主集中制原则，不搞一言堂，不搞谁说了算。支部“一班人”心往一处想、劲往一处使，在按照新《纲要》建设部队上谋求新思路，大胆创新，使支部一线战斗堡垒作用发挥明显。

【理论学习】 中队干部为提高自身的文化素质，

经常利用课余时间加强学习，购买法律、政工、科技、文艺等方面的书籍，不断拓宽教育的知识面。为保证教育的质量，积极参加上级开展的理论学习研讨文章交流，中队干部撰写的文章多次受到大理支队、县委、县人民政府表扬。经常到驻地请教老师，向老师学习授课技巧。

【主题教育】 中队以总部、总队下发的关于“深入培育当代革命军人核心价值观”教育和科学发展观教育为主题，扎实有效地开展好教育工作。中队还加强对驻地风土人情、地貌概况进行教育，使每一名官兵了解当地人民的生活习俗，切实融入到当地人民群众之中。

【经常性教育制度】 中队每月定期召开1次思想政治教育分析会，认真分析教育中存在的不足，针对不足进行整改，做到及时分析教育质量和掌握官兵的思想动态。充分利用“双四一”、“三互”等有效载体开展“真爱兵、深知兵”活动，不断密切干战关系，营造和谐警营。中队在开展好正常的教育工作之际，通常开展让战士们走上讲台谈体会、讲论点活动，每个班定时出黑板报等教育形式，做到人人是教员，处处是讲堂，事事是教材，时时受教育，从而提高教育的针对性和实效性。

【军事工作】 军事训练是提高部队战斗力最直接的途径。中队成立军事训练委员会，主要负责分析军事训练的质量、进度以及安排下一步的训练目标，做到定人定训练科目，负责示教该科目的教员必须做到对该科目吃熟吃透，确保训练的质量。年初，中队重新调整安排训练骨干，从复训补训、新兵上岗前培训、专勤专训到单兵专业训练以及分队训练，着重加强了部队体能、射击、反恐战术、防暴器材使用等科目的训练，按时按质地完成了支队下发给基层单位的所有训练科目。经过刻苦训练，中队在支队各类军事业务竞赛中名列前茅，并在年终考核中军事训练总评达到优秀的好成绩。

【执勤目标】 为确保执勤目标绝对安全，中队主动与看守所开展好共建、共管、共保安全工作，定期与看守所进行执勤研究分析以及召开联席联防会议，加大管控力度。中队干部坚持每天不少于2次查哨，督促哨兵履行职责，确实让每班哨兵做到“站哨1分钟，安全60秒”。平日还不定时地进行方案演练，提高官兵处突、应急的能力，真正做到一声令下，拉得出、打得赢。中队除担负看守所的正常执勤外，还担负着处置突发事件、反恐任务。中队主动与政法部门加强联系，及时掌握和了解全县的动态，以便遇有情况能及时处置。全年完成扑救森林火灾、武装押解、处置群体性事件等任务10余起，以及“火把节”等重要节日城市巡逻临时勤务、抗旱救灾抗洪抢险等急难险重任务。年内，中队协助用兵单位出警37次、人员432人（次），完成了大理支队所交给的各项任务。

监区封控（县中队供稿）

【后勤保障】 后勤保障工作是部队工作的重要部分，后勤工作的质量直接影响着部队的训练、政治工作，做好后勤工作是为部队发展提供保障。全年投资13万元，对中队营区绿化以及室内训练场进行修建，改善了中队的硬件设施，营造出一个拴心留人的环境。中队后勤工作由支部统管、分工负责，严格落实财务各项制度，加强伙食调剂，及时维护营产营具。中队还规定每周星期天以班为单位组织做饭，切实让每名战士动手参与后勤工作，提高了中队执行作战任务时人人能保障的能力。

【文化工作】 中队注重第二课堂建设，充分利用南涧县彝族跳菜文化艺术之乡的资源优势，让中队官兵积极学习南涧跳菜舞蹈。2月，参加县职工篮球运动会，夺得第三名，并组织参加了7月政法系统组织的红歌晚会表演，树立了武警部队威武之师、文明之师的良好形象。同时，中队还积极参加县上的文艺演出以及各类公益活动，经常同县交警大队、县信用社等友邻单位进行篮球友谊赛，增强了警民之间的关系。年内，中队被大理州委、州人民政府授予第十一批“州级文明单位”称号。

【警民团结】 中队党支部重视警民团结，经常教育中队官兵尊重地方各级党委、政府，尊重驻地人民群众，积极为南涧县的发展多做贡献。全年中队2次组织官兵参加无偿献血活动，献血5000毫升；积极开展献爱心、扶贫助学活动，捐款3600余元，看望慰问南涧镇东涌小学贫困学生，资助1名贫困大学生；经常利用节假日组织官兵到南涧县敬老院看望慰问孤寡老人；在节假日充分发挥特长战士作用，到驻地教贫困学生音乐、美术、书法等，丰富贫困学生课余生活。

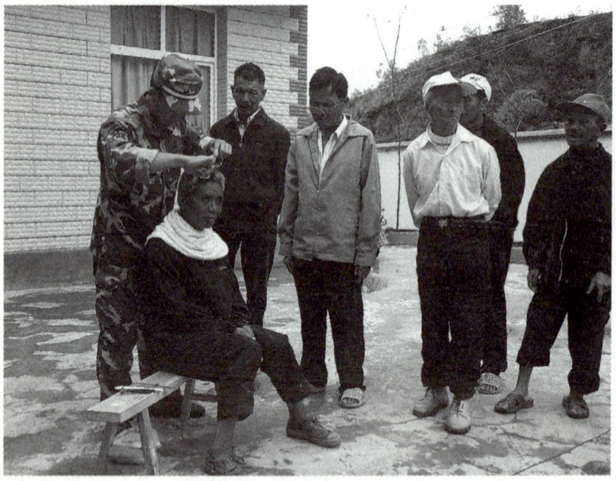

军民鱼水情（县中队供稿）

（陈小锋）

南涧县公安消防大队

【概　述】 2011年，南涧县公安消防大队在县委、县政府，县公安局，大理州公安消防支队的正确领导下，以胡锦涛“三句话”总要求为引领，团结谋事，带领全体官兵和合同制消防员进一步解放思想，实事求是，与时俱进，创新发展，大队整体战斗力得到较大提升，消防社会化工作和部队管理工作呈现出良好的发展态势。

【灭火救援】 全年消防大队接到报警126次，出动128次，出动车辆156台（次），人员821人（次），其中：火灾25起、社会救助88次、抢险救援13次、森林火灾1次、精神病人闹事1次。挽回经济损失100余万元。全年未发生重特大火灾事故，火灾形势总体趋于平稳。

事故救援（县消防大队供稿）

【政治建设】 （1）大队党委始终坚持把班子建设放在突出位置，作为重点工作来抓，遵照党务正规化的要求，积极开展党建工作，落实党建制度纪律。（2）参照新《公安消防部队政治教育大纲》，大胆开拓形式，积极开展新大纲的贯彻落实，思想政治教育工作稳步推进，官兵政治素养、灭火救援理论水平得到较大提升。（3）大队着力于融合辖区民族文化，推进具有南涧特色的消防部队文化，大队的“跳菜表演队”受到了南涧各界群众的好评，并且在大理州公安消防支队“建党90周年汇报表演”中，受到了州委、州人民政府领导的一致赞誉。（4）积极参与“绿色走廊”工程建设。（5）12月7日，消防大队被县委、县人民政府授予第十二批“县级文明单位”称号。（6）完成“学习杨善洲纪念林”的种植任务。（7）深入开展“开门评警”活动，邀请社会各界到大队召开恳谈会，并走出营门主动接受群众评议。大队积极听取群众意见，改进工作方法，加强工作作风建设。

【部队管理】 大队始终坚持从严治警，狠抓部队管理，不断提高部队正规化建设水平，全面提升部队战斗力。部队精细化管理方面，强化部队管理，建立以“条令条例为本、教育为先、领导带头、从严管理、整体推进、确保稳定”的队伍管理机制。认真组织全队官兵学习《军队基层建设纲要》、《大理州公安消防支队正规化建设管理制度汇编》、《公安消防部队机关正规化管理若干规定》、《公安消防部队基层正规化管理若干规定》、《中国人民解放军安全工作条例》和基层建设两个标准，不断完善大队的各项规章制度，形成以制度管人，以条令条例管人，人人自觉遵章守纪的良好氛围。

【清剿火患行动】 根据总队和支队的统一部署，对南涧县所有公共聚集场所、社会单位、仓储单位、集镇超市、学校医院、个体户等经营和办公场所进行了深入清查，清剿存在的消防隐患，不断提高了区域防控火灾能力。

【消防宣传培训】 （1）大队以新修订的《消防法》、《云南省消防条例》的宣贯为主线，充分利用广播、电视、报刊、互联网等媒体，加大宣传贯彻力度，努力营造强大的社会舆论氛围。（2）结合“119”消防宣传日，组织了多次“百名村官、百名师生进消防”、“119”人员密集场所拉动演练、“119”消防车巡城宣传、“消防教育基地建设”等活动。（3）大队与消防培训中心联系，共组织专题讲座9次，举办培训班6期，培训各类人员300余人。消防队（站）对外开放活动17次，出动消防车辆21台（次），出动消防官兵160人（次），发放资料1000多份，播放视频资料4次，受教育群众1万余人。

【拥政爱民】 （1）结合南涧县辖区干旱缺水的情况，积极响应县委、县政府的号召，出动出车12辆（次），警力74人（次），为多个乡村小学、农村村寨和社会单位送饮用水。（2）积极做好森林火灾扑救工作，大队官兵在芭蕉箐的艰苦扑救，受到了当地群众的称赞。（3）落实部队群众工作五项制度。全年联系走访困难群众5户，并在节日期间组织慰问活动。

干旱期间为米家禄小学送水（县消防大队供稿）

（姚智国）

法 制

政 法

【概 述】 2011年，全县政法工作在县委、县人民政府的正确领导和州委政法委的有力指导下，以“推动科学发展，建设和谐南涧”为主线，牢牢抓住影响社会和谐稳定的源头性、根本性、基础性问题，深入推进“社会矛盾化解、社会管理创新、公正廉洁执法”三项重点工作，全面加强政法队伍建设，严厉打击整治各种违法犯罪行为，不断夯实政法基层基础工作，积极打造以“和谐政法、阳光政法、素质政法、亲民政法”为主要内容的“大政法”工作格局，政法工作成为经济社会科学发展的稳定器、助推器，为全县“经济发展、社会和谐、人民安居乐业”作出了积极的贡献。

【矛盾化解】 6~7月，由县委、县人民政府分管领导带队，法、检、公、司、森、信访等部门主要领导参与，到各乡镇调研政法综治维稳工作，指导社会矛盾纠纷排查和化解工作，对存在的社会治安突出问题，提出解决意见。(1) 化解了宝华镇新街与花山两村600多群众因林权纠纷而即将引发的群体性事件。(2) 政法委书记、县人民政府副县长、公安局长亲自与县乡村干部一起，通过一整夜的说服疏导，化解了拥翠长虫街因一起交通事故医疗费用赔偿不到位而引发的停尸闹事事件。(3) 组织干警及时果断地处理了拥翠与碧溪村民，因私下交易烟叶而即将引发的群体斗殴事件，并对4名当事人采取了刑事拘留。(4) 在书记、县长等领导的组织指挥下，妥善处理了“8·08”事件，有效避免了事态的升级，对事件以聚众扰乱社会秩序案件进行处理，9名当事人受到了治安处罚、4名组织和积极参加者被判处1~3年不等的有期徒刑。全年排查出影响社会稳定的矛盾纠纷、热难点问题6件，化解5件；县维稳办发出关于拥翠交通事故赔偿纠纷、宝华花山与新街林权纠纷、宝华白竹大比村与小村的修路引水矛盾纠纷、南涧镇总府庄与教场坝林权纠纷预警通知4份。

【管理创新】 (1) 针对重性精神病人监管难的实际，成立了由县综治办、卫生局、民政局等多部门组成的重性精神疾病患者免费治疗领导组，出台了《南涧县易肇事肇祸精神病患者管理救助救治工作实施办法（试行）》，建立重性精神疾病患者救治服务机制，对重性精神病人实行免费救治，全年送治有严重危害社会倾向的危重精神病人69人。(2) 严格执行2010年底出台的《南涧县村（社区）治保调解工作“以案定补”实施办法》、《社会管理先进村评选奖励办法》，由县司法局、综治办等相关部门组成考核工作组，对全县80个村（居）委会的人民调解工作进行全面检查考核，按照“谁调解、补助谁，多调解、多补助，不调解、不补助”的原则，实行“以案定补”。全年评选20个矛盾较少、发案率低、治安良好、社会稳定、各项工作成绩突出的“社会管理先进村”。4月14日，县委、县人民政府对2010年度20个“社会管理先进村”进行了表彰，给予每村3000元的奖励。

【执法监督】 (1) 由县委常委、政法委书记带队到政法各部门开展执法调研、执法巡查，由县委常委、政法委书记或县人民政府副县长、政法委副书记、公安局长带领政法各部门主要领导到各乡镇开展执法调研等方式，及时发现、整改存在的问题，纠正执法偏差。(2) 从政法各部门抽调业务骨干组建案件评查小组，按步骤、分阶段对全县政法部门所办结的100件案件，其中县法院30件、县检察院20件、县公安局30件、县司法局10件、县森林公安局10件，进行集中交叉评查。在各部门自查的基础上，采取重点评查和普遍复查相结合的方式进行，对所抽查的案件，从程序、实体、文书规范、法律适用以及案件卷宗管理等方面进行评查。对评查中发现的问题，评查组及时向办案部门详细反馈，并要求纠正和整改。(3) 充分发挥党领导管理政法工作的重要职能作用，通过加大对在当地有较大影响的刑事案件和公职人员职务犯罪等的协调监督，统一政法各部门的执法思想，明确办案的原则和方向，把握好法律与政策的关系，确保执法的法律效果、社会效果和政治效果的有机统一。

【法制宣传】 采取形式多样的宣传，扎实开展“综治维稳宣传月”活动。牵头集中开展法制宣传教育活动10场（次），发放宣传资料9万多份，播放法制教育片7场，法律咨询解答600多人（次），展出宣传展板60块，悬挂标语132条，制作宣传栏55个；开展“送法下乡”活动10场（次）；举办未成年人普法讲座15场（次）。结合“3·15”消费者权益日、“6·26”禁毒日等，深入宣传与公民生产生活密切相关的法律法规，做到法律宣传“进机关、进学校、进乡村、进社区、进家庭、进单位、进企业、进宗教场所”。

综治成员单位领导到中小学开展法制宣传活动（陈继文　摄）

【平安创建】　（1）不断拓展平安创建的外延，紧密结合新农村建设工作实际，组织动员广大妇女和家庭积极参与平安建设，以家庭小平安促进社会大平安，组织各类培训11场（次），受教育群众近2000人。先后在南涧县公路管理段、南涧镇杨免庄上下组、乐秋乡晒肚皮、公郎镇大乌木龙开展“平安家庭”示范点创建活动，农户积极申报参与创建“平安家庭”，申报280户，达标238户，授牌215户。（2）抓实“平安出行”创建工作，加大投入力度，对全县128辆城乡客运和乡村客运车辆统一车身颜色，规范城乡客运车辆运营；加强源头监管，狠抓路面整治，严查交通违法行为，有效防范和减少道路交通安全事故的发生，确保群众安全出行。（3）通过召开全县“平安校园”创建工作推进会议，安装校园视频监控系统，加大校舍安全排查，开展校园食品卫生安全专项整治、学校消防安全专项整治、学生交通安全专项整治、校园及周边治安环境专项整治等活动，继续深化“平安校园”创建活动。4月14日，在全县工作会议上，县委、县人民政府命名表彰了创建工作成效显著的宝华镇、公郎镇为2010年度“先进平安乡镇”，宝华镇还被命名为“2010年度州级平安乡镇”。会议对进一步巩固和深化平安创建工作进行了部署，县委、县人民政府分别与8个乡镇和34家综治成员单位签订了《2011年度南涧县综治维稳平安创建工作目标管理责任书》，明确各级各部门主要领导作为综治维稳工作第一责任人，不断建立健全综治维稳各项制度，切实做到“一级抓一级，层层抓落实”，确保社会治安综合治理和先进平安创建工作落到实处。全县创建平安单位92个，平安乡镇8个，先进平安乡镇2个，平安医院3个，平安校园18所。

【专项整治】　大力整治违法用地、非法采探矿（石）行为和公路沿线违法违规行为。牵头组织政法各部门配合国土部门，依法对违法占地、违法占道搭建构筑物等行为进行整治。炸封非法采探矿点13个，清运石头200余立方米，清理各种堆积物1万多立方米，铲除路产内农作物140平方米，拆除临时建构筑物500多平方米，覆盖墙体广告75条806平方米，拆除布标条幅70条，清除、喷涂印刷品广告220条。

【综治维稳】　（1）加强综治基层基础规范化建设。8个乡镇配备政法专职副书记，加强乡镇政法综治维稳领导力量，并明确政法专职副书记工作职责任务；制定下发《关于规范全县综治维稳及群众工作机构设置的通知》，规范乡镇综治维稳机构及人员配备，各乡镇设立综治维稳委及办公室、综治维稳工作中心、社会矛盾纠纷联合调处中心、群众工作站。村（居）委会统一规范设置综治维稳工作室和群众工作室，切实把政法、综治、维稳、信访、政府职能部门和群团组织的力量整合起来，构建大综治格局；结合乡镇机构改革，把综治维稳办公室作为乡镇“4大办”之一，落实人员编制，配齐配强专职人员。全县配备乡镇综治维稳办干部19人，确保了综治维稳工作有人抓、有人管、出成效。（2）加大对基层政法综治维稳办公设备的投入。给每个乡镇配备价值7000多元的办公设备，分2批给全县各乡镇综治维稳办公室配备价值3万元的办公设备，已配备4个乡镇，确保了乡镇综治维稳工作的正常运转。（3）抓实基层综治维稳干部的培训。4月8日，组织8个乡镇政法专职副书记进行“三调”对接、人民调解、社区矫正工作及突发事件处置等政法综治维稳业务知识培训。9月26日，组织全县80个村（居）委会书记、主任，乡镇政法专职副书记，派出所所长，司法所所长，法庭庭长等160多人进行群众工作暨社会矛盾化解业务培训。9月19～23日，组织乡镇8名政法专职副书记参加州委政法委组织的业务培训。全年对村（居）委会开展

"以案定补"、人民调解业务培训29场，参加培训人员2100人（次）；集中司法所及相关人员到县司法局培训4次380人（次）。

【信访工作】 积极开展涉法涉诉信访案件集中排查化解工作，主动约访、带案下访，亲自到当事人家中倾听诉求，耐心做好当事人教育疏导和息诉罢访工作。为当事人解决养老保险、生活、治病等方面的实际困难，以真心、真情赢得理解和信任，促使当事人息诉罢访，成功化解了上访8年多的陈某某涉法涉诉信访案1件，化解了当事人从1978年至2011年长达33年的"心结"。认真办理来信来访，凡是到县委政法委信访的事项，坚持做到件件有着落、事事有答复。全年处理各类来访34批182人（次），处理和督办来信7件，基本做到了处理彻底、疏导到位，杜绝了当事人的越级上访。

【队伍建设】 （1）在全县政法机关开展向龙进品学习活动。龙进品先进典型得到各级的认可和表彰，先后被省委、州委、省高院等表彰奖励。4月14日，县委授予龙进品为"勤政为民好干部"称号，并组建宣讲团深入各乡镇巡回宣讲。（2）通过重温入党誓词、重读红色经典、瞻仰革命旧址和召开报告会、座谈会、研讨会、考试等形式，在全县政法部门中深入开展"发扬传统、坚定信念、执法为民"主题教育实践活动，着力解决政法队伍在理想信念、宗旨意识、执法司法等方面存在的突出问题，推动政法工作和政法队伍建设取得新进步。（3）开展警示教育活动。4月，组织20个行政执法部门领导58人，到州检察院参观"法与责任——全国检察机关惩治和预防渎职侵权犯罪展览大理巡回展"活动。（4）组织开展"党在我心中"知识竞赛、党员重温入党誓词等庆祝中国共产党建党90周年系列活动。（5）抓实综治维稳干部培训工作。全年分3次对80个村（社区）党总支书记、村（居）委会主任进行培训，县委政法委领导和司法局领导分别就综治维稳工作以及治保调解工作进行专题授课。同时，组织人员深入各乡镇开展基层综治维稳干部和村级治保调解人员培训5场（次），先后组织乡镇政法专职副书记及新调入政法委工作的4名干部参加州政法委组织的专题培训。全县累计培训综治维稳及治保调解干部2100人（次）。

县委政法委干部进村入户开展"四群"工作（陈继文 摄）

【自身建设】 （1）6月28日，在县城科技培训中心礼堂成功举办了政法系统建党90周年"党在我心中"文艺汇演。（2）成立编纂委员会，分工负责，认真组织编纂《中共南涧县委政法委志》，已完成初稿并通过评审。（3）加强自身物质装备建设，投入4万余元购置了联想电脑一体机2台、手提电脑4台、尼康D7000相机1台、汉王扫描仪1台。

【中心工作】 按照县委、县人民政府的要求，认真指导并协助抓好挂钩乡镇和挂钩村粮烟生产等各项工作，在挂钩乡镇和挂钩村深入开展普法宣传和统筹抓好各类矛盾纠纷排查化解，切实维护挂钩乡镇的社会稳定。年内，帮助挂钩乡镇排查化解矛盾纠纷10余起，单位领导深入挂钩乡镇帮助指导工作6人20次120天，单位职工驻村8人140天。累计补助所挂钩的自强村委会和龙街村委会资金2万元，协调解决自强村委会生活用水困难。助残日和"六一"儿童节等期间，单位干部职工捐款1300元、单位支出1600元，看望慰问自强村委会10名残疾人和自强小学的师生。

（陈继文）

公 安

【概 述】 2011年，南涧县公安局以科学发展观和党的十七届五中全会精神为指导，认真贯彻落实全国、省、州政法工作会议和公安局长会议精神，紧紧围绕增强人民群众安全感和满意度的总要求，深入开展执法为民主题实践教育活动，以队伍建设为保障，以信息化建设为龙头，以提高执法质量为核心，以和谐警民关系建设为载体，深入推进"三项重点工作"和"三项建设"，确保了全县社会政治和治安大局持续稳定，为实现“十二五”良好开局作出了积极的贡献。

【主题实践教育活动】　通过召开专题动员会、重温入党誓词、重读红色经典、传唱红歌警歌文艺晚会和召开座谈会、撰写心得体会等形式，对全局民警进行深刻的革命传统和理想信念教育；通过开展“五查五看”活动，着力解决民警在理想信念、宗旨意识、执法为民等方面存在的突出问题。结合人大代表意见建议和政协委员提案办复工作，着力整治突出治安问题，进一步增强防范和打击犯罪的能力；通过学习杨善洲、龙进品先进事迹活动，进一步加强党性修养，坚定理想信念，牢固树立群众观念，争当人民满意的好党员、好民警。坚持文化育警，大力加强警营文化建设，通过报刊、电视、广播、互联网等媒体，正面宣传公安工作和队伍建设；积极组织参加州、县体育、文艺、演讲比赛及各类知识竞赛活动，确保警营文化和宣传阵地的健康发展，队伍的形象进一步提升。年内，局党委被县委表彰为2010年度党风廉政建设先进集体，城镇派出所被县委表彰为优秀基层党支部，1个集体和11名民警荣立三等功，5个集体、10名民警分别被推荐上报省委政法委、州公安局评选表彰，20名民警荣获局党委嘉奖。

参加全县政法系统“党在我心中”文艺会演（苏俊峰　摄）

【开门评警活动】　以民意为先导，深入开展“大走访”开门评警活动。通过召开开门评警暨特邀监督员座谈会，开通“警方”微博，深入企业、管理服务对象、和谐警民关系示范村、挂钩联系村委会和中小学校，开展形式多样的听民声、访民情、应民意、解民难、帮民困的“大走访”开门评警活动。全年排查化解各类矛盾纠纷40起，整治突出治安问题8个，为群众办好事实事52件，群众反映强烈的摩托车被盗、入室盗窃、城区交通混乱、赌博、吸毒等问题得到有效整治，广大民警执法为民的理念进一步增强，做群众工作的能力和水平进一步提高，警民关系更加和谐。

【从严治警与从优待警】　从严治警方面：对1名民警给予行政警告处分，2名民警受到行政问责，7名民警给予通报批评，23名民警受到诫免谈话，12名民警接受提醒谈话，8名民警实施经济制裁，2名民警实施重大过错经济赔偿责任追偿。从优待警方面：（1）积极争取落实政策，足额兑现了民警加班补贴和绩效考核奖励，为已故民警遗属12人申报生活困难补助。（2）建立看望慰问制度，对因病住院民警及家属、民警父母病故47人进行慰问，对退休人员33人和民警子女70人（儿童）进行慰问。（3）建立激励机制，对考取大学的4名民警子女进行奖励，对无偿献血的36名民警发放营养补助、给予休假。（4）解决民警后顾之忧，投入5.9万元，为民警、职工办理了团体意外伤害保险，积极帮助公安小区27户民警解决了土地使用权证等遗留问题，组织全体民警、职工进行健康检查。

【扎实推进“两项治理”工作】　深入开展涉案人员非正常死亡和涉案财物专项治理活动。在涉案财物管理上，建立一案一档，做到底数清、情况明、来源去向明晰、账物相符，未发生因管理不善引起的涉案财物被损毁和擅自处理情况；在预防涉案人员非正常死亡上，全面落实执法责任和安全管理防范措施，及时整改安全隐患，克服执法办案场所“三室”设置不规范、看守所续建期间看押难度增大、拘留所建设期间异地执行治安拘留风险增高等困难，有效防止和避免了涉案人员非正常死亡现象的发生。

被盗摩托车主人给南涧城镇派出所干警赠送锦旗（苏俊锋　摄）

【案件侦破】　针对全县突出治安问题，相继开展了“春季攻势”、“百日会战”、“春季扫毒”、禁赌、“清网行动”、“打四黑除四害”、“亮剑”、“清剿火患”等专项行动，确保了全县治安持续稳定。(1) 全年立刑事案件464起，破145起，抓获犯罪嫌疑人139名。与上年同期相比立案上升260起，破案上升39起，抓获人数增加56人。(2) 立经济犯罪案件8起，破获7起，抓获犯罪嫌疑人11人。与上年相比立案数增加2起，破案数增加1起，抓获数增加7人。(3) 受理治安行政案件272起，查处252起，查处违法人员402人，收缴罚没款100余万元。与上年相比，案件受理数减少141起，下降34.1%，查处数减少159起，下降38.7%。

【“百日会战”专项行动】　以民意为先导，将群众反映强烈的摩托车盗窃、入室盗窃和无牌无证机动车违法犯罪问题确定为“百日会战”专项行动打击整治重点，把案件高发的城镇确定为重点打击整治地区。通过加强领导，落实责任，强化措施，全力推进“百日会战”专项行动深入开展，打掉了多个盗窃摩托车团伙和入室盗窃团伙，侦破各类刑事案件73起，抓获犯罪嫌疑人69人，追缴被盗摩托车33辆和1批赃款赃物。“百日会战”中，侦破了杜某某被绑架案、“大理金丞装饰公司”装修合同系列诈骗案，打掉了一个实施系列抢劫的犯罪团伙。通过“百日会战”，全县摩托车被盗和入室盗窃案件高发的势头得到有效遏制，无牌无证机动车违法问题得到一定程度遏制，违法犯罪活动空间得到有效挤压，群众的安全感明显增强。

【第三轮禁毒专项行动】　以创建“无毒县”为目标，通过开展“春季扫毒行动”、“11·1”打击零星贩毒等系列专项行动，严密堵源截流立体查缉防控体系，全力遏制境外毒品渗透内流，严厉打击零星贩毒，依法收戒吸毒人员，深入推进第三轮禁毒人民战争的开展。全年破获毒品刑事案件16起，其中万克毒品大案4起，缴获毒品5.35万克，抓获犯罪嫌疑人40人，扣押、冻结涉案毒资430余万元，缴获涉案车辆7辆。与上年相比破案数减少6起，缴获毒品数增加3.19万克，抓获犯罪嫌疑人增加7人。查处零星贩毒案件36起，新收戒吸毒人员60人，其中强制隔离戒毒41人、社区戒毒14人、社区康复5人。与上年相比查处数增加15起，新收戒吸毒人员减少3人。同时，协助剑川、漾濞警方破获运输毒品案3起，抓获犯罪嫌疑人4名，缴获毒品6630克。

【“清网行动”】　全年抓获各类上网逃犯28名，其中抓获县公安局行动前上网逃犯8名，破获历史案件8起，其中命案2起，实现了行动前上网逃犯下降率达80%的可喜成绩，最大限度减少了网上在逃人员，及时消除了社会隐患。通过“清网行动”，还清了历史欠下的旧账，得到人民群众的充分肯定。

【“打四黑除四害”专项行动】　在“禁赌”专项行动中，成功打掉了游窜于小湾东镇、公郎镇、碧溪乡、南涧镇等乡镇的9个赌博团伙，破获赌博刑事案件4起，查处赌博行政案件16起，抓获涉案人员150余人，其中24人被依法刑事拘留、128人被依法行政拘留并处罚款、收缴罚没款100余万元和赌具一批。在开展娱乐场所“黄赌毒”违法犯罪专项行动中，查处涉黄涉赌刑事案件3起，查获涉黄涉赌违法犯罪人员40余人，其中刑事拘留6人、行政拘留14人。

欢迎“清网行动”中赴福建追逃归来的干警（苏俊峰　摄）

【构筑“六张网”建设】　全面构筑视频监控网、行业场所防控网、群防群治防控网、街面防控网、区域警务协作网、虚拟社会网的“六张网”建设。(1) 抓实人口管理机制建设。设立县、乡、村三级流动人口管理机构，按照500∶1的比例，配备了6名专职协管员，采集流动人口信息8361人，办理居住证3182证，清理缅甸籍“三非”人员6人。(2) 完善群防群治防控力量。发展各类治保人员1500余人，保安从业人员113人，建成了县城“城市联网报警”用户31户，基本实现社会治安防控有效覆盖。(3) 扩大视频监控网覆盖面。

投资74万余元，对2008年建成的县城“平安城市”公共视频监控系统进行一期扩容升级改造，新增摄像头47个，使县城公共视频监控摄像头达到107个，基本实现老城区街面全覆盖的目标。投资183万余元，于12月建设完成县城4个十字路口的红绿灯及电子抓拍系统一期工程，提升了县城交通管理水平，改善了县城交通安全环境。（4）落实行业场所信息化防控监管，对3家娱乐场所、16家废旧金属收购业、5家网吧、52家旅馆业纳入信息系统进行管理，上传入住旅客信息11万人（次），上传网吧上网数据38万条（次）。（5）建立“部门协作、重点网站备案、网站巡查、网上舆情分析研判、重大影响信息应急处置”的虚拟社会管理工作机制，上报舆情信息被省厅采用14条，封堵有害信息30条，虚拟社会管理及舆情引导的水平和能力不断提高。（6）强化街面巡逻防控。采取视频巡逻、公开巡逻、蹲点守候等相结合的方式，实行“错时工作制”等弹性勤务模式，适时开展季节性、重点区域、重点时段、路段等巡逻防范措施，基本建立了县城网格化巡逻防范格局、扁平化指挥体系，着力提高街面见警率、盘查率和捕捉现行的能力。

【执法规范化建设】 全年无行政复议变更、撤销、败诉和国家赔偿案件发生，审核刑事案件486件、行政案件272件，考评各类案件227件，点评典型案例22件，评选优秀执法卷宗72件，整改执法突出问题6个，消除执法安全隐患1个，办结信访案件7件，最大限度地预防和减少违法上访、非正常上访等影响社会和谐稳定的涉法涉诉案件发生。

【信息化建设及应用】 在信息化建设方面，投入440余万元，完成了公共视频监控系统升级改造，建成了县城红绿灯及电子抓拍系统、110接处警系统、IP电话系统、2011版办公自动化系统，升级改造了软视频会议系统、350M通信系统、看守所监控系统，开通新龙街警务室、碧溪交警中队、碧溪治安卡口光纤，采购了一批计算机、录音笔、二代证读卡仪、执法记录仪等信息化建设装备。在信息化应用能力上，运用各类信息管理系统，直接查获涉案车辆3辆，抓获涉案人员17人，协助破获各类案件50余起，找回失踪人员1人，信息化服务实战能力不断提升。

【基础设施建设】 完成了碧溪交警中队办公用房的维修改造，完成了看守所“四防一体化”、大门、围墙、绿化建设，启动了拘留所、县局业务技术用房和办公用房项目建设。拘留所预计投资254万元，建筑面积1360平方米，争取到位资金254万元；县局业务技术用房和办公用房建设项目预计投资3256.58万元，建筑面积1.19万平方米，争取到位资金1474.41万元。当年，已完成地勘、初设评审、地基土方回填等工作。

【社会矛盾化解】 （1）强化社会矛盾纠纷情报信息的收集、研判。全年排查出影响社会稳定的涉众性问题9件，收集掌握内幕性、预警性、行动性情报信息69条，提出工作建议32条，开展重大社会决策、重大工程项目社会稳定风险评估44次，为科学处置影响社会稳定的苗头性问题提供了准确依据。（2）配合相关部门对县城农贸市场、南涧镇、宝华镇、乐秋乡等多处违章建筑物进行强制拆除，对多处私挖乱采的矿场、石场进行炸封关闭，全力维护县城违法占地清除及家装市场强制清场期间的治安秩序。（3）进一步强化矛盾纠纷排查化解工作。全年排查出因征地补偿、山林土地矿产纠纷等可能影响社会稳定的重大矛盾纠纷23起，参与相关职能部门化解10起，调解一般矛盾纠纷140起，化解民间纠纷83起，调解处理交通事故250起、治安案件132起。

（苏俊峰）

审　判

【概　述】 2011年，县人民法院在中共南涧县委的领导下，在县人大及其常委会、县人民政府、县政协及上级法院的监督、指导和关心支持下，全面贯彻党的十七大和十七届五中、六中全会精神，坚持“党的事业至上、人民利益至上、宪法法律至上”工作指导思想，紧紧围绕“为大局服务，为人民司法”工作主题，深入推进“社会矛盾化解、社会管理创新、公正廉洁执法”三项重点工作，扎实开展“人民法官为人民”、“发扬传统、坚定信念、执法为民”主题实践活动和“创先争优”、“社会主义法治理念再学习再教育”活动，全面加强审判执行工作，着力抓好自身建设，不断夯实基层基础，各项工作取得了较好成绩。

2011年7月12日，州委常委、政法委书记杜涛到县人民法院立案窗口看望干警（县政法委供稿）

【刑事审判】　全年受理并依法审结刑事案件79件128人，判决生效的70件110人中，免予刑事处罚7人，给予刑事处罚103人，其中：判处10年以上不满15年有期徒刑5人，判处7年以上不满10年有期徒刑4人，判处5年以上不满7年有期徒刑7人，判处3年以上不满5年有期徒刑9人，判处3年以下有期徒刑、拘役78人（宣告缓刑44人），并处罚金54人。(1) 依法严惩杀人、抢劫等严重暴力性犯罪及盗窃、诈骗等危害群众生命财产安全的多发性侵财犯罪，审结此类案件43件70人；加大对贪污贿赂犯罪、渎职犯罪的打击力度，审结此类案件7件8人；依法判处聚众斗殴、寻衅滋事等妨害社会管理秩序案件10件30人；依法判处交通肇事、重大劳动安全事故等危害公共安全案件14件14人；依法判处非法经营等破坏社会主义市场经济秩序案件5件6人。(2) 加大刑事自诉案件和解和刑事附带民事案件调解力度，审结刑事自诉案件6件10人，均和解结案；审结刑事附带民事案件25件，调解14件，调解率56%。(3) 深入推进量刑规范化改革。全年有76件案件将量刑纳入庭审程序，涉及交通肇事、故意伤害、强奸、抢劫、盗窃、诈骗等，其中66件采纳了检察院的量刑建议，确保量刑规范化工作平稳有序开展。(4) 加强少年司法工作，贯彻“教育、感化、挽救”方针，切实保护未成年人合法权益，审结未成年人犯罪案件5件5人。

【民事审判】　全年受理民事案件344件，审结343件，结案率99.71%，解决财产争议标的878.14万元，与上年相比收、结案数分别下降11.79%和11.83%。(1) 注重维护婚姻家庭的和谐稳定，审结婚姻家庭、继承等纠纷案件165件；着眼于保护竞争有序的市场秩序，促进经济发展，审结合同纠纷案件73件；切实保护公民的人身权和财产权，审结权属、侵权及其他民事纠纷案件105件。(2) 围绕和谐主题，作大调解文章。坚持“调解优先、调判结合”工作原则，把做好诉讼调解工作作为提高民事审判质量、促进司法公正的一项重要措施，努力提高调解工作质量和调解率，切实达到定纷止争、案结事了的效果。全年调解结案142件，经调解撤诉74件，调撤率62.97%。(3) 深入基层，巡回审理，方便群众诉讼，减轻群众负担；推行“速裁”审理机制，缩短办案周期，提高审判效率。全年巡回审理174件，“速裁”审结56件。

【行政审判】　行政审判中，既注重加强对行政机关的司法监督，以保护行政相对人的合法权益，又注重支持行政机关依法行政，维护行政执法的严肃性。深入开展行政诉讼法制宣传活动，热情接待群众行政诉讼咨询，落实执法责任制，推进依法治县进程。全年受理行政非诉申请执行案件8件，其中裁定准予执行3件、裁定准予撤回申请2件、责令停工3件，执行标的1.75万元。没有行政诉讼案件起诉来院。

【中心工作】　(1) 积极参与社会治安综合治理，始终把综治维稳作为重要工作来抓，充分发挥法院保障社会和谐稳定的职能作用。法官进学校、进机关、进企业开展法制讲座22场（次）；开展“12·4”法制宣传；积极参与突发事件处置和违法用地整治等集中执法行动，维护社会和谐稳定；利用公开审判，以案说法，加强法制宣传教育，提高公民的法律意识；充分发挥基层人民法庭前沿窗口作用，指导基层人民调解，参与社会治安综合治理。(2) 联系挂钩村委会，开展新农村建设。抽调党员干警分4批20人（次）深入红星村委会，融入到基层干部群众之中助推春耕生产高潮；助残日、建党节期间，走访慰问辖区内的困难户、残疾人、高龄党员，并送去慰问金。

【执行工作】　全年受理执行案件278件，执结262件，执结率94.24%，执结标的695.08万元。与上年相比收、结案数分别下降21.25%和24.28%。(1) 不断探索新的执行方法，充分发挥执行和解及协调作用，着力提高案件执结率。（2）对具有履行能力而拒不履行生效法律文书或阻挠执行的被执行人，在说服教育无效的情况下，果断采取查封、扣押、拘留等强制措施，坚决予以执行。全年决定司法拘留4人（次）。（3）开展反规避执行专项活动，进一步巩固“清积”活动成果，将反规避执行贯穿到整个执行工作中，着力解决执行难问题。全年对22件历年终结本次执行程序案件恢复执行并成功执结，执行标的337.79万元。（4）持续开展争创“无执行积案先进法院”活动，案件执结率、实际执结率、执结标的到位率、当事人自动履行率、涉执行信访案件息访率各项指标均达到活动要求。（5）大力开展司法救助活动，全年对11案15名特困申请人发放司法救助金4.25万元，切实维护申请人的合法权益。

巡回审理（县人民法院供稿）

【立案信访和审判监督】 （1）结合“四亮四评”活动的开展，切实加强立案信访窗口建设，不断完善“大立案”工作格局，实现了立案工作以单纯的诉讼审查到全方位诉讼服务功能的转变。（2）继续落实司法救助制度，为困难群众排忧解难。全年为16件案件的18名困难群众依法缓减免交诉讼费5.08万元。（3）加强信访工作，改善群众来访接待环境，最大限度地为群众提供方便；从提高办案质量、抓好初信初访入手，加强信访法规宣传教育，在“事要解决、息诉罢访”上下功夫，从源头上减少信访，将矛盾化解在基层。全年无上访老户来信来访，无上级督办的涉法涉诉信访案件。（4）开展案件质量评查。全年评查699件826卷，其中优秀658件、良好22件、合格19件，无不合格案件。在自查的基础上，分别报送30件和50件案件参加县委政法委的“百案评查”活动和省高院的“万件案件评查”活动。

【队伍建设】 年内推荐并经组织考察任命正科级领导干部2名，提请县人大常委会任命庭长1名、审判员4名。紧紧围绕“党建带队建，队建促审判”的党建总体目标，成立了党总支，下设6个党支部，进一步加强党组织的思想、组织、作风和制度建设。开展“发扬传统、坚定信念、执法为民”主题实践教育活动，进一步发扬党的优良传统，牢固树立全心全意为人民服务的宗旨意识。结合岗位实际，查找部门和岗位存在的廉政风险点，明确其风险内容和表现形式，认真做好廉政风险防范工作。在大厅、楼道等区域，悬挂党建文化、廉政文化等宣传展板，以楼层分篇介绍法院党建、廉政文化工作。加强业务学习和培训。全年有102人（次）参加省、州、县各项业务培训，有效提高了干警的业务技能和理论水平。

【信息宣传】 （1）继续做好优秀法官龙进品先进事迹的宣传报道。与中央电视台《法治频道》、《时代先锋》、《身边的感动》，云南电视台《云南新闻》协助拍摄了龙进品先进事迹专题片；开展先进事迹报告会，首场报告会在中院举行，全州法院干警通过视频聆听，报告团先后到全县8个乡镇巡回报告。（2）设立宣传专栏，向社会各界介绍法院概况、审判动态、法律法规、先进典型等。（3）修订完善本院《信息宣传调研工作制度》，进一步细化任务，明确奖惩。全年编写简报42期、《廉文荐读》6期、司法统计分析4期，报送信息109条，报送学术论文、理论调研文章60余篇，被各级各类媒体采用信息、案例、理论文章等62篇（幅）。

召开年度工作总结会（县人民法院供稿）

【设施建设】　（1）加大基础设施建设和物质装备建设。积极申报审判法庭整体搬迁建设项目，项目可行性研究报告通过评审，被省发改委列入云南省“十二五”规划建设项目；投资60余万元，更新业务用车、添置办公设备和法庭安全设备，有效地改善了工作条件。（2）积极争创“文明单位”。把精神文明建设贯穿于各项工作的始终，通过考评，12月7日，县人民法院被县委、县人民政府授予第十二批“县级文明单位”称号。经复审，县人民法院继续保持第十一批“方州级文明单位”称号。（3）加大信息化建设力度，启用电子签章系统，实现远程电子签章；运行内网安全管理系统，进一步保障了网络安全。

【接受监督】　（1）及时、主动向县委报告工作中的重大问题、重要情况，对涉及公共利益、国计民生等具有重大社会影响的案件，主动向党委汇报。（2）加强与人大代表、政协委员的联系，主动征求代表、委员们对法院工作的意见建议。县十届人大常委会第25次会议听取和审议了县人民法院执行工作情况报告，县政协七届第57次主席会议听取和通过了县人民法院工作报告；主动邀请部分人大代表、政协委员、人民陪审员、特邀监督员、人民调解员参加庭审观摩，将审判工作置于人大、政协和社会各界的监督之下。（3）保障人民陪审员依法履职。全年人民陪审员参加审理案件15件。（4）支持、配合检察机关依法履行法律监督职责，落实检察长列席审判委员会实施意见，邀请检察长列席审委会。（5）发挥特邀监督员的作用，自觉接受人民群众和社会各界监督，及时向社会公开发布典型案例、司法动态等信息。

（杨　梅）

检　察

【概　述】　2011年，南涧县检察院在县委和上级检察院的正确领导下，在县人大的法律监督、县政府的大力支持、县政协的民主监督和社会各界的关心下，紧紧围绕南涧县的经济发展大局，深入落实科学发展观，不断强化法律监督和自身监督，加强基础设施建设和自身建设，各项检察工作取得了较好的成绩，为南涧县科学跨越发展、实现富民强县的战略目标提供了强有力的司法保障。

【惩治刑事犯罪】　县检察院始终把严重暴力犯罪、涉及民生经济犯罪、多发性侵财犯罪和毒品犯罪作为打击重点。建立并完善轻微刑事案件调解工作机制和“捕、诉、教、防”一体化工作机制，对主观恶性小、犯罪情节轻微的初犯、偶犯、过失犯以及因邻里、家庭纠纷引发的轻微刑事案件，贯彻教育、感化、挽救方针，慎用刑事手段，给当事人以改过自新的机会，对符合条件的轻微刑事犯罪依法从宽处理。全年受理提请批准逮捕案件71件115人，比上年上升1.7%，批准和决定逮捕59件95人，比上年上升14.4%，不（予）批准逮捕14件30人。受理移送起诉案件87件157人，其中2010年未结5件7人，比上年上升1.2%，提起公诉82件148人，比上年上升26.4%，报送州人民检察院审查起诉8件25人，比上年上升87%，以上案件，未结5件9人，依法不起诉5件5人。批捕案件准确率、公诉案件有罪判决率均达100%，全年没有出现超期羁押和错案现象，整体办案质量逐年提高。

【查办职务犯罪】　全年立案查办职务犯罪案件9件9人，其中贪污贿赂案件6件6人、渎职侵权案件3件3人。立案查办的贪污贿赂犯罪案件6件6人均为大案，其中：要案3件3人，占立案数的50%；渎职侵权案件要案1件1人，占立案数的33%；贪污贿赂案件和渎职侵权案件起诉率和有罪判决率均为100%。做到当年立案当年判决，没有撤案、不起诉和无罪判决情况，把每一起案件都办成了经得起检验的铁案，案件质量得到了明显提高。通过办案，挽回经济损失140余万元。

【预防职务犯罪】　加强与纪检、行政执法机关的案件移送和信息沟通机制，积极拓展案件线索渠道。认真查办工程建设领域、“惠民涉农”领域背后的职务犯罪案件。建立惩防一体化机制，结合办案开展职务犯罪预防工作。（1）多层次开展预防职务犯罪警示教育，做到一案一警示，力求查处一案，教育一片，增强了查办和预防职务犯罪的效果。（2）采取个案预防与系统预防相结合，对重点领域和重点行业的十多家单位和部门开展了系统预防，进行了法制讲座34次，带领相关单位到州职务犯罪警示教育基地开展警示教育4次。（3）建立了行贿犯罪档案电子查询系统，向工程建设领域的招标单位提供查询45件（次），加大了反腐监控力度。

【抓好控申宣传】 在开展“举报宣传周活动”期间，用图文并茂的方式向群众展示近年来南涧县查处的鲁某某等渎职侵权及李某某、段某某等商业贿赂案件，发放宣传资料1400份，受宣传教育人数达5000余人（次），现场提供法律咨询6人（次），受理举报1件。全年处理群众来信来访及其他单位转入的信访材料35件，举报4件，申诉28件，控告3件，办理刑事申诉案件2件，刑事被害人救助案件6件，举报奖励案件3件。信访接待室达标规范，并制定完善检察业务、行政管理等各类规章制度16项。2011年，最高人民检察院授予南涧县检察院控申科信访接待室“文明接待示范窗口”荣誉称号。

【参与综治维稳工作】 切实搞好检察环节的社会治安综合治理工作，对可能出现或已经出现不稳定因素的地方和部门，积极组织干警参与转化、消除、整治工作，及时派员参加综治工作。年内，参与了县委政法委组织的到重点乡镇“综治维稳 送法下乡”活动。8月8日，南涧镇安定村委会总府庄村百余名群众因山林纠纷，到县人民政府办公场所内群体上访，接到通知后，南涧县检察院立即抽调业务骨干，在分管领导的带领下，及时赶赴现场了解情况、参与现场勘查、案件讨论，对证据收集固定、事实认定和罪名确定提出意见和建议。

【加大法律监督力度】 （1）进一步深化机制建设，强化执法办案工作。与公安机关建立了相关案件定期通报制度，向公安机关发出《纠正违法通知书》2份，发出《检察建议书》8份，引导公安机关调查取证，提高了起诉案件的质量。主动加强与行政执法机关的沟通，开展对行政执法机关移送涉嫌犯罪案件专项监督活动，发现立案监督线索2条并建议公安机关进行立案。对已经发生法律效力的民事和行政申诉案件，依法向法院提出抗诉1件，提请上级检察院抗诉1件；对法院正确判决，积极做好息诉罢访工作，与上年相比息诉服判率上升80%。（2）加强刑罚执行和监管活动监督。10月，开展监外执行罪犯“教育矫正、监督管理和解除矫正”情况专项检察活动，深入全县8个乡镇，对122名监外执行罪犯的社区矫正工作进行检察，并对脱管漏管的23名罪犯提出了检察建议，依法维护刑罚执行的严肃性。审查监督暂予监外执行案件4件，对监管活动中的违法情况提出纠正意见6件（次）。

【参与社会管理创新】 （1）针对执法办案中出现的社会管理问题，研究提出改进工作的制度和机制。建立和完善“两刑一体化”、“侦防一体化”、“检务保障一体化”机制，优化管理模式，整合办案力量；建立案件质量内控机制，对案件进行精细化管理，实行案件初审制度，院领导对重大热点敏感案件靠前指挥；加强与公安机关、人民法院的协调配合，建立联席会议制度、重大案件提前介入制度，确保案件质量；完善审查逮捕讯问犯罪嫌疑人，听取被害人、辩护人、诉讼代理人意见机制，防止冤错案件的发生；落实办案风险评估预警机制；建立刑事和解机制和检调对接机制，拓宽检察环节化解社会矛盾的渠道；积极推进量刑规范化改革，制定量刑建议工作机制；落实刑事被害人救助制度，做好息诉罢访工作。（2）建立了8个民行检察工作联系点，落实司法便民利民措施，依法妥善解决群众合理诉求。（3）坚持推行未成年犯罪嫌疑人分案起诉、回访帮教制度。（4）建立了检察环节应急处理机制，明确责任部门和人员，加强对突发事件和网络舆情的监控处置应对工作。（5）在检察人事制度改革方面，进一步规范中层干部选任、检察员晋升等人事制度，严格选人用人程序。（6）在检务公开方面，开展“检察长接待日”、公诉庭审评议、反贪案件讲评、反渎工作视察等“阳光检务”系列活动，拓宽接受人大和社会各界监督的渠道。

【加强执法规范建设】 （1）严格执行检察机关执法办案内部监督暂行规定和执法过错责任追究制度，建立内部纠错机制，积极推行“执法业绩档案”工作。（2）全面整合上下互联、内外对接的信息网络，对所有职务犯罪案件实行全程同步录音录像和动态监控，在提升办案科技化水平的同时，逐步实现规范办案、保护嫌疑人权益和保障办案安全的有机统一。（3）认真落实上级院对下级院执法办案活动监督的规定和搜查、扣押、冻结款物的规定。（4）按照高检院的要求，全面推行人民监督员制度，加强对查办职务犯罪案件“七种情形”的监督。（5）深入开展“维护人民群众合法权益，解决反映强烈突出问题”专项检查活动，认真查找自身问题，征求人大代表、政协委员和相关单位对检察工作的意见和建议，确保“理性、平和、文明、规范”执法，树立了检察机关良好的执法形象。

【开展主题教育实践活动】 在全体干警中认真组织开展“恪守检察职业道德、促进公正廉洁执法”及“发扬传统、坚定信念、执法为民”主题教育实践活动，队伍思想政治素质不断提升。(1) 与提升检察干警思想政治素质相结合，采取多种形式，着力查找检察干警在理想信念、宗旨意识、执法办案等方面存在的突出问题，激励检察干警忠诚履职的责任感。(2) 与党建工作相结合，以纪念建党90周年活动为契机，组织干警参加唱红歌文艺汇演、学党史、重温入党誓词和党课教育活动接受革命传统教育，引导检察干警牢固树立理性、平和、文明、规范的现代执法理念。(3) 与“创先争优”相结合，积极开展各项检察工作的考评。通过各种措施，全院干警的凝聚力、执行力和战斗力不断增强。

【加强队伍自身监督】 认真落实领导干部述职述廉制度、个人有关重大事项报告制度、任前廉政谈话与诫勉谈话制度，抓好领导班子建设。深入开展廉洁从检、纪律作风和警示教育，坚持以执法监督为核心，以制度建设为关键，积极推进廉政风险防控机制建设，排查廉政风险点，健全内控机制，构建制度防线，着力加强对执法岗位、执法环节、执法人员的监督。通过学习《中国共产党党员领导干部廉洁从政若干准则》和《检察机关领导干部廉洁从检若干规定》等文件，引导干警进一步筑牢反腐倡廉的思想道德防线，增强廉洁从检的自觉性。

【加大队伍教育培训力度】 以教育培训为抓手，认真组织干警80多人（次）参加各种学习培训，17名副科级以上干警参加云南省领导干部在线学习，完成率100%。加强对青年干警的培养，狠抓司法考试工作，系统、规范地开展司法考试培训，有9名青年干警通过了国家司法考试，司考过关率达90%。定向培养少数民族“双语”检察人员2人，全院干警本科以上学历提升到91.5%。

【加大基础设施建设】 县检察院着眼长远发展，致力基础设施建设，为检察事业可持续发展夯实了基础。(1) 贯彻高检院“三位一体”的基层检察院建设方针，结合南涧实际，提出信息化建设优先发展的工作思路，投资90多万元，完成了技侦综合大楼和老办公楼的“两网”系统建设、高标准视频会议系统建设、侦查指挥系统建设、办公区安全监控系统建设，以及网络安全和网络保密系统建设，走出一条体现南涧检察特点的经济、实用、高效的信息化建设道路。(2) 重点强化侦查办案、证据收集、安全防范等科技装备的建设与应用。建成了功能齐备的办案工作区，确保办案安全。新配备了办案电脑、照相机、摄像机、全方位监控等办案技侦设备，提高了办案科技含量，实现了办公办案的无纸化和网络化管理。(3) 南涧县检察院“两房”建设面貌焕然一新，功能设施齐全，可以较好地满足检察工作的需要，为南涧县检察事业的发展提供有力的保障。8月，完成总投资380多万元，建筑面积为1700平方米的技侦综合大楼建设 。10月，投资120余万元，建筑面积为1650余平方米的老办公楼改造全面启动。

【抓好部门中心工作】 县检察院自觉把检察工作放在县域经济社会发展大局中来谋划，紧紧围绕“十二五”时期全县发展战略，促进经济社会平稳较快发展，扎实开展扶贫帮困工作。根据县委、县政府统一部署，结合县检察院挂钩扶贫的乐秋乡联合村委会的实际，重点帮助改善道路基础设施，向上争取乐秋乡政府至联合村委会水泥路乡村道路通畅工程项目。该工程投资350余万元，于5月全面完成，彻底解决了该村的出行难问题，为群众脱贫致富打下了坚实的基础。

（曹建敏）

司 法

【概 述】 2011年，南涧县司法局在县委、县人民政府以及上级业务主管部门的正确领导下，紧紧围绕新时期、新形势下司法行政工作的目标和要求，以深入开展“社会矛盾化解、社会管理创新、公证廉洁执法”三项重点工作为契机，充分发挥司法行政机关法制宣传、法律服务、法律保障三大职能作用，认真贯彻落实省、州司法行政工作会议及相关文件精神。以化解矛盾纠纷为主线，围绕创建“平安南涧”、构建和谐社会目标，充分发挥基层司法所、人民调解委员会、法律服务所的服务职能；以人民调解以案定补、社会矛盾纠纷排查调处、基层法律服务工作为重点，坚持打基础、抓规范、促提高的原则，为全县司法行政工作迈上新台阶作出了积极的努力。

【各项学习活动】（1）按照上级主管部门的要求，结合“发扬传统、坚定信念、执法为民”主题教育实践活动，切实加强司法行政队伍建设工作。（2）强化政治理论学习。认真组织开展了以十七大，十七届六中全会，州第七次党代会精神和中纪委，省、州、县纪委相关会议精神等为主要内容的政治理论学习和讨论活动；根据“发扬传统、坚定信念、执法为民”主题教育实践活动实施方案，机关全体干部职工重读红色经典，并写出学习体会、撰写理论文章；对干部职工参加学习、培训的情况进行登记，建立学习档案，并将干部职工的学习情况纳入年度考核。（3）开展建党90周年庆祝活动。组织党员干部32人参加政法系统建党90周年唱红歌、唱部门歌曲庆祝活动；抽出15名党员参加县级机关党委于7月1日在科技广场开展的千名党员重温入党誓词活动；纪念活动期间，组织观看了反腐倡廉宣教片，重读了红色经典，重唱了红色歌曲。（4）利用周一学习时间，组织全体司法行政干警和法律服务工作者对《中国共产党党员领导干部廉洁从政若干准则》进行学习。通过学习，全体干部职工进一步了解准则、熟悉准则，增强了学习贯彻《廉政准则》、做好廉洁自律工作的政治责任感和工作自觉性。（5）积极开展文明创建活动，争创文明单位。经过全体司法行政干警和法律服务工作者的共同努力，12月7日，县司法局被县委、县人民政府授予第十二批“县级文明单位”称号。

省司法厅何剑文厅长到县司法局调研指导工作（县司法局供稿）

【依法治县和普法工作】2011年是“六五”普法的启动实施年，普法依法治理工作紧紧围绕中央关于“保增长、保民生、保稳定”的决策部署，深入推动“六五”普法规划的贯彻实施。以增强公民法治观念为先导，以提高公民法律意识为己任，以促进经济发展、社会稳定、依法行政为落脚点，突出重点，狠抓落实，全力抓好普法工作。（1）制定了法制宣传教育的第六个五年规划。为了使各级各部门及时掌握全县普法依法治理工作重点，理清思路，经县十届人大常委会2011年9月26日第25次会议通过，批准县人民政府《关于在全县公民中开展法制宣传教育的第六个五年规划（2011～2015年）》的决议，保证了全县普法依法治理工作的全面开展。（2）加大普法宣传力度，大力营造学法、守法、用法的法治环境。重点宣传了《宪法》、《民法》、《治安处罚法》等20余部法律法规。全县16.42万名普法对象中有15.62万人参加了各种形式的普法学习，参学率达95%，领导干部和国家公务员（机关工作人员）参学率达100%，企事业单位参学率达96%，居（农）民参学率达90%，在校学生参学率达100%。3月，以“法律八进”和“综治维稳宣传月”、“三八”维权周、“3·15”等为宣传主题，开展专项行动和送法下乡活动，发放各种法制宣传材料1.2万份，展出展板63版，发放各种法制宣传画册2000余份，播放法律法规光碟4场（次），现场提供咨询36人（次），律师现场提供法律解答11起，化解矛盾2起，近万人受到教育。（3）县级各部门在开展普法依法治理工作中，更加认识到依法决策、依法行政和依法管理的重要性，深入查找本部门、本单位以前在依法决策、依法行政、依法管理和依法办事等方面存在的突出问题，积极采取行之有效措施认真加以整改，进一步改善执法环境，提高执法质量和依法办事水平。（4）起草了《关于开展法治南涧建设的实施意见》，并经县人民政府常务会议于10月10日研究通过。

【开展丰富多彩的“法律八进”活动】各乡镇、县级各单位开展丰富多彩的“法律八进”活动。（1）在“法律进机关单位”活动中，各机关单位进一步完善党委（组）理论学习中心组集体学法和干部职工学法制度，坚持定期组织广大干部职工学习各种法律法规，多数单位建立了法制宣传专栏或学法园地，及时刊登法律法规知识和涉法内容；组织公务员参加省、州、县举办的依法行政培训、专题法制讲座、法律知识竞赛、法律知识考试等活动，广大公务员的法律素质和依法办事能力进一步提高。（2）把“法律进学校”活动作为重中之重进行认真安排。根据人员变动情况，及时调整充实了53所中小学的43名法制副校长，并开设了法制课，受教育学生达3.3万余人。（3）在“法律进乡村、社区、家庭”活动中，结合开展“民主法治村”创建、矛盾纠纷排查调处等工作，开展了送法进乡村、进社区和进家庭活动，把常用法律、法规和与群众生活密切相关的法律法规知识送达广大居民、农户手中，进一步增强了居民、农户的法律意识。（4）依托南涧跳菜艺术团和老年人协会，积极开展法制文艺宣传活动；利用电影“2131”工程平台，在乡村、社区、家庭中进行法制宣传；在政府公众网络和南涧电视台开设“法制宣传”专栏，扩大了法制宣传教育面。（5）在法律进企业活动中，主要宣传《公司法》、《信访条例》、《工会法》等相关内容；组织相关部门到有关企业举办法制讲座，开展法制宣传咨询等活动；加强检查监督，指导企业建立健全学法、用法、依法治企业等各种内部管理制度，促进企业依法经营、诚信经营。

【法制宣传教育】　法制宣传教育围绕深入推进社会矛盾化解、社会管理创新、公正廉洁执法三项重点工作，认真开展“综治维稳宣传月”、“3·15”国际消费者权益日、科技宣传周等专项法律咨询宣传服务活动。开展送法下乡、法律进校园等法制宣传教育活动10场（次），印发宣传资料9万余份，展出展板60版，播放法制教育片7场，向社会提供法律咨询解答600多人（次），粘贴法制宣传标语20幅，近10万人接受教育。

开展“12·4”全国法制宣传系列活动（县司法局供稿）

【对外宣传】　司法局十分注重对外宣传工作，全年发出新闻报道12期，其中南涧公众信息网新闻3期、南涧宣传网4期、《南涧通讯》2期、《司法行政工作简报》3期。通过不同形式的宣传，取得了良好的宣传效果，扩大了司法行政对外宣传工作的影响。

【人民调解】　（1）人民调解在维护社会稳定中起到“第一道防线”作用，做到纠纷调解小事不出村、大事不出乡镇。全县88个人民调解委员会516名调解人员，受理各类民间纠纷10250件，调处10045件，调处成功9594件，调处率和调处成功率分别为98%和95.5%。（2）南涧县从2011年1月开始执行人民调解“以案定补”工作。为使人民调解进一步规范运作，对全县人民调解委员会如何受理、登记、调处、回访简易纠纷、疑难纠纷和热难点纠纷等业务进行培训29场（次），参加培训人员2100人（次）；集中司法所及相关人员到县局培训4次，受培训人员380人（次）。并多次安排人员深入到乡镇、村作指导，该项工作已全面运转。经县司法局牵头，抽调县综治办、人民法院、财政局、公安局、信访局组成4个考核组，对全县80个村（居）调解委员会落实人民调解“以案定补”工作情况进行全面检查考核，认定“以案定补”纠纷数为3697件，兑现人民调解“以案定补”经费8.95万元。

【社区矫正和安置帮教】　（1）认真组织开展了社区矫正工作。全县接收社区矫正对象207人，通过大量的心理矫正和行为矫正，到期按时解矫101人，继续接受矫正106人。在矫正工作中，指导就业24人，技能培训52人（次），开展心理咨询139人（次），组织集中教育9人（次），组织公益劳动26人（次），分类个别谈心教育137人（次）。根据上级关于对社区矫正对象和刑释解教人员实行无缝对接的精神，分别到大理监狱、鹤庆监区对接5人，派出车辆6辆（次）、工作人员20人（次），支出对接经费1.2万元。（2）对49名回乡刑释解教人员进行了安置帮教工作，做到了人人见面、个个帮教安置。

【律师工作】　积极为各类市场主体参与经济活动提供法律服务，各项业务得到全面的开展。全年办理民事诉讼代理案件87件，办理刑事辩护案件21件，办理非诉讼法律事务13件，代写法律文书137件，办理法律援助案件32件，担任法律顾问3家，解答法律咨询397人（次）。

【公证工作】 公证处积极为工程建设和民事活动提供公证法律服务，服务领域不断得到拓展。全年受理公证事项689件，出证689件，办结689件，其中经济案件622件、民事案件67件。

【法律援助】 法律援助为需要法律援助的弱势群体提供法律帮助，维护了当事人的合法权益，充分体现了党和政府对社会弱势群体的关心和爱护。（1）受理法律援助案件84件，其中民事28件、刑事16件、非诉讼40件。在办理法律援助案件中做到对群众热情周到、处理及时、解答满意。（2）法律援助、“12348”接待法律咨询人员163人（次），来电话咨询12人（次）。（3）制定了办理案件首问责任制、服务承诺制、限时办结制等规章制度。

【其他工作】 （1）为按时完成挂钩村委会粮烟种植任务，司法局先后安排15名干部职工，深入到挂钩的无量山镇保平村委会协助粮烟生产工作，计140天，帮助村委会解决科技培训经费2000元、法制宣传经费2000元。（2）在助残日来临之际，为认真贯彻落实省、州、县关于开展助残活动的要求，县司法局积极开展助残活动。5月11日，深入到挂钩的无量山镇保平村委会，对全村118户120名残疾人进行慰问，送生活必需品120份，并对部分困难残疾人家庭进行了走访慰问；以“南涧县科技宣传周”活动为契机，组织6名律师、公证员到活动现场开展法律咨询服务，发放宣传单900多份，解答法律咨询70多人（次），涉及残疾人11人（次）；各司法所进村入户、深入田间地头积极开展涉残矛盾纠纷大排查4起，化解2起，进入调解程序2起。（3）局领导带队，到挂钩的保平村委会调查落实抗灾救灾等工作情况。组织召开专题会议，分析研究了保平村委会抗灾救灾工作，学习传达了县委、县人民政府关于做好抗旱救灾的文件精神和全省抗旱救灾工作电视电话会议精神；深入实地调查研究，准确掌握灾情情况，进一步帮助指导抗灾救灾工作。

【队伍建设】 围绕新时期、新形势下司法行政工作的目标和要求，以深入开展“社会矛盾化解、社会管理创新、公证廉洁执法”三项重点工作和“发扬传统、坚定信念、执法为民”主题教育实践活动为契机，进一步加强司法行政队伍建设，抓好全县司法行政干警和法律服务工作者政治思想和作风纪律教育。（1）通过不同方法、不同方式，加大教育培训力度，使全体司法行政干警和法律服务工作者更加适应新时期对司法行政工作的要求。（2）进一步创新工作机制，制定、修订了《南涧县司法行政工作目标管理责任分解办法》（试行）、《全县司法行政系统信息和调研文章目标管理考评及奖励办法》、《基层司法所和法律服务所财务管理规定》、《公证工作目标管理办法》、《律师工作管理办法》等，不断推动司法行政各项工作。

【设施建设】 （1）2004～2011年，先后建成8个司法所办公用房，争取并拨付司法所业务用房建设资金179万元。与拥翠乡、公郎镇人民政府协商，以有偿划拨的方式签订了司法所办公用房划拨协议，使用面积都在300平方米以上，经过装修改造，已投入使用。（2）根据2010年12月9日召开的全省司法业务用房工作会议精神，按照国家建住部和发改委颁布的《司法业务用房建设标准》要求，县司法局积极争取司法业务用房项目，主动向省司法厅汇报，请求列入全省第一批建设项目，组建编写项目科研工作组，加班加点，在有关部门的支持下，提前上报了项目涉及的所有材料，项目初审顺利通过，列入全省第一批40个项目建设之一。随即委托省发改委工程咨询中心编制科研报告，4月14日，在昆明由省司法厅组织省发改委专家评审，评审顺利通过，业务用房计划总投资289.52万元，建筑面积1377平方米。

（张玉文）

公安交通警察

【概　述】 2011年，南涧县公安局交通警察大队在县委、县人民政府和上级公安机关的领导下，在县人大、县政协的监督指导下，以科学发展观统领道路交通安全和公安交警队伍建设工作，紧紧围绕“降事故、保安全、保畅通”总目标和事故预防中心工作，大力开展道路交通秩序整治，完善道路交通安全设施，强化道路交通秩序管理考核，切实加强道路交通管理，确保了道路交通安全形势的基本稳定。以“三项重点工作”和“三项建设”为载体，加强民警和协管员的思想素质教育和业务技能培训，全力提升队伍的整体形象，并逐步夯实基层基础工作，努力提升交通管理科技含量。坚持“安全第一，预防为主，综合治理”的方针，狠抓落实全县的道路交通安全工作，全面提高人民群众的交通安全意识，不断推进公安交警队伍和交通管理工作向纵深发展，全力维护道路交通秩序，圆满完成上级交给的各项任务。

【机构设置】　南涧县公安局交通警察大队隶属南涧县公安局，下设南涧中队、宝华中队、小湾中队，内设车管所、事故组、秩序组、办公室。有民警20人，公安交通协管员35人，临时工作人员2人，退休民警4人。

【辖区情况】　南涧县公安局交警大队辖区内通车里程为3281.92千米，其中：国道214线66千米、省道159千米、县乡村公路2786千米、专用公路109.7千米、小湾公路92千米、县城街道6.63千米、祥临高等级公路南涧段62.59千米。

【交通管理】　全年开展各类专项整治行动50余次，处理各类交通违法行为3889余起，其中处理严重交通违法行为2380起，分别是无证驾驶80起、酒后驾驶1起、客车超员2起、低速载货汽车违法载人30起；严厉打击一批城区乱停乱放、不按规定停车的交通违法行为处理180余起；圆满完成了元旦、春运、龙灯会、三月街民族节、灵宝山传统庙会、五一、十一长假等重大安保任务，出动警力4500余人（次），警车1000余辆（次）。全年警卫开道35次，出动警力350人（次），警车120辆（次），参加安全保卫15次，其中国家二级保卫2次，圆满完成了交通安全保卫任务。

【安全宣传】　（1）依托县电视台、报纸等新闻媒体的舆论导向作用，深入宣传贯彻交通安全法律法规。（2）积极与运管、路政及基层派出所等单位，开展交通安全“五进”宣传活动，定期组织乡镇农村、各客运企业、中小学校的负责人集中一起，以召开座谈会的形式，宣讲交通安全形势，与群众面对面零距离交流和沟通。（3）民警进企业、进学校、进社区，通过授课、讲座、展板宣传、播放光碟、发放交通安全宣传资料等方式，有效提升广大交通参与者的道路交通安全知识。全年开展各类交通安全宣传90余次，发送交通安全宣传资料5万余份，受教育人数4.8万人。

【车辆管理】　交警大队车管所全年办理机动车注册登记4845辆，车辆年检2522辆，办理转移登记74份，变更登记25份；办理机动车驾驶证3587人（次），增驾14人（次），换证852人（次），补证30人（次）。

【信息化应用】　为确保“三项建设”工作取得实效，大队提早部署，从着力提高信息化建设水平，解决民警执法问题，构建和谐警民关系入手，全力推进“三项建设”工作。（1）加强信息化建设，加快公安交警信息平台的建设和应用，着力提高交通管理基础数据采集能力。（2）积极组织民警参加总队、支队组织的执法学习活动，举办执法培训班，组织全体民警、协管员学习《交通警察道路执勤执法工作规范》、《道路交通安全违法行为处理程序规定》，进一步提高了民警的执法水平。

（罗金香）

森林公安

【概　述】　2011年，南涧县森林公安局在县委、县人民政府和上级机关的正确领导下，以“三个代表”重要思想和十七大精神为指导，深入学习实践科学发展观，全面贯彻落实党的十七届六中全会精神，狠抓政法“三项重点工作”，全面推进森林公安机关“五化”建设，夯实“三基”工程，全力维护林区治安稳定，较好地完成了各项任务。

【基层党建】　局党支部下设3个党小组，有民警22人，其中党员21人，占95%。结合纪念建党90周年、主题教育和党建促队建活动，积极组织民警参加县委政法委组织的“党在我心中”文艺汇演、政法调研、县级机关千名共产党员重温入党誓词及省局视频党课讲座学习。同时选派民警参加省、州森林公安机关纪念建党90周年主题演讲比赛，并荣获全州一等奖、全省三等奖的好成绩。

【开门评警】　根据州森林公安局的要求，拟定了开门评警实施方案。结合辖区实际，深入林区，深入群众，认真做好“大走访”开门评警活动。局领导班子成员走访17人（次），民警走访54人（次），走访行政事业单位2个，村委会19个，村寨34个，居民家庭70户106人（次），管理服务对象67人（次），编发工作简报2期；征求意见建议15条，整改15条；排查矛盾纠纷10起，化解10起；整治突出治安问题4个，侦破群众关注案件7件，推出服务举措5条，为群众办好事9件，发放慰问金及捐款捐物3000元，设置警民联系箱1个，公开监督举报电话2部。

【基础建设】 预算投资71.1万元的宝华森林派出所和预算投资87.8万元的无量山自然保护区派出所，于12月开工建设。预算投资345.66万元，建筑面积1626平方米的局机关业务技术用房建设项目可研报告于11月1日通过省发改委评审。资金来源方面，中央投资176万元，省级补助31万元，政府划拨、单位自筹138.66万元。

2011年6月21日，州森林公安局局长杨纯（右三）到宝华镇调研森林公安基础设施建设工作（杨政云 摄）

【案件查破】 全年立刑事案件23起，破23起，其中重特大案件6起，破案率100%。抓获犯罪嫌疑人23名，其中刑拘17人、逮捕10人、取保候审14人、起诉14人、其他2人。受理公安、林业行政案件80起，查结80起，处理违法人员83人，其中警告1人、罚款78人、拘留3人、其他1人；收缴木材53.32立方米、泡核桃枝条1392株、国家二级保护动物川西斑羚死体2只、国家二级保护动物鬣羚死体1只、国家二级保护植物红椿锯材1.85立方米、猎枪4支、松脂3.81吨和部分作案工具等，没收野猪、豪猪、赤麂死体7头（只）及其它部分野生动物制品。

【森林防火】 （1）明确领导责任，强化措施。一旦发生森林火灾，要求分管领导亲临一线，组织火案查处，确保从严从快查处森林火灾案件。（2）戒严期取消节假日，严格值班备勤，24小时保持通信联络畅通，确保一旦发生警情，能够快速处置。（3）局领导多次深入挂钩联系乡镇督查指导森林防火工作，民警深入林区开展森林防火法制宣传、教育。全年立森林火警行政案件4起，查处4起，处罚4人。立森林火灾刑事案件3起，破3起（均为重特大案件），抓获犯罪嫌疑人3名，其中取保候审2人、起诉1人。过火面积193.05公顷。

【规范执法】 （1）着力强化执法业务培训。不断提高民警法律素质、业务技能和执法水平，真正使广大民警牢固树立严格、公正、理性、文明执法的理念。全年组织执法培训7场107人（次）。（2）实行执法责任监督审批制度。在执法过程中，案件质量实行办案民警负责、队所领导把关、法制部门审核、局领导审批的层层负责制，严把案件质量关。（3）深入开展“百案评查”活动。根据案件评查中指出的问题，召开专题会议，对存在的问题深刻剖析，认真整改。（4）认真处理涉法信访，妥善化解矛盾。始终坚持“群众利益无小事”的工作原则，认真处理来信来访、报警求助及每一起案（事）件。凡群众反映职责范围的问题，均认真负责地加以解决，依法依规妥善处理，做到件件有着落，事事有交代。全年处警群众求助41件（次），调解矛盾纠纷23起。

【信息宣传】 加大新闻宣传工作力度，大力宣传森林公安工作取得的成绩，展示森林公安队伍风貌，增强群众法律意识和森林保护意识，努力营造良好的社会舆论氛围。年内，编发公安工作简报28期，新闻稿件被各类媒体（网络、报刊），省、州森林公安简报采用67篇，其中：省级以上14篇、州级23篇、县级30篇。同时，加大对本局“创先争优”做法、先进典型的宣传报道，“创先争优”信息被州县媒体采用5篇，其中：《大理日报》采用1篇、县级简报采用1篇、网站采用3篇。

县人大常委会到县森林公安局调研（杨政云 摄）

【专项行动】 根据省、州森林公安局部署，2 月 1 日至 4 月 30 日，在全县范围内组织开展了以严厉打击破坏森林和野生动物资源违法犯罪为主要内容的专项行动，代号“春季攻势”。此次专项行动本着“什么犯罪严重、就打击什么犯罪，什么问题突出、就集中整治什么问题”的原则，抓住重点，深入推进，出动车辆 83 台（次），警力 192 人（次），破获刑事案件 7 起，其中重特大案件 2 起，抓获犯罪嫌疑人 9 人，逮捕 5 人，起诉 5 人。查处公安、林业行政案件 7 起，处罚 6 人。

【县人大审议森林公安工作】 5 月 11 日，召开县十届人大常委会第 21 次会议，听取和审议了副县长代表县人民政府作的《南涧县人民政府关于森林公安工作情况的报告》。针对存在的困难和不足，作出了《南涧县人大常委会关于对县人民政府森林公安工作情况报告的审议意见》，明确提出了加大基础设施建设等 4 项建议。11 月 16 日，县人大常委会检查组一行到县森林公安局检查《审议意见》落实情况，对县森林公安局加强队伍建设、打击毁林犯罪、保护生态安全、提升执法形象等方面的工作给予充分肯定和高度评价，对《审议意见》落实情况表示满意。

【特大滥伐林木案】 9 月间，吴某某（男，48 岁，拥翠乡安立村委会瓦车村人）在瓦车村集体林内滥伐云南松、华山松林木 171 棵，折合活立木蓄积 46.39 立方米；滥伐青冈栎、四照花、红木树、饺子树等杂栎木幼树 1.33 万株。滥伐林木的林地面积为 2.65 公顷，且滥伐林木幼树数量特别巨大，已涉嫌特大滥伐林木罪。10 月 26 日，犯罪嫌疑人吴某某被刑事拘留，11 月 6 日被依法逮捕。

【非法猎捕野生动物和非法持有枪支案】 10 月 31 日 16 时许，普洱市景东县李某某（男，35 岁，安定乡古德村委会小麦庄村人）、罗某某（男，51 岁，安定乡古德村委会小麦庄村人）、杨某某（男，28 安定乡古德村委会小麦庄村人）、罗某某（男，41 岁，安定乡中仓村委会平掌村人）结伙，在南涧县无量山国家级自然保护区缓冲区滑石板箐沟使用射钉枪猎捕、杀害国家二级保护动物鬣羚 1 只。根据《中华人民共和国刑法》第 341 条第 1 款和第 128 条第 1 款之规定，4 名犯罪嫌疑人的行为已涉嫌非法猎捕、杀害珍贵濒危野生动物罪和非法持有枪支罪，11 月 5 日，4 名犯罪嫌疑人被依法刑事拘留。

【严打整治】 根据州森林公安局、县人民政府部署，成立领导小组，明确职责，强化督察，大力加强法制宣传教育工作，深入开展非法占用林地、盗伐滥伐林木及违法违规采脂等严打整治工作。年内，侦破一批非法占用林地、盗伐滥伐林木及盗采松脂大要案件，立非法占用林地刑事案件 3 起，破 3 起，抓获犯罪嫌疑人 3 名，受理行政案件 48 起，查处 48 起，罚款 48 人（次）；立盗伐、滥伐林木刑事案件 4 起，破 4 起，其中特大滥伐林木案 2 起，抓获犯罪嫌疑人 5 名，立行政案件 12 起，查处 12 起，罚款 12 人（次）；立盗采松脂刑事案件 1 起，破 1 起（特大），抓获犯罪嫌疑人 1 名，立行政案件 1 起，查处 1 起，罚款 1 人（次）。

【特大盗采松脂案】 5～11 月，周某某（男，26 岁，南涧镇东涌村委会凹子地村人）以非法占有为目的，采取欺骗手段，与巍山县席某某等 3 人合伙在该村集体林内非法采集云南松松脂，销赃松脂 8.15 吨，得赃款人民币 8.22 万元。11 月 15 日，周某某的合伙人遂将尚未出售的松脂运往县内突击销赃，被县森林公安局查获，计 3.81 吨。通过调查，现场仍遗留松脂 1.32 吨。以上周某某等人计盗采松脂 13.28 吨，价值人民币 11.54 万元。根据《中华人民共和国刑法》第 264 条之规定，周某某的行为已涉嫌盗窃罪。11 月 16 日，犯罪嫌疑人周某某被刑事拘留，12 月 1 日被依法逮捕。

（杨艳艳）

镇、公郎镇、乐秋乡实施水稻精确定量栽培 333.33 公顷；实施测土配方平衡施肥 1.27 万公顷；实施农机作业 2 万公顷；发展晚秋作物种植 4353.33 公顷。(3) 积极探索核桃林下替代作物增收技术，在核桃林下间种白籽南瓜、豆类、芭蕉芋等作物。全县实现粮食作物种植面积 2.62 万公顷、粮食总产 10568.6 万千克，其中：小春粮食作物种植面积完成 1.29 万公顷，完成粮食总产 3266.8 万千克；大春粮食作物种植面积完成 1.33 万公顷，总产 7301.8 万千克，平均单产 366 千克，其中：玉米 1.01 万公顷、总产 5725.2 万千克，水稻 1709.6 公顷、总产 1080.3 万千克。

生态农业绿色防控技术应用（县农业局供稿）

【种植业结构调整】 依据全县立体气候特征和生态农业示范县建设规划分区布局，因地制宜、分类指导，通过引导群众以市场为导向，走人无我有、人有我优、人优我特的生态农业发展路子，加大种植结构调整力度。全年完成小春种植豆类面积 1741 公顷，总产 380 万千克，总产值 1462 万元；种植大麦 5589 公顷，总产量 1467.4 万千克，总产值 2641.3 万元；种植冬春马铃薯 1243.1 公顷，总产 381.3 万千克，总产值 610 万元；种植冬早玉米 33.33 公顷，总产鲜玉米 50 万千克，总产值 150 万元；发展冬春蔬菜 1014.7 公顷，总产 1.39 万吨，总产值 1475 万元；种植早蚕豆 280 公顷，总产鲜蚕豆 336 万千克，总产值 1008 万元；种植油菜籽 733.87 公顷，总产量 157.68 万千克，总产值 631 万元；种植红花 480 公顷，总产值 1209.6 万元。大春经济作物除烤烟外，重点发展旱地间套种，全年完成间套种芸豆、蔬菜、大豆、辣椒、白瓜籽、果树、茶叶等 1.47 万公顷。在南涧镇、碧溪乡、小湾东镇、无量山镇栽植石榴、枇杷、红梨等水果 42.33 公顷。依托"绿色家园"建设行动计划，对县城后山和周边基本情况进行了摸底调查，因地制宜规划布局水果种植 141.33 公顷，完成碧溪乡回龙山、白马箐和南涧镇新山村水果示范基地建设 16 公顷。

【农业项目】 认真研究中央、省、州农业政策，准确把握投资导向，依据县情农情，扎实抓好项目论证储备、上报争取。全年编制上报争取中央、省、州山地旱作节水机械化生产示范区建设、省政府地方债券中低产田地改造、有害生物预警和控制区域站建设、巩固退耕还林成果基本口粮田建设等项目 48 个。争取资金 4665.28 万元，其中：投入财政奖补资金 797.9 万元，实施"一事一议"项目 78 个，建成村组公路 36 条、村内道路硬化 14 条、公共活动场所 7 个、人畜饮水项目 8 件、小型农田水利工程 6 件、小型桥梁建设 3 座、示范村 4 个，建成巩固退耕还林成果基本口粮田地 360 公顷，建成农村沼气池 687 口；投入资金 64.42 万元，在碧溪乡回龙山村委会白马箐、乐秋乡上虎村委会阿朵乐、公郎镇凤凰村委会太平大村和宝华镇白竹村委会大阿比 4 个村实施村容村貌治理工程。

【安全生产】 (1) 按照生态农业示范县建设要求，以无公害农产品、绿色食品、有机食品监管为重点，积极实施无公害农产品产地整体认定，加强农产品检测工作，取样 57 批次，抽检 254 个样品，合格样品 229 个，合格率 90.1%。会同工商、安监、药监、质量技术监督部门开展市场整治工作，出动 52 人（次），对 158 家百货批发、零售商进行检查整治。(2) 认真开展农机安全专项整治工作，层层签订责任状，落实安全生产责任制，完善安全责任目标管理和考核，加大农机安全生产隐患排查治理工作力度。严格牌证管理，严把农机监理落户关、拖拉机检验关、驾驶人培训考核关，全年农机持证 1126 人、挂牌 483 辆，签订安全责任书 923 户，检验农机 483 台，审验驾照 1126 本，确保了年内没有重特大农机事故的发生。(3) 加大渔业法律法规的宣传力度，对 2 个库区、东涌河、巍山河、乐秋河开展不定期巡查，及时处置安全隐患，查处违法行为，发放宣传资料 1996 份，制作永久性宣传标语 3 条，发布手机短信 239 条，库区安全检查 8

【专项行动】　根据省、州森林公安局部署，2月1日至4月30日，在全县范围内组织开展了以严厉打击破坏森林和野生动物资源违法犯罪为主要内容的专项行动，代号“春季攻势”。此次专项行动本着“什么犯罪严重、就打击什么犯罪，什么问题突出、就集中整治什么问题”的原则，抓住重点，深入推进，出动车辆83台（次），警力192人（次），破获刑事案件7起，其中重特大案件2起，抓获犯罪嫌疑人9人，逮捕5人，起诉5人。查处公安、林业行政案件7起，处罚6人。

【县人大审议森林公安工作】　5月11日，召开县十届人大常委会第21次会议，听取和审议了副县长代表县人民政府作的《南涧县人民政府关于森林公安工作情况的报告》。针对存在的困难和不足，作出了《南涧县人大常委会关于对县人民政府森林公安工作情况报告的审议意见》，明确提出了加大基础设施建设等4项建议。11月16日，县人大常委会检查组一行到县森林公安局检查《审议意见》落实情况，对县森林公安局加强队伍建设、打击毁林犯罪、保护生态安全、提升执法形象等方面的工作给予充分肯定和高度评价，对《审议意见》落实情况表示满意。

【特大滥伐林木案】　9月间，吴某某（男，48岁，拥翠乡安立村委会瓦车村人）在瓦车村集体林内滥伐云南松、华山松林木171棵，折合活立木蓄积46.39立方米；滥伐青冈栎、四照花、红木树、饺子树等杂栎木幼树1.33万株。滥伐林木的林地面积为2.65公顷，且滥伐林木幼树数量特别巨大，已涉嫌特大滥伐林木罪。10月26日，犯罪嫌疑人吴某某被刑事拘留，11月6日被依法逮捕。

【非法猎捕野生动物和非法持有枪支案】　10月31日16时许，普洱市景东县李某某（男，35岁，安定乡古德村委会小麦庄村人）、罗某某（男，51岁，安定乡古德村委会小麦庄村人）、杨某某（男，28安定乡古德村委会小麦庄村人）、罗某某（男，41岁，安定乡中仓村委会平掌村人）结伙，在南涧县无量山国家级自然保护区缓冲区滑石板箐沟使用射钉枪猎捕、杀害国家二级保护动物鬣羚1只。根据《中华人民共和国刑法》第341条第1款和第128条第1款之规定，4名犯罪嫌疑人的行为已涉嫌非法猎捕、杀害珍贵濒危野生动物罪和非法持有枪支罪，11月5日，4名犯罪嫌疑人被依法刑事拘留。

【严打整治】　根据州森林公安局、县人民政府部署，成立领导小组，明确职责，强化督察，大力加强法制宣传教育工作，深入开展非法占用林地、盗伐滥伐林木及违法违规采脂等严打整治工作。年内，侦破一批非法占用林地、盗伐滥伐林木及盗采松脂大要案件，立非法占用林地刑事案件3起，破3起，抓获犯罪嫌疑人3名，受理行政案件48起，查处48起，罚款48人（次）；立盗伐、滥伐林木刑事案件4起，破4起，其中特大滥伐林木案2起，抓获犯罪嫌疑人5名，立行政案件12起，查处12起，罚款12人（次）；立盗采松脂刑事案件1起，破1起（特大），抓获犯罪嫌疑人1名，立行政案件1起，查处1起，罚款1人（次）。

【特大盗采松脂案】　5～11月，周某某（男，26岁，南涧镇东涌村委会凹子地村人）以非法占有为目的，采取欺骗手段，与巍山县席某某等3人合伙在该村集体林内非法采集云南松松脂，销赃松脂8.15吨，得赃款人民币8.22万元。11月15日，周某某的合伙人遂将尚未出售的松脂运往县内突击销赃，被县森林公安局查获，计3.81吨。通过调查，现场仍遗留松脂1.32吨。以上周某某等人计盗采松脂13.28吨，价值人民币11.54万元。根据《中华人民共和国刑法》第264条之规定，周某某的行为已涉嫌盗窃罪。11月16日，犯罪嫌疑人周某某被刑事拘留，12月1日被依法逮捕。

（杨艳艳）

农林茶牧水

农 业

【概 述】 2011年，南涧县农业局在县委、县人民政府的正确领导及省、州农业部门的帮助支持下，认真贯彻落实党中央、国务院和省、州关于十七大和十七届五中、六中全会精神，全县农业科技工作者、广大干部职工以生态农业示范县建设为抓手，积极深入农业生产一线，抓实项目、科技推广、试验示范和生态技术培训工作取得了较好的成绩。

【农村经济总收入】 全县实现农村经济总收入143688万元，比上年增加29495万元，增长25.83%。农民人均纯收入实现3391元，比上年增加889元，增长35.53%，圆满地完成了各项任务。

【生态农业示范县建设】 （1）立足山区资源优势，牢牢把握“高山净土生态”特征，依托全县4个种植养殖区和以县城为中心的农产品加工区，培植和提升烤烟、肉牛、泡核桃、茶叶、无量山鸡、生猪、蔬菜、马铃薯、中药材9个特色优势产业，建设9个标准化生产示范基地，着力打造有机茶生产示范园区、生态茶园旅游观光园区、肉牛生产示范园区和无量药谷。通过强化生态意识教育、加强生态农业基础设施建设等措施推动全县生态农业示范县建设。（2）按照“试点探索、示范先行、全面推开”的原则，启动8个乡镇生态农业示范点建设，由县级站所挂钩8个乡镇9个示范点，抽调9名农业高级技术人员挂钩9个示范点，指导乡镇搞好生态农业技术服务工作。全县完成生物多样性间套作1.47万公顷，其中完成玉米套作豆类作物6173.33公顷。（3）积极搞好生物防治，投资21万元，在南涧盆坝安放5万块黄蓝板、12盏太阳能杀虫灯，实施色诱、光诱、推广生物农药等绿色综合防控措施。在南涧镇小军庄林果基地积极探索山区旱作节水生态农业建设模式。（4）依法严格控制农业投入品监管，联合县畜牧、工商、公安、质监、供销部门，对全县农资市场进行了联合清查，出动执法车辆48辆（次），执法检查人员248人（次），重点对禁用高毒农药、过期农药进行清查整顿，并与农资经营人员签订《农资诚信经营承诺书》，发放了《购种须知》及相关农业法律法规宣传资料。（5）强化生态教育，依托劳动力转移阳光工程、新型农民培训、雨露计划等项目开展生态教育，培训5664人。

【落实强农惠农政策】 建立健全各项制度，严格强农惠农资金监管，确保资金安全运行、规范管理、有效使用。（1）通过农户“一折通”方式，及时兑现农资综合直补、良种补贴资金。全年兑付各类补贴资金1786.5万元，其中：中央农资综合补贴金额1493.67万元，良种补贴250.83万元，地膜补贴42万元。（2）认真组织实施农业机械购置补贴项目。补贴260万元资金支持1198户农户购置农机具1198台，年内新增农机动力1.16万瓦特，年末全县农机总动力达8.32万瓦特。（3）首次启动了大春农作物种植保险工作，投入政策性资金168.3万元，对全县种植的水稻、玉米自然灾害进行投保，兑付因灾赔偿资金148.4万元，间接增加农民收入。

国家补贴农机销售（县农业局供稿）

【粮食生产】 采取县级站所联系乡镇，科技人员联系农户，协助农科站进村入户，开展科技服务。（1）做好玉米、水稻、小麦、蚕豆、葵花等新品种的引种及试验示范，引进新品种15个，示范面积166.67公顷。（2）全力抓好10项科技措施落实，在各乡镇举办旱粮间套种县级和乡级样板各33.33公顷，充分利用高、矮秆作物合理配置进行间套种1.47万公顷；在公郎镇、南涧镇建设高产创建百亩核心区、千亩展示区各一片，实施粮食作物高产创建2666.67公顷；在全县海拔1900米以上的玉米种植区域实施地膜覆盖栽培玉米2800公顷；实施塑盘育苗移栽玉米3426.67公顷；推广优质良种1.2万公顷；实施水稻肥床旱育秧133.33公顷；在南涧镇、公郎镇、乐秋乡实施水稻精确定量栽培333.33公顷；实施测土配方平衡施肥1.27万公顷；实施农机作业2万公顷；发展晚秋作物种植4353.33公顷。(3)积极探索核桃林下替代作物增收技术，在核桃林下间种白籽南瓜、豆类、芭蕉芋等作物。全县实现粮食作物种植面积2.62万公顷、粮食总产10568.6万千克，其中：小春粮食作物种植面积完成1.29万公顷，完成粮食总产3266.8万千克；大春粮食作物种植面积完成1.33万公顷，总产7301.8万千克，平均单产366千克，其中：玉米1.01万公顷、总产5725.2万千克，水稻1709.6公顷、总产1080.3万千克。

生态农业绿色防控技术应用（县农业局供稿）

【种植业结构调整】　依据全县立体气候特征和生态农业示范县建设规划分区布局，因地制宜、分类指导，通过引导群众以市场为导向，走人无我有、人有我优、人优我特的生态农业发展路子，加大种植结构调整力度。全年完成小春种植豆类面积1741公顷，总产380万千克，总产值1462万元；种植大麦5589公顷，总产量1467.4万千克，总产值2641.3万元；种植冬春马铃薯1243.1公顷，总产381.3万千克，总产值610万元；种植冬早玉米33.33公顷，总产鲜玉米50万千克，总产值150万元；发展冬春蔬菜1014.7公顷，总产1.39万吨，总产值1475万元；种植早蚕豆280公顷，总产鲜蚕豆336万千克，总产值1008万元；种植油菜籽733.87公顷，总产量157.68万千克，总产值631万元；种植红花480公顷，总产值1209.6万元。大春经济作物除烤烟外，重点发展旱地间套种，全年完成间套种芸豆、蔬菜、大豆、辣椒、白瓜籽、果树、茶叶等1.47万公顷。在南涧镇、碧溪乡、小湾东镇、无量山镇栽植石榴、枇杷、红梨等水果42.33公顷。依托“绿色家园”建设行动计划，对县城后山和周边基本情况进行了摸底调查，因地制宜规划布局水果种植141.33公顷，完成碧溪乡回龙山、白马箐和南涧镇新山村水果示范基地建设16公顷。

【农业项目】　认真研究中央、省、州农业政策，准确把握投资导向，依据县情农情，扎实抓好项目论证储备、上报争取。全年编制上报争取中央、省、州山地旱作节水机械化生产示范区建设、省政府地方债券中低产田地改造、有害生物预警和控制区域站建设、巩固退耕还林成果基本口粮田建设等项目48个。争取资金4665.28万元，其中：投入财政奖补资金797.9万元，实施“一事一议”项目78个，建成村组公路36条、村内道路硬化14条、公共活动场所7个、人畜饮水项目8件、小型农田水利工程6件、小型桥梁建设3座、示范村4个，建成巩固退耕还林成果基本口粮田地360公顷，建成农村沼气池687口；投入资金64.42万元，在碧溪乡回龙山村委会白马箐、乐秋乡上虎村委会阿朵乐、公郎镇凤凰村委会太平大村和宝华镇白竹村委会大阿比4个村实施村容村貌治理工程。

【安全生产】　(1)按照生态农业示范县建设要求，以无公害农产品、绿色食品、有机食品监管为重点，积极实施无公害农产品产地整体认定，加强农产品检测工作，取样57批次，抽检254个样品，合格样品229个，合格率90.1%。会同工商、安监、药监、质量技术监督部门开展市场整治工作，出动52人（次），对158家百货批发、零售商进行检查整治。(2)认真开展农机安全专项整治工作，层层签订责任状，落实安全生产责任制，完善安全责任目标管理和考核，加大农机安全生产隐患排查治理工作力度。严格牌证管理，严把农机监理落户关、拖拉机检验关、驾驶人培训考核关，全年农机持证1126人、挂牌483辆，签订安全责任书923户，检验农机483台，审验驾照1126本，确保了年内没有重特大农机事故的发生。(3)加大渔业法律法规的宣传力度，对2个库区、东涌河、巍山河、乐秋河开展不定期巡查，及时处置安全隐患，查处违法行为，发放宣传资料1996份，制作永久性宣传标语3条，发布手机短信239条，库区安全检查8

次，检查渔船176艘（次），发出安全隐患整改通知书2份，签订安全生产责任状13份，县域河流执法巡查48次，出动执法人员144人（次），查处电鱼、毒鱼、炸鱼等违法行为17起。通过加大执法检查力度，渔业资源得到了有效保护，渔政工作稳步推进。

【农业信息化建设】 （1）在全县8个乡（镇）80个村委会对4993.33公顷小春农作物、7333.33公顷大春农作物进行电脑农业示范推广，进行专家系统的二次开发和完善。（2）依托三电合一、金农工程、三农通等信息化建设项目，改善办公条件，优化网络资源，举办信息处理技术培训班2期，提高信息化水平。（3）“手机短信+网站信息+座机电话”相互配合，开展农产品销售、政策执行、用工信息、农业技术等信息服务。（4）在农业信息网络平台发布工作动态、农业科技、农产品供求等各类信息1658条，积极推介南涧农业，促进本地农产品外销。（5）加强政务信息化建设，回复公共在线服务咨询1件，重点工作通报12项，重要事项公示4项。

采用生态农业种植技术引种成功的三七（县农业局供稿）

【农业综合执法】 （1）农资市场清查。对全县138户种子经营户进行备案登记，出动执法车辆34辆（次），执法人员134人（次），对全县10个街场、1个种子企业、138户个体经营户进行了检查整顿。在执法检查中，立案调查23起，结案22起，查获违法经营杂交玉米品种15个、杂交水稻品种1个，没收并销毁种子188千克。（2）认真开展植物产地检疫、市场检疫及调运检疫工作。开展了以水稻、蔬菜、茶叶、烤烟、油菜、豆类为重点的产地检疫，检疫茶园6666.67公顷、豆类533.33公顷、玉米8333.33公顷、水稻1306.67公顷、蔬菜640公顷、烤烟4800公顷、油菜933.33公顷、水果26.67公顷，复检调入县境内的种子225批（次）、54个品种357吨，抽查经销户23户。（3）深入开展农村乱收费专项治理，强化基层民主管理，加强农民负担监管，防止农民负担反弹，保护农民合法权益，完善农村土地承包管理。

【机构改革】 县农业局完成了政府机关机构改革，改革后增加渔业行政管理职责，划入原县水利局承担的水产行业管理、原经济局承担的乡镇企业管理职责，加强农产品和农业生产资料的质量安全监管职责，机关内设办公室、财务股、人事教育法规股、种植业管理股、市场与经济信息股、农产品质量安全股、农业项目及生物资源开发办、乡镇企业与农产品加工股8个股室；成立县农产品质量安全检测站，将8个派出乡镇农科站统一划归乡（镇）管理。

（刘荣华）

林　业

【概　述】 2011年，南涧县林业局在县委、县人民政府的正确领导下，全县林业工作紧紧围绕建设森林南涧的目标任务，求真务实，扎实奋进，大力实施城乡绿化，抓好核桃基地建设，强化生态安全，加强林业有害生物防治和森林防火，颁发经济林木（果）权证，林业工作取得显著成绩，林业产值突破33000万元，森林覆盖率达58.6%，森林南涧建设进展良好。

【城乡造林绿化】 实施了跳菜广场（即小军庄AB块）、县城祥临路连接线、涧河宋词长廊和县城入口重点部位造林绿化任务，完成了富民街绿化、偃月公园扩建、“百棵大树进县城”等工程，有效提升县城绿化率，人居环境得到较大改善。全县105个机关、企事业单位积极参与，在公路沿线打造“绿色走廊”，绿化公路263.2千米，加快植树造林和公路绿化美化进程，确保道路畅通安全和良好景观效果。在西山、小军庄、安定、得胜、南街5个村（居）委会实施了“万棵树苗入农家”工程，调运芒果、小叶榕、小枣等树苗3万多株，营造了全民参与绿化、全社会关注人居环境的良好氛围。

组织全民义务植树活动（县林业局供稿）

【生态建设工程】（1）完成2010年度天保工程公益林建设1666.66公顷，其中：人工造林333.33公顷，封山育林1333.33公顷；制作安装封山育林标志牌22块，聘请天保工程护林员166人，对全县8.32万公顷森林资源进行有效管护；完成2003年1000公顷退耕地还林工程国家林业局核查验收和2004年666.67公顷退耕地还林县级验收；完成2010年巩固退耕还林成果新增特色经济林1133.33公顷，补植补造80公顷。（2）核桃基地不断壮大，全县种植泡核桃2820公顷，完成2009年度核桃基地补植补造3060公顷，全县核桃面积累计达4.88万公顷。全县核桃规模加工户72户，其中年加工核桃仁5万千克以上、产值150万元以上的有15户，核桃产量800万千克，产值23500万元。（3）营造林任务顺利完成，完成春季造林2800公顷，夏季造林933.33公顷，完成小湾水电站淹没区使用林地森林植被恢复易地造林800公顷，发动机关、各乡镇义务植树66.36万株。（4）兑现2010年5333.33公顷78万元的国家级公益林基（资）金，兑现1.62万公顷21.5万元的省级公益林补偿基（资）金。（5）农村能源建设健康有序发展，完成巩固退耕还林成果沼气池建设300口，完成太阳能建设200台，完成节能灶400眼，建设无量下雀田、乐秋晒肚皮太阳能示范村2个，兑现农村太阳能补助款20万元。（6）中低产林改造工作稳步推进，完成中低产林改造2666.67公顷，其中森林抚育2000公顷、树种更替666.67公顷。（7）加强种苗质量监督管理，种子苗木质量不断提高，落实“一签五证”制度，培育各类苗木387万株。

【林政资源管理】（1）严格资源林政管理，实行“提前介入、主动服务、积极应对、及时保障”的方针，重点开展了打击非法占用林地、盗伐乱伐林木和违法违规采脂等破坏森林资源行为的专项整治活动。全年发生林业行政案件121起，查处121起，案件查处率100%，没收木材359.73立方米，罚款45.89万元，处罚教育127人（次）。开展非法占用林地、盗伐滥伐林木、违法违规采脂及采集松花粉整治行动26次。严格执行森林采伐限额，审批办理农民自用材采伐865户3708.5立方米。申报办理木材运输许可79份1050立方米。对从事木材经营加工的15户企业进行木材经营加工年度审核。补偿166户2009~2010年野生动物肇事资金5.78万元。（2）圆满完成防扑火各项任务，全县筹集森林防火资金65.3万元，加强森林防火装备和应急物资储备。全年发生一般森林火灾2次，有1个卫星热点，航护火点为零，火场总面积33公顷，受害森林面积4.2公顷，保持连续16年平稳发展的良好势头。（3）抓实森林病虫害防治检疫，实施森林病虫害监测9.49万公顷，监测覆盖率100%，完成苗木产地检疫13.33公顷、种子3.82吨，产地检疫率达100%；调运检疫苗木11.9万株，木材580立方米，调运检疫率98%，开展了“利剑2011”云贵川渝藏森林植物检疫联合执法专项行动。

【综合配套改革】按照“资源资本化、服务规范化、管理制度化”的要求，加快林业综合配套改革。（1）积极开展林权登记管理和林地林木流转工作。全年办理林地流转626起（包括“无量药谷”建设林地流转562起），面积468.29公顷（包括“无量药谷”建设林地流转152.99公顷），办理林地变更登记626起，办理小湾电站库区淹没外迁移民户林地注销、变更登记364起。（2）林权抵押和林业贴息贷款顺利开展，完成2009~2010年度林业小额贴息贷款项目的检查验收工作。全年发放林权证抵押贷款39户1556万元。申请办理林业贴息贷款196户，发放贴息贷款1652.8万元。（3）林业合作、协作组织蓬勃发展，全县成立林产业协会8个，“三防”组织15个，林农专业合作社17个，入社农户1.19万户3.58万人，经营面积2.18万公顷。

【林改“回头看”及扫尾工作】本着“缺什么补什么、错什么纠什么”的原则，抽调相关人员组成检查组，10～11月，分赴8个乡（镇），开展了以林改程序、产权、档案资料、纠纷调处、数据、经费使用情况“六查”为主的林改“回头看”核查工作。抽调从事集体林权制度改革“回头看”的工作人员进驻各乡（镇），深入各村组，采取走访群众、召开村民会议、听取代表意见、抽查相关材料的方式，召开村民大会1800场（次），座谈群众36291人（次），实地抽查了分布8个乡（镇）80个村委会的林地3600宗，核对县、乡（镇）、村三级四套档案2.3万盒11.99万件档案检查，调处因家庭矛盾新发生林权纠纷2起，涉及面积3.87公顷，当事双方心悦诚服。通过林改“回头看”核查工作，确保林改程序合法，林权进一步明晰，档案资料规范，统计数据准确，经费管理严格。

【核发经济林木（果）权证】　县林业局在宝华、公郎2个镇开展了以核桃为主的经济林木（果）权证核发及抵押贷款工作，全年核发经济林木（果）权证1.2万本，涉及农户11960户，面积7900公顷。林农以经济林木（果）权证抵押向南涧县农村信用社申请贷款5000万元，信用社向270户农户发放经济林木（果）权证抵押贷款2860万元。

群众喜获经济林木（果）权证抵押贷款（县林业局供稿）

【设施建设】　投资102万元，建成建筑面积559平方米森林扑火营房。完成南涧、公郎镇林业站建设，启动了小湾东镇林业站、县城近山面山3个防火瞭望塔和森林防火通道建设。

【乡镇林业站职能划转】　根据县委、县人民政府《关于印发南涧县深化乡镇机构改革实施的通知》要求，8个乡镇派出林业站更名为生态保护与开发服务中心，完成职能划转工作，归口所属乡镇管理。

【农村技能培训】　全年完成技能培训1200人（次），发放电饭煲1200个，扶持推动农村能源太阳能建设90户，发放退耕还林政策、核桃丰产栽培、常见病虫害防治、沼气池日常管理和森林防火知识等培训资料1500多册。

【林地规划修编】　委托云南省林业调查规划院大理分院为技术支撑单位，完成《南涧彝族自治县林地保护利用规划》(2010～2020年）文本的编写。随着国家二期天保工程启动、全国开展林地保护利用规划、国家级公益林（除国有部分外）全部启动补偿、集体林权制度主体改革的完成，公益林权属结构集体和个人之间发生变化、补偿标准提高等因素，使得原来编制的县级实施方案不能有效指导开展省级公益林建设及补偿兑现工作，亟须根据新形势、新情况、新政策，对原县级补偿实施方案进行修编。完成《云南省国家级公益林生态效益补偿南涧彝族自治县实施方案》(2011年修订）和《云南省省级公益林生态效益补偿南涧彝族自治县实施方案》(2011年修订）工作。

（杨贵兴）

茶　业

【概　述】　2011年，县茶办在县委、县人民政府的领导下，围绕全县“十二五”茶叶发展目标，以科学发展观为指导，认真贯彻落实省、州有关茶叶产业发展工作会议精神，做好标准茶园创建、中低产茶园改造、新产品开发、茶农培训等工作，努力推动全县茶叶产业转型升级，全县茶叶产业出现恢复性增长。

【茶叶生产】　全县茶园面积累计7061公顷，通过有机认证741.87公顷，无公害整体认证6080公顷，其中当年采摘面积5200公顷，完成茶叶产量388.3万千克，比上年增加50.3万千克，增长14.6%，其中绿色食品茶产量153万千克。实现茶叶产总产值18610万元，比上年增加2209万元，增长13.44%；完成农业产值7577万元，比上年增加1673万元，增长28.3%；实现工业产值11033万元，比上年增加533万元，增长5%。

【规划和项目工作】　根据省、州中低产田改造综合协调领导小组和省、州农业部门的安排，编制上报了《南涧县“十二五”中低产茶园改造规划》。

根据省、州农业部门的项目指南，上报了《南涧县标准茶园建设项目》、《南涧县中低产茶园改造项目》、《南涧县高山生态茶现代农业园》、《南涧县创建云南省茶叶产业“十优十强”县项目》等。指导帮助土林公司、凤凰沱茶厂、黑龙潭茶场等企业申报相关项目。争取和协助水利部门，开展了茶园水利建设的初步规划和项目申报工作。

【生态茶园建设】 （1）做好华庆公司标准园和罗伯克——黑龙潭标准园两个全国标准园的创建工作。已开展了茶园黄板、蓝板、杀虫灯推广、清洁化加工和罗伯克申报云南省著名商标等工作，争取农业部的扶持。（2）指导帮助茶场、茶农完成了666.67公顷中低产茶园的改造工作，补植补造茶园133.33公顷。

粮茶间作（县茶办供稿）

【市场开拓】 积极开展著名商标、名牌产品创建工作。“土林”成为云南省著名商标，“鑫凤凰”牌凤凰沱茶成为云南省名牌农产品。积极组织龙头企业参加中国云南普洱茶国际博览交易会、广州、杭州、深圳、东莞茶博会，通过茶博会这一平台，宣传推介南涧企业及产品。鼓励企业发展出口业务，凤凰沱茶厂韩国业务稳步发展，全年出口创汇35万美元；土林公司取得了出口许可证，凤凰生态茶厂已申报出口许可证。

【茶叶科技】 县茶叶站（茶科所）与省茶科所、思茅茶树良种场开展了合作，争取到2个茶叶科研单位在乐秋乡和无量山镇开展茶树品种小区试验，为南涧选育优良茶树品种奠定了基础。在项目合作中，锻炼了南涧参与项目的茶叶专业技术人员，提升了南涧茶叶专业技术力量。积极争取机会，选派茶叶站技术人员参加农业部及省茶办举办的技术培训，组织技术人员到周边产茶大县考察学习，全县茶叶技术队伍建设工作不断加强。根据县委、县政府提高全民素质的要求，继续做好茶农、茶叶从业人员的培训4000多人（次）。凤凰沱茶厂与云南农业大学普洱茶学院开展长期合作，采用新工艺发酵的普洱熟茶具有很好的品质特征。

【设施建设】 加大投入力度，加快项目建设，增强茶产业发展后劲。推动加工厂技改。华庆公司投资300多万元，从台湾引进了部分乌龙茶加工机械，新建2000平方米的加工车间；凤凰生态茶厂新建办公楼，黑龙潭茶厂等企业改善了初制加工条件，提高了清洁化加工水平。公郎镇、无量山镇新建初制所2所。在改善硬件的同时，针对南涧茶叶高山茶品质特征突出，品质好，但高档茶、高附加值茶开发滞后的状况，启动了高档茶、高附加值茶开发工作。斯须乐茶场、黑龙潭茶厂等企业加大了名优绿茶的开发力度，土林公司、凤凰沱茶厂的产品在省茶办、省普洱茶协会举办的“云茶杯”、“云香杯”上获奖。

【茶叶产品】 调优结构，扶持龙头，茶叶产品名牌优势得到较好提升。南涧茶叶围绕提质增效目标，实施标准化创建、名优茶开发、清洁化生产三大工程，加快茶叶产品结构调整步伐取得阶段性成效，产品价格提升和产品结构调整加快。全县已形成绿茶、普洱茶、乌龙茶3大系列产品，土林公司、华庆公司、凤凰沱茶厂、黑龙潭茶厂、凤凰生态茶厂等一批骨干企业和土林、鑫凤凰、俊仲号、罗伯克、黑龙潭、银溪牌等一批品牌产品，具备产业化发展的基础。南涧已有两家企业获得云南省著名商标称号（云南南涧凤凰沱茶厂的“鑫凤凰”牌和土林公司“土林”品牌荣获云南省著名商标）；土林公司“土林”品牌获得云南名牌农产品称号；罗伯克商标已申请云南省著名商标，通过了省工商局审核。全县生产加工能力从“十一五”1000吨提高到6000吨，清洁化生产水平有较大的提升。

【标准茶园创建】 稳步推进标准茶园创建活动，集中打造现代茶叶示范园区。南涧县茶园主要分为无量山东片区和无量山西片区两大片区，公郎镇的罗伯克、黑龙潭和无量山镇的德安两大片区为核心区。2010年在罗伯克、黑龙潭和德安片区创建标准化茶园示范园166.67公顷，其中在罗伯克、黑龙潭创建100公顷有机茶标准示范园，该示范园辐射带动1333.33公顷农户茶园，德安片区创建66.67公顷无量山高山有机乌龙茶标准化示范园，该示范园辐射带动1000公顷农户茶园。整合扶贫资金120多万元，修建罗伯克茶场引水管道1件，改造罗伯克茶场及茶叶专业合作社员茶园100公顷，修建了茶场场内观光通道和茶场至小波罗箐的水泥路；省、州农业部门投入专项资金35万元，县财政投入专项资金20万元。通过整合项目、整合资金，确保了标准茶园创建工作的顺利开展。通过2年的努力，标准茶园创建工作取得了初步成效。(1) 通过推广使用黄板、蓝板和杀虫灯，减少农药使用量，小绿叶蝉等害虫得到有效控制，瓢虫等天敌数量增多，茶叶生产进入良性循环。(2) 建立了投入品管理、生产档案、产品检测、质量追溯等质量管理制度，构建产品质量安全管理长效机制，保障了茶叶质量安全。(3) 罗伯克茶场实现产量50吨，产值500多万元，比2009年增加300多万元；黑龙潭茶厂实现综合产量250多吨，产值1400万元，比2009年增加480万元。(4) 通过标准茶园创建企业的示范带动，周边茶农参照标准茶园的要求，改造低产茶园，增加有机肥的使用，规范和减少农药的使用量。12月27日，南涧县标准创建工作基本通过省级专家组初验。

【"南涧绿茶"认证】 南涧县茶叶工作站结合标准茶园创建，申报"南涧绿茶"地理标志证明商标，已取得证书，并授权黑龙潭茶厂、罗伯克茶场使用该商标，罗伯克、黑龙潭绿茶成为地理标志产品。在6066.67公顷高海拔生态茶园建设中，县茶叶站获得农业厅农业科技推广集体三等奖。

【茶叶专业合作社建设】 全县茶叶专业合作社蓬勃发展。从2008年成立第一个茶叶专业合作社至2011年，全县累计成立18个茶叶专业合作社（协会），会员户数达14764户，会员人数43292人，涉及农户25765户，辐射带动茶园面积7900公顷（含南涧县外）。茶叶专业合作社的发展，带动了茶区茶园管理，提高了茶叶产品安全化程度，同时提高了应对市场风险能力。合作社充分发挥了其在实施标准化、清洁化中的生产与管理作用，确保产品安全卫生，连接市场、企业和农户的桥梁作用。

【茶叶基地建设】 全年完成灾后低产茶园改造666.67公顷，茶园补植补造133.33公顷。以罗伯克、黑龙潭、古德茶区为主的千亩、万亩生态茶园初具规模。

茶园喷灌（县茶办供稿）

【"创先争优"活动】 根据县委的统一部署，茶办开展"创先争优"活动，成立了以主要领导为组长的领导小组，制定了实施方案。通过活动的开展，从领导班子到个人，增强了科学发展的意识和信心，按"五好"、"五带头"来建设支部，全体党员干部增强了工作主动性和服务意识。

【挂钩结对帮扶】 县茶办挂钩公郎镇龙平村委会，属于全县的第二大茶村，因地制宜积极支持龙平村茶企搞好清洁化加工、中高档名优绿茶开发，引导、指导茶农搞好低产茶园改造、提升生产管理水平。据县委、县人民政府的安排，派人深入挂钩点，协助村组两级搞好粮烟工作，按时完成了烤烟生产任务。在助残日活动中，对龙平村委会干部、部分贫困户、10名残疾人进行了慰问，为村委会解决了部分工作经费。

（施光武　李淑凤）

畜牧业

【概　述】 2011年，畜牧业工作在县委、县人民政府的正确领导下，以科学发展观为指导，以肉牛和无量山乌骨鸡产业为重点，以实现农业增效、农民增收为目标，紧紧围绕良种、饲料、防疫、服务四大体系建设，积极培育肉牛产业链和乌骨鸡特色产业，狠抓生猪标准化规模养殖，有力地推动了畜牧业产业化进程。

【生产发展】 全县存栏大牲畜11.61万头，其中肉牛10.61万头，生猪18.05万头、肉羊8.01万只、禽130.51万羽。出栏肥猪18.45万头、肉牛7.6万头、肉羊14.82万只、家禽225.06万羽。完成肉类总产3341.44万千克、禽蛋产量175.81万千克，实现畜牧业产值56208万元。

【科技推广】 全县完成肉牛冻精改良2.01万头，产犊1.52万头。完成猪品种改良3.57万窝，其中人工授精改良1.1万窝。利用良田好地种植人工牧草208.6公顷，青贮玉米1125.2公顷。配备铡草机114台，铡草机总数达316台，制作青贮饲料3.05万吨。围绕重点产业，组织开展县乡村三级动物疫病防治培训、畜产品质量安全和现代养鸡技术培训，在各乡镇广泛开展科学养畜、畜禽标识、畜产品安全可追溯体系建设、兽药经营质量管理规范(GSP)、疫病防治、冻精改良、秸秆青贮、牧草种植等技术培训，全年举办各类培训524期3.22万人(次)。

【培植无量山乌骨鸡特色产业】 (1)南涧无量山乌骨鸡品种特征。据云南省家禽遗传资源调查，南涧县无量山乌骨鸡由居住在无量山系和哀牢山系的农民经长期的饲养驯化而成，为地方优良品种，全县各地都有农户饲养。2009年，经国家畜禽品种遗传资源鉴定委员会鉴定，无量山乌骨鸡被列入国家畜禽品种资源遗传名录，2011年，无量山乌骨鸡被评为“云南六大名鸡”。无量山乌骨鸡皮、肉、骨和内脏均为黑色，素有黑肉、黑骨、黑心肝之称，耳为绿色，有脚毛，公鸡腿长，母鸡脚细、呈菱形，部分母鸡头上长凤，生有胡须。按羽毛可分为白、红、麻羽3个类型。一般成年公鸡体重为2.5~3.5千克；母鸡1.6~2千克，年产蛋130~220枚。耐粗饲，抗逆性和适应性强，具有生长快、繁殖率高、肉质细嫩香郁、营养价值高等优良特性，据抽样分析，该品种肉质蛋白含量25.54%，脂肪含量0.28%，必需氨基酸含量30.76%，总氨基酸含量为79.26%，有较高的药膳作用。(2)产业发展构架。2011年，南涧县委、县政府决定把无量山乌骨鸡培植为地方特色产业，提出：坚持品种资源保护与开发并重，优化产业结构和布局，走政府引导、合作社搭桥、种源场为龙头，建立示范园区带动养殖户，用品牌推动产业发展的路子，形成上连市场下接农户的产业链。为规范产业发展，制定了“一个标准八个规范”，建立了产品质量安全信息化追溯体系，形成了南涧无量山乌骨鸡产业技术体系和产品质量体系。(3)产业发展现状。为保护和开发无量山乌骨鸡品种资源，年内引进资金、技术，注册了“南涧无量山乌骨鸡原种保种场”，建设了种鸡场，发展无量山乌骨鸡养殖专业合作社7个，带动发展500只以上乌骨鸡养殖户40户。年内，存栏无量山乌骨鸡95万羽，出栏130万羽，产肉195万千克，实现产值7800万元。随着乌骨鸡养殖规模逐步增大、养殖数量逐步增多、养殖专业合作社不断发展壮大，南涧吉兴无量山乌骨鸡养殖专业合作社与昆明上谷文化传媒有限公司联姻，南涧无量山乌骨鸡销售专卖店顺利进驻昆明市农贸市场，品牌化运作迈出了新的一步。

2011年10月，无量山乌骨鸡被评选认定为云南六大名鸡（县畜牧兽医局供稿）

【动物疫病防治】 全面推行“政府保密度、业务部门保质量”、“防疫密度领导签字认可”制度，抓好畜禽常规免疫，推行免疫程序，对牲畜口蹄疫、高致病性禽流感、高致病性猪蓝耳病实施强制免疫，实施免疫标识和免疫卡管理。结合本地实际，有计划地开展常发病地区的针对性免疫工作，以防疫示范乡镇为突破口，按照“政府主导、分片包干、集中免疫、整村推进”的模式，成立集中免疫突击队，村民委员会成立免疫注射小分队，对防疫工作实行整村推进。全县免疫注射猪瘟疫苗36.57万头，免疫注射猪蓝耳病苗35.62万头，牲畜“W”病强制免疫注射73.65万头（只），免疫注射高致病性禽流感261.31万只（次），有效地控制了畜禽重大疫病的发生。

【家畜血吸虫病查治】 积极组织开展乐秋乡和南涧镇家畜血吸虫病的查治工作，与卫生部门同步，采取春季化疗、秋季查治普遍化疗的方法，对全县

2个乡镇、7个村委会、54个自然村的血吸虫病疫区的家畜进行检查和扩大化疗，检查6775头（匹、只），检出阳性畜31头（匹、只），阳性率0.83%，用吡喹酮26.51千克，投药治疗各种家畜1.45万头（匹、只）。

【畜牧惠农政策兑现】　（1）全县投保母猪1.67万头，死亡保险母猪609头，死亡率3.65%，支付理赔资金40.86万元，赔付率55.26%，平均每头赔付额671元。（2）补贴肉牛冻精每支5元，每头肉牛按使用2支冻精的标准进行补贴，以实物形式补贴农户，全年补贴1.64万头，以实物补贴的方式补贴细管冻精3.23万支。（3）按国家相关政策，实施草畜平衡的每亩补助1.5元，开展禁牧的每亩补助6元，实施良田种草的每亩补助10元。年内，完成禁牧1.02万公顷，草畜平衡6.83万公顷，落实奖补资金245.18万元，已全部兑付到草原承包户。

【畜产品安全监管】　认真制定《南涧县动物疫病防控和畜产品质量安全综合示范乡镇建设实施方案》，把乐秋、碧溪乡、宝华镇列为示范乡（镇），走典型引路、以点带面、逐步展开的路子，进一步强化畜产品质量安全监管。（1）全县开展17个市场动物及其产品检疫工作，检疫各种动物140.4万头只（次），检出病害动物119头，并作了无害化处理。消毒动物、动物产品运载车辆4080辆。检疫动物产品5.8万头，检出病害动物产品112头，对检出的病害肉按规定进行了无害化处理。（2）重点查处在养殖过程中添加瘦肉精、莱克多巴胺、镇静剂类、激素类、呋喃类等违禁药物和其它非法添加物的违法行为；从严查处经营兽药、饲料管理和饲料质检机构抽检通报的不合格兽药、饲料、饲料添加剂及其它假劣兽药、饲料生产经营行为和无生产许可证、无产品批准文号、无产品标签的“三无”兽药、饲料经营行为。全年实施全面检查4期，出动执法人员155人（次），对全县9个市场22个兽药门市部、165个饲料门市部进行执法检查。检查120多个饲料品牌，查处违法经营过期饲料和饲料添加剂案件2起，当场销毁过期饲料和饲料添加剂1240千克，价值8000多元，罚款1200元。（3）6月，举办了兽药经营质量管理规范（GSP）培训会，重点对兽药经营企业的相关要求、云南省兽药GSP检查验收评定标准、兽药GSP企业必备的条件、申报办法以及如何识别假劣兽药作了系统培训。（4）续签贩运户管理合同295份，规模养殖户管理合同74份。监管规模养殖场（户）82户，其中备案67户，发放动物防疫合格证67个。签订《饲料安全承诺书》165份、《兽药质量安全承诺书》22份、养殖安全承诺书82份，发放粘贴《告广大养殖场（户）严禁使用“瘦肉精”书》1460份。

【项目资金争取】　向中央、省、州争取中央基层动物防疫工作经费19.55万元，免疫反应经费20万元，血防农业综合治理经费8万元，基层动物防疫员工作经费36.65万元，草原生态补助奖奖励资金301.58万元，优质畜产品基地建设等专项资金48.95万元，现代农业产业技术体系建设项目资金15万元，州级农业产业化资金15万元，中央和省级能繁母猪补贴资金106.42万元等，全年累计争取项目资金720.94万元。

2012年3月2日，省畜牧业协会会长、原省农业厅副厅长杨志民到南涧调研无量山乌骨鸡产业（县畜牧兽医局供稿）

【项目建设】　（1）中央财政现代农业南涧县发展优质肉牛产业项目从2010年8月开始，至2011年1月31日，全面完成各项建设内容。新建肉牛养殖场（户）203个，其中10头场154个、20头场29个、25头场2个、30头场7个、50头场11个。2月24～25日，由云南省财政厅财政投资评审中心委托中介机构组成核查考评组，按照《云南省现代农业生产发展资金绩效考评实施细则》和省财政厅制定的绩效考评指标，对项目专项资金使用及项目实施效果情况进行专项核查，从实施方案制定、支农资金整合、资金项目管理、项目实施效果、违规违纪5个方面对该项目进行了绩效考评，考评结果为优秀。(2) 按照《云南省现代农业技术生猪产业体系建设实施方案》，全县完善生猪标准化规模养殖（场）户23个，启动生猪标准化规模养殖场建设项目2个，通过项目的实施，提高生猪养殖标准，减少养殖场（小区）对环境的污染，实现健康养殖，带动全县生猪产业的健康发展。(3) 实施完成农业血吸虫病防治家畜厩养项目。总投资182万元的乐秋乡、南涧镇11个村委会，计划建圈1.44万平方米，圈养家畜3610头。完成家畜圈养（牛）3624头，完成计划100.39%；完成建、改厩1.49万平方米，完成计划102.91%。(4) 根据国家关于草原生态补助奖励机制和草原承包的相关政策，积极做好调查研究、项目申报等工作。全县有草原面积9.69万公顷，可利用面积7.85万公顷，实施草原家庭承包面积为7.85万公顷，其中实施禁牧1.02万公顷、实施草畜平衡6.83万公顷。已完成草原承包面积为7.85万公顷，其中禁牧1.02万公顷、草畜平衡6.83万公顷。涉及8个乡镇、79个村民委员会1381户，承包地块2506块，签订《草原承包合同》1381户。

畜牧科技人员深入村寨开展种草养畜现场培训（县畜牧兽医局供稿）

【项目储备及备案】 结合当地优势积极做好项目储备，南涧县现代农业示范园区创建项目、云南省大理州南涧县现代农业（畜牧业）示范园区创建项目已完成规划。全年先后向省、州申报了南涧县创建云南省肉牛产业“十优十强”县项目、南涧县2012年生猪标准化规模养殖场建设项目、南涧县现代农业示范园区创建项目、云南省大理州南涧县现代农业（畜牧业）建设项目、南涧县无量山乌骨鸡品种资源保护及产品开发项目、南涧县生态农业（畜牧业）建设项目、南涧县草原生态建设项目。在申报的项目中，南涧县生态农业（畜牧业）建设项目、南涧县无量山乌骨鸡品种资源保护及产品开发项目全面启动建设，南涧县草原生态建设项目按“十二五”规划投入建设。对全县具有一定养殖基础和发展条件的规模养殖（场）户进行核查统计，做好项目备案，全年备案生猪养殖场（小区）27个、鸡规模养殖场（小区）28个、肉牛规模养殖场12个。

（潘紫仙　张柳生）

水　利

【概　述】 2011年，南涧水务局在县委、县人民政府的正确领导下，在省、州水利部门的关心支持下，在各相关部门和乡镇的大力支持下，紧紧围绕全县工作大局，抢抓中央出台关于加快水利改革发展的重大政策机遇，坚定不移地把加快水利改革发展作为破解发展瓶颈、推进跨越发展的重要抓手，加大项目资金争取力度，强化基础建设，创新体制机制，狠抓任务落实，全力推进民生、生态、资源水利建设，各项工作有序推进，取得了较好成绩。

【小型农田水利建设】 全年完成水利基础设施投资4375万元，修建农村供水工程97件，修复水毁工程87件，新修小水池、水窖1015口。清淤沟渠4.3千米，疏浚河道8千米，新增防渗渠道6.05千米。通过农田水利基础设施建设，改善灌溉面积150.67公顷，新增灌溉面积66.67公顷，新增节水灌溉面积25.33公顷，新增供水受益人口1.52万人。

【重点项目验收】 (1) 累计完成投资8200万元的母子垦水库扩建工程于12月13日通过省发展和改革委员会、省水利厅验收。(2) 完成2006～2010年农村饮水安全项目验收工作。(3) 做好水利血防节水灌溉项目验收准备工作。(4) 南涧县大龙潭水库西干渠防渗工程于5月开工建设，完成投资60万元，完成沟渠防渗2.47千米。

【重点项目建设】 (1) 农村饮水安全项目。10月19日，完成7个乡镇的工程施工招标。10月25日，签订施工合同，同时进驻施工队伍。10月27日，工程全面开工建设。12月31日，全面完成项目计划任务，完成投资686.77万元，完成供水工程97件，其中学校提水工程5件，完成管沟及水池土石方开挖回填6.23万立方米，安装PE管道163千米，热镀锌钢管198.6千米。建成水池216座，浇筑混凝土966立方米。(2) 完成4座小（二）型病险水库除险加固项目初步设计工作并通过州级评审和省级复核。大尧水库除险加固工程批准总投资217.72万元，总库容14.3万立方米，于8月26日开工建设，累计完成投资180万元。草皮湾水库除险加固工程批准总投资185.82万元，喂羊盐水库除险加固工程批准总投资166.75万元，以上2个水库已开工建设，累计完成投资170万元。完成凤凰山水库除险加固工程项目初步设计工作，计划投资232.44万元。(3) 完成了水利血防节水灌溉项目初设（科研批复已下达）。项目计划改造1条渠系、15条引水沟渠，总长56.9千米，修建取水坝16座、放水池181座，总投资873万元。(4) 开展云南省中央财政小型农田水利重点县建设工程项目。年内，《云南省中央财政小型农田水利重点县南涧县建设方案（2011～2013年）》通过省级部门审查，规划总投资6295.04万元。项目实施小军庄片区、凤岭—公郎片区，受益面积816.4公顷。项目改造或新建渠道39.73千米，架设管道总长50.94千米，新建小水池36个。首批项目建设资金1600万元，其中中央800万元、省级800万元。已完成项目领导组、工程管理局等组建工作，已实施工程野外测绘及技术施工设计工作。(5) 完成县城周边山生态修复供水工程初步规划。完成了大坝地、县城后山、维平山、沙马拉、土官村5个片区的规划，大坝地、县城后山、维平山3个片区的工程已列入南涧县2011年建设计划中，总投资490万元。(6) 乐秋河水文站建设工作。主要建设乐秋河水文监测站及配套设施，项目总投资165万元，已投入运行。(7) 完成南涧县山洪灾害防治县级非工程措施实施方案的编制工作，项目计划投资557.53万元。(8) 开展山区“五小水利”项目建设工作。2011年“五小水利”项目建设总投资12363.87万元，新建小水窖885件、小水池97件、小坝塘2件、小沟渠（管道）97件，增加蓄水容积16.28万立方千米，增加供水能力1.43万立方千米，解决和改善供水人口1.51万人，新增灌溉面积50公顷，改善灌溉面积182.67公顷。

【项目前期工作】 (1) 启动了乐秋河水库项目前期相关工作。(2) 开展南涧县中小河流治理南涧河初步设计工作，计划治理河道6.2千米，总投资2800万元。(3) 开展了全县水资源规划编制工作和宝华荨麻箐小（二）型水库建设项目可行性研究报告编制工作。

【水政水资源工作】 加强对河道采砂治理工作力度，对辖区内水电站集中力量进行讯前检查，清理巍山河、南涧河县城段的河道防洪物弃渣排放。加大《中华人民共和国水法》、《中华人民共和国水土保持法》、《中华人民共和国防洪法》、《中华人民共和国河道管理条例》等法律法规的宣传力度。拆除小军庄处违法建筑混凝土大桥1座，清理公郎河违章采砂2处，收取水资源费10.5万元，并上缴国库。在“第十八届世界水日、第二十四届中国水周”活动中，发放宣传材料4000份，在主要街道悬挂宣传标语4条、粘贴彩色宣传画60张、各乡镇粘贴宣传标语24条，强化水利普查宣传力度。

依法治水宣传(县水务局供稿)

【水产养殖】 根据《大理白族自治州渔政管理站关于开展2011年度打击“电、毒、炸”鱼专项行动的通知》要求，为切实保护野生鱼类资源，根据《渔业法》、《水生生物资源行动纲要》等有关规定，县水利局统一组织检查行动36次，查获电捕鱼案12起，通过开展检查行动，有效遏制了“电、毒、炸”鱼的违法行为，保护了野生鱼类的正常生存繁育及水生生物多样性。全年水产品产量达6050吨，其中捕捞340吨。

【党风廉政建设】 以邓小平理论、“三个代表”重要思想和党的十七大精神为指导，认真学习中央、省、州纪委全会、县委全会和县纪委全会精神，坚持“标本兼治、综合治理、惩防并举、注重预防”方针，全面覆盖、有序推进、突出重点、注重实效原则，紧紧围绕行政审批、行政执法、项目建设、人财物管理使用等重要岗位和关键环节，全面查找党员干部思想道德、岗位职责、业务流程制度机制和外部环节等方面可能发生腐败行为的风险点，积极推进水务系统反腐倡廉教育。水务局机关党员在学习杨善洲的先进事迹后，每位党员捐资100元，计3600元，用于南涧县绿化建设工程。对重点水利工程，局领导重点督促，对工程进度、工程质量、安全生产等进行全方位检查，保证水利建设方面不出现重大安全事故。

【其他工作】 (1) 全年编制上报水利信息2期31条，被云南省水利厅网站（地市信息）采用7条，南涧公众信息网、南涧宣传网、《南涧通讯》采用20条。(2) 扎实开展挂钩村委会的结对帮扶工作，积极帮助挂钩村委会解决生产生活中存在的实际问题，先后安排工作经费1万元，赠送办公电脑1台、打印机1台。(3) 积极参加“六一”儿童节慰问活动，慰问儿童40人，发放慰问金4000元。(4) 开展“绿色走廊”自检自查工作。1月，补植小叶榕50株，6月，对该责任段进行了细致检查，2米以上成活的乔木有236株，1～2米成活的有49株。按照要求，水利局“绿色走廊”责任段已达到验收标准，苗木合格率达79.2%。

【水土保持】 (1) 认真宣传和贯彻《中华人民共和国水土保持法》，对全县《占用水土资源许可证》办证情况进行规范化整理，对所批复的石场进行水土保持方案的落实，要求业主作出水土保持治理措施的承诺书，开展“两费”收取工作。全年收取水土保持补偿费3.7万元。(2) 加强水土保持方案报告的评审、审批工作，严格按照相关规范程序进行审查，确定报告书、报告表的编制，上半年审批2个项目的水土保持方案。(3) 参加县安全委员会组织的对非煤矿山、非法采石点综合整治行动，取缔、治理非法采石点和非煤矿17个，通过综合整治，震慑了私挖乱采的行为，清除了安全隐患，有效遏制了人为造成的水土流失。

【防汛抗旱】 (1) 在汛期来临之际，县防汛抗旱指挥部于4月25日下发了《关于落实全县重点河流、水库、塘坝、防洪城镇防汛责任制》的通知，明确防汛责任人和防汛重点，同时对全县的防汛工作进行安排，4月29日，指挥部办公室又下发了《关于切实做好汛期值班的通知》，明确值班时间和值班纪律。(2) 认真落实汛前检查工作。根据上级防汛部门要求，县防汛抗旱指挥部5月开展以安全度汛、病险水库、在建工程、小水电站、河道采砂、重点防洪城镇、山洪地质灾害为重点的防汛工作，对临时设施和水库大坝、水电站、闸门、启闭设备、安全设施等进行了全面的安全隐患排查，对查找出来的问题，责令有关单位限期整改，及时消除事故隐患。对因资金等原因，不能及时整改的，责令有关单位落实临时措施或指定专人加强巡查，全年检查单位数以及工程项目数量27个。(3) 加强防汛值班工作。要求各乡镇、水利工程管理单位和有防汛任务的单位要强化防汛值班工作，认真落实领导带班和24小时值班制度，密切注意天气变化趋势，根据汛情发展，及时组织会商、发布预警信息，适时启动应急响应，并通过手机短信等方式提醒广大群众注意防范。严格执行汛情险情报告制度，切实做好灾情、险情的信息上报工作，决不允许瞒报、漏报。县防办加强对防汛值班的督查，发现值班不到位、不认真履行职责的将进行通报批评。(4) 防汛物料准备和防汛抢险队伍组织落实情况。各乡镇人民政府和各水利工程管理单位储备防洪编织袋1.3万条、防洪木桩12立方米、应急送水车1辆，组建160人的专业防汛机动抢险队伍，确保所有水利工程安全度汛，保障人民群众生命财产安全。

送水车为饮水困难山区群众送水（县水务局供稿）

【“绿色家园”行动】 (1) 投资14万元，在巍山河道县城段绿化建设3千米，完成巍山河河道右岸绿化工程，种植竹子800棵。(2) 完成《南涧县县城周山生态修复供水工程》大坝地、县城后山、围平山、沙马拉、土官村5个片区的规划，并于10月11日将大坝地片区政府后山、围平山片区学庄供水点的设计报告提交县人民政府。大坝地、县城后山、围平山3个片区的工程已列入南涧县2011年山区五小水利（小型泵站工程）建设。(3）编制洒波村大桥、洒波村、祥临公路大桥、污水处理厂之间巍山河段的景观河道规划和南涧县城水面景观规划。

发动群众抗旱夺丰收(县水务局供稿)

【水利普查】 全国第一次水利普查南涧县涉及河流基本情况、水利工程基本情况、经济社会用水情况、河流治理保护情况、水土保持情况、水利行业能力建设情况、灌区专项、地下水取水井专项普查7个专项。建立经济社会用水调查名录台账资料库，收集经济社会用水调查名录中各用水户每月用水数据。对水利普查的各项数据、取用水单位情况、取水口确定及计量设施配备情况等均作了详细记载，并按时、按质完成水利普查清查登记和清查登记表上报工作。

（刘 璞）

工　业

经济

【概 述】 2011年，南涧县工业和信息化局在县委、县人民政府的领导下，在省、州工信部门的帮助支持下，全面实施“工业强县”战略，以工业园区和项目建设为抓手，强化协调服务，加快企业的管理创新、技术创新和融资协调，解决企业困难，确保了全县工业经济的平稳、快速发展。

【招商引资】 县委、县人民政府出台加快工业经济发展决定，工业用地收储、园区基础设施建设、标准厂房建设顺利推进，不断完善招商引资目标责任绩效考核办法，全年实施招商引资项目31个，实施到位资金72319.44万元。完成征用工业园区规划区内土地87.93公顷，建成园区标准厂房4368平方米。编制得胜生态农特产品加工园区详规，安定工业园区蚂蟥箐治理和园区进场公路太阳能路灯示范工程全面完工。凤凰木业集成材生产线、家具生产线投入生产，东恒经贸日处理30万千克的铁矿石初选生产线建成投产，南涧水泥制品厂技改搬迁、红云核桃技改搬迁、无量山水泥技改扩建项目顺利推进。县内工业企业提质增效健康发展，以飞龙钾盐、凤凰木业为代表的工业企业得到了国家、省、州工信部门的高度认可和大力扶持。

【完成工业经济指标】 全县完成工业总产值155743万元，比上年增长49.6%；完成工业增加值24042万元，比上年增长35.08%；完成非电力工业固定资产投资14006万元，比上年增长39%。规模以上工业企业8户，完成规模以上工业增加值15100万元，比上年增长76.34%；完成规模以上工业主营业务收入54500万元，比上年青增长53.3%；规模以上工业企业实际上缴税金1030.77万元；规模以上工业利润总额－1057.3万元。全县实现非公有制经济增加值99200万元，非公有制经济从业人员达9500人。全年工业经济实现快速增长，各项指标超额完成州下达的目标任务，在完成目标任务的基础上，取得了“三个第一”的成绩，即：增速第一、项目资金争取第一、园区土地收储第一。

【项目资金争取】 全年向国家、省、州争取项目19个，有16个项目得到扶持，其中：国家级项目2个，扶持资金357万元；省级项目7个，扶持资金740万元；州级项目7个，扶持资金286万元。扶持资金已全额到位，比上年的650万元增加733万元，增长112.8%。申报项目资金结构上，既有国家资金，又有省级、州级资金；项目类型涵盖园区建设、中小企业、非公经济、节能、技改、产业政策等多方面。

【重点项目建设】 （1）云南凤凰木业开发有限责任公司木制品综合开发项目。累计完成投资2300万元，吸纳就业96人，集成材生产车间和家具生产线已建成投产。2011年，该公司主要销售民用材和集成材，实现销售收入2200万元，上缴税金7.7万元。（2）南涧县红云核桃加工销售有限责任公司技改搬迁扩建项目。累计完成投资600万元，项目在南涧工业园区得胜生态农特产品加工区建设，项目用地1.8公顷已获批准；年处理核桃青荚果5000吨生产线厂房建设于12月初开工，该公司在进行技改扩建的同时，实现销售收入6000万元，上缴税金28万元。（3）南涧县水泥制品厂技改搬迁项目。项目选址在南涧县大涝箐加油站对面（南涧工业园区白岩河片区），累计完成投资1100万元（含土地购置款），建成年产1.5万段水泥电杆、3000段下水管道生产线各1条，于12月20日通过验收进入试生产。（4）南涧东恒经贸有限公司矿产资源开发项目。完成投资2180万元，2010年5月开始的探矿工作初见成效，探明有铜铁矿；日处理300吨的铁矿石初选生产线于2011年9月初建成进入试生产。

【工业园区建设】 充分发挥工业园区管委会和投资开发公司职能，把加快工业园区建设作为突破土地“瓶颈”、整合资源、推进产业集群发展、优化工业经济结构的重要举措，进一步加大投入，按照“超前规划、合理开发、严格准入、安全施工”的要求，加快园区建设步伐。全年完成征用工业园区规划区内土地87.93公顷，完成土地使用报批5.28公顷，完成供地3.75公顷；完成工业园区标准厂房建设4368平方米；完成园区基础设施建设投资245.8万元。对得胜生态农特产品加工示范区进园桥梁和园区道路进行可研、设计。规范管理园区企业，实施南涧水泥制品厂技改搬迁项目；《安定工业园区控制性详细规划》通过州级评审并报请县人大备案，《南涧得胜生态农特产品加工示范小区控制性详细规划》已通过评审。

【重点企业培植】 着力抓好凤凰木业公司、沃南特农产品开发公司2户规模以上企业申报培植和飞龙钾盐综合回收公司产值过亿企业、茶花林化有限公司产值过15000万元企业培植工作。(1) 1月，飞龙钾盐综合回收有限公司升为规模以上企业；该公司实现主营业务收入15100万元，吸纳就业180人，上缴税金380万元。(2) 凤凰木业公司和沃南特农产品开发公司规模企业申报于8月开始上报审批，凤凰木业公司全年实现主营业务收入2200万元，沃南特公司实现2114万元。两户企业于2012年1月正式通过国家统计局审批，列入2011年规模以上工业企业年报名录库中，南涧县规模以上工业企业达10家。(3) 云南茶花林化有限公司全年实现主营业务收入16100万元，出口创汇150万美元，从业人员50人，上缴税金214万元。

【节能降耗工作】 认真贯彻落实省、州节能降耗工作会议精神，把节能降耗工作摆在重要位置，坚持把节能降耗作为加快调整产业结构、转变经济发展方式、改善民生的重要抓手，科学谋划，系统推进，强化措施，以工业为突破口，各行业节能降耗工作协同推进，在全县工业经济快速增长的形势下，实现能耗指标持续下降。全县单位国内生产总值能耗比上年下降2.64%，比州下达的2.6%超0.04个百分点，推广高效照明产品节能灯10万只。

【信息化建设】 年内，指导南涧沃南特农产品开发公司、凤凰生态茶厂建成公司商务网站平台。全县信息化建设实现了新跨越，电话用户突破112409户，其中固定电话用户1900户、移动电话（手机）用户110509户、全年新增12144户、覆盖率达98%。全年互联网宽带用户达6530户，其中：电信5310户（按1条光纤1户统计），净增1670户；广电网络1400户，净增790户。

【表彰突出贡献企业】 认真贯彻落实县委、县人民政府《关于加快工业经济发展决定》，采取领导干部挂钩联系企业，深入生产一线，强化协调服务，解决企业生产经营、融资等困难，帮助企业做强做大，涌现出了一批在推进工业经济转型跨越发展中作出突出贡献的企业。县委、县人民政府对2011年度加快工业经济发展中突出贡献企业进行表彰奖励。(1) 新增规模工业企业，即南涧县飞龙钾盐综合回收有限公司。(2) 销售收入上15000万元企业，即南涧县飞龙钾盐综合回收有限公司、云南茶花林化有限公司。(3) 销售收入上5000万元企业，即南涧县红云核桃加工销售有限责任公司、南涧无量山镇倚天达泡核桃加工销售有限责任公司。(4) 获得“云南省著名商标”企业，即云南土林茶叶有限公司。(5) 税收上台阶企业，即云南茶花林化有限公司。

【表彰优秀民营工业企业】 为推动南涧民营经济快速发展，县委、县政府出台《南涧县优秀民营工业企业、企业负责人和个体工商户评选奖励办法（试行）》，根据《办法》，评审委员会按程序评审出南涧县2011年度优秀民营工业企业进行表彰奖励。一等奖为南涧飞龙钾盐综合回收有限公司，二等奖为云南茶花林化有限公司、南涧水泥有限责任公司，三等奖为南涧红云核桃加工销售有限责任公司、南涧无量山水泥有限责任公司、云南土林茶业有限公司。

【部门自身建设】 (1) 健全和完善单位内部管理制度，落实局领导挂钩企业制度、领导干部“一线工作法”和项目实施目标倒逼机制三项措施，着力解决工业经济发展中遇到的困难和问题，确保工业发展各项任务的落实和目标的实现。(2) 按照法治政府、责任政府、阳光政府和效能政府四项制度的要求，深入推进工信局机关自身建设。切实把“实、高、新、严、细”要求落实到各项工作中，形成向先进人物看齐、不看待遇看贡献、不比职务比业务的良好风气。继续倡导刻苦学习之风、求真务实之风、勤奋工作之风、团结协作之风、廉洁自律之风。按照国务院和省政府廉政会议要求，大力精简会议和文件，严格控制庆典、论坛等活动，从严控制“三公”消费。带头执行有关厉行节约规定，落实县政府下达的厉行节约八项要求控制性指标，努力建设务实型机关。(3) 采取个人自学为主、集中学习为辅的方式，组织全体干部学习关于产业政策、工业发展的相关文件、规定、法规；开展党纪、政纪、法律、法规教育学习活动；组织单位职工参加上级部门组织的各类培训学习。

【信访工作】 认真研究和抓好信访工作，畅通信访渠道，落实责任，实行领导干部接访和下访制度，重点抓好南涧贸易公司企业改制、企业退休职工养老保险参保和工业园区征地、工业项目建设与周边老百姓之间的矛盾。全年接待群众来电、来信、来访50件160人（次），属于职责范围内的及时办理，做到事事有答复、件件有着落。

【党风廉政建设】 (1) 调整充实以局长任组长，

局班子其他成员任副组长，各股室负责人为成员的局党风廉政建设工作领导小组。（2）认真落实党风廉政建设责任制。按照“党政一把手负总责，一级抓一级，层层抓落实”的原则，由局长与副局长、副局长与分管股（室）签订《党风廉政建设责任书》，抓好股室廉政建设，将贯彻执行党风廉政情况贯穿于工信工作始终。（3）实施廉政风险重点环节防范管理。结合工信局特点，重点查找在“三重一大”（重大事项决策、重要人事任免、重大项目安排和大额资金使用）等方面容易产生腐败行为的风险内容及表现形式，承担涉及全局性的重点行业、重点领域工作，在查找自身风险点的同时，切实履行牵头职责，按照系统和行业管理规则及流程，积极协调相关单位，主动查找行业、系统风险。全年查找到思想道德风险点7个、岗位职责风险点8个、业务流程风险点6个、制度机制风险点6个，评定一级风险点9个、二级风险点6个、三级风险点8个。

（鲁鹏翔）

电　力

【概　述】　2011年，南涧供电有限公司在县委、县人民政府的正确领导下，认真践行南方电网公司中长期发展战略，以“创新”为目标，以强化管理为手段，本着立足南涧、服务南涧的宗旨，全体员工求真务实，扎实奋进，圆满完成了与大理供电局签订的组织绩效考核目标，被云南电网公司和大理供电局评为2009～2010年度文明单位，被云南电网公司授予会计报表工作进步奖；被大理州总工会授予2010年度“工人先锋号”荣誉称号；被评为2010年大理州打击涉电犯罪先进集体；被大理供电局评为2011年县级供电企业“教育培训优秀单位”。

【公司资产】　公司管理35千伏变电站7座，变电容量为2.14兆瓦；35千伏线路9条，线路总长184.5千米；10千伏及以下线路41条，线路总长1169千米，配变1065台。公司下设7个职能部门，有8个供电所，2座小水电站，有用电户6万多户。年末，公司有259名员工，其中：党员34人；高级职称1人，中级职称4人，初级职称15人；高级工32人，中级工10人。

【完成经济技术指标】　累计完成售电量6844万千瓦时，比上年增长15.7%；发电量972万千瓦时，比上年增长18.33%；平均销售电价517.65元/千千瓦时，比上年增加14元，实现销售收入3145万元，电费回收率100%；综合线损率9.97%，比上年降低了1.73个百分点，综合供电可靠率为99.05%，综合电压合格率98.94%，顺利完成了各项经营指标。

【安全生产】　实现三个百日周期未发生安全责任事故，确保了人身、电网、设备安全。安全管理基础不断夯实，公司修编了25个安全管理规定，发布了公司电网、人身、恶操风险报告，制定了防范措施，实现了公司安全生产工作的有规可依、有章可循。严格执行“两票三制”，确保了现场作业的安全。修编完善应急预案2个，开展桌面演练5次，提升了公司应急处置能力。责任制落实不断强化，实现了安全生产责任制的“横向到边、纵向到底”。

【保供电任务】　严格按照“保安全、保居民、保民生、保重要用户”的原则，认真做好有序的电力供应，完成大运会、春节、高考、州庆、县庆多次重大保供电任务，有力地保障了全县经济社会发展对电力的需求。认真开展“为民服务、创先争优”活动，组建8支“六走进”服务小分队，分别走进农村、社区、学校、医院、企业和困难家庭开展优质服务活动10次，发放用电宣传画册3000余份。积极落实惠民措施，配合大理供电局在宝华镇兔街小村修建“南网水窖”30口，彰显了良好的社会形象。

【电网规划与建设】　修编完成《大理州南涧县110千伏及以下配电网规划报告（2011～2015年）》及《南涧县“十二五”农村中低压配电网升级规划（审定稿）》；完成35千伏及以下项目可研4个；完成南涧县2012年农网改造升级工程的设计工作，计划投资4056万元；修编了公司大修技改3年滚动计划，超前规划电网格局。配合完成35千伏无量输变电工程的项目前期工作；顺利通过南涧县2003～2009年城农网建设项目省级验收；组织实施了2009～2010年农网建设管理工作，完成工程项目投资1250万元。全县农村户表改造率达93.78%，户通电率99.82%，电网建设有序推进，优化网架结构，降低电网安全运行风险，实现节能降损、提高电压质量和供电可靠性的目标。

【基础管理】 (1) 强化预算管理，成立预算管理委员会，制定预算管理实施细则，加大预算编制、审批、分解、调整、考核力度，定期开展经济活动分析，确保经营活动可控、在控。严格执行国家有关财务法规，进一步加强资产经营管理，编制资金月度使用计划，并按计划严格执行，提高了资金使用效益，确保资金安全、规范、有计划的使用。(2) 坚持依法经营，成立招标管理委员会，组织绩效管理委员会，经营管理工作逐步迈进规范化、标准化。

【线损管理】 以营销 PMS 线损模块上线运行为平台，定期召开线损分析例会，开展营销稽查活动，修编完善2个线损考核办法，以线损管理较好的公郎供电所作为降损标杆，重点抓实南涧供电所降损工作。全年南涧供电所的综合线损率为6.13%，对公司顺利完成省公司下达的降损目标起到了至关重要的作用。

【信息化建设】 年内，公司投入资金165万元，完成OA办公自动化系统、企业门户信息系统、生产管理信息系统和PMS营销管理系统9个模块的上线运行工作，实现公司信息资源的共享，为公司在安全生产、营销管理、线损管理、综合统计等核心业务方面提供了科学、准确的数据支持，公司表单信息化水平得到提升。

【教育培训】 公司开展特种作业操作证复证取证等内培97项，参培2234人（次），外培48项，参培134人（次），使用培训资金24万元，培训内容涉及安全生产、经营管理、技术技能、队伍建设等方面。

【党群工作】 以深入学习贯彻党的十七届五中全会精神为主线，以学习杨善洲先进事迹为契机，深入推进学习型党组织建设。开展了"幸福南网大家谈"活动，以及以"红色华诞 党旗飘扬"为主题的纪念建党90周年"九个一"系列活动。加强党风廉政建设，深入践行"一线工作法"，召开党员领导干部民主生活会暨述廉议廉会议，注重逐级签订廉洁从业承诺书，实现党建与生产管理的有机融合。

（赵 莉）

燃 料

【概 述】 2011年，南涧县燃料有限责任公司在县委、县人民政府的正确领导下，紧紧围绕公司董事会年初制定的各项任务和目标，努力应对金融危机过后经济不景气和大旱之年的严峻挑战。公司上下心往一处想，劲往一处使，各项目标、任务全面完成，先后被大理州工商行政管理局表彰为"守合同重信用企业"，被云南省银行业协会表彰为"守信用客户"，被大理州总工会授予"五一"劳动奖章，被云南省总工会、云南省企业联合会（云南省企业家协会）、云南省安全生产监督管理局联合表彰为"云南省劳动关系和谐企业"，被南涧县工商行政管理局、南涧县个体私营经济协会授予"先进私营企业"称号。

【公司规模】 公司下属南涧县燃料有限责任公司、云南丰驰物流运输公司、大理州香么所煤矿、南涧县银淀河电站、漾濞县潜龙小额信贷公司，累计上缴各种税费300多万元。

【投资开发香么所煤矿】 大理州香么所煤矿与湖南籍自然法人陈仁春合作，合伙经营大理州香么所煤矿，并对大理州香么所煤矿进行技术改造，4年内先后投入2400多万元，改造成功后可年产15万吨煤炭，厂值每年5500万元。

【丰驰物流运输公司】 云南丰驰物流运输有限公司筹资500万元，购进10台粉粒运输车辆，为澜沧江流域各大电站提供优质的运输服务，先后在小湾、龙开口、功果桥、景洪、剑川（服务维西境内的里底和乌弄龙电站），完成运输任务20万吨，产值5000多万元，实现了跨省区域走出去的战略。公司根据业务发展的需要，将公司办公地点迁至下关汇丰区、购置房屋22套（一层）作办公场所，以便更好地服务澜沧江流域及金沙江流域各大电站，以此外树形象、内强素质。

【成立小额信贷公司】 年内，投资1500万元，新开辟漾濞潜龙小额信贷有限责任公司，面向"三农"、服务"三农"，为漾濞县经济建设和"三农"建设提供有力保障。

【对公司仓储部进行改造】 按照县委、县人民政府"天蓝水清、一片森林一片烟、片片都是生态烟"的要求，努力实践人与自然和谐发展的理念。公司在注重经济和社会效益的同时，先后投资30多万元，对公司仓储部进行环保改造，并顺利通过环评验收。

【党风廉政建设】 (1) 公司把党风廉政工作列入重要议事日程，开展行之有效的党风廉政教育，不断增强领导干部廉洁从政意识。(2) 公司党支部制订《党风廉政建设责任制考核办法》，层层签订《党风廉政建设责任书》，明确考核标准和奖惩规定，把党风廉政建设的责任具体落实到部门、岗位和具体人员。(3) 结合公司廉政文化建设和科学发展观实践活动，进行交心谈心活动，做到用制度管人、用制度约束人、用制度用人，从源头上预防腐败和浪费。

【精神文明建设】 弘扬“信以行义、诚以待人”的企业精神，积极开展精神文明建设，组织员工学习业务知识和钻研岗位技能，引导职工树立现代企业观念，增强团队意识，努力打造一支完美团队。年内，公司支部被县级机关党委、大理州总工会分别授予“优秀党支部”、“劳动关系和谐企业”称号。

（宇朝生 罗礼）

交通 信息

交通运输

【概　述】　2011年，南涧县交通运输局在县委、县人民政府和上级交通主管部门的正确领导、各级各部门的大力支持和全体干部职工的艰辛努力下，全面贯彻落实科学发展观，紧紧抓住中央和地方各级政府大力发展交通运输事业的历史机遇，切实加强交通基础设施建设，扎实开展交通行业管理，努力加强部门自身建设，促进了交通运输事业的又好又快发展。

【基础设施建设】　（1）对2009～2010年度农村公路通达通畅工程进行了全面扫尾攻坚。续建完成2009年度通畅工程（沙乐公路水泥路面建设工程）39.4千米，2010年度通畅工程（无量线水泥路面建设工程）23千米；完成2009年度通达工程1个7.7千米，2010年度通达工程25个228.21千米（水泥路面建设工程8个30.13千米、弹石路面建设工程7个59千米、路基改造工程10个139.47千米），实现了全县“十一五”期末全面实现县、乡公路通达通畅的目标。（2）积极争取2011年度农村公路改造工程1个30千米（碧溪至宝华公路改造工程，中央投资1800万元）；通村油路工程2个34千米（石牛公路24千米、新山公路10千米，中央投资1190万元）、通村水泥路面工程2个23千米（保安公路16千米、虎街村公路7千米，中央投资805万元）；争取农村公路养护大中修项目7个（拥翠线大中修项目4个，上级投资229.84万元；公民线中修项目3个，上级投资74.08万元）。（3）抽调精干的专业队伍，精心开展石牛路、新山路、碧宝路、虎街路（保安路已提前与2010年通达工程合并实施，建成水泥路面建设工程16千米）的测设、预算和上报审批工作，并以“零费用”委托招标的方式，于9月完成石牛公路、新山公路、拥翠线大中修项目的招标工作，3个工程全面开工；碧宝路、虎街路的招标工作已组织实施 。

【农村公路养护】　县级全额配套农村公路养护资金65.8万元，加强农村公路管理养护工作。（1）以县地方段为龙头抓县道养护管理，以乡镇为主体抓乡道养护管理，以“一事一议”为途径抓村道养护管理。（2）突出“合同管理、计量支付”、“安保工程”、“农村公路大中修工程”、“绿化工程”、“路政管理”5个重点，农村公路养护管理取得显著成效，被省公路局表彰为农村公路养护管理先进县。

组织农村公路和乡村道路养护技术培训（县交通运输局供稿）

【运输服务保障】　（1）继续抓好道路运输安全监督管理。上路稽查250天2110人（次），查处“黑车”14辆、违章车辆500辆（次），实施行政处罚300例。（2）对辖区4户客货运输企业、1户驾驶员培训学校及79户汽车维修企业（4户二类企业），进行半年、年终考核审验，精心组织春节、国际劳动节旅客运输工作，完成货运量114万吨、货物周转量16393万吨千米，客运量82万人、旅客周转量11209万人千米。（3）组织实施《南涧县县城公共交通事业发展规划》和《南涧县农村客运改革实施方案》。挂靠大交集团南涧分公司发展农村客运，以县人民政府、公司、车主各投资1/3的方式，实施了客运车辆车身标识统一工作，组建了南涧县公共汽车有限公司和出租车公司，县城公交市场面貌一新，促进了农村客运市场的健康、有序、稳定发展，方便了人民群众的安全快捷出行。

【水上交通运输】　认真履行水上运输市场管理和水上安全监督管理职能，签订安全责任状30份，出动检查车66车（次）198人（次），检查船只256艘（次），纠正违章5例，保障了漫湾、小湾2个电站库区人民群众的安全出行。完成货运量6523吨、货物周转量9.78万吨千米，客运量4.17万人、旅客周转量51.42万人千米。

【安全生产工作】　按照“三合同三同时”的要求，

认真签订并落实建设施工安全合同，确保工程建设施工安全和生产两不误；按照“三关一监督”的要求，加强交通安全生产管理，突出“黄金周”、“节假日”重点时段监管，加大交通安全宣传力度，交通安全形势逐步好转，道路交通秩序逐步规范，有效地保证了人民群众财产和生命安全；加强对农村公路路政管理工作的领导，加大人力、物力投入和路政督查力度，及时依法查处侵犯路产路权行为，为路产安全和交通安全保驾护航。

州交通运输局领导到拥翠公路指导沥青路面翻修（县交通运输局供稿）

【部门自身建设】 高度重视员工队伍建设，以党支部建设为龙头，以思想政治工作为先导，深入学习实践科学发展观，从4个方面努力打造交通运输部门敬业奉献的良好形象并取得了明显效果。(1)恪尽职守的从业态度。在人员编制不变的情况下，面对数倍增长的工作任务，做到尽职尽责，任劳任怨，牺牲大量的双休日、节假日和晚上休息时间，加班加点，协同配合，连续奋战，圆满完成各项建设、管理和服务任务。(2)争创一流的敬业精神。在圆满完成各项建设、管理和服务任务的同时，充分发扬近几年打造拥翠公路、文启公路、杨免庄公路等多个精品工程的“创先争优”精神，创新农村公路养护管理模式并取得显著成效，因地制宜实施县城公共交通事业发展规划，规范了公交市场，巩固了交通基础设施建设成果，方便了县城居民的安全出行，得到了省、州主管部门的充分肯定和社会各方面的高度赞扬。(3)树好形象的廉洁意识。在全县交通运输战线涉及的利益环节越来越多、数额越来越大的情况下，通过不断加强党风廉政建设，增强全体干部职工的廉洁意识，做到警钟长鸣，依法办事，没有出现违法违纪案件，在社会上树立良好的部门形象。(4)不贪不占的人生信念。长期以来承担着繁重的工作任务，接触激烈的利益竞争，全体干部职工把遵纪守法的廉洁意识逐渐转化成为洁身自好、不贪不占的人生信念，在招标、监理等诸多关键环节中，做到了依法依规、秉公办事、自觉奉献。

（张发荣）

公路管理

【概　述】 2011年，南涧公路管理段在省公路局、大理公路管理总段的正确领导下，坚持以邓小平理论、“三个代表”及科学发展观为指导思想，全面贯彻落实党的十七届五中全会和省委八届十次全会精神。紧紧围绕大理总段提出的“12433”工作思路以及“六化一个网络”工作目标，通过领导、干部、职工三个层面的共同支撑，坚持用科学发展观统领公路养护全局，扎实开展好“路况质量翻身年”和“行业文化推进年”主题活动。全段干部职工团结一心，顽强拼搏，以养好公路为核心，认真履行公路养护管理职责，不断提高公路的综合服务能力，努力完成各项工作任务，实现公路养护工作的安全、和谐、稳定发展。

【制度建设】 为将大理公路管理总段职代会制定的各种管理办法、制度落到实处，南涧公路管理段多次组织管理人员召开会议，对各个管理办法、制度进行认真的学习和研究。结合养护生产的实际情况，展开了充分的讨论和研究，征求一线职工意见和建议，最终通过分析汇总，制定出了《南涧段公路养护实施细则》、《公路水毁防抢预案》、《安全生产管理办法》、《治超点管理细则》、《绩效工资考核办法》11个管理办法和细则，同时完善了《南涧段养护生产与管理发展规划》、《雨季水毁防抢值班制度》、《水毁防抢应急预案》、《宣传报到奖励办法》、《公务出差管理办法》、《工勤人员绩效工资管理办法》。

【小修保养】 小修保养工作始终是南涧段的中心和根本立足点，段全体干部职工紧紧围绕公路小修保养这一中心来开展各项工作。2011年，完成了以下小修保养：修复沥青路面病害 7.5 万平方米，处理手摆块石基层 8316 平方米，清挖边沟 560.82 千米，整修路肩 27.4 万平方米；铺筑级配碎石路面 1.36 万平方米；种植行道树 300 株；清除坍方 6034 立方米，耗用砂石材料 9327 立方米。

【召开预防性养护现场会】 6 月 15 日，南涧段在香漫线 K2467 +000 召开了“南涧段 2011 年预防性养护劳动竞赛现场会”，段管理人员及南涧所全体职工 50 人参加现场会。现场会通过现场讲解和演示预防性养护“刮油贴布罩面”和“道路贴缝带”两项新工艺，让职工学习掌握及运用新工艺的同时，更主要的是要让职工树立预防意识、规范意识和质量意识，自觉地重视预防、讲求规范、控制质量，从而达到提高养护质量、降低养护成本、减轻劳动强度、延长使用周期的目的。

【完成迎国检任务】 3 月 25 日，南涧段接上级通知，香漫线 K2460 +900 ~ K2555 计 94.1 千米列为迎接国家交通运输部检查路线。由于香漫线从原来的国道改为省道，其中从 K2503 +000 ~ K2555 +000 计 52 千米，从建成通车后就没有进行过大修，路面状况差，病害严重，加上无量山的低温高寒，自然灾害频发，部分路段被总段列为坏路，加上资金缺口较大，南涧段迎国检工作面临巨大的挑战。从 3 月 25 日开始，在全段上下的不懈努力下，通过 17 天的苦战，顺利完成了迎国检的任务。

【调整生产组织结构】 南涧公路管理所管养 42 千米，职工 33 人，人路比 1∶1.23；黄草坝公路管理所管养 41.44 千米，职工 9 人，人路比 1∶5.18；漫湾公路管理所管养 35 千米，职工 13 人，人路比 1∶3.18。为了优化资源，合理分配劳动力，南涧段在充分调研的基础上，对下属各站所进行了组织结构调整。调整后的结果为：南涧所 34 人，养护里程 K2453 ~ K2501 计 48 千米，小景线 16.44 千米，合计 54.44 千米，调整后的人路比 1∶1.85。黄草坝 8 人，养护里程 K2501 ~ K2522 计 21 千米，调整后的人路比 1∶3。漫湾所 13 人，养护里程 K2522 ~ K2555 计 33 千米，人路比 1∶3。

【安全生产管理】 （1）实行安全生产“一岗双责”，层层签订安全生产责任书，落实安全生产责任制。南涧段与站所签订《安全生产责任书》7 份，站所与职工签订《安全生产责任书》91 份。段与机驾人员签订《安全责任书》10 份，与施工队签订《施工安全合同》3 份，层层落实相关责任。（2）强化安全生产源头监管，进一步加强养护作业现场、工地等重点领域公路安全检查和巡查，及时查处公路安全隐患，要求做到发现处治隐患不过夜、不空缺、处治及时、设置标志齐全规范，规范建立档案，坚决防范因道路引发的安全责任事故。年内，在小景线补栽桥梁限载标志 4 块，K5 +400 ~ K10 +000 灾害路段栽设警示标志 2 块，示警桩 28 棵。（3）把大理公路管理总段安全生产管理体系真正落到实处。9 月 1 日，时召开安全生产管理体系试运行动员会议。会后由工会及安全部门牵头深入站所进行安全生产管理体系的学习和宣传贯彻工作，并将 25 个管理制度分解到各部门及站所，按照体系制度要求建立表格和档案台账，认真抓落实，目的就是要通过体系的运作来规范安全管理工作，为养护生产中心工作保驾护航。

【治超工作取得进展】 （1）加强队伍建设，提高队伍整体素质。通过培训学习，南涧段治超人员文化素质得到普遍提高，上岗培训合格率 100%。4 月，6 人经培训取得执法资格证，组织交通行政执法培训 23 人，通过考试合格率 100%。（2）积极联系南涧路政大队，联合执法，加大对路政干扰的治理，清理堆积物 2846 平方米，涵洞 1 道，路上积水 2 处，水沟阻塞 500 米，打场晒粮 550 米，有效促进了养护生产工作。（3）以路警共建为平台，主动加强与运政、交警的联合执法工作，积极加强追逃，确保南涧超限治理工作取得实效。

【“平安家庭”创建】 南涧段在开展“平安家庭”创建活动中，启动迅速、工作扎实、成效显著。8 月 11 日，南涧段召开“平安家庭”创建考评会，县委政法委、县妇联领导出席考评会，经过考核，达标 87 户，此次创建率达 100%，达标率 99%。9 月 22 日，县委政法委、县妇联领导举行南涧段“平安家庭”授牌仪式，县委政法委领导对南涧段创建“平安家庭”工作给予充分的肯定，认为南涧段在“平安家庭”创建中开拓创新，努力打造了以和为真、以和为美、以和为贵的家庭风尚，以创建和谐“小家庭”来构筑和谐交通“大家园”。

举办2011年预防性养护劳动竞赛现场会（公路管理段供稿）

（谢庆南）

中国邮政

【概　述】　2011年，南涧县邮政局在县委、县人民政府和大理州邮政局的正确领导下，紧跟发展步伐，创新发展思路，转变发展方式，加快发展步伐，紧紧围绕“坚持规模效益并重发展，坚持转变发展方式和业务结构调整，坚持深化体制改革创新发展机制，全面推进三大板块协调快速发展”，履行好党和国家赋予邮政部门的普遍服务职能，积极为地方经济发展做出应有的贡献。

【企业运行平稳快速】　南涧邮政局紧紧围绕年初确定的“坚持规模效益并重发展，坚持转变发展方式和业务结构调整，坚持深化体制改革创新发展机制，全面推进三大板块协调快速发展”思路，业务运行继续保持较快增长，较好地实现全年的收入目标。全年邮政业务实现收入413万元，比上年增加35万元，增长9.25%。

【专业化改革顺利推进】　为适应市场发展，提高邮政速递物流业务竞争力，根据国家对邮政速递物流专业化改革部署，4月1日，成立了南涧县邮政局速递物流营业部，实现了特快邮件分网专人投递，同时实施了主城区普通邮件投递业务外包工作，投递制度改革取得了阶段性成果。（1）速递物流专业化的运作，实现当日进口的特快邮件当日投送，得到客户的高度认可，尤其深受网购一族的欢迎，县城机关段的党报党刊当日见报，服务质量得到较大改善，市场竞争力明显增强。（2）随着邮件投递服务质量的提高，有力地拉动了窗口邮件的收寄量，提高窗口的创收能力，报刊流转额逐年上升。

【竞争能力不断增强】　（1）配合省公司完成滇西片区网运邮路的结构调整。8月，根据省邮政公司对全省网路结构调整部署，开通了昆明至南涧的直达干线邮路，南涧县邮政局成为了面向滇西片区承接昆明、大理、普洱、临沧的邮件交接中心，减少了邮件的中间流转环节，加快了邮件传输速度。（2）分步实施邮储网点业务转型工作，调整上班时间，改善硬件设施，配备大堂经理和理财师，实行“晨夕会”制度，对当日的服务质量和营销业绩及时进行点评，有效提升了窗口的服务形象。

【财务管理科学合理】　认真贯彻降本增效战略，促进企业发展方式转变。（1）优化财务资源配置，加大对重点业务、重点市场和重点环节的成本投入。（2）推行成本的集约化和精细化管理，提高成本的产出效率。把有限的成本用于增强核心能力、提高服务质量、保障和改善员工待遇、重点扶持和鼓励产品创新和流程优化上。（3）深化资金收支两条线管理。实现全省收入专户“零余额”管理和成本专户“日间透支”的资金管理，确保资金合理流动。（4）全面开展网点损益核算，重点推进函件、分销等业务责任中心损益核算。（5）加强固定资产实物管理，完成管理系统内实物台账的信息维护。

【人力配置日益优化】　（1）全面推进实施全省合同制用工固定薪酬部分和保留劳动关系人员生活费的集中发放，进一步规范全省邮政企业劳动报酬的发放行为和列支渠道，完善岗位履职与绩效考核制度，有效发挥薪酬分配的激励杠杆作用。（2）全面开展“双定”标准实施工作，促进作业组织、生产流程和服务标准、网点结构的优化，推进企业工时精细化管理，进一步提高工时利用率和劳动生产率。（3）制定员工奖励与违规违纪处理办法。（4）深入开展员工教育培训，全年培训员工98人（次），组织职业技能鉴定26人。（5）搭建员工福利保障平台，进一步增强企业员工凝聚力。

【安全管理不断加强】　以“加强安全生产管理，提升通信服务质量”专项整治活动为主线，重点加强消防、邮件、人身、新开发业务项目的安全防范管理，确保各类规章制度有效落实。重点整治代理金融业务资金、金库、运钞和枪弹管理安全，确保不发生重特大资金案件和安全生产责任事故。加强禁毒查堵，有效遏制毒品流入邮政渠道；加强邮件传递时限管理，对邮件传递频次、生产环节执行作业计划、全程时限达标情况进行监控，对造成邮件延误的责任单位进行严格考核，切实加快国内普通邮件的传递速度。出台客户投诉管理办法，落实客户投诉处理首问责任制，确保客户有理由投诉明显减少，有效防止媒体曝光事件发生。认真解决服务质量客户监督评价工作中存在的难点问题，确保全省邮政客户服务满意度达到86分。

【服务质量稳步提高】 充分发挥11185客服中心和消费者投诉站作用，提升投诉处理质量。全年受理客户来电、来信、来访12件（次），比上年下降60%，办结率达100%。全面提升11185客户服务中心服务支撑能力，业务揽收及投诉处理能力得到提升。

（陈本建）

中国电信

【概　述】 2011年，南涧分公司在县委、县人民政府和上级公司的正确领导下，以“只争朝夕，追赶跨越”的拼搏精神，抓住全县信息化建设的发展机遇，紧紧围绕全业务有效益规模发展这一中心，坚定不移执行“拓展规模、调整结构、释放风险、增强后劲”十六字方针，在信息化建设、手机和宽带两项重点业务的发展上取得新的突破。

【提升业务运营能力】 中国电信南涧分公司经营手机、宽带、固定电话、数字互动电视、光纤电路出租等业务，承担着全县党政部门、公众服务部门和重点工程建设项目的通信传输重任。(1) 全面提升乡镇支局所经营服务能力，逐步改善基层单位基础差、底子薄的状况。全年将办公网络、营业网络延伸到乡镇支局所，优化营业终端配置，缩短了用户缴费和办理业务的时间。通过网络建设和优化，乡镇手机信号覆盖和宽带上网速度等网络指标得到大幅度改善。对宝华、无量、乐秋的房屋进行修缮，对部分支局（所）增添办公桌椅、沙发、电视等，改善基层单位生产和生活条件。(2) 通过社会代理、代办方式增加营业网点，方便用户缴费和办理业务。按照“一镇一店、一村一点”的建设目标，扎实有序推进农村建设。全年新建合作营业厅6个、代理点2个、1镇1店10个、1村1点14个。(3) 发挥全业运营优势，采用最新通信技术提高投资效率，逐步解决农村信息建设需求。全年采用EPON（以太无源光网络）技术，先后在复兴、红星、凤岭等村委会建成“三网融合”信息村，用1根电话线满足了当地老百姓看电视、打电话和上互联网的需求。

【提高服务质量】 梳理内部流程，强化管理，多管齐下提高服务质量。(1) 向住宅小区公示装维人员联系信息和统一的障碍报修电话，缩短障碍查修的响应时间。(2) 加强对客户投诉的处理，做到在规定时限内件件有落实、事事有回音。(3) 加强前后端工作之间的配合，加强对营业受理、机房派单、工单流转、卡单、回单的管控，提高固定电话和宽带安装的履约率和及时率。(4) 落实服务质量考核责任，确保障碍派单的执行效率，提高用户障碍查修及时性。(5) 向社会推出障碍申告2小时内响应、无条件装机和装机超时赔付3项举措，将上门障碍查修时间延长到夜间10点。

【加大网络建设力度】 全年新建碧溪、拥翠、岔江3套OLT（光线路终端）设备，新建16套ONU（光网络单元）设备；升级改造C网基站13个，新建11个，全县C网基站达54个；完成全县C3、C4传输二期扩容工程；完成拥翠、乐秋、碧溪、新民中兴9203设备的宽带提速。通过以上项目的实施，大幅提升了南涧3G网络和宽带网络的业务承载能力。

【推动行业信息化建设】 通过服务和技术创新，推动全县行业信息化建设的深入。(1) 投资190余万元，完成无量山镇红星、卫国、发达3个村委会的3G手机信号覆盖，开通“无量药谷”项目部的传真、电话、电视和宽带上网业务，推动信息技术在“无量药谷”建设项目中的应用。(2) 投资130余万元，完成小湾水电站地下厂房3G手机信号和WLAN（无线局域网）信号的覆盖，在全国首创电站地下厂房实现立体定位调度功能。(3) 利用中国电信3G手机定位技术，通过“司法e通”平台有效解决了社区矫正人员多、流动性大，跟踪管理、档案记载更新、数据分析统计难的问题，极大提高了社区矫正工作的效率和质量，使南涧社区矫正工作真正实现现代化、人性化和智能化管理模式。(4) 有效推动教育行业信息化应用。全年先后对碧溪、城镇、公郎、拥翠中学和县示范、宝华、碧溪小学实施宽带接入光纤改造，全面实现乡镇以上所有中小学宽带接入。(5) 完成“平安南涧”全球眼视频监控升级改造，新建视频监控点47个，改造原有视频监控点18个。

（刘云亮）

中国移动

【概　述】　2011年，中国移动南涧分公司在县委、县人民政府和中国移动大理公司的正确领导下，高举邓小平理论伟大旗帜，努力实践“三个代表”重要思想，坚持科学发展观，认真贯彻执行党的各项方针、政策，加强各乡镇、行政村的移动通信基础设施建设，有效提高了通信能力，满足了广大农村客户对移动通信的要求。深入推进“136农村移动信息富民工程”建设项目，架设农村信息化平台，通过送手机、赠话费、奖礼品等活动，拓展农村移动通信业务，扩大移动客户群体，促进农村信息化建设。以完善内部管理机制，优化对外服务质量，增加经济效益为中心，改善通信环境，提供优质服务，让客户满意。

【生产经营】　南涧移动分公司圆满完成了大理公司下达的各项经营目标和生产任务，收入超过5111.64万元，在网客户达100858户，上缴各项税款145万元。

【通信网络建设】　中国移动南涧分公司十分重视通信网络的基础设施建设，确保网络覆盖率和服务效果。全年在网2G、TD基站162个，其中：宏站83个、边际网站69个、TD站和2G网9个、新建TD基站1个。由于南涧地处山区，全县乡镇自然村网络移动信号室内覆盖率仅为93%，室外网络覆盖率98%，行政村网络覆盖率100%。

开展“5·17”电信日户外宣传销售活动（县移动公司供稿）

【精神文明建设】　按照中国移动通信集团构建一流通信企业的总目标，培养岗位专家，奉献社会，积极开展精神文明建设，加强员工思想政治教育和职业道德教育，使全体员工树立正确的理想和信念。（1）经常组织学习，认清形势，转变观念，牢固树立市场意识、服务意识、忧患意识和竞争意识。（2）每周组织营销代表业务学习，以提高业务技能和服务水平。（3）全体员工参与州公司业务中心的业务抽问。（4）积极履行企业社会责任，热心社会公益慈善事业，不断强化服务意识和创新意识，为建设和谐南涧作出了贡献。

州、县公司领导到南涧三中检查验收全国移动员工捐款项目——爱心水池建设情况（县移动公司供稿）

【职工队伍建设】　移动通信行业一贯重视职工队伍建设，把服务形象、服务态度、业务技能列入工作的考核指标，经常开展各项业务的培训和遵纪守法、爱岗敬业的教育。在工作中，开展劳动竞赛、评选先进、服务明星等活动，鼓励和促进员工之间、班组之间、团队之间的竞技、竞赛，提高全体员工的业务技能、竞争意识，增强了全体员工奋发向上、精益求精的敬业精神，整体素质不断提高。

（何文婷）

中国联通

【概　述】　2011年，中国联通南涧分公司在县委、县人民政府和州分公司的领导下，坚持以邓小平理论和“三个代表”重要思想为指导，坚持科学发展观，认真贯彻落实党的方针、政策，加强各乡镇的移动通信基础设施建设，有效地提高了通信能力。牢固树立“以客户为中心，服务促发展”的服务理念推动服务短快模快，提高客户满意度，提高服务效益及服务水平，推动了公司稳步发展。

【生产经营】 全年投入资金1500万元，加大各乡镇的网络建设，网络普及各个乡镇。稳定老客户，迅速发展新用户，以优质的服务赢得了客户的信赖，并积极拓展新业务。在移动电话的基础上，为客户提供包括固定电话、数据传输、互联网、宽带专线接入等基础电信业务和增值业务以及电信业务相关的系统集成业务。全年在网用户6350户，公司收入达240万元。

【通信网络建设】 2011年是公司快速发展的一年，公司架设光缆线路到各个乡镇，新建了22个基站，使全县基站数达37个，信号普及了各个乡镇和各个重点行政村。在各个乡镇设立了营业厅及81个农村社区服务点，从而完善了服务体系。

【服务质量提升】 注重对客户的尊重和服务质量，率先在电信服务行业推出了营业厅低柜台服务和为客户免费邮寄话单的业务等人性化服务，使顾客感到了亲切和尊重。公司本着“以市场为导向，发展与服务并重，发展为服务创造市场，服务为发展保驾护航”的工作理念，通过客户热线、卖场、营业厅、会员俱乐部、农村社区服务点等渠道提升服务质量，提高了客户的满意度和忠诚度，降低了客户离网率和投诉率。

【文化建设】 南涧分公司经常组织员工学习文化和业务知识，提高员工思想文化素质和业务技能。通过不断学习，提高了员工的素质，在全体员工中营造了具有特色的文化氛围，逐步形成“艰苦创业，开拓创新，争创一流”的企业精神，促进了公司全面协调可持续发展。

（任茂波）

建设 环保

国土资源

【概 述】 2011 年，南涧县国土资源管理工作在县委、县人民政府和州国土资源局的正确领导下，全局干部职工高举邓小平理论和“三个代表”重要思想伟大旗帜，以“科学发展观”为统领，深入贯彻落实党的十七届五中、六中全会精神，紧紧围绕州对县签订的 2011 年国土资源管理目标责任和县委、县人民政府部署，突出重点、扎实工作，圆满完成了各项工作任务。

【地籍管理】 （1）全年办理土地登记 1230 宗，其中国有土地使用证 21 宗、土地使用权变更登记 110 宗、城镇商品住房土地登记 768 宗、办理集体土地使用权登记 133 宗、办理国有土地使用权抵押登记 198 宗。所办理的每宗土地都认真审查，并到实地调查核实，做到权属清楚，面积准确，图纸与实地一致。所办理的土地登记都建立了统计台账，健全了《南涧县土地登记资料公开查询制度》，可随时公开查询土地登记资料。（2）全年受理土地权属纠纷 28 起，协商解决 26 起。

【耕地保护】 （1）贯彻落实中央、省、州及国土资源部、厅的重要指示精神和各项政策。严格执行省、州、县党委、政府各项决策部署，深入学习贯彻省、州保护坝区农田建设山地城镇工作会议精神，促进经济发展方式和用地方式转变。（2）为切实解决土地供求矛盾，实现“保护资源更加有力、保障发展更加有效”的目标，始终把落实耕地保护责任作为一项最为重要的基础性工作来抓。与各乡镇、县级各责任单位签订《2010～2015 年耕地目标责任书》，明确“十二五”期间全县 2.67 万公顷耕地保有量和 2.07 万公顷基本农田保护责任。（3）认真组织宝华、公郎镇土地整治项目和无量山镇小湾水电站占补平衡项目等在建项目的验收工作。（4）积极争取耕地占补平衡项目，落实耕地总量动态平衡。经实地踏勘调查、测量、收集资料，南涧镇瓦折村土地开发整理（补充耕地）项目，通过了上级部门的评审，完成踏勘、前置审计等项目前期工作，并向县人民政府争取前期工作经费 150 万元。

【国土资源规划】 严格按照土地利用总体规划、矿产资源规划要求，执行年度计划及专项规划。（1）加快推进《南涧县土地利用总体规划（2006～2020 年）》修编工作。按要求完成了县乡级土地利用总体规划（2006～2020 年）文本、图件及数据库的编制工作，通过省、州审核批准，进入修改完善阶段。（2）严格执行土地利用总体规划，积极开展项目用地预审及供地规划审查工作。全年完成各类用地预审 13 件，其中县级用地预审 2 件、州级用地预审 11 件。完成州级供地审查 1 件。（3）积极推进《南涧县第二轮矿产资源规划（2008～2015 年）》编制工作，按时上报矿业权出让计划。《南涧县第二轮矿产资源规划（2008～2015 年）》文本、图件工作，经云南省国土资源厅批准，并公告实施。（4）积极组织上报矿业权出让计划。全年上报矿业权出让计划 5 个，审批出让三类矿采矿权 2 个。

无量山镇小湾水电站占补平衡项目施工区（县国土资源局供稿）

【土地利用】 依法依规做好用地保障工作，切实维护被征地群众合法权益。（1）依法依规做好项目用地报批。完成了 2011 年度保障性住房、南涧县污水处理及管网配套工程建设、云南物产林化产品生产建设项目、南涧县核桃加工异地扩建项目、南涧县公郎加油站项目、南涧县 80 万吨球团矿建设项目、南涧县碧溪加油站项目、南涧县新碧加油站项目、南涧县机动车检测线、南涧县 2011 年度第一批城镇建设用地 10 个农用地征转用报件的组织工作，上报农用地面积 44.55 公顷，其中南涧县 2011 年度保障性住房用地等 9 个报件已经省国土资源厅批准、南涧县 80 万吨球团矿建设项目用地报件已完成州级审核，省国土资源厅已核拨建设用地指标，相关事宜已组织实施。（2）加大土地收储，保障县城发展按照城市建设发展的总体思路。县委、县人民政府对土地收储工作提出了新的要求，在各级各部门的大力支持下，圆满完成土地收储工作任务。全年完成123.58公顷集体土地征收，及时足额兑付征地补偿费和安置补助费6043.22万元。土地征收工作严格按照有关规定程序开展，坚决杜绝强征强拆等违法违纪行为发生。（3）严格执行经营性用地和工业用地招、拍、挂、出让制度，认真执行国家产业政策和供地政策，加强土地供应管理工作。全年供应国有土地13宗14.63公顷，收取土地出让金4680.41万元，其中：拍卖商业用地3宗，土地面积2.63公顷，出让价款3200万元；挂牌出让商业用地1宗，土地面积7.8亩，出让价款470万元；挂牌出让工业用地3宗，土地面积5.86公顷，出让价款719万元；挂牌出让住宅用地1宗，土地面积4.35亩，出让价款262万元；有偿划拨行政办公用地4宗，土地面积1.3公顷，划拨价款29.41万元，无偿划拨保障性住房用地1宗，土地面积4.03公顷。

抗旱救灾地下找水（县国土资源局供稿）

【矿产资源管理】 （1）认真落实云南省矿业权管理办法等精神，严格执行矿业权审批制度，提高矿政管理科技含量。（2）严格按照开发利用方案，对采矿权人的作业情况进行监督管理，采矿企业持证率达100%。（3）积极做好采矿权延续、变更、转让的审查登记发证工作。全年审查上报采矿权延续1件，办理采矿权转让1件，核查建设项目压覆矿业权5件。（4）成立领导机构，积极支持配合“三年地质找矿行动计划”在辖区内实施。（5）深入开展资源利用现状调查，认真做好矿山储量动态监督管理，切实加强矿产资源补偿费和有偿使用费的征收管理。（6）积极开展矿山储量动态检测工作，上报11个采矿权的2010年度矿山储量动态检测报告。（7）开展2010年度矿产资源储量统计和2010年度矿产资源开发利用统计工作，完成辖区内11个采矿权矿产资源储量统计和矿产资源开发利用统计等资料审查，建立数据库进行报表数据统计分析，及时上报报表和数据。（8）切实加强矿产资源补偿费和有偿使用费的征收管理。全年收取采矿权出让价款12.36万元，收取矿产资源补偿费7.1万元，矿产资源有偿使用费3000元，采矿权使用费5500元。

【地质灾害防治】 加强地质灾害群测群防，确保人民群众生命财产安全。（1）建立健全地质灾害群测群防体系。严格按照《地质灾害防治条例》、《云南省地质环境保护条例》规定，编制年度《地质灾害防治方案》、《地质灾害应急预案》，落实207个地质灾害监测点检测人员补助4.14万元，补助8个乡镇地质灾害防治工作经费1.6万元。（2）及时发放地质灾害防灾工作明白卡、地质灾害避险明白卡和地质灾害防治简明手册。（3）与各乡（镇）国土资源所及监测点监测人员签订《地质灾害防治目标责任书》，层层落实责任。（4）建立完善汛期24小时值班、巡查督导等制度，加强地质灾害预警预报体系建设。利用气象信息平台，第一时间将汛期地质灾害预警预报信息发送到各级相关领导和监测人员的手机上，确保群测群信息网络畅通。（5）在发生险情地段设立警示标志，对灾害发展趋势进行全程跟踪监测，并制定重点监测点应急预案，尽力把灾害损失降到最低。（6）积极争取地质灾害治理项目，加大地质环境保护力度。编制全县地质灾害防治规划，组织上报地质灾害防治工程项目建议书，努力争取灰河流域及县城周边地质灾害防治项目。

【国土资源执法监察】 贯彻落实国土资源动态巡查制度，严厉打击国土资源违法行为。（1）严格执行《中华人民共和国土地管理法》、《违反土地管理规定行为处分办法》，有效打击和遏制了违法占地行为的蔓延势头。全年通过动态巡查，发现违法用地行为157起，制止土地违法行为141起。立案查处土地违法行为16起，发出处罚决定书16份，通过综合整治，拆除到期拒不履行改正违法用地案件7件，拆除违法占地总面积1164.1平方米。（2）严格执行《中华人民共和国矿产资源法》，严厉打击矿产资源违法行为，规范矿产资源开发利用秩序。全年按照不留场所、不留人员、不留设备、毁闭矿井“三不留一毁闭”的原则，综合整治辖区内18个非法采矿点。拆除工作台13座、简易工棚8间，切断非法采石运输道路30条，浇筑拦路桩24个。（3）认真开展土地例行督察和执法工作。立案查处南涧县飞龙钾盐综合回收有限公司、南涧凤凰生态茶厂等土地违法案件22件，查处违法用地4.74万平方米，收缴罚没款40.99万元。（4）严格执行《中共南涧县委、南涧县人民政府关于切实加强国土资源管理的意见》，强化部门联动，建立健全南涧县国土资源管理共同责任制度，国土资源执法监察工作力度不断加大，有力促进了管理方式由“一家管大家用”向“大家管大家用”转变。（5）认真办理群众来信来访，及时化解国土资源矛盾纠纷。全年受理群众信访10件，其中宅基地纠纷3件、征地安置补偿1件、上级转办3件、答复在线咨询3件。通过深入调查了解，并与人大代表、政协委员面商面议后，回复办结落实人大代表建议2件，政协委员提案2件。

【测绘管理】 抓实测绘资质审查，加强测绘成果和地图市场规范管理工作。（1）根据省、州部署，对县测绘资质单位的测绘质量保证体系、测绘成果及档案资料管理进行了认真细致的审核，并按时上报州国土部门。（2）将测量标志保护工作纳入年终工作考核重要内容，签订测量标志保护巡查管理目标责任书，落实保护责任。（3）严格执行测绘成果有偿使用制度，做好因工程建设需要，索购相关图件的保密审查工作，杜绝泄密事件发生。（4）要求各有关职能部门抓实地图市场的日常监管和长期监管，严厉打击非法出版、出售伪劣地图资料行为。

多部门联动开展非法采石点专项整治（杨政林 摄）

【专项工作】 （1）积极开展旅游产业土地利用专项规划工作，为开展旅游专项规划打基础。按照上级的部署，完成全县旅游资源现状和旅游规划用地州级专项规划落实工作。统筹旅游产业土地利用，优化旅游产业用地结构与布局，科学划定旅游用地功能区，促进旅游产业集群发展和集约用地。全年划定现状旅游景点23个，划定2010～2015年拟建或扩建旅游项目12个。（2）全面启动农村集体土地确权登记发证工作，完成年度土地变更调查工作任务，积极开展土地登记规范化建设。（3）开展全县农用地定级与估价工作，提高农用地管理水平和利用效率。根据国家、省、州要求，县农用地定级估价工作成果通过验收，并于5月公告实施。（4）扎实开展全县第二次全国土地调查工作，完成南涧县土地调查农村部分成果资料移交接收，完成大于1平方千米坝子范围界线核定。

【调整充实党风廉政建设领导组】 召开国土资源系统2011年党风廉政建设工作会议，调整充实以局党组书记为组长，党组领导班子成员为副组长，各国土资源所、机关各股室负责人为成员的党风廉政建设工作领导小组。制定下发《南涧县国土资源局2011年党风廉政建设工作实施意见》、《南涧县国土资源局2011年教育培训计划》。局党组书记、局长分别与班子成员和各国土所，局属各股、室、队、中心负责人签订《南涧县国土资源局2011年党风廉政建设和行风管理目标责任书》，形成组织健全、目标明确的工作机制。

【学习培训】 结合每周例会，强化干部职工政治理论和业务知识学习。全年组织党组中心理论学习4期18人（次）；组织干部职工学习47期1440人（次）；组织参加国土资源部局长培训班2期2人（次）；组织参加省、州、县业务培训11期46人（次）；组织参加州、县顶岗锻炼学习2期2人（次）；组织新录用公务员岗前教育培训8人（次）。通过有计划、有步骤的组织培训，不断提高全局干部职工理论和业务素质。

【党风廉政建设】 （1）深入开展反腐倡廉教育，着力提升以人为本、执政为民的服务理念，增强党员干部职工的政治意识、大局意识、责任意识、忧患意识。（2）通过召开民主生活会、述职述廉报告会和讲授廉政党课等形式，结合“三会一课”制度的贯彻落实，引导党员干部职工自觉讲党性、重品行、做表率。（3）进一步推进廉政文化建设，营造党员干部职工廉洁从政的文化氛围。通过组织学习各级纪委全会、国土资源系统党风廉政工作会议和各级领导讲话精神，组织参加廉政知识考试等，筑牢党员干部职工廉洁从政思想防线，达到警钟长鸣、防微杜渐的效果。

【严格落实领导干部廉洁自律各项规定】（1）深入学习贯彻《中国共产党党员领导干部廉洁从政若干准则》，全面落实《关于领导干部报告个人有关事项的规定》，认真执行纪律，严格加强管理。（2）深化党政机关厉行节约、制止奢侈浪费工作，严格控制研讨会、论坛、庆典活动。（3）严格执行公务用车管理制度，加强公务用车购置和运行费用管理。（4）认真执行党政机关公务接待管理制度，严格公务接待预算管理。明确公务接待的范围标准，严格接待费核销管理，严禁以会议和培训名义列支公务接待费用。（5）严格执行《南涧县关于移风易俗节俭办事的规定》，发扬移风易俗节俭办事的优良传统，对单位申办客事严把审批关，并安排人员到现场挂牌监督。全年国土局申办客事3场（次），均严格执行规定，无违反规定办客现象发生。

【强化廉政风险防范管理】开展廉政风险防范管理，深化“两整治一改革”活动，切实建立完善廉政风险防控机制。从土地、矿产资源审批领域入手，围绕思想道德、岗位职责、外部环境风险、业务流程等方面深入排查管理，努力把“廉政风险点”转化为“廉政安全点”。（1）查找岗位风险。按照全员参与的要求，组织党员干部对照以往履行职责、执行制度的情况，通过自己找、领导提、群众帮、组织审等多种方式，认真分析并查找出个人在思想道德、岗位职责和外部环境等方面存在或潜在的风险内容及其表现形式，排查出廉政风险点67个，其中一级风险点15个、二级风险点41个、三级风险点11个。（2）制定防控措施。围绕排查确定的各类风险点风险等级及表现形式，有针对性地制定各项防控措施并严格执行。针对岗位风险，由本人对照与业务工作相关的各项法规制度，制定防范控制风险的具体措施；针对单位、股室风险，由领导班子围绕决策、执行过程和监督、检查、考核等关键环节，研究制定具体防控措施和相关工作程序，在一定范围内予以公开；针对行业、系统风险，认真研究分析本行业、本系统存在的共性问题，结合风险特点，健全完善防控风险的相关规章制度，并明确防控风险任务要求和工作标准。（3）一级廉政风险点在单位分管领导直接管理的基础上，由单位主要领导负责；二级廉政风险点在股室领导直接管理的基础上，由单位分管领导负责；三级廉政风险点由股室领导直接管理和负责。

【深化落实四项制度】（1）进一步强化对土地审批、土地供应、国土资源违法案件查处的全程监督。完善并严格落实经营性用地和工业用地招标拍卖挂牌出让制度，严格限定协议出让范围，加强对国有土地使用权出让合同的监管。确定重点（中心）工作5项，建立重点（中心）工作目标倒逼管理；确定关键岗位和重点环节5个，梳理风险表现形式，完善监督防范措施。（2）规范行政审批流程，强化职能职责管理，提高服务办事效率。梳理规范审批事项11项，其中行政审批4项、非行政审批7项。明确办理流程、办结时限。（3）坚持民主集中制原则，落实民主决策机制和议事规则，强化重要权力监督。2011年，邀请交通建设纪工委参加国土局重大事项决策、重要人事任免、重大项目安排和大额资金使用等事项8次。（4）健全完善制度机制，深化机关作风建设。本着靠制度管人、依制度办事的原则，以制度约束为手段，规范干部职工日常行为；以规范程序为抓手，对外树立国土部门良好形象，提高服务质量。

【部门党建工作】围绕中心，服务大局，开展“四亮四评”主题实践活动，深入推进“创先争优”工作。（1）通过亮流程、亮身份、亮职责、亮承诺，改进工作作风，自觉接受社会监督。（2）通过自己评、群众评、领导评、组织评，提升服务水平。（3）表彰通过评比产生的“示范窗口”1个、“党员先锋岗”2个。通过开展“四亮四评”主题实践活动，进一步拓展服务理念，创新服务模式，增强全体干部职工做好工作的责任感和紧迫感，把开展“四亮四评”活动绩效与年度目标考核、日常管理考核等有机结合起来，使活动开展成为单位和个人绩效评定，评优树先、奖励惩处、选拔任用的重要依据，不断提高服务质量，健全完善服务激励监督机制，真正把窗口服务工作做成人民群众满意工程。

【扶贫挂钩】（1）密切联系群众，积极组织开展支农活动。按照县委、县人民政府的要求，派工作队员进驻挂钩联系点，支援挂钩村委会烤烟栽植、泡核桃种植及林权抵押贷款试点、指导挂钩村委会建立健全汛期地质灾害群测群防制度和组织挂钩村委会村民小组长、党代表及部分村民代表到维和药业参观考察三七栽种等工作，补助工作经费1.3万元。（2）积极开展结对帮扶活动，落实党员承诺制。开展春节前夕送温暖、爱心助残助学、敬老慰问等活动，走访慰问群众40户（人），发放慰问金4000元。

（李永平）

住房和城乡建设

【概　述】　2011年，南涧县住房和城乡建设局在县委、县人民政府的正确领导下，在省、州主管部门的指导帮助下，以科学发展观为指导，以重点工作和重点项目顺利推进为工作目标，多措并举，扎实推进，着重抓好市政基础设施、保障性住房、城市园林建设工程安全质量监管和建筑有形市场管理等各项工作，实现了年初制定的目标，有效地推动了全县住房和城乡建设事业的发展。

县城街道绿化（县住建局供稿）

【城乡规划】　认真贯彻落实《中华人民共和国城乡规划法》，以科学发展观、构建和谐社会为指导，坚持科学规划、法制规划、阳光规划、效能规划，充分发挥规划的综合调控作用，推进规划工作健康发展。抓好规划管理，严格规划审批程序，坚持规划审批制度，实行县规划审查委员会和县住房和城乡建设局规划管理两级把关、两级审查管理机制，确保城乡规划的严肃性和权威性，确保项目建设的合理性，促进了城乡建设有序发展。（1）县城总规实施评估报告已报审，总规修改已形成初步成果，完成了县城近期建设规划编制。（2）完成了县城1:500数字地形图补测工作，补测14平方千米。（3）完成了7个乡镇总体规划编制，实现了各个乡镇都有总体规划作指导的目标，有效推进了村庄规划工作。（4）完成了公郎镇省级特色小镇规划编制。（5）启动西片区山地城镇开发修建详细规划和南涧镇历史文化古街区保护和发展规划的编制工作。

【城市基础设施建设】　南涧镇是南涧县的政治、经济、文化中心，县城规划区控制面积6.75平方千米，县城建成区面积1.87平方千米，人口3.29万人。全年城镇化率达28.11%，街道面积36.02万平方米，自来水主管网45千米，日供水能力达1.5万吨，排水管沟29千米，公厕16座，其中标准式公厕5座，路灯1700盏，城市绿化面积11.9万平方米。

【重点工程】　（1）南涧县城市生活垃圾处理工程。该项目由南涧县垃圾生态处理场负责实施，总投资4584.97万元，位于南涧县城西南方向7千米处，占地面积23.33公顷，建设内容为垃圾处理场主体工程及附属设施、设备、环保设施、配套收运系统，建设规模为日处理90吨，总库容58.05万立方米，垃圾处理采用卫生填埋工艺，近期服务人口3.9万人。工程于2009年4月29日开工建设，截至2011年12月完成投资约3000万元，库区土建和防渗工程已通过初验。（2）金龙路改扩建工程。金龙路改扩建工程总投资5000万元，长3.87千米。工程内容为道路工程、给排水工程、绿化工程、亮化工程。金龙路改扩建一期工程总投资1985万元，完成投资1945万元。排水沟已完成，路基回填完成95%，完成总投资98%。已做好二期工程的开工建设前期准备工作。（3）十六米街建设工程。工程于4月开工，完成土方回填、路面硬化、地下管网、路灯亮化，投资175万元。（4）南、北端湿地公园建设。南端湿地公园土方回填，总投资198万元，土方回填6.5万立方米，工程于4月开工建设；北端湿地公园土方回填（一期），投资467.3万元，土方回填11万方立方米，均全面竣工。（5）县城澜河宋词长廊建设。主体工程已完工，总投资1681.1万元，长3.77千米，含土方回填、硬化、绿化、亮化、供排水、宋词碑刻及其他景观等的建设。(6) 跳菜雕塑广场建设。已完成主广场和A、B角建设，总投资785万元，占地面积约6000平方米。(7) 南涧县东片区开发“龙凤丽都”项目。概算投资50000万元，项目于2010年10月6日实现首期开盘，全年投资28300万元，建成面积约7.3万平方米，项目配套设施部分已经完成9条横道路基回填工程和大部分横道管网工程。(8) 中兴路改扩建工程。工程于12月8日开工，建设内容包括路基、路面、绿化、亮化、农灌沟等，长350米，宽62米，总投资615万元，该工程已进入收尾建设阶段。

县城垃圾处理场（杨政林　摄）

【城市管理】　为营造一个整洁、文明、和谐的工作和生活环境，根据县人民政府的安排，由城市管理综合行政执法局牵头，在公安、工商、交通、广电、南涧镇的配合下，开展了对群众反映强烈的乱停放、乱搭建、乱摆摊等县城管理突出问题的综合整治。在加强对城市监管的同时，加大对市政公用设施（如排水和城市照明设施等）的管理和维修。开展养犬管理专项整治，通过专项整治，很大程度上规范了县城居民的养犬行为，增强了文明养犬的观念，改善了县城的市容卫生和人居环境。通过创新管理机制，城市管理工作逐步纳入规范化、经常化、法制化轨道。切实做好县城区交通标线规画工作，投资34万余元，清除了原有交通标线，并规画了新的交通标线。积极搞好农贸市场升级改造各项工作，对农贸市场内的183户私搭乱建的违章建筑进行了拆除，清理土石方450立方米。通过日常工作管理和专项治理，把原来金龙路、中兴路以路为市的蔬菜早市批发市场迁移到县城综合集贸市场内，安定路上的野生菌交易市场迁移到文昌路上，占道经营现象基本消除。

县城污水处理厂（县住建局供稿）

【工程质量监督管理】　南涧县建筑工程质量监督管理站全年办理工程质量监督手续53项，建筑面积15.76万平方米，其中：房建工程30项，建筑面积10.62万平方米，工程造价1085.01万元；市政工程8项，工程造价1563万元，受监督工程未发生重大质量事故。办理工程安全报监备案手续55项，建筑面积14.66万平方米，未发生安全生产事故。工程质量监督管理工作取得了较大进展，工程监督的覆盖面不断增加，报建工程监督面积覆盖率达99%以上，工程竣工验收合格率100%。通过实施有效的监督管理，工程质量水平稳中有升，未发生重大质量安全事故，工程质量通病发生率降低，工程质量处于受控状态。

【住房保障】　(1) 保障性住房建设项目开展情况。全年城镇保障性住房建筑面积1.5万平方米，300套，总投资2100万元，到位资金1553万元，其中中央投资756万元、省级配套150万元、州级补助75万元、县级配套572万元，完成投资1740万元，竣工面积6000平方米，完成投资率82.9%，竣工率40%。(2) 廉租房租赁补贴资金发放情况。2011年中央专项补助资金到位221万元，专项用于发放廉租住房租赁补贴，发放570户，发放金额116.2万元，剩余104.8万元用于购买廉租房4套。农村保障性安居工程危房改造项目实施1500户，投入项目资金1500万元，修缮加固实施1250户，投入项目资金250万元，均已完工。

（李作龙）

环境保护

【概　述】　2011年，南涧县环保局在县委、县人民政府的正确领导下，在上级环保部门的精心指导下，坚持以科学发展观为统领，深入贯彻全州环保工作会议精神，紧紧围绕《七彩云南保护行动2011年度工作目标考核责任书》的要求和年初确定的工作目标，以污染减排为重点，以专项整治为突破，监管与服务并举，依法行政与强化治理并重，积极推进生态文明及环境友好型社会建设，全力促进全县经济建设与环境保护和谐发展，努力解决危害群众利益的突出环境问题，各项工作进展顺利。12月7日，环保局被县委、县人民政府授予第十二批“县级文明单位”称号。

【环保工作宣传】　以纪念“世界环境日”40周年为契机，把6月定为全县的环保宣传月，集中开展环境宣传活动，大力宣传“十一五”环保成果和“十二五”环保规划，开展低碳经济与低碳生活宣传，大力开展环保法律法规宣传教育活动。6月，由环保局牵头，教育局、县委党校合作，29人组成3个宣讲小组，到6所县级中学、8所乡（镇）中学、8个乡（镇）机关进行环境保护知识宣讲，发放《环保知识宣传手册》6500本、《环保工作手册》800本，受教育人数达7050人（次）。“6·5”世界环境日，向300户机关干部发送短信各3条，宣传生态保护知识。在南涧县城、公郎街场宣传，悬挂宣传布标，展示生态保护宣传图版16块，播放《环境保护法》录音，发放环保布袋2000个、《环保知识宣传手册》1800本。

【环保公益广告制作】　与南涧电视台合作，制作了“从我做起，从小做起，从身边做起，从现在做起，保护地球母亲，净化绿色家园”的生态环保公益广告，并在电视台播放1个月。

【南涧环保简报创办】　为及时向县委、县人民政府和上级环保部门汇报环保工作，向社会各界通报环保动态，逐步让环保走进大众，让大众支持环保，创办并编印了南涧环保简报8期。

【建设项目环境影响评价】　坚持把关不设关、到位不越位，全力服务经济社会又好又快发展。以不让一个符合条件的投资项目在环保部门延误为原则，对符合国家产业政策、满足环保准入条件的项目，开辟环评审批“绿色通道”，实行“一站式”服务，把环保政策、各项办事手续和项目所需审批资料一次告知当事人，实行限时服务，以减少企业麻烦。全年办理环境影响评价报告表8家，环境影响评价登记表38家，回复环境影响评价及环境管理函件20余件，积极为企业出谋划策、排忧解难。

【环境咨询委员会成立】　12月，成立了以分管副县长为主任、以有关部门领导和专家组成的环境咨询委员会并开展工作。全年开展了评审工作4次，为企业缩短环评审批时间、节约企业成本、提高工作效率的目的。

【排污费征收】　大理州环境保护局下达南涧县排污费征收任务为30万元，通过依法开展排污申报、录入、登记等工作，圆满完成征收任务并超额完成16%。

【重金属污染监管】　全年出动车辆20辆（次），人员86人（次），对全县重金属污染物排放企业及其周边区域环境隐患进行了全面排查，切实加强危险废物环境监管，规范危废产生、转移、处置的全过程监管制度，加强环境污染应急管理，落实企业应急方案，有效防范环境风险。

【12369环保热线管理】　由专人负责12369环保热线的接听和处置工作，全年接受来人、来电、来访投诉15次42人，确保信访工作受理率达100%、回复率100%、结案率100%、群众满意率95%以上，确保环保事件无越级上访。

【环保项目申报】　主动与省环保厅、州环保局沟通联系，争取上级环保部门的项目资金扶持，从根本上推动全县环保工作的进程。全年争取到项目2个，资金90万元，环境监测、监察综合业务用房项目初步落实。

【环保项目实施】　全年组织实施了南涧县母子垦饮用水源地保护工程和碧溪乡凤凰山水库农村饮用水源地保护2个项目，收到了预期效果。

【党风廉政建设】　采取多种措施推动党风廉政建设工作，提高职工综合素质，促进各项工作的有序开展。（1）建立党风廉政建设责任制，实行局长负总责，分管副局长亲自抓，纪检委员具体抓，使各项任务落到实处。（2）建立健全12项管理制度和职工考核奖惩办法，实行制度管人、管物、管事。（3）加强学习教育，每周一下午组织职工学习，开展党风廉政专题教育。（4）组织收看历史电教片《伟大的道路》进行党史教育。（5）将廉政警句上墙，党旗、国旗进办公室，教育职工爱党、爱国，廉洁从政。

【职工素质提升】 进一步加强学习型机关建设，建立健全环保学习和培训制度，转变学习方式、丰富学习内容，将每周一下午定为学习日，组织全局干部职工学习相关环保法律法规和业务知识，派员到省、州环保部门学习锻炼，有效提升职工素质。

召开学习龙进品先进事迹座谈会(县环保局供稿)

【环保网站开通】 11月4日，开通了“南涧彝族自治县环保网站”，该网站是进行环境保护宣传的重要窗口，开设工作动态、南涧新闻、政务公开、环境管理、政策法规、森林南涧、党建园地、环保论谈、工作简报以及相关下载10个主栏目。网站的建成，为人们了解环保工作提供了有效途径，是全面推进七彩云南保护行动的重要举措，也是提高全民环保意识，营造“保护环境，从我做起”氛围的重要举措，是促进全民共同参与环保的有效手段。

【环保志愿队成立】 8月11日，来自县级48个单位的130多名环保志愿者，聚集在南涧河边，举行环保志愿活动启动仪式。副县长李宏才作了讲话，并为环保志愿队授旗及标志，志愿者代表唐利萍作了发言，并带领全体志愿者宣誓：“保护环境从我做起，从现在做起，从小事做起”。全县环保志愿队设县级机关队1个，由4个小分队、每队28名志愿者组成；设8个乡(镇)队，村、组相继设队。启动仪式结束后，县级机关队举行了第一次志愿活动在南涧河道两旁清除了约1千米的垃圾。

【党支部工作开展】 (1)制度保障，坚持党支部的“三会一课”制度。(2) 活动保障，开展经常性的学习活动，开展党员活动和知识竞赛，组织观看历史片《伟大的道路》，到祥云刘厂王德三故居参观学习以及学习杨善洲、龙进品、唱红歌、慰问老党员、重温入党誓词等活动，通过开展系列活动，使党员在活动中受教育、受锻炼，激发工作主动性、积极性、创造性，形成活动机制。(3) 经费保障，形成党支部所需经费由局行政保障的机制。(4) 监督保障，通过开展经常性的教育、日常的制度监督、风险点排查和预防，保障监督的有效性，形成监督机制。(5) 载体保障，通过党员公开承诺，工作职责公示，廉政警句、工作流程上墙，形成内容和形式有机结合机制，被县级机关党委授予“季度流动红旗党支部”称号。

【生态乡镇创建】 (1) 制定《生态乡镇建设规划》并通过人大审议，公布实施。(2) 有独立的环保机构。(3) 完成上级政府下达的节能减排任务。(4) 生态环境质量评价指标在全省名列前茅。(5) 全县80%以上乡（镇）达到环境优美乡（镇）考核并获得命名。按照创建生态乡（镇）的要求，县环保局积极申报，规划分3批申报完成：第一批申报乐秋乡、公郎镇、无量山镇3个乡（镇），2011年已完成申报工作；第二批申报3个乡（镇），第三批全部申报完成。

（常　清）

无量山国家级自然保护区

【概　述】 2011年，保护区管理局在县委、县人民政府和上级主管部门的正确领导下，结合“创先争优”活动的开展，以加强生态保护和自然保护区管理工作为己任，统筹兼顾，圆满地完成了年初计划的各项工作目标。

【队伍素质提升】 保护区管理局积极参加全国鸟类环志中心举办的鸟类环志培训，参加云南省自然资源管理环境教育、自然资源管理志愿者、生物多样性保护与可持续发展培训等13期28人（次）。通过自然保护区业务知识学习，进一步提高全体职工的思想认识，增强了全体职工的责任感、危机感和事业心。

【自然保护区宣传】 保护区管理局利用报纸、杂志、电视等多种媒体，多渠道宣传无量山国家级自然保护区，加大无量山自然保护区的宣传力度。在保护区主要道路沿线、村社路口、人员集中处粉刷保护自然资源、爱护野生动物等大型宣传标语 20 条，栽植永久性宣传牌 200 块、活动式宣传牌 500 块，悬挂布标 20 条，粘贴宣传标语 1000 多份，发放宣传单 5000 余份；设计制作了保护生态环境的宣传性纸杯 5 万个；充分利用报刊、广播电视、互联网等新闻媒体，广泛开展保护生物多样性的工作动态以及建设管理成效等宣传。全年印发简讯 6 期，分别送到各相关部门及乡（镇）人民政府，宣传无量山自然保护区生物多样性保护的动态。认真搞好宣传工作，在各种媒体上报道宣传 65 条，其中国家级媒体 8 条、省级媒体 21 条。

建立黑长臂猿监测样地（县自然保护局供稿）

【保护区信息公开】 保护区管理局积极做好无量山自然保护区信息公开工作，以及阳光政府四项制度的网上发布工作，加强对保护区管理局信息公开网站、保护区管理局阳光政府四项制度后台的维护，建立完善信息筛选和发布机制，并进行归类，及时在信息公开网站及阳光政府四项制度平台公布信息。年内，在保护区管理局信息公开网站发布信息 7 条，其中：政府事项信息 2 条，动态信息 1 条，财政信息 1 条，四项制度信息 3 条；阳光政府四项制度重要事项公示 1 条，重点工作通报 10 条。

【依法管理保护区资源】 保护区管理局严格按照《中华人民共和国自然保护条例》、《中华人民共和国野生动物保护法》、《云南省自然保护区管理条例》等法律法规，加强无量山国家级自然保护区林业行政执法，配合森林公安，对在保护区内的违法砍伐、放牧、采石等活动进行依法打击，依法管理保护区资源。在自然保护区辖区内认真进行林业行政执法，违法使用林地 1 起，违法买卖运输木材 3 起，盗伐林木 1 起，并移交县森林公安局。

【保护区森林防火】 1 ~6 月，由于气候风高物燥，作为重点林区的无量山国家级自然保护区森林防火形势严峻，保护区管理局认真执行“预防为主、积极消灭”的方针，确立“隐患胜于明火、防范胜于扑救、责任重于泰山”的指导思想，认真做好森林防火工作。（1）加强森林防火宣传教育，将宣传教育作为森林防火工作的第一道防线。充分利用各种宣传媒体，采用书写标语、粘贴通告、发放宣传册等方式加强对高火险区、周边村庄、入山人员的重点宣传，确保宣传实效，把森林防火宣传工作做到村组，做到户，做到人，不留盲区，死角，充分提高广大群众的防火意识。（2）分片包干、责任到人，逐级签订防火责任状。护林防火工作实行行政首长责任制，划片包干，责任到人。县林业局森林防火指挥部与保护区管理局局长签订防火责任状，保护区管理局局长与保护区管理站站长签订防火责任状，保护区管理站站长与聘请的护林员签订防火责任状，护林员与各辖区痴、聋、憨、哑、精神病人“五种人”的监护人签订护林防火责任书的形式。把辖区划片包干，责任到人，做到层层抓落实，使森林防火工作责任到人。（3）成立森林消防应急专业扑火队，建立健全森林防火队伍。保护区管理局成立以副局长为组长，资源保护股长为副组长，20 人组成的森林消防应急专业扑火队。配备相应的对讲机、扑火服等扑火装备，建立森林消防应急专业扑火队。（4）充分利用自然保护区瞭望台、望远镜、GPS 全球定位仪等现代科技手段，24 小时对全区严密观测、监视、巡护，出现火警迅速反应、处置。在高火险期，做到各种防火器材齐备完好，风力灭火机备足燃料，防火车辆明确，严阵以待，出现情况随即启用。（5）严格领导带班、工作人员 24 小时值班制度。防火期间，保护区管理局、下属各站所坚持 24 小时带班、值班制度，防火期保持通讯畅通，原则上不许请假，有事外出向带班领导汇报。（6）科学拟订森林火灾扑救预案。保护区管理局按照预案分工，各负其责，各就其位，杜绝麻痹大意思想，在高火险期内时刻保持高度警惕，确保一旦出现火警火情，森林火灾扑救预案能迅速有效启动，将火警扼杀在萌芽之中，将火灾控制在最小范围，将损失降低在最低程度，有效保护无量山宝贵的森林资源。（7）大理州森林武警进驻无量山自然保护区，确保资源的安全。按照州森林防火指挥部的统一部署，3月28日至5月2日，大理州森林支队派出一个班到南涧，配合无量山自然保护区管理局做好护林防火巡查和防火知识宣传，有力地保护了无量山自然保护区的资源安全。

【保护区巡护监测】 保护区管理局结合自然保护区的科研监测、森林防火工作，认真落实职工及护林员的巡护登记表，把巡护工作落到实处，防火期内严格护林员的考核工作，按月上报护林员巡护天数，入山人员登记表及巡护表。全局巡护时间为2020天。年内，积极做好凤凰山候鸟迁徙通道及保护区疫源疫病监测及上报工作；建立样地、样圆、样线并定期进行监测，建立固定监测样线8条、监测样地10块，对无量山自然保护区珍稀濒危野生动植物进行动态监测，监测研究工作逐年取得进展和突破，为无量山自然保护区逐步迈向科学化、现代化管理提供决策依据。

【自然保护区二期工程实施】 年内，无量山国家级自然保护区二期工程项目投资361万元，其中中央投入资金307万元、地方配套54万元。严格实行项目法人制、项目监理制、项目招投标制和政府采购制，完成无量山国家级自然保护区二期工程建设项目。

【实施森林抚育试点项目】 全年严格按照森林抚育相关技术规程，完成南涧县2010年漫害山国有林管理所森林抚育补贴试点项目666.67公顷，通过州级项目验收。

【兑现生态公益林补偿】 认真做好2009年生态效益补偿兑现工作。2009年第二批中央财政安排无量山自然保护区森林生态效益补偿面积3111.07公顷，补偿标准67.5元/公顷，补偿金额21万元。林权使用者按集体33.75元/公顷、个人52.5元/公顷补偿；林权管护费按集体33.75元/公顷、个人15元/公顷补偿，由保护区管理局统筹安排用于森林管护。因实际校核面积为3139.47公顷，兑现林权使用者面积增大28.4公顷，实际兑现林权使用者补偿10.62万元，管护费10.38万元。

【灵宝山游道工程建设】 为加快灵宝山旅游基础设施建设，通过委托县招标公司进行邀请招标，中标价为74.3万元，实施了灵宝山人行游道工程（一期），修人行游道637米，已峻工并投入使用。

【生态产品展示室建设】 当年为宣传南涧县生物多样性及生态保护成果，完成保护区生态产品展示室的装修装饰工程并交付使用。

【凤凰山鸟类环志工作实施】 年内，在县委、县人民政府及当地党委、政府的关心支持下，通过全体职工的共同努力，凤凰山鸟类环志工作圆满完成，环志候鸟101种2824只，发现新记录鸟仙八色鸫、水雉、长脚秧鸡3种。

省级报社记者到凤凰山采访鸟类环志工作（县自然保护局供稿）

【挂钩扶贫】 保护区管理局帮助挂钩公郎镇沙乐村委会解决工作资金2000元，为挂钩村委会购买办公电脑及打印机各1套。在助残日、“六一”儿童节到来之际，购买物资及学习用具到挂钩村委会慰问儿童，为儿童送去政府的温暖、节日的问候；抽调1名新农村指导员到沙乐村委会帮助工作。

【文明单位创建】 保护区管理局积极参加创建文明单位建设，以保护生态、构建和谐为绿化主题，认真搞好单位庭院绿化工作，绿化面积1265平方米，绿化率达62.3%。12月7日，保护区管理局被县委、县人民政府授予第十二批“县级文明单位”称号。

（邱建新）

贸　易

供销合作

【概　述】　2011年，供销社在县委、县人民政府的正确领导和州供销社的指导下，深入贯彻落实科学发展观，紧紧围绕县委、县政府的中心工作，全力以赴投入农业生产，积极推进供销社“二次创业”，狠抓“两个服务体系”建设，全面落实年初确定的各项任务，经全社干部职工的共同努力，各项工作取得了较好的成绩。

【各项经济指标完成情况】　全年购进总额完成4241万元，占年计划4000万元的106%；经营总额完成10800万元，占年计划的108%；商品销售总额完成6000万元，占年计划5000万元的120%；销售各种化肥5500吨，占年计划的110 %；实现利润75万元，比上年增长56.25 %，占年计划100万元的75% 。

县供销社为确定为供销综合服务社的个体工商户挂牌（县供销社供稿）

【“两社一会”发展】　为有效解决农民群众小生产与大市场的矛盾，增强农民参与市场竞争的能力，提高农业生产的组织和市场化程度，促进城乡经济社会全面协调发展，按照省社发展“两社一会”的要求，结合全县农业产业实际，引导农村合作经济组织发展，积极创建具有南涧特色的农民专业合作社、农村综合服务社、行业协会“两社一会”。全年发展“两社一会”18个，其中专业合作社14个、综合服务社3个、行业协会1个。累计发展“两社一会”165个，其中专业合作社49个，涉及泡核桃种植加工、乌骨鸡养殖、生猪养殖、山羊养殖、中药材种植等产业。

【“乡村流通工程”建设】　3月，与小湾经贸公司组建了南涧县供销社三合农资有限责任公司，有金龙路配送门市、大箐河占地8亩的仓库（仓储面积1000平方米，能储备化肥6000吨），配送车辆3辆。根据烟花爆竹的储备需求，在距离县城8千米的原团山粮点，投资150万元建设烟花爆竹仓库，该仓库占地面积7亩，仓储面积500平方米，该工程已经通过预评审。全年销售各类化肥8000吨，配送籽种1.2万千克，籽种除了县内还配送到景东、云县、昌宁等。该公司也是全县唯一一家合法的烟花爆竹配送公司，对全县烟花爆竹统购统销，送货到乡、村，保证销售产品质量。全年烟花爆竹销售额超过80万元。公司设200个经营网点，实现了一网多用，对保障全县农资供应，平抑农资价格，规范农资市场起到了积极的作用。

【项目资金争取】　按照州供销社及县委、县人民政府的要求，供销社把项目资金争取作为一项重要工作来抓，用好用足现有政策，强化项目的筛选和储备，抓好项目申报工作，积极争取省、州项目资金。全年上报省、州的项目有：省级项目1个，即冷链物流配送中心，总投金3200万元，由小湾经贸有限责任公司承建，该项目已通过评审。州级项目2个，即标准化专业合作社10个，每个补助金1万元，计10万元；标准化综合服务社8个，每个补助金1万元。

【农村实用人才培训】　全年供销社计划培训农村实用人才550人（次），其中农产品经纪人培训120人（次）。培训的内容：《农产品经纪人管理条例》、《经济合同法》、《食品安全法》、《商标法》、《农民专业合作社法》和市场营销等相关知识，通过培训来提高农民经纪人素质为全县农业产业发展打基础，完成州社下达的培训任务。

【改革发展现场推进会召开】　9月29日，县委、县人民政府召开南涧县供销改革发展现场推进会。会议通过现场参观农民专业合作社、村级综合服务社、县级农资配送中心建设和召开会议的形式，对全县的供销改革发展工作作了全面的总结，对发展农民专业合作社等所取得的成绩给予了充分的肯定，对下一步工作作了进一步要求，为供销社发展指明了方向。全县将以泡核桃种植加工、无量山乌骨鸡养殖、中药材种植、蔬菜种植、生猪养殖等特色农业为依托，发展农民专业合作社，全力完成农村现代流通经营服务体系建设的项目规划和申报工作。

县城农资批零市场（潘建祥　摄）

【“绿色走廊”建设】 经过几年的艰苦努力，植造乔木221棵、三角梅72棵。树、花长势喜人，绿化效果显著。具体措施由主要领导负责，由本单位1名职工具体负责管护，聘请专人负责管理，并签订管护协议，具体负责日常浇水、施肥、薅锄等管理工作。单位职工义务投劳140人（次），直接投入资金2.2万元，已通过上级部门验收。

【扶贫挂钩工作】 按照县委、县人民政府的统一部署，供销社挂钩南涧镇新山村委会。烤烟生产中，安排2名工作队员及时到位驻村，与村委会、烟站人员一起完成烤烟移栽任务，迎接全县烤烟移栽现场会在新山村委会李茂所召开，按质按量完成了烤烟收购任务。在春耕生产上，驻村工作队员和村委会干部深入田间地头，农户家里，掌握了解春耕生产情况，督促及时按节令栽种。利用新山村委会沿巍山河边有一部分田地水源较便利的条件，引导农户栽种蔬菜、草莓等经济作物，增加农民收入。

（周志全）

粮油购销

【概　述】 2011年，南涧县粮食局在县委、县人民政府和州粮食局的领导下，认真履行粮食行政职能，继续深化粮食流通体制改革，经过全县粮食系统全体干部职工的积极工作，按照年初提出的粮食工作思路，为满足军需民食，确保全县粮食安全和社会稳定。

【粮食行政首长负责制工作】 在粮食行政首长负责制建设中，切实加强对粮食工作的领导，大力发展粮食生产，确保粮食总量平衡，落实地方储备，保证市场供应，维护市场秩序，全县社会稳定、民族团结、人民安居乐业，经济保持良好发展势头，社会各项事业健康发展，粮食行政首长负责制工作取得了较好成绩，通过州考核组考核。

仓内电子测温监控（县粮食局供稿）

【县级储备入库成本认定和验收】 根据《南涧县人民政府关于新增县级粮食储备的批复》和《南涧县人民政府县级储备粮管理办法》的有关规定，县粮食、财政、发展和改革局和农业发展银行祥云县支行于3月30日对南涧县国有粮食购销公司负责收购承储的数量、质量、入库成本进行了综合验收。新增县级储备，均属2010年生产，品种为玉米，质量符合国家质量标准中等及以上，验收合格。新增县级储备粮入库成本经粮食、财政、县发展和改革局和农业发展银行祥云县支行共同认定。中国农业发展银行祥云县支行按粮食收购认定成本给予贷款，县财政局按认定成本负责拨付贷款利息。

【县级储备粮轮换】 为切实保障因旱受灾群众口粮供应，根据《大理州关于动用州级储备粮保障抗旱救灾救济口粮供应实施办法（试行）的通知》，县人民政府向州人民政府上报了《南涧彝族自治县人民政府关于动用州级储备粮食的请示》，州人民政府批准同意南涧动用储备在当地的州级储备粮（粳稻）100万千克，用于县内抗旱救灾救济口粮供应。2011年3月30日，完成回购补库工作，并通过州政府成本认定和验收合格。按照《南涧彝族自治县县级储备粮管理办法》，县粮食、发改、财政局和祥云农发行下达了2011年度县级储备粮（玉米）轮换计划，并做好轮换期间的督促指导工作。

粮食熏蒸作业（县粮食局供稿）

【粮食收购资格审核】 为进一步加强粮食收购资格审核，规范粮食收购市场秩序，根据《大理州粮食局、大理州发展改革委和大理州工商局关于加强粮食收购资格审核规范粮食收购市场秩序有关文件的通知》精神，县人民政府高度重视，立即作出由粮食、发展改革局会同工商局，严格按要求认真组织开展检查工作，切实加强粮食收购市场监管，规范粮食收购市场秩序，维护粮食市场稳定。9月22日，分4个组对全县范围内的23户粮食经营企业进行全面检查，经检查，全县粮食收购企业收购条件无大的变化，取得粮食收购资格有2户，1户是南涧国有粮食购销公司，1户是非国有粮食收购企业的李今春户。通过这次检查，为全县进一步做好粮食收购资格审核，规范粮食收购市场秩序工作摸清底子，同时促进了全县粮食购销市场的有序发展。

【挂钩帮扶工作】 （1）选派了1名新农村建设指导员到凤凰村委会，指导协助大春粮烟生产和新农村建设工作，并给予村委会2000元资金扶持。（2）由局领导带队先后3次深入挂钩公郎镇落底河村委会，指导粮烟生产，解决工作经费5000元。结对扶持6户贫困户，补助经费1200元。

【机关作风效能建设】 坚持以科学发展观为统领，以群众满意为标准，以服务发展、服务基层、服务群众为宗旨，不断创新机制、完善制度、改进工作，大力加强机关作风和效能建设，与全体党员干部职工签订了《南涧彝族自治县粮食局职工在岗工作责任状》，机关内部政通人和，执行力得到了全面提升，形成了比奉献、争一流、做表率的良好氛围。

【军粮及时优质供应】 高度重视军粮供应质量工作，要求购销公司充分认识确保军粮供应质量的重要性，认真落实军粮供应质量标准，按照“服务优质、供应及时、坚持标准、确保质量、保障有力、操作规范”的要求，严格执行国家军粮供应的有关政策，指定一家县内信誉较好的粮油经销商提供粮源，部队现吃现提，并由购销公司派专人与部队司务长及采购员一起到现场严格把好质量关，坚持质量标准，坚持留样制度，让广大官兵吃上安全、达标、放心的粮油，为部队提供了强有力的后勤保障。

【社会粮食流通统计】 按照《粮食流通管理条例》、《统计法》和《粮食流通统计制度》的要求，做到保障粮食统计资料的客观性、准确性、科学性和及时性，发挥粮食统计在政府粮食宏观调控、粮食流通行政管理和行业指导中的重要作用，做好县域内社会粮食流通统计工作，确保统计质量，提高统计工作效率。

（罗彩琼）

烟 草

【概 述】 南涧县烟草专卖局（分公司）在县委、县人民政府、州局（公司）的领导下，以邓小平理论和“三个代表”重要思想为指导，深入学习党的十七届五中、六中全会精神，贯彻落实科学发展观，积极开展“创先争优、永攀高峰”专题教育活动，按照“三个全心全意”（全心全意为烟农服务，全心全意为卷烟零售户服务，全心全意为地方经济社会发展服务）的要求，紧紧围绕“两烟”生产经营，立足目标任务，进一步加强党建工作，搞好综合管理，较好地完成了全年的各项任务。2011年，被州人民政府命名为“守合同、重信用”企业；被县人民政府命名为“劳动关系和谐”企业；继续保持省级“文明单位”称号。

【任务完成情况】 全县收购烤烟936.3万千克，烟农总收入达20091.18万元，其中红大补贴2915.82万元。烟叶收购总值达17178.35万元，比上年增加 4962.27 万元，增长 40.62%。全年完成卷烟销售量箱 7500 箱，占计划 100%，卷烟销售金额 13528 万元，实现卷烟销售收入 1153 万元（不含税）。实现“两烟”税收 5936 万元，烟叶税 3779 万元，达到了烟农、政府、企业和工业用户的“四满意”，贯彻了“保总量、保质量、保优化结构、保烟农增收”的工作方针，较好地完成了州局（公司）和县委、县人民政府下达的各项任务。

2012 年 3 月 29 日，红塔集团到南涧召开核心原料基地建设座谈会（白家伟　摄）

【烤烟生产】　认真贯彻落实省、州、县烟叶工作会议精神，紧紧围绕优化烟叶结构、提高优质烟叶有效供给能力的目标，落实面积，育苗等式工作。制定切实可行有效的奖惩措施，做到责任目标明确工作到位。加强田间管理和不适用烟叶处理，强化烘烤技术指导和家庭预检工作，发展绿色烟、有机烟种植，推进基地单元建设提高特色优质烟基地建设水平。全县完成种植面积 5333.33 公顷，收购烟叶合同内 920 万千克，丰产烟叶 16.3 万千克，实现烟农收入 20091.18 万元，其中收购金额 16919.13 万元、红大补贴 2915.82 万元、丰产烟叶收购金额 259.23 万元。

【卷烟营销】　通过开展“七彩服务、情系你我”、婚庆促销等活动，卷烟销售与上年相比，有了很大进步，特别是单箱结构上增幅较大，全县销售卷烟 7500 箱（占全年计划的 100%），其中一类烟 754 箱、二类烟 47 箱、三类烟 3785 箱、四类烟 2251 箱、五类烟 663 箱、雪茄烟 0.08 箱。实现单箱销售金额 18038 元。

【专卖管理】　严格执行省、州烟草专卖局的要求，严厉打击辖区内的穿境公路、邮政分销非法烟草专卖品的违法行为，进一步深化打击涉烟违法犯罪工作。结合“3·15”系列活动，有效净化卷烟销售市场，为“两烟”经营提供良好的市场秩序，为广大消费者营造了一个安全的消费环境。开展“五一”市场清理专项行动，“两烟”打假打私和规范烟草市场专项行动，查处各类涉烟违法犯罪案件 27 件，其中无证经营 11 件、未在当地烟草批发企业进货 9 件、无证运输烟草专卖品案件 11 件，5 万元以上涉烟违法案件 5 件，涉案人员 6 人，刑拘 4 人，逮捕 2 人。查获涉案卷烟 8282.6 条，案值 45.58 万元。切实加强烟叶种植工作的监管，做到既把国家局“严格控制规模”政策要求落实到位，又确保计划总量完成，实现上等烟比例所需的烤烟大田种植基数。全县烟叶计划分解、籽种领用及收回、育苗监管、烟叶种植收购合同签订、市场清理整治等各项工作手续齐备，资料齐全，内管工作达到“检查制”和“备案制”要求，实现了“两烟”监管工作的常态化、制度化、规范化，为“两烟”生产经营起到了保驾护航的作用。

【基础设施建设】　投资 6500 万元，建成 250 座（22 群）密集式烤房并投入使用；完成育苗大棚 50 个并通过初验收；完成农机具补贴 677 台 144 万元；完成总投入 484 万元的“迁建乐秋烟站东升烟点投资项目”和“扩建宝华烟站兔街烟点投资项目”。

现代烟草农业集约化烘烤（熊发兴　摄）

（杨齐文）

财税 金融保险

财 政

【概 述】 2011年，财政工作在县委、县人民政府的坚强领导下，在县人大和县政协的监督指导下，以科学发展为主题，加快转变经济发展方式为主线，保障和改善民生为核心，规范管理为手段，齐心协力、齐抓共管，圆满完成了县十届人大四次会议确定的目标，为全县经济社会又好又快持续发展提供了资金保障。

与金融单位举行推行公务卡签字仪式（县财政局供稿）

【财政收支】 实现财政总收入32116万元，完成调整预算数32110万元的100.02%，比上年增长30.04%，其中：实现地方财政一般预算收入20928万元，完成调整预算数20754万元的100.84%，比上年增长28.09%；实现上划中央、省五税收入11188万元，完成调整预算数11356万元的98.52%，比上年增长33.86%；实现地方财政一般预算支出87556万元，完成调整预算数87556万元的100%，比上年增长26.43%。

【税收管理】 通过强化税费征管，适时召开财税库联席会，分析预测收入变化情况，加强协调沟通，完善各项征管措施，加大对重点行业、重点税源及重点非税收入项目的监管力度，充分发挥国有资产监督管理职能，加强对全县行政事业单位经营性国有资产管理，避免财政收入呈现大起大落态势，确保财政收入保持均衡、稳步增长。

【支出管理】 按照科学发展观和构建公共财政要求，结合《南涧县国民经济社会发展第十二个五年规划》(纲要)，编制《南涧彝族自治县“十二五”财政发展规划》，根据《规划》发展思路，不断调整优化财政支出结构，通过综合运用税收、预算、财政贴息、转移支付手段，充分发挥财政政策在扩大投资、增加消费等方面的重要作用，不断增强财政保障能力。严格控制公务用车购置、会议、公务接待、出国（境）一般性行政支出。保障重点支出需要，优先安排人员经费、机构运转经费及必要的配套资金，加大财源建设、基础设施建设、“三农”、社会保障、文化教育、公共安全、公共卫生、生态环境投入，顺利推进大批重点工程建设开工，确保了全县事业单位绩效工资改革和医疗卫生体制改革工作，完成2010年度省级农业综合开发建设项目，启动实施了2011年度省级农业综合开发项目，促进了全县经济社会事业全面协调发展。

【财税改革】 （1）按照科学化、精细化管理的要求，深化部门预算改革，完善国库集中收付制度，重点做了财政专户集中管理工作，将分散在各专业股室的32个财政专户清理归并为28个到国库集中管理，确保财政资金安全。(2）加强对政府采购各环节工作的指导和监督检查，规范政府采购行为，提高政府采购质量。为方便和服务各采购部门，采购窗口进驻到政务服务中心。全年完成415项采购项目，其中集中采购16期。采购预算资金1660万元，实际采购资金1525万元，节约资金135万元，节约率为8.1%。(3）积极推进国有资产监管改革。抽调业务骨干将国土、水务、财政局等18家单位58间商铺进行经营性国有资产经营权移交，对检察院、种子站、社保局、农机站、财政局5家单位的20个国有商铺分两批进行公开招租，租金从23.45万元增加到37.30万元，增加13.85万元，增长59.06%。规范行政事业单位资产处置工作，全年委托拍卖公司拍卖公务用车6辆，罚没车辆3辆，委托报废公司报废公务用车3辆，罚没车辆7辆，罚没摩托车108辆，处置罚没废旧金属3400千克。(4）配合县委、县政府抓好涉及财政系统8个乡镇财政所的乡镇机构改革。按照中共南涧县委、南涧县人民政府《关于印发南涧县深化乡镇机构改革实施方案的通知》抓好落实，参加了全县下划站所的资产移交工作，按时将财政所人员和资产整体下划到乡镇，确保全县乡（镇）机构改革工作稳步推进。

【监督管理】 坚持以服务财政工作为主线，以建立健全财政监督运行机制为保障，提高财政资金规范性、安全性和有效性，实现财政监督与财政管理的紧密融合，做到依法监督、科学监督和规范监督。努力做好财政监督和绩效管理工作，加大财政监督检查力度，对新农村建设项目、社会保障、重大项目建设资金等开展全面监督检查，进一步提高财政资金的使用效益。严格财政执法监督纪律，加大财政违规违纪查处力度。开展了行政事业单位、国有企业和社会团体 170 户的“小金库”清查工作，重点抽查 51 户，抽查面达 30%。健全财政资金运行内控制度，重新修订完善了《南涧县机关事业单位差旅费管理办法》和《南涧县机关事业单位病人陪护费补助规定》。着力构建事前审核、事中监控、事后监督的财政监督检查体系，提高财政管理的科学性和财政资金使用的有效性。抽调专业会计人员组成检查组，开展了全县行政事业单位会计制度专项检查，重点抽查了 40 个单位的会计制度执行情况。进一步完善财政支出绩效考评制度，逐步形成科学合理的绩效考评指标体系，推行评价结果的应用，努力提高财政资金的使用效益。开展了家电下乡和摩托车下乡补贴的绩效评价以及 20 多个项目的项目前期工作经费绩效评价。

举行第一批国有商铺公开招租会（县财政局供稿）

【队伍建设】 （1）认真开展“创先争优”活动，授旗评星全面展开，全面加强干部队伍建设。财政局党总支被县级机关党委授予“第一、二季度季度流动红旗党总支”称号。“创先争优”在财政、杨善洲精神在财政，真正树立了财政人正确的价值观、人生观和道德观。年内，县财政局被授予“州级基层党建示范点”称号。（2）加强全县财会队伍的继续教育培训，采取多种形式提高财会队伍整体素质。组织人员参与卫生系统开展全县基层医疗卫生会计制度培训。11 月 17 ~ 18 日，组织 8 个乡（镇）代管中心全体财务人员和 80 个村委会报账员的培训，参训人员达 112 人。通过培训，全县会计核算、财务管理和会计电算化水平得到进一步提高。

【党风廉政建设】 开展廉政风险防范管理工作，制定《南涧彝族自治县财政局开展廉政风险防范管理工作实施方案》、《南涧彝族自治县财政局廉政风险重点环节防范管理工作实施细则》（试行）、《南涧彝族自治县财政局廉政风险内部控制制度》和《南涧彝族自治县财政局廉政风险防范管理考核办法》，合理划分廉政风险等级，按照风险大小，由高到低，分为一级风险点 12 个、二级风险点 15 个、三级风险点 2 个。年初层层签订党风廉政和反腐倡廉建设工作责任状，将责任落实到股室，落实到人。并于 4 月份组织全系统干部职工到大理监狱开展警示教育，用身边的人和身边的事正反两方面警示全体干部职工，邀请县检察院开展职务犯罪知识讲座，做到警钟长鸣、廉政长思，养清廉之气，清清白白做人。

到大理州反腐倡廉警示教育中心接受警示教育（县财政局供稿）

（王兴章）

国家税务

【概　述】 2011 年，南涧县国税局围绕组织收入工作主题，做到平稳有序、均衡入库，使税收收入保持持续、稳定增长步伐，实现了组织收入的历史性突破，为地方经济建设做出了积极的贡献。县国税局承担着全县各乡镇 1700 多户国有、集体、股份制、私营、个体纳税户以及外商投资企业的税收征收管理工作，被大理州国家税务局评为一级局。

积极参与文明林建设活动（字绍礼 摄）

【征收管理】 征收管理的主要税种有增值、消费、企业所得、储蓄存款利息个人所得、车辆购置税。全年累计完成10220.57万元，其中：增值税8085.62万元、消费税2.27万元、企业所得税1912.9万元、储蓄存款利息个人所得税10.47万元、车辆购置税209.31万元。

【税源管理】 按照税源管理精细化、专业化的要求，着力抓好各项税源管理工作。（1）根据增值税一般纳税人2008～2010年销售收入、应纳税额、税负率指标情况，对企业2011年生产经营情况进行预测，合理确定2011年企业税负率指标及税收收入目标，将长期低税负、零税负企业列为2011年重点纳税评估企业。（2）根据全县税源管理现状及特点，着手对企业2011年增值税、企业所得税减免税备案情况进行督促检查，将财务核算情况是否健全作为工作核实的重点，要求财务不健全的企业在规定时限内健全财务核算。（3）根据省、州国税工作要求，及时向广大纳税人发放《南涧县国家税务局普通发票简并换版有关事项告知书》，要求发票用票户在限期内缴销验旧发票。（4）要求个体税收管理员结合个体税收管理工作目标，深入纳税人调查落实生产经营变化情况，本着为纳税人创造一个公平、公正的涉税环境，着力落实个体税收定额核定拟调整名单，预测全县个体税收收入。

【蔡杰慰问国税干部】 1月17日，云南省国税局党组成员、副局长蔡杰等一行3人，在大理州国税局党组书记、局长杨丽君及党组成员、副局长何忠强等陪同下，看望慰问县国税局干部职工。蔡杰副局长在听取汇报和详细询问南涧国税局在工作及生活中存在的具体困难和问题后强调指出国税部门的经费收支仍然处在双轨制运行之中，仅靠系统内的国库支付是很困难的，他要求各级领导干部一定要注重税企和谐，注重与当地党委、政府的和谐，要争取得到当地党委、政府的大力支持，不断提高广大干部职工的福利待遇。

【个体定额核定调整】 采取“五项要求”、“三个步骤”完成个体定额核定调整工作。五项要求：（1）针对个体定额核定调整工作的连续性和及时性，由征管部门牵头每月召开一次定额核定调整工作会议，形成定额核定调整机制。（2）针对注销户的复杂性，凡达到起征点以上的双定户注销，经定额核定调整小组核实后，报局领导批准，形成重点报批制度。（3）进一步加强以票控税工作，这不仅是加强税源管理的重要措施，也是信息管税的要求。（4）在现有的摩托车、糕点加工、手机行业管理办法的基础上，进一步探讨其他行业税源管理办法，形成本地区行业专业化管理办法，提高税源管理质效。（5）加强部门协调，规范报停户流程管理，提高征收效率。三个步骤：在事前，税收管理员全面深入管户摸底调查，与相邻行业比较，张榜公布拟定核定公告，充分听取纳税人意见建议，做到公开、公正、公平；在事中，个体定额核定调整领导小组认真听取税源管理部门意见，与上年核定情况作对比，听取纳税人反馈的意见建议，讨论通过核定最终意见；在事后，由监察部门跟踪督察，发现问题即时解决，防范执法风险。1月30日，定额核定调整双定户260户，月核定税额5.79万元，月核定最高定额4万元，最低5000元，达征率16.88%，比上年提高7.53个百分点。

【“创先争优”活动】 为认真落实大理州国家税务局人才兴税战略和人才倍增计划，着力提高干部队伍素质，以学习型组织示范单位为平台，有针对性开展“五四三”系列活动。提高干部素质、实施“五个一”：干部每天自觉抽出一个小时学习时事政治和税收政策；每周组织一堂课，或听专家讲，或由本局干部和业务能手轮流讲，用“今天我来讲”的方式，不断提高组织能力和工作水平；每月要结合税收岗位职责读一本与税收业务和会计财务方面的好书，也可以选读一本中外优秀文化经典，进一步提高干部修养和内涵；每季要围绕税收工作内容，至少要撰写一篇税收工作调研文章，指导税收实践；每年要求发表一篇文章，要得到上级采用或有关媒体的使用。促进工作上水平，推行“四个亮”：即亮流程、亮身份、亮职责、亮承诺。要优化税收工作流程，公开党员身份、领导身份，亮明工作职责，承诺事项和内容要具体，将“四亮”内容制作成公示牌，放置在显眼处，便于接受上级监督、群众监督、纳税人监督和社会各界监督，促进工作提高。并用工作上是否取得新突破作为推行“四个亮”效果的检验标准。保障落实有措施，开展“三个评”：即月讲评、季点评和年考评。月讲评要针对当前国税工作的重点、难点和焦点问题进行讲解，提高学以增智，学以致用的效果；季点评要以“创先争优”的“五好五带头”为标准，就学习工作等落实情况进行针对性点评，做到查问题、找原因、寻对策，发挥点评的指导性；年考评要做到自己评、组织评、领导评和群众评等四个相结合，四评的结果作为公务员年度考核和党员民主评议的重要依据。

【落实《发票管理办法》】　国务院新修订的《中华人民共和国发票管理办法》于2月1日起实施。2月25日，南涧国税已清理旧版普通发票用户746户，验旧缴销旧版普通发票84938份，累计查补税款51.22万元。有序推行通用机打发票（网络版）用户132户，通用手工发票用户415户，冠名发票用户2户，成功实现普通发票由原来使用的28种优化简并为10种，实现新旧版普通发票和新老《发票管理办法》的“无缝对接”，凸显出以票控税、以票管税、以票增税，达到了信息管税的要求。

2011年7月18日，县国税局干部职工到周保中将军故居举行瞻仰宣誓活动（字绍礼　摄）

【征收企业所得税核定】　按照强化企业所得税管理、体现所得税税收贡献率的思路，完成企业所得税核定征收工作。3月29日，核定所得税企业48户，其中定期定额征收3户，定期定率征收45户，核定面占企业所得税总户数的55%。

【开展税收宣传月活动】　4月，在全国第20个税收宣传月到来之际，南涧县国税局围绕“税收、发展、民生”的主题，以网络信息技术为载体，打造信息化纳税服务系列精品，有效丰富税法宣传的层次和拓宽了纳税服务的内涵。（1）以打造“QQ远程协助”服务品牌为亮点，创新服务手段。在税务分局设置专用访问互联网的电脑，安排专人进行维护。在电话中无法解决的问题，利用QQ远程服务功能，协助纳税人进行防伪税控件升级、新版普通发票开具、网络申报等方面及时为纳税人排忧解难。（2）以完善常规互联网纳税服务为立足点，提高服务效能。利用税法宣传月为契机，继续在政府门户网站、“政府信息直通车”、电子邮箱、QQ纳税服务群等网络服务平台及时更新税收政策，第一时间回复纳税人咨询。（3）以制作税收政策电子书为着力点，节约服务成本。由税政股与南涧分局协调配合，根据行业特点和税种种类，结合纳税人的实际需求，制作《涉农优惠税收政策》、《货劳税政策解读》、《农村信用社企业所得税适用政策汇编》、《一般纳税人认定管理办法》、《出口货物退（免）税政策解读》等电子书，免费提供企业人员自行学习，有效节约了征纳成本，受到纳税人的普遍欢迎。（4）以推进网络抄报税为落脚点，夯实服务基础。针对纳税人由于操作不熟练或是网络原因导致网络申报成功后可能出现的错误信息，在征期内及时协助其到办税服务厅进行申报数据错误的修改，协助新认定增值税一般纳税人企业办理网络申报的相关涉税业务。

【实施人才倍增计划】　为建立一支复合型和专业型相结合的税务干部，大理州国税局出台了“人才倍增计划”，县国税局结合自身实际，采取三项举措，认真实施人才倍增行动。（1）建立由历届业务能手为主，部分业务部门业务骨干为辅的10人师资队伍。建立由业务部门和其他部门年轻人员组成的36人的业务骨干队伍。根据州局考核指标要求，制定了年度人才倍增目标。（2）成立以局长为组长的人才倍增领导组，负责对人才倍增方案进行监督落实。下设办公室具体负责组织实施人才倍增方案。每周二早上由上述师资人员根据各自分工，分别就程序法、实体法、系统操作和计算机知识等部分进行授课。建立两个试题库。由税政、征管、收核、稽查和分局5部门分别结合部门业务，针对应知应会的基础知识、基本技能出题，建立业务骨干试题库。利用南涧国税网站政策法规专栏，及时更新政策法规相关内容。(3) 凡参加州局、县局考试成绩突出者，将按照奖励办法规定进行奖励。

【学习型党组织建设示范点授牌仪式】 5月5日，大理州国家税务局党组成员、纪检组长冉萍等一行4人，为县国家税务局举行“大理州国家税务局学习型党组织建设示范点授牌仪式”。

县国税局被州国税局设立为“学习型党组织建设示范点”（杨锟　摄）

【周保中将军故居参观】 为重温党的历史，坚定理想信念，继承革命传统，开创党建工作新局面，按照《南涧县建党90周年活动实施方案》，7月18日，南涧县国税局组织全体干部到大理市周保中将军故居，瞻仰革命先烈故居，接受红色教育洗礼，全体党员面对鲜艳的党旗，举行庄严的重温入党誓词宣誓。

【农民专业合作社企业所得税管理】 全年南涧国税注册登记的农民专业合作社达到30户，其中茶叶种植20户、核桃种植4户、苗木种植1户、药材种植1户、牲畜养殖4户。县国税局以“五个注重”强化农民专业合作社的税收管理。(1) 对涉农项目如农作物种植、农产品初加工、农机维修等属于减免税的项目，按国家税务总局减免税管理办法规定进行了审批或备案，享受减免税。(2) 对账务不健全的农民专业合作社企业所得税采取定期定率征收方式，在一定程度上规避征纳双方的税收风险，同时促进企业整改完善账务核算。(3) 对财务核算暂不健全的，实行定率征收方式，“以票控税”效果明显提高了企业所得税贡献率。(4) 严格按规定标准、规定时限办理相关手续，保证了企业所得税的及时足额入库。(5) 在开展所得税核定工作过程中，认真向纳税人详细讲解，耐心做好税收宣传和辅导工作，取得纳税人的支持与信任，建立好畅通有序的和谐税企关系。

【小湾水电厂申报税收突破6个亿】 华能澜沧江水电有限公司小湾水电厂2011年度累计申报上网电量156.40亿度，申报缴纳增值税61111万元。作为云南省澜沧江流域的主力电站，小湾水电厂2010年8月全部建成投产后，进一步扭转了云南电力系统长期以来存在而难以解决的“丰弃、枯紧”的被动局面，有力缓解南方电网电力供应紧张局势，充分显现了龙头水库的调蓄作用和梯级电站的联合运行效益，取得了显著的经济效益和社会效益。

【税收收入】 县国家税务局围绕“为国聚财、为民收税”的税收工作宗旨，按照云南省国家税务局提出的“服务基层强根基，服务基层建和谐，服务基层得民心，服务基层促发展”的“服务基层年”的总体思路，强根基、建和谐、促发展，突出税收征管和纳税服务两项核心业务，全年累计完成10220.57万元，税收收入实现收入进度与时间同步，总量收入、三税收入双双突破亿元大关，收入增长达36.63%。

（字绍礼）

地方税务

【概　述】 2011年，南涧县地方税务局在大理州地方税务局党组、行政领导班子和南涧县委、县人民政府的正确领导下，以邓小平理论和“三个代表”重要思想为指导，深入贯彻落实科学发展观和十七届五中、六中全会精神，紧紧围绕“内提素质，外树形象，打造阳光地税”的总目标，严格落实“依法治税、阳光办税、科技管税、人才兴税、着力培税、服务促税”的总要求，按照省、州地方税务和党风廉政建设工作会议确定的目标任务，以深入开展“创先争优”活动为契机，全面提高干部队伍的整体素质，不断改进和优化纳税服务措施，开拓创新、锐意进取、扎实工作，以组织收入为中心的各项地方税务工作圆满完成，实现了“十二五”规划开好局、起好步的目标。

【地方税收收入】 全年累计组织地方税收收入20028万元，完成州局下达年度计划任务数19900万元的100.64%，超收128万元，比上年的16126万元增加3902万元，增长24.20%，其中：工商税收收入12702万元，比上年的11932万元增加770万元，增长6.45%；农业税收入7326万元，比上年的4194万元增加3132万元，增长74.68%。全年累计组织县级税收收入18796万元，圆满完成县人民政府下达的计划任务数。完成县级一般预算收入15281万元，占全县地方一般预算收入20928万元的73.02%，超额完成了收入任务，各项税收收入实现平稳较快增长。征收文化事业建设费4万元，征收地方教育附加330万元。

【规费征收工作】 加强规费的征收管理，积极做好税费同步工作，做到税费同部署、同检查、同落实、同考核，各项规费的征收工作取得了较好的成绩。全年地税系统累计完成社会保险费总收入4158万元，比上年增加1915万元，增长85.38%，其中养老保险费收入1961万元、失业保险费收入202万元、医疗保险费收入1885万元、工伤保险费收入85万元、生育保险费收入25万元。社会保险费综合征缴率99.98%。全局代征工会经费380万元，比上年增加3万元，增长1%。

县地税局长李德孝与县长吉向阳签订2011年收入目标责任状（罗凤荣 摄）

【残疾人就业保障金代收工作】 经省人民政府批准，根据云南省财政厅、残疾人联合会、地方税务局《关于印发〈云南省残疾人就业保障金征收使用管理办法〉的通知》要求，12月1日起，由地税机关代收全省残疾人就业保障金。县地方税务局与县残疾人联合会通力协作，紧密配合，全年代收残疾人就业保障金74户50万元。

【落实新修订个人所得税法】 6月30日，第十一届全国人民代表大会常务委员会第二十一次会议通过了关于修改《中华人民共和国个人所得税法》的决定，修改后的个人所得税法规定：“工资、薪金所得，以每月收入额减除费用3500元后的余额，为应纳税所得额”，减除费用由之前的2000元提高到3500元，纳税申报时限由次月7日内修改为次月15日内，决定自2011年9月1日起施行。为确保这一惠民利民的政策得到严格的贯彻落实，县局动员全系统的力量深入企业、代扣代缴单位开展政策宣传辅导，制定工作预案，向纳税人发送手机短信，认真答复来电来人的咨询，及时升级税收征管系统，严格把握新老规定的衔接，新修订的个人所得税法得到了严格的贯彻落实。

【税源管理职能调整】 为进一步理顺地方税收管理工作，更好地适应新形势下地方税收管理工作的需要，不断强化地方税源的专业化、精细化管理，培养更多专业化的税收管理人才，南涧地税对全系统税源管理机构的职能进行调整。（1）原负责南涧镇（县城）辖区范围内地方税收管理工作职能的第二分局，调整为负责全县范围内所有企业和行政事业单位以及其他非企业性质有关单位的税收管理工作。（2）原负责除南涧镇（县城）以外其它所有乡镇地方税收管理工作职能的第三分局，调整为负责全县范围内所有个体工商户和自然人的地方税收管理工作。（3）优化配置各管理分局的税收管理员队伍，充分调动税收管理员的工作积极性。（4）从8月5日起，按调整后的管理职能开展工作。通过对管理分局职能的调整，全县地税的税源管理实现了企业和个体分设，此举为开创税源专业化管理的新局面，培养专业化管理人才奠定了坚实的基础，对全县地税税源的精细化管理产生了积极的促进作用。

【县政务服务中心地税分中心授牌成立】 6月，南涧县政务服务中心地税分中心授牌成立。县局以分中心成立为契机，积极将纳税服务工作融入全县的政务服务大局，严格执行首问责任制、一次告知制、限时办结制、责任追究制、投诉举报制等管理规范，不断改进和优化纳税服务措施，深入推进优秀办税服务厅建设。

【学习先进模范事迹活动】 组织全系统干部职工学习杨善洲、龙进品的先进事迹，在全系统营造崇尚先进、学习先进、争当先进的浓厚氛围，动员和号召干部职工以先进模范为榜样，爱岗敬业，勤政务实，依法行政，廉洁从税，全身心投入到为纳税人服务的工作中。

【庆祝建党90周年系列活动】 在建党90周年之际，开展讲党课、学党章、固宗旨等系列活动，全系统广大党员干部唱红歌，重温入党誓词，学习党史知识，栽植纪念林。推荐选手参加县里举办的“创先争优在彝乡”演讲比赛。活动的开展，进一步坚定了全系统党员干部的理想信念，更加激发出干事创业的激情。

【“创先争优”活动】 认真拟定活动实施方案，结合税收中心工作，严格按照“五好五带头”的要求，在征收大厅、管理一线开展“四亮四创四评”活动，在全体党员中开展评星定级活动，认真评选党员示范窗口、党员示范岗，充分发挥党员模范的带头先锋作用。成立党员服务队，深入征管一线和纳税人中，积极宣传税收政策，为纳税人提供咨询服务，向纳税人征求改进和完善服务措施的意见建议。努力夺取党员流动红旗，展示全县地税系统党员干部的良好形象。

【廉政风险防范】 县局党组研究制定了《中共南涧彝族自治县地方税务局党组廉政风险重点环节防范管理实施方案》在全县地税系统贯彻执行。全县地税系统把廉政风险防范管理工作作为加强党风廉政建设的切入点，强化廉政风险分析、监控和管理，制定廉政风险防控措施，实现关口前移、预防在先。通过有针对性地开展权力观和廉洁从税教育，引导干部职工牢固树立廉洁意识、风险意识和责任意识，增强拒腐防变的主动性和坚定性。通过完善和落实各项工作制度，加大对权力运行的制约和监督，建立健全决策权、执行权、监督权既相互制约又相互协调的权力结构和运行机制，确保权力在阳光下运行。通过认真开展廉政风险防范管理工作，探索预防腐败体系建设的新模式，建立能够提前发现、有效预防、及时化解的廉政风险长效工作机制。

【举办第三届“澜沧江地税杯”运动会】 完成了第三届“澜沧江地税杯”运动会的承办组织工作。4月，通过精心组织筹备，第三届“澜沧江地税杯”运动会在南涧县城如期举办。普洱市景东县、临沧市云县、大理州南涧县3家地税系统150名运动员参赛。比赛设男女篮球、男女排球、拔河、旱龙舟等项目。历时2天的比赛充分展示了每一支代表队的竞技水平和道德风采。

【文明单位创建】 县级文明单位届满，通过重新申报，经县文明委考评，12月7日，南涧县地方税务局被县委、县人民政府授予第十二批“县级文明单位”称号。经复审，县局继续保持第十一批“州级文明单位”称号。

投入上万元资金扶持挂钩村拥翠龙凤村委会发展烤烟生产（沙敏 摄）

【扶贫挂钩】 （1）派出2名驻村工作队员，积极协助龙凤村委会抓好烤烟生产工作。结合村委会的烤烟生产工作实际，制定了一个扶持办法。该办法规定，村民烤烟栽植面积在10亩以上，并完成合同规定的收购数量，每亩扶持资金30元，15亩以上扶持资金60元，全部经费由县地税局承担，主要用于帮助烟农解决烟苗款。该办法的出台，有力地激发了村民种烟的积极性。烤烟收购结束后，实际支出该项费用1.02万元。（2）投入资金1.2万元，解决村委会搬迁的后续问题。补助村委会党训及办公经费2000元，捐赠价值4000余元的电脑、办公桌椅等办公设备，补助新农村建设工作经费3000元。（3）支持经费8000元，帮助信白中村小组修通了800多米的进村公路。（4）向县扶贫办协调争取，将大麦地、岔河村民小组列为重点村及“一事一议”示范村建设项目，配套资金85万元。梨树园村民小组列为重点村建设项目，配套资金10万元。通过向有关部门协调争取，为新地基村民小组争取到老年活动中心修缮资金8000元。（5）慰问残疾人贫困户10户，发放慰问金1000元；向龙凤小学赠送价值1600余元的文体用品；慰问高龄贫困党员15人（次），发放慰问金1500元。

【向盈江县地震灾区捐款】 积极响应党中央、国务院、省委、省政府和省地税局对抗震救灾的指示精神，全系统干部职工纷纷踊跃向德宏州盈江县地震灾区捐款，74名干部职工捐款8150元。

（刘庚泽）

人民银行

【概　述】 2011年，人行南涧县支行在总行、分行、支行和县委、县人民政府的正确领导下，坚持以邓小平理论和“三个代表”重要思想为指导，深入贯彻落实科学发展观，学习贯彻党的十七大和十七届五中、六中全会精神，贯彻落实总行、分行和大理中支工作会议精神，围绕“强化责任意识，夯实工作基础，抓好制度落实，提高履职水平”的工作思路，执行稳健的货币政策，维护辖内金融稳定，加强内部管理和风险防范，提高金融服务水平，认真履行好基层央行职能。

【货币政策落实】 引导金融机构优化信贷投向，加强金融信贷服务，确保全县经济协调发展的信贷资金需求。全县金融机构各项存款余额221048万元，比上年增加40745万元，增长22.60%；各项贷款余额290064万元，比上年增加62732万元，增长27.60%。

【利率管理】 （1）完善利率监测报备分析和情况反馈工作，进一步提高了报备质量。（2）重点关注农村信用社和农业部门对放开农村信用社贷款利率上限、增加支农资金供应情况的反应。（3）按时报送《个人住房贷款浮动利率水平表》、《个人住房贷款固定利率水平表》、《金融机构同业存款利率水平表》、《人民币贷款固定利率区间分布表》和《人民币贷款固定利率期限、结构表》。

【货币信贷】 （1）利用相关宣传手段，充分发挥央行“窗口指导”作用，加大对社会主义新农村建设的支持力度。召开了财税库联席会议4次。通过会议的召开，使金融机构和政府部门的关系进一步融洽，得到了进一步的相互理解和支持，使金融机构的经营环境有了明显改善。（2）引导金融机构把握信贷投放节奏，实现信贷合理适度增长。认真执行“区别对待、有扶有控”的原则，着力促进信贷结构调整优化。（3）加强对农村信用联社差别准备金动态调整工作，通过差别准备金的动态调整调控农村信用社信贷合理增长，引导信用社按照宏观审慎的要求充实资本、管理风险资产、更好地安排贷款投放。（4）继续做好农村信用社改革试点资金支持的监测工作。加强改革实际效果的监测考核，督促信用社准确把握改革工作重点，强化资本约束，加强内部管理，完善法人治理，实现可持续发展，发挥资金支持政策的正向激励作用。（5）开展涉农信贷政策导向效果评估工作。为进一步改进和提升涉农金融服务水平，着力提高涉农信贷政策导向效果，支行要求各银行业金融机构要不断夯实数据基础，完善管理制度，积极配合人行南涧县支行开展涉农信贷政策导向效果评估工作。

【经济林木（果）权证抵押贷款试点】 9月20日，经济林木（果）权证暨抵押贷款首发仪式在宝华镇举行，在全国首家推出第一本“经济林木（果）权证”。全县试点乡镇经济林木（果）权证发放数已达到7870户，发放贷款证348本，授信3500万元，实际发放贷款298户，贷款金额3120万元。为全县4866.67公顷泡核桃、6933.33公顷茶园顺利实现资源向资本的转化，破解农村缺乏有效抵押物的瓶颈，解决农户贷款抵押担保难、信用社难贷款的问题，林木果真正成为了“绿色银行”。全年人行南涧县支行向信用社发放支农贷款11000万元，为南涧农村信用社提供了资金支持。

【贷款卡管理】 9月30日，完成辖内金融机构贷款卡审验员培训及考试工作，为加强贷款卡管理力度，南涧支行对金融机构贷款卡审验员考试情况进行通报。全县有20人参与大理州贷款卡审验员培训，参考率100%，获得贷款卡审验资格20人。全年新发卡7张，累计发卡149张

【农村青年示范户试点】 根据共青团大理州委中国人民银行大理州中心支行印发的《大理州农村青年信用示范户试点工作实施方案》和《大理州农村青年示范户试点工作会议纪要》要求，人行会同团县委就农村青年示范户试点工作进行联合发文，成立由团县委、人行、农行、邮储银行和信用社等机构组成的试点工作领导组，对农村青年示范户试

点工作进行协调、安排和布置，顺利完成了2000户农村青年示范户档案收集、整理、建立工作。

【征信宣传和查询】 为普及征信知识，提高百姓信用意识，南涧支行于8～9月进行了征信知识宣传。全年接受征信查询82人（次）。

【会计管理】 建立辖内支付清算风险预警机制和应急演练制度，确保支付结算工作稳定运行和全县经济金融稳定。严格审核账户开销户行为，全年开户267户，销户134户。

【金融秩序维护】 为进一步维护好辖区金融秩序的和谐稳定，扩大反洗钱、支付清算等金融知识普及面，10月31日至11月6日，南涧支行将金融知识宣传进行了统筹安排，以“讲实效、突重点”为原则，在县内集中开展了内容丰富、形式多样的反洗钱、支付清算等金融知识集中宣传活动，宣传活动得到了地方媒体和社会公众的高度关注，取得了良好的社会效应。

【惠农支付服务】 9月29日，县组织召开了南涧县惠农支付服务业务启动暨推广工作会议，为农行南涧县支行申报的16个“惠农支付服务点”商户进行了统一授牌。此次开通的16个“惠农支付服务点”涉及全县5个乡（镇）、16个行政村，有效填补了当地的金融服务缺失，逐步改善南涧县农村支付环境，切实为边远山区农民群众提供了安全、优质、高效的金融服务。

【国库管理】 （1）加强国库经办人员对《国库会计管理规定》、《国库会计核算业务操作规程》、《中国人民银行国库资金清算业务处理手续》和《国库资金风险管理办法》等规章制度的学习，用政策法规进行监督和管理国库业务。（2）加强对辖内商业银行国库经收业务的监督。9月20～22日，对南涧县农业银行2011年1～9月开展的国库经收业务和集中收付业务进行了现场检查，按照检查方案，重点检查县农行办理预算收入收纳、划转业务时会计科目和账户的使用，收纳凭证的审查，业务处理等执行情况。提出整改意见3条，并对南涧县农行延解预算收入情况在全县范围内进行了通报。

【反假人民币工作】 开展反假人民币工作，加大宣传力度，积极开展反假货币宣传活动和假人民币收缴工作，全年收缴假币428张，金额3.58万元。

【安全保卫工作】 进一步完善综治工作责任制，层层签订综治工作责任书和平安单位创建工作责任书，做到责任落实。加强了预防案件、事故工作，加强对要害岗位人员的管理教育，实现了安全无事故的效果。

【党风廉政建设】 （1）支行认真学习贯彻《关于实行党风廉政建设责任制的规定》。（2）开展贯彻落实《廉政准则》部分重点工作情况检查。通过自查，未发现党员领导干部廉洁自律方面有信访举报及案件情况。支行党员领导干部能认真遵守、执行《中国人民银行办公厅关于严禁在公务活动中赠送和接受预付卡的紧急通知》、《关于领导干部报告个人有关事项的规定》等文件政策规定，遵守“8个严禁”、“52个不准”，无违反情况。（3）制度执行力活动开展情况。首先是加强学习；其次是开展风险排查，结合内控管理大检查查出的问题，认真排查内控制度的有效性，查找管理和制度执行过程中存在的漏洞和风险，重点检查了国库管理、行政审批、安全保卫、保密等制度执行情况。

（王　祥）

中国银行业监督管理委员会南涧办事处

【概　述】 2011年，南涧银监办事处在大理银监分局和地方党委、政府的领导下，坚持以邓小平理论、“三个代表”重要思想和科学发展观为指导，认真贯彻学习中央经济工作会议精神，认真贯彻落实年初银监会、云南银监局和大理银监分局会议精神及各项工作部署，紧紧围绕云南银监局继续认真落实“强化有效监管”和“强化内部管理”的两项要求，继续狠抓“宏观调控”和“风险管控”两个重点，注重监管政策引领，着力推进审慎监管和风险监管，进一步加强职工队伍建设，强化内部管理，不断提高监管能力和监管有效性，推进风险防范措施的落实，确保辖内银行业稳健运行、为地方经济平稳较好较快发展发挥积极作用。

【队伍建设】 （1）认真贯彻学习中央经济工作会议精神，认真贯彻学习年初银监会、云南银监局和大理银监分局工作会议精神，明确全年国家财政政策和货币信贷政策，准确把握监管政策，明确全年监管工作的指导思想、总体要求和各项工作任务目标，提高认识和统一思想。（2）继续认真学习贯彻落实《固定资产贷款管理暂行办法》、《流动资金贷款管理暂行办法》、《个人贷款管理暂行办法》和《项目融资业务指引》三法一指引，进一步准确把握贷款新规的政策要求，并落实在监管工作中，同时继续组织办事处工作人员开展银监会“三大模块”系统的学习，进一步提高监管政策和监管业务水平。(3) 继续深入贯彻学习党的十七大，十七届五中、六中全会精神，不断提高干部职工的政治理论水平和思想素质。(4) 认真组织学习银监会《工作人员廉洁从政从业承诺制度（试行)》，贯彻落实《银监会工作员履职问责试行办法》和银监会“约法三章”、“8 不准”等规定，做到清正廉洁，行为规范。

【内部管理】 认真贯彻落实各项工作责任目标，工作中严格贯彻执行银监会、云南银监局和大理银监分局的各项规章制度，切实加强内部管理。严格执行政务值班、考勤管理和公文处理等规章制度，严格财务管理。严格执行现场检查纪律和非现场监管制度，严格执行银行业金融机构市场准入准出和高管人员履职任职管理等制度。严格执行保密工作制度，加强计算机使用维护管理；加强防火、防洪和防震教育学习，提高应急处理能力。

【监督管理】 (1) 严格高管人员履职、机构变更监管。继续加强对辖内银行业金融机构高管人员进行动态监管，认真贯彻落实《云南银行业金融机构董事和高级管理人员任职资格考试暂行办法》，年内督促南涧农村信用联社 3 名拟任高管人员和 4 名非职工理事到大理银监分局进行任职资格考试，受分局委托对 5 名拟任理事进行任前谈话，并对拟任高管人员和拟任理事会成员进行了任职资格初审报大理银监分局审查。严格按照《中国银监会中资商业银行行政许可实施办法》的相关规定，11 月，对南涧县农村信用合作联社乐秋农村信用社和小湾农村信用社进行了安装 ATM 机备案回复。(2) 加大非现场监管工作力度，提高监管质量。按要求认真做好数据信息工作，加强对辖内银行业金融机构的各类数据信息进行监测和动态分析，掌握其经营运行动态。(3) 加大对农村信用社非现场监管力度，按照 5 月份分局农村中小金融机构监管工作会议部署，切实加大对农村信用联社的监管力度，按要求完成对农村信用社非现场监管数据的上报及风险预警工作，实时监测辖内农村信用社的资本充足率、不良贷款及占比、存贷比等各项监管指标，使农村信用联社全年不良贷款比率保持在 3% 以内，资本充足率保持在 8% 以上，存贷比例保持到 75% 以内。按时完成对农信联社非现场监管数据的上报和监管评级相关资料的上报及做好风险预警工作。对农村信联社最大十户贷款、最大十户不良贷款和完成支农贷款情况进行监控分析。对南涧农村信用联社 2011 年变更注册资本事项进行认真审核后上报分局审批。分别于 4 月、6 月和 11 月 3 次对南涧农村信用联社进行审慎监管谈话。(4) 坚持风险管控，切实防范和化解金融风险。督促指导辖内银行业金融机构认真贯彻执行信贷政策，优化信贷结构，把握信贷投向，发挥好信贷支持地方经济发展的作用。全县银行业金融机构各项贷款余额 290064 万元，比上年增加 62732 万元，增长 27.59%。认真贯彻落实银监会关于房地产和融资平台有关信贷政策，控制融资平台贷款和房地产信贷风险。督促各银行业金融机构抓好不良贷款“双降”工作，加大对不良贷款的监测分析力度，全县银行业金融机构不良贷款余额 1564 万元，占比 0.53%，比上年下降 0.21 个百分点。督促各银行业金融机构继续认真贯彻执行“三个办法、一个指引”贷款新规。督促指导各银行业金融机构加强案件防控和维稳工作，遏制案件风险。(5) 加强对辖内邮储银行和邮政储蓄机构的监管。加大对南涧邮政银行和邮储机构的监管，落实各项监管措施和责任，监测分析邮储银行的贷款投向和进度，落实风险防控。(6) 推进服务优化，切实履行社会责任。在认真贯彻国家信贷政策中，注重督促指导辖内银行业金融机构着力推进金融服务，切实履行社会责任，认真贯彻信贷支农方针政策，增加对“三农”信贷投入。全县农业贷款余额 45607 万元，比年初增加 4663 万元，增长 11.39%。推进贷款新增结构，有效促进农村消费，全县银行业金融机构发放惠农卡 24219 张，比上年增加 6964 张，增长 28.75%，授信金额 44243 万元，比上年增加 29026 万元，增长 190.75%。推进林木（果）权抵押贷款，积极推动和改善林（果）农创业发展。9 月，通过县政府的组织领导和协调，与林业等部门沟通合作，启动林木（果）权抵贷款业务，全县银行业金融机构发放林木（果）权抵押贷款 299 户 4210 万元，林木（果）权抵押贷款的开展，将大力推进全县林（果）农创业积极性，对农村经济发展起好积极作用。

【案件防控与维稳】 按照大理银监分局工作会议部署，办事处认真贯彻加强案件防控和维稳工作，遏制案件风险的要求，督促辖内银行业金融机构切实做好案件防控、维稳和安全保卫工作。(1) 要求各行、社进一步加大制度执行力度，认真落实2011年对案件防控工作的考核办法由单纯考核“案发数量”和“涉案金额”的“单一型模式”向综合考核工作机制、队伍建设、工作力度和有效性的“复合型模式”转变，加强做好案件防控工作。(2) 根据ATM机发案情况的通报，督促指导辖内银行业金融机构加强ATM机、POS机等银行机具的管理，并继续做好台账制度和台账建立工作。(3) 配合公安部门加强元旦、春节等重大节日的安全保卫检查，落实安全责任措施。(4) 年内配合大理银监分局和公安部门对辖内银行业金融机构开展了安全设施风险评级、安全检查和枪支弹药等安全检查。通过案件防控、抓维稳和安全保卫工作的扎实开展，年内全县银行业金融机构没有发现和发生任何案件事故。

【党风廉政建设】 在贯彻落实党风廉政建设责任制工作中，主要抓了以下工作：(1) 认真贯彻学习中纪委六次全会精神，深刻领会2011年党风廉政建设和反腐败工作的总体要求和主要任务。(2) 与大理银监分局签订《党风廉政建设责任书》，与职工个人签订《党风廉政建设责任书》，层层抓落实，认真履行一岗双责的工作职责。(3) 学习和严格执行银监会“约法三章”和“8不准”等规定，认真贯彻银监会《工作人员履职问责试行办法》和《工作人员廉洁从政承诺制度（试行）》等制度，严格遵守现场检查和非现场监管纪律要求。(4) 学习《中国共产党党员领导干部廉洁从政若干准则》，撰写学习心得体会，并严格贯彻执行。(5) 签订了银监会工作人员廉政承诺书，开展了银监会工作人员个人贷款、经商办企业情况清理工作。(6) 开展履职回避制度化执行情况自查。(7) 开展行风评议活动。

【金融现场检查】 积极抽调人员参加分局开展的对大理州农发行、州建行和大理州富滇银行融资平台现场检查，对剑川农村信用联社“三法一指引”执行情况现场检查，对大理州部分县的银行业金融机构安全现场检查，圆满完成检查任务。

【调查研究工作】 开展了林权抵押小额贷款成效调研，对基层农村信用社内控管理情况进行调研，对银行业支持农田水利建设情况进行调研，对南涧县小额信贷公司运营情况进行调研，对银行业支持民族地区发展情况进行调研，对林木（果）权抵押贷款情况进行调研。

（陆　林）

建设银行

【概　述】 2011年，建行南涧支行在州分行党委的正确领导下，在地方党委、政府和各有关部门的大力支持帮助下，支行领导班子从本行实际出发，认真分析宏观形势，分析市场，切实加强内部管理，紧紧围绕年初确定的年度经营目标和任务，进一步转变思想观念和经营理念，使支行各项业务得到持续、稳定、协调发展。

【一般性存款完成情况】 全年一般性存款余额39521万元，比上年增加2390万元，增长14.25%，全县排名第三位，其中储蓄存款余额8954万元，比上年增加1190万元，增长15.33%，超额完成时点新增计划任务。

【各项贷款完成情况】 全年各项贷款余额11300万元，比上年的3277万元增加8023万元，增长245%，增速达历史最好水平。不良贷款按五级分类统计余额273万元，不良率2.56%，比上年下降5.32个百分点。

【经营利润完成情况】 建设银行紧紧围绕建立现代金融企业的改革目标，以股份制改造和加强风险管理与内部控制为工作重点，稳步推进改革，着力降低不良资产，强化科学管理，努力开拓市场，大力推进科技进步和金融创新。实现净利润394万元，比上年增加26.64万元，增长7.25%。

【电子银行完成情况】 全年网上银行客户新增1291户，完成计划199%，手机银行客户新增915户，完成计划203%，电话银行客户新增1058户，完成计划141%。对公高版网银新增37户，完成计划105%。

【中国共产党成立90周年纪念活动】 为纪念中国共产党成立90周年，组织全体党员参加建行大理州分行组织的建党90周年党史知识竞赛活动，进一步提高了全行广大党员思想政治素质，引导广大党员认真学习党的知识、党的历史，坚定理想信念，增全行范围内掀起推广“合规”学习教育活动，以业务条线汇集各主要风险点并实施专人负责，针对各风险环节和风险点进行严格控制。(5) 加强内控合规工作质量管理，充分发挥内控在基础管理中的职能作用。定期召开内部监督联席会议，共享监督资源，发挥整体优势。制订内控合规考核办法，对内控评价、合规制度执行、发现问题的整改等内容进行考核，并将考核结果与领导班子绩效工资挂钩。(6) 启动“三化三铁”创建工作，抓网点基础管理建设。按总分行创建“三化三铁”目标要求，制定了创建目标方案，并组织各机构按总行“三化三铁”评分细则，对照本行的情况，逐条进行清理、自查和评分。

【党风廉政建设】 (1) 制定党风廉政建设责任制量化管理考核办法，分层次签订了《党风廉政建设责任书》和《合规经营责任书》。(2) 开展党风廉政建设和纪检监察专业评比专项工作的检查验收工作。(3) 做好反腐败抓源头工作，请南涧县检察院法官对全行员工上了一堂法制教育课，使广大员工明确了目标，确定了方向，在工作中做到学法、董法、用法。(4) 继续贯彻落实《建立健全惩治和预防腐败体系 2008 ~ 2012 年工作规划》实施意见，积极推进惩治和预防腐败体系建设。(5) 支行行长“一把手”给员工上党课及廉政建设形势报告。12 月 7 日，农行南涧支行被县委、县人民政府授予第十二批“县级文明单位”称号。

【献爱心活动】 在建党 90 周年之际，农业银行南涧县支行党总支与扶贫挂钩的宝华镇光乐村党总支举行庆祝活动。全行员工奉献爱心捐款 5600 元，对该村的贫困党员、贫困儿童、残疾人进行了慰问。

（童建忠）

农村信用合作联社

【概　述】 2011 年，县联社在省联社、县委、县人民政府的正确领导下，在人行、银监等部门的有效监管下，以服务“三农”为宗旨，强化信贷管理、提高队伍素质、提升服务质量为手段，继续推进改革步伐，增强创新发展意识和风险防控意识，着力拓展中间业务，狠抓各项制度落实，严控财务开支，严格执行国家宏观调控政策，各项业务实现了可持续、跨越式发展，有力地支持了县域经济社会发展。被省联社授予“双突破先进单位”称号，被大理州人民政府授予“服务创优先进单位”、“不良贷款管理先进单位”称号。

理事长何义荣陪同县长吉向阳到乐秋“晒肚皮”苗族村考察扶持项目（县信用联社供稿）

【整体业务】 (1) 严格执行国家宏观调控政策，存、贷款保持大幅度增长。各项存款余额 85919 万元，比上年增加 26754 万元，增长 45.22%，完成省联社下达任务数的 195%。各项贷款余额 63491 万元，比上年增加 13517 万元，增长 27.05%，完成省联社下达任务数的 173%。(2) 突出支农重点，优化投向结构。县联社加强信贷投向指导，确定了“压缩非农贷款保支农、压缩一般保重点”的投向政策和地区间差异化投放的计划，动态调控贷款规模，提高贷款规模使用效率。全年涉农贷款 57904 万元，占 91.2%，比上年 45553 万元增加 12351 万元，增长 38.36%，完成净增量考核计划任务数 7500 万元的 165%，农业贷款增量占比 91%，完成增量占比考核计划任务的 95%。(3) 抗御风险能力稳步提升。资本充足率 12.1%，比银监监测指标高 0.69 个百分点、比省联社下达确保计划任务 10% 高 1.69 个百分点。不良贷款余额 1229 万元，不良率 1.94%，比省联社下达任务 2.19% 低 0.25 个百分点。按银监口径计算拨备覆盖率 158.87%，比监管指标 126.79% 高 32.08 个百分点。(4) 收入稳步增长，盈利水平同步提升。累计完成各项收入 5792 万元，比上年增加 1212 万元，比上年增长 26.46%；实现利润总额 1469 万元，比上年增加 128 万元，增长9.55%，净利润1002万元。

【业务创新】 为积极配合推进集体林权制度配套改革工作，拓宽林业融资渠道，切实增强金融支持林业发展的能力，促进林业产业快速健康发展，有效破解林农融资难、贷款难的问题，县联社积极探索金融支持林业发展的新思路，以信贷投放的针对性和适应性为重心，通过金融办、人行、银监、林业、南涧县政府、省联社大理办事处和县联社等多次深入基层调研和座谈，在全国范围内率先开办经济林木（果）权证抵押贷款，向省人民银行争取专项贷款规模5000万元。年内，办理经济林木（果）权抵押贷款授信348户3500万元，实际发放贷款298户3120万元。

举行捐资助学赠服仪式（县信用联社供稿）

【换届工作】 经省联社和大理州银监分局批准，县联社于7月20日召开了第二届社员代表大会第一次会议，县委、县政府、人大、政协、人行、银监相关部门领导出席会议，参加会议的社员代表57名，其中职工代表14名、非职工自然人代表42名、企业法人1名。大会审议表决通过了县联社第一届理事会、监事会、县联社领导班子的工作报告、信贷财务执行情况报告、利润分配方案和《南涧县农村信用合作联社章程修订案（草案）》、《南涧县农村信用合作联社第二届社员代表大会第一次会议选举办法（草案）》。以差额无记名投票选举的方式选举产生了第二届理、监事会，以等额无记名投票选举的方式选举产生了副理事长和监事长，大理银监分局于12月16日核准了理、监事及副理事长、监事长的任职资格。

【“服务创优”工程】 为提升农村信用社整体服务水平和核心竞争能力，在“十二五”开局之年，继续深入推进“服务创优工程”，县联社与云南德辰企业管理咨询有限公司达成管理咨询协议，力求通过培训、检查、辅导和考评，提升员工服务意识、培养员工企业归属感，强化员工个人素质，规范员工服务行为，形成良好服务习惯，从而促进整体实力提升。4月6日南涧县农村信用合作联社召开“服务创优工程”管理咨询项目启动会，通过“5S”、“团队职业化”、远程电视监控和现场指导等项目的培训和推进，县联社正向建设一流的服务团队、培育一流的服务文化、打造一流的服务品牌、展示一流的企业形象的目标迈进。

【统计工作】 将统计工作纳入联社领导班子的议事日程，调整充实统计人员，投入大量软硬件设备，信贷、财会、科技信息等部门协作配合，推动了统计业务不断发展。建立健全统计管理制度，加强对统计工作的领导并形成例会制，重视统计数据和统计分析报告的质量，将统计工作列入绩效考核项目。明确了网点、联社统计人员责任，避免了重复统计和交叉统计等问题发生。狠抓数据源，讲求一个“真”字；集中汇审报表数据，确保一个“准”字；部门审核报表，突出一个“实”字；数据报送，突出一个“急”字。

【党风廉政建设】 （1）制订《2011年党风廉政建设责任制实施办法》和《2011年党风廉政建设责任制考核办法》，将党风廉政、行业作风建设责任分解落实到各信用社、各部门和个人，层层签订《党风廉政建设责任书》，明确了党风廉政建设责任的量化考核标准和奖惩规定，同时将年终考核结果纳入经营目标考核，与全年考核工资挂钩，落实责任，从而增强了各级信用社和员工防范案件的责任心。（2）开展警示教育活动。组织所有员工开展参观看守所警示教育活动，用专题材料和影像资料，让职工懂得应加倍珍惜现在的自由生活，自觉抵制违法违规行为。（3）定期不定期组织召开党风廉政建设暨职工家属座谈会。在重大节日，县联社领导班子分头深入到基层营业网点实行“廉政提醒”的活动方式，大力开展廉政文化进家庭活动，并组织召开以“廉洁从业、珍爱工作、珍惜生命、关爱家庭”为主题的职工家属座谈会，要求员工家属做好员工工作期间，特别是8小时以外工作时间的思想教育工作。(4) 按期召开党委民主生活会。

【自身建设】 加强学习型党组织建设，全员参与支部活动，抓实学习宣传。开展纪念建党90周年"创先争优在行动"演讲比赛活动。开展服务创优工程，进行革命传统教育军训活动。结合岗位实际和职责任务开展公开承诺活动。结合维稳工作，适时开展防暴应急预案演练。

联社党支部开展党员户外学习活动（县信用联社供稿）

（邱映波）

中国人民财产保险

【概　述】 2011年，中国人民财产保险股份有限公司南涧支公司在县委、县人民政府和上级公司的领导下，以党的十七届六中全会精神为指导，深入开展学习实践科学发展观活动，认真贯彻执行中央经济工作会议、中国保监会、人保集团公司和省、州公司年度工作会议精神，紧扣"突出效益、强化服务，创新发展"三大主题，大力推进实施"效益、速度、服务"市场领先战略，以效益提升为重点，强化基础管控，提高服务水平。通过全体员工的努力工作，圆满完成了州分公司下达的各项经营指标，为公司可持续发展打下了坚实的基础。

【保险业务收入】 全年完成实收保费1543.91万元，比上年增长5.9%。毛保费收入1549.89万元，分险种毛保费收入分别为：(1) 企业财产险保费收入68.72万元，比上年减少44.4万元，系因小湾电站财产险保费减少。(2) 家庭财产保险保费收入23.74万元，比上年增加23.57万元，主要原因为对全县居民房屋进行了火灾统保。(3) 工程险保费收入7.53万元，比上年减少149.52万元，原因为小湾电站工程建设全面结束。(4) 农业险保费收入为346.25万元，比上年增加201.35万元，首次开展了中央财政补贴种植业保险业务。(5) 责任信用保险收入10.65万元，比上年增加3.78万元。(6) 机动车辆保险保费收入1000万元，比上年增加70.41万元。(7) 意外健康险93万元，比上年减少7万元。

【保险赔付】 全年保险赔付支出1359.44万元，比上年增加726.51万元，简单赔付率为90.38%，比上年上升47.01%。分险种赔付情况如下：(1) 企业财产保险赔款9000元，比上年减少42.33万元，简单赔付率0.13%。(2) 家财险赔款为1.5万元，比上年增加0.87万元，简单赔付率6.32%。(3) 工程险赔款为590.59万元，比上年增加584.01万元，简单赔付率7846.24%，主要原因为代联保公司处理小湾赔款566万元。(4) 农业险赔款260.37万元，比上年增加174.46万元，简单赔付率75.2%。(5) 责任信用险赔款5.42万元，比上年增加4.07万元，简单赔付率50.92%。(6) 机动车辆险赔款423.49万元，比上年增加3.26万元，简单赔付率42.35%。(7) 意外健康险赔款77.78万元，比上年增加2.88万元，简单赔付率为83.63%。

【利税情况】 全年完成税前利润279.77万元，超年度利润计划78.77万元。缴纳（含代扣代征）各项税收141.05万元，比上年增加5.32万元，增长3.92%，其中缴纳营业税金及附加63.97万元、代扣代征车船税77.08万元。

【财政补贴种植业保险开办】 根据省财政厅、农业厅和人保财险云南省分公司的统一安排，全县开展了财政补贴种植业保险，为8666.67公顷玉米、1000公顷水稻提供了种植保险，全年支付保险赔款149.5万元，为遭受自然灾害造成农作物损失的11472户农户提供了保险补偿。

【全县居民房屋火灾统保开办】 经县人民政府研究决定，由县民政局筹措资金16万元，为全县居民住房统一投保火灾保险，保险金额每户1万元，体现了政府坚持把保障民生、改善民生作为工作的出发点和落脚点，加快推进社会保障体系建设的决心和行动。

【扶贫挂钩】 积极参与挂钩公郎镇凤岭村委会的

中心工作，为残疾人和贫困群众捐款3次计1.07万元，为村委会购置了传真复印一体机并承担维护和使用经费，以解决办公自动化问题。

（段建新）

中国人寿保险

【概　述】　2011年，中国人寿保险南涧县支公司在省、大理分公司的正确领导和县委、县人民政府的重视和支持下，认真贯彻总公司、省分公司保险工作会议精神，以“巩固经营成果，放大市场影响，继续全方位夯实各项基础工作，为尽快实现云南国寿的既定目标而奋勇前行”为指导思想，全体职工精诚团结，奋发有为，实现了工作有效、快速的推进，取得了队伍建设、业务发展、基础管理的重大突破。

【保险业务】　全年实现股份总保费1919.80万元，其中：个险首年期交保费335.26万元，比上年增加48.26万元，增长16.82%；银保趸交保费714.31万元，比上年增加504.31万元，增长240.15%，银保首年期交保费63.02万元；短期意外险保费171.16万元，比上年增加43.16万元，增长33.72%；续期保费636.05万元，比上年增加107.05万元，增长20.24%。

【给付情况】　全年给付支出258.17万元，其中死亡赔付12.43万元、医疗给付50.94万元、满期给付145.68万元、生存金给付20.12万元，红利给付29万元。

【保险先进村建设】　根据《关于印发南涧县中国人寿保险先进乡镇先进村创建活动实施方案的通知》精神，推进保险先进村建设。全年启动8个村委会创建工作，年底达到验收标准。

【计生家庭保险开办】　向全县计生家庭推出了《国寿计划生育家庭意外伤害保险》。该险种缴费低、保障高，而且一张保单全家受益，深受农村家庭喜爱。全年新增参保农户1000多户。

【“诚信我为先”活动开展】　为提高销售人员服务质量，开展了“诚信我为先”活动，每月由公司领导和销售督查岗对销售人员进行两场诚信教育培训，培训主题紧紧围绕“正确签名——谨防代签名，远离误导”展开。通过培训，销售人员诚信经营意识加强，提升了服务质量。

【“反洗钱”宣传活动开展】　为庆祝《中华人民共和国反洗钱法》颁布实施5周年，进一步提高广大公众反洗钱法律意识，切实提高预防和打击洗钱犯罪的工作实效，全面提升反洗钱工作水平，于10月31日至11月30日，组织开展了“反洗钱”宣传活动。活动期间，除在营业场所悬挂“反洗钱”宣传标语、粘贴“反洗钱”宣传海报、发放“反洗钱”宣传折页外，还组织全体职工进行了“反洗钱”知识学习。

（王春富）

经济管理

发展和改革

【概　述】　2011年，南涧县发展和改革局在县委、县人民政府的正确领导下，在州发改委关心、重视和指导下，坚定不移地贯彻落实科学发展观，解放思想、开拓创新、强化服务，各项工作顺利推进，成效显著。

【国民经济运行情况】　全县实现地区生产总值214850万元，增长21.6%，完成计划的103.1%，其中：一产78738万元，增长9.7%，完成计划的104.3%；二产41094万元，增长28.8%，完成计划的102.5%；三产95018万元，增长14%，完成计划的102.5%。三次产业比重调整到36.6∶19.1∶44.3。实现财政总收入32116万元，增长30%，其中地方财政一般预算收入20928万元，增长28.1%；地方财政一般预算支出87556万元，增长26.4%。农业总产值137973万元，比上年增长17.6%。工业总产值155743万元，比上年增长49.6%；工业增加值24042万元，比上年增长35.1%。完成全社会固定资产投资87772万元，比上年增长30%，完成计划的100%。实现全社会消费品零售总额76173万元，比上年增长20%。农村居民人均纯收入3391元，比上年增长35.5%。城镇居民人均可支配收入17640元。全县金融机构各项存贷款余额为221048万元、290064万元，分别增长22.6%、27.6%。

【项目工作】　（1）调整充实《南涧县“十二五”固定资产投资项目集群规划》，储备项目499个，总投资221000万元，其中209个项目进入《云南省“十二五”固定资产投资项目集群规划》（全州1780个项目）。编报《南涧县布朗族发展规划》，并得到国家和省首批资金支持。启动《南涧县连片特困地区区域发展与扶贫攻坚规划》编制工作。（2）红星农村公路改造工程、公郎大独木至沙乐六保村农村公路改造工程可研省已批复。南涧河流域灌区改造水利血防项目可研省已批复，大尧水库、凤凰山水库、喂羊盐水库、草皮湾水库除险加固项目初步设计州已批复，2011年中央小农水项目初步设计已通过审查，母子垦水库扩建工程调整建设内容及规模省发改委、省水利厅已批复，乐秋河水库水文站开工建设。县城市生活垃圾处理工程调整建设内容及规模的可研、初设省已批复。县人民法院审判法庭、县司法局业务用房项目、县公安局业务技术用房项目可研省发改委已批复。启动南涧县天然气利用总体规划编制工作，协助云南省中铁二院和州铁建办做好祥临铁路建设前期工作，初步选定过境段铁路走向。（3）通过全县各级各部门的共同努力，2011年，从国家、省、州发改系统争取到项目37个，资金总额13516.98万元，增长22%，在全县项目资金争取考核中排列第一。（4）按月收集项目情况，定期上报项目信息，分析项目实施情况，适时向政府提出建议。组织召开全县项目工作推进会，重点梳理出34个重大项目，采取工期倒排、目标倒逼措施，围绕项目建设“快进、早动、细谋、力争”的要求，分项目落实了责任人及完成时限，全县项目建设工作取得了较好成效。（5）印制《南涧县发展和改革局服务指南》，选派2名业务骨干进驻县政务服务中心。认真疏理12项行政审批项目，其中行政许可项目7项、非行政许可项目5项，全部审批事项进入政务中心办理，全年办理行政审批事项51件，受理咨询32件。

全县项目现场推进会（县发改局供稿）

【物价管理工作】　（1）认真开展收费及价格管理工作。对全县65家行政事业性收费许可证进行年审，对收费标准和收费项目及时进行了调整。调整了无量山镇村镇供水价格，制定南涧县城公交车、出租车的收费价格。对全县范围内餐饮行业严格实行明码标价，规范了餐饮行业的价格秩序，促进公平消费，为经济发展营造良好环境。落实有利于节能减排的油、电、水价格政策，完善成品油调整和公路道路客运票价联动机制。按照国家发改委关于临时干预的有关措施和办法，加大了食盐、成品油等关系国计民生商品价格的监管力度，对各大超市的部分副食品实施了价格监测预警制度，对于确保市场供给及保障市场稳定起到了积极的作用，切实纠正价格和收费领域的不正之风，严厉打击哄抬食盐价格违法行为。(2) 严肃查处收费和价格领域的违法违规行为，开展涉农、教育、医疗卫生、金融等收费专项检查，全年查处价格违法案件13件，责令清退5.16万元，收缴财政5.64万元。(3) 认真开展价格鉴定工作。受理价格鉴定案件59件，鉴定金额138万元，为司法机关等部门办理案件提供了价格依据。

召开公交车、出租车票制定价听证会（县发改局供稿）

【“十二五”规划编制】 (1) 修改完善《南涧彝族自治县国民经济和社会发展第十二个五年规划纲要》，县第十届人大四次会议审议通过，印发并全面实施。为使规划的各项目标任务落到实处，确保实现纲要目标，将纲要的主要目标、重点任务、重要工作、重大项目分解到具体部门，提出了纲要分解方案，报经县人民政府审定后印发到各部门抓好落实。(2) 修改完善“十二五”各专项规划，为总体规划纲要与各专项规划相互衔接，使专项规划更加充分体现总体规划的内容，依据国家、省、州政策和全县“十二五”总体规划，修改完善14个重点专项规划，并报县人民政府批准实施，确保总体规划纲要顺利实施。

【党风廉政建设】 (1) 印发《南涧县发展和改革局关于印发贯彻落实廉政建设责任制实施意见的通知》、《南涧县发展和改革局2011年廉政建设和反腐败工作主要分解任务的通知》，并认真抓好落实。(2) 主要领导与副职、分管领导与股室长签订《党风廉政责任书》，形成层层抓落实的工作格局。(3) 严格执行《南涧县关于移风易俗节俭办事的规定》、《南涧机关事业单位差旅费管理办法》。(4) 对重点岗位、重点工作环节进行重点监管，推行重要工作目标倒逼管理，加强自身建设。

【其他工作】 (1) 深入开展“创先争优”活动。(2) 认真办理县十届人大四次会议和县政协七届四次会议交办的建议、意见和提案，办结人大代表建议4件、政协委员提案3件，被命名为“政协南涧县委员会七届提案承办先进单位”。(3) 扎实抓好扶贫挂钩工作。积极抓好母德利到石龙路村的村组公路建设项目申报工作，派出42人（次）驻村协助抓好大春粮烟生产和各专项工作，安排村“两委”工作经费4000元，开展助残日和“六一”儿童节慰问活动。(4) 组织和引导干部职工参与积极健康的娱乐活动，开展篮球友谊赛40多场（次）。参加了2011年南涧县职工篮球运动会。积极开展送温暖活动，因事因病慰问职工及其家属30人（次）。(5) 认真开展更新知识培训，参加省、州发改委组织专项培训18人（次），干部职工理论素养和业务水平不断提高。

（李珍香）

审　计

【概　述】 2011年，南涧县审计局在县委、县人民政府和上级审计机关的正确领导下，以邓小平理论和“三个代表”重要思想为指导，深入学习实践科学发展观和党的十七届五中、六中全会精神，局班子成员团结带领全局干部职工，认真贯彻落实“依法审计，突出重点，围绕中心，服务大局，求真务实”的审计工作方针和牢固树立“审为国家，计益人民”的审计价值观，紧紧围绕县委、县政府中心工作，关注社会热点、难点及人民群众关心的问题，强化审计监督，创新工作方法，提高审计质量，切实做到依法审计、科学审计、文明审计、阳光审计，充分发挥审计机关经济秩序的维护者、经济运行的监督者、经济决策的参谋者和廉政建设的促进者的作用，圆满完成了县委、县人民政府和上级审计机关交办的各项任务。

2011 年 6 月 21 日，州审计局局长杨作云、常务副县长沈文荣为县审计局新建办公楼落成揭牌（杨智刚摄）

【审计成果】 主要开展了财政预算执行审计、财务收支审计、领导干部任期经济责任审计、固定资产投资竣工决算审计、政府性投资前置审计、专项资金审计及审计调查，全年完成审计项目 137 项，比上年增加 53 项，增长 63.10%；完成州局下达任务 26 项的 526.92%，其中财政预算执行审计 7 项、财务收支审计 6 项、领导干部任期经济责任审计 4 项、专项资金审计及审计调查 9 项、固定资产投资竣工决算审计 33 项、政府性投资前置审计 78 项。通过审计，查处有问题资金 221.88 万元，其中违规资金 78.17 万元、管理不规范资金 143.71 万元。收缴财政 41.89 万元，归还原资金渠道 19.18 万元，自行纠正 160.81 万元。审减工程造价 574.99 万元，其中：竣工决算审计送审总造价 7691.10 万元，审计确认 7601.40 万元，审减工程造价 89.70 万元；前置审计送审总造价 18184.98 万元，审计确认 17699.69 万元，审减工程造价 485.29 万元。

【财政预算执行审计】 完成 2010 年县级地方预算执行和其他财政收支情况以及财政、地税、教育、工业和信息化、交通运输、统计、畜牧兽医局 2010 年的部门预算执行情况审计。及时向县人民政府提交了审计工作报告，受县人民政府委托向县第十届人大常委会第 24 次会议报告 2010 年度地方财政预算执行及其他财政收支的审计情况。通过对 7 个单位的部门预算编制、预算收入和预算支出的真实性、合法性和效益性的审计，7 个单位财务资料基本真实地反映了各项资金的收入、支出、结余情况。累计查出各种有问题资金 205.57 万元，其中违规资金 61.86 万元、管理不规范资金 143.71 万元。收缴财政 41.89 万元，归还原资金渠道 2.87 万元，自行纠正 160.81 万元。

【财务收支审计】 完成了南涧镇 2008 年碱塘地、大茂兴、大平掌易地扶贫搬迁项目财务收支审计、南涧县疾控中心 2010 年度全球基金结核病项目和 2010 年度全球基金艾滋病项目资金管理使用情况审计、南涧县 2010 年农村公路养护资金使用情况审计。通过审计，财务核算基本规范、执行政策、法规、制度基本到位，未发现违规违纪的问题。

【领导干部经济责任审计】 2011 年度经济责任审计，县人民政府交办 1 项，县委组织部委托 3 项。完成供水公司、林业局、人民医院、无量山镇人民政府主要领导任职期间的经济责任审计，通过对 4 名领导任期经济责任审计，各单位在内部控制、财政财务收支核算方面不同程度地存在着一些问题。通过开展经济责任审计，使纪检监督、组织监督和审计监督有机地结合起来，拓宽了干部监督管理考核的渠道，维护了财经秩序，保护了干部，从源头上防治腐败发挥了重要的作用。根据《中共大理州委办公室、大理州人民政府办公室关于印发〈大理州领导干部离任经济责任事项交接制度〉的通知》的要求和受县委组织部委托，完成了 23 名领导干部离任经济责任事项交接审核工作。

【专项资金审计】 完成了祥临公路南涧段征地拆迁补偿资金、政法机关 2009～2010 年度政法转移支付资金、2009～2010 年城乡低保资金、2009～2010 年度财政支农资金、2010 年度新型农村合作医疗基金的管理使用情况、南涧县 8 个乡镇卫生院截至 6 月末债务情况 6 项专项审计；完成了南涧县普通高中 1997 年、1998 年、2002 年、2007 年、2008 年、2009 年和 2010 年 7 个年度的债务情况审计调查；完成了南涧县 2011 年 3 月、9 月中小学校舍安全工程建设 2 项跟踪审计调查。

【固定资产投资竣工决算审计】 完成了 8 个乡镇实施的 2009 年及 2010 年村委会办公用房及村级活动场所建设工程、宝华镇 214 国道人行道改扩建工程、公郎镇土地复垦整理工程、县妇幼保健院改造工程、计划生育服务站业务综合楼建设工程、移民开发事业局孔雀山神庙岭岗移民安置区边坡防护工程、安定工业园区蚂蟥箐治理工程、第二中学学生入各工商所分局调研工作情况，监督检查工作落实，确保了各项工作任务顺利完成。

【全面完成“五项指标”、“六项重点工作”任务】 （1）五项指标完成情况：个体工商户比上年增加491户，增长13.55%，为州局下达任务数381户的128.87%；私营企业比上年增加22户，增长11.64%，为州局下达任务数21户的104.76%；农民专业合作社新增29户，增长70.73%，为州局下达任务数8户的362.5%；新增注册商标8件，指导申报云南省著名商标1件，指导申报地理证明商标1件；创建星级食品安全示范店2户、认定“2A级诚信市场”2家、“3A级诚信市场”1家；完成州局下达“贷免扶补”任务数6名，争取“贷免扶补”资金30万元，带动就业18人；进一步规范提升工商所规范化建设，投资10万元，对南涧分局的软硬件设施进行提升。（2）六项重点工作完成情况：认真贯彻落实《国家工商行政管理总局关于支持云南建设我国面向西南开放重要桥头堡的意见》。及时制定下发《南涧县工商局关于发挥工商职能积极促进南涧县内资企业发展的实施意见》、《南涧县工商局关于发挥工商职能积极促进南涧县个体私经济发展的实施意见》。年内，1户个体工商户转型升级登记为有限责任公司，855户个体工商户自行申请确定登记经营期限，办理股权出质登记4户。与3家企业签订了招商引资协议，引进投资6010万元；积极开展“创先争优”活动；以绩效管理为重点，继续深化4个四项制度的落实。年内，成立了南涧县政务中心南涧县工商局分中心；以抓好流通环节食品安全为重点，进一步加强市场监管执法。出动执法人员352人（次），检查经营主体1203户（次），检查各类市场32个（次），整治重点区域25处。办理个体工商户食品流通许可证297户；内资企业食品流通许可证13户。全县流通环节有食品经营户880户。出动执法人员921人（次），检查食品经营户2059户（次），其中农村市场1280户（次），查处销售假冒伪劣白酒案56件，案值3.61万元，罚没金额4.98万元，没收不合格酒类3074千克；查处销售过期食品案3件，案值400元，没收过期食品42.74千克，收缴罚没款8000元；查处无照经营食品案4起，罚没款1万元；以维护良好消费环境为重点，努力提升消费维权水平。认真组织“3·15”消费者权益日宣传咨询活动。1～11月，接受消费者咨询132人（次），申（投）诉举报25件，处理成功率达100%，为消费者挽回经济损失5.54万元；以提升运用水平为重点，加快推进信息化建设，全局有电脑56台。

【企业信用体系建设】 认定了2家“2A级诚信市场”、1家“3A级诚信市场”，并对已办理注册登记的3个商品交易市场实行信用分类监管并全部录入数据库。

【党风廉政建设】 （1）健全反腐倡廉工作机制，强化党风廉政建设责任制的落实。层层签订《党风廉政建设责任书》53份，实现党风廉政建设责任制全面覆盖。（2）深入开展党风廉政建设和反腐败工作。强化政治思想和廉政教育，进一步提高工商干部的廉洁勤政意识。利用局党组理论学习会、民主生活会、党支部会、机关周一例会和个人自学等方式，切实抓好《廉政准则》、《实施办法》等党纪法规的学习贯彻。强化惩治和预防腐败体系建设。不断完善制度，细化工作目标，使党风廉政建设和预防职务犯罪工作落实到具体的生活工作之中。做好风险防控管理，加强预防职务犯罪工作。从关键岗位和重点环节入手，分析查找各个机构存在的风险点，排查廉政风险和监管风险。对照行政行为监督的主要内容，作出行政行为监督承诺，开展自查自纠。填报行政机关行为监督承诺表14份，填报个人行政行为监督承诺表53份，自查自纠报告28份。签订《个人安全风险防范承诺书》58份，确保个人廉政安全、岗位安全和人身安全。强化监督检查和执纪执法检查，进一步推进政风行风建设。按月开展督察10次；按季开展综合督察3次，制发《督察通报》3期；开展任前廉政谈话9人（次）、诫勉谈话3人（次）。

【个私协会工作】 （1）积极为广大会员排忧解难。全年为100多名会员提供咨询，帮助5名外来会员的子女顺利入学，为会员提供各类证明材料50多份，来信来访20多次（件），调解各种纠纷15次（件），为广大会员挽回损失达5万多元。为110户下岗职工落实了再就业优惠政策。（2）积极开展关爱会员活动。对全县2300多户会员进行春节慰问，慰问款物合计5.5万元；对44名困难、生病、残疾及受灾会员进行慰问，金额达6600多元。对公郎镇个私协分会2名大病患者会员捐款达1.2万元。（3）圆满完成个私协会换届工作。11月3日，召开县个私协会第七次会员代表大会，选举产生了县个私协会第七届理事会，修订了《南涧县个私协会第七届理事会章程》。全县有8个个私协分会，有个体工商户4114户，从业人员7167人，注册资本金21785万元；私营企业211户，其中营业性机构79户，投资人397人，雇工人数2677人，注册资本金46981万元。

【公益事业】　（1）投资8000元，在祥临公路沿河植造50米长的“红盾林”，发出倡议组织县城五家超市植造30米长的“食品安全林”。（2）局党委慰问困难党员10名，支付慰问金2000元；慰问残疾人11名，支付慰问金2200元；慰问挂钩村小湾东镇岔江村委会1200元、烤烟生产工作经费2000元；“六一”儿童节慰问小湾东镇岔江村小学送价值1000多元的文具。（3）县个私协会出资4000元，用于无量卫国村委会修路等公益事业。（4）倡议全县个体工商户、私营企业开展捐资助教活动，其中红云核桃加工有限责任公司向南涧县松南小学等学校捐款达40多万元。在“六一”期间，公郎镇、小湾东镇个私协会分会党支部组织党员和入党积极分子向贫困山区小学捐款捐物合计1.5万元。

【“创先争优”活动】　（1）以“创先争优”活动为载体，积极抓好党建工作。全年规模以上非公企业中新建立党支部2个，组织培训入党积极分子32名，吸收中共预备党员25名。工商局党委下设工商局党总支和非公企业党总支各1个，党支部21个，党员232名，其中：非公企业党支部16个，党员192名。有3名党员出席了县第十次党代会，1名党员列席参加会议。在会上，局党委书记被选为第十届南涧县委委员，局纪委书记被选为县纪委委员。（2）深入开展“创先争优”活动，工作有成效。通过开展“公开承诺”活动、“四评四亮四满意”活动、“领导点评”活动、“授旗评星”活动、“学习型党组织建设”活动、“学习杨善洲先进事迹”活动、“唱红歌”活动、“国门好工商”创建活动，在全局掀起学先进、赶先进、争先进热潮。评出每月之星6名，季度之星2名。编发党委“创先争优”工作简报3期，上报州局创先办先进集体材料3份，先进个人材料3份，非公党总支先进材料1份，学习杨善洲先进事迹心得体会4份，信息6则，编发简报7期。南涧分局党支部还开展了“优秀片区管理员”评比活动。非公企业党总支开展了争创党员先锋示范岗和五星级党员示范经营户活动，并于12月19日召开非公企业党员先锋示范岗和五星级党员示范经营户命名表彰大会，有13名非公企业业主党员、从业人员党员被命名表彰为五好“党员先锋示范岗”，22名个体业主党员被命名表彰为“五星级党员示范经营户”。个私协会会员马继东被州委授予“优秀共产党员”称号，宝华工商所党支部被县委表彰为“五好”党支部，个私协会会员左红云被县委授予“优秀共产党员”称号。燃料公司党支部被命名为大理州基层党建示范点。

【广告监督管理】　（1）加强日常广告监督管理和户外广告登记工作。对275条广告进行了监测，登记户外广告40条（次），办理广告案件3件，罚没款1.3万元。（2）集中开展打击侵犯知识产权和制售假冒伪劣商品专项行动，出动执法人员58次，出动执法人员125人（次），检查经营主体843户，检查各类市场11个（次），整治重点区域28处。

【消费维权】　（1）消费争议快速解决“绿色通道”建设。全年按规范要求完成7个商场、超市，2户企业和1个综合集贸市场“绿色通道”示范点建设工作。（2）加强12315数据质量管理。1～10月，处理州工商局12315指挥中心分派的申诉举报案件18件，县局12315申诉举报中心受理和处理的4件，调解成功率达100%。（3）“一会两站”建设。全县有8个分会、94个投诉联络站，其中28个投诉站、66个联络站、城市社区1个、农村行政村79个已全部覆盖，县城综合集贸市场建立1个，内资企业建立2个，超市建立10个，学校建立1个。1～11月，接受消费者咨询132人（次），申（投）诉举报25件，处理成功率100%，为消费者挽回经济损失达5.54万元。（4）加强邮政、电信、移动、客运、快递、保健等有关服务领域消费维权工作。全年调处服务领域申诉举报案件4件，处理成功率100%。

（李晓坤）

食品药品监督管理

【概　述】　2011年，南涧县食品药品监督管理局坚持以邓小平理论和“三个代表”重要思想为指导，深入贯彻落实科学发展观，紧紧围绕保障公众饮食用药安全，促进南涧经济社会发展这一根本任务，多措并举，真抓实干，凝心聚力抓好工作落实，努力推进全县食品药品监管事业又好又快发展。

举办药品不良反应监测人员培训班（县食品药品监督管理局供稿）

【党风廉政建设】 (1) 进一步完善组织领导机构，重视廉政和惩防体系建设，筑牢全体干部拒腐防线。成立党风廉政建设领导工作小组，实现党风廉政建设责任制工作目标，实行领导干部"一岗双责"，把党风廉政建设工作融入食品药品安全监管工作之中，做到一级抓一级，层层抓落实。(2) 强化廉政宣传教育，提高廉洁从政意识。认真抓好中央、省、州、县各类相关会议精神的学习贯彻，组织学习药品、医疗器械、餐饮服务食品安全监管等方面的法律法规；观看受贿渎职案警示录和警示教育片；多形式开展廉政文化进单位活动。(3) 强化监督，加强纪律作风建设。完善了财务制度、车辆管理使用制度、公务接待制度等11项内部管理制度。规范执法行为、审批行为、处罚行为，提高依法行政、执法公正、许可公开的透明度。加强财务管理，严格按照法律赋予的收费资格收费，执行收支两条线管理和"一支笔"审批制度。(4) 加强反腐倡廉建设和制度执行情况督查。加强制度执行情况督查，把制度建设工作落到实处。明确重点岗位和重点环节，梳理职权清单，并在单位网站和政务公开栏公开。(5) 将勤政廉政工作贯穿于加强餐饮服务食品安全、药品、医疗器械监管工作的始终。及时处理信访案件，提高信访案件办理质量。全年接到涉药械、餐饮服务食品安全信访件6起，其中涉及药械违法的5起、柴改煤电气工作1起，均按法律法规进行了处理，并对举报人进行了回复，举报人在电话中表示满意。(6) 严格执行县委、县人民政府《节假日双休日公务车辆使用报告审批制度》和《机关事务管理规定》。(7) 强化行政绩效管理工作，明确工作目标，确定药品安全专项整治、"两网"建设和餐饮服务环节食品安全为重点工作。围绕政府重点督查的重要工作以及民生关注的食品药品热点、难点问题深入推进目标倒逼管理制度。强化对重点岗位、关键环节行政行为的监督和管理。

【"创先争优"活动】 (1) 突出抓好党的思想政治建设，营造学先进、赶先进、做贡献、当表率的良好风气，开展"讲党性、重品行、做表率"活动。(2) 深入开展先进基层党组织"五个好"创建工作，大力推进食品药品质量兴县、保障食品药品安全兴企战略，提高服务能力和水平，不断完善食药监督服务体系，形成食药监管的服务品牌。积极组织参加各类培训6期7人（次），组织全体干部职工集体学习12次。(3) 开展评星定级工作4次，全体干部职工均为7星级模范。(4) 开展"四亮、四创、四评"工作，通过亮流程、亮身份、亮职责、亮承诺，摆放展板、发放宣传册、粘贴宣传标语等多种形式，对服务事项、工作流程、办结时限进行公开，量化争创标准，制定争创办法，单位党员积极做表率，树标杆，积极争取在本职岗位上创一流业绩；每月组织开展自评互评会，查找存在问题，明确努力方向。

【市场监督管理】 (1) 专项整治制售假劣药械违法行为。将药品经营市场秩序整顿工作与深入开展整治非药品冒充药品、打击利用互联网等媒体发布虚假广告及通过寄递等销售渠道销售假药专项行动相结合，对全县辖区内药品经营使用企业是否存在制售假劣药械违法行为进行监督检查86户。全年检查药品3124种，医疗器械产品15种，立案12起，其中无证经营药械3起，使用劣药（过期）药品6起，经营使用过期医疗器械2起，非法渠道购进药品1起。(2) 对全县辖区内的52家药品经营零售企业实行约谈制度，进一步提高药品经营零售企业自觉学法守法理念，不断解决经营使用药品质量管理方面存在的问题。(3) 加强全县基本药物电子监管，制定长期工作目标，建立长效工作机制，将基本药物进行全品种电子监管列入年度工作的重要议事日程；完善基本药物购进、经营、使用信息管理系统；对3个过期失效的基本药物品种进行立案查处；加强和完善基本药物的不良反应监测；建立健全药品安全预警和应急处置机制，完善药品召回制度；严格要求零售药店务必按规定配备药师或其他依法经资格认定的药学技术人员为患者购药咨询和指导，对处方药的合法性和合理性进行审核，依据处方正确调配销售药品；加强合理用药舆论宣传与教育引导工作，提高全民对基本药物的认知度和依赖度，营造良好的社会氛围。全年登录电子监管网45次，预警定制8条，有预警信息98条，处理预警信息85条。（4）在辖区内药品批发企业、药械零售连锁企业、医疗机构内组织开展药械抽验。全县完成药品抽验品种17批，其中：基本药物7批，中药材和饮片4批，中成药2批，抗生素4批；完成医疗器械抽验品种2批。（5）加强对全县医疗机构的麻醉药品、精神药品日常监管，从账物是否相符、制度管理等方面进行日常检查，并对存在的问题及时进行纠正，对不符合要求的医疗机构，限期整改或暂停整顿其使用资格，情节严重的依法进行查处。

【药械安全责任体系评价试点】 （1）建立资源保障体系，狠抓落实药械监管人员及执法装备配置。更加明晰单位职能职责和药械安全监管执法人员数量以及细化股室分工，在县、乡、村设立药械安全信息员。（2）建立长效监管机制，落实各项监管机制。对全县辖区内药械经营企业、医疗机构执行相关法律法规及药械质量管理情况进行分级量化评定，把企业在药械安全中的主体责任落实到位。（3）建立联合执法、相关部门信息沟通反馈、综合评估等协调机制和制度，把药械监管工作和全县经济社会发展结合起来，以监管促发展，以发展的成果提高药械监管的能力和水平。（4）建立应急管理机制，制定药械安全应急预案，明确组织机构、运行机制、应急响应、后期处置、信息管理、保障措施。（5）建立宣传教育机制，严格审核药械安全宣传内容和形式，如实向公众发布药械安全监管信息，实现药械安全宣传进农村、进社区、进家庭，为药械安全监管提供正确的舆论导向，有力推进食品药械安全监管工作，促进药械安全评价工作健康发展。（6）建立组织保障体系，加强组织领导，成立药械安全责任体系评价试点工作的领导小组。（7）建立工作机制，深入调查研究，完善工作方案，做好统筹协调，充分认识建立健全药械安全责任体系的重要性和必要性。（8）建立科学合理的评价指标，统筹兼顾药械安全工作状况，认真总结分析评价和实际评价方法的优劣，形成落实科学监管理念的新机制。（9）开展信用体系评价工作。根据日常监管情况对所有涉药（械）单位进行信用等级评价183家。

【“三项监测”工作】 （1）进一步落实完善全县各医疗机构的监测组织，明确监测员，举办培训班1期208人。（2）对药品不良反应情况实行档案管理；加强对药品不良反应和医疗器械不良事件报告与监测工作的监督检查，积极收集药品不良反应信息。（3）加强“三项监测”工作的领导和组织协调，在全县逐步建立起县、乡、村三级监测网络体系，有效提高报告数量及报告质量，实现“三项监测”工作制度化、规范化。全年药品不良反应报告120例，医疗器械不良事件7例。（4）确定县人民医院等15个单位为“三项监测”工作试点，设立“三项监测”工作站，完善工作制度，签订责任状，将其工作纳入对业务股室的考核内容。分别建立了药械不良反应（事件）监测网络账户。

【宣传工作】 （1）开展饮食用药安全宣传教育。节假日期间，积极组织食品药品安全知识宣传；配合工商、科协，深入群众开展“3·15”消费维权和食品药品安全科普知识宣传；结合“安全生产月”配合各乡镇人民政府开展食品安全知识宣传和教育活动。全年发出宣传材料1万余份，电视播报10条，悬挂宣传横幅7条，制作宣传展板14版。（2）举办食药械从业人员法律法规培训班。以《中华人民共和国药品管理法》、《医疗器械监督管理条例》、《中华人民共和国食品安全法》等法律法规为主要内容，对全县58家药品零售企业、8家县级医疗机构、7家乡镇卫生院、80个村级卫生所、4家个体诊所的法人代表、企业负责人、质量负责人和驻店药师共192余人进行培训，对全县餐饮服务环节从业人员进行培训，并颁发从业人员合格证书。（3）做好门户网站的信息保障工作，适时发布部门信息，在促进政务公开、扩大食品药品监管对外宣传以及提高行政效能等方面发挥了积极作用。（4）开展食品药品安全科普宣传工作。制定5年计划，明确工作目标，成立领导组，确定每年8月20日为开展“全国安全用药月”宣传活动日，把开展“食品药品安全知识大讲堂”活动作为科普宣传工作长期有效的品牌和载体，在县电视台播放食品药品安全公益广告及公益宣传片，粘贴科普公益广告，在学校、医院、药品经营企业、乡镇政府所在地、集贸市场等地设置食品药品安全宣传栏，发放科普宣传材料。

【餐饮服务食品安全监管】 （1）开展“地沟油”和乳品专项治理，对全县的乳品和餐厨废弃物管理是否规范、是否符合城建和环保要求、是否存在餐厨废弃物回流餐桌的情况等进行检查。发现10起学校食堂使用“地沟油”加工饭菜，根据《中华人民共和国食品安全法》的规定，对所涉及的375千克、货值500元的“地沟油”进行了查封扣押。（2）由外到内的从地理位置、餐饮规模以及设施设备、从业人员健康素质等方面进行全面摸底。（3）开展了17起重大活动餐饮服务环节食品安全保障，由执法人员驻点，严格按照重大集体餐饮活动管理标准实行餐前、餐后全程监管。（4）为方便管理，严格审核把关，统一将《食品卫生许可证》换发成《餐饮服务许可证》，在摸清底数的基础上，边清理边整改，提高餐饮服务行业准入门槛，对在餐饮服务环节中出现的违法违规行为开展专项整治。（5）强化学校食堂食品安全管理。落实责任制，学校校长对学校食品安全负总责，分管学校食品安全管理工作的领导是具体责任人；加强对学校食堂从业人员的培训；制定《南涧县学校食堂食品安全管理工作实施方案》，切实对学校食堂食品安全进行规范管理；对全县学校食堂进行摸底调查，县人民政府安排经费开展专项整治；积极引进外地企业来南涧投资开办学校，引进新的管理模式和资金，规范管理，确保师生饮食安全；做好学校饮用水安全工作。（6）餐饮服务业柴改煤电气工作成效明显。全县餐饮服务行业以柴（薪）木炭为燃料的29户餐饮服务业已基本按要求完成柴改煤电气工作。（7）进一步加强全县家庭宴席食品安全监管工作。建立健全组织领导机构，完善“县、乡、村、组”四级监管网络；严格执行责任追究制，依法履行职责，采取措施，开展集中整治，严厉打击家庭宴席食品安全领域的各种违法犯罪行为；广泛宣传，实施家庭宴席食品安全全民教育工程；工商、质监、卫生、食药等部门根据自己的职能，加大食品安全有关法律法规宣传培训力度，切实增强从业者的责任意识、诚信意识、法律意识。

县、局领导带队开展“两节”食品安全专项整治（县食品药品监督管理局供稿）

【机构改革】 根据上级机构改革要求，1月，将省垂直管理的南涧县食品药品监督管理局调整为县人民政府工作部门。5月20日完成交接手续，正式履行餐饮服务环节食品安全和保健食品、化妆品的监督管理职责。为切实解决食品药品监督管理力量和体制调整后监管任务不相适应的矛盾，县编委于8月24日批准南涧彝族自治县食品药品稽查大队成立，9月30日正式挂牌。

【扶贫挂钩】 （1）与挂钩的拥翠乡温泉村委会签订协议，开展同抓共促共建活动。（2）派出单位工作人员1名，支持新农村建设工作，协助粮烟生产和其它各项工作，开展中药材种植情况调研。（3）在建党90周年之际，到挂钩村讲党课。（4）开展中药材小柴胡的种植试点工作。（5）开展第二十一次全国助残日和“六一”儿童节慰问活动。全年对挂钩村委会投入工作经费6600元。

（邹丽梅）

质量技术监督

【概　述】 2011年，南涧县质量技术监督局在州局党组及县委、县政府的正确领导下，认真贯彻省、州质量技术监督暨党风廉政工作会议精神，以科学发展观为指导，以服务地方经济建设为主线，以保护人民生命健康、财产安全为重点，维护消费者合法权益，认真履行各项职能，为南涧经济社会的发展进步做出了贡献。

【行政执法】　工作中坚持部门间的相互配合，多次牵头联合工商、卫生、药监等部门开展市场检查，形成强有力的行政执法队伍，震慑了违法行为的发生。全年办理涉及产品质量、计量、标准化、特种设备的行政执法案件14件，其中立案查处10件、当场处罚4件，所有案件全部结案，无行政诉讼和复议案件发生。

【"创先争优"活动】　在深入开展创建先进基层党组织、争做优秀共产党员"活动中，紧紧围绕县委、县政府中心工作，结合质监工作实际，做到"创有目标、争有方向"。通过开展"创先争优"活动，党员的综合素质不断提高，党员的先锋模范作用在全局各个岗位得到了发挥，在全局广大党员中形成了学先进、赶先进、作贡献、当表率的良好风气，促进质监事业的健康快速发展。

【党风廉政建设】　(1)强化廉政责任制，形成党风廉政建设工作整体合力。年初，局党组与干部职工签订了《2011年党风廉政建设目标责任书》和《党员目标管理责任书》，并制定党风廉政建设监督考核制度，按要求进行检查考核，把党风廉政建设的目标任务和具体要求落到了实处，做到了个个身上有担子，人人肩上有责任，提高了整体合力。(2)强化党风廉政教育，筑牢拒腐防变的思想道德防线。坚持以人为本，以权力教育为重点，加强理想信念教育，增强领导干部廉洁从政，勤政为民的自觉性。利用"创先争优"活动、学习杨善洲和龙进品先进事迹的机会，在干部职工中广泛开展了社会公德、职业道德、个人品德、党规政纪和法律法规教育，积极开展警示教育。通过开展领导班子民主生活会，查摆问题，提高了领导干部的廉洁自律意识、法纪观念和拒腐防变的能力，树立了无私奉献的高尚品质。(3)强化勤政意识，领导率先垂范，发扬表率作用，严格规范个人的行为，发扬艰苦奋斗、勤俭节约的优良传统和作风，坚决杜绝用公款大吃大喝和高消费的歪风，年内各项支出均比去年有所下降。在工作中认真落实民主集中制，对于重大问题的决策，局党组充分发扬民主，集体研究决定。(4)强化制度建设，切实堵住腐败源头。为了确保党风廉政建设工作落到实处，对省局下发的制度汇编进行了学习。同时按照县纪委的要求找出廉政风险的重点环节，编制权力目录，绘制权力流程，制定防范措施，从源头上杜绝了腐败行为的发生。

【质量管理】　(1)全面摸清了辖区内的工业企业状况，按要求及时建立规模以上企业质量档案，完成了电子档案数据更新工作，适时进行动态监管。(2)成立了领导组，积极开展"质量兴县"工作，多次深入企业指导研究，开展"质量兴县"宣传活动，进一步提升企业的质量意识、品牌意识。并于8月26日召开了全县"质量兴县"工作会议，积极创建"质量走廊"活动，在全县范围内形成"质量兴企"、"质量兴县"、"质量兴品"的良好氛围。(3)在"科技宣传周"、"安全月"和"全国质量月"等活动期间，深入到部分乡镇认真开展组织法律法规宣传活动，发放宣传资料600多份。(4)开展取证企业证后巡查工作。年内，对辖区内3户取得工业产品生产许可证的企业和19家食品取证企业进行了2次以上证后巡查、回访工作，新增2户2个眼镜验配店通过取证核查，全县取证眼镜验配店达3户4个。积极配合州局考核组开展生产许可证现场考核工作。(5)严格按照省、州质监局制定的产品质量监督抽查计划和专项整治监督抽查文件要求开展工作，年内完成化肥、白酒、茶叶、挂面、烧结普通砖、烟花爆竹14个品种104个批(次)的监督抽查，其中有29个批次不合格，产品合格率为72.11%，比上年下降5.89个百分点。(6)投身于县内市政工程及重点工程项目建设。主动与质检站等相关部门联系，为南涧市政重点工程建设严把产品质量关，抽查建筑工地使用的钢筋、水泥24个批(次)，合格率为100%，并要求施工方在产品检验合格后方可投入施工，确保了工程中所用材料的质量安全。

【食品监管】　贯彻落实质量安全主体责任监督检查规定，组织辖区内19户食品取证企业开展自查。并重点对10个企业的自查情况进行核查。从核查情况来看，大部分企业具有较强的质量安全意识，能够认真落实规定要求。但部分企业由于受市场影响，在具体落实措施上不够扎实。严格按照《南涧县质量技术监督局严厉打击食品非法添加和滥用食品添加剂专项行动方案》，对辖区内的19户食品取证企业(17户茶厂和2户水厂)和24户食品生产小作坊(酿造白酒)进行专项执法检查。执法人员实地查看了原辅料的进货验收记录、生产车间、成品库以及添加剂使用记录，经检查，茶叶生产企业未使用食品添加剂，白酒小作坊没有非法添加非食用物质的行为。发放公开信94份，发放、粘贴食品整治公告78份。同时积极配合相关部门开展检查和宣传活动，全力维护全县食品质量安全。为确保节假日期间消费者能够买到合格、放心的食品，在元旦、春节、国庆等节假日组织开展了食品安全专项检查。

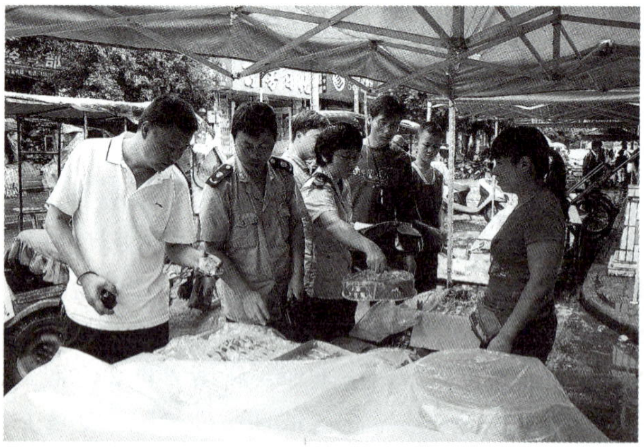

2011年中秋节期间开展月饼质量市场检查（杨政林摄）

【食品取证企业年审】　全年完成19户食品取证企业的生产许可证年审，在年审工作中严审比对检验、委托检验、出厂检验等质量关键控制点。

【特种设备安全监管】　特种设备安全监察工作坚持“安全第一、预防为主”的工作方针，认真组织开展元旦、春节、“三月街”民族节、“五一”等节日期间安全大检查。在监督检查期间，认真做好巡查、检查记录，检查记录由监察人员、使用单位共同签字，以确保监管到位、服务到位。同时与29家特种设备使用单位签订了《特种设备安全使用责任书》、《特种设备安全使用承诺书》，要求各使用单位进一步落实主体责任，开展自查自纠工作，排除隐患，并及时更新和完善特种设备台账，实施动态监管，确保在用的特种设备按期进行定检，确保安全生产，年内未发生特种设备安全事故。

【标准化工作】　南涧县人民政府做出建立生态农业示范县的决策，质监局专门成立领导组并制定实施方案，做好标准收集、宣贯等工作，积极参与农作物的种植规范的草拟和评审。全年参与草拟10个农作物种植规范，进一步做好农作物种植的规范化、标准化，使全县标准化工作有了新的突破。在日常工作中，加强对企业执行标准情况的检查，同时积极开展企业产品执行标准登记工作。认真审核办理每一份组织机构代码的新办、年检、换证、变更工作，及时上报电子档案，保证每月上报的电子档案数量、质量达到省代码中心的要求。

开展质量技术监督宣传活动（县质监局供稿）

【计量工作】　在节假日期间，对群众关心的集贸市场、超市等组织专门人员对计量器具开展监督检查，并建立了强制检定工作计量器具电子文档。同时开展诚信计量“四进”活动。加强烟叶站（点）烟叶收购秤的强检工作。完成了全县14个站（点）75台烟叶收购秤的检定工作，为烤烟收购工作打下了基础。同时加强了对邮政、超市和取证企业计量器具的检定。开展加油机专项计量监督检查，对辖区内5座加油站48台加油机实施了监督检查，未发现破坏加油机铅封、偷换加油机主板以克扣消费者油量等计量违法行为。

【挂钩扶贫】　抽调1名工作人员到挂钩碧溪乡和乐村委会担任新农村指导员，协助村委会做好粮烟种植、泡核桃种植和项目建设等各项农村工作。出资2500元为挂钩村委会制作村务公示栏一块。开展党员结对帮扶活动，党组成员每人结对1户，其他人员每2人结对1户。“六一”儿童节和助残日期间，组织职工捐款1800元购买学习用具、生活用品，走访慰问儿童、残疾人和老党员。

【政协评议工作】　年内，县政协对质监局工作进行了评议。按县政协要求，积极主动、支持配合完成评议各阶段工作，对工作中存在的差距和不足，制定整改措施，并加以整改，通过评议，县质监局被综合评定为“满意单位”，真正达到了评议促工作的目的。

（赵炜蓉）

安全生产监督管理

【概 述】 2011 年，南涧县安全生产监督管理局是县人民政府的组成部门，履行全县安全生产综合监管职责。在县委、县人民政府及上级主管部门的正确领导下，紧紧围绕安全第一、预防为主、综合整治这个中心，强化源头管理，抓落实，促整改，除隐患，保安全，有效地遏制事故多发势头，被县委、县人民政府表彰为“五五”普法先进集体。

【指标控制】 全县发生生产安全事故 32 起、死亡 7 人，分别比上年下降 15.89%、13.33%。全县没有发生重特大生产安全事故，生产安全事故控制指标在州人民政府下达的 8 人指标内减少 1 人。

【宣传教育】 （1）组织安全管理人员和特种作业人员持证上岗位培训 783 人，其中：组织小湾建管局及小湾电厂培训安全管理人员 55 人、电工 23 人、焊工 21 人；组织县内施工企业培训架子工 38 人、电工 61 人、焊工 32 人；组织供电公司培训电工 236 人；组织烟花爆竹批零经营安全员资格培训 232 人，组织危险化学品安全管理资格培训 85 人，促使安全管理人员和特种作业人员系统掌握安全生产法律法规、安全生产常识、安全防护措施、安全操作规程等知识。（2）进一步强化安全生产法规宣传教育，组织有关企业负责人 30 人原文学习了安全生产法律法规和国务院《关于进一步加强企业安全生产工作的通知》，帮助企业进一步增强安全生产法律法规意识，全面落实企业安全生产主体责任；组织重点企业负责人 17 人参加安全管理培训；3 次深入县供电公司、县飞龙钾盐有限公司、大交集团南涧分公司等企业，指导企业组织班组长、站所长学习培训安全生产法律法规，受训人数达 120 人。（3）以安全生产月活动为契机，围绕“安全责任，重在落实”这个主题，全面开展安全生产进企业、进学校、进机关、进农村“四进”活动、安全知识咨询宣传活动和安全生产执法行动。联合住建局等部门，向群众发放安全生产法律法规、常识等 31 种类别、8700 多份宣传材料，解答群众咨询问题 34 个，展示安全宣传展板 21 块。（4）督促有关部门修订相关行业事故应急预案 11 个，组织地震、消防、危险品、烟花爆竹应急预案演练 21 场（次），受教育群众和中小学生 11267 人。（5）各乡镇政府和有关部门结合当地实际，突出地方特点，利用传统街天，开展形式多样、内容丰富的活动，受教育群众累计 3 万人。

【非煤矿山安全监管】 杜绝露天矿山“一面坡”和“掏采”作业，严格督促企业自上而下分台阶、分层开采，机械化铲装，全面推广使用中深孔爆破技术，确保重要构筑物爆破安全距离，强制设置机械传动设备安全防护罩，督促定期检测检验空压机、储气罐、装载机等矿山设备，规范矿山电缆电线敷设和设置警示标志。发出执法文书 44 份，督促整改安全隐患 127 条，整改率 100%，强化边坡的监测监控，及时处置了危岩、浮石、边坡松动等事故隐患。

【危险化学品安全监管】 深入排查危险化学品生产、储存、道路及内河运输和管道输送、使用、废弃等各个环节存在的安全隐患，抓好对重点监管的危险工艺、危险产品和重大危险源的监管和监控工作。发出执法检查文书 46 份，督促整改安全隐患 112 条，整改率 100%，查处违法生产危险化学品案件 1 起，处罚 2 万元。

【烟花爆竹安全监管】 根据行业特点，适时对全县辖区内 8 个乡（镇）的烟花爆竹零售经营户进行烟花爆竹专项检查。检查中，做到边检查、边宣传，监督经营户持证经营，专柜、专人销售，对安全问题突出的 17 户烟花爆竹经营户下发执法检查文书，责令当场进行整改，查处非法烟花爆竹 645 件，案值 4.9 万元。对县城工人街 3 户烟花爆竹经营户主进行约谈，督促整改人行道上摆放销售烟花爆竹行为，消除潜在的安全隐患。安全培训并许可 2012 ~2013 年度烟花爆竹零售经营 239 户。督促烟花爆竹批发企业搬迁仓库，改善了烟花爆竹仓储设施安全状况，建成全州第一个标准化烟花爆竹仓库。

【行业安全综合监管】 根据“行业主管、各司其职”的原则，进一步强化安全生产综合监管，督促行业管理部门落实安全监管职责。对 2 个企业的安全隐患预警约谈 2 次，提出整改意见 7 条；对工矿、电信、供电等 10 个企业的安全生产责任制、现场带班制度、隐患治理等情况进行监督检查，上门与企业负责人签订安全生产主体责任承诺书，发出现场检查执法文书10份，提出整改意见42条；对2个企业和相关乡镇政府空架输电线安全隐患实施挂牌整改督办，并2次深入隐患严重现场进行督促检查。

【职业安全健康监管】 理顺职业安全健康监管体制，建立健全监管机构和执法队伍。(1) 扎实开展粉尘与高毒物品危害治理专项行动。全年确定粉尘重点治理企业23户，其中矿山开采14户、金属回收加工3户、水泥制品3户、石棉制品1户、木材加工2户，依法规范企业，做好职业危害监管工作。(2) 全面开展作业场所职业病危害申报工作。深入开展调查摸底，建立基础管理台账，形成职业安全健康监督管理和作业场所职业危害申报工作体系，申报率达94%。(3) 认真开展作业场所职业安全健康执法。全年出动检查人员45人(次)，检查相关企业36户，查出隐患180条，完成整改175条，整改率达100%。(4) 抓好职业安全健康培训。先后组织10户企业相关人员参加全州职业安全健康培训3期。

【重点工程安全生产检查】 重点检查了小湾电厂相关外协工程，发出现场处理措施决定书3份，责令施工单位完善安全设施，确保特种作业人员持证上岗并收到良好效果；监督检查县内重点建设工程，向龙凤丽都业主方、施工方（四川邻水建筑公司）、人力资源和社会保障大楼施工方及2个相关监理公司发出联合检查记录6份，并约谈相关企业负责人责令其认真整改存在的突出问题。

【安全生产标准化建设】 针对全县辖区企业规模小、基础薄弱实际，分别制定了非煤矿山和危险化学品安全生产标准化建设方案，抓好标准化建设宣传培训，统一企业负责人思想认识，带领企业负责人到祥云县参观，向非煤矿山和危险化学品企业，公布全省7户有安全评价资质企业和14名专家联系号码，由企业自愿比选，集体与评价机构面商，同时要求评价机构评限时按质完成企业标准化建设指导、评价、验收工作。全县8户非煤矿山、2户危险化学品企业开展了安全生产标准化建设；1个砖厂采土场达到四级标准，2个砖厂采土场和4个石厂达到五级标准，达标企业数量达到了上级规定要求；推进云南茶花林化公司标准化建设，小红桥加油站在全州中石化系统首家安装阻隔防爆装置。

【监督检查】 组织6个督查组，出动21人(次)，分两次对8个乡（镇)、11个部门贯彻落实安全生产法规情况进行督促检查，形成38份书面督查记录，对存在问题提出135条意见和建议，要求各乡（镇）和各有关部门，深入贯彻落实安全生产法规，切实履行各自职能职责，认真排查治理，有效防止安全生产事故发生。挂牌督办烤烟用房供电安全、非法采石、水上交通运输、农村客运4件重大安全隐患。

【“打非”专项行动】 在打击非法违法生产经营建设转项行动中，切实抓好牵头、协调和监督检查，督促各有关部门查处非法违法生产建设行为715起，处罚30.8万元，制止、纠正违法行为329起，排查治理了110条安全隐患，有效预防事故发生。

【应急管理】 编制完善了安全生产事故、非煤矿山、烟花爆竹和危险化学品、工矿企业重特大安全事故、森林防火、地震、水上交通安全、农机安全8个应急预案，并适时组织开展演练，及时、高效、有序组织事故抢险和处置，最大限度减少人员伤亡和财产损失。全年开展应急救援演练5场(次)，参与演练企业10个、中小学校7所、医疗机构1个、机关单位17个，参与演练人数614人；及时开展事故救援，“7·14”较大道路交通事故得到了及时处置。

【其他工作】 (1) 加强机关作风建设，健全完善制度，建立了《会议和学习制度》、《办公电脑管理制度》、《信访工作制度》、《大额资金管理使用制度》、《档案保密制度》。(2) 设立政务公开专栏和党务公开专栏，认真按照党务政务公开的要求，随即公开涉及局内重大管理事项7项。(3) 在省政府重点工作通报平台公示重要事项4件、重点工作16件，在信息公开方面做到应公开尽公开。(4) 指导帮助11户非煤矿山企业规范建立安全生产档案3类33盒；指导帮助新建的危险化学品企业规范建立6类24盒安全生产档案。(5) 建设标准化档案室。在县档案局帮助指导下，建立了2001~2010年安全生产工作综合档案256盒3421件，配置8组铁皮文件柜、吸尘器、温度湿度仪表、防霉驱杀虫药品，建立了档案利用、立卷归档、保密、库房管理网络、库房管理和库房管理员职责6个制度和档案立卷归档、借出、收进、利用、进出库房、库房温湿度6个登记台账，已组织实施执法、照片和光盘档案规范建设。(6) 努力为基层办实事，全年驻村42

人（次），从工作经费中挤出3500元支持挂钩的拥政村党训、抗旱、烤烟生产和林权抵押制度改革试点工作。(7) 招商引资2500万元，完成县委、县人民政府安排任务的250%。

（罗国彪　张酉祥）

教科文卫

栏目、87个类目、27个分目、1558个条目，91万字，随文穿插黑白图片20幅、表格29个，书本前部插有78页彩页，排放图片468幅。全书客观记载了2010年南涧政治、经济、军事、科技、教育、文化、体育、卫生领域发生的重要历史事实，实事求是地反映了南涧经济社会发展中出现的新情况、新问题。《南涧年鉴》的编辑出版，重视突出常编常新原则，并在栏目设置、成书介质、封面设计等方面进行了一定的创新。（1）在继承往年优秀栏目板块、编辑风格的基础上，增设了“年内要事”彩版栏目，增加了反映年内大事要事的彩色存史图片18幅，增强对读者的视觉吸引力。（2）沿袭往年16K轻型纸双色印刷风格，在每部书后增加了1碟与纸质书本内容一致、可用电脑阅读的CD光盘（电子书），以方面阅读和下载。（3）改革以往封面设计中必有“补丁式”图片的传统做法，大胆应用字体、字号、色彩的变化和反映彝族文化的标志性元素来设计封面，使年鉴封面更加美观、鲜活，富有庄重感和经典感。

【整理出版《定边县志》】 根据《国务院地方志工作条例》和《云南省地方志工作规定》要求，3月，县志办组织启动康熙《定边县志》的抢救整理工作。整理工作以康熙五十二年（1713年）末任定边县知县杨书修纂、现为云南省图书馆珍藏的《定边县志》抄本为蓝本，聘请云南省社科院古籍研究所退休研究员李春龙、云南人民出版社退休编审王晓燕两位专家，帮助完成繁体译成简体，文言文标点、断句、分段，重要人名、地名、物名、典故、事件、职官、词汇简明注释，错、漏字词校勘、更正工作。南涧县志办主要进行组织策划、封面设计、附属内容撰写、初稿编校、样稿送审、定稿出版等工作。经过2名邀请专家和县志办全体工作人员的共同努力，同年7月专家完成整理初稿，9月县志办完成初校，10月初步通过大理州志办审查，11～12月根据审查意见进行精编核校。

【基层志编纂工作】 县志办历来重视县级以下志书的编纂指导、审查验收和印刷出版工作。年初，根据县委政法委、县司法局有编纂出版部门志书的意愿，县志办及时与2个部门领导联系，动员并启动了《中共南涧县委政法委志》、《南涧县司法志》的编纂工作。12月，《中共南涧县委政法委志》已完成初稿编纂、责任领导及相关部门审阅、县志办审查验收和审后第一轮精编核校工作。《南涧县司法志》已完成篇目制定、撰稿人员培训、初稿编纂工作。另外，2010年初以来启动编纂的《南涧县供销合作社志》已完成县志办审查验收和审后第二轮精编核校工作。

【报送县情资料】 为《云南年鉴》编辑部、《云南小康年鉴》编辑部、《大理州年鉴》编辑部、《中共南涧县委执政纪要》编辑部、《南涧彝族自治县情》编纂组等省、州、县级单位提供有关南涧县情资料，是县志办的一项重要职责。根据省、州地方志部门和县委、县人民政府安排，县志办为《云南年鉴》、《云南小康年鉴》、《大理州年鉴》2011年卷报送有关南涧经济社会发展情况的文字资料4万余字，图片资料25幅；为《中共南涧县委执政纪要（2006～2011）》、《南涧彝族自治县情（2011年）》、《南涧县招商引资项目书》提供有关南涧自然地理、建置沿革、人文历史、风景名胜、土特名产、产业发展、项目简介、统计资料等方面的文字资料9万余字，图片资料52幅。所报图文资料内容全面、行文规范、数据准确、质量较高，并做到一次性验收过关，受到各用稿单位的一致好评，其中本办撰稿员潘建祥提供《云南年鉴》编辑部稿件，被云南年鉴编纂委员会评为“优秀稿件奖”。

【地情资料中心建设与服务】 地情资料中心建设服务，是近年来各级地方志部门强调抓好的一项重要工作。全年县志办投资2万余元，购置了5个铁皮地情资料陈列柜，以购买、对换、备案、赠送形式，收存县内外各类志书、年鉴、家谱、民族民间文艺书刊等人文、地情书籍129部，制定完善了《南涧县志办地情资料管理服务制度》，为县内外部门、单位和个人提供地情资料借阅、查询、复印等服务96人（次），较好地发挥了地情资料在服务政府决策、经济建设、人民群众中的作用。

【扶贫济困活动】 县志办在经费较为困难的情况下，仍竭尽全力资助挂钩村和困难群众。（1）分别捐赠松林村委会4000元、和平村委会1000元扶持资金，用以购置电脑打印设备1套和补助日常公务经费不足。（2）在助残日、“六一”儿童节、“七一”建党节、春节期间，县志办全体党员干部分别深入松林、和平村委会，对两村4名残疾人、7名困难儿童、4名困难党员、7名村委会干部进行慰问，支出慰问金2200元，为困难群众献上了一份爱心。

(3) 3～5月，抽调2名工作人员到松林村委会帮助开展烤烟生产工作，并按时按量完成了种植任务。(4) 9～11月，抽调1名工作人员到和平村委会帮助开展烤烟催收、抗灾救灾、新农合保费收取工作，保证了村委会各项任务的完成。全年单位、职工累计为挂钩村委会和困难群众捐赠资金7200元，帮助挂钩村委会做了大量工作，缓解了部分群众生产生活困难，促进了村委会条件改善和相关产业的发展。

深入挂钩村慰问困难群众（袁登雁　摄）

【党性党风教育】　县志办党支部始终把党建工作作为部门重要工作来抓，实行书记负总责，分管副书记具体抓党建目标责任制。始终将“坚定信念、践行宗旨，淡泊名利、勤奋敬业，求真存实、铁心修志，开拓创新、创先争优”作为全办党员干部的共同行为准则，严格遵守党的政治、组织和群众工作纪律，促进党风政风转变。(1) 教育党员干部树立存史修志是“功在当代，利在千秋”的思想，牢固树立干好本职工作，为党政机关和社会提供快捷、高效、优质的服务是地方志工作者一项重要职责的思想。(2) 积极响应上级党委关于在建党90周年期间加强党员干部党史学习教育的号召，与县商务局党支部联合举办了1次党史学习教育活动，邀请县委党校教师讲述党的创立、发展历史，颂扬党的优良传统和作风，交流党史学习心得，开展丰富多彩的文体比赛活动，增进部门间的团结和友谊。(3) 根据县级机关党委要求，6月、12月，分别召开全办党员干部参加的民主生活会，对全体党员干部学习、思想、作风等方面的成绩和不足进行点评，肯定成绩、克服不足、提出希望，促进了单位各项工作的开展。

【党风廉政建设】　县志办领导班子始终把党风廉政建设作为部门重中之重的工作来抓，实行主任负总责、分管副主任具体抓的党风廉政建设责任制。根据县监察局关于转发《云南省监察厅关于印发〈关于进一步加强关键岗位和重点环节行政行为监督的工作意见〉的通知》要求，县志办及时召开全办干部职工大会进行学习，成立了以县志办主任为组长、分管副主任为副组长、其他工作人员为成员的南涧县志办关键岗位和重点环节行政行为风险防范工作领导小组，制定《南涧县志办关键岗位和重点环节行政行为风险防范实施方案》，依照《方案》严格落实防范措施，准确确定关键岗位，及时签订《廉政合同》，时时监督危险环节，及时上报落实进度。经过一年监督防范，全办3个关键岗位没有发生违纪违法事件，防范工作取得了实效。另外，县志办重视抓好干部职工的廉政教育和管理，在对外经济往来中，要求干部职工自重、自省、自警、自励，随时保持清醒头脑，自觉遵守财经纪律，做到不该想的不想，不该拿的不拿，不该粘的不粘，清清白白做官，堂堂正正做人，踏踏实实做事，做到令行禁止、警钟长鸣；在公务接待中，教育班子成员自觉遵守公务接待有关规定，倡导勤俭节约，反对大吃大喝、铺张浪费，不随便吃请，用领导干部的模范行为教育、感召单位干部职工，积极争做勤政廉政的模范，促进了全办廉政建设工作的开展。

县志办领导深入挂钩村党支部讲党课（张海龙摄）

（陈爱民）

气象测报

【概　述】　2011年，南涧县气象局在州气象局和县委、县人民政府的正确领导、关心和支持下，以"三个代表"重要思想和科学发展观为指导，积极落实国务院、省人民政府文件精神。按照全州气象局长研讨会议工作部署，围绕县委、县人民政府的中心积极开展工作。全局干部职工团结一致、齐心协力，努力提高新时期气象事业科学发展的"四个能力"，各项工作取得较好的成绩。

【气候概况】　全年降雨量519.0毫米，比历年平均值偏少241.5毫米，偏少31.7%。年内各月降水特点实属罕见，除1月特多、4月略多以外，其余月份降水均少于历年同期平均值，夏秋季降水持续偏少，出现严重的夏秋连旱。雨季于5月20日来临，雨季开始后单点大雨、暴雨突出，造成局部地区出现大风、滑坡泥石流、冰雹等气象灾害，给当地百姓造成一定的财产损失，秋季连阴雨不太明显，对秋季作物收割无明显影响，9月25日雨季结束。2011年南涧县年平均气温为19.1℃，比历年年平均气温值低0.2℃，其中1月温度最低，2～4月低温霜冻和倒春寒天气不明显，5～9月持续高温状态，6月温度最高，8月气温略低，无水稻抽扬期低温冷害天气。全年总日照时数为2201.9小时，比历年同期偏少249.9小时。总体呈现夏季日照少、春冬季日照多的特点。

【地面气象观测】　为更好地开展地面气象观测业务，制定《南涧气象局测报质量考评奖惩办法（试行）》、《南涧县气象局自动站设备运行管理办法（试行）》及《南涧县气象局区域自动站传输质量管理办法（试行）》并严格考核激励机制。将单位领导与分管领导、干部职工同奖同惩，个人成绩与年终评优、年终考核挂钩。重奖季度考核优秀、百班无错、250班无错、测报先进集体、先进个人，以及高设备可用性、高自动站传输及时率。实现测报业务质量稳定、设备运行正常及网络传输及时通畅。全年测报工作基数为12265个，观测、发报均无错，错情率为零。常规观测资料传输及时率达100%，自动站资料传输及时率处于全州前列。区域自动站设备运行良好，数据传输及时，设备可用性处于全州前列。年内，取得"百班无错"2个、百班标准申报验收2个、无责任性事故和探测环境受到破坏的情况发生。

【气象预报预警】　利用手机短信、电子显示屏、电话等服务平台，及时向各级领导和相关部门汇报天气、旱情和雨情发展趋势，积极、主动做好决策、公众气象服务及农事关键期气象服务工作。全年发送短期气候预测7期300份、专题服务材料7期280份、重要天气消息2期、预警信号1期、气候影响评价15期。全年向县委、县人民县政府、农业局、国土局、防洪办、烟草部门提供雨情、灾情服务40次。与国土部门签订《汛期地质灾害气象预报预警服务合作项目合同》，及时将重要天气消息、气象预警信息、地质灾害气象预报预警信息、短时强降水及连续性降水天气实况及对策建议通过手机短信平台、电子显示屏及时发送到418名县、乡地质灾害防治领导组成员单位领导及村组监测点信息员手中，科学指导全县地质灾害预报预警。全年发布服务信息4万多条。

【现代业务体系】　9月，首套七要素无人自动气象站顺利建成并投入业务运行。该项目由省局投资16万元，南涧县气象局具体组织实施。该站选址在拥有"百鸟朝凤"奇观的凤凰山顶人影炮点、雷达站内，有专人24小时驻守。该站海拔高度2140米，地处东经100°18′7.1″、北纬24°55′10.1″。观测项目有气温、相对湿度、气压、雨量、风向风速、地面温度、5～20cm浅层地温。该站是县内首套标准化建设的多要素区域无人自动气象站。它的建成，进一步加密了全县区域气象监测站网，将收集、积累全县高海拔地区特别是无量山国家级自然保护区宝贵的气候资料，同时为该区域生态监测、开展气象服务、人工增雨防雹作业效益评估提供客观的监测数据。利用碧溪小型雷达，实现了雷达运行的远程操控，汛期雷达24小时不间断开机，实行24小时值班，通过实时监测雷达回波信息，加大面雨量的监测，科学指导汛期短临订正预报，有力提升了短临预报准确率和服务效率。

【人工影响天气】　全年争取落实防雹资金51万元，其中州烟草公司19万元、县烟草公司15万元、县人民政府17万元。5月10日正式布点至9月27日收炮，整个防雹期间开展防雹作业106点/次，发射"三七"高炮炮弹1981发。基本实现了"严防死守，防区无冰雹灾害"的防雹工作目标，保护了烤烟、大春作物、烟农利益，促进了烟农增收、财政增长。全年投入防雹资金50多万元，产生2000多万元的经济效益，投资效益比达1:40。

【气象科技服务】 继续深入推进以防雷减灾为重点的气象科技服务工作，取得了良好的成绩。(1)加强与安监部门的配合，严格执行防雷装置定期检测制度。下发了《南涧县安委会办公室关于雷雨天气安全生产工作的紧急通知》，联合开展防雷安全大检查。对辖区内的一、二类防雷建（构）筑物、油库、气库、加油加气站等易燃易爆场进行了定期检测，检测覆盖率达100%。(2)加强与建设部门的协调和沟通，继续加大防雷减灾监管力度。严格执行新建、改（扩）建（构）筑物防雷技术规范，严把防雷装置设计审核、防雷工程竣工验收、防雷装置定期检测，防雷隐患整关，做到防雷装置与主体工程同步设计审核、同步施工监督、同步验收备案，从建设源头最大限度地预防和减少了雷击灾害。(3)有针对性地开展专业气象服务。与烟草、国土、水务、农业、林业、保险、运政等部门签订专业气象服务合同。按照服务合同内容进行及时、准确的服务，受到服务单位好评。全年开展防雷安全定期检测76户（次)、防雷装置设计审核32户（次)、防雷装置竣工验收38户（次)。

【精神文明建设】 深入开展“创先争优”活动，全体干部职工积极配合，在精神文明创建及党建工作中做表率，干出实绩。气象局党支部继续被县机关党委授予“南涧县县级机关党建示范点”。安排8000元在祥临路边指定位置栽种“气象林”作为纪念林。顺利通过了县级文明单位复查。

【党风廉政建设】 结合廉政与效能风险防控试点及廉政风险重点环节防范工作，创新开展党风廉政工作。通过层层签订党风廉政建设责任书，层层分解责任，将责任落实到人，确保了党风廉政建设和反腐败工作的每一个阶段，每一个环节的工作都扎实有效开展；通过建立“党风廉政档案”，对党内事务予以登记，使全年党风廉政工作有据可查；通过开展政治理论学习、党风廉政宣传教育月活动、领导干部带头讲党课、开展警示教育等教育广大干部职工牢记廉洁奉公不放松，强化了干部职工特别是领导干部廉洁自律意识；严格执行财务监管制度，从根源上制止“小金库”的发生；深入开展局务公开，严格执行“三人决策”、民主集中制等制度，保证各项支出“阳光”进行；召开民主生活会，领导干部做述职述廉报告。全年干部职工无违法违纪行为发生，无人被问责。

【安全生产工作】 始终坚持把安全工作放在首位，强化安全意识，时刻牢记“安全第一，预防为主”的方针，建立健全行车安全、人工增雨防雹作业安全、防雷安全、安全保卫方面的规章制度和管理办法，适时召开全局安全工作会议，定期对新、老办公区的水、电设施和防雷设施（包括防雹作业点）进行检查，为职工和炮兵办理了人身伤害意外保险，配齐了安全防护装置。及时购买了各类杀毒软件，安排专人维护计算机，确保了单位计算机的网络安全和数据安全。全年无安全责任事故发生。

2011年主要气象要素统计表

月份＼项目	平均气温(℃)	降雨量(mm)	日照时数(h)
1	10.8	33.7	218.6
2	14.2	0.0	255.9
3	16.8	12.5	172.3
4	20.3	27.3	227.1
5	23.7	51.4	187.0
6	25.1	102.4	148.7
7	24.3	93.4	139.9
8	23.2	64.3	142.0
9	23.2	89.8	132.9
10	19.8	20.7	148.1
11	13.9	19.8	224.6
12	13.4	3.7	204.8
合计	19.1	519.0	2201.9

（李　豪）

防震减灾

【概　述】 2011年，防震减灾工作在县委、县人民政府的领导及上级地震部门的帮助指导下，以党的十七大精神和科学发展观为指导，认真贯彻落实《中华人民共和国防震减灾法》、省人民政府关于全面加强预防和处置地震灾害能力建设的10项重大措施，深入开展“创先争优”活动。全面推进地震监测预报、震灾预防和紧急救援三大体系工作，不断促进防震减灾事业的进步和发展，为全县的经济社会发展和稳定做出积极贡献。

深入乡镇开展地震科普知识宣传（县地震局供稿）

【地震监测预报】　全年云南地区发生4级以上地震27次，其中：4.0～4.9级23次，5.0～5.9级3次，主要分布在滇西地区。最大地震是3月10日德宏州盈江发生的5.8级地震。大理州境内发生583次地震，主要分布在大理、漾濞、洱源、剑川和鹤庆境内。其中：2.0～2.9级73次，3.0～3.9级地震6次，4.0～4.9级地震1次，（6月22日漾濞发生的4.2级地震）。南涧县境内全年发生1.0～1.9级小地震10次。县地震局认真开展震情分析预报，坚持进行按月会商、紧急会商、年度会商，专人负责震情跟踪工作，向县委、人大常委会、县人民政府和上级地震部门及相关领导报送《震情反映》12期108份，完成《云南省2012年度地震趋势研究报告》的编著。

【碱坝温泉水氡观测】　南涧碱坝温泉水氡值在39.8～51.2Bq/L之间，存在背景性低值异常。温泉水温恒定为39.0℃～39.5℃，水温波动是由地表温度的变化导致，水位全年恒定不变。全年观测数据达到准确、有效、科学、严谨的标准，为省、州、县各级地震分析预报人员提供了切实可靠的数据。

【群测群防】　根据《南涧县地震群测群防工作管理暂行办法》，充分发挥乡村地震工作兼职人员在短临跟踪、宏观异常现象收集落实、震情速报及防震减灾科普知识宣传等方面的重要作用，使群测群防工作规范化、制度化。

【震害防御】　认真贯彻落实《中华人民共和国防震减灾法》、《云南省建设工程抗震设防管理条例》和州、县关于进一步加强震害防御工作的相关规定，积极与住房和城乡建设局、发改局等相关部门沟通联系，不断加强和规范建设工程抗震设防要求管理工作。抗震设防审批工作纳入县政务中心联络制窗口同步开展，全年有12项建设工程项目按规定的程序和审批时限通过抗震设防要求审批、备案。

【防震减灾宣传】　深入开展防震减灾科普知识教育工作，向教育系统、民政局、各乡（镇）等发放《防震避震常识》手册7000多本、《防震避震常识》挂图1300套，《地震应急自救互救》手册300多本，《地震百科》、《防震避震常识》、《笨笨狗PK巨能魔》、《2009年云南省地震知识竞赛》光碟360碟。向宾馆酒店发放《防震避震常识》卡片560张，并按要求将卡片摆放在宾馆酒店大堂、客房的显眼位置。分别在广播电视台、《南涧通讯》、政府信息网等媒体上开展防震减灾知识宣传，先后深入部分乡（镇）和中小学校开展防震减灾知识宣传工作，开展防震减灾知识培训12场（次）。在县城公园、科技广场放映地震科教片25场（次），通过各种方式不断宣传普及防震减灾科普知识教育。全年为云南防震减灾网、大理州防震减灾网和南涧公众信息网等媒体组稿16篇。

【地震应急】　扎实推进地震应急救援工作，修订完善《南涧县地震局破坏性地震应急预案》，配备了应急短波电台、便携式电脑、GPS定位仪等应急装备，为地震应急工作提供基本的设备保障。收集建立了地震应急基础数据库，对全县的学校、医院、民居、公用房屋情况，以及交通、重点危险隐患点、救援力量等进行了收集整理，为发生地震时及时有效地开展救灾工作提供基本资料。协同教育部门深入中小学校指导地震应急演练20余次，通过演练检验学校各项应急准备工作、增强广大师生的震情意识，进一步提高地震应急快速反应能力。

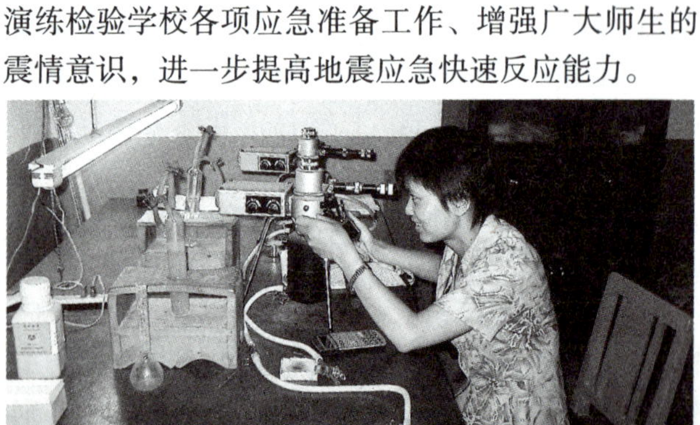

专业技术人员进行水氡观测（县地震局供稿）

【挂钩联系】 4～5月，工作小组进驻挂钩联系的南涧镇安定村委会指导春耕生产工作，帮助解决抗旱防汛和农田水利建设工作中出现的困难问题，支持资金2000元。下半年挂钩宝华镇云华村委会后，支持工作经费4000元。

【"绿色走廊"建设】 根据全县公路沿线"绿色走廊"建设规划方案，地震局安排在214线宝华路段的责任区，投入补植管护资金1.29万元，补植小叶榕90株、桐子树20株。

【学习与培训】 在县委、县人民政府组织学习的基础上，部门重点组织学习了新修订的《中华人民共和国防震减灾法》、《云南省地震监测管理规定》、《云南省建设工程地震安全性评价分类》等有关防震减灾法律法规和防震减灾业务知识。1名管理人员参加了中国地震局组织的全国、市、县防震减灾工作培训，派出3名专业技术人员参加了地震应急救援工作培训、水化观测培训和防震减灾知识培训。

（吴世喜）

文体广电旅游

【概　述】 2011年，南涧县文体广电旅游局在县委、县人民政府的正确领导下，整合资源，开拓进取，大力推进公共文化服务体系建设，在建设"微笑南涧、诚信南涧、创新南涧、活力南涧、森林南涧、和谐南涧"中扎实工作，全县文化体育广播电视旅游事业呈现出蓬勃发展的良好势头。

【机构改革】 根据政府机构改革实施意见，3月，设立了县文化体育广播电视旅游局，加挂县新闻出版局、县版权局牌子。将原县文化体育局、县广播电视事业局、县旅游事业局行政管理职责，整合划入县文化体育广播电视旅游局。局机关内设办公室、文化股、体育股、广播电视股、旅游股、新闻出版和版权股、文化市场管理股。全局含南涧县文化市场稽查队、南涧县跳菜艺术团、南涧县文化馆、南涧县图书馆、南涧县少体校、南涧县广播电视台、南涧县旅游项目开发中心、乡镇综合文化站等下属单位。有干部职工66人，其中公务员22人、工勤人员2人、事业人员岗位42人。4月，全局除广播电视股、南涧广播电视台外，实现了办公地点、管理模式的统一。主要职能职责是负责全县文化、体育、新闻出版、著作权管理、广播电影电视、旅游方面相关法律法规政策的贯彻执行、规划计划组织实施、行政许可、行业监管等工作。南涧县文化体育广播电视旅游局按照工作职能要求，业务上对州级单位分别是州文化局、州新闻出版局、州版权局、州体育局、州广播电视局、州旅游局、州文化遗产局、大理电视台、大理州人民广播电台9个单位和部门。

【文化遗产保护】 举办"南涧县非物质文化遗产调查"培训1期23人。完成国家级和省级非物质文化遗产保护项目及传承人数据资料上传工作。全面完成四级非物质文化遗产保护项目及传承人档案的整理工作。成立了非物质文化遗产展示室，向民间展开以有偿收购和无偿捐献为主要手段的征集方式，征集民族民间器物40余件。完成南涧镇历史文化古街区保护与发展项目有关前期工作，于12月30日正式启动，文庙大成殿抢救性修复工程开工建设。继续做好文物三普资料库的补充完善等相关工作。5月，全县"三普"实地调查阶段资料库顺利通过省、州验收。积极开展非物质文化遗产的传承与保护，做好各级非遗项目的调查、保护与研究，指导各级传承人开展各种方式的传承工作、收集传承材料，组织传承人交流活动。完成全县8个文物点的云南省第七批文物保护单位申报工作，完成非物质文化遗产项目无量山火腿的州级申报工作。

非物质文化遗产之洞经音乐展演（县文化馆供稿）

【群众文化工作】 全年接待演出及组织社区文艺演出、大型群众文化活动、下乡演出等58场（次），观众达29.65万人（次）。利用接待表演、唱礼仪接待歌曲等多种形式开展实地跳菜38场，接待人数7956人（次）。图书馆实现全免费开放，流通图书5.8万册（次），接待读者4.2万人（次）。

以沙乐公路、公民公路为支撑，形成国道、省道和乡村公路围合的特色自驾车环线）的旅游发展空间布局，明确了打造云南省独具特色自驾车旅游环线的旅游产业发展思路。完成了《南涧县凤凰山—罗伯克万亩生态茶园旅游项目策划》、《南涧县白云寺生态旅游村项目策划》、《跳菜村可行性研究报告》、《凤凰山—罗伯克万亩生态茶园旅游项目可行性研究报告》编制工作。完成高星酒店、跳菜旅游文化村、万亩生态茶园和白云生态旅游村招商引资项目书。完成《南涧县自驾游环线交通标识牌安置方案》编制工作并逐步实施安置工作。通过深入调研起草了《南涧县关于大力扶持发展农家乐旅游促进自主创业的实施意见》，已报县人民政府审定并发文执行，完成《南涧县农家乐星级评定标准（试行）》、《南涧县农家乐星级评定实施细则（试行）》等地方考核验收标准制定工作，召开了听证会，认真修改后将颁布实施。完成《南涧县旅游投资开发有限公司组建方案（初稿）》的草拟工作，为加快旅游市场化运作奠定基础。

【旅游宣传促销】 利用外宣载体，突出市场宣传重点，进一步拓宽市场宣传范围，旅游宣传取得明显成效。借助“昆明国际旅游交易会”、“中国大理国际兰花茶花博览会”、“中国大理巍山小吃节”和“大理三月街民族节”活动，宣传“无量山”、“南涧跳菜”、“小湾水电站”等旅游文化品牌，并在昆明国际机场和大理火车站通道设置南涧旅游形象宣传广告。借助媒体，扩大宣传范围，加强与各级宣传媒体的沟通联系，《大观周刊·大理旅游》编印了南涧特刊；《假日旅游》(2011·秋）对南涧的旅游资源进行了重点宣传推介；中央电视台《地理中国》栏目组到南涧进行旅游专题节目拍摄踩点；各级媒体分别对南涧旅游资源和旅游新闻进行了宣传报道。以网络为平台，延伸宣传范围，加强对“南涧旅游局博客”的更新和管理，访问量达1.3万多人（次）。全年发布旅游信息80多条（次），博文244篇，博文配图203张，图片专辑17个150张，发布视频专辑8个，发布旅游招商项目8个。认真配合州旅游局做好“滇西旅游网”组建基础材料收集工作，上报信息120多条，图片100多幅，视频5个。借势品牌，提升旅游知名度，邀请大理喜洲喜林苑林登先生等省、州知名旅游人士来南涧考察旅游资源，借势宣传南涧旅游形象。

【旅游基础设施建设】 依托云南维和无量山农业科技有限公司，以打造“世界知名的养生休闲度假胜地”为目标，举全县之力建设“无量药谷”。依托省级农业综合开发项目，以打造“彝族宴饮文化体验村”为目标，与县财政、农业、南涧镇等部门配合，组织实施总投资达500万元的西山跳菜村进村公路建设，已完成投资90余万元，修通了西山村窝接河至羊角箐长430多米的路面，形成全村环形交通网络。依托新农村扶贫开发建设工程，配合宝华镇组织实施了虎街茶马古道游路修复建设工程。配合南涧镇实施了白云村生态旅游村公路沿线美国红枫景观树栽植、活动广场、观景台和旅游公厕等旅游基础设施建设。完成了投资100多万元的无量山自然保护区南涧管理局实施的灵宝山游路改造建设工程。

【旅游行业管理】 为加强对星级宾馆和涉旅行业管理，与2家星级宾馆和1家旅行社负责人签订《2011年安全生产责任状》，实现旅游安全无事故、旅游服务零投诉。对旅游行业开展定期不定期检查，邀请州旅游培训中心对县内从业人员进行相关礼仪培训。完成南涧宾馆3星申报工作。

【党风廉政建设】 （1）借助电视台、文化馆、图书馆、艺术团、农村2131放映队平台，认真开展廉政文化“六进”活动，努力营造风清气正的环境。（2）深入开展了廉政文化进机关活动，建成廉政文化室1个，室内悬挂勤政廉政格言警句和书画作品12幅。（3）建立健全并严格执行各项规章制度。（4）坚持考核制度，把贯彻落实党风廉政建设责任制贯穿于文体广旅工作的始终。（5）坚持责任追究制度，“一把手”负总责，逐级签订了《党风廉政建设责任书》，着力从源头上预防腐败。（6）坚持局务公开制度，深入推行局务公开制度，继续做好政务、财务公开工作。（7）坚持党内监督制度，强化监督检查，对贯彻落实党风廉政建设责任制的情况开展经常性的监督检查。（8）严格执行财务管理制度，无“账外账”、“小金库”发生。（9）认真执行接待制度，坚持必须、可能、节约、付现的原则，做到对口接待，陪同人员从简，树立单位良好形象。（10）加强干部职工教育管理，年内无违纪违法情况发生。

【同抓共促共建活动】 努力做好挂钩村委会帮扶工作，同抓共促共建活动有成效。派出长期驻村新农村建设工作队员1名，春耕生产等关键时期分批安排工作队员驻村帮扶。45名党员参加结对帮扶困难党员28户，在春节、“七一”、助残日等节日期间，走访慰问贫困、残疾群众，帮扶济困2000多人(次)，慰问资金8500元、物资50多件。办实事好事，积极帮扶项目及资金。新建和平村文体活动场所1个，配套篮球架1副、乒乓球桌1张；新建新政村西阿狄老年活动中心1个，新政村村级体育活动场地1个，折合资金5.2万元。积极帮扶做好新政村公路扩建工程和新政村小新村安全饮水工程协调工作；完成和平村、底么村2011年“农家书屋”建设任务，建成新华村、和平村、新政村等文化信息共享工程村级服务点3个，折合项目资金6.5万元。

（李冠华）

广电网络

【概 述】 2011年，南涧支公司在上级公司和县委、县人民政府的正确领导下，在有关部门的通力协作下，按照“以市场运作为原则，开拓进取树形象；以确保收入为目标，与时俱进谋发展”的经营方针自我加压，坚持以邓小平理论、“三个代表”重要思想为指导，全面落实科学发展观，发挥职能，积极进取，扎实有效地开展工作，全面完成了各项目标任务。

【安全播出工作】 广电网络是一个特殊的行业，是党委、政府的喉舌，广电网络公司是一个经济属性和政治属性同时兼备的特殊企业。不论是在局、台、网合一管理体制下，还是企业的管理运营模式，其政治属性是始终不变的。为确保其政治属性不变，公司在认真转播中央、省、州、县电视节目，接受县文化体育广播电视旅游局的依法监督，在授权范围内经营管理好广播电视网络，保持国有资产的保值增值。(1) 切实改进对用户的服务质量和服务水平，提高节目信号传输质量。(2) 制定前端机房值班制度、安全播出应急处理预案等保障体系，定期检查检测播出设备，并做好详细记录，发现问题及时上报处理。节假日期间，经理和分管副经理带班值班，特别是在春节、中秋节、国庆节、“两会”的重要保证期间，支公司严格按照分公司的总体部署，成立了重要时期安全传输领导小组，支公司全面启动网络传输安全和应急预案，公司维护小组全天不间断巡查，做到领导到位、预案到位、责任到位、技术到位。整个网络线路安全保障工作做到了万无一失，滴水不漏，严防“法轮功”等不法分子攻击和破坏广播电视网络，确保网络传输的安全、优质、畅通，圆满完成了各个重要保证时期的安全播出任务。

【项目建设工作】 网络公司按照能适应未来发展需要的整体规划，结合自身实际，加快推进双向网建设步伐。年内，初步建成了EPON + LAN和EPON + EOC模式的网络技术。所有小区全部采用光缆到小区楼顶集中分配的设计方案，县城郊区全部采用光缆到自然村集中分配的设计方案，覆盖县城及城郊全部用户。进一步完善盲点双向网建设工作。为了满足所有用户的需求，公司加强区域盲点的网络覆盖建设。完成天然居等用户区域建设工作。积极做好新建小区的网络规划及建设工作、凡是小区建设开工，公司主动介入。全年完成金苑小区、茶艺园、大箐河廉租房等网络建设工作。实施南涧县无量山镇MMDS光纤化改造工程，实施了南涧支公司“兴农网”建设工程投入资金150多万元。为城郊，无量山镇、公郎镇进行数字电视整体转换。完成大理州县乡联网工程后续杆路建设工程，完成大理州信用专网南涧信用专网工程建设，实施突发项目大理分公司南涧支公司前端机房UPS、发电机及配电改造工程。

【增值业务拓展】 制定《南涧支公司关于印发增值业务营销奖励办法》，拓宽有线电视的业务范围，增加了收视维护费，从源头上堵住了私拉乱接有线电视信号的违法行为，进一步规范了市场。全县有线电视用户达1万多户。

【管理制度完善】 进一步规范内部管理机制，健全激励机制，实施绩效管理。把企业内部经济责任制与目标管理有机结合起来，全面实行量化积分考核奖惩制度。结合实际制定《南涧支公司2011年员工岗位责任制及目标考评方案》，定岗定员，责任到人。实施月度考核，上月考核结果下月发放上月绩效工资，有效激发了员工干好工作的积极性。加强内部财务管理，严格控制费用开支。加强材料成本核算，健全材料领、退料制度，大大提高了材料的利用率和节约率；加强对工程成本的控制，按工程进度核拨款，加强工程监管，加强跟踪问效；

压缩日常费用开支比例，尽量减少不必要支出。抓好安全教育，树立“安全至上”观念，强调“安全也是效益”。增加安全防护投入，增强自我防范意识，在企业形成“时时讲安全、人人关注安全”的氛围，有效避免了安全责任事故的发生。由于安全管理抓得严，南涧支公司全年未出现一起安全责任事故。

【服务质量提升】 转变员工观念，提倡“用户就是上帝，服务就靠质量”、“人人是效益，个个是形象”、“广电是我家，搞好靠大家”等观念。设立了服务监督栏，让每位员工面对群众，接受监督。在电视台公开服务承诺，推行办事限时制、首问责任制。上班时间工作人员一律挂牌上岗，热情接待每位来访者，接听好每一个电话，从细节做起，不断塑造广电人美好形象。

【三线安全整治】 支公司认真贯彻上级三线安全整治精神，成立了由分管副总经理任组长，各部门负责人为成员的专项整治领导小组，统筹安排，责任到人，在整治工作中区别不同情况分项进行。（1）对城区范围内有线电视与电力、电信线路的交越以及电力、电信搭挂、交越网络线路的情况进行调查统计。（2）根据统计情况，对安全隐患较大、易发生事故线路进行了整治；对隐患较小、不易发生事故的线路做出统一安排，逐步整治；对情况特殊、暂时无法整改的线路与产权单位签订了协议。

【学习教育培训】 （1）在年初制定学习、考试制度，要求每个干部职工做好读书笔记，每星期六积极参加分公司举行的业务知识培训，考试成绩与考评工资挂钩，考试成绩公布后严格奖惩。着力提高员工思想政治素质和业务技能水平。（2）开展了“三项学习教育”活动，大力倡导良好的职业道德风尚。（3）开展学好“两本书”活动。在分公司发出“向全体员工推荐两本书”的倡议后，支公司立即联系购买了《正确请示高效执行》和《岗位精神》，做到员工人手一册。（4）积极选派技术人员参加省、州公司举办的各类学习培训活动，全年培训人员30多人（次）。通过学习培训，有效提高了员工素质，增强了企业的凝聚力和向心力。

【企业文化建设】 做好员工的管理和思想工作，时刻关心每名员工的思想动态和精神状态，积极为员工的自我教育、自我塑造、自我发展创造条件，以民主平等的态度进行对话交流，在支公司内部营造了一种和谐、宽松的工作环境。加强宣传力度，制作了“广电精神”、“广电网络企业精神”等牌匾，增强了员工对南涧广电网络企业品牌、企业标识、企业理念、企业精神的理解和认同。

（李文辉）

通讯编辑

【概　述】 2011年，通讯编辑部在县委、县人民政府的正确领导和县委宣传部的直接领导下，以深入学习贯彻党的十七大和十七届五中、六中全会精神为指导，以全县系列重点工作为载体，不断创新工作方法，丰富报道形式，并在提素质、树形象和强化管理制度上谋求新突破，使报纸质量和宣传效果得到了稳步提升，为全县经济社会又好又快发展营造良好的舆论氛围，确保了南涧通讯编辑部平稳健康发展。

【办好《南涧通讯》】 《南涧通讯》全年办刊48期，刊登各类信息1678条（篇），配发各类言论20篇。开设“回眸十一五展望十二五”、“创先争优”、“学习型党组织建设”、“纪念中国共产党成立90周年”、“学习贯彻十七届六中全会精神”、“来自基层一线的报道”、“南涧教育”、“南涧畜牧”、“工会之家”、“自然保护”、“政法主题实践活动宣传”等专栏16个。36期报纸对全县在新农村建设、工业经济发展、旅游产业开发、城镇化建设、村集体经济发展、生态农业示范县建设等方面的典型经验和做法进行了组织采编和全面宣传，为全县物质文明、政治文明和精神文明建设提供正确的舆论引导。

【创办《南涧手机报》】 3月28日，与大理移动公司南涧分公司合作试办《南涧手机报》，以每周三、五群发，每期6～7条新闻量的形式向县内1700余名干部职工发送县域新闻，全年群发《南涧手机报》97期776条。

【拓展阅读平台】 6月，《南涧通讯》与《大理日报》网络中心合作，将《南涧通讯》电子版挂入《大理日报》电子版，并顺利链接到南涧县政府门户网站和中国跳菜·南涧宣传网，创新实现《南涧通讯》电子网络阅读功能，方便了全县各级各部门的参阅。

【创设“走基层”专栏报道】 全体干部职工精心

策划，深入基层进行“走基层”专题采访报道。从9月23日起在《南涧通讯》推出“来自基层一线的报道”专栏宣传，在3个多月的时间里，先后登载《者波罗的核桃熟了》等专题报道12篇。

【对外宣传】 南涧通讯编辑部按照保民生、保稳定、保增长的宣传基调，有目的、有计划、有步骤地按月做好对外宣传工作。紧紧抓住“工业强县建设”、“六个南涧建设”、“彝族生态园林山城建设”、“生态农业示范县建设”、“无量药谷开发”、“无量山乌骨鸡入选云南省六大名鸡”、“社会主义新农村建设”、加大基础设施建设力度，加快全县旅游产业发展，城镇基础设施和扶贫开发项目实施较多等机遇，积极主动与各级媒体编辑记者联系，力争得到《大理日报》、大理人民广播电台、《云南日报》、《春城晚报》、云南人民广播电台、《人民日报》等媒体编辑记者的帮助与支持，不断拓展对外宣传空间，提高发稿数，让外界人士更多地了解和认识艰苦创业的南涧、改革开放的南涧、发展前进的南涧、生机活力的南涧。全年先后在州级以上主流媒体发表了反映全县经济社会发展、民族文化、四大产业培植、“无量药谷”、文明南涧建设等方面的新闻宣传稿件275件，其中《南涧县规划建设“无量药谷”》、《“十二兽神舞”：大理旅游新名片》、《无量山再现灰叶猴》、《秋天到小湾来看雾》等10篇稿件在《人民日报·海外版》相继刊登；《云南大理：抢抓有利时机收割确保颗粒归仓》被新华社发为通稿，40余家国内主流媒体先后刊载；《南涧启动经济林木（果）权证抵押贷款试点》、《无量山中樱花谷》、《南涧："空壳村"摸着石头过河》、《南涧改善少数民族生存环境》、《南涧发展反季蔬菜特色》等48篇稿件在《云南日报》相继刊登，《南涧县浓墨重彩“十一五”》、《南涧县“先行先试”破解村集体经济发展难题》等211篇稿件在《大理日报》相继刊登。

【自身建设】 （1）深化全体干部职工的“当好喉舌、服务大局、增强实力、与时俱进”的职业意识，加强学习，全面提升新闻工作队伍的整体素质，积极践行敬业、精业、乐业的要求，努力为南涧经济社会各项事业的发展，为全县新闻事业的发展“创先争优”。（2）修订完善《南涧通讯编辑部单位内部管理制度》和《南涧通讯编辑部考核奖惩办法》，进一步明确单位人员岗位职责、财务制度、文秘制度、奖惩制度等，努力营造以制度管人、管事的管理氛围。（3）调整完善编辑、记者联系部门工作制度，根据县内部门的实际和记者的情况进行有侧重的相对分工，形成有分有合、强力推进的工作态势。（4）积极协调经费，更换、申报采购单位办公设备和采编器具，添置紧缺器材，全力改善办公条件。

（白家伟）

档　案

【概　述】 2011年，档案工作以邓小平理论、“三个代表”重要思想为指导，深入实践科学发展观，以学习贯彻《档案法》和《云南省档案条例》为契机，全面贯彻落实党的十七大、十七届六中全会和全省档案工作会议精神，紧紧围绕县委、县政府和上级档案部门的要求开展工作；积极推进“三个体系”建设；坚持“依法管档、科技兴档；围绕中心、服务大局；面向社会、服务民生”的发展思路；坚持“管好用活档案，充分发挥效益”的工作方针政策，为全面建设开放富裕民主文明幸福的南涧作出了积极贡献，极大地发挥档案的社会效益。

【干部队伍建设】 紧紧围绕新时期档案工作的需要，全面加强档案干部队伍的政治、业务素质的提高，结合档案局的实际，制定实习计划，把每周一下午定为集中学习的时间，组织全体职工认真学习杨善洲、龙进品先进事迹；学习党十七届五中和六中全会精神和省、州、县有关文件和会议精神；学习国家、省、州档案局馆长会议精神，学习《中华人民共和国档案法》、新修定的《保密法》和《云南省档案条例》和档案业务知识等内容。除此之外，每个干部职工还通过网络、报纸杂志以及书籍进行学习，特别是领导干部还通过网络进行在线学习。通过学习，切实转变工作作风，改善服务质量，强化内部管理，增强干部职工的责任意识、服务意识，提高为民服务、为民办事的能力和水平，为创建责任型、服务型、效能型机关，促进南涧又好又快发展奠定基础。

【档案资源利用】 充分发挥馆藏资源优势，从利用者方便查阅角度出发，本着“以人为本”的精神，最大限度地提供便利，满足利用者的要求，为来自昆明、呈贡、大理、鹤庆、弥渡以及本县的国营、集体企业失业下岗人员，来自农村、机关的干部、群众提供查阅利用服务，全年接待查阅利用人员 1028 人（次）、提供档案 1521 卷（次）；借阅档案 168 人（次）、398 卷（次）；出具各类相关证明 287 份，复印档案材料 1372 页。从查阅利用人员的情况看，服务领域不断拓展，已从党政机关、企事业单位扩展到社会团体、民间组织、学校、社区乃至普通百姓，从查阅的数量看，在上年基础上翻了两番。

【档案业务指导】 为切实转变工作作风，档案局继续推行业务指导划片包干责任制，切实把档案工作落到实处，促进全县档案管理规范化、标准化、制度化建设。组织业务人员对全县各机关单位的档案工作进行监督指导累计达 110 人（次），分别到县委办、政府办、组织部等 70 多个单位进行阅卷归档业务指导。全年受理业务咨询电话，耐心解答业务难题 80 次。

【档案整理接收】 根据上级档案部门在不同时期工作重点，协助安监局完成了 2010 年文书档案阅卷归档工作，整理档案 40 多盒；协助住建局整理科技档案 9 盒；协助政策研究室整理文书档案 10 盒；协助西山村委会整理档案 120 盒；收集整理抗旱救灾文书档案 862 件，照片档案 174 张，电子档案 4 盘；收集整理南涧县政务文书档案 616 件，实物档案 72 件，照片档案 69 张；为南涧镇得胜村委会整理 1958 年以来的文书档案、科技档案共 150 多盒，直接由县档案局购档案柜、档案用品，得胜村委会率先在全县村委会达到三星级档案室标准。帮助其它机关单位整理文书、科技、婚姻等档案 1351 卷、3300 件。

【档案馆建设项目争取】 南涧县档案馆由于建馆时间较早，其档案馆功能已不符合新的《国家综合档案馆建设标准》，档案馆面积狭小，库容饱和，受损严重、功能不全，严重制约全县档案事业的发展，20 年档案无法接收进馆，通过积极争取，建筑面积 4000 平方米，总投资 1180 万元的档案馆建设项目已通过省发改委可研评审和功能评审，并立项审批。

【学术交流】 为了提高广大档案干部的理论学术水平，进一步探索档案事业发展的思路，促进全省各地州县（市）的档案学术的合作与交流，根据省档案学会《关于积极撰写学术论文》的文件要求，发动学会会员撰写论文。本次学会研讨主题为“特色档案资源体系建设”。档案学会会员紧紧围绕主题，积极拟定学术论文，由南涧会员撰写的《保存历史 替南涧未来着想》、《浅谈南涧县特色档案资源建设》、《关于南涧县撤并机构档案接收的几点探讨》等五篇学术论文提交云南省档案学会，并作为入选论文，其中 2 篇刊登在《云南档案》上。通过撰写论文，达到会员相互交流、相互学习、共同提高的目的。

【扶贫挂钩】 扎实开展挂钩村委会南涧镇得胜村委会的帮扶工作。(1) 组织干部职工深入挂钩村委会指导生产。(2) 积极宣传党在农村的路线方针政策。(3) 帮助挂钩村委会和联系农户，不断完善发展思路、明确目标、制定发展措施，推进社会主义新农村建设。(4) 在资金上给予力所能及的帮助支持，尽量为挂钩村委会办实事、好事。

【党建工作】 (1) 加强学习，提高政治水平。坚持每月一次学习制度，学习党的有关文件及相关政策，学习档案法律法规及档案业务知识，学习县委、县人民政府相关文件精神。(2) 坚持“三会一课”制度，组织专题民主生活会，开展民主评议党员工作，开展批评与自我批评，对党员党性进行分析评议，查找存在问题，切实搞好整改。(3) 坚持党员干部联系和服务群众制度。局领导带领党员干部定期和不定期深入挂钩村委会，听取群众意见，帮助困难群众解决实际困难。在机关党委和绿化委员会发动的“学习杨善洲，绿化新家园”活动中，档案局党支部党员、干部捐款 740 元。

【文明单位申报】 参加了南涧县第十二批文明单位的申报工作，并接受了考核组的复核考评，12 月 7 是，档案局被县委、县人民政府授予第十二批“县级文明单位”称号。

【档案工作年度考核】 为进一步提升全县档案管理工作的整体水平，促进档案事业的全面发展，依据《档案法》和《云南省档案条例》，以及省、州、县关于加强档案工作意见的要求，制定了档案工作考核奖励办法，考核实行百分制进行量化评定，根据考核得分，设为优秀、合格、不合格三个等次。

（李文润）

卫　生

【概　述】　2011年，南涧县卫生工作在县委、县人民政府的正确领导下，在大理州卫生局的关心支持帮助下，认真贯彻落实党的十七届五中、六中全会精神，深入贯彻学习科学发展观，按照国家深化医药卫生体制改革工作要求，对照年初卫生工作会议确定的目标任务，围绕“保民生、保稳定、保发展”和公共卫生安全保障要求，努力推进全县卫生事业科学发展。以解决广大人民群众关心的看病难、看病贵问题为重点，切实加强卫生基础设施建设。加强以艾滋病、结核病、血吸虫病为重点的重大传染病防治工作。卫生法制与监督、全民爱国卫生、中医中药、妇幼保健、新型农村合作医疗制度工作全面推进。

【医疗卫生机构】　全县有各级各类医疗卫生机构128个，其中：国家医疗卫生机构31个（乡镇卫生院和医疗机构11个），村卫生室80个，企业、民营医疗机构2个，个体行医户15户。各级各类医疗机构有床位478张，全县卫生行业现有工作人员439人，其中：卫生技术人员375人。

【传染病防治】　认真贯彻落实《中华人民共和国传染病防治法》，继续坚持重点疾病重点防治、重点人群重点保护、重点地区重点预防的防治原则，全面加强传染病、地方病的防治，对重点疾病甲型H1N1流感、鼠疫、霍乱、疟疾、结核、血吸虫、艾滋病等实行主动监测，开展扩大国家免疫规划工作。通过疾病预防控制工作的深入开展和各项防控工作的认真落实，各类传染病得到有效控制，有效保障了全县人民群众的身体健康和生命安全。全面实行疫情网络直报，报告传染病乙丙类传染病14种836例，死亡5例，其中：乙类传染病10种319例，丙类传染病4种517例，死亡5例。总发病率349.72/十万。发病病种比上年增加猩红热、疟疾、出血热、急性出血性结膜炎，减少甲型H1N1流感、梅毒、麻风病、斑疹伤寒及其它感染性腹泻。扩大了国家免疫规范范围，Ⅰ类疫苗免费接种面进一步扩大，计免相关传染病得到有效控制。计免建卡、建证、卡证符合、程序符合率均达100%，五苗覆盖率达97%，入园、入学查验接种证达98%。结核病防治有序开展，继续实施现代结核病控制策略，全面落实结核病人的归口管理和督导治疗。

【艾滋病防治】　全年累计报告HIV感染者及病人245例，累计死亡40例，其中：HIV感染者190例（男性106例，女性84例），艾滋病病人55例（男性40例、女性15例）。新发现本地籍感染者和病人37例（本地户籍检出报告23例，外地检出报入本地户籍14例），其中：感染者29例（男性16例、女性13例），死亡3例；艾滋病病人8例（男性5例、女性3例），死亡6例。

【美沙酮维持治疗】　公安、司法、卫生等部门各负其责，共同抓好美沙酮维持治疗工作。为吸毒人员免费发放宣传资料和安全套。全年累计入组服药治疗56人，剔除死亡、临时退组、监管场所强戒，实际现有维持治疗人数22人，美沙酮维持治疗人员维持率达73.33%（22/30）；新入组人员的HIV、HCV、梅毒检测率达100%；全年服用美沙酮6450人（次），服药量为50.07万毫升，平均服药量77.63毫升。

【妇幼保健工作】　全县产妇2430人，产妇保健管理1856人，保健管理率94.90%，产妇系统管理2124人，管理率86.84%，筛查高危产妇415人，筛查率17.08%，高危产妇住院分娩415人，住院分娩率100%，孕产妇死亡1人，死亡率41.08/10万，产妇产后访视2305人，访视率94.24%；出生活产2446人，住院分娩活产2272人，住院分娩率92.89%，新生儿访视2312人，访视率94.52%，婴儿死亡38人，死亡率15.54‰，新生儿死亡24人，死亡率9.81‰，5岁以下儿童死亡45人，死亡率18.40‰，出生体重小于2500克的活产数为86人，发生率3.52%；7岁以下儿童数为17586人，儿童保健管理10757人，管理率61.17%，3岁以下儿童数7922人，系统管理3436人，管理率为43.37%。救助农村孕产妇1924人，救助金额97.34万元。

【新农合工作】　全县参合农民48767户188334人，参合率达93.12%，人均筹资230元，累计筹资4331.68万元，其中：农民自筹565万元，中央、省、州财政补助3766.68万元。支出新农合基金3122.4万元，受益参合群众60.98万人（次），其中：住院18614人（次），门诊591217人（次），住院补偿2328.33万元，占总基金支出的74.61%，次均补偿1250.85元，门诊补偿794.07万元，占总基金支出的25.45%，次均补偿13.43元。住院补偿封顶线将每人每年累计3万元提高到5万元。

【城市医疗支援农村卫生】 选派县级医疗单位医师对口支援乡镇卫生院，建立巡回医疗制度。全县选派12名医务人员到5个乡镇卫生院支援农村卫生工作。

深入乡村开展义务诊疗活动（县妇幼保健院供稿）

【医疗服务工作】 （1）加强乡镇卫生院建章立制工作，建立起责任明确、工作有序、管理规范的规章制度，以制度管理人，靠制度管理事，强化管理团队力量，提高执行力，形成民主管理、自我约束和自我激励的运行机制。（2）着力“五个规范”，即规范工程和药品挂网招标采购；规范设备物资采购行为；规范医疗服务收费行为；规范诊疗和用药行为，严格执行“四合理”制度；规范医疗市场秩序，严厉打击非法行医行为。（3）实行管理和技术人才（全科医生）齐抓，培训和引进并举，选拔与考核并重，理论培养和使用实践同行的人才发展战略，完善激励机制，为人才成长创造宽松的工作环境，提供优良的待遇，调动各类人才积极性，挖掘人才潜力，保证人才进得来、留得住、用得上、出得去，形成优秀人才脱颖而出和人尽其才的良好环境。开展继教、上派、下派、支医、进修、函授、远程教育、学历教育和各种短期培训，培训人员600余人（次）。（4）按照“新五件”（B超、X线、洗胃机、心电图机、生化分析仪）标准，逐步配备乡镇卫生院先进医疗设备，提高诊疗技术水平。（5）质量管理做保障。继续开展医院管理年活动，推进以质量为核心的医疗服务管理，建立了以质量为重点的医疗服务评价系统、信息公示和医疗风险预警系统；建立了医疗技术临床应用准入制度，完善了院内感染管理规范，加大院感监管力度；完善临床诊疗技术规范，提高医疗技术，规范医疗行为，确保医疗安全，减少医疗纠纷。

【乡村服务一体化管理】 为进一步加强对村卫生室的统一领导，完善了乡村一体化管理的方案，并明确局领导和县级相关医疗卫生单位挂钩一个乡的乡村一体化管理工作。对村卫生室的设置、人员、业务、药械、财务进行统一管理，村卫生室的法律责任独立、财务核算独立。

【无偿献血工作】 3月29日至4月1日，开展了大规模的无偿献血活动，有1101人参加了无偿献血，献血量达22.46万毫升。

【卫生监督执法】 严格按照各种卫生法律法规实施医疗卫生监督执法，有效促进了各种医疗行为、学校卫生、公共卫生、医疗市场等的行为和操作规范，有效维护了医疗卫生市场的正常秩序，保障了人民群众的就医和饮食卫生安全，卫生监督执法工作进一步规范和完善。

【中医药工作】 认真贯彻落实《中华人民共和国中医药条例》及《云南省发展中医条例》等相关法律法规，坚持“中西医并重”的方针，积极推进中医事业发展步伐，充分发挥中医在医疗、预防、保健、康复等方面的重要作用。在县中医院痔瘘、针灸、儿科、内科等专病专科建设得到进一步加强。全县8个乡镇9所卫生院开展中医药工作。举办了乡村医生中医药适宜技术培训，共培训乡镇卫生院、村卫生室80人。

【医药卫生体制改革】 （1）设立医改办公室，并落实了工作人员。（2）实施了基本药物制度，在基层基本解决了“看病贵”问题。（3）积极争取基层医疗机构缺编核编人员，得到人事部门的支持。（4）不断加快医疗保障制度建设。新型农村合作医疗制度参合率达93.12%，城镇医保8170人，参保率97.60%。（5）加强基层医疗卫生机构人员队伍建设，医疗卫生队伍不断加强，选送县、乡医疗业务骨干到州级以上医疗机构进修学习。（6）不断完善乡镇卫生院和村卫生室设备配置，加强人员培训，对医改各项工作进行下乡、下村督查。（7）落实保障措施，出台相关政策。为积极稳妥地推进南涧县深化医药卫生体制改革工作，确保国家基本药物制度的顺利实施，出台了《南涧县基层医药卫生体制综合改革实施意见（试行）》和《南涧县深化医药卫生体制改革挂钩联系点实施方案》。明确了医药卫生体制改革的目标任务和挂钩联系单位的主要工作职责和工作内容，同时安排县卫生局熟悉医改工作的领导和人员协助挂钩单位到联系点开展工作，真正把医改工作落到实处。

【医疗队伍建设】 重点学科建设得到加强，提升了全县卫生科技水平。继续医学教育管理和全科医师培训走向规范，卫生技术人员继续医学教育实现全覆盖，乡村医生均达到中专以上水平。年内培养学科带头人2名、培养业务骨干15名；培养乡镇卫生院全科医生5名，全科医生转岗培训5名，考核招聘卫生专业技术人员18名，考试招聘专业技术人员17名。

组织基本公共卫生服务项目管理业务培训（县疾控中心供稿）

【基本药物制度全覆盖】 全县8个乡镇9所卫生院和80个村卫生室实现了基本药物制度全覆盖，全部使用国家基本药物和省补品种，并实行零差率销售。实施基本药物制度后，南涧药价下降20%以上，达到了让药品供应商愿意送、基层医疗机构愿意配、医务人员愿意开、人民群众愿意用这一互利共赢的局面。全年基层医疗机构共用基本药物1206.3万元，实施零差率销售后，基本药物使用补助146.2万元。

【急救中心综合楼建设】 总建筑规模为2699平方米，6层框架结构，一、二层为“120”急救中心，三层为五官科，四层为中医康复科，五层为远程会诊中心，六层为业务培训中心。配置2辆救护车和急救设备。总投资预算612万元，其中：土建投资预算542万元，急救设备款70万元。该项目已完成立项批复、地勘、图纸设计、预算、前置审计等工作，完成了公开招投标，开工建设，进入第四层施工，完成投资160万元。

【精神病患者免费治疗】 为解决精神疾病患者这一“弱势群体”的医疗负担，提高其治疗率，降低危险行为率，维护良好的社会秩序，南涧县由政法委牵头，公安、卫生、医保部门配合与大理州第二人民医院实施的重性精神病人免费救治工作。全年收治重症精神病人41人，住院43人（次），其中：符合新农合报销34人，符合居民医保1人、职工医保3人，不符合基本医疗保险报销3人，康复出院18人，免费金额达28.38万元。

【便民输液椅配置】 随着政府对卫生所投入的不断加大，卫生所设施不断改善。为切实缓解人民群众看病难问题，提高卫生所的综合实力，投入资金20万元，为80个村卫生所购买了290把输液椅，并在输液椅靠背正面喷写红色“南涧县委、县政府便民输液椅”字样。

（董家位）

社　　会

民族宗教

【概　述】 2011 年，南涧县民族宗教工作在县委、县人民政府的领导和上级部门的帮助指导下，紧紧围绕县委、县人民政府的中心工作，牢牢把握各民族“共同团结奋斗、共同繁荣发展”这一新世纪民族工作主题和宗教工作“四句话”精神，认真学习党的十七大精神和十七届五中、六中全会精神，全面贯彻落实国务院、省、州民族宗教工作会议以及南涧县第十次党代会精神，深入调查研究，积极向上争取项目资金，认真履行部门职能，依法管理宗教事务，加强机关建设，深入开展“创先争优”活动，认真贯彻执行“效能政府四项制度”，有效促进全县民族团结和宗教和谐，促进了民族地区经济社会发展。

【民族宗教工作会议精神落实】 认真贯彻中央、省、州民族宗教工作会议精神，加强对民族团结和宗教工作的领导，认真贯彻落实党的民族团结政策和国家民族宗教法律法规，增强民族团结、维护社会稳定，及时排除影响民族团结、宗教和谐的各种隐患，建立健全民族宗教工作领导小组。全面组织实施南涧县《关于贯彻落实州委、州政府争当民族团结进步模范州的实施意见》，积极向县委、县人民政府提出解决少数民族发展问题的建议，促进各民族共同团结奋斗和共同繁荣发展，确保少数民族之间的和谐稳定。

【理论学习】 根据中央和省、州民族宗教工作会议精神，全局认真贯彻学习《中华人民共和国民族区域自治法》、《宗教事务条例》和州、县《自治条例》等民族宗教法律法规。派出 4 名干部参加国家、省、州组织的民族宗教培训。制定《南涧县民宗局内部事务管理制度》，规定每星期一为集体学习时间，组织学习杨善洲、龙进品先进事迹，印发《民族与宗教》工作简讯，使全局干部职工进一步加深了对民族宗教工作重要性的认识，增强贯彻执行党的民族宗教政策法规的自觉性和主动性，确保党的民族宗教政策法规得到贯彻落实。

【民族宗教维稳工作】 建立团结互助、和谐的社会主义民族关系。牢固树立“汉族离不开少数民族，少数民族离不开汉族，各少数民族相互离不开”的思想，做到各民族同呼吸、共命运、心连心。搭建服务平台，认真搞好变更民族成分工作，根据本人申请和有关政策规定，为 107 名符合条件的少数民族群众子女申请办理了变更民族成分手续。同时，结合综治维稳，对全县各民族和宗教活动场所进行分析、排查，确保全县安定团结的政治局面。

县委书记苏发吉与乐秋乡晒肚皮苗族村群众座谈交流（白家伟　摄）

【党风廉政建设】 坚持廉洁奉公，勤政为民，进一步完善落实廉政建设责任制，全面贯彻落实党的十七届五中、六中全会、十七届中央纪委六次全会、县委十届党代会、县纪委十届全会精神，认真贯彻落实科学发展观，坚持标本兼治、综合治理、惩防并举、注重预防的战略方针，全面加强干部作风建设。深入推进教育、制度、监督并重的惩治和预防腐败体系建设，制定《南涧县民宗局廉政风险防范管理制度》，推动了党风廉政建设和反腐败工作深入开展。

【党的民族政策落实】 为进一步开展民族团结工作，引导和要求各乡镇、村将民族团结工作列入工作日程，加强民族团结进步宣传力度，普及党的民族政策和相关法律法规，不断增强少数民族群众的政策法律意识，引导少数民族群众共同为民族地区的繁荣与发展贡献力量。认真组织实施民族团结示范村、人口较少民族、散居民族、民族特色村寨及少数民族传统文化抢救保护等工作，积极组织协调乐秋乡瓦午五社（晒肚皮）苗族扶持发展示范村建设，加强项目资金管理，整合各种资金，促进民族地区发展。

【宗教和谐矛盾隐患排查】 （1）采取措施及时排除影响民族团结的各种隐患，主动开展化解影响民族团结的矛盾纠纷和妥善处置群体性事件，使之解决在萌芽状态中。(2) 制定和完善处理涉及少数民族宗教方面群体预案。(3) 对本辖区内发生的涉及民族宗教方面的特别重大事件（Ⅰ级），必须在1小时内先通过电话向县人民政府汇报，然后再书面报告；重大事件（Ⅱ级），在3小时内先通过电话汇报，然后再书面报告；较大事件（Ⅲ级），在10小时内先通过电话汇报，然后再书面报告；一般群体性突发事件，在12小时内汇报。(4) 建立了民族宗教信息报送制度，对群体性事件的调处工作情况一日一报，并将处理情况书面报县人民政府办公室和州民委、州宗教局。(5) 依据民族团结和宗教工作的要求，对辖区内影响民族团结、宗教和谐的隐患和矛盾纠纷进行调研分析，并写成分析报告。

州宗教局局长杨化宇（左二）到公郎镇回营清真寺调研（沙利彪　摄）

【营造良好学习氛围】　(1) 召开有关民族宗教法规和科技学习培训会，学习民族宗教政策和相关法律法规。(2) 南涧县委党校开设马克思主义民族宗教观和民族宗教政策及法律法规讲座课，对广大党员干部、群众加强马克思主义民族观和党的民族宗教政策及法律法规的宣传教育，不断提高广大党员干部、群众的民族宗教政策及法律意识水平。(3) 在全县中小学开设《民族宗教意识》和《民族宗教政策常识》课，对学生进行民族团结教育。通过授课、办黑板报、学生互相介绍各民族风俗习惯等形式，师生在学习和生活中形成了团结友爱、互相帮助、共同进步的良好风气。

【其他工作】　围绕县委、县人民政府中心工作，帮助挂钩回营村委会完成春耕生产。全局分期分批深入挂钩村委会帮助工作，给予3800元资金支持，确保村委会按质按量按时完成春耕生产。认真实施回营村委会民族团结示范村项目，争取省级发展资金30万元。积极参加“绿色走廊”植树活动，新植树116株。捐资600元，积极参与党员示范林建设。在“六一”儿童节、助残日、敬老节和“七一”建党节，看望慰问挂钩村委会部分少数民族群众和困难党员。

【项目督查】　对2010年度项目实施情况进行督查，坚持把关注和改善民生，促进少数民族地区经济、社会发展作为民族工作第一要务，努力为少数民族地区和民族群众办实事、办好事，千方百计加快少数民族和民族地区经济社会发展。全年对12个项目、122万元资金实施情况进行了督查验收。

【项目论证】　认真做好2011年项目的规划、论证、申报工作。根据“突出重点、抓住特点、形成亮点”的思路，从总结推广建设经验和选好点入手，做实、做细项目规划，认真谋划民族团结示范村，扶持人口较少的公郎镇落底河布朗族，确保成为有特点、有亮点、效果好，真正在少数民族地区新农村建设中发挥示范作用。全年分别到各乡镇调研，论证上报了14个项目，总投资677万元，申请补助资金341万元，实际到位省、州补助资金263万元，占项目总投资的38.85%。

【调查研究】　围绕县委、县政府的中心工作，对全县少数民族聚居区经济社会发展情况进行了深入细致的调查研究，形成了《南涧县民族宗教事务局关于南涧县城镇化建设情况的调研报告》、《南涧县民族宗教事务局关于南涧县少数民族基本情况的调查报告》、《南涧县民族宗教事务局关于开展城市民族工作情况的调研报告》、《南涧县民宗局民族宗教工作情况报告》、《南涧县道教现状调查报告》、《浅论构建和谐南涧的民族宗教工作》等调研报告，供上级部门和领导决策提供参考，切实当好参谋助手。

【电脑农业】　坚持走“突出特色、打造精品、做出亮点”的工作思路，狠抓电脑农业推广、信息化和网站建设工作。(1) 在全县8个乡镇80个村委会进行大面积推广，落实各级示范样板和技术措施，设置电脑农业监测点。(2) 在南涧农业信息网发布信息1307条、南涧数字乡村网发布558条、南涧电脑农业网发布102条、信息公开网发布56条。(3) 对南涧农业信息网县级网站全面升级改版，完成南涧电脑农业网站与“三电合一”项目建设内容的资源整合，开发核桃专家系统1个。

【民族宗教刊物征订】 民族刊物在宣传党的民族宗教政策和法律法规方面起着重要作用，为各乡镇、中学、宗教场所、县级部门订阅了《今日民族》90份，为维护民族地区的稳定和谐发挥了重要作用。

【宗教事务管理】 切实加强宗教活动和宗教场所的管理，认真按照《宪法》和《宗教事务条例》等法律法规，依法管理宗教事务，严格宗教活动和宗教场所的管理，不断规范和完善宗教活动场所制度，努力使全县宗教工作不断走向法制化、规范化轨道。(1) 积极做好回民朝觐工作，全年州宗教局批准全县5名穆斯林群众前往沙特阿拉伯朝觐，县民宗局积极协助出国人员办理出国朝觐手续。(2) 认真组织云南省宗教系统书画展，全县有15幅书画参展。(3) 全县有3人参加"云南省道教传度法会"活动。(4) 根据县委、县人民政府安排，协同相关单位，顺利把原老血防站土地房产移交给县伊协管理使用。(5) 完成南涧县伊斯兰教协会换届工作。(6) 认真开展宗教教职人员认定备案工作，制定《南涧县关于开展宗教教职人员认定备案工作的实施方案》，全县有28名伊斯兰教教职人员报州申请备案。

【宗教活动场所管理规范】 (1) 按照职权，搞好辖区内宗教活动场所的设立、合并、分立、终止或变更，做好审批、审核、登记上报工作。全县宗教活动场所登记手续健全，按时上报信教群众人数、宗教活动场所数量等年报工作。(2) 建立健全宗教活动场所管理组织，实行民主管理，把好场所设立登记关、建设报批关，促使宗教活动依法、有序进行。(3) 按照《宗教活动场所财务监督管理办法（试行）》有关要求，制定实施方案，加强监督检查。(4) 帮助宗教活动场所建立健全人员、财务、会计、治安、消防、文物保护、卫生防疫等民主管理制度。

【爱国主义宣传教育】 南涧县民宗局分别深入全县依法登记的宗教活动场所12次48人开展相关法律、法规基本知识宣传教育活动。充分发挥宗教团体的主体作用，加强指导，稳步推进。按照政府主导作用与发挥宗教团体和宗教活动场所的自觉性、主动性相结合的工作方针，充分激发主人翁意识，确保创建活动的顺利开展。

（马赢文）

人口和计划生育

【概　述】 2011年，全县人口和计划生育工作在县委、县人民政府的正确领导和省、州主管部门的关心支持下，巩固"依法管理、村民自治、优质服务、政策推动、综合治理"的工作机制和"奖优免补"为主的利益导向机制，在稳定低生育水平，控制违法生育的同时，抓好以预防出生缺陷为主的优生促进工程，加强宣传引导和流动人口计划生育管理服务，统筹解决人口数量、素质、结构、安全、分布等问题，为全县经济社会又好又快发展创造了良好的人口环境。

【年度人口计生情况】 2011年，全县总人口22.22万人，其中：已婚育龄妇女达4.63万人，占总人口的20.84%；已婚育龄妇女中采取长效节育措施人数3.94万人，长效节育率达85.16%；采取综合节育措施人数达4.14万人，综合节育率达88.66%。全县出生2010人，其中一孩1151人、二孩845人、计划内三孩13人、计划外多孩1人，人口出生率达9.06‰，计划生育率达98.91%；死亡1273人，死亡率5.74‰；自然增长737人，自然增长率3.32‰；出生人数比上年减少20人，死亡人数比上年减少52人，自然增长人数比上年增加32人，一孩出生数比上年减少80人，二孩出生数比上年增加54人，多孩出生数比上年增加6人。

【优生促进工程实施】 开展以孕前优生健康检查为主的优生促进工程是预防出生缺陷，提高出生人口素质的有效措施。为深入抓好优生促进工程，县人民政府办公室下发了《南涧县深入推进优生促进工程工作实施方案》，成立了工作领导组，明确了成员单位职责，县财政保障检查经费的投入。全年完成婚孕前培训1544对，孕前检查1024对，产前筛查981人，产后随访862人。8月，南涧县被列入国家免费孕前优生健康检查项目省级拓展县。

【强化宣传引导】 县人口和计划生育局宣传引导工作从5个方面强化：(1) 印制《人口和计划生育法律法规宣传单》3000份，粘贴到全县每个自然村组。(2) 联合县教育局、县疾控中心等部门，到县职中和8个乡镇中学开展人口计生知识宣传讲座，有5600多名师生参加学习。(3) 印制《帮你生个好宝宝》宣传读本5000册，赠阅参加优生促进项目的育龄群众。(4) 在公路沿线制作了大型宣传广告牌两块，永久性宣传标语20条。（5）在“5·29”全国计生协会活动日、“7·11”世界人口日宣传周期间开展宣传咨询活动，免费发放避孕药具，为预防性病、艾滋病，保障人口安全作出积极努力。

【“奖优免补”政策落实】 全县累计办理独生子女父母光荣证9902户，其中农业人口4453户，年内审批办理农业人口独生子女证350户，兑现一次性奖励金322户31.05万元；发放独生子女在校生奖学金2330人45.2万元；为113名中考、37名高考农业人口独生子女落实升学加分，发放升学奖励金17.82万元；审核兑现养老补助459人35.34万元，特别奖励扶助76人8.42万元；减免新农合参合费15912人79.56万元；发放独生子女保健费31.69万元；在“5·29”计生协会活动日期间，慰问残疾家庭16户、独生子女26户、双女结扎户10户，支付慰问金9200元，兑现少生奖励资金250万元。

深入乡镇街场开展宣传咨询诊疗活动（县计生局供稿）

【流动人口计划生育管理】 3月，县人民政府成立以县长为组长，分管公安工作副县长为副组长，县教育、民政、司法、人社、住建、卫生、计生、工商局长为成员的流动人口管理协调领导组，组织人员对流入人口进行清理登记。全县流入人口2178人，其中：省外流入1358人，省内流入820人，男性1266人，女性912人；在流入人口中成年育龄人口1690人，男性938人，女性752人，已婚育龄妇女522人。全县流出人口13426人，其中：流出省外8441人，流出省内4985人；在流出人口中成年育龄人口11553人，男性6945人，女性4608人，已婚育龄妇女3187人。在清理核查中发放宣传资料1700多份，避孕药具1200多人（次）；成立南街居委会流动人口计划生育协会，做到管住管好，服务到位。

【廉政风险防控制度制定】 根据县委、县人民政府关于加强党风廉政建设，落实廉政风险防控管理工作的要求，县人口计生局结合本系统实际，从局班子成员、办公室、政策法规股、计划统计股、宣传科技股、计划生育协会、县计划生育服务站、县流动人口计划生育管理所各自岗位查找责任风险，制定防控措施，完善服务承诺、首问责任等16个制度，印制《南涧县人口计生局岗位廉政风险防控措施汇编》30册，以良好的党风政风促进人口和计划生育工作的持续健康发展。

（罗汝昌）

民　政

【概　述】 2011年，南涧县民政局在县委、县人民政府的坚强领导下，坚持以科学发展观为统领，紧紧围绕“提高全民素质、改善生态环境、提升优势产业、抓实项目建设、强化招商引智、创新发展模式、促进科学发展”的工作思路，结合上级主管部门的部署，努力践行“上为政府分忧、下为群众解困”的工作理念，进一步解放思想，务实开拓，“创先争优”，不断提升民政部门改善民生、促进发展的能力和水平，全力做好救灾救济、社会救助、优抚安置、基层政权、社会事务重点工作，为“十二五”民政事业长足发展开好局、起好步，在建设“微笑南涧、诚信南涧、创新南涧、活力南涧、森林南涧、和谐南涧”的实践中发挥积极作用。

【抗旱救灾】 全县有1108个村（居）民小组、30547户、116089人遭受干旱、洪涝、风雹、泥石流、滑坡、低温冷冻、病虫灾害，大小春农作物受灾12506公顷，成灾9652公顷，绝收975公顷。因灾造成直接经济损失4916万元，其中农业经济损失4032万元。面对严峻形势，县民政局积极协调，多方筹措，全力做好救灾救济工作。（1）全县安排冬春灾民生活救助经费50万元，发放自然灾害救济资金329.1万元。(2)安排受灾群众民房恢复重建经费56.5万元。(3)安排灾区困难群众生活,发放灾民救济口粮34.05万千克,将上级民政部门募集捐赠衣物和全县新购买的1000床棉被及时发放到灾民和困难群众手中。(4)春节期间慰问困难群众150户、困难党员150人,支付慰问金6.9万元。(5)投资70万元,建筑面积265平方米的救灾物资储备仓库投入使用。(6)安排乐秋乡抗旱救灾资金6万元,碧溪乡和乐村抗旱救灾资金4万元。(7)临时救助700多人(次),支付资金5万多元,全年累计发放灾民及困难群众救助15.65万人(次),资金1273.7万元。

【城乡社会救助】　(1)按照《关于进一步加强和规范城乡低保和农村五保动态管理工作的通知》等相关文件精神,积极做好城乡低保动态管理工作。在动态管理中,分别调整了城市低保户26户26人、农村低保户1013户3408人、农村五保户39户40人,完成了1300人农村低保扩面任务。全县有城市低保户2940户3836人,农村低保户8591户2.54万人,农村五保户1012户1022人,发放城市低保金887.5万元、农村低保金2563万元、农村五保供养金140万元。(2)按时足额发放城乡低保、农村五保春节慰问等各种补助资金,发放春节慰问及临时价格补贴123.52万元,发放春节前一次性生活补助295.56万元,发放"两案揭批插"开除公职人员补助金3万元。(3)组织完成州纪委、州民政局等部门组成的调研组对全县城市低保政策及资金落实情况的调研。(4)完成城乡大病医疗救助"一站式"即时结算服务管理模式和门诊救助3.6万人(次),支付资金198万元;支付农村医疗救助资金543.6万元,切实帮助城乡困难群众解决医病难问题。

【双拥优抚】　认真落实优抚安置政策,确保优抚对象合法权益。(1)全县有符合安置条件的退役士兵13人,按照省、州统一部署,已完成安置工作,其中岗位安置4人、经济补偿安置9人,支付自谋职业经费45.2万元、待安置期间最低生活保障金1.17万元、退役士兵培训费2万元。(2)认真做好军休干部信息升级、艰苦地区津贴调整等工作。(3)做好优抚对象各种补助发放工作,发放各类优抚对象生活补贴377.2万元。(4)重点优抚对象医疗救助"一站式"服务工作全面推进,涉及重点优抚对象1095人,救助金11万元。(5)认真做好优抚安置政策解释、来信来访处理等工作。(6)认真做好农村籍退役士兵老年生活补助调查核实工作。

爱心人士为五保老人送新衣(县民政局供稿)

【基层政权建设】　不断深化村务公开和民主管理工作,年内下拨村务公开栏建设经费9万元,努力推进村务公开制度创新和工作创新,不断扩大群众有序参与。加强城乡、社区基础设施建设,及时足额落实配套资金,强化项目资金管理。结合"十二五"民政事业发展规划,积极争取南街社区和和平社区服务中心建设项目。

【社会组织管理】　坚持培育发展与监督管理并重的方针,大力培植发展新社会组织,引导协会组织为经济建设服务。(1)严格按照《社会团体登记管理条例》培养发展新社会组织,加强对新社会组织的管理和指导。(2)切实做好社会组织年检工作,认真落实重大事项报告制度,指导新社会组织扎实开展"创先争优"活动。(3)对违反《社会团体登记管理条例》相关规定或利用新社会组织之名进行非法传教等违法活动的行为,给予严厉打击。

【社会事务管理】　为进一步规范婚姻登记,成立了南涧县婚姻登记中心,实现全县婚姻登记集中办理。(1)严格执行《婚姻法》、《婚姻登记条例》,做到执法文明、行为规范,婚姻登记率达100%,合格率达100%,全年办理结婚登记2800多对,离婚登记240多对,补发结婚登记340多对。(2)核实孤儿85人,发放孤儿基本生活保障金51万元,落实事实无人抚养儿童120人。(3)严格执行《中华人民共和国收养法》，认真做好收养登记工作。(4) 深化殡葬改革，大力提倡殡葬新观念、新风尚，提倡文明节俭办丧事，引导群众破除丧葬陋习，树立殡葬改革新风。(5) 根据《城市生活无着的流浪乞讨人员救助管理办法》的规定，做好临时救助工作。(6) 扎实做好贫困家庭残疾儿童手术康复工作，全年有 9 名残疾儿童实施了康复手术。(7) 积极开展慈善捐资助学活动，在州慈善会的大力支持下，慰问全县困难群众 30 户，为困难群众发放慰问金 6000 元，毛毯 30 床。州海源粮油产业发展服务中心向县敬老院五保老人捐赠新衣 50 套。筹措 3.1 万元福彩公益金资助家庭困难新入学优秀大学生 9 名。

州民政局领导视察敬老院（县民政局供稿）

【老龄工作】 积极做好《中华人民共和国老年人权益保障法》和《云南省老年人权益保障条例》的宣传工作，提高全民关心、重视老年事业发展的意识。免费为 60 岁以上老人办理《云南省老年优待证》800 多本，落实发放 80 岁以上老年人高龄健康补贴 3369 人 121.3 万元。

【扶贫挂钩】 根据县委、县人民政府的部署，县民政局紧密结合“创先争优”和“干部下基层”活动，扎实有效开展挂钩联系工作。局领导和干部职工分期分批深入挂钩联系的宝华镇美星村委会，深入每个村组，采取有效措施，帮助困难群众解决实际困难。全年为美星村委会购置 1 万余元的办公桌椅、沙发、文件柜等办公设备，协调工作经费 5000 元，切实帮助人民群众解决实际困难。协助村委会研究发展思路、寻找发展出路、制定切实有效的措施，积极推进美星村经济社会科学发展。

【队伍建设】 认真实施法治政府、责任政府、阳光政府、效能政府建设，结合“创先争优”活动和学习型机关建设活动，加大学习培训力度，提高民政队伍素质，使民政干部在履行职责和改革创新上有新突破，在服务质量和办事效率上有新提高。(1) 学习党风廉政建设各项制度和规定，落实党风廉政建设责任制，加强对机关工作人员的廉政教育，筑牢思想防线。(2) 切实加强机关干部作风建设，改进服务方式，规范服务标准，发挥文明窗口的示范作用，为群众提供高效、优质的服务。(3) 紧紧围绕“创先进真情暖人心、争优秀满意在民政”的主题，扎实开展民政系统窗口单位和服务行业为民服务“创先争优”及干部下基层活动，做到干部下基层、为民办实事。

（熊贵祥）

扶贫开发

【概　述】 2011 年是新十年扶贫开发的开局之年，为开好局、起好步，南涧县扶贫开发办公室以党的十七大和十七届五中、六中全会精神为指导，在县委、县人民政府的正确领导下，在省、州扶贫部门的帮助指导和全县各级各部门的支持配合下，按照省、州扶贫开发工作要求，以稳定脱贫为中心，以为贫困群众办实事、办好事为出发点和落脚点，以建设社会主义新农村为目标，突出重点，强化措施，合力攻坚，重点加强农村基础设施建设，加大产业扶持和劳动力培训力度，着力改善贫困群众生产生活条件。通过实施各项扶贫开发项目，有力促进了全县政治、经济、文化的持续健康发展。

【扶贫开发建设工程】 南涧县扶贫开发建设工程计划总投资 2291.6 万元，实际完成投资 2702.88 万元，其中省财政资金 422 万元、州财政资金 120 万元、县财政资金 226.8 万元、部门整合资金 667.7 万元、群众投资投劳折算 1266.38 万元，投资完成率达 117.95%。项目涉及 2 个镇、2 个村委会、1693 户 6340 人。新建安居房 180 幢、改造 344 幢，农户院心硬化 150 户、庭院建设 899 户、粉刷墙体 1600 户，新建沼气池 222 口、节能灶 521 口、太阳能 165 口、电磁炉 379 个、小水窖 40 个、塘坝 3 个、沟渠 1.8 千米、人饮管道 5 千米、公厕 4 座、农户卫生厕 212 间、卫生厩 245 间；种植泡核桃

114 公顷、药材 1.33 公顷、杨梅 3.33 公顷、牧草 22.27 公顷；养殖肉牛 551 头、猪 1470 头、羊 200 只；新修进村公路 5 千米、改造 8 千米，建成村内弹石路4578 平方米、水泥卫生路面 4.23 万平方米、村道绿化 1650 平方米、挡墙 1014 立方米、输电线路 1.5 千米，架设电杆 14 根；新建村委会办公用房 80 平方米、改造 30 平方米，新建村文化室 80 平方米、议事点 7 个、垃圾处理池 9 座、文化广场 954 平方米、村级活动场所 15 个、建农家书屋 1 个、为民服务站 60 平方米、新建标志牌 32 座；科技培训 1100 人（次）、劳动力转移培训 100 人（次）。通过实施扶贫开发建设工程，大大改善了项目村基础设施及生产生活条件。

内蒙古自治区鄂尔多斯市扶贫系统干部到公郎镇大乌木龙村考察新农村建设情况（县扶贫办供稿）

【扶贫重点村建设】 争取专项资金 1020 万元，实施扶贫开发重点村 68 个，其中南涧镇 19 个、宝华镇 20 个、拥翠乡 5 个、无量山镇 5 个、公郎镇 7 个、碧溪乡 6 个、乐秋乡 6 个。本着“先难后易，贫困村相对集中连片”的原则，重点安排在南涧镇白云和宝华镇虎街 2 个扶贫开发建设工程项目村，兼顾其他乡镇贫困村，点面结合。通过项目实施，进一步夯实了项目村基础设施，改善了群众生产生活条件，发展壮大了产业基础，美化亮化了村容村貌。

【易地搬迁】 实施南涧镇得胜村委会新庄和碧溪乡中华村委会阿榨克两个易地扶贫开发项目，投入财政扶贫资金 150 万元，其中：南涧镇得胜村委会新庄投资 105 万元，集中安置 54 户 210 人；碧溪乡中华村委会阿榨克村投资 45 万元，分散安置 20 户 90 人。新建安居房 74 户 7400 平方米，人饮管道 4.64 千米，其中主管 2.8 千米、进户管 1.84 千米、水池 3 个 100 平方米，建设输电线路 2.9 千米、50 千伏安变压器 2 台，村内道路硬化 1200 平方米，发展泡核桃 3.33 公顷，农村实用技术培训 300 人（次）。启动规划总投资 358 万元的无量山镇保台村委会黄鹂窝和古德村委会阿目地利两个村、78 户 404 人的易地扶贫开发项目。

【扶贫安居工程】 争取专项资金 372 万元，实施 372 户贫困户安居房建设项目，其中南涧镇 63 户、宝华镇 59 户、无量山镇 49 户、公郎镇 48 户、小湾东镇 35 户、拥翠乡 36 户、碧溪乡 37 户、乐秋乡 45 户。通过项目实施，有效缓解了贫困户住房难问题。

【扶贫到户贷款】 全年发放扶贫到户贷款 4029.7 万元，贴息 201.48 万元。项目涉及全县 8 个乡镇、1215 户农户 5188 人，其中：用于种植业资金 1125 万元，发展各类经济作物和经济林 553.33 公顷；用于养殖业 1543.7 万元，发展生猪养殖 5000 头、牛 3000 头、家禽 3.57 万羽；用于其他行业 947 万元，发展加工业等 467 户，超额完成了上级下达任务，群众受益大、增收明显。

【产业扶贫】 投资 100 万元，扶持罗伯克茶场实施引水工程和低产茶园改造项目；投资 90 万元扶持拥翠、乐秋两个乡无量山乌骨鸡发展项目。投资 100 万元，实施红云核桃绿色丰产基地建设项目；投资 100 万元，实施无量药谷（三七）建设项目。通过产业扶贫，发展和壮大龙头企业，辐射带动农户发展产业。

【劳动力转移培训】 劳动力转移培训是扶贫开发工作的一项重要内容之一，通过培训，提高农村劳动力的劳动技能、就业能力和综合素质，帮助农村富余劳动力向非农行业转移就业、增加收入，是农民脱贫致富最直接、最有效的重要途径。全年投入专项财政资金 221.6 万元，完成技能型培训 2520 人、引导性培训 1000 人（次），实现培训后转移 3210 人，全县累计输出县外务工人员 4.65 万人，实现年务工收入 22319 万元。

【互助资金试点】 安排财政资金 100 万元，在南涧、宝华、无量山镇 3 个镇，9 个村委会，18 个村民小组实施贫困村互助资金试点项目，组建了 9 个互助资金管理小组，涉及农户 537 户，参互农户 322 户，发放互助资金贷款 111.3 万元，其中财政资金 100 万元、农户入互资金 7.4 万元、公积金 4.08 万元。通过实施该试点项目，有效缓解了贫困村贫困户生产发展资金困难问题，培植、壮大了一批支柱产业，村民的法律意识、自我管理能力、自我发展的能力明显提高，群众反映较好，扶贫成效明显。

广州九旭有限公司苏军、何秀丽夫妇到新政村捐资助学（县扶贫办供稿）

【外资项目】 投资 243.89 万元，与香港乐施会昆明办事处合作，在乐秋乡乐秋村委会庙山 3 个村民小组实施乐施会庙山村生计综合发展项目，帮助庙山村改善生产生活条件、生计发展问题及能力建设，同时学习和探索新的扶贫理念和方法。

【扶贫统计监测基期调查】 2011 年，南涧县被列为全国扶贫统计监测基期调查试点县，调查涉及全县 80 个村委会和 100 户农户，调查内容为农村和农户基本生产生活、基础设施、公共服务、扶贫资金投入、项目开展、惠农政策落实等 600 多项指标。此次调查是新十年扶贫开发统计监测的基础和模板，通过调查、监测，为扶贫开发工作提供全面、系统的基础分析数据。

【扶贫挂钩】 县扶贫办上半年挂钩宝华镇小铁窑村委会，下半年挂钩小湾东镇神舟村委会。为做好挂钩帮扶工作，县扶贫办派出专人进驻挂钩村，并利用节假日，组织全办干部职工与群众一起参与烤烟移栽工作。积极开展残疾人、困难学生、困难党员及老党员的慰问工作，其中：慰问残疾人、困难党员、老党员 15 人，支出慰问资金 1500 元；慰问学生 200 多名，支出慰问资金 5000 多元；为小铁窑村委会办实事 4 件，支持工作经费 2000 元；为神舟村委会办实事 5 件，支持项目资金 14 万元、补助工作经费 1.2 万元。

【扶贫规划编制】 根据全国连片特殊困难地区区域发展与扶贫攻坚规划编制工作要求，结合南涧实际，认真开展南涧县滇西边境山区片区区域发展与扶贫攻坚规划（2010～2020 年）编制工作，总规划资金 708.23 亿元。规划按照“区域发展带动扶贫开发，扶贫开发促进区域发展”的基本思路和“雪中送炭、突出重点”的原则，以“提高全民素质、改善生态环境、提升优势产业、抓实项目建设、强化招商引智、创新发展模式、促进科学发展”的具体工作思路，坚持开发式扶贫方针，完善配套基础设施、培育壮大特色产业、统筹经济社会发展、整合资源整体推进，突出重点、加大投入、完善机制，以专项扶贫、行业扶贫、社会扶贫为支撑，对深度贫困地区实行差别化重点扶持政策。规划在综合分析片区基本情况的基础上，坚持片区扶贫攻坚与区域整体发展有机结合，明确片区区域发展与扶贫攻坚的指导思想、基本原则和主要目标，统筹协调片区功能分区、重大基础设施、主导产业和城镇化布局，统筹安排片区城乡基础设施建设、社会事业发展、生态环境保护、产业发展、扶贫开发等建设任务，研究提出保障片区区域发展与扶贫攻坚的有效机制和政策措施，是南涧县新十年扶贫开发工作的综合性总体规划。

【党风廉政建设】 按照党风廉政建设工作要求，结合扶贫办职能工作实际，加强学习、完善制度。（1）通过开展四项制度建设，积极开展阳光政府、效能政府、法治政府建设，部门办事效率进一步提高。（2）扎实开展廉洁扶贫行动，凡资金在 100 万元以上的扶贫项目安排和事关群众中、长期发展的扶贫重点项目及决策，请县农林水纪工委、监察局和其他相关部门参与监督；所有扶贫项目按照公开、公平、公正、阳光操作的原则，进行事前、事中、事后公示公告，听取群众意见和建议，接受群众监督，并建永久性标志碑。（3）充分利用广播、电视、网络等主流媒体和借助项目村文艺队演出等时机，多形式、多角度、多层次宣传扶贫工作的方针和政策，将扶贫政策和工作宣传到千家万户。通过开展丰富多彩的党风廉政建设、廉洁扶贫活动，确保了扶贫项目及资金安全、高效运行，使人民群众真正得实惠。

大乌木龙扶贫重点村村民议事点（县扶贫办供稿）

（张晓君）

国家调查

【概 述】 2011年，南涧调查队在国家统计局云南调查总队和县委、县人民政府的领导下，深入贯彻党的十七届五中、六中全会、省委八届十次全会、中央经济工作会以及全国统计工作会议、全省国家调查工作会议精神，以科学发展观为指导，以促进调查事业科学发展和努力服务科学发展为主线，加强基层调查建设，不断提高调查数据质量、调查能力和调查公信力及优质服务水平，圆满完成了各项调查工作，被云南调查总队评为“法制宣传教育工作先进集体”。

【贯彻全省国家调查工作会议精神】 全省国家调查工作会议结束后，南涧调查队及时组织全体干部职工认真传达学习，深刻领会。牢固树立“两种意识”，推进“三个提高”，深入贯彻科学发展观，紧密围绕构建和谐社会的主题，忠于统计调查事业，坚守职业道德，刻苦钻研业务，不断提高调查数据质量和调查人员自身素质，努力提升工作质量，提升服务水平，认真抓好贯彻落实，以促进各项调查工作任务的高质量完成。

【学习型机关建设】 南涧调查队以职业道德建设为主线，以转变职能、改进作风、搞好服务、提高效率，建设政治坚定、务实高效、清正廉洁、人民满意的机关为目标，紧扣“忠于祖国、服务人民、恪尽职守、清正廉洁”的主题，围绕县委、县人民政府的部署，精心组织学习培训。(1) 组织干部职工集中学习涉及统计调查工作的法律法规及政策，学习《统计法》、《统计违法违纪行为处分规定》、《农业调查基础规范化规程》、《云南国家调查队系统调查工作规范化规程》。(2) 以开展“创先争优”活动为载体，努力创建学习型机关，组织学习有关廉洁从政知识、十七届五中、六中全会精神、胡锦涛总书记在庆祝中国共产党成立90周年大会上的讲话、统计调查业务知识等。通过学习，全面加强队伍的政治、业务、组织、思想、作风建设，提高综合素质，增强法律意识，牢固树立为人民服务宗旨，不断提高调查工作的能力和水平。

【宣传管理工作】 (1) 加强对《统计法》、《统计违法违纪行为处分规定》的学习和宣传，强化依法行政、依法调查、规范管理，依法维护调查工作秩序，依法确保调查数据质量。(2) 南涧调查队认真贯彻落实云南调查总队制定下发的《关于进一步加强基层国家调查队管理工作的意见》，进一步完善基层调查队人、财、物等方面的管理制度，强化内部管理，塑造外部形象。

【调查任务完成】 (1) 按质按量完成了农村住户60户和贫困监测调查100户的原始数据采集、数据汇总整理、数据成果的利用以及数据分析资料的撰写上报工作。(2) 按时完成粮食产量的调查任务，分别对小麦、蚕豆、稻米、玉米、杂粮进行了踏田估产、排队抽选、实割实测等抽样调查，获得了详实的亩产资料，同时对小春农作物实际播种面积和大春农作物播种面积进行了跟踪调查。(3) 认真做好农产品生产价格和中间消耗专业的调查，适时掌握农产品价格的市场行情变动情况，分季度对各种植品种在生产环节中的中间消耗进行核实调查上报。(4) 适时开展畜禽动态监测调查，按季、按月对5个农业普查小区的猪、牛、羊、禽存栏、出栏及销售价格进行了调查，及时掌握畜牧业市场的行情波动情况，并根据动态监测情况按时上报市场动态。(5) 认真开展国家统计局下达的农民工监测调查，完成了1~4季度100户农民家庭的原始数据采集、数据录入和上报工作。(6) 按质按量完成城镇住户50户调查的原始数据采集、数据录入、汇总、整理上报工作。(7) 认真开展居民生活消费价格调查。从1月份开始，根据国家现行统计调查制度规定，在县城依法开展居民消费价格指数（CPI）调查，完成了各月份食品、烟酒、衣着、家庭设备用品及维修服务、医疗保健、交通和通信、娱乐文化教育、居住8大类的价格采集、数据录入、数据成果的利用等工作。

【扶贫挂钩】 领导带队定期不定期地到所挂钩的村委会蹲点，协助完成粮烟生产各项任务，为挂钩点拥翠村委会解决工作经费4000元，为新华村委会解决工作经费2000元，购置会议桌1张3600元。5月13日，筹资1800元，慰问残疾人30人。

【“绿色走廊”建设】 根据县委、县人民政府《关于加快推进公路沿线绿色走廊建设的实施意见》和县绿化委员会办公室《关于加强绿色走廊建设补植补造工作的通知》要求，南涧调查队组织投工投劳20人（次），筹措资金4000元，补植补造小叶榕36株，并顺利通过绿化办验收。

（李廷光）

乡镇要览

南涧镇

【概　述】 南涧镇位于县境东北部，地处东经100°23′~100°38′、北纬24°56′~25°10′之间。东与弥渡县接壤，南与拥翠乡、宝华镇相连，西与乐秋乡、巍山县巍宝山乡交界，北与巍山县、弥渡县毗邻。总面积362.93平方千米，最高海拔3061米（县城北部太极顶），最低海拔1310米（东涌村委会南涧河谷底）。镇人民政府驻县城白沙路22号。

全镇辖南街、安定、西山、小军庄、团山、保安、瓦折、文启、东涌、得胜、太平、复兴、白云、新山14个村（居）委会，178个自然村，265个村（居）民小组，14446户，47512人，其中：农业户9614户，非农业户4832户；农业人口38125人，非农业人口9387人；男23744人，女23768人。人口密度131人/平方千米。有16个民族，其中：汉族34128人，彝族12583人，白族510人，回族101人，苗族36人，哈尼、壮、傣、纳西、傈僳、拉祜、佤、瑶、土、布朗、蒙古族152人，除汉族以外其他少数民族13384人，占总人口的28%。年内出生人口381人，人口自然增长率2.62‰。有林地2.63万公顷，森林覆盖率48.7%，林木绿化率72%。有耕地2385公顷，其中水田649公顷、旱地1736公顷，农业人口人均占有耕地0.95亩。

【农村经济】 全年农村经济总收入32960万元，比上年增长22.5%；总收入人均8645元，比上年增长17.46%；农民人均纯收入3615元，比上年增长32.4%。完成社会固定资产投资29419万元，比上年增长30%。金融机构各项储蓄存款余额24053万元，比上年增长81.58%；各项贷款余额23250万元，比上年增长73.94%。

【粮食生产】 全年完成农作物播种面积5607公顷，其中粮豆面积4077公顷，总产1825.8万千克，比上年增加733.8万千克，增长67.2%；单产4478.29千克，比上年增长48.19%。小春粮豆面积1680公顷，总产525.1万千克，单产3125.6千克；大春粮豆面积1933.33公顷，总产1153.7万千克，单产5967.42千克。农业人口人均占有粮479千克，比上年增长65.74%。

【烤烟生产】 全镇种植烤烟1200公顷，收购烟叶213.52万千克，产值3911.45万元，其中：合同收

农业技术人员利用新式插秧机为西山村委会农民插秧（杨训波　摄）

购量205.7万千克，产值3787.24万元；收购丰产烟叶7.82万千克，产值124.21万元。红大补贴651.46万元，烟农种烟收入4562.91万元，农业人口人均收入1206.61元。

【牲畜产业】 全镇存栏大牲畜1.8万头，其中肉牛1.61万头，生猪3.37万头，山羊7652只，家禽16.54万羽。出栏大牲畜8220头，生猪2.83万头，山羊3.37万只，家禽41.57万羽。完成肉类总产5327.9吨，禽蛋产量290吨。猪人工授精1505头、肉牛冻精改良2668头、公牛阉割784头。开展农村养殖实用技术培训18期6200人（次）。完成国债沼气建设450口、“三配套”210口。发展优质肉牛养殖户13户，累计完成圈舍建筑面积1110平方米、过滤池229立方米、蓄粪池298立方米、青贮窖326立方米，种草2.33公顷，兑现项目资金30.17万元。完成草原生态补偿面积1.83万公顷，兑现资金50.13万元。实施中央财政现代农业南涧县发展优质肉牛产业项目，3月通过省级验收。完成223间家畜血防卫生厩建设。全年牲畜业收入8856万元。

【工业经济】 全镇有乡镇企业3010个，个体工商户2903户，从业人员7320人。完成工业总产值97590万元，工业增加值16000万元，营业收入42951万元。

【农田水利建设】 投资474万元，投工11万个，修复水毁工程90处，渠道清淤3.7千米，疏通河道3千米，新增节水能力2600立方米，改善灌溉面积113.33公顷。完成1座水库、15座较大水塘、49处堤防工程、6个厂矿企业、18个部门单位汛前检查，及时排除隐患。开展大规模防汛演练和地质灾

害预防培训。完成农村小型水利工程管理体制改革工作，发证4998本。

【交通建设】 投资670.51万元，完成15.4千米的宝华兔街至保安村委会水泥公路建设。投资270万元，完成28.04千米的白云桥至白云寺至杨免庄路基改造工程建设。实施总投资约600万元的白云公路柏油路建设项目。投资127.99万元，完成8.8千米的东涌村委会大东涌锁水阁至彝姑郎小桥路基改造工程建设。养护四中路、文启路、瓦折路、东涌路、太平路、复兴路、新山路65千米，发放养护资金6.48万元。

【校安工程建设】 投资667.7万元，先后实施了团山小学综合楼、南涧小学教学综合楼、西山小学教学楼、安定小学综合楼、新山小学综合楼、保安小学教学综合楼、团山小学教学综合楼、文启小学学生宿舍楼等校安工程6847.59平方米，排除D级危房4237平方米。

【新农村建设】 在白云村委会实施千村扶贫开发百村整体推进工程，计划总投资900.78万元，其中：省级资金240万元，州财政扶贫资金60万元，县财政扶贫资金140万元，部门整合资金138.59万元，群众自筹（含投工投劳）322.19万元。改造住房194户；新建住房50户；院心硬化540户；粉刷墙体710户；新建沼气池61口；推广电磁炉123台；修建水塘3个；架设人畜饮水工程1件；新建卫生厕151间、卫生厩125间；发展泡核桃13.33公顷；养殖生猪960头、山羊200只、商品牛养殖551头；新建村内水泥卫生路面14条2.15万平方米；劳动力转移培训200人（次）；新建标志碑13座、活动场所3个。

【省级重点村建设】 完成西山羊角箐大村、小村2011年度新农村省级重点村建设、西山羊角箐大村民族团结示范村和西山村委会文化惠民示范村规划编制上报工作。完成100户农村危房改造工程、8户残疾人危房改造和44户农村民居地震安全工程建设。安定村委会沙马拉、团山村委会白沙井重点村建设已组织实施。

【基本口粮田建设】 巩固退耕还林成果基本口粮田建设工程，涉及团山村委会福利村、白沙井、小水井3个村104户472人。投资91.9万元，建设机耕路1500米、坡改梯40公顷、新建水窖130个。

【中低产田改造】 在西山和得胜两个村委会实施2010年度省级农业综合开发中低产田改造项目，直接受益农户587户2386人。项目计划投资420万元，完成投资585万元，建成沟渠10条6千米，机耕路2条2.18千米，附属配套建筑物513件，科技培训2000人。

【东涌桥建设】 东涌桥是连接母启黑、老敢力、美背坡3个村民小组及周边居民出行的交通要道，计划投资150万元，桥梁宽度5米，公路等级2级，抗震设防强度8度，计划工期150天。已完成项目审批、前置审计、项目招投标工作，10月开工建设。

万棵树苗入农家启动仪式（南涧镇人民政府供稿）

【窝接河至羊角箐机耕路建设】 西山村委会窝接河至羊角箐大村机耕路建设项目于8月中旬开工建设，已建成机耕路2条430米，路面宽9米，总投资90.73万元，其中工程费用61.75万元。

【“一事一议”奖补项目】 全镇实施的村级公益事业一事一议财政奖补项目9个，示范村1个，分布在10个村，涉及村内道路硬化、农田水利、文化娱乐以及桥梁、提灌等设施建设，总投资557.24万元，其中：财政奖补205.46万元，群众自筹67.16万元，筹劳3734个工时（折币22.4万元），社会捐赠14万元，其他资金投入268.6万元。工程已竣工并通过验收有6个，组织实施1个。

【支农惠农政策落实】 动态管理涉农补贴“一卡通”基础信息台账，为240户群众落实改正错别名工作，办理分户业务20户，遗失补办80户。发放农资综合直补、种粮补贴、小麦种植补助、水库后期扶持资金、2009年省级森林生态效益等各类补贴

490.5 万元。办理家电下乡网点垫付 1.33 万台 180 万元，摩托车下乡财政补贴 1250 户、1360 辆、75 万元。落实购买国家补贴农产品加工机械 235 台 33.1 万元。

【生态农业示范村建设】 镇人民政府高度重视得胜村 2011 年生态农业示范村建设。(1) 成立了以镇长为组长的生态农业建设领导组和实施组，制定得胜生态农业示范村建设实施方案，严格按照方案落实各项工作。(2) 制定并印发《南涧镇生态农业建设实施方案》，形成责任包干机制，细化分解工作任务。(3) 把生态农业发展作为一项常态化、持久化的工作，注重提升居民素质和改善人居环境。通过生态农业示范村建设的实施，示范村经济社会得到较快发展，生态农业产业化发展模式和以循环经济为核心的生态农业产业体系逐步形成。

【社会保障】 发放各类救灾救济款 24.75 万元。春节慰问困难群众 485 户（含残疾人 14 户）14.55 万元。落实城乡医疗救助 665 人 22.26 万元。发放优抚及农村社会救助金 132 人 67.55 万元。发放 2011 年高龄老人补贴 692 人 24.91 万元。发放危房修缮搬迁款 92 户 23.8 万元；慰问立功受奖人员 7 人 1500 元。对农村低保实行动态管理，注销 106 户 297 人，增补 97 户 293 人、五保 7 人。开展农村低保、居民低保扩面工作，完成农村低保扩面 204 户 437 人、城市低保扩面 176 户 206 人。

【卫生工作】 推行卫生服务管理一体化，进一步规范村级医疗机构，开展乡村医生培训 8 场（次），提高农村卫生医疗机构综合服务能力。完成居民健康档案 1.38 万份，筛查高血压人群 8174 人（次）、糖尿病 220 人（次）。贯彻落实新型农村合作医疗制度，人口参合率达 91.19%，完成村级卫生室补偿、慢性病和县外补偿 600 万元。实施高危人群行为干预，深入开展预防和控制艾滋病等传染病工作。抓好农村儿童计划免疫工作，接种率达 97%。建立孕产妇健康档案 825 人，儿童健康档案 1675 人。检查学校食品卫生 21 户（次），监督制售乳制品企业 7 户（次）。积极开展以灭鼠、环境卫生整治为主的爱国卫生运动，发放毒饵 1.2 万千克。完成小军庄、安定、西山 300 间卫生厕建设。

【社会治安综合治理】 坚持联席会议制度，定期研究、分析社会治安形势，加强社会治安综合治理，严厉打击各类刑事犯罪活动，维护社会和谐稳定。建立治保调解组织 14 个、调解委员会 15 个、治保调解小组 263 个，确定信息员 163 名；设置综治维稳工作中心 1 个、综治维稳工作室 14 个，做到治保调解机构健全、人员落实。全年受理刑事案件 366 起，立案 339 起，侦破 81 起；受理行政案件 104 起，立案 104 起，查处 93 起；排查调处矛盾纠纷 680 起，调解成功 632 起，调处成功率达 93%。签订《南涧镇 2011 年综治维稳及平安创建目标管理责任书》31 份。在南街社区成立反邪教警示教育示范基地，通过广泛宣传教育活动，杜绝邪教活动的发生。积极开展社会管理创新（试点）工作，对上一年度社会管理创新工作开展较好的南街、得胜、白云 3 个村委会进行表彰奖励。

【安全生产】 落实安全生产工作责任制，签订机动车驾驶人安全责任书 477 份，消防工作目标责任状 38 份，安全生产责任状 34 份，船舶安全管理责任书 1 份。切实开展丘北经验推广工作，认真落实“一盯一，一帮一”工作。抓好日常安全检查工作，上路检查车辆 8000 多辆，开展食品安全检查 2 次，检查砖厂 6 个、石场 3 个、沙厂 13 家。开展安全宣传教育活动，发放宣传资料 1000 多份，受教育人数达 1.5 万多人（次）。对镇辖区内的企业进行安全生产标准化建设培训 33 人（次），对 56 家烟花爆竹经营户进行资格培训及换发证件登记工作。按照上级相关部门要求，制定实施方案，认真开展“治大隐患防大事故”专项行动。及时调整、充实消防安全委员会，成立应急分队，层层签订消防工作责任状，消防安全工作稳步推进。

【教育工作】 优先发展教育事业，不断提高教师思想和业务素质。不断加强校园周边环境治理和学校内部管理，全力推进校安工程建设。认真做好南涧镇中学、南涧小学、团山小学“平安校园”创建申报工作。不断改善学校软硬件环境，加强教研工作，强化教师培训，全面提升全镇教育教学质量。

【计划生育】 年末全镇有人口 47512 人，出生人口 381 人，人口自然增长率 3‰。全年完成长效避孕手术 320 例，对 20 例违法生育人员进行行政处罚。开展生殖健康检查 14 场（次），生育知识培训 12 场（次），宣传活动 1 场，发放宣传材料 700 多份。组织育龄妇女进行健康检查 300 名、孕前检查 100 对、产前筛查 16 对，切实提高出生人口素质。加强流动人口清查、管理工作，办理《流动人口婚育状况证明》150本，登记外来流入人口1404人，办理《独生子女父母光荣证》50户。

【政府自身建设】 投资350多万元的南涧镇行政服务中心投入使用，并在一楼设立南涧镇为民服务中心，进驻各部门人员15名，建立服务窗口4个。南街、团山村为民服务站于6月投入使用，其余12个村为民服务站于7月投入使用。为民服务中心自运行以来，受理服务事项359件，其中行政许可事项175件、非行政许可事项73件、其他服务事项111件，全部在时限内办理完毕。村级为民服务站运行以来，受理服务事项294件。

【精神文明建设】 (1) 坚持用马克思主义中国化的最新成果武装全镇党员干部头脑和指导行动，坚定党员干部理想信念，推进思想道德建设。(2) 深入开展社会主义核心价值体系学习教育，深化群众性精神文明建设。全镇建成农村文化广场10个、文化室5个、篮球场19个、老年人活动场所8个、农家书屋14个。(3) 积极开展文明村镇创建活动，提高全镇民众的文明程度。(4) 做好南涧镇省级文明小城镇、南街社区州级文明社区、西山脚羊角箐村省级文明村复查工作，组织申报了县级文明单位6个、县级文明村4个、县级文明社区1个。

【党风廉政建设】 (1) 牢固树立党风廉政建设“一岗双责”的责任意识，自觉接受干部职工监督。(2) 印发《南涧镇党风廉政建设联席会议制度》，及时调整充实反腐倡廉领导组。(3) 召开以“学习杨善洲精神做人民满意的好党员好干部”为主题的学习生活会，传达学习县委、纪委全会会议精神。(4) 党委书记与副科以上班子成员、各党（总）支部书记签订“党风廉政建设责任书”。(5) 制定《南涧镇副科以上领导联系干部职工制度》、《南涧镇党委委员挂钩联系农村党支部制度》，推动各项工作向规范化、制度化、科学化方向发展。(6) 严格遵守领导干部廉洁自律、拒腐防变的有关规定，抓好《廉政准则》的贯彻落实，坚持“八个坚持、八个反对”，转变工作作风，严格依法行政，提高服务质量和工作效率。(7) 严格执行党员领导干部各项党内监督制度，加强教育，严格管理。

【县城建设用地收储】 全镇收储建设用地58.6公顷，涉及南街、安定、小军庄、得胜、西山5个村（居）委会，25个村（居）民小组，978户，34154人。全镇分南街、安定、小军庄、得胜、西山5个工作组并开展土地收储工作，12月丈量了20个村组、599户、40.65公顷土地，已签协议37.28公顷，已付征地款4611.34万元。

南涧镇村（居）委会领导成员名单

村(居)委会名称	党总支书记	党总支副书记	村(居)委会主任	村(居)委会副主任(文书)
南街	陈玉芬	徐仁佩	陈汝智	徐仁佩 罗勇
安定	周雄武	李学智	罗仲良	李学智
小军庄	李伟	杨文周	李伟	杨柳静
西山	赵维标	刘洪	赵维标	刘洪 李建芬
团山	李秀明	常文高	李秀明	罗森
瓦折	鲁国洋	赵高	刘文富	茶进国
保安	杨加元	—	禹安位	李希贤
文启	张正白	何明忠	张正白	杨儒春 何明忠
东涌	罗增明	李亚芬	罗增明	焦滔 李亚芬
得胜	罗如松	杨时凤	罗如松	杨时凤 吴文艳
新山	熊玉明	施实川	熊玉明	施实川 董家义
太平	李芹	白良	李芹	刘光丽 白建国
复兴	李文斌	李进周	李文斌	李进周 包红莲
白云	徐星国	—	李应芳	徐文军

（杨凤丽）

拥翠乡

【概　述】 拥翠乡位于南涧县境中部，紧靠无量山自然保护区，地处东经100°27′~100°28′、北纬24°51′~25°01′之间。东与宝华镇相连，南与公郎镇交界，西与乐秋乡、碧溪乡接壤，北与南涧镇毗邻。最高海拔2313.6米（安立新山顶），最低海拔1600米（旧马街秦家村河底），国土面积118.12平方千米，平均气温19℃，属暖湿气候，年降雨量940毫米，乡政府驻地长虫街，距县城29千米。

全乡辖拥翠、龙凤、安立、胜利、温泉、旧马街、新华7个村民委员会，86个自然村，126个村民小组，5341户，20701人，其中：农业户5126户，非农业户215户；农业人口20084人，非农业人口617人；男10710人，女9991人。人口密度175人/平方千米。有汉、彝、白、哈尼、傣、苗、傈僳、拉祜、佤、纳西、布朗11个民族，其中少数民族12064人，占总人口的58%。年内出生人口

134 人，人口自然增长率 1.01‰。有林业用地 7226.6 公顷，林地 5911.1 公顷，森林覆盖率 54.2%，林木绿化率 57.1%。有耕地 1411 公顷，其中水田 38 公顷、旱地 1368 公顷，农业人口人均占有耕地 1.05 亩。

【农村经济】 农村经济总收入 13225 万元，比上年增长 25.41%；总收入人均 6585 元，比上年增长 25.31%；农民人均纯收入 3272 元，比上年增长 36.79%。完成全社会固定资产投资 2309 万元，比上年增长 30%。金融机构各项储蓄存款余额 5322 万元，比上年增长 34.19%；各项贷款余额 3729 万元，比上年增长 13%。

【粮食生产】 抓好测土配方平衡施肥、粮食作物间套种、科学用肥用药、节水灌溉等技术推广。全年完成农作物播种面积 3393 公顷，其中粮豆面积 2665 公顷，总产 1206 万千克，比上年增加 480.4 万千克，增长 66.21%，单产 4700.42 千克，比上年增长 47.94%。农业人口人均占有粮 552 千克，比上年增长 65.75%。

【烤烟生产】 完成烤烟种植面积 740 公顷，合同收购量 129 万千克，收购金额 2365.05 万元；收购丰产烟叶 1 万千克，丰产烟叶金额 14.8 万元；红大补贴金额 408.3 万元，实现烟农收入 2788.15 万元。

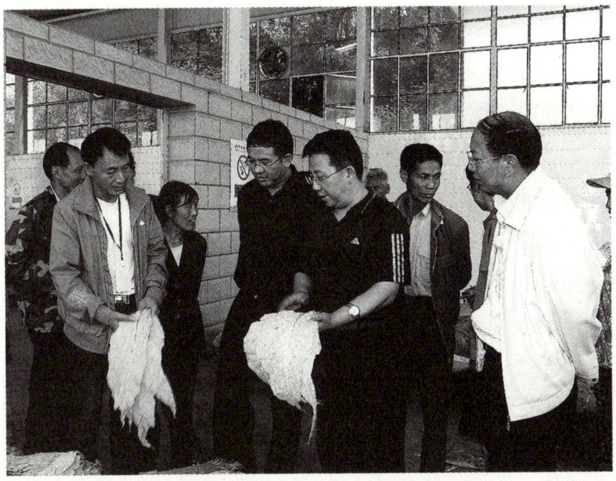

吉向阳县长到拥翠乡指导烤烟收购工作（拥翠乡人民政府供稿）

【畜牧产业】 打造无量山乌骨鸡养殖品牌，进一步培育壮大以生猪和无量山乌骨鸡养殖为主的新华——旧马街畜牧业示范带，培育肉牛规模养殖户 28 户，其中 50 头以上 2 户、20 头以上 5 户。存栏大牲畜 1.22 万头，生猪 1.22 万头，山羊 6695 只，家禽 11.03 万羽。出栏大牲畜 6744 头，生猪 1.24 万头，山羊 9852 只，家禽 21.06 万羽。完成肉类总产 250.88 万千克、禽蛋产量 23 万千克，实现畜牧业总产值 4350 万元。

【泡核桃产业】 全乡在适宜区规范化种植泡核桃 341.8 公顷，补植补造 469.93 公顷，累计发展泡核桃面积 3834.37 公顷，产量 56.13 万千克，产值 1984 万元。

【茶叶产业】 加大投入力度，增强茶叶产业发展后劲。全乡有茶场 4 个，初制加工厂 1 个，茶农 3530 户，累计发展茶叶面积 433 公顷，其中可采摘面积 336 公顷，完成茶叶总产量 24.02 万千克，实现产值 430.39 万元。

【新农村建设】 （1）完成 2010 年度 9 个“一事一议”项目并通过验收，完成项目投资 90.72 万元，争取财政奖补资金 56.2 万元。特别是拥翠村委会新村小村“一事一议”州级示范点建设项目，通过多方整合资金，累计投资 36.9 万元，成为新农村建设的典型。（2）完成 2011 年度总投资 103.16 万元的 8 个“一事一议”项目申报和组织实施工作，争取到财政奖补资金 40.2 万元。（3）完成总投资 75 万元的 5 个扶贫重点村建设项目。（4）完成投资 300 多万元的 141 户安居房和农村危房改造。

【基础设施建设】 （1）投资 2180 万元，完成东恒公司勘探工作，日处理 30 万千克的铁矿石初选生产线已建成试运行。（2）完成 2010 年度龙凤片区烟水工程整改，投资 104 万元，新建标准化烤房 40 座。（3）完成拥翠村委会住宿楼建设、拥翠司法所改造项目和 8 个为民服务中心（站）建设。（4）完成投资 172 万元的胜利、安立和思小公路路基改造通达工程建设项目；完成投资 375 万元的拥翠公路大中修项目；实施了街道油路浇筑和排水改造；投资 3646 万元，启动长 58.1 千米的碧宝公路一期工程测设。（5）投资 130 多万元的拥翠小学住宿楼主体建设工程、200 间国家重大公共卫生厕改项目以及拥翠龙耳、胜利阿家村容村貌整治项目已经竣工。（6）长虫街集镇总体规划修编和村庄规划编制工作开始启动。

【社会事业】 优先发展教育，落实“两免一补”政策，巩固“两基”成果，加大对贫困生的扶持力度，实施《拥翠乡教育教学质量考评和奖惩办法》，实行教师竞聘上岗制度，中小学教育教学质量稳步提升。加强艾滋病、结核病等传染病监测、预警和防治工作，计划免疫、疾病防控工作取得新成效，初级卫生保健水平进一步提高。扎实推进新型农村合作医疗和城镇居民基本医疗保险工作，新农合参合率达91.78%，645人参加城镇居民基本医疗保险，群众看病就医条件明显改善。大力发展文化体育事业，广泛开展农村文体活动。严格落实计划生育政策，统筹解决人口问题，人口自然增长率1.01‰。环境保护、节能减排、防震减灾、气象监测、新闻宣传等工作取得较好成绩，残疾人事业、妇女儿童权益保护、老龄事业得到发展，供电、工商、统计、金融、邮政、电信等工作较好地服务经济社会发展。深入开展群众性精神文明创建活动，完成6个省、州、县文明村（单位）的复查申报工作。

【民生保障】 全乡实现农村低保678户2311人的动态管理；完成15人城镇低保扩面和五保1人的动态管理工作，实现150户167人城镇低保的动态管理。按时足额发放大队干部、复员伤残军人等人员补助；对大病医疗、生活困难户进行救助，发放社会保障资金62.5万元和大病医疗救助166人26.2万元。积极推进新型农村养老保险试点工作，新农保参保率达82.47%。落实农民综合直补137.6万元，种粮直补及其他补贴34.72万元，农机补贴31万元，汽车、摩托车下乡补贴23.39万元。

2011年11月1日，全省农村公路管养工作现场会议在南涧召开，所有参会领导到拥翠乡参观拥翠公路管养情况（杨政林　摄）

【民主法制建设】 巩固“全州民族团结进步模范集体”创建成果，坚持依法治乡，加强基层民主政治建设。认真做好信访工作，尊重群众合理诉求，及时妥善化解矛盾纠纷，积极预防群体性事件发生。巩固州级“安全生产监管示范乡”创建成果，落实领导干部安全生产“一岗双责”责任制。切实加强国土资源管理，认真开展地质灾害群测群防工作。深入开展社会主义核心价值体系宣传教育，国防动员和民兵预备役工作有序推进。

【党的建设】 （1）以创建州级学习型党组织示范点为契机，以开展学习杨善洲、龙进品活动为载体，用科学理论武装头脑，提高乡领导班子领导科学发展能力。（2）健全完善党委工作、民主生活会、党委议事等制度，以健全民主集中制、集体领导与个人分工负责制等制度为重点，切实提高决策的民主化、科学化，努力营造团结协作、心齐气顺、团结干事的良好环境。（3）各村党总支部以“五个一工程”为切入点，进一步理清发展思路，增强经济发展后劲。开展“支部工作有特色、小组活动常开展、党员先进常体现”的“创先争优”活动，涌现出了新华、旧马街、瓦车党（总）支部等一批先进农村基层党组织。村“两委”班子作用得到了较好发挥，提高了基层党组织在群众中的威信。（4）扎实开展思想作风整顿和公务员“忠诚教育”活动，严格考勤制度，坚持工作日志制度，以为民服务中心建设为契机，加强对各村委会和机关站所的管理，增强各级组织的凝聚力、执行力和创新力，确保各项工作高效有序运行，干部职工作风明显好转。切实加强对村干部的管理，严格值班制度、请销假制度，真正把村干部的报酬与责任、成绩挂钩，把奖勤罚懒落到实处，促进农村工作的有效开展，先后被州委、县委表彰为“先进基层党组织（党委）”。

【党风廉政建设】 （1）年初将党风廉政建设工作列入乡党委、乡人民政府重要议事日程，及时制定实施意见和考核办法，层层签订《党风廉政建设责任书》144份，形成了主要领导负总责，分管领导具体抓，班子成员齐抓共管，层层抓落实的工作格局。（2）针对日常工作中存在的突出问题和制度执行中的疏漏以及重点领域、重点部位、重点岗位存在的问题，健全完善考勤、财务管理等各项勤廉制度，严格用制度约束、规范职工从政行为，强化从源头预防腐败的力度。制定完善党内监督制度和群众监督制度，把党内监督和群众监督切实落到实处。全面推行党务、政务、村务和财务公开制度，健全完善“三谈两述”制度，积极推行机关站所民主评议和乡、村党政班子述职述廉制度。进一步规范村级勤廉监督委员会工作制度和工作职责，完善日常工作记录簿使用工作。进一步规范和完善农村“三资”委托代管工作，代管村组集体资金、资产和资源。对群众普遍关心的低保、宅基地审批、烤烟等内容进行全面公开，增强工作透明度，接受群众监督。严格执行“收支两条线”和政府采购制度。(3) 结合责任政府等四项制度的贯彻落实，定期不定期对全乡干部职工工作和纪律作风进行抽查。严格执行《南涧县关于移风易俗节俭办事的规定》。全年按规定批准15名干部职工办客，没有发现违规办客、借机敛财等情况。(4) 扎实开展惩防体系示范点创建工作，旧马街村委会被列为县级党风廉政建设、惩防体系建设和廉政文化进农村建设示范点。(5) 形成以工作岗位为点、工作程序为线、监督制度为面，建立环环相扣的廉政风险重点环节防范机制。

【政府自身建设】 扎实抓好“五五”普法和启动“六五”普法工作，积极开展宣传教育活动，全面推进依法治乡进程，被州委、州人民政府表彰为“五五”普法先进集体。加大政务公开力度，坚持重大问题民意调查、集体研究、科学民主决策制度，主动接受乡人大及其主席团的监督，认真办理人大代表意见建议18件。转变政府职能，完善政府工作机制，改进行政管理方式，提高政府运行效率。深入实施四项制度，全力打造法治政府、责任政府、阳光政府和效能政府，廉政建设和惩防体系建设成效明显。狠抓政府信息公开，对不作为、乱作为和服务态度差、办事效率低的人员进行问责。

【人大工作】 (1) 乡人大主席团认真准备，精心组织，3月18～20日召开拥翠乡第八届人民代表大会第四次会议，圆满完成会议各项议程。会议期间，代表们就群众普遍关心的水利、交通、公共基础设施、生态治理、烤烟生产5个方面提出意见建议18件。(2) 认真听取和审议专项工作报告，加强经济运行情况审查监督，对部分站所工作进行评议，组织部分县乡人大代表对拥翠乡生态建设和管护工作开展视察活动，加强对决议决定和审议意见落实情况的跟踪监督检查。(3) 充分行使重大事项决定权和人事任免权。(4) 加强代表履职培训，提高代表履职能力和水平，认真做好代表建议、批评和意见的交办、督办工作。(5) 积极配合上级人大开展各种调研视察工作。(6) 主席团把政治理论和法律法规学习培训列入年度工作计划和主席团会议议程，不断提高主席团的履职水平。

村委会领导成员名单

村委会名称	党总支书记	党总支副书记	村委会主任	村委会副主任（文书）
拥翠	罗应良	杨本富	杨世仁	杨忠文 陈建慧
龙凤	自凤学	—	李福涛	高纯珠
安立	赖红照	颜绍团	赖红照	罗雄春
胜利	周国朝	杨映雄	周国朝	沈周宇
温泉	连如虎	董增春	连如虎	余增阳
旧马街	李春智	唐作虎	李春智	自省
新华	罗忠信	皇初忠	罗忠信	罗芳

（庄成宏）

乐秋乡

【概　述】 乐秋乡位于县境西北部，地处东经100°16′～100°26′、北纬24°57′～25°04′之间。东与南涧镇接壤，南与拥翠乡隔河相望，西与碧溪乡交界，北与巍山县清华乡相连。总面积163.26平方千米，最高海拔2505米（新山寺山顶），最低海拔1550米（三家村附近），平均海拔1910米。乡政府驻地虎街哨，距县城36千米。

全乡辖米家禄、东升、乐秋、麻栗、联合、上虎、猪街7个村民委员会，116个自然村，136个村民小组，4684户，18119人，其中：农业户4519户，非农业户165户；农业人口17675人，非农业人口444人；男9627人，女8492人。人口密度111人/平方千米。有汉、彝、苗、白、哈尼、回、拉祜、纳西、布朗、壮、傣、傈僳12个民族，少数民族占总人口的65%。年内出生人口169人，人口自然增长率2.7‰。有林地1.12万公顷，森林覆盖率58.6%，林木绿化率67.3%。有水面面积20公顷。有耕地面积1411公顷，其中水田198公顷、旱地1213公顷，农业人口人均占有耕地1.2亩。

新农村文艺汇演（乐秋乡人民政府供稿）

【农村经济】 农村经济总收入10414万元，比上年增长25.48%；人均总收入5892万元，比上年增长25.42%；农民人均纯收入3157元，比上年增长38.28%。完成全社会固定资产投资5432万元，比上年增长30%。金融机构各项储蓄存款余额4571万元，比上年增长57.89%；各项贷款余额2527万元，比上年增长27.38%。

【粮食生产】 全力抓好粮食生产，大力普及推广良种和各项科技骨干措施。全年完成农作物播种面积3287公顷，其中粮豆面积2890公顷，总产929.7万千克，比上年增加394.2万千克，增长73.61%；单产3216.96千克，比上年增长53.77%；农业人口人均占有粮483千克，比上年增长59.41%。

【烤烟生产】 全乡烤烟种植面积453.33公顷，收购合同内及丰产烟叶76.5万千克，计划内及丰产烟叶金额1396.97万元，实现烟农收入1637.26万元，其中：合同收购烟叶76万千克，收购金额1389.5万元；收购丰产烟叶5000千克，收购金额7.47万元；红大补贴金额240.3万元。

【茶叶产业】 按照“稳定茶园面积、改造低产茶园，提高单产”的思路，累计发展茶叶面积538公顷，其中采摘面积359公顷。有茶场8个、初制加工厂2个、茶农1511户，完成低产茶园改造20公顷，完成茶叶产量30.07万千克，实现茶叶产值640.55万元。

【畜牧产业】 全乡争取到无量山乌鸡养殖项目财政扶持资金90万元，其中建设鸡舍扶持43万元、鸡苗扶持45万元、科技培训2万元，扶持种鸡场3个、规模养殖示范户6户、散养户100户。完成猪瘟、蓝耳等疾病强制免疫9.3万头，牛羊免疫4.1万头（只），鸡免疫14.62万只。完成市场入场和肉食品检疫4.61万头（只），贩运户管理合同签订48份。完成1万公顷草原家庭承包任务，补助农户资金70.4万元。存栏大牲畜1.32万头，生猪1.58万头，山羊1.32万只，家禽21.9万羽。出栏大牲畜4256头，生猪1.58万头，山羊3.37万只，家禽41.57万羽。完成肉类总产261.3万千克，禽蛋产量16.5万千克，实现畜牧业产值4355万元。

【基础设施建设】 （1）完成投资10万元的小水窖建设50个；完成投资87.8万元的第二批五小水利工程项目；完成大尧村社人畜饮水工程建设；完成以工代赈项目薛家湾片区六耳村小流域治理、薛家湾坝塘建设、密食禄坝塘建设、乐舞歌村社人畜饮水工程的规划和测量等工作；启动实施投资45万元的阿克地新增农业灌溉项目、葩木村人畜饮水工程和麻栗小新村坝塘建设。（2）投资330多万元，修建8千米的乐秋乡至联合村委会水泥路面；投资70多万元，实施东升线大中修工程，薛家湾片区13千米的弹石路面工程项目。乡村公路发展到320千米，其中沥青路面17千米、水泥混凝土路面8千米、弹石路面55千米。投资3万多元，对水毁严重的麻栗、瓦午、猪街、平掌、庙山公路实施抢通修复4次，设立临时安全警告标志15处，永久标志1块。

【森林防火】 投资2.5万元，加强防火物资储备，组织防火演练，切实提高全乡扑火能力和效率。严格落实森林防火责任制，与成员单位签订责任状10份，与林区用火单位签订11份，与村委会签订7份，与村民小组签订136份，与农户签订4256份，与护林员签订23份，与“五种人”监护人签订31份，做到防火工作不留死角，全年无一起森林火灾。

【新农村建设】 （1）投资270多万元，实施瓦午五组苗族村综合扶持建设项目，完成农户庭院建设、活动场所建设、基础设施建设、产业培植建设、文化传承保护、村民素质提升六大工程。（2）加强农村危房调查，全乡需要改造危房643间。完成2010年投资60万元的农村危房改造工程验收和资金兑付工作。组织实施2011年100户危房改造项目及105户扶贫安居房建设。(3) 完成投资30万元的虎街小村、箐头村社会主义新农村省级示范村建设项目。(4) 实施投资15万元的乐午歌村和投资90万元的庙山一、二组及东升村、老四度村等6个省级扶贫重点村建设项目。(5) 完成投资101.84万元的“一事一议”第一批项目8个,财政奖补资金40万元;实施投资137.39万元的第二批“一事一议”项目,财政奖补资金30万元。

【生态农业示范村建设】 按照大力发展突出特色农业、生态农业,加强农业基础设施建设,加强生态农业教育培训,走可持续发展道路的工作目标,全乡启动了上箐生态示范村建设,已完成村内道路硬化、标准化养殖厩舍52间,危房改造3间、卫生厕25间,引导村民发展泡核桃13.33公顷、茶叶33.33公顷、梅子20公顷,推广白芸豆间套种3.33公顷,大小春粮食作物间套种13.33公顷。

【国防动员】 全乡有民兵804人,其中基干民兵62人,分为抢险救灾、地面油料保障2个分队。完成年度民兵军事训练32人(次)和年度兵役登记,组织乐秋中学初一新生200余人进行为期3天的军事训练及国防教育工作。完成兵员征集7名。进一步调整布局,配齐、配强人员,努力提高部队的快速动员和遂行任务能力。

【人口和计划生育】 乡人民政府与7个村民委员会签订责任状,确保责任到位、措施到位。全年出生人口169人,死亡120人,迁出88人,迁入184人。有农村独生子女家庭498户,占总户数的10.63%,发放独生子女保健费2.89万元,申报小学、初中教育奖学金5.5万元。

【党建工作】 (1) 选举产生了新一届乡党委和纪委班子。(2) 深入开展学习杨善洲活动,领导带头,落实“五个一”。(3) 深入推进“创先争优”活动和“三个一”主题实践活动。在活动中36名党员被评为乡级“优秀共产党员”,3名党员被评为县级“优秀共产党员”,1个党总支被评为县级“先进基层党组织”。(4) 深化干部教育培训工作,通过个人自学、集中组织学习、远程教育等形式,培训党员干部658人(次),全乡7个村委会实现远程教育。(5) 举行百名党员重温入党誓词、扶贫帮弱送温暖、党委委员讲党课等活动,开展种植纪念树活动,百余名党员在乡集镇道路两旁种植樱桃树、榕树269棵。(6) 乡党委制定了工作考核办法,对全乡6名大学生村官坚持日常考核、年度考核相结合的方法,签订大学生村官目标责任书。

召开纪念建党90周年暨“七一”表彰大会(乐秋乡人民政府供稿)

【党风廉政建设】 (1) 全乡7个村党总支和3个机关党支部成立党风廉政建设领导小组,健全村级勤廉监督委员会,乡、村两级签订农村党风廉政建设目标责任书26份。(2) 建立廉政风险防范管理机制,全乡机关站所查找出思想道德方面风险52个、岗位职责方面风险61个、外部环境方面风险44个,制定防控措施103条。(3) 开展强农惠农政策和资金落实情况专项检查,强化对重点工程建设项目和专项资金使用的监督管理。(4) 贯彻执行《南涧县关于移风易俗节俭办事的规定》,批准2名干部职工办客,县纪委委托督查办客2场(次),备案办客资料6份,督查干部办客4场(次)。(5) 以点带面、抓实示范点创建工作,扎实开展党风廉政建设、惩防体系建设和廉政文化进农村示范点创建工作 。

【精神文明建设】 广泛宣传“八荣八耻”为主要内容的社会主义荣辱观,开展以“讲文明、树新风”、“唱红歌、读好书”、“爱祖国、爱家乡”和遵纪守法为主题的道德实践活动,并由乡宣传委员牵头,派出所、安监办、综治办、妇联、团委组成整治小组开展清除中小学周围开办网吧和设立彩票投注站点活动,开展“远离不良文化,革除不良行为”专项教育活动。出黑板报8期,制作永久性标语9条、其他标语60多条;选送新闻信息90多篇

（次），刊播80余篇（次）；承办乐秋信息6期，刊发稿件50余篇（次）。结合重点村建设，用报纸专栏、光盘、图册等形式宣传瓦午苗族村建设取得的成果。

【教育工作】 全乡中考600分以上人数有8人，比上年增加7人。完成投资241万元，建筑面积1076平方米的虎街哨小学学生宿舍楼；完成投资79.5万元、建筑面积765平方米的乐秋小学学生宿舍楼；完成投资56.9万元、建筑面积569平方米的东升小学学生宿舍楼；完成投资23.3万元、建筑面积233平方米的东升小学砖混教学楼。

【民生保障】 做好新型农村合作医疗和民政“一站式结算”服务工作，缓解群众看病难问题。完成医疗建档7114人。全乡新农合参合3975户15852人，人参合率达90.15%，比上年增长3.3%，农村居民累计受益29006人（次），累计补偿基金168.52万元；新农保参保人数11179人，参保率80.7%。

村委会领导成员名单

村委会名称	党总支书记	党总支副书记	村委会主任	村委会副主任（文书）
米家禄	夏永增	皇忠权	夏永增	皇　斌
东　升	李云生	吴加宇	李云生	吴国才
乐　秋	李　基	范时茂	李　基	张树柏　李维彪
麻　栗	罗义文	—	字永良	杨增新
联　合	连汝晋	杨增荣	连汝晋	杨荣贵
上　虎	李永祥	—	何绍安	杨生权
猪　街	方成康	范有余	方成康	张国龙

（黄建波）

碧溪乡

【概　述】 碧溪乡位于县境西南部，地处东经100°10′~100°20′、北纬24°50′~24°58′之间。东连拥翠乡，南接公郎镇、小湾东镇，西隔漾江与凤庆县相望，北靠乐秋乡、巍山县青华乡。总面积124.88平方千米，最高海拔2514米（凤凰山顶），海拔最低1050米（中华孔雀村）。乡政府驻地回龙山，距县城32千米。

全乡辖中华、松林、杏子山、回龙山、永宁、新虎、和乐、凤仙8个村委会，98个自然村，139个村民小组，4776户，18070人，其中：农业户4354户，非农业户422户；农业人口17468人，非农业人口602人；男9313人，女8757人。人口密度145人/平方千米。有汉、彝、苗、白、傣、布朗、哈尼、壮、回、佤、景颇、傈僳、纳西13个民族，少数民族8785人，占总人口的48.6%。年内出生人口217人，人口自然增长率5.27‰。有林地面积7817.8公顷，森林覆盖率49.9%，林木绿化率55.8%。有耕地1456公顷，其中水田103公顷、旱地1353公顷，农业人口人均占有耕地1.25亩。

全乡139个村民小组全部通电，农村公路通车里程250千米。有中学1所，教学班12个，教职工37人，在校学生548人；完小4所，教学点4个，教学班56个，教职工81人，在校学生1630人。有卫生院1所，医务人员18人；村卫生室8个，乡村医生17人。有乡文化站1个，村级农家书屋8个，电视人口覆盖率达99.3%。

回龙山村委会白马箐新农村建设概貌（碧溪乡人民政府供稿）

【农村经济】 全乡按照“项目兴乡、产业富乡、素质强乡、生态立乡、和谐安乡”的工作思路，以加快推进经济发展为根本，综合经济实力显著增强。农村经济总收入12387万元，比上年增长26.26%；总收入人均8645元，比上年增长25.7%；农民人均纯收入3325元，比上年增长35.94%。完成固定资产投资3595万元，比上年增长40.79%。金融机构各项存贷款余额7338万元，比上年增长39.4%；金融机构各项贷款余额4022万元，比上年增长14.98%。

【项目工作】　实施项目战略，不断加强农村基础设施建设，积极向上级有关部门争取发展项目32个，资金2107.8万元。

【粮食生产】　全乡农作物播种面积3199公顷，其中粮豆面积2801公顷，粮食总产988.8万千克，比上年增加398.4万千克，增长67.48%；单产3530.17千克，比上年增长46.66%；农民人均占有粮食566千克，比上年增长66.96%。全年完成农业科技骨干培训任务，积极推广农业科技，完成间套种826.67公顷，优质水稻旱育稀植93.33公顷，玉米容器育苗840公顷，地膜包谷266.67公顷。

【烤烟生产】　全乡种植红大烤烟466.67公顷，收购烟叶83.5万千克，比上年增长3.26%，其中：合同收购烟叶81.5万千克，收购金额1488.95万元；收购丰产烟叶2万千克，收购金额29.71万元；红大补贴金额258.08万元。烟农收入1776.74万元（含红大补贴），比上年增长59.27%。全等级均价为18.27元，比上年增长32.68%。中上等烟叶综合等级合格率达80%。完成烤煤调运3120吨。

【茶叶产业】　全乡有茶园面积491公顷，其中可采摘面积为375公顷，当年新发展茶园13.33公顷，完成低产茶园改造33.33公顷，茶叶总产量27.1万千克，实现总产值482万元。

【畜牧产业】　全乡大牲畜存栏1.32万头，其中肉牛1.25万头，出栏6822头；生猪存栏1.57万头，出栏1.59万头；山羊存栏6854只，出栏1.34万只；家禽存栏14.77万羽，出栏20.81万羽。肉类总产292.1万千克，禽蛋产量17.68万千克，实现畜牧业总产值4928万元。完成肉牛品种改良3688头，生猪良种改良1217窝，阉割本地劣杂公牛269头，建成“无量山乌骨鸡”生态养殖示范点2个，推广“无量山乌骨鸡苗”3200羽，培养挤奶示范户18户。认真落实草原生态补助和动物防疫整村推进工作。

【生态农业建设】　将生态农业建设作为重点工作来抓，着力打造回龙山特色水果小红梨种植、白马箐畜牧业养殖和杏子山无公害蔬菜、中药材种植。全年种植小红梨23.33公顷9万株，已挂果3.33公顷，种植三七1.67公顷、金银花16.67公顷、重萎5亩、无公害蔬菜6.67公顷。

【林业生产】　全乡始终把泡核桃生产作为绿色产业和富乡产业来抓，新发展泡核桃224公顷，累计种植泡核桃5033.02公顷，产量62.71万千克，产值1849万元。完成中低产林改造200公顷。加强森林资源管护，落实责任，年内未发生森林火灾和乱砍滥伐违法犯罪案件。

【招商引资】　为充分发挥资源优势，加快全乡经济社会发展，积极开展招商引资工作，年内引进项目2个，到位资金1750万元。

【集体经济】　创新发展思路，加大产业培植力度，杏子山金和中药材种植、凤仙凤溪乌鸡养殖、中华文华魔芋种植和回龙山小红梨种植、铺面出租等村集体经济发展势头良好。同时，和乐、松林发展集体经济已完成前期工作。

县领导到回龙山村委会白马箐视察肉牛产业发展工作（碧溪乡人民政府供稿）

【交通建设】　投资469万元，完成中华、回龙山、新虎、松林34.2千米公路建设。投资10万元，完成全长58.1千米的老214线和乡村公路修缮工程。投资1860万元的碧宝公路一期碧溪至拥翠段已下达投资计划。

【水利建设】　投资193万元，完成4154人的农村饮水安全项目。投资232.44万元的凤凰山水库除险加固项目，已完成前期工作。投资800万元的新虎片区农水项目已上报初步设计。

【集镇建设】　概算投资200万元的回龙山集镇改造工程已通过评审。投资50万元的和乐农村集市街场水泥硬化和村级活动场所建设项目已启动。

【新农村建设】　完成追加投资41万元的白马箐新农村示范点建设。启动投资30万元的民族团结示范村项目。投资45万元，完成中华罗家易地扶贫搬迁项目。启动投资200万元的乐大小村、瓦片头、锅底塘、三台箐旧村、回龙下、六五谷7个自然村扶贫重点村建设项目。投资130万元，完成农村危房改造及地震安居工程。

【移民安置】 投资855万元，完成孔雀移民安置点建设工程。完成"十二五"移民后期扶持规划，制定上报投资达300万元的项目5个。启动瓦木自移民安置点建设；实行"一村一策，一事一议"，稳步推进中华村委会安乐村移民组内分散安置工作。

【重点项目建设】 投资20万元，实施凤凰山水库水源地保护项目。投资40万元，完善中华、回龙山、杏子山村委会附属工程、活动场所建设。投资187万元的杏子山以工代赈项目完成前期工作。总投资1285万元的碧溪加油站项目已完成投资500万元。

【安全生产】 乡人民政府与各机关单位和村民委员会分别签订《安全生产目标管理责任状》24份、《食品安全责任状》13份、《消防安全责任状》12份、《机动车驾驶员交通安全责任状》1450份、《道路交通安全责任状》13份，先后开展安全生产宣传教育和学习培训4场350多人（次），出黑板报4期，印发宣传资料1000多份。对易燃易爆物品、交通电讯、非煤矿山、中小学校等进行集中突击安全检查10场（次），排除隐患16件，切实保障了人民群众的生命财产安全。

【全民素质提高】 坚持"素质强乡"的工作思路，加快推进乡村文明一体化进程。深入开展多形式的主题教育和群众性文体活动，引导群众参与文明、健康、向上的生活方式。年内成立老年人活动中心1个、群众活动场所6个，举办各类培训班11场（次）1000多人（次）；创新"家校"合作模式，加强家长与学校齐抓共管，乡党委、政府对当年中高考获得优异成绩的学生家长进行表彰奖励。成立了青年志愿突击队和巾帼志愿服务队，发挥服务站、卫生站和文化室的作用，加大文化市场管控力度，黄、赌、毒得到有效遏制。组织开展创建文明单位、文明家庭等活动，群众综合素质得到有效提升。

【生态建设】 按照生态建设产业化、产业发展生态化的思路，完成天保公益林建设5033.33公顷、天保天然林管护5513.33公顷、巩固退耕还林成果产业培植366.67公顷。实施"绿色家园"行动计划，建设"绿色走廊"3千米，杨善洲纪念林4公顷。开展43万株华山松苗夏季造林和"万棵树苗进农家"活动。继续推进柴改煤电气工程，整顿和规范矿产资源开发，强化地质灾害隐患排查和小流域治理。严厉打击乱砍滥伐、毁林开荒等违法行为，森林防火、野生动植物保护、水土保持等工作成效明显。加强各项资源、能源综合利用，全乡生态环境明显改善。

【创建和谐碧溪】 加强群众工作，实施乡级为民服务中心和村为民服务站建设，落实信访工作责任制，加大矛盾纠纷排查调处力度，并及时调处；稳步推进小湾水电站移民工作，集中开展平安碧溪创建、"五五"普法、"严打"整治、"禁毒防艾"、反邪教等专项活动，社会治安工作取得明显实效。

【民生保障】 （1）认真贯彻落实各项强农惠农政策、措施和资金，严格程序，健全体系，兑现农民综合直补良种137.69万元，投资130万元，完成农村危房改造和抗震安居工程。全面完成2012年度城乡居民养老保险征收工作，参保率达85.33%。（2）坚持民生优先，全面落实农村各项惠农惠民政策，积极发展老、妇、残公益事业，拓宽社会保障投资渠道，增强功能，逐步健全社会保障体系。加强职业技能培训，帮助、扶持大中专毕业生、返乡农民和困难群体就业创业，实现"零就业"的家庭动态清零。全乡发放城乡低保和生活救助资金103.81万元，救灾大米3.3万千克，兑现农村医疗救助款9.7万元。

【社会各项事业】 （1）加强教育基础设施建设，整合资源，积极争取和实施"校安工程"，投资39万元完成回龙山、松林、新力小学项目建设。（2）强化公共卫生服务管理体系建设，村级卫生室建成率达100%，计划免疫工作取得良好成效。新型农村合作医疗参合15807人，参合率91.27%。（3）强化宣传教育，优化服务体系，认真落实农业人口独生子女"奖优免补"政策，计生率达98.72%，按质按量完成计生台账统计、录入工作，人口和计划生育各项工作稳步推进。（4）加强科技培训力度，不断提高农业科技含量和覆盖率，举办各项科技培训76场6600人（次），印发各种技术材料4105份。

新建的回龙山小学（碧溪乡人民政府供稿）

村委会领导成员名单

村委会名称	党总支书记	党总支副书记	村委会主任	村委会副主任（文书）
中华	杨跃文	茶枝润	杨跃文	查政祥
松林	查文山	—	周学平	查文臻
杏子山	尹培明	杨德树	尹培明	杨政国
回龙山	王国宏	杨光翠	王国宏	杨云聪
永宁	李今海	杨政荣	李今海	沈戴宗
新虎	蔡映祥	钟学军	蔡映祥	字政龙
和乐	袁登跃	—	张家峰	王金和
凤仙	罗文儒	—	张廷应	秦国礼

（鲁学靖）

【党的建设】（1）巩固乡党委州级党建示范点成果，稳步推进回龙山县级党建示范点建设和杏子山县党风廉政建设示范点、惩防体系建设示范点、廉政文化进农村示范点、生态农业示范点、集体经济发展示范点、乡党建示范点建设。（2）按照县委统一部署，精心组织，圆满完成乡第十届党委换届选举工作。（3）制定和完善党委中心组理论学习、干部职工理论学习的相关办法和制度。结合实际深入开展学习杨善洲、龙进品先进事迹活动，认真开展党的十七届六中全会、省第九次党代会、州第七次党代会和县第十次党代会等相关会议精神的学习。年内组织乡党委中心组学习6次，干部职工理论学习20多次，有力推进了学习型党组织建设。（4）认真贯彻落实民主集中制原则，重大事项实行集体研究决定，乡党委、人大、政府班子团结统一、步调一致，党委总揽全局、充分协调各方。（5）切实加强“四群”教育工作，做实工作，真正为群众排忧解难。（6）成立了信息报道小组，抓本乡特色和亮点，及时报送工作动态，全年累计上报信息138篇，被相关媒体采用90多篇。（7）全年组织开展青年志愿者活动6次，文艺演出2次。开展法制、科技进校园、进农村活动，发放各类宣传材料1.31万余份。积极支持、鼓励和引导现有47个文艺表演队500多名农民艺人开展活动，不断丰富农村精神文化生活。

小湾东镇

【概　述】小湾东镇位于县境西南部，地处两地（大理、临沧）三县（南涧、凤庆、云县）两江（澜沧江、黑惠江）的交汇点，东经100°06′～100°17′、北纬24°39′～24°51′之间。东北与公郎镇、碧溪乡接壤，西南与临沧市凤庆县、云县隔江相望。全镇国土面积204.44平方千米，镇人民政府驻地岔江新区，距县城74千米，距小湾水电站坝址18千米。境内最高海拔2448米（瓦郎山顶），最低海拔994米（漫湾库区水面），镇人民政府驻地海拔1650米。

全镇辖神舟、营盘、龙街、新龙、新民、龙门、岔江7个村委会，100个自然村，167个村民小组，4816户，18551人，其中：农业户4476户，非农户340户；农业人口18145人，非农业人口406人；男9493人，女9058人。人口密度91人/平方千米。境内居住着汉、彝、白、苗、壮、佤、布朗、布依、拉祜9个民族，其中少数民族14936人，占总人口的80.5%。年内出生人口184人，人口自然增长率3.77‰。有林地面积1.3万公顷，森林覆盖率49.3%，林木绿化率55.1%。有耕地面积1368公顷，其中水田41公顷、旱地1327公顷，农业人口人均占有耕地1.13亩。

镇内以彝族为主的民族民间文化氛围浓厚，素有彝族之乡、打歌跳菜艺术之乡的美誉。

【农村经济】全镇农村经济总收入10397万元，比上年增长26.58%；人均总收入5730万元，比上年增长25.88%；农民人均纯收入3201元，比上年增长36.91%。完成全社会固定资产投资6725万元，比上年增长30.25%。金融机构各项储蓄存款余额10488万元，比上年增长22.72%；各项贷款余额4467万元，比上年增长27.26%。

【粮食生产】 在发展优质、节本、增效的基础上，抓好备耕物资就位、播种节令、栽种技术和栽后管理“四关”，全面落实各项骨干科技措施，充分发挥科技作用，主攻单产，增加总产。全乡完成农作物播种面积2915公顷，其中粮豆面积2510公顷，粮食总产996.1万千克，比上年增加426.9万千克，增长75%；单产3968.53千克，比上年增长55.57%；农民人均占有粮食549千克，比上年增长74.29%。

【烤烟生产】 全镇种植烤烟553.33公顷，完成指令性烟叶收购83.5万千克，其中上中等烟叶87.25万千克，出口备货9.45万千克，均价18.39元/千克，收购丰产烟叶3.36万千克，实现烟总农收入（含红大补贴）2141.14万元。建成烤烟育苗工厂1个，大棚22座，集中式机烤房4群30座。

【畜牧产业】 围绕良种、防疫、饲料、市场四大体系建设，加快推进以肉牛、无量山鸡为主的畜牧业持续健康发展。存栏大牲畜1.03万头、生猪1.48万头、山羊9259只、家禽22.05万羽。出栏大牲畜4276头、生猪1.45万头、山羊1.5万只、家禽22.21万羽。完成肉类总产250.96万千克，禽蛋产量16.18万千克，实现畜牧业产值4234万元。完成肉牛改良配种1050头，生猪改良配种805窝。建成肉牛示范村4个、示范户121户，养牛507头；建成无量山鸡养殖示范户3户。

【茶叶产业】 积极引导茶农做好低产茶园改造，提高茶叶产业经济效益。完成低产茶园改造153.33公顷，新发展茶叶40公顷，全镇茶园面积累计种植875公顷，其中可采摘面积805公顷，产量53.7万千克，产值958.2万元。

【泡核桃产业】 全镇标准化种植泡核桃507.23公顷，防治病虫害2647.8公顷。累计种植泡核桃4200.58公顷，产量129.24万千克，产值3810万元。

【特色产业】 积极引导和鼓励农民因地制宜发展特色产业，示范种植龙胆草2公顷、金银花1公顷、枇杷6.67公顷、红花33.33公顷、蔬菜40公顷、油菜33.33公顷、啤大麦360公顷、早豌豆40公顷。

【水利建设】 完成总投资97.72万元的2011年度17件安全饮水项目，解决5个村委会、3所学校、14个村民小组、451户、1769人的饮水困难。完成投资8.7万元的瓦郎大村和投资9.9万元的子泽里坪村抗旱饮水工程。完成投资30万元的新龙瓦郎片区马卡苴地质灾害防治及生态恢复项目扫尾工作。完成总投资68.2万元的省级地方债券水利项目龙门村老黑鼠片341口小水窖建设。启动投资50万元的新增农资财政项目新龙瓦郎农灌沟建设。申报的澜沧江提水灌溉项目规划已列入省级项目。完成神舟漫鼻大沟和龙街二尺堵村人畜饮水、岔江阿务里村提水项目测设规划。

【电力工作】 完成投资70多万元的新民亚巴古和神舟新村、上村、腊岔河等村组农网改造项目，完成变电站年度安全运行检查。

【交通建设】 完成投资56万元的新民村委会至中南山4.7千米弹石路面建设。完成投资91万元的神舟村委会至旧村和大石房至大比密村两条弹石路面建设。投资67万元，完成阿务里进村水泥路面工程。投资150多万元，新修村组公路9条18.9千米，修复村组公路3条27.8千米。完成岔江码头及5个停靠点的选址及协调工作。

【安全生产】 强化安全生产管理，落实领导干部安全生产“一岗双责”责任制，与7个村委会、镇级各单位分别签订了《安全生产目标管理责任书》25份，制定完善了各类安全生产工作实施方案、预案，全镇安全生产形势平稳。

【移民工作】 做好淹地影响村组移民外迁后集体资金分配使用指导和监管工作，确保库区稳定。加大库岸巡查监测力度，确保库区周边村组安全。稳步推进移民工程建设，继续做好协调工作，确保总投资807.47万元的龙潭水库建设工程顺利实施。完成三字克移民安置点26户主体房建设，附属已组织实施，净增农村固定资产投资700万元。总投资1000多万元的岔江新区移民安置点完成施工图纸评审和一期土石方开挖工程，启动场地平整工程。完成漫湾库区后扶项目两条弹石路面建设，完成历史遗留细腰子公路改造工程。完成小湾、漫湾两个库区“十二五”后扶69个项目规划上报工作，规划项目资金2271万元。

【“一事一议”奖补项目】 完成总投资152.56万元的9个“一事一议”财政奖补项目，受益6个行政村、14个村民小组、407户农户、1421人、主要涉及村组公路升级改造、村内户外道路硬化和小型农田水利等项目。

【社会保障工作】 认真落实强农惠农政策，兑现退耕还林补助、种粮补贴和太阳能、家电、摩托车下乡补贴等各项资金700多万元。加强农村低保、城保动态管理，全镇五保户78户80人，农村低保户671户2110人，城镇低保户85户102人和35名定补对象生活得到有效保障。发放救助金9.3万元、复员军人和大队干部定补3.6万元。发放80岁以上高龄补贴248人8.9万元。发放医疗救助金17.6万元。加强农村劳动力实用技术和转移就业培训，有序转移农村富余劳动力就业，累计输出农村富余劳动力2608人（次），收入3000万元。

【生态环境建设】 巩固退耕还林成果，强化封山育林管护，加大荒山造林力度，动员全民开展义务植树，推进“绿色家园”和“生态小湾”建设。植造杨善洲纪念林4公顷，启动“万棵树苗入农家”活动，发放树苗22.1万株。加强岔小公路“绿色走廊”小湾东镇段和公民公路、神舟公路近30千米的林木补植补造和管护工作，完成3条路沿线“泡核桃产业带”建设。严格制止乱砍滥伐、毁林开荒等违法行为，加强森林防火工作，确保生态安全。坚持用煤烘烤烟叶制度，累计调运烤煤415万千克。继续推进柴改煤电气工作，有效减少了居民生活对薪柴的依赖。启动岔小路沿线生态修复，完成新龙片区小流域生态治理项目，栽植毛竹580丛、旱冬瓜、华山松33.33公顷。

【教育事业】 坚持教育优先发展，强化教育资源配置，学校软、硬件建设得到加强，各学校得以均衡发展，教育教学质量稳步提高，育人环境不断改善。完成投资40万元的神舟大石房小学附属工程，启动投资156万元的综合楼建设。

【卫生工作】 加强镇卫生院和7个村卫生室管理，改善医疗卫生条件，切实解决群众看病贵、看病难问题。深化医疗卫生体制改革，认真实施国家基本药物制度，积极推进基本公共卫生服务均等化，全面实施9项基本公共卫生服务项目。全年新农合补偿资金80.89万元，有效缓解农村群众因病致贫压力，2011年度户参合率达94.49%，人参合率达91.99%。

【生态农业示范村建设】 认真实施投资68万元的龙街马扎福地生态农业示范村建设，完成21户农户的房屋亮化和村内户外道路硬化工程。

【社会主义新农村建设】 完成投资20万元的新龙街集镇及白沙井抽水机房管网改造工程。完成投资30万元的岔江新区集贸市场改造工程。完成岔江新区彝族风情广场详规编制工作。编制完成《小湾东镇总体规划》，启动龙街、岔江、新民3个行政村村庄规划工作。完成营盘、新龙、新民3个村千村扶贫开发百村整体推进项目工作，被县委、县人民政府表彰为“2010年度扶贫工作先进集体”。

【社会管理创新工作】 加强群众工作，建立镇村组三级联动矛盾纠纷稳联机制，矛盾纠纷调处“以案定补”工作卓有成效。党政主要领导接访和下访制度长期坚持。平安创建和社会治安综合治理活动深入推进，治安突出问题得到有效整治，各类违法犯罪活动得到有效遏制。“五五”普法成效明显，被县委、县人民政府表彰为“先进集体”，启动实施“六五”普法规划和第三轮“禁毒防艾”人民战争。

【各项改革工作】 农村小型水利工程管理体制改革顺利通过州、县验收。有序推进生态草原家庭承包，完成生态草原家庭承包面积5533.33公顷。扎实开展城乡居民养老保险试点工作，按时完成确定的目标任务。认真开展“四议两公开”工作方法，农村发展活力不断增强。高起点完成镇为民服务中心、村为民服务站建设，按“便民、务实、高效”的宗旨切实为广大人民群众服务。按时完成乡镇机构改革工作任务，党政机关四大办公室和事业单位1所6中心按照职能职责正常运转。严格厉行节约，提倡移风易俗，禁止大操大办，精简会议、压缩文件工作取得实效，政府采购行为进一步规范。深入开展重点建设项目专项检查和审计、公务用车专项治理等工作，政府自身建设不断加强。

【基层组织建设】 （1）完成党委换届工作，配齐配强新一届党委班子成员，实现“新班子、新机制、新气象”的目标，为推动小湾东镇经济社会发展提供坚强的组织保证。（2）以镇党委理论学习中心组为龙头，充分发挥党总支、党支部的核心作用，紧紧围绕加强新形势下党的思想建设、组织建设、作风建设、制度建设和反腐倡廉建设等重点任务，开展好党员干部职工教育工作。（3）结合镇情，细化村干部工作职责，建立健全值班制度，公开村干部岗位职责及电话号码，认真执行好村干部绩效考核制度，做好对村干部的管理工作。（4）建立机关、站所、学校和村级后备干部花名册，为培养、选拔镇村干部打好基础。（5）“七一”期间，接纳新党员26名，按期转正党员33名，表彰“五好五带头”党支部6个、优秀共产党员22名，慰问农村困难党员35户7000元。在重大节庆日期间，党委班子成员对农村困难党员、老党员走访慰问200多人（次）。

【精神文明建设】（1）以机关单位图书室、阅览室、村党员电教室、“农家书屋”为阵地，开展“个人赠书，同事荐书，自觉读书”的全民学习活动。（2）认真组织每月的党委理论中心组学习和干部职工学习，组织领导干部理论研讨活动，全年撰写上报理论研讨文章9篇。（3）充分利用小湾水电厂“小湾讲坛”优势，开展学习交流活动。（4）配齐新龙、神舟、龙街村农家书屋3个，全镇有村农家书屋7个、“华能春蕾图书室”4个，藏书量逐步增加，丰富了农村群众业余文化生活。（5）重视农村体育健身事业，争取灯光球场项目1个、农村体育健身场所项目3个。（6）巩固“村村通”工程、移动富民村工程，提高农村广播电视、移动信号覆盖率。（7）组建农村文艺队7支，火把节组队21人到县城参加活动，国庆节组队50人参加小湾电厂迎国庆活动。

【“创先争优”活动】（1）做好党员目标责任管理，全镇有629名党员与党（总）支部书记签订了目标管理责任书。（2）在领导及有关单位挂村、挂片、挂组的基础上，实行党员联系户制度，除老弱病残及60岁以上的党员外，406名党员联系406户群众。（3）镇人民政府、中心校、中学、新民学区、农水、卫生、岔江学区党支部全体党员结对帮扶农村党支部困难党员，对其生产、生活进行帮助和扶持。充分利用镇党委与小湾电厂党委联建共建、岔江村党总支与电厂水库党支部共建平台，解决了一些重点工程建设遗留和施工区移民村组发展的问题，形成镇企和谐共处氛围。（4）按照“创先争优”活动要求，紧紧围绕“创先争优葆先进，增强本领促发展”的目标，开展党员设岗定责、公开承诺、党员先锋岗等活动。（5）加强镇村两级党员服务中心（站点）、为民服务中心站（点）管理，积极为党员、群众服务工作。（6）建立流动党员花名册，掌握外出地址和联系电话，通过定期或不定期联系，加强对外出党员的教育和管理。鼓励返乡农民党员在本镇本村带头创业，以创业带就业。

委会领导成员名单

村委会名称	党总支书记	党总支副书记	村委会主任	村委会副主任（文书）
神舟	左黎灿	—	谢文昌	罗正玺
营盘	罗汝明	姜春生	罗汝明	罗旭光
龙街	吴文铜	—	罗天文	李洪标
新龙	鲁凤登	—	张兴文	王朝坤
新民	查绍斌	字有彪	查绍斌	吴文开、李世达
龙门	韩国才	罗正宝	韩国才	杨兴斌
岔江	查鹏飞	罗凤宏	查鹏飞	茶发雄、鲁智斌

（自文东）

公郎镇

【概　述】公郎镇位于县境西南部，地处东经100°15′～100°30′、北纬24°42′～24°54′之间。与无量山镇、小湾东镇、宝华镇、碧溪乡、拥翠乡接壤，与临沧市的云县、凤庆县毗邻，与普洱市的景东县相连。总面积有290.64平方千米，最高海拔2810米（中山村委会白竹竿山顶），最低海拔994米（漫湾库区水面）。气候类型属典型的亚热带立体季风气候，跨亚热带、温带、亚寒带3个气候带。镇政府驻地公郎街，距县城41千米。

全镇辖新合、中山、底么、凤凰、凤岭、回营、公郎、龙平、金山、板桥、落底河、自强、沙乐、官地14个村民委员会，183个自然村，226个村民小组，8381户，31684人，其中：农业户7674户，非农业户707户；农业人口30419人，非农业人口1265人；男16287人，女15397人。人口密度109人/平方千米。有汉、彝、回等13个民族，其中少数民族21920人，占总人口的69%。年内出生人口414人，人口自然增长率6.08‰。有林地面积1.89万公顷，森林覆盖率71%，林木绿化率72.5%。有耕地1885公顷，其中水田263公顷、旱地1621公顷，农业人口人均占有耕地0.93亩。

【农村经济】　农村经济总收入23010万元，比上年增长26.17%；人均总收入7564万元，比上年增长25.63%；农民人均纯收入3428元，比上年增长34.59%。完成社会固定资产投资4185万元，比上年增长32.02%。金融机构各项储蓄存款余额11234万元，比上年增长53.76%；各项贷款余额8452万元，比上年增长27.65%。

【粮食生产】　全镇完成农作物播种面积4042公顷，其中粮豆面积3873公顷，总产1587.7万千克，比上年增加533.2万千克，增长50.56%。粮食单产4099.41千克，比上年增长34.45%。农业人口人均占有粮食522千克，比上年增长50%。

【烤烟生产】　完成烤烟种植面积333.33公顷，合同收购量51.95万千克，收购金额958.42万元。收购丰产烟叶5000千克，收购金额8.21万元。红大补贴金额164.33万元，实现烟农收入1131万元。

【畜牧产业】　存栏大牲畜1.57万头（匹）、生猪2.3万头、山羊1.41万只。出栏大牲畜2.75万头、猪2.33万头、羊3.4万只、禽35.8万羽，其中无量山乌骨鸡1.48万羽。肉类总产666.72万千克，禽蛋产量26.7万千克，实现畜牧业总产值11432万元。完成草原承包1.59万公顷，其中禁牧面积760公顷、草原平衡1.52万公顷。大力发展林下种植，积极寻找致富新途径。采用“市场+基地+农户”带动农户参与种植的运作模式，在大乌木龙村、小畔密村、公郎村试点推行种植龙胆草、板蓝根、续断13.33亩，药苗长势良好。

【泡核桃产业】　全年在适宜区规范化种植泡核桃898.84公顷，累计发展泡核桃面积8683.27公顷，产量240.98万千克，产值7104万元。

【茶叶产业】　全镇有茶场20个，加工厂20个，茶农5278户。新发展茶园面积40公顷，完成低改240公顷，累计茶叶面积2112公顷，其中可采摘面积1640公顷。完成茶叶产量116万千克，实现产值2471万元。

【林业生产】　坚持“创新机制、重点推进、互惠共赢”的原则，全面拓宽公郎林业融资渠道，9月启动经济林木（果）权证抵押贷款试点工作，完成14个村委会5572户的摸底调查、申请登记、信息公示、信息录入、确权发证、盖章花名册录入和信息归档工作，推荐上报309户林农办理抵押贷款2000万元。

【二三产业】　全年引进招商项目5个，协议引进资金4620万元。全镇完成工业总产值14200万元，完成工业增加值1750万元。有个体工商户403户，私营企业7户。预计投资400万元的公郎大牲畜市场和预计投资2800万元的公郎镇核桃加工厂已组织实施。投资1000万元的阿里木业加工厂（扩建）项目和投资200万元的沙乐小团山茶叶加工厂已投入使用。

【中心集镇建设】　中心集镇建设项目包含公郎中心集镇，回营、中山两个中心村，老鸭箐、回营大村、下凹子3个示范村。认真按照中心集镇“十个有”建设目标，立足实际，科学规划，突出重点，精心实施，加快集镇建设步伐。对集镇总体规划进行修编，收储土地8.05公顷，完成了平交口八角亭建设和绿化美化。完成茶叶交易市场改造，9条居民区道路提升改造完成5条，其余4条已组织实施。启动实施了和谐路下段、回营穆斯林文化活动中心、文化广场建设和集镇主干道路灯全面改造工程。完成污水处理厂、垃圾处理厂前期准备工作。加强集镇综合管理，规范集镇用地、环境卫生、市场经营等行为，添置垃圾桶60个，改造公厕3个。按照中心村“六个有”和示范村“三治五改六化”的建设目标，实施了中山、回营2个中心村和老鸭箐、回营大村、下凹子3个示范村建设项目，并组织镇级相关部门和人员对项目建设情况进行验收。

公郎镇文化惠民工程设施（白家伟　摄）

【项目建设】　投资200万元，完成龙平片区以工代赈小流域治理工程，整治泥石流河道820米，修建拦沙坝5座、排洪沟676米、冲沟排导槽466米。预计投资120万元，在落底河村委会5个自然村人口较少民族实施扶持项目，已完成前期规划，已组织实施房屋亮化、道路硬化工作。投资100万元，在凤岭村委会4个点8个自然村实施“通信网、互联网、电视网”三网融合项目建设。

【新农村建设】 以改善农村基础设施建设为根本，实施大岔路等7个扶贫重点村建设并顺利通过验收。以改善群众住房条件为出发点，精心组织实施农村危房改造建设项目和农村民居地震安全工程，改造危房300间，加固农村民居250间。以建设新村庄、培植新产业、培养新农民、建立新机制、塑造新形象为目标，按照“基础突破、产业支撑、项目带动、典型引路、整体推进”的工作思路，高标准、高质量建成回营大村、下凹子、老鸭箐3个省级重点村。以改善群众生产生活条件为突破口，积极发挥群众建设主体作用，认真组织实施了惠及10个村委会，46个自然村的“一事一议”财政奖补项目13个，累计投资278.23万元，申请财政奖补资金103.26万元。围绕生态农业示范村建设的规划布局，在凤岭村小波罗箐示范村实施地力培肥14公顷，建设机耕路650米，建设太阳能沐浴间20户，改造厨房20户，推广使用以电、液化气、沼气等清洁能源39户，举办绿色证书培训2期150人（次），发放科普资料1000余份，被县委、县人民政府命名为“南涧县2010年度千村扶贫开发百村整体推进工作先进集体”。

大乌木龙新农村建设新貌（公郎镇人民政府供稿）

【综治维稳】 加强综治维稳工作领导，努力推进社会管理创新。制定综治维稳工作意见，把综治维稳工作任务分解到下属各单位，做到综治维稳工作与经济建设、政治建设、文化建设、社会建设以及生态文明建设和业务工作紧密结合，一起部署，一起落实，一起检查，一起考核。建立领导班子成员分工联系村委会工作制度，分别与所辖14个村委会和7家单位签订社会治安综合治理责任书21份。认真对待群众来信来访，采取解决问题和思想教育引导相结合的原则，及时有效地解决群众信访问题。深入开展普法宣传教育，增强群众学法守法意识。相关部门组织开展集中法制宣传和咨询活动1场（次）。开展“送法下村”、“送法到户”87场（次）。组织4名法制副校长到学校上法制教育辅导课6场（次），被县委、县人民政府表彰为“五五”普法先进集体。全年排查各类矛盾纠纷1693起，调处1615起，调处率达95.4%。严厉打击违法犯罪行为，全镇社会治安明显好转，被县委、县人民政府表彰为先进平安镇。全年发生刑事案件28起，发案率与前3年的平均值相比，下降7.8%。深入推进新一轮“禁毒防艾”人民战争，“禁毒防艾”工作取得显著成绩，先后被大理州委、州人民政府和县委、县人民政府表彰为第二轮防治艾滋病人民战争先进集体。

【计划生育】 认真贯彻计划生育基本国策，以宣传教育、避孕节育和经常性工作为主，强化生殖健康服务，落实独生子女“奖优免补”政策，提高人口综合素质。全镇在册已婚育龄妇女6832人，年内出生人口305人，实施计划生育手术370例，发放独生子女保健费4.92万元，发放奖学金8.59万元。

【安全生产】 认真对照安全生产年度责任目标，强化对道路交通、非煤矿山、消防、食品药品安全监管责任落实。全年召开安全生产例会4次，组织开展安全生产知识培训2次，粘贴宣传标语128条，发放宣传资料2400多份，开展专项检查15场（次），排查出各类隐患81个，现场发出整改通知书81份，检查机动车辆261辆，查处违法交通行为57起，关闭非法采石场5家。

【党组织建设】 全镇紧紧围绕农村经济社会发展需要，结合地域分布特点，不断优化党组织设置，建立了以村党总支为主体、以党支部为骨干、以党小组为基础的新型村级党组织机构。以龙平、凤岭大乌木龙2个党建示范点创建为载体，以典型带动，全面提高党建工作水平。探索农民专业合作组织党建工作，新成立了罗伯克茶场专业合作社党支部，有效发挥了专业合作组织党支部带领周边群众致富的新路子。全年发展党员54名，其中村组干部8名，消除了党员空白村民小组，基本实现了农村基层党组织覆盖最大化、设置最优化、功能最强化。按照村级组织活动场所实现“十有”目标，完成了14个村级组织活动场所建设，建成了3个村党支部活动室和自强麦地平等一批村民小组活动场地。

【党员队伍建设】　圆满完成镇党委换届选举工作，新当选的党委班子成员年龄、文化、知识结构进一步优化，党委班子的内在活力得到增强。先后邀请县委党校老师为镇领导班子和村“两委”干部进行了专题培训3期15场（次），参训人员140人（次）。采取集中与分散相结合的方式开展副科以上领导干部为站所和农村党员干部讲党课16场（次），教育党员干部740多名。镇党委、各站所、各党（总）支按照年初制定的《党委中心组理论学习计划》、《在职干部理论学习安排意见》、《党（总）支部党员学习教育意见》，认真组织全体党员、干部职工学习中央十七届六中全会、胡锦涛“七一”讲话、省九次党代会、州七次党代会、县十次党代会精神，其中：党委中心组理论学习10场（次），在职干部理论学习21场（次），党员集中学习教育18场（次），累计受教育人数1410人（次）。组织机关党员和村党组织成员分别开展《党在我心中》、《农村基层干部廉洁履行职责若干规定》知识考试和建党90周年反腐倡廉知识竞赛。组织党员干部观看、聆听了杨善洲、龙进品先进事迹报告会，广大党员干部对照杨善洲先进事迹撰写学习心得和体会文章65篇，镇领导班子开展了“学习杨善洲先进事迹，做人民满意的好党员、好干部”专题组织生活会，撰写专题组织生活会发言提纲11篇。年内，把1名大学生“村官”培养成了镇党委委员，2名大学生“村官”通过考试，进入了公务员队伍。

【“创先争优”活动】　以“创先争优”活动为载体，加强对基层党组织和党员的管理。制定了《深入开展授旗评星活动的实施方案》，在各级党组织和党员中开展“争流动红旗、创星级党员”授旗评星活动，切实增强“创先争优”实效。每个党（总）支部集中学习均达6次。组织观看电影《“村官”普发兴》、《杨善洲先进事迹》等，党员撰写心得体会120多篇。进一步健全了工作机制，全面推行“四议两公开”工作，村级组织民主自制机制更加完善。在广大党员中实施“五带头”工程，党员在带头创业致富、服务群众、建设和谐社会等方面起到先锋模范作用，镇党委、政府班子成员带头承包种植烤烟33.33公顷，采取土地流转，大户种植，干部入股、工作组承包等方式，扎实做好烤烟面积的落实。罗伯克农民专业合作社党支部带领周边茶农发展茶叶，户均收入在2万多元，对锅山党员适志国自办养牛场，落底河总支书记带头发展泡核桃，收入达10万元。在镇级机关及企事业党组织开展“三个一”、“五比五创”活动。坚持“三会一课”制度，建立党员培训制度；坚持因人因地制宜的原则，深入推行党员承诺制，全镇已有938名党员实行了公开承诺，承诺事项938件。开展了党员义务植树、爱国卫生等活动。加强舆论宣传，营造良好氛围。镇党委把发展村集体经济作为一项重要工作来抓，全镇14个村中已有10个村有集体经济。

举办建党90周年文艺晚会（公郎镇人民政府供稿）

【党风廉政建设】　镇党委、政府在巩固好龙平、公郎、沙乐、落底河4个示范点创建成果的基础上，健全工作机构，创新工作机制，扎实抓好新合、中山、底么、凤凰等10个村级示范点创建工作，其中中山村被推荐为南涧县2011年度“五个建设”先进村。抓实凤岭大乌木龙村的廉政文化进农村示范点创建，年内，大乌木龙村被县纪委命名为党风廉政建设、惩防体系建设和廉政文化进农村示范点。建立健全民主决策制度，严格落实镇党委、村“两委”议事规则，推行“四议两公开”工作法，规范镇、村干部的民主决策程序。制定完善了《公郎镇干部职工管理规定》、《农村集体资产管理暂行办法》、《公务用车管理制度》、《政府食堂管理制度》，抓好《廉政准则》、《农村基层干部履行职责若干规定（试行）》的知识测试和专项督查，开展农村基层干部任前廉政谈话、诫勉谈话、述职述廉等活动，加强党员干部的党纪教育，规范农村基层党员干部行为。年内对站所、村“两委”负责人和机关干部进行廉政谈话79人（次）。建成了镇级“为民服务中心”、14个村级“为民服务站”，并设立监督投诉热线电话和意见箱。为民服务站点自启动运行以来，接受办理事项301件。全面推行权力公开透明运行，深入推进镇党委党务公开、镇人民政府政务公开、事业单位办事公开和村“两委”村务公开、财务公开，不断规范党务、政务、村务、财务公开程序，完善公开内容，细化公开事项，主动接受群众监督。全年公开党务4次、公开政务4次、村务4次、财务3次。强化行政机关关键岗位行政行为监督，扎实开展廉政风险防范管理。对镇财务室、党政办、组织办、民政办、计生办、安监办、司法所7个关键岗位和重点环节行政行为实施监督。针对权力运行中的风险和监督管理中的薄弱环节，成立廉政风险重点环节防范管理工作领导机构，9个部门、12名领导班子成员、8名股室负责人、34个岗位人员查找了思想道德风险点42个，岗位职责风险点66个，业务流程风险点8个，制度机制风险点6个，外部环境风险点35个。评定一级风险点16个，二级风险点15个，三级风险点19个，制定防控措施119个，使对权力制约监督细化到岗、落实到人。

【精神文明建设】 以社会主义核心价值体系为根本，积极推进思想道德建设，认真组织开展“公民道德日”宣传教育活动和学习杨善洲、龙进品先进事迹活动。以群众性精神文明创建活动为载体，深入开展文明小城镇、文明单位、文明村创建复评工作，被县委、县人民政府表彰为文明小城镇、文明单位。加强基层文化站和农村书屋建设，全镇14个行政村实现农村书屋全覆盖。举办新合村介瓦洒彝族群众的二月八庆典活动和建党90周年系列庆祝活动，对5个先进基层党组织和16名优秀共产党员进行表彰奖励。积极鼓励和引导农村文艺队以各种节日、纪念日广泛开展群众性文体活动，全民健身活动蓬勃发展。由老体协自编自演的《醉老奶》在大理州老体协乡镇文艺调演活动中获得优胜奖。按照抓实载体、突出重点、注重特色、扩大外宣的工作理念，切实加强和改进对外宣传工作，对外宣传的稿件数量和质量与往年相比有较大幅度的提升。全镇有236件（次）新闻稿件在各级主流媒体上刊播，比上年增加14件。

村委会领导成员名单

村委会名称	党总支书记	党总支副书记	村委会主任	村委会副主任（文书）
新合	茶绍华	马耀辉	茶绍华	茶绍辉
中山	茶政富	吕宗华	茶政富	杨文宏
底么	罗绍明	赵永斌	罗绍明	罗红祥 赵永斌
凤凰	沈有升	王开荣	沈有升	陈凤银
凤岭	字文春	杨铭昆	罗家根	杨耀武
回营	马洲	邹慈先	马洲	马奇义
公郎	蒋恒真	罗永华	蒋恒真	茶跃
龙平	张家信	高雷春	张家信	周宜春
金山	茶伟存	自文斌	茶伟存	杨继伦
板桥	自佳泉	字光祁	自佳泉	熊佳跃
落底河	罗朝春	杜应成	罗朝春	官平军
自强	张贵华	自海清	张贵华	孔银花
沙乐	施光权	罗文祥	施光华	马朝军 何聪顺
官地	董禄应	施旺龙	董禄应	罗发富

（自海斌）

宝华镇

【概 述】 宝华镇位于县境中部偏东，地处东经100°23′～100°37′、北纬24°47′～24°58′之间。东与无量山镇和弥渡县牛街乡接壤，南与公郎镇相连，西与拥翠乡交界，北与南涧镇毗邻。总面积215.2平方千米，最高海拔2693米（巴苴山），最低1730米（石洞寺河谷地）。由于海拔落差大，呈现出“一山有四季、隔里不同天”的典型亚热带季风立体气候。年日照时数2350.6小时，平均气温16.5℃，降雨量863.6毫米。镇人民政府驻地新街，距县城28千米。

全镇辖宝华、云华、美星、兔街、光乐、白竹、拥政、小铁窑、虎街、无量10个村委会，151个自然村，258个村民小组，8295户，31214人，其中：农业户7815户，非农业户480户；农业人口30189人，非农业人口1025人；男16156人，女15058人。人口密度145人/平方千米。境内居住有汉、彝、白、回、佤、傣、藏、哈尼、傈僳、拉祜、纳西、布朗12个民族，其中少数民族10605人，占总人口数的34%。有林地面积1.31万公顷，森林覆盖率57.1%，林木绿化率63.1%。有耕地面积2066公顷，其中水田153公顷、旱地1913公顷，农业人口人均占有耕地1.03亩。

原214国道线自北向南穿境而过，过境干线有27千米，辖区内10个村委会149个自然村通公路，通车里程1165千米，交通条件便利。

【农村经济】 农村经济总收入19495万元，比上年增长27.42%；总收入人均6485元，比上年增长27.3%；农民人均纯收入3416元，比上年增长35.02%。完成社会固定资产投资3504万元，比上年增长31.24%。完成招商引资2060万元，比上年增长23.35%。完成工业总产值5360万元，比上年增长51.84%；完成工业增加值810万元，比上年增长56.31%。金融机构各项储蓄存款余额12095万元，比上年增长58.31%；各项贷款余额7887万元，比上年增长36.29%。

跳菜表演（宝华镇人民政府供稿）

【粮食生产】 全年完成农作物播种面积4747公顷，其中粮豆面积3506公顷；总产1415.6万千克，比上年增加582.7万千克，增长69.96%；单产4037.65千克，比上年增长50.88%；农业人口人均占有粮459千克，比上年增长69.93%。完成玉米旱作立体种植县样板100公顷，镇级样板333.33公顷；种植双低油菜480公顷、白芸豆36公顷、鲜豌豆77.33公顷。

【烤烟生产】 全镇完成烤烟种植面积1120公顷，合同收购量201.5万千克，收购金额3728.89万元；收购丰产烟叶3172.6千克，丰产烟叶金额5.59万元；红大补贴金额641.25万元，实现烟农收入4375.74万元。

【畜牧产业】 扎实抓好品种改良、防疫、饲草、市场4项工作，在巩固华亿生猪养殖区、宝华肉牛养殖区、无量山乌骨鸡养殖区和红李子树、石洞寺生猪养殖区的基础上，实施了投资100万元的中央财政肉牛项目，发展10头规模肉牛养殖示范户29户，25头规模肉牛养殖示范户2户，50头规模肉牛养殖示范户6户。实施草原生态保护建设7400公顷，涉及农户5142户，补助资金23.1万元。存栏大牲畜1.45万头、生猪2.23万头、山羊1.14万只、家禽15.89万羽。出栏大牲畜1.23头、生猪2.27万头、山羊1.83万只、家禽28.81万羽。完成肉类总产444.31万千克、禽蛋产量17.5万千克，实现畜牧业总产值7421万元。

【泡核桃产业】 新种植泡核桃333.33公顷，补植补造200公顷，累计泡核桃种植面积7070.45公顷，其中2666.67公顷进入初盛果期，产量63.48万千克，产值1871万元。完成经济林木（果）权证登记968户，登记面积482.22公顷，91户农户获得了922万元的财政贴息抵押贷款。

【茶叶产业】 抓好低产茶园改造和生态茶园建设，推进茶叶专业合作社发展，扶持茶叶企业出口创汇。完成低产改造60公顷，建设生态茶园133.33公顷，累计茶园面积713公顷，其中可采摘面积546公顷，完成茶叶总产量42.8万千克，实现产值770.35万元。

【工业经济】 南涧凤凰沱茶厂通过引进新工艺和技术，普洱茶加工生产质量和效益进一步提高。全年出口精制茶叶2万多千克，出口创汇32万美元。引入新云酒店、利民超市、富华超市、亿家人购物中心等商品贸易龙头企业，不断扩大市场规模，非公有制企业营业总收入达4980万元，实现产值5360万元。

【基础设施建设】 完成涉及宝华、兔街7个自然村的人畜饮水安全工程7件，完成美星片区18个自然村安全饮水项目。投资78万元，建成标准化烤房群30座。投资150万元，建成育苗大棚50个。投资61.2万元，完成美星公路弹石路面建设。投资87万元，完成光乐水泥路面建设。投资80多万元，完成石牛公路大中修项目工程。投资60万元，完成兔街桥和新街桥建设。完成拥政新田公路弹石路面建设工程、白竹大村进村公路建设和拥政乍巴箐公路维修工程。投资219.22万元，实施12个村组、766户、3258人的“一事一议”建设项目，完成8件，已组织实施4件。

【集镇建设】 完成投资157万元的宝华镇新区市政道路二期工程。建成长497.7米，宽16米的主街道1条；长122.88米、宽16米的横街2条。对街道进行硬化、绿化、亮化，修建排水系统，改变了集镇市场容量不足、以路为市的现状。完成宝华大牲畜交易市场扩建工作和中心集镇建设规划。完善集镇供水体制改革，加强集镇管理，积极发展建筑建材业，做好集镇规划区和控制区生态环境、交通秩序和违法违章建构筑物治理。实施规划投资1390万元的虎街整村推进及蒙乐古镇街面整治修复工程，挖掘文化遗产，发展旅游产业，努力打造集旅游休闲、文化遗产保护及新农村建设为一体的茶马古道蒙乐古遗镇。

【生态农业建设】 牢牢把握“高山净土生态”特征，发展“一村六园”生态农业示范建设。拥政新田村和肉牛生态养殖园区、生猪生态养殖园区、无量山乌骨鸡生态养殖园区、泡核桃生态种植园区、玉米生态种植园区生态示范园建设稳步推进。

【生态建设和环境保护】 深入推进公共机构节能降耗，实施“绿色走廊”建设和柴改煤电气工作，有效保护森林资源，增强全民保护生态环境的意识。全镇管护森林面积 8000 公顷，退耕还林 366.67 公顷，人工造林 1000 公顷。新栽植华山松百日苗 65 万株，补植旱冬瓜 106.67 公顷，补植“绿色走廊”15.7 千米，营建善洲林 2 公顷，植树 1200 多株。建成沼气池 46 口，卫生厩 426 口，卫生圈 426 间，推广节柴灶 252 口，太阳能热水器 40 台。

抗旱助耕（宝华镇人民政府供稿）

【卫生工作】 全镇加强中心卫生院管理，严格执行国家基本药物制度，不断促进城乡医疗一体化进程。加强传染病、地方病防治工作。全年应参加新农合 7604 户，实参加新农合 6899 户，户参合率 90.73%。应参加新农合 29946 人，实参加新农合 27164 人，人参合率 90.71%。

【计划生育】 全镇出生 230 人，出生率 7.37‰；死亡 167 人，死亡率 5.35‰；净增人口 31 人，人口自然增长率 2.02‰。已婚育龄妇女 6606 人，采取避孕措施 5615 人，男（女）结扎 350 例，计划生育率达 98%。为 512 对夫妇办理《独生子女父母光荣证》，兑现独生子女奖金 11 万元。

【武装工作】 落实 35 周岁以下预备役人员 65 人，36～45 周岁预备役人员 45 人，完成适龄青年的兵役登记核验 308 人。落实防汛抢险队员 20 人，区防汛预备队员 120 人。全年有 10 名新兵应征入伍。

【民生保障】 关注弱势群体，不断规范城镇低保和农村低保、五保扩面动态管理工作，全年发放“五保低保、低保边缘户”等各种救济金 550 万元。完善企业职工基本养老、失业和医疗保险，做好企业退休人员社会化管理服务。全面推进新型农村养老保险试点工作，农村居民参保率达 80.62%，城镇居民参保率达 61.14%。

【综治维稳】 加强社会治安综合治理，完善社会治安防控体系，健全社会急难热点问题的定期排查调处制度，有效预防和化解社会矛盾纠纷。健全信访工作、突出问题及群体性事件处置长效机制，落实信访工作责任制，高度重视群众来信来访。加强安全生产监管工作，落实“一岗双责”，抓实抓好道路交通、消防、非煤矿山、食品药品、学校安全等安全工作。

【党建工作】 完成镇党委换届选举工作，选举产生了新一届党委和纪委领导班子。抓好农村党员发展工作，培养入党积极分子 114 人，纳新 41 人，转正 42 人。组建了华亿生猪养殖协会党支部、无量村茶业专业合作社党支部和阿母腊无量山乌骨鸡养殖协会党支部。抓实拥政村党总支、大平地村党支部和华亿养殖小区党支部县级党建工作示范点，兔街、云华、小铁窑村党总支和凤凰沱茶厂党支部镇级党建示范点建设工作。抓实虎街后进村党总支部整治工作，成立后进村党总支部整治工作组，制定实施方案和整改措施，结合整村推进和茶马古道建设，全面加强虎街村“两委”班子和广大党员干部思想、工作、生活、纪律作风建设。积极开展“七一”系列活动、“党在我心中”知识竞赛和“善洲林”、“育人林”、“巾帼林”植树活动，走访慰问困难党员，表彰优秀基层党组织 3 个、优秀党务工作者 3 名、优秀共产党员 18 名，帮扶后进村 10 个。

【“创先争优”】 坚持年度党员双目标管理制度，深入开展三级联创和党群共建活动，深化“无职党员设岗定责”、“党员公开承诺”、授旗评星、“四亮四评”工作。开展“创先争优促发展，党员干部帮扶后进村”活动，确定群众整体素质低、经济基础差、发展难度大的 10 个 30 户以下的自然村为后进村。镇级机关成立 10 个帮扶工作组，制定出帮扶方案，进行思想帮扶、基础设施帮扶和推进经济发展帮扶，推进后进村村民发展生产、脱贫致富。

【廉政建设】 坚持标本兼治、综合治理、惩防并举、注重预防的方针，构建教育、制度、监督并重的惩治和预防体系，认真执行党风廉政建设责任制，落实领导干部“一岗双责”制，筑牢思想道德防线。健全完善各项规章制度，严格用制度规范干部职工从政行为。在巩固好宝华、兔街、云华、拥政、光乐 5 个惩治和预防腐败体系建设示范点的基础上，重点打造拥政廉政文化进农村工作示范点，参加了省级廉政文化进农村示范点评选。通过积极创建，典型示范效果明显，吸引相邻乡镇和周边县市到拥政参观学习。

千村扶贫开发百村整体推进工程实施后的云华村委会大平地村（宝华镇人民政府供稿）

村委会领导成员名单

村委会名称	党总支书记	党总支副书记	村委会主任	村委会副主任（文书）
宝华	杨荣发	黄朝良	韩春贵	李佑平
云华	李中柏	时国龙	李中柏	李文华
美星	苏联玉	杨本富	苏联玉	李文金
兔街	李培智	李树森	李培智	杨汝茂
光乐	罗怀生	张兴福	罗怀生	汪政武
拥政	阿志清	李怀剑	张光斌	马映祥　饶斌贵
小铁窑	周金	周仕勇	周金	周加彪
白竹	陈本军	陈永靖	陈本军	董春凤
虎街	陈岗	张本韬	陈岗	张凤
无量	阿怀昌	吴加勇	阿怀昌	饶富侯

（周连斌）

无量山镇

【概　述】　无量山镇位于县境东南部，地处东经100°28′～100°41′、北纬24°42′～24°56′之间，东接弥渡县，南连普洱市景东县，西靠公郎镇，北邻宝华镇。总面积251.95平方千米，最高海拔2790米（太平山顶），最低1446米（南涧桥）。镇人民政府驻地小河底距县城50千米，原国道214线和省道“小普线”穿境而过，是大理州通往普洱、西双版纳的南大门。

全镇辖光明、保平、德安、新政、古德、马街、可保、卫国、红星、发达、保台、和平、华山13个村委会，222个自然村，290个村民小组，9870户，36365人，其中：农业户8973户，非农业户897户；农业人口35468人，非农业人口888人；男19007人，女17358人。人口密度144人/平方千米。居住有汉、彝、白、哈尼、傣、苗、傈僳、拉祜、佤、纳西、藏、布朗、苗13个民族，其中少数民族人口17358人，占总人口的47.73%。年内出生人口281人，人口自然增长率2.75‰。有林地面积1.65万公顷，森林覆盖率53.8%，林木绿化率59.9%。有耕地面积1994公顷，其中水田107公顷、旱地1887公顷，农业人口人均占有耕地0.85亩。

【农村经济】　全镇农村经济总收入21800万元，比上年增长29.75%；总收入人均6146元，比上年增长28.9%；农民人均纯收入3408元，比上年增长37.42%。完成乡镇企业营业总收入12670万元，比上年增长130.4%。完成工业总产值14800万元，比上年增长153%。上缴税金274万元，比上年增长89%。完成社会固定资产投资9600万元，比上年增长33.3%。金融机构各项储蓄存款余额10818万元，比上年增长43.23%；各项贷款8465万元，比上年增长8.04%。

无量山镇镇级机关（无量山镇人民政府供稿）

【粮食生产】　全年完成农作物总播种面积4089公顷，其中粮豆面积3912公顷，总产1618.9万千克，比上年增加561.4万千克，增长53.09%；单产4138.29千克，比上年增长40.09%；农业人口人均占有粮458千克，比上年增长52.67%。完成水稻旱育稀植106.67公顷，包谷容器育苗密植定向移栽126.67公顷，包谷地膜覆盖466.67公顷。创建高产示范样板333.33公顷，其中县级样板66.67公顷、乡级样板66.67公顷、村级样板200公顷。完成电脑农业测土配方施肥1053.33公顷，良种推广完成1833.33公顷，综合科技推广率达100%。

【烤烟生产】　全镇规范化种植烤烟466.67公顷，烤烟种植大户14户，其中种植6.67公顷以上的1户、3.33公顷以上的3户。合同收购77.65万千克，收购金额1422.3万元；收购丰产烟叶8053.4千克，收购金额13.25万元；红大补贴金额245.74万元，实现烟农总收入1681.29万元。

【畜牧产业】　坚持以防疫为重点，强化服务，加大畜种改良，狠抓产业培植。发展肉牛养殖示范户29户，肉乳兼用牛示范户2户，改良肉牛2276头，生产标准化肉牛482头，发展生猪标准化养殖示范户23户，牧草种植300公顷。存栏大牲畜1.89万头、生猪4.83万头、山羊1.35万只、家禽19.53万羽。出栏大牲畜8413头、生猪4.62万头、山羊2.07万只、家禽32.9万羽。完成肉类总产642.39万千克、禽蛋产量29.26万千克，实现畜牧业总产值10632万元。发展无量山鸡养殖示范户15户，巩固8户，新增3户，推广无量山绿耳乌鸡养殖4860羽。加大防疫力度，全年完成猪瘟疫苗免疫9.5万头、“W”病疫苗免疫14.86万头、猪蓝耳病疫苗免疫9.53万头、“D”病疫苗免疫22.7万头。完成肉牛免疫4.01万头，完成家禽免疫41.9万羽（次），免疫率达95.1%，有效遏制了疫病的发生。

【泡核桃产业】　全年对农户进行栽植管护技术培训13场（次），完成天保工程泡核桃造林44.67公顷，新栽泡核桃337.33公顷，累计发展泡核桃9568.67公顷，挂果面积5266.67公顷，产量156.88万千克，产值4625万元。

【茶叶产业】　以生态茶园建设为基础，进一步发展壮大茶叶产业。完成茶叶低改186.67公顷，茶园补植补造40公顷，累计发展茶园面积1856公顷，其中可采摘面积1345公顷，完成总产量91.93万千克，实现产值1792.8万元。

无量山高山有机生态茶园（无量山镇人民政府供稿）

【招商引资】　以项目推进为核心，认真贯彻落实全县招商引资各项政策措施，累计到位资金22720万元。合利林产品有限公司投资650万元，新建厂房860平方米，新装一条加工生产线，预计年生产松脂8000吨，年产值8000万元。无量山镇倚天达泡核桃茶叶加工有限公司投资300万元，新建厂房2000平方米，新增核桃烘干机组6座。投资120万元的百姓超市已投入使用。华庆茶叶有限公司投资300万元，新建厂房200平方米。预计投资500万元的马安路和平加油站已完成前期工作。

【“无量药谷”建设】　投资2亿元，流转土地455.73公顷，平整土地400公顷，规范种植三七400公顷。以无量山农业科技有限公司为龙头，组建三七产业建设农民专业合作社4个，其中：红星薪火专业合作社种植面积4.67公顷；卫国梦想专业合作社种植面积3.33公顷；发达成真专业合作社种植面积2.12公顷；和平晨曦专业合作社种植面积1.33公顷。实现公司+基地+合作社的产业发展模式。

【基础设施建设】　投资1460万元，完成小普线及和平、光明、古德村的水泥路建设，保台村弹石路建设，新政、可保村路基改造建设。投资90万元的阿迪伍通村公路硬化建设项目、投资15万元的新政木板箐、栏杆箐农村公路建设项目已竣工并投入使用。预计投资2100万元的云发公路油路工程无量山段完成征地补偿、路基改造。投资351万元，新建密集式烤房135座、小水窖50个，新修沟渠1条，改善灌溉面积30.67公顷，新增灌溉面积44公顷。投资168万元，完成28个村组的农村安全饮水工程，解决3774人、1970头大牲畜的饮水安全问题。投资70万元的红星咋哈啦村农村生态环境综合治理项目全面启动。投资6万元的文化信息工程已完成并投入运行。总投资148万元的镇文化、劳保综合办公楼建设项目已组织实施。

【新农村建设】　围绕“建设新村庄、培植新产业、培养新农民、建立新机制、塑造新形象”的新农村建设目标，加快新农村建设步伐。投资15万元的保台乐所塘新农村建设省级重点村已竣工并投入使用。预计投资202万元的阿召箐、黄鹂窝异地搬迁项目已组织实施。完成投资249万元的农村危房改造、扶贫安居房建设和安居房修缮加固工程。总投资75万元的5个扶贫重点村建设项目已组织实施。投资140万元的8件“一事一议”项目已经竣工并验收。投资30.5万元，为13个村委会配备了“农家书屋”，藏书2.61万册。开展农民工职业技能培训700人（次），实现当地农民工逐步从体力工种向技术工种的转变。

【生态建设】　加强天然林管护，巩固退耕还林成果79.33公顷，其他造林213.33公顷，封山育林137.33公顷，全民义务植树9.55万株，公路沿线绿化20千米，植树2000株，种植杨善洲纪念林4公顷，绿色家园建设120公顷，旱冬瓜种植233.33公顷。全镇森林管护面积1.7万公顷。完成沼气换代升级1000口、新建太阳能76个、节柴灶200口，发放电饭煲120个。完成红星大水井村生态农业建设项目。

【社会事业】　全面落实“两免一补”和九年义务教育政策，免除4269人义务教育阶段学生的学杂费，补助寄宿生2835人。在第27个教师节，镇人民政府拨出资金4万元，对优秀教师和教育工作者进行激励，营造良好的教育软环境，全镇教育成绩实现历史性突破，中考高分人数比率居全县第一。投资150万元，完成卫国小学教学楼建设。投资300万元的保平小学校安工程和投资140万元的无量中学廉租房建设项目已组织实施。镇卫生院开设门诊2个，有医务人员30人；有村卫生室13个，乡村医生31人。公共卫生体系进一步健全，镇村医疗卫生服务体系不断完善，群众看病难、看病贵的问题进一步缓解。

【综治维稳】　坚持“打防结合，预防为主”的综治维稳工作方针，加大社会治安综合治理力度，严厉打击各类违法犯罪行为。全年发生刑事案件4起，侦破2起，抓获犯罪嫌疑人4人；发生治安案件13起，查处13起，打击处理35人（次）；受理各类矛盾纠纷689件，调处纠纷689件，调解成功647件，成功率为94%。积极开展“六五”普法教育，加大法律法规宣传教育力度，提高全民知法守法意识，促进社会稳定。全年宣传26场（次），受教育6876人（次），被州委、州人民政府评为“三五”依法治州先进集体。

【精神文明建设】　全镇举办各类理论培训班12期（次），其中科技培训班7期、法律法规培训5期。培训党员、村组干部、群众1000余人（次）。新闻稿件在大理电视台播出4条，《大理日报》发表6篇，南涧电视台播出50条，《南涧通讯》发表20篇，南涧县人民政府公众信息网和南涧宣传网各发表60余篇。全镇新申报创建县级文明单位4个、文明村2个，复查州级文明单位1个、文明村1个。

【党组织建设】　（1）培养入党积极分子387名，新发展党员93名。（2）以村党总支为核心组建红星、发达、卫国、和平4个三七种植农民专业合作社，种植三七11.45公顷。（3）新建5个党员现代远程教育终端站点，实现党员现代远程教育全覆盖。（4）积极开展“创先争优”活动，有针对性地开展“十创十争”活动，即：在产业提升发展中创新，在引领群众致富上争优；在环境保护开发中创新，在生态文明建设上争优；在构建和谐社会中创新，在精神文明建设上争优；在强化管理体制中创新，在热情服务群众上争优；在基层组织建设中创新，在党员发挥作用上争优；在新村建设措施中创新，在构建乡风文明上争优；在村民自治进程中创新，在民主法治建设上争优；在打破陈规陋习中创新，在倡导良好风气上争优；在贯彻落实政策中创新，在清政廉洁自律上争优；在组织发动群众中创新，在为群众办实事上争优。（5）深入开展学习杨善洲、龙进品先进事迹活动，集中开展学习先进事迹会16次，撰写学习心得体会48篇。（6）按照“整体推进、特点鲜明、作用突出、示范力强”的工作思路，突出村干部队伍建设、党员教育管理、党员带头致富、村级组织活动场所建设4个重点，村党总支的“五力”不断增强，使党建示范点达到“六个一”要求。

【党风廉政建设】　认真学习贯彻《中国共产党党内监督条例（试行）》和《中国共产党纪律处分条例》，进一步完善监督机制，发扬党内民主，增强权力行使过程中的透明度。注重从源头上预防和遏制腐败，严格贯彻执行《关于提倡移风易俗禁止大操大办的暂行规定》，建立和完善各项规章制度。年初签订党风廉政建设责任状，年终开展好班子述职述廉工作汇报会。落实廉政文化建设，创建廉政文化环境。积极开展“党风廉政教育月”活动，认真开展农村党风廉政建设教育。落实好党风廉政惩防体系建设工作，制定《廉政风险重点环节防范管理工作实施方案》，惩防并举，在全镇上下形成了清正、廉洁、务实、高效的工作氛围。

【农村养老保险】　按照《关于进一步做好城乡居民养老保险试点工作的通知》精神，认真组织开展城乡居民养老保险工作，全镇参保人数达17422人，其中农业人口17290人、城镇人口132人。农业人口参保率80%，城镇人口参保率60%，参保金额248.66万元。

村委会领导成员名单

村委会名称	党总支书记	党总支副书记	村委会主任	村委会副主任（文书）
光明	张增华	何国盛	何霖	左荣春
保平	李德玄	毕德礼	李德玄	李远良
德安	吴中华	自兴龙	吴中华	吴治明
新政	自明贵	罗锦光	自明贵	自加应
古德	罗新元	—	何胜东	商春华
马街	常玉权	自文昌	常玉权	罗春明
可保	杨开泰	杨波川	杨开泰	陈兴
卫国	李再国	左世伟	李再国	郭世华
红星	李良	李如贵	李添阳	鲁怀堂　张如泰
发达	李成林	—	李成华	刘发
保台	张明	熊明聪	张明	何香权
和平	饶伦义	欧阳作锦	饶伦义	张军光
华山	欧阳林	陈国顺	欧阳林	者正科

（李海斌）

人　物

人物简介

吉向阳 男，1964年7月生，彝族，云南漾濞县人。1983年7月参加工作，1984年11月加入中国共产党，研究生学历。1983年7月至1986年1月在漾濞县龙潭供销社工作；1986年1月至1987年3月在漾濞县供销联社工作；1987年3月至1992年12月在中共漾濞县委组织部工作；1992年12月至1994年12月在共青团漾濞县委员会工作任副书记；1994年12月至2000年12月在漾濞县供销联社工作任党组书记、主任；2000年12月至2002年5月在漾濞县生物资源开发创新办公室工作任主任；2002年5月至2004年9月在巍山县人民政府工作任副县长；2004年9月至2006年6月在中共祥云县委员会工作任副书记；2006年6月至2011年4月在大理州林业局工作任党组成员、副局长；2011年4～5月在中共南涧县委员会工作任副书记；2011年5月起任中共南涧县委副书记、县人民政府县长。

李　艳 女，1969年6月生，汉族，云南文山人。1991年7月参加工作，1992年11月加入中国共产党，硕士研究生学历。1987年9月至1991年7月在南开大学管理系经济信息管理专业学习；1991年7月至1996年12月在云南省经委集体企业处工作，期间1991年9月至1992年12月下派到曲靖市罗平县锌冶炼厂锻炼；1996年12月至2000年2月借调到省外资办工作，1997年1月起任副主任科员；2000年2月至2003年8月在云南省经贸委投资规划处工作任主任科员；2003年8月至2009年9月在云南省经委综合工作处任副处长；2009年9月在云南省工信委任中小企业处处长；2011年4起任中共南涧县委副书记、南涧县新农村建设工作队总队长（挂职）。

龙建华 男，1970年9月生，苗族，贵州松桃人。1988年9月参加工作，1991年11月加入中国共产党，大学学历。1988年9月至1992年7月在昆明陆军学院学习；1992年7月至1993年1月在云南省军区守备二师四团十一连任排长；1993年1月至1994年4月在云南省蒙自军分区边防四团十连任司务长；1994年4月至1997年12月在云南省蒙自军分区司令部任管理员；1997年12月至1999年5月在云南省军区教导大队任助理员；1999年5月至2004年10月在云南省军区教导大队任中队长；2004年10月至2006年4月在巍山县人民武装部工作任副部长兼军事科长；2006年4月至2009年3月在弥渡县人民武装部工作任副部长兼军事科长；2009年3月至2010年12月在南涧县人民武装部工作任部长；2010年12月至2011年1月在南涧县人民武装部工作任政治委员；2011年2月起任中共南涧县委常委、县人民武装部政委。

智建立 男，1972年3月生，满族，河北围场县人。1990年12月参加工作，1993年2月加入中国共产党，大学文化。1990年12月至1993年7月在陆军14集团军40师119团一营枪连服役；1993年7月至1995年7月在陆军学院学习；1995年7月至2002年8月在陆军14集团军40师118团任排长、副连长、参谋、指导员，期间1996年9月至1999年7月在石家庄陆军参谋学院学习；2002年8月至2011年10月在易门县人民武装部工作任参谋、政工科长、后勤科长、副部长兼军事科长；2011年11月起任中共南涧县委常委、县人民

武装部政委。

和茂庚 男，1969年6月出生，1987年10月入伍，1990年1月入党，大学文化，纳西族，云南丽江人。1987年10月至1988年9月先后在守备一师教导队、侦察训练队、三团侦察队当战士；1990年9月至1992年7月在石家庄陆军学院学习；1992年7月在守备一师三团三营十连任排长；1994年3月在云南省军区边防第八团三营九连任排长；1994年12月在云南省军区边防第八团五任连副连长；1997年1月在云南省军区边防第八团特务连任连长；2000年1月在云南省军区边防第八团二营任副营长；2001年5月在云南省军区边防第八团一营任副营长；2001年12月在云南省军区边防第八团司令部任政治协理员；2002年5月在漾濞县人民武装部任政工科长；2005年3月在鹤庆县人民武装部任副部长兼军事科长；2010年12月至2011年3月在南涧县人民武装部任部长。

赵文辉 男，汉族，1969年10月生，云南省泸西县人。1987年10月参加工作，1990年5月加入中国共产党，大学文化。1987年10月至1990年8月在西藏军区山南军分区通信四连服役；1990年9月至1992年7月在中国人民解放军重庆通信学院学习；1992年7月至1996年12月在云南省军区边防三团服役任排长、副连长；1996年12月至2011年3月在陆良县人民武装部工作任参谋、政工科长、副部长兼军事科长；2011年3月起任南涧县人民武装部部长。

田 强 男，1976年8月生，汉族，云南云龙县人。1995年7月参加工作，1997年7月加入中国共产党，大学学历。1991年9月至1995年7月在大理财校文秘专业学习；1995年7月至1997年7月在云龙县团结乡人民政府工作；1997年7月至2001年6月在中共云龙县委办公室工作；2001年6月至2002年6月在中共大理州委组织部工作；2002年6月至2004年8月在中共大理州委组织部工作任副主任科员；2004年8月至2006年11月在中共大理州委组织部办公室工作任副主任；2006年11月至2007年12月在中共大理州委组织部工作任办公室主任；2007年12月至2009年12月在中共大理州委组织部工作任干部一科科长；2009年12月起任中共南涧县委常委、县委组织部部长。

聂琼芬 女，1964年9月生，汉族，云南巍山县人。1982年8月参加工作，1987年8月加入中国共产党，大学学历。1982年8月至1984年10月在南涧县公郎镇财政所工作；1984年10月至1991年9月在南涧县财政局工作；1991年9月至1993年7月在西南林学院经济管理专业脱产学习；1993年7月至1997年8月在南涧县财政局工作；1997年8月至2001年11月在南涧县财政局工作任副局长；2001年11月至2002年1月在中共南涧镇委员会工作任副书记、代理镇长；2002年1月至2005年6月在中共南涧镇委员会工作任副书记、镇长；2005年6月至2007年10月在南涧县发展和改革局工作任局长、粮食局局长；2007年10月至2008年2月在南涧县发展和改革局工作任局长；2008年2月至2011年5月在南涧县财政局工作任

局长；2011 年 6 月起任中共南涧县委常委、县委宣传部部长。

茶绍荣 男，1964 年 12 月生，彝族，云南南涧县人。1990 年 7 月参加工作，1994 年 3 月加入中国共产党，研究生学历。1982 年 9 月至 1986 年 7 月在云南民族学院预科班学习；1986 年 9 月至 1990 年 7 月在云南农业大学园艺系茶学专业学习；1990 年 7 月至 1992 年 12 月在南涧县茶叶站工作；1992 年 12 月至 1998 年 4 月在南涧县黑龙潭茶厂任副厂长；1998 年 4 月至 2001 年 12 月在南涧县茶办工作任副主任；2001 年 12 月至 2002 年 7 月在南涧县茶办工作任主任；2002 年 7 月至 2007 年 10 月在南涧县茶办工作任主任、农业局副局长；2007 年 10 月至 2008 年 2 月在南涧县商务局工作任局长；2008 年 2 月至 2010 年 2 月在南涧县农业局工作任局长；2010 年 3 月起任南涧县人民政府副县长。

冯志宏 男，1966 年 10 月生，汉族，云南呈贡县人。1988 年 1 月加入中国共产党，1989 年 7 月参加工作，大学学历。1985 年 9 月至 1989 年 7 月在云南师范大学汉语言文学专业学习；1989 年 7 月至 1995 年 3 月在云南农业职业技术学院（原云南省农业学校）任教；1995 年 3 月至 1996 年 12 月在云南农业职业技术学院任学生科科长；1996 年 12 月至 2000 年 9 月在云南农业职业技术学院任党委办公室主任；2000 年 9 月至 2004 年 1 月在云南农业职业技术学院任学生工作科科长；2004 年 1 月至 2008 年 2 月在云南农业职业技术学院任学生工作处处长；2008 年 2 月至 2010 年 1 月在云南农业职业技术学院任招生就业处处长；2010 年 1 月至 2011 年 7 月在云南农业职业技术学院任党委委员、宣传部部长（副处级）；2011 年 7 月起任南涧县人民政府副县长。

刘海涛 男，1976 年 12 月生，汉族，陕西靖边人。1992 年 12 月参加工作，1996 年 10 月加入中国共产党，大学学历。1992 年 12 月至 1996 年 11 月在武警北京总队服役；1997 年 10 月至 1998 年 9 月在陕西省靖边县公安局工作；1998 年 9 月至 2000 年 8 月在中国人民公安大学警察管理专业脱产学习；2000 年 8 月至 2002 年 10 月在陕西省靖边县公安局刑侦大队工作；2002 年 10 月至 2003 年 8 月在中共靖边县委政法委工作任副主任科员；2003 年 8 月至 2004 年 7 月在中共大理市委政法委综治办工作任副主任；2004 年 7 月至 2007 年 8 月在共青团大理市委工作任书记，期间 2005 年 10 月至 2007 年 2 月，在大理市凤仪镇三哨村负责整村扶贫工作，任副镇长、村扶贫小组组长；2007 年 8 月至 2011 年 12 月在共青团大理州委工作任副书记、大理州青联副主席；2011 年 12 月起任南涧县人民政府副县长。

先进人物

（按照获得最高奖项、荣誉称号时间先后排序）

龙进品 男，回族，大学文化，1971 年 9 月生，南涧县人。1993 年 7 月西南民族学院法律系毕业后，分配到云南省大理州南涧县人民法院工作，在马鹿田人民法庭工作一年后，主动申请到家乡公郎镇公郎人民法庭工作。先后担任书记员、助理审判员、审判员、庭长助理，2003 年 9 月起任公郎人民法庭庭长至今。他 18 年扎根基层、服务群众，是云南省连续在基层法庭工作时

间最长的少数民族大学生。他年均审理民商事案件80件以上，近3年来达到100余件。18年来，他所承办的1000多件案件无一错案、无一超审限、无一上访缠诉，70%的案件以调解方式结案，最大限度地实现案结事了，维护了人民群众的合法权益。

龙进品好学上进，顽强拼搏，兢兢业业地工作在条件艰苦的基层法庭，无怨无悔地奋战在审判工作任务繁重的最前沿。他牢记宗旨、忠于职守、甘于奉献，公正司法、清正廉洁，在平凡的岗位上创造出了不平凡的业绩，受到广大人民群众的高度赞扬各级各部门的表彰奖励。1993年7月至2012年3月，龙进品先后荣获国家、省、州、县级表彰44次，其中：2008年7月，被云南省高级人民法院、云南省司法厅授予“全省法院指导人民调解工作先进个人”称号；2010年4月，被云南省高级人民法院、云南省民族事务委员会授予云南省“少数民族优秀法官”称号；2010年12月，被最高人民法院授予“全国优秀法官”称号；2011年1月，被中共云南省委、云南省高级人民法院分别授予“爱民为民模范法官”称号和荣立“二等功”1次；2011年4月，被云南省人民政府授予“云南省先进工作者”称号；同年5月，被共青团云南省委、云南省青年联合会授予“云南省五四青年奖章”荣誉称号；同年6月，被中共云南省委授予“全省优秀共产党员”称号；同时，被中共云南省委政法委员会、中央政法委员会分别授予“优秀共产党员”、“全国政法系统优秀党员干警”称号；2012年1月，被最高人民法院授予“全国模范法官”称号。

罗国彪　男，汉族，大学文化，1967年7月生，南涧县人。1988年7月参加工作，1994年12月加入中国共产党。1988年7月至1989年8月在南涧县拥翠中学任教；1989年9月至1997年3月在南涧县广播电视局工作；1997年4月至1999年3月在南涧报社工作；1999年4月至2001年12月在中共南涧县委宣传部工作；2002年1月至2004年11月在南涧报社任副总编辑；2004年12月至2007年10月在中共南涧县委办公室任副主任（正科）；2007年11月至2008年2月在南涧县人民政府办公室任副主任（正科）；2008年3月至今任安全生产监督管理局局长。

四年来，狠抓队伍建设，干部职工持证执法上岗率100%。组织全县电工、焊工、架子工等特种作业持证上岗培训1361次，厂矿长和安全管理人员持证上岗培训1056人（次），上岗率均达100%。先后组织开展了群众性安全教育培训42场7.5万人（次）。组织排查治理各类安全隐患3725条，整改率达100%。组织查处生产安全事故1起、生产经营建设违法行为21起，累计处罚20余万元。查获非法经营、储存烟花爆竹924箱。全县安全生产形势保持平稳，无重特大事故发生。2012年1月，被国家安全生产监督管理总局、国家煤矿安全监察局授予“安全生产监管监察先进个人”荣誉称号。

肖静梅　女，汉族，大学文化，审计师，1974年10月生，1996年参加工作，南涧县人，现在南涧县审计局工作。

肖静梅自2004年调入县审计局以来，不辜负局领导的信任和期望，对内团结同志、共同进取，对外恪守尽职，严谨求实。在工作中从来没有放松过有关审计监督方面的法律、法规以及业务知识方面的学习，2008年参加了云南省审计厅组织的计算机中级培训，取得计算机中级证书；参加国家审计署组织的AO（现场审计实施系统）认证考试，取得合格证书，2010年取得了审计师资格证书。经过几年的磨炼已成为一名工作作风及业务过硬的审计能手，积极改进新思路，大胆采用新方法，采集被审计单位的业务、财务数据及外部数据，编写审计方法运用计算机进行审计，提高了审计效率和审计质量。在2010~2011年的地税联网审计中，充分运用地税联网审计系统，认真实践“适时跟踪+联网核查”的审计模式，采取联网审计系统数据查询和现场审计实施核查落实相结合的方式，实现两者的交叉互补，运用地税联网审计系统的多维模型与查询模型，按照自己的审计思路编写计算机审计方法，充分发挥了计算机审计的优势，编写的《XX地税局税收征管联网审计AO应用实例》和《某地税局财政预算执行情况审计AO实例》，在审计厅组织开展的2010~2011年度计算机审计方法和AO应用实例征集和评选活动中，获AO应用实例“优秀奖”和“应用奖”。2012年1月，在审计署举办的2010~2011年度AO应用实例评选活动中获“应用奖”。

李华东　男，汉族，研究生学历，1973年9月生，南涧县人。1995年8月参加工作，1997年1月至2005年6月在教育局工作，期间2003年6月至2005年6月任副局长。2005年6月至2006年3月任县志办主任。2006年3月至2008年1月任县文体局局长。2008年1月至今在南涧县人民政府工作，任南涧县人民政府副县长。

2005~2006年在县志办工作期间，完成《南涧彝族自治县志（1978~2005）》篇目编制工作；2006年至2008年在县文体局工作期间，完成“南涧彝族跳菜”申报第二批国家级非物质文化遗产工作，以彝族打歌和跳菜为重点的民族文化建设取得较好成绩，“南涧跳菜”的开发和保护力度进一步加大。

2009年10月，被国家体育总局授予“全国群众体育先进个人”荣誉称号。2011年4月，被云南省人民政府授予“云南省基本普及九年义务教育、基本扫除青壮年文盲工作先进个人”荣誉称号。2011年4月，被中共云南省委、云南省人民政府授予“2008~2010年云南省防治艾滋病人民战争先进个人”荣誉称号。

曾桂荣　男，布朗族，大学文化，1974年3月生，南涧县人。1997年9月参加工作，2000年2月加入中国共产党。

曾桂荣作为禁毒大队队长，深知大毒枭对社会的危害，“挖上线、打团伙、缴毒资、断网络”作为衡量打击毒品犯罪工作好坏的重要标准，也使南涧的禁毒工作结出了丰硕果实。3年来，亲自参与、指挥破获毒品刑事案件54起，缴获精制毒品53.11千克，抓获犯罪嫌疑人120人，查获零星贩毒案件53起，收戒吸毒人员197人，铲除野生大麻8000余株，收缴毒资300余万元。曾桂荣经常利用闲余时间深入到公郎镇回营村群众家中，用政策、用亲情去做思想工作，力所能及地帮助协调解决群众生活困难，进一步增进了警民关系，赢得广泛支持，逐步扭转了禁吸戒毒工作的被动局面，呈现出“父母送儿子”、“妻子送丈夫”进行强制戒毒的可喜转变。

2010年9月，曾桂荣带领专案民警经过7个昼夜的跟踪侦查，果断决策迅速出击，于9月3日在西双版纳州景洪市成功破获“8·16”特大贩毒案，缴获精制毒品7385克，毒资100余万元，缴获涉案汽车3辆。2011年4月，被中共云南省委、云南省人民政府授予“新一轮禁毒人民战争先进个人”荣誉称号。

李音侠　男，汉族，大学文化，1979年12月生，南涧县人。2001年10月参加工作，2004年7月加入中国共产党。

作为一名禁毒民警，深知毒品的危害，多少家庭饱受毒品的折磨，多少生命因吸食毒品而死亡，毒品给世人的伤害深深触动着李音侠的心，为此“打毒贩，帮教吸毒人员”成为李音侠的工作目标。怀着满腔的工作激情，全身心地投入了新一轮禁毒人民战争。3 年来，李音侠亲自参与破获毒品刑事案件 43 起，缴获精制毒品 43.1 千克，抓获犯罪嫌疑人 93 人，查获零星贩毒案件 33 起，收戒吸毒人员 155 人，铲除野生大麻 6000 余株，收缴毒资 230 余万元。有力地打击了毒品违法犯罪分子的嚣张气焰，有效地遏制了毒品的危害。在李音侠主办的 11 起贩卖毒品案件中，抓获的 28 名犯罪嫌疑人均被法院定罪判刑。

2009 年 5 月 3 日，李音侠及同事在公开查缉中破获一起贩卖毒品案，在犯罪嫌疑人所睡的卧铺车枕头下缴获 1673 克冰毒，但在审讯中犯罪嫌疑人拒不承认毒品是自己的，3 天的审讯都没有一丝进展。于是案件主办人李音侠就将毒品包装物及装毒品包内的纸张送至技术部门提取指纹，结果毒品包装物及纸张上均有犯罪嫌疑人的指纹，让犯罪嫌疑人的谎言不攻自破，以零口供办结了该案，让犯罪分子得到应有的惩罚。2011 年 4 月，被中共云南省委、云南省人民政府授予“新一轮禁毒人民战争先进个人”荣誉称号。

杨元臣 男，白族，中专文化，1943 年 12 月生，大理市下关镇人，中共党员，1962 年 7 月参加工作，从教 36 年，曾先后调动工作 18 次，教过小学、初中、高中，任过南涧红星学区教导主任、南涧三中总务、一中门卫。1997 年 8 月从南涧一中退休，现住无量山镇德安村委会山花村。

杨元臣乐善好施，助人为乐，保持着一名共产党员的光荣本色，有一分热发一分光，有一分力量做一分贡献。2007 年 5 月的一个夜晚，天空突降暴雨，山花村、岔河村中间的河水急涨，六座木桥被毁，第二天村民们都在忙着整理自家受灾的庄稼，杨元臣却来到河边，花两天的时间，恢复了六座木桥。四五天后，又一场大雨，六座木桥又被毁，还是杨元臣，让六座木桥又恢复原样。仅 2007 年，这六座木桥，他就维修了 13 次。山花村、岔河村地处偏僻，就医困难，杨元臣上山采草药，上街买药酒，村中谁生病，他就主动上门，免费医治。2006 年，村民李枝海的儿子大学毕业，因拖欠学费 1.25 万元，暂时拿不到毕业证，杨云臣伸出了援助之手。杨元臣家隔壁住着一对相依为命的哑巴兄弟，都已年过 60 岁，杨云臣时常从自己的退休工资中挤出钱来接济两兄弟。村民们在杨元臣的影响下，纷纷效仿，做了很多力所能及的好事。1989 年、1991 年被云南省教委授予“先进教育工作者”荣誉称号。1990 年，被中共大理州委授予“优秀党员”荣誉称号。1991 年，被中共大理州委、州人民政府授予“学雷锋先进个人”荣誉称号。2011 年 6 月，被中共云南省委授予“优秀共产党员”荣誉称号。

龙建华 男，苗族，贵州松桃人，1970 年 9 月生，1991 年入党，上校军衔。2009 年 3 月在南涧县人武部任部长、党委副书记，2010 年 12 月任南涧县人民武装部政治委员，部党委书记、中共南涧县委常委。

两年来，龙建华认真执行党的路线、方针、政策和上级党组织决议，自觉贯彻落实科学发展观，坚定共产主义理想信念，坚持以事业为本，以奉献为荣，工作踏实，作风务实，兢兢业业，事业心责任感强。在抓党务工作中，政策法规掌握准确，工作中贯彻运用灵活，积极带领部党委一班人努力拼搏、积极进取，县人民武装部全面建设得到创新和发展。2009 年，被云南省人民政府征兵办公室评为“征兵工作先进单位”，被军分区评为“学习贯彻科学发展观先进单位”，两名主官被评为“一对好主官”。2010 年，被中共云南省委、省人民政府、省军区评为“十一五”期间县市（市、区）人武部全面建设达标单位，被军分区评为“三争当活动”先进人武部，连续多年被军分区评为军事训练、安全稳定工作“先进单位”。2011年6月，被云南省军区授予“优秀党务工作者”荣誉称号。

鲁济永 男，汉族，大专文化，1964年5月生，中共党员，南涧县人。1981年3月参加工作，先后在得胜乡大社苴小学、公郎镇凤凰小学、碧溪乡教办工作；1998年至今在南涧县教育局督导室工作。

“两基”业务工作千头万绪，万分复杂，需要专职人员不辞辛苦，忘我工作。只要有工作任务，无论是利用节假日还是晚上加班，都能按时、按质、按量完成任务。同时还经常深入乡镇学校检查指导工作，了解实际情况，掌握第一手资料，分析查找问题，做好摸底工作。按照硬件从严、软件从实的工作要求，做到县乡校三级档案齐全、数据翔实。结合学年报表统计会议，对学年报表业务人员和“两基”报表业务人员进行培训，分析指标、研究数据、讲解表格，准确把握各类数据的逻辑关系，熟记各项指标要求，熟练掌握各类数据之间的内在联系，并自制了一套方便有效、独具特色的“两基”业务档案资料和统计表格。在省、州“两基”验收、年检、复检的过程中，所取得的成绩得到上级教育主管部门领导和同行的充分肯定。2011年4月，被云南省人民政府授予“基本普及九年义务教育、基本扫除青壮年文盲工作先进个人”荣誉称号。

欧阳体 男，汉族，1973年8月生，大学文化，中共党员，南涧县人。1994年7月参加工作，先后在公郎镇、无量山镇从事教育教学工作，现任无量山镇中学校长。欧阳体严格要求自己，以身作则，实事求是，为人师表，为当地教育事业的发展做出了力所能及的贡献。

2003年的无量山镇中学只有399名学生（现有1015名），学生宿舍是破旧的瓦房（1823平方米D级危房），学校的路面是土路，运动场大风一刮黄灰四起。没到过的人，很难想象这里原有的办学条件是多么的简陋；到过的人，更不敢相信，这里会成为无量乡撤乡设镇的主会场。凡是了解学校过去办学条件的人，无不为学校翻天覆地的变化而感慨万千。

2006年改造了学校的自来水系统，对学校的环境进行了全面绿化、美化。2007年在非常有限的经费中，又挤出1.8万元，改造学校的老化电路、更换课桌凳50套。2009年，积极和上级有关部门协调，学生宿舍的危房（1823平方米）得到修缮。学校投资安装磁性黑板24块、硬化500平方米的校园路面。2010年学校投资接入光纤，开通了电脑室和教师的宽带，改善了教育教学信息化条件，并借政府撤乡设镇的东风，从多方面筹集资金，硬化学校路面1600平方米，亮化学校的围墙。2011年8月，被云南省人民政府授予“云南科技兴乡作出的突出贡献奖”荣誉称号。

颜希国 男，彝族，1966年11月生，大学文化，高级农艺师，中共党员，南涧县人。25年来深入生产第一线，围绕南涧“农村发展、农业增效、农民增收”为主题，开展了一系列农业技术试验、示范、推广及探索研究工作。曾在全县8个乡镇、27个村委会、228个自然村、近450多户地块上进行148个试验示范及基础性研究课题，并取得一系列新成果。

1985～1989年，探索出南涧山区旱地玉米地膜覆盖和容器育苗移栽技术。1990～1992年，探索试验成功山地玉米免耕覆盖高效技术，并提出了防控玉米大、小斑病的“保健栽培防病”理论。1992年，探索成功山区旱地玉米每亩吨粮技术，产量达到亩产1007.75千克。1993～1999年，试验探索研究了山区旱作立体种植技术，并获得阶段性成果，为各地推广运用旱作立体种植技术奠定了基础。2000～2008年，在大量进行两杂良种引进观察及产量化比较试验的前提下，优选出“长城799”、“振兴502”、“珍油玉”、“云瑞八号”、“宜香2292”、“丰优28”等玉米和水稻新品种，为南涧两杂品种推广提供了科学依据。2008～2009年，探索研究成功了山区旱地玉米与大豆“2:2”标准化间作高效生产技术，并进行一定规模生产示范获得良好效果，得到省、州、县专家充分肯定，该技术处于省内领先地位。

1991年1月，被云南省农业厅授予“先进工作者”荣誉称号。1994年1月，被云南省农业厅授予“省优秀学员”荣誉称号。1995年2月，获省农业厅科技推广成果三等奖。1996年2月，被共青团大理州委员会、州科委表彰为“青年星火带头人”。2001年12月，被云南省农业厅授予“全省优秀学员”荣誉称号。2009年10月，被云南省农科院授予“优秀学员”荣誉称号。2010年4月，被大理州人民政府授予“五一”劳动奖章。2011年8月，被云南省人民政府授予“云南科技兴乡作出的突出贡献奖”荣誉称号。

唐　勇　男，汉族，1977年3月生，大学文化，南涧县人。从事临床工作以来，接诊各类患者5万余人（次），手术近1000人（次），主要为下腹部外科、骨科、剖腹产等相关手术。主刀完成各种类型阑尾切除术155例，肠梗阻手术8例，痔疮切除术68例，不同年龄段疝气修补术62例，骨科手法复位外固定112例，钢板内固定12例，参与钢板内固定手术18例。主刀包皮环切术、腋臭根治术、前庭大腺囊肿等全身各部位大小手术212例，外伤缝合类，包括肌腱、肌膜吻合术100例。参与剖腹产手术4例。2008年7月18日，主刀完成1例舌下腺囊肿摘除术，在全县尚属首例。

自主持全院工作以来，相继派出骨干人才到省、州、县进修学习30余人（次），并组建了内儿科、外科、妇产科、骨科、麻醉科、中医科、中西医理疗科、功能科8个独立科室，选用技术精湛，医德高尚的医务人员担任科室负责人。一项项新技术的开展，改变了全院以药养医的局面，呈现了以科技兴医的新格局。8年来，业务收入成倍增长，从2004年的每年10多万元到2010年的100多万元。医疗收入从2004年占总收入的18%，到2010年提升至45%，所开展的业务技术含量在全县乡镇卫生院中名列第一。2009年施行的人工皮膜植皮术在全县属首例，2010年口腔科多项诊疗修复手术的开展在全镇卫生史上是一件大事。全镇人民群众健康意识得到很大转变，摒弃了以往生病只在房前屋后抓草药，如果不好就看鬼神的传统观念，生病了都要找医生，全镇人民群众健康水平得到巨大提升，有病得到及时医治，并且治得好，真正解决了“看病贵，看病难”问题。2011年8月，被云南省人民政府授予“云南科技兴乡作出的突出贡献奖”荣誉称号。

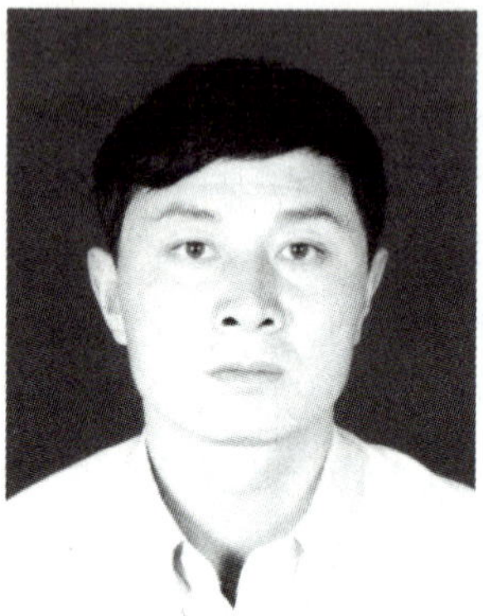

罗如彪　男，汉族，1967年2月生，大专文化，农艺师，南涧县人。1987年2月参加工作，先后在碧溪乡、拥翠乡、小湾东镇农科站工作，现在南涧县碧溪乡农业综合服务中心工作任主任。25年来，学农、爱农、为农思想坚定，深入农业生产，从事农技推广和试验示范工作，为当地的粮食增产、农民增收做出了重要贡献。

罗如彪始终把学习作为人生成长的第一需要，坚持挤时间学，通过学习来提高自己的服务本领，坚持正确的理想信念。认真贯彻落实中央和省委、省政府出台的强农惠农政策，强化“三农”服务意识，注重业务素质的提高，工作作风扎实，重视现实问题的理论思考和科学理论的实践应用，深入基层、深入实际，努力提升自身综合素质；紧紧围绕乡党委、乡政府及县农业局关于农业、农村工作思路和重点，以建设南涧县生态农业示范点、构建和谐社会和小康社会为目标，依靠科技踏实工作。

25年来，罗如彪立足岗位，勤勤恳恳，任劳任怨，舍小家，顾大家，为碧溪乡农业科技发展作出了重要贡献。2012年2月，被云南省人民政府授予“云南省粮食生产突出贡献农业科技人员奖”荣誉称号。

光　荣　榜

县级以上表彰个人名录

姓　名	工　作　单　位	受　奖　名　称	表　彰　单　位
施洪生	中共南涧县纪律检查委员会	云南省纪检监察系统嘉奖	中共云南省纪委、云南省监察厅
施洪生	中共南涧县纪律检查委员会	优秀学员	中共云南省纪委办公厅、干部培训中心
龙进品	南涧县人民法院公郎人民法庭	云南省五四青年奖章	中国共产主义青年团云南省委员会
杨清政	南涧县第一中学	优秀共青团干部	中国共产主义青团云南省委员会
连如虎	拥翠乡温泉村委会	云南省首届百佳人民调解能手	云南省人力资源和社会保障厅、司法厅
郎沅龙	南涧县文体广电旅游局	云南省广播电视村村通工作“先进个人”	云南省广播电视局、发展和改革委员会
彭国云	南涧县森林公安局	“党在我心中”演讲比赛三等奖	云南省森林公安局
彭国云	南涧县森林公安局	三等功	云南省森林公安局
杨清权	南涧县畜牧兽医局	肉牛冻精改良三等奖	云南省农业厅
刘和良	南涧县畜牧兽医局畜牧站	肉牛冻精改良三等奖	云南省农业厅
杨树衡	公郎镇畜牧兽医站	肉牛冻精改良三等奖	云南省农业厅
戴福军	公郎镇畜牧兽医站	肉牛冻精改良三等奖	云南省农业厅
张国宏	公郎镇畜牧兽医站	肉牛冻精改良三等奖	云南省农业厅
茶智忠	小湾东镇畜牧兽医站	肉牛冻精改良三等奖	云南省农业厅
杨思峥	无量山镇畜牧兽医站	肉牛冻精改良三等奖	云南省农业厅
陈朝春	无量山镇畜牧兽医站	肉牛冻精改良三等奖	云南省农业厅
陈庆树	南涧县畜牧兽医局疾控中心	肉牛冻精改良三等奖	云南省农业厅
赵尹强	南涧县茶叶工作站	云南省农业厅科技推广三等奖	云南省农业厅
刘志刚	南涧县茶叶工作站	云南省农业厅科技推广三等奖	云南省农业厅
赵维标	南涧县茶叶工作站	云南省农业厅科技推广三等奖	云南省农业厅
张之娟	南涧县茶叶工作站	云南省农业厅科技推广三等奖	云南省农业厅
皇信美	南涧县卫生局	重大公共卫生服务农村改厕项目先进个人	云南省卫生厅
罗如娟	南涧县卫生局	重大公共卫生服务农村改厕项目先进个人	云南省卫生厅
李继生	南涧县卫生局新农合办	新型农村合作医疗先进个人	云南省卫生厅
李志孝	南涧县中医院	“创先争优”活动优秀共产党员	云南省卫生厅党组
杨正义	中国农业银行南涧支行	2011年“春天行动”综合营销先进个人	中国农业银行云南省分行

姓　名	工　作　单　位	受　奖　名　称	表　彰　单　位
刘增跃	中国农业银行南涧支行	2011 年“春天行动”综合营销先进个人	中国农业银行云南省分行
刘增跃	中国农业银行南涧支行	2011 年“优秀柜员”	中国农业银行云南省分行
董　学	南涧县教育局	云南教育系统优秀共产党员	中共云南省委高校工委、教育厅党组
艾　伟	南涧县教育局	全省治安保卫工作先进个人	云南省公安厅
唐正兴	南涧县教育局	优秀学员	中央电化教育馆
吴凤宏	南涧县职业中学	优秀指导教师	云南省教育厅
杜居燕	南涧县职业中学	优秀指导教师	云南省教育厅
朱家林	南涧县教育局	“三生教育”先进工作者	云南省教育厅
潘红丽	南涧县第三中学	优秀指导教师	中国共产主义青年团云南省委员会
刘环飞	南涧镇南涧小学	科技创新三奖奖	云南省科学技术协会、教育厅
陈建国	南涧县国家税务局	精神文明建设先进个人	云南省国家税务局
赵永福	南涧县供电有限责任公司	2011 年度先进生产（工作者）	云南省电网公司
艾春云	南涧县工商局	法制工作先进个人	云南省工商局
蔡建平	南涧县工商局	先进法制员	云南省工商局
杨四贤	南涧县工商局	省级行政执法能手	云南省工商局
李屹萍	南涧县工商局	省级行政执法能手	云南省工商局
沈文荣	南涧县人民政府	云南省第六次全国人口普查优秀组织者	云南省人口普查办公室、云南省统计局
席惠仙	南涧县统计局	云南省第六次全国人口普查优秀组织者	云南省人口普查办公室、云南省统计局
苏开和	南涧县公安局	云南省第六次全国人口普查先进个人	云南省人口普查办公室、云南省统计局
祝秀美	南涧县统计局	云南省第六次全国人口普查先进个人	云南省人口普查办公室、云南省统计局
自文才	无量山镇人民政府	云南省第六次全国人口普查先进个人	云南省人口普查办公室、云南省统计局
左乾龙	无量山镇保平小学	云南省第六次全国人口普查先进个人	云南省人口普查办公室、云南省统计局
徐仁佩	南涧镇南街社区居委会	云南省第六次全国人口普查先进个人	云南省人口普查办公室、云南省统计局
徐志明	乐秋乡人民政府	云南省第六次全国人口普查先进个人	云南省人口普查办公室、云南省统计局
字正洲	小湾东镇人民政府	云南省第六次全国人口普查先进个人	云南省人口普查办公室、云南省统计局
石文龙	南涧县科学技术协会	先进工作者	云南省科学技术员协会、农函大
刘一强	南涧县农业技术推广中心	“三农通”涉农实用信息工作优秀站长	新华社云南分社、云南省农业科学院
何玉平	南涧县园艺经济果木站	“三农通”涉农实用信息工作优秀信息管理员	新华社云南分社、云南省农业科学院
杨培升	南涧县科学技术协会	先进工作者	云南省科学技术员协会、农函大
自应东	南涧县科学技术协会	先进工作者	云南省科学技术员协会、农函大
邹智斌	南涧县园艺经济果木站	优秀教师	云南省科学技术员协会、农函大
字国淑	南涧县第一中学	浅谈高中文言文教学三等奖	云南省教育科学研究院
陈光勇	南涧县第一中学	创设情境引领课堂二等奖	云南省教育科学研究院
杨映红	南涧县第一中学	《宇宙的边疆》教学设计及评析二等奖	云南省教育科学研究院

姓　名	工 作 单 位	受 奖 名 称	表 彰 单 位
李崇轩	南涧县第一中学	作文训练“注重创新 学习写得新颖”教学设计二等奖	云南省教育科学研究院
何秀英	南涧县第一中学	浅谈数学学习中的迁移能力一等奖	云南省教育科学研究院
黄玉华	南涧县第一中学	浅谈高中英语综合实践活动课程资源的开发与利用二等奖	云南省教育科学研究院
吕宗芳	南涧县第一中学	浅谈在英语学习中课前预习的重要性二等奖	云南省教育科学研究院
王颖春	南涧县第一中学	浅谈新课标下高中英语的有效课堂一等奖	云南省教育科学研究院
钟　耀	南涧县第一中学	《能量守恒定律与能源》教学设计三等奖	云南省教育科学研究院
黄小虹	南涧县第一中学	发挥学生主体作用是学好化学的关键三等奖	云南省教育科学研究院
郭丽春	南涧县第一中学	多媒体教学手段在历史教学中的运用三等奖	云南省教育科学研究院
梁德富	南涧县第一中学	中学物理教学对学生科学素养的培养二等奖	云南省教育科学研究院
黄艳鸥	南涧县第一中学	小议政治新课改下学生主体作用的发挥二等奖	云南省教育科学研究院
罗培育	南涧县民族中学	中学古诗词主旨探究浅议三等奖	云南省教育科学研究院
周　慈	南涧县民族中学	求圆锥曲线离心率的几种方法二等奖	云南省教育科学研究院
自　渊	南涧县民族中学	谈语文课改中学生主动性的激发三等奖	云南省教育科学研究院
自　渊	南涧县民族中学	浅论语文课的生活化二等奖	云南省教育科学研究院
刘建萍	南涧县民族中学	谈语文课改中情景教学法的运用三等奖	云南省教育科学研究院
刘建萍	南涧县民族中学	南涧贫困山区高中学生写作初探二等奖	云南省教育科学研究院
蒋桂枝	南涧县民族中学	少数民族高中学困生心理问题及教育初探三等奖	云南省教育科学研究院
赵丹平	南涧县民族中学	积极心理暗示在培养学生学习兴趣中的作用鼓励奖	云南省教育科学研究院
范金垒	南涧县民族中学	对“二次函数”初高中知识衔接点的探究三等奖	云南省教育科学研究院
刘增福	南涧县第三中学	谈谈初中政治教学中方法之我见三等奖	云南省教育科学研究院
刘增福	南涧县第三中学	浅议怎样加强农村初级中学的德育教育三等奖	云南省教育科学研究院
王裕民	南涧县第四中学	文言文复习课创新教学设计三等奖	云南省教育科学研究院
罗建勇	碧溪乡中学	农村初中留守儿童的班级教育初探三等奖	云南省教育科学研究院
杨朝源	小湾东镇中学	浅谈初中语文阅读教学中的情感调动三等奖	云南省教育科学研究院
陈青松	无量山镇中学	一元一次不等式组教学设计三等奖	云南省教育科学研究院
阿菊仙	公郎镇中学	思想品德课堂教学中的预设和生成三等奖	云南省教育科学研究院
罗凤松	南涧县示范小学	浅谈小学数学教学中的德育渗透三等奖	云南省教育科学研究院
李丽琼	南涧县示范小学	南涧县城环境保护问卷调查三等奖	云南省教育科学研究院
杨佳琴	南涧县教育局	中学英语写作教学策略二等奖	云南省教育科学研究院
周嘉誉	南涧县进修学校	民族贫困地区中小学教师职业倦怠对策初探二等奖	云南省教育科学研究院
白丽美	南涧镇西山小学	浅谈学科教师的课堂角色二等奖	云南省教育科学研究院

姓 名	工 作 单 位	受 奖 名 称	表 彰 单 位
苏发吉	中共南涧县委员会	大理州“三五”依法治州先进个人	中共大理州委、大理州人民政府
查政朝	中共南涧县委政法委	大理州“三五”依法治州先进个人	中共大理州委、大理州人民政府
阮智齐	南涧县公安局	大理州“三五”依法治州先进个人	中共大理州委、大理州人民政府
李晓华	中共公郎镇委员会	大理州“三五”依法治州先进个人	中共大理州委、大理州人民政府
杨清权	南涧县畜牧兽医局	大理州“三五”依法治州先进个人	中共大理州委、大理州人民政府
俞凤军	公郎镇畜牧兽医站	大理州“十一五”畜牧工作先进个人	中共大理州委、大理州人民政府
尹忠文	拥翠乡畜牧兽医站	大理州“十一五”畜牧工作先进个人	中共大理州委、大理州人民政府
刘和良	南涧县畜牧兽医局畜牧站	大理州“十一五”畜牧工作先进个人	中共大理州委、大理州人民政府
周洪发	公郎镇畜牧兽医站	大理州“十一五”畜牧工作先进个人	中共大理州委、大理州人民政府
查政朝	中共南涧县委政法委	大理州“五五”普法先进个人	中共大理州委、大理州人民政府
李春达	南涧县环保局	大理州“五五”普法先进个人	中共大理州委、大理州人民政府
沈志荣	南涧县人口和计划生育局	大理州“五五”普法先进个人	中共大理州委、大理州人民政府
何太龙	南涧县公安局	大理州“五五”普法先进个人	中共大理州委、大理州人民政府
李文忠	南涧县司法局	大理州“五五”普法先进个人	中共大理州委、大理州人民政府
黄雄斌	南涧县司法局	2010年度千村扶贫先进个人	中共大理州委、大理州人民政府
杨兴明	中共南涧县委党史研究室	2010年度千村扶贫先进个人	中共大理州委、大理州人民政府
周　海	南涧县国土资源局	2010年度千村扶贫先进个人	中共大理州委、大理州人民政府
汪洪金	拥翠乡人民政府	2010年度千村扶贫先进个人	中共大理州委、大理州人民政府
杨本成	南涧县水务局	2010年度千村扶贫先进个人	中共大理州委、大理州人民政府
宋学林	乐秋乡人民政府	2010年度千村扶贫先进个人	中共大理州委、大理州人民政府
茶龙芬	南涧县人民政府	先进侨务工作者	中共大理州委、大理州人民政府
商　祥	南涧县文体广电旅游局	先进归侨侨眷	中共大理州委、大理州人民政府
李思银	南涧县公积金管理中心	大理州第五批新农村建设优秀指导员	中共大理州委、大理州人民政府
罗景学	中共南涧县委党校	大理州第五批新农村建设先进工作者	中共大理州委、大理州人民政府
陈　策	中共南涧县委员会	关心支持妇女儿童事业好领导	中共大理州委、大理州人民政府
左世娟	南涧县妇女联合会	维护妇女儿童合法权益先进个人	中共大理州委、大理州人民政府
阮智齐	南涧县公安局	大理州第二轮禁毒人民战争先进个人	中共大理州委、大理州人民政府
赵成武	南涧县人民检察院	大理州第二轮禁毒人民战争先进个人	中共大理州委、大理州人民政府
汪洪军	南涧县司法局	大理州第二轮禁毒人民战争先进个人	中共大理州委、大理州人民政府
欧阳俊	南涧县卫生局	大理州第二轮禁毒人民战争先进个人	中共大理州委、大理州人民政府
罗朝清	南涧县法院	大理州第二轮禁毒人民战争先进个人	中共大理州委、大理州人民政府
罗　勇	南涧镇南街社区	大理州第二轮禁毒人民战争先进个人	中共大理州委、大理州人民政府
马　洲	公郎镇回营村委会	大理州第二轮禁毒人民战争先进个人	中共大理州委、大理州人民政府
何汝艳	南涧县公安局禁毒大队	大理州第二轮禁毒人民战争先进个人	中共大理州委、大理州人民政府
杨　军	南涧县公安局城镇派出所	大理州第二轮禁毒人民战争先进个人	中共大理州委、大理州人民政府

姓 名	工 作 单 位	受 奖 名 称	表 彰 单 位
李荣开	南涧县公安局公郎派出所	大理州第二轮禁毒人民战争先进个人	中共大理州委、大理州人民政府
陈惠娟	南涧县卫生局	大理州第二轮防治艾滋病人民战争先进个人	中共大理州委、大理州人民政府
董绍辉	中共南涧县委宣传部	大理州第二轮防治艾滋病人民战争先进个人	中共大理州委、大理州人民政府
李凤峥	南涧县妇女联合会	大理州第二轮防治艾滋病人民战争先进个人	中共大理州委、大理州人民政府
李崇富	南涧县民政局	大理州第二轮防治艾滋病人民战争先进个人	中共大理州委、大理州人民政府
熊建英	南涧县计生站	大理州第二轮防治艾滋病人民战争先进个人	中共大理州委、大理州人民政府
饶章永	南涧县人民医院	大理州第二轮防治艾滋病人民战争先进个人	中共大理州委、大理州人民政府
帕梅萍	南涧县妇幼保健院	大理州第二轮防治艾滋病人民战争先进个人	中共大理州委、大理州人民政府
高文帝	南涧镇防保站	大理州第二轮防治艾滋病人民战争先进个人	中共大理州委、大理州人民政府
李永康	碧溪乡卫生院	大理州第二轮防治艾滋病人民战争先进个人	中共大理州委、大理州人民政府
周正凤	乐秋乡防保站	大理州第二轮防治艾滋病人民战争先进个人	中共大理州委、大理州人民政府
唐 勇	小湾东镇卫生院	大理州第二轮防治艾滋病人民战争先进个人	中共大理州委、大理州人民政府
皇首义	南涧县水勘队	大理州水利建设工作先进个人	中共大理州委、大理州人民政府
熊 智	南涧县水勘队	大理州水利建设工作先进个人	中共大理州委、大理州人民政府
和永发	中共南涧县纪律检查委员会	纪检检察系统先进工作者	中共大理州委、大理州人民政府
金 丽	中共南涧县纪律检查委员会	纪检检察系统先进工作者	中共大理州委、大理州人民政府
李春香	中共南涧县纪律检查委员会	纪检检察系统先进工作者	中共大理州委、大理州人民政府
车媛媛	中共南涧县纪律检查委员会	纪检检察系统先进工作者	中共大理州委、大理州人民政府
朱树泽	中共南涧镇纪律检查委员会	纪检检察系统先进工作者	中共大理州委、大理州人民政府
陈 策	中共南涧县委员会	“十一五”期间抗旱工作先进个人	中共大理州委、大理州人民政府
沈文荣	南涧县人民政府	“十一五”期间抗旱工作先进个人	中共大理州委、大理州人民政府
李晓华	中共公郎镇委员会	“十一五”期间抗旱工作先进个人	中共大理州委、大理州人民政府
王崇标	小湾东镇人民政府	“十一五”期间抗旱工作先进个人	中共大理州委、大理州人民政府
闫生杰	南涧县气象局	“十一五”期间抗旱工作先进个人	中共大理州委、大理州人民政府
沈家学	南涧县林业局	“十一五”期间抗旱工作先进个人	中共大理州委、大理州人民政府
施绍忠	南涧县农业局	“十一五”期间抗旱工作先进个人	中共大理州委、大理州人民政府
赵家芬	南涧县民政局	“十一五”期间抗旱工作先进个人	中共大理州委、大理州人民政府
朱 凯	南涧县烟草专卖局（公司）	“十一五”期间抗旱工作先进个人	中共大理州委、大理州人民政府
陈朝锦	南涧县文体广电旅游局	“十一五”期间抗旱工作先进个人	中共大理州委、大理州人民政府

姓　名	工作单位	受奖名称	表彰单位
黄宗阳	南涧县水务局	“十一五”期间抗旱工作先进个人	中共大理州委、大理州人民政府
李再琼	无量山镇水利站	“十一五”期间抗旱工作先进个人	中共大理州委、大理州人民政府
吴　飚	南涧镇水利站	“十一五”期间抗旱工作先进个人	中共大理州委、大理州人民政府
李培中	宝华镇兔街村委会	“十一五”期间抗旱工作先进个人	中共大理州委、大理州人民政府
皇忠生	南涧镇团山村委会平地社	“十一五”期间抗旱工作先进个人	中共大理州委、大理州人民政府
杨利雄	南涧县飞龙钾盐综合回收有限公司	中国特色社会主义事业建设者提名奖	中共大理州委、大理州人民政府
周本能	南涧县工商联	工商联系统先进个人	中共大理州委、大理州人民政府
欧阳蕊	中共南涧县委宣传部	文明大理建设示范工程优秀个人奖	中共大理州委、大理州人民政府
查政朝	中共南涧县委政法委	优秀公务员	中共大理州委、大理州人民政府
沈文荣	南涧县人民政府	大理州“十一五”人防工作先进个人	大理军分区、大理州人民政府
龙进品	南涧县人民法院公郎法庭	大理州“十一五”人防工作先进个人	大理军分区、大理州人民政府
查政朝	中共南涧县委政法委	大理州政法委十佳工作者	中共大理州委
曾桂荣	南涧县公安局	大理州十佳人民警察	中共大理州委
袁子发	南涧县人民法院	大理州十佳人民法官	中共大理州委
罗永新	中共南涧县委党校	大理州党校系统优秀教师	中共大理州委
李春智	拥翠乡旧马街村委会	大理州优秀共产党员	中共大理州委
李剑梅	南涧镇劳保站	大理州优秀共产党员	中共大理州委
马继东	公郎镇个私协会	大理州优秀共产党员	中共大理州委
杨开泰	无量山镇可保村村委会	大理州优秀共产党员	中共大理州委
黄　菊	宝华镇华亿养殖协会	大理州优秀共产党员	中共大理州委
李中柏	宝华镇云华村村委会	大理州优秀党务工作者	中共大理州委
查鹏飞	小湾东镇岔江村委会	大理州优秀党务工作者	中共大理州委
陈文智	南涧县机关党委	大理州优秀党务工作者	中共大理州委
陈明源	中共南涧县委党史研究室	大理州优秀党务工作者	中共大理州委
龙进品	南涧县人民法院公郎人民法庭	大理州优秀法官	中共大理州委
邱张红	中共南涧县委组织部	大理州先进干部教育工作者	中共大理州委
查政朝	中共南涧县委政法委	先进个人	中共大理州委、政法委
赵迎旭	南涧县人民武装部	嘉奖	大理军分区
和崇星	南涧县人民武装部	嘉奖	大理军分区
毛海印	南涧县人民武装部	嘉奖	大理军分区
杨忠平	南涧县人民武装部	先进职工	大理军分区
李永超	宝华镇武装部	先进专武干部	大理军分区
茶丽彬	拥翠乡武装部	先进专武干部	大理军分区
罗向琪	无量山镇武装部	先进专武干部	大理军分区
杨　永	小湾东镇武装部	先进专武干部	大理军分区

姓 名	工 作 单 位	受 奖 名 称	表 彰 单 位
谢瑞忠	中共南涧县纪律检查委员会	嘉奖	中共大理州纪委、大理州监察局
张映昌	中共南涧县纪律检查委员会	嘉奖	中共大理州纪委、大理州监察局
张 琦	中共南涧县纪律检查委员会	嘉奖	中共大理州纪委、大理州监察局
段国臣	南涧县第一中学	优秀教师	大理州人民政府
杨忠桃	南涧县第四中学	优秀教师	大理州人民政府
自云芳	南涧县示范小学	优秀教师	大理州人民政府
黄丽芬	南涧镇得胜小学	优秀教师	大理州人民政府
李崇华	碧溪乡中学	优秀教师	大理州人民政府
聂琼芬	中共南涧县委宣传部	“两基”先进个人	大理州人民政府
董 学	南涧县教育局	“两基”先进个人	大理州人民政府
刘世武	南涧县教育局	“两基”先进个人	大理州人民政府
查家吉	南涧县教育局	“两基”先进个人	大理州人民政府
杨本茂	南涧镇中心学校	“两基”先进个人	大理州人民政府
欧阳伎	南涧镇中心学校	“两基”先进个人	大理州人民政府
字正良	公郎镇中心学校	“两基”先进个人	大理州人民政府
赵发权	宝华镇中心学校	“两基”先进个人	大理州人民政府
罗汉斌	拥翠乡中心学校	“两基”先进个人	大理州人民政府
方进祥	中共南涧县委政研室	2011 年烟叶生产先进个人	大理州人民政府
张家庆	南涧县人民政府	2011 年烟叶生产先进个人	大理州人民政府
连如虎	拥翠乡温泉村委会	见义勇为先进个人	大理州人民政府
杨国仙	南涧县农业技术推广中心	2011 年全州粮食生产突出贡献农业科技人员	大理州人民政府
茶绍荣	南涧县人民政府	2011 年全州粮食生产先进工作者	大理州人民政府
杨佳香	南涧县农村经济管理站	2011 年全州粮食生产先进工作者	大理州人民政府
欧阳义荣	宝华镇人民政府	2011 年全州粮食生产先进工作者	大理州人民政府
李成林	无量山镇发达村委会大村	2011 年全州粮食生产种粮大户	大理州人民政府
唐有文	南涧镇农科站	2011 年全州粮食生产先进工作者	大理州人民政府
周红文	南涧县森林公安局	“十一五”森林防火先进个人	大理州人民政府
陆 林	中国银行业监管委员会南涧办事处	先进个人	中国银行业监管委员会大理监管分局
李崇火	南涧县草山饲料站	先进个人	大理州畜牧兽医局
李精美	南涧县动物卫生监督所	先进个人	大理州畜牧兽医局
李泉斌	宝华镇兽医站	先进个人	大理州畜牧兽医局
杨云龙	南涧县畜牧兽医局疾控中心	先进个人	大理州畜牧兽医局
张世闰	碧溪乡兽医站	先进个人	大理州畜牧兽医局
陈建国	南涧县国家税务局	精神文明建设先进个人	大理州国家税务局
黄忠阳	南涧县国家税务局	精神文明建设先进个人	大理州国家税务局

姓　名	工 作 单 位	受 奖 名 称	表 彰 单 位
郭正平	南涧县审计局	精神文明创建先进个人	大理州文明办、审计局
杨智刚	南涧县审计局	精神文明创建先进个人	大理州文明办、审计局
李加生	南涧县茶叶工作站	“十一五”期间自然保护区建设先进个人	大理州林业局
阮利琴	中国建设银行南涧支行	巾帼建功标兵	中国建设银行大理州分行
张立新	中国建设银行南涧支行	2011 年度安全保卫工作先进个人	中国建设银行大理州分行
鲁济宏	南涧公路管理段	先进个人	大理管理总段
龚兴禔	南涧公路管理段	先进个人	大理管理总段
李龙美	南涧公路管理段	先进个人	大理管理总段
奎凤同	南涧公路管理段	先进个人	大理管理总段
余纯芳	南涧公路管理段	先进个人	大理管理总段
席文芳	南涧公路管理段	先进个人	大理管理总段
郑如刚	南涧公路管理段	先进个人	大理管理总段
龙如松	南涧公路管理段	先进个人	大理管理总段
蒋丽荣	南涧公路管理段	先进个人	大理管理总段
陈天荣	南涧公路管理段	先进个人	大理管理总段
李　松	南涧公路管理段	先进个人	大理管理总段
周学康	南涧公路管理段	先进个人	大理管理总段
曹永红	南涧县公安局	消防工作先进个人	大理州公安局
李志坚	南涧县公安局	道路交通管理先进个人	大理州公安局
李志坚	南涧县公安局	三等功	大理州公安局
曾桂荣	南涧县公安局	三等功	大理州公安局
姜紫龙	南涧县公安局	三等功	大理州公安局
字文旺	南涧县公安局	三等功	大理州公安局
鲁宗国	南涧县公安局	三等功	大理州公安局
杨丽星	南涧县公安局	群众工作演讲比赛第六名	大理州公安局
陈春富	南涧县公安局	法制业务能手优秀奖	大理州公安局
李一启	南涧县公安局	三等功	大理州公安局
段兆虎	南涧县公安局	三等功	大理州公安局
冯再衎	南涧县公安局	三等功	大理州公安局
杨　军	南涧县公安局	三等功	大理州公安局
段玉海	南涧县公安局	三等功	大理州公安局
罗文祥	南涧县公安局	三等功	大理州公安局
李祖泷	南涧县中队	优秀党员	武警大理支队党委
曾　琨	南涧县中队	优秀党员	武警大理支队党委
任远松	南涧县中队	优秀士兵	武警大理支队

姓名	工作单位	受奖名称	表彰单位
吴涛	南涧县中队	优秀士兵	武警大理支队
段登科	南涧县中队	优秀士兵	武警大理支队
赵黎	南涧县中队	优秀士兵	武警大理支队
朱家林	南涧县教育局	大理州第六次全国人口普查先进个人	大理州人口普查办公室、大理州统计局
字政颜	南涧县人力资源和社会保障局所	大理州第六次全国人口普查先进个人	大理州人口普查办公室、大理州统计局
段晓云	南涧县流动人口管理所	大理州第六次全国人口普查先进个人	大理州人口普查办公室、大理州统计局
罗之剑	南涧县商务局	大理州第六次全国人口普查先进个人	大理州人口普查办公室、大理州统计局
郭嘉明	南涧县财政局	大理州第六次全国人口普查先进个人	大理州人口普查办公室、大理州统计局
徐安娥	宝华镇人民政府	大理州第六次全国人口普查先进个人	大理州人口普查办公室、大理州统计局
易进香	公郎镇人民政府	大理州第六次全国人口普查先进个人	大理州人口普查办公室、大理州统计局
周恭	碧溪乡人民政府	大理州第六次全国人口普查先进个人	大理州人口普查办公室、大理州统计局
秦丽红	拥翠乡人民政府	大理州第六次全国人口普查先进个人	大理州人口普查办公室、大理州统计局
何跃祥	云南广电网络南涧支公司	优秀共产党员	云南广电网络大理分公司党委
杨敢雄	云南广电网络南涧支公司	优秀员工	云南广电网络大理分公司
段爱群	云南广电网络南涧支公司	优秀员工	云南广电网络大理分公司
杨晓华	云南广电网络南涧支公司	优秀工作站长	云南广电网络大理分公司
郭秋红	云南广电网络南涧支公司	客户服务先进个人	云南广电网络大理分公司
阿国强	云南广电网络南涧支公司	技术维护先进个人	云南广电网络大理分公司
查严翠	云南广电网络南涧支公司	市场营销先进个人	云南广电网络大理分公司
杨贵芳	南涧县妇幼保健院	优秀共产党员	大理州卫生局党组
字海金	南涧县妇女联合会	“贷免扶补”工作先进个人	大理州妇联
罗志昌	中国移动南涧分公司	先进生产者	中国移动大理分公司
潘丽华	中国移动南涧分公司	先进生产者	中国移动大理分公司
张云	中国移动南涧分公司	先进生产者	中国移动大理分公司
王建林	中国移动南涧分公司	先进生产者	中国移动大理分公司
何雯婷	中国移动南涧分公司	先进生产者	中国移动大理分公司
李云凤	中国移动南涧分公司	先进生产者	中国移动大理分公司
张健东	南涧县气象局	先进个人	大理州气象局
茶枝坤	南涧县烟草专卖局（公司）	卷烟营销先进个人	云南省大理州烟草专卖局（公司）
郭正庆	南涧县烟草专卖局（公司）	卷烟营销先进个人	云南省大理州烟草专卖局（公司）
杜波	南涧县烟草专卖局（公司）	优化烟叶结构先进个人	云南省大理州烟草专卖局（公司）
熊镇贵	南涧县烟草专卖局（公司）	优化烟叶结构先进个人	云南省大理州烟草专卖局（公司）
秦丽红	拥翠乡人民政府	优秀共青团干部	中国共产主义青年团大理州委员会
邱秋	公郎镇人民政府	优秀共青团干部	中国共产主义青年团大理州委员会
杨光秋	南涧县第一中学在校生	优秀共青团员	中国共产主义青年团大理州委员会

姓　名	工作单位	受奖名称	表彰单位
欧阳玉莹	南涧县第四中学在校生	优秀共青团员	中国共产主义青年团大理州委员会
杨志英	南涧县民族中学在校生	优秀共青团员	中国共产主义青年团大理州委员会
殷一川	南涧镇安定小学	《童心向党、快乐成长》一等奖	中国共产主义青年团大理州委员会
李云芬	拥翠乡拥翠小学	《家乡的变迁》二等奖	中国共产主义青年团大理州委员会
董靓颖	南涧县示范小学	《心心向党》二等奖	中国共产主义青年团大理州委员会
杨玉昌	南涧镇安定小学	《家乡的昨天、今天、明天》三等奖	中国共产主义青年团大理州委员会
马亚菲	公郎镇公郎小学	《家乡新貌》三等奖	中国共产主义青年团大理州委员会
黄俊卿	南涧县第四中学	《冬去春来的那些事儿》一等奖	中国共产主义青年团大理州委员会
吴丽萍	南涧县第四中学	《甘露》二等奖	中国共产主义青年团大理州委员会
皇金林	乐秋中学	《不变的老树》二等奖	中国共产主义青年团大理州委员会
李瑜霞	南涧县第四中学	《抚今追昔颂党恩》三等奖	中国共产主义青年团大理州委员会
杨　澜	乐秋中学	《党在我心中》三等奖	中国共产主义青年团大理州委员会
蔡富聪	南涧县民族中学	《党的颂歌》三等奖	中国共产主义青年团大理州委员会
连晓艳	南涧县民族中学	《祖国——母亲》三等奖	中国共产主义青年团大理州委员会
高文华	南涧县文体广电旅游局	大理州文化市场管理和“打黄打非”先进个人	大理州文化局
张　漪	南涧县文体广电旅游局	大理州文化公共文化服务体系建设先进个人	大理州文化局
罗荣春	南涧县文体广电旅游局	2011 年大理州艺术工作先进个人	大理州文化局
字政鸿	南涧县文体广电旅游局	2011 年大理州艺术工作先进个人	大理州文化局
李华东	南涧县人民政府	广播电视村村通工作先进个人	大理州广播电视局、发展和改革委员会
宁　刚	南涧县文体广电旅游局	广播电视村村通工作先进个人	大理州广播电视局、发展和改革委员会
许玉福	南涧县文体广电旅游局	广播电视村村通工作先进个人	大理州广播电视局、发展和改革委员会
彭国云	南涧县森林公安局	“铸忠诚，树新风”演讲比赛一等奖	大理州森林公安局
胡桂勇	南涧县森林公安局	嘉奖	大理州森林公安局
张智冠	南涧县森林公安局	嘉奖	大理州森林公安局
陈　禄	南涧县森林公安局	嘉奖	大理州森林公安局
杨德生	南涧县森林公安局	嘉奖	大理州森林公安局
饶来斌	中国农业银行南涧支行	2011 年“春天之星”	中国农业银行大理州分行
李继远	中国农业银行南涧支行	2011 年“春天之星”	中国农业银行大理州分行
左培继	中国农业银行南涧支行	2011 年“春天之星”	中国农业银行大理州分行
刘增跃	中国农业银行南涧支行	2011 年“业务能手”	中国农业银行大理州分行
张　勇	中国农业银行南涧支行	2011 年“业务能手”	中国农业银行大理州分行
者金林	中国农业银行南涧支行	2011 年“业务能手”	中国农业银行大理州分行

县级表彰的先进个人

一、勤政为民好干部（1 名）

龙进品

二、"五带头"优秀共产党员（40 名）

张 钧 张湑滢 杨耀光 姚兆南 饶章永 帕梅萍 杨忠文 李冠华 陈培智 罗家克 杨 军 左红云 李希儒 杨文周 刘 勇 颜希国 李文斌 杨本富 沈加军 庄成宏 罗义文 李云生 皇初昆 李树明 左继贵 罗文儒 茶文富 茶增玉 左黎灿 陈加祥 李正林 吴应标 沈有升 李志波 饶林贵 张军光 张朝荣 吴坤鸿 周仕勇 苏国平

三、南涧县首届中小学名师（10 名）

蒋桂枝 杨映红 杜居燕 毕金亮 王裕民 杨 银 袁玉波 阿菊仙 罗凤亮 何莲英

四、教育教学先进教育工作者、优秀教师、师德标兵、工作先进个人

（一）先进教育工作者（20 名）

李家学 刘世武 左桂芬 杨国智 夏佳贞 杨枝国 蒋朝荣 罗天龙 自明坤 汪春永 李玉宝 汪永权 杨本茂 查政煜 任茂双 张世华 李 富 陈加祥 胡 德 茶文升

（二）优秀教师（80 名）

丰加忠 杨跃清 李美英 吴玉红 何秀英 邱仕妹 常晋珉 周 慈 陈丽红 李信东 罗应芹 茶枝美 李世斌 杨益梅 黄彩云 袁玉泉 字永翠 汪志华 罗绍军 李德美 袁玉娟 罗凤松 杨文柱 李文仙 左继凤 李 菊 陈 仙 杨正艳 潘友香 董屏香 李洪达 罗桂芬 张永花 自 彪 李增信 张绍珍 庄秀仙 施丽涛 杨绍静 袁兆丽 刘志宏 杨绍康 罗凤燕 罗淑仙 李伟东 段 萍 秦秀炜 杨凤铃 罗永丽 李国斌 杨振荣 那会玲 张怡源 自明辉 饶富进 周莲芬 周艳梅 李能旺 阿凤英 杨桂兰 赖学珍 王 增 伽华贵 祁国芬 字凤花 罗秀香 周家林 周友兰 高 艳 彭尊玲 欧阳体 李添福 李文芳 自淑春 茶凤银 饶义崇 罗玉芬 熊 勇 鲁成向 杨荣燕

（三）师德标兵（40 名）

杨文演 杨金仙 罗开艳 李永升 董利源 自 渊 张陆启 李德武 字文良 刘增福 高 龙 罗之伟 姜卫安 戴翠兰 尤廷荣 周玉梅 姚邦南 杨继宗 方建才 杨文松 颜世华 皇信超 杨汉明 施春芬 李春权 王 菊 自绍尧 茶永国 张荣华 皇信芬 徐顺兰 张永斌 陈 美 毕贵发 伽正慧 李佳富 李化龙 张永文 杨茂美 饶林贵

（四）高考状元（2 名）

严南华 饶雪芹

五、科普工作优秀工作者（30 名）

赵维标 杨国柱 周家文 石建莲 彭志刚 杨进忠 周春花 赵伟本 罗 定 朱家林 罗文耀 关玲章 袁国富 高 虎 焦尚杰 周荣礼 张 波 尹忠文 杨清耀 李云生 王 武 尹培明 赵光旗 韩国才 邱艳军 沙建美 李泉斌 自文峰 赵 骥 杨思峥

六、第二轮禁毒、防治艾滋病人民战争先进个人

（一）第二轮禁毒人民战争先进个人（15 名）

李绍宗 潘 伟 施绍龙 董绍辉 马荣林 周应学 郎沅龙 左家芳 徐 华 李志坚 杨国柱 杨文浩 杨文凤 朱正银 马黎文

（二）第二轮防治艾滋病人民战争先进个人（15 名）

马荣林 李 繁 罗瑞平 段慧刚 欧阳俊 周应清（县疾控中心） 方 云 茶世美 杨文辉 周兴妹 周正凤 赵秉辉 吴应标 罗贵才 周应清（无量山镇卫生院）

七、优秀民营工业企业负责人、个体工商户

（一）优秀企业负责人（6 名）

魏红东 李德卫 罗成勇 张国永 茶文荣 张贵华

（二）优秀个体工商户（6 户）

王景波 刘新建 黄建萍 李建明 冯玉琴 陈汝梅

八、十佳调解员（10 名）

龙进品 李朝光 李正源 沈家亮 徐思龙 陈汝智 杨世仁 李成华 杨荣发 蔡映祥

九、第五批新农村建设优秀指导员、工作队长

（一）优秀指导员（24 名）

卜婉筠 张 伟 罗如翠 胡志敏 张 凤 张 鹏
字海金 杨春秀 杨春发 陈建勇 李培军 杨宏昌
杨本成 陈朝云 罗正红 袁晓华 查永清 王 毅
王正荣 吴成嵩 李崇贤 徐文杰 常时春 杨永建

（二）优秀工作队长（2 名）

李春颖 李波莉

十、无量山三七种植传承人（1 名）

李德信

十一、优秀信息员（10 名）

查荣标 李金涛 周连斌 张士红 赵俊祖 胡增富
杜红良 李天玉 李音华 张湑滢

十二、彝乡人才（10 名）

方建红 蒋桂枝 李大兰 魏红东 王锦秀 张信忠
赵尹强 阿本枝 邓承礼 张贵华

十三、见义勇为先进个人（1 名）

连如虎

十四、烤烟种植大户

（一）特等奖（1 户）

孔桂仙

（二）一等奖（2 户）

左欧福 施增忠

（三）二等奖（3 户）

罗天文 欧阳作锦 杨德虎

（四）三等奖（6 户）

张拥军 袁春昌 罗德沛 杨应山 罗正军 杨文春

（五）鼓励奖（18 户）

杨汝华 饶富侯 罗 济 张 昆 罗 文 张 茂
刘世学 周树兰 李建儒 章德兴 左继华 李德刚
吴汝斌 罗枝仁 罗正学 何家雄 何国武 茶绍昆

十五、公益事业捐赠房产（1 户）

关其朝

十六、南涧县第六次全国人口普查先进个人（100 名）

陈在文 罗如翠 张定波 罗国春 字永芳 杨凤丽
罗 勇 白汝艳 李希贤 吴从琼 吴美玲 李 花
罗 森 罗巧娣 彭兴禹 刘 怡 彭景泉 李银芳
茶丽彬 彭廷映 陈建慧 杨春雪 罗 娟 李春智
罗 芳 夏永增 李云生 张树柏 罗义文 连汝晋
何绍安 陈以昌 沈 娟 时 凤 周 恭 查政祥
查文山 袁国升 茶家琴 杨政国 杨云聪 沈代宗
秦国礼 罗正玺 罗旭光 施忠良 王朝坤 杨宏昌
杨宗香 李云洲 罗汝敏 字正洲 张朝富 梁庚庆
艾红光 自海斌 段艳荣 赵杨燕 罗云春 马建庭
蒋恒斌 陈凤银 杨铭昆 孔银花 阿怀昌 陈本军
陈 岗 李中柏 罗怀生 苏联玉 杨荣发 张光斌
周 金 时贵华 韩朝中 叶春祥 李德玄 吴治民
陈 彪 罗兴元 自文昌 陈 兴 郭世华 鲁怀堂
付云龙 何相权 张军光 者正科 杨艳平 段芳红
张永平 李文珠 孔世崑 叶陈荣 李春芳 李正蓉
庄树根 李远魏 王兴忠 时御龙

高级专业技术人员名录

序号	姓 名	单位名称	性别	籍贯	民族	出生年月	学 历	职称资格名称	取得资格时间	从事专业
1	李能强	宝华镇中学	男	南涧	汉	1970.09	本科	中学高级教师	2011.07	语文
2	李荣华	宝华镇中学	男	南涧	彝	1969.10	本科	中学高级教师	2011.07	语文
3	李耀萍	宝华镇中学	男	南涧	彝	1970.11	专科	中学高级教师	2011.07	数学
4	杨志芬	宝华镇中学	女	南涧	汉	1969.09	本科	中学高级教师	2011.07	数学
5	彭文英	宝华镇中学	女	南涧	汉	1971.09	本科	中学高级教师	2011.07	英语

序号	姓　名	单位名称	性别	籍贯	民族	出生年月	学历	职称资格名称	取得资格时间	从事专业
6	李健强	宝华镇中学	男	南涧	汉	1970.11	本科	中学高级教师	2011.07	政治
7	周本德	宝华镇中学	男	南涧	汉	1975.01	本科	中学高级教师	2011.07	语文
8	李崇华	碧溪乡中学	男	南涧	汉	1973.11	专科	中学高级教师	2011.07	政治
9	李崇轩	南涧县第一中学	男	南涧	汉	1972.10	本科	中学高级教师	2011.07	语文
10	董利源	南涧县第一中学	男	南涧	汉	1973.09	本科	中学高级教师	2011.07	数学
11	周延珍	南涧县第一中学	女	南涧	汉	1971.12	专科	中学高级教师	2011.07	生物
12	字国旺	南涧县第一中学	男	南涧	彝	1974.01	本科	中学高级教师	2011.07	生物
13	字文明	南涧县第一中学	男	南涧	彝	1971.01	专科	中学高级教师	2011.07	生物
14	周娅芬	南涧县第一中学	女	南涧	彝	1975.08	本科	中学高级教师	2011.07	历史
15	陈智达	南涧县第二中学	男	南涧	汉	1973.05	本科	中学高级教师	2011.07	生物
16	梁庚平	南涧县第二中学	男	南涧	汉	1973.01	本科	中学高级教师	2011.07	语文
17	查文清	南涧县第二中学	男	南涧	彝	1966.07	专科	中学高级教师	2011.07	政治
18	杨增芳	南涧县第二中学	女	南涧	汉	1972.01	本科	中学高级教师	2011.07	政治
19	罗之军	南涧县第三中学	男	南涧	彝	1973.03	本科	中学高级教师	2011.07	物理
20	欧阳海莲	南涧县第三中学	女	南涧	汉	1971.11	本科	中学高级教师	2011.07	政治
21	饶富先	南涧县第三中学	男	南涧	汉	1973.10	本科	中学高级教师	2011.07	英语
22	杨继香	南涧县第四中学	女	南涧	彝	1970.09	本科	中学高级教师	2011.07	数学
23	蔡　毅	南涧县第四中学	男	南涧	汉	1965.04	本科	中学高级教师	2011.07	政治
24	吴向琴	小湾东镇中学	女	南涧	彝	1971.08	本科	中学高级教师	2011.07	语文
25	关其镇	拥翠乡中学	男	南涧	汉	1970.05	本科	中学高级教师	2011.07	语文
26	孟德良	南涧县民族中学	男	南涧	汉	1968.12	专科	中学高级教师	2011.07	语文
27	罗云强	南涧县民族中学	男	南涧	彝	1974.04	本科	中学高级教师	2011.07	化学
28	黄海丽	南涧县职业高级中学	女	南涧	汉	1971.06	本科	中学高级教师	2011.07	语文
29	李仲德	南涧县职业高级中学	男	南涧	彝	1975.09	本科	中学高级教师	2011.07	语文
30	杨淑萍	南涧县教研室	女	南涧	汉	1969.12	本科	中学高级教师	2011.07	语文
31	杨　华	南涧县教研室	男	宾川	汉	1963.11	专科	中学高级教师	2011.07	信息技术
32	马绍春	南涧镇中学	女	南涧	回	1969.12	本科	中学高级教师	2011.07	数学
33	张立芳	乐秋乡中学	女	南涧	汉	1969.01	本科	中学高级教师	2011.07	数学

序号	姓　名	单位名称	性别	籍贯	民族	出生年月	学 历	职称资格名称	取得资格时间	从事专业
34	马红春	公郎镇中学	男	南涧	回	1970.04	专科	中学高级教师	2011.07	物理
35	商国文	无量山镇中学	男	南涧	汉	1965.01	本科	中学高级教师	2011.07	语文
36	施有彪	无量山镇中学	男	南涧	彝	1973.04	本科	中学高级教师	2011.07	语文
37	张世焕	无量山镇中学	男	南涧	汉	1972.09	专科	中学高级教师	2011.07	政治
38	陈春兰	南涧县教师进修学校	女	南涧	汉	1971.11	本科	高级讲师	2011.06	信息技术
39	阿本枝	南涧县跳菜艺术团	男	南涧	彝	1962.07	高中	二级演员	2011.06	艺术
40	任海芬	南涧县文化馆	女	南涧	汉	1971.07	本科	副研究馆员	2011.07	文物管理
41	李文举	南涧县人民医院	男	南涧	汉	1975.05	本科	副主任医师	2011.08	骨外科
42	徐建芬	南涧县人民医院	女	南涧	汉	1975.08	本科	副主任护师	2011.08	护理学
43	常国秀	南涧县人民医院	女	南涧	汉	1970.12	专科	副主任护师	2011.08	护理学
44	张庆萍	南涧县人民医院	女	南涧	汉	1964.10	中专	副主任医师	2011.08	超声诊断
45	帕梅萍	南涧县妇幼保健院	女	云县	傣	1965.11	专科	副主任医师	2011.08	妇产科
46	徐洪丽	南涧县血吸虫病防治站	女	南涧	汉	1965.05	本科	副主任医师	2011.08	内科
47	李洪波	南涧县建设管理所	女	南涧	彝	1969.12	本科	高级工程师	2011.08	工程建设
48	周嘉萍	南涧县建设管理所	女	南涧	汉	1970.03	本科	高级工程师	2011.08	工程建设
49	李再龙	南涧县建设管理所	男	南涧	汉	1964.11	本科	高级工程师	2011.08	市政建设
50	方芹丽	南涧县环境监测站	女	南涧	汉	1975.04	本科	高级工程师	2011.08	环境保护
51	袁玉顺	南涧县种子站	男	南涧	汉	1974.01	本科	高级农艺师	2011.09	农技推广
52	彭德智	公郎镇农业综合服务中心	男	南涧	汉	1966.01	专科	高级农艺师	2011.09	农技推广
53	李娟梅	南涧县农经站	女	南涧	彝	1971.10	本科	高级经济师	2011.09	农经管理
54	何忠琴	南涧县农广校	女	南涧	布朗	1971.12	本科	高级经济师	2011.09	会计
55	李文润	南涧县档案馆	女	南涧	彝	1961.10	专科	副研究馆员	2011.09	档案
56	周国彪	南涧县畜牧站	男	南涧	汉	1968.10	本科	高级兽医师	2011.10	畜牧兽医
57	周本国	乐秋乡农业综合服务中心	男	南涧	汉	1970.01	专科	高级畜牧师	2011.10	畜牧兽医
58	沈家芳	南涧县动物疫控中心	女	南涧	彝	1966.04	本科	高级兽医师	2011.10	畜牧兽医
59	尹忠文	小湾东镇农业综合服务中心	男	南涧	汉	1966.07	专科	高级畜牧师	2011.10	畜牧兽医
60	郭应炳	中共南涧县委党校	男	南涧	汉	1963.03	本科	高级讲师	2011.10	行政管理学

统计资料选编

2011 年南涧县经济社会发展主要指标

指标名称	计量单位	2010 年	2011 年	比上年增长（%）
土地面积	平方千米	1732	1732	—
森林覆盖率	%	57.50	58.60	—
年末总人口	人	221609	222216	0.3
#少数民族人口	人	110149	111448	1.2
彝族人口	人	102989	104278	1.3
农业人口	人	206674	207469	0.4
非农业人口	人	14935	14747	-1.3
城镇人口	人	58948	62465	6
出生率	‰	9.18	9.06	—
死亡率	‰	5.99	5.74	—
自然增长率	‰	3.19	3.32	—
城镇化率	‰	26.60	28.11	—
全社会从业人员（年末数）	人	138678	139192	0.4
#乡村从业人员	人	127700	127836	0.1
农林牧渔业从业人员	人	97322	101260	4.0
全部职工人数	人	6373	9056	42.1
国有单位	人	5734	7062	23.2
城镇登记失业人数	人	1253	1077	-14.0
城镇登记失业率	%	2.30	3.20	—
地区生产总值	万元	176735	214850	15.0
#非公经济增加值	万元	83843	102361	15.4
第一产业	万元	67010	78738	9.7
第二产业	万元	30309	41094	28.8
#工业	万元	17798	24042	29.0
第三产业	万元	79416	95018	14.0
人均地区生产总值	元	7990	9682	14.6
农林牧渔业总产值（现价）	万元	117355	137973	17.6
#畜牧业产值	万元	51085	56208	10.0
粮食产量	吨	69561	105686	51.9
烤烟面积	公顷	5240	5320	1.5

指标名称	计量单位	2010 年	2011 年	比上年增长（%）
烤烟产量	吨	8974	9363	4.3
水果产量	吨	3591	3611	0.6
茶叶面积	公顷	6931	7061	1.9
茶叶产量	吨	3388	3883	14.6
年末生猪存栏	头	184083	180539	-1.9
年末大牲畜存栏	头	112128	116053	3.5
年末山绵羊存栏	只	80074	80097	—
肉类产量	吨	32575	33414	2.6
泡核桃面积	公顷	45924	48786	6.2
泡核桃产量	吨	6000	8000	33.3
耕地面积	公顷	13972	13972	—
#田	公顷	1549	1554	0.3
地	公顷	12423	12418	—
有效灌溉面积	公顷	8124	8166	0.5
农作物总播种面积	公顷	34187	34210	—
#粮食播种面积	公顷	26308	26220	-0.3
工业总产值	万元	104100	155743	49.6
#规模以上工业总产值	万元	37923	56452	48.9
轻工业产值	万元	58683	94746	61.5
重工业产值	万元	45417	60997	34.3
邮电业务总量	万元	5636	7047	25.0
本地固定电话用户数	户	20952	11338	-45.9
移动电话用户数	户	95819	113160	18.1
全社会固定资产投资	万元	67491	87772	30.0
社会消费品零售总额	万元	63476	76173	20.0
财政总收入	万元	24697	32116	30.0
地方财政收入	万元	16339	20928	28.1
地方财政支出	万元	69255	87556	26.4
金融机构各项存款余额	万元	180302	221048	22.6
#居民储蓄存款余额	万元	91259	118480	29.8
金融机构各项贷款余额	万元	227332	290064	27.6

指标名称	计量单位	2010 年	2011 年	比上年增长（%）
职工工资总额	万元	19329	24590	27.2
#国有单位	万元	17562	20759	18.2
职工年平均货币工资	元	29824	28946	-2.9
#国有单位	元	30005	31114	3.7
参加养老保险职工人数	人	2324	3239	39.4
参加医疗保险职工人数	人	8177	8388	2.6
参加失业保险职工人数	人	4307	4490	4.2
参加农村新型合作医疗人数	人	192224	188334	-2.0
参加城乡居民养老保险人数	人	—	127052	—
农村经济总收入	万元	114193	143688	25.8
出售产品收入	万元	59163	84211	42.3
农民人均总收入	元	5525	6926	25.4
农民人均纯收入	元	2502	3391	35.5
普通中学在校学生数	人	11968	11769	-1.7
#初中	人	9171	8999	-1.9
职业中学在校学生数	人	1168	1186	1.5
小学在校学生数	人	19093	19205	0.6
在园幼儿数	人	4472	4935	10.4
学龄儿童毛入学率	%	109.92	99.60	—
初中学龄人口毛入学率	%	99.71	117.60	—
普通中学专任教师	人	761	780	2.5
#初中	人	566	588	3.9
职业中学专任老师	人	63	53	-15.9
小学专任教师	人	865	895	3.5
广播人口覆盖率	%	71.96	72.10	—
电视人口覆盖率	%	98.60	98.68	—
有线电视入户率	%	19.06	19.06	—
卫生机构床位数	张	385	478	24.2
#医院床位数	张	346	408	17.9
专业卫生技术人员	人	333	375	12.6

注：地区生产总值的增长速度按可比价格计算。

2011 年大理州县市经济社会发展主要指标（表一）

地　区	年末户籍人口（万人）			年末常住人口（万人）			地区生产总值（万元）			第一产业增加值（万元）		
	2010 年	2011 年	比上年增长（%）	2010 年	2011 年	比上年增长（%）	2010 年	2011 年	比上年增长（%）	2010 年	2011 年	比上年增长（%）
合计	352.57	354.70	0.6	345.94	347.80	0.5	4741287	5684932	14.2	1089607	1234472	7.0
大理	60.75	60.99	0.4	65.34	65.69	0.5	1796838	2163220	14.0	134073	150880	6.0
漾濞	10.46	10.36	-1.0	10.24	10.29	0.5	107004	128083	14.0	29641	35830	11.4
祥云	46.84	47.16	0.7	45.59	45.85	0.6	633297	778226	15.2	177989	199898	7.5
宾川	35.20	35.50	0.9	34.92	35.09	0.5	468479	572354	14.0	213436	252866	9.9
弥渡	32.57	32.42	-0.5	31.34	31.50	0.5	233213	284673	15.0	71325	82261	8.7
南涧	22.16	22.22	0.3	21.15	21.26	0.5	176735	214850	15.0	67010	78738	9.7
巍山	31.48	31.60	0.4	30.45	30.61	0.5	227944	276850	14.4	88902	104375	9.1
永平	18.25	18.35	0.5	17.52	17.62	0.6	173156	211203	15.2	70294	85216	13.0
云龙	20.61	20.71	0.5	19.99	20.10	0.6	195443	246459	16.1	58496	73284	6.3
洱源	28.78	28.98	0.7	26.85	27.10	0.9	256759	313215	14.1	95830	110663	6.8
剑川	17.79	17.94	0.8	17.00	17.09	0.5	133010	160709	14.2	33057	36649	5.4
鹤庆	27.29	27.48	0.7	25.54	25.69	0.6	244465	348673	23.6	63196	69306	5.3

2011 年大理州县市经济社会发展主要指标（表二）

地　区	第二产业增加值（万元）			工业增加值（万元）			第三产业增加值（万元）			地方财政一般预算收入（万元）		
	2010 年	2011 年	比上年增长（%）	2010 年	2011 年	比上年增长（%）	2010 年	2011 年	比上年增长（%）	2010 年	2011 年	比上年增长（%）
合计	1882942	2382095	20.6	1544154	1975550	22.2	1768738	2068365	11.7	376161	459463	22.1
大理	890473	1105131	16.4	750061	931448	16.4	772292	907209	12.6	142148	170967	20.3
漾濞	54332	65325	16.4	45696	55976	18.4	23031	26928	11.7	7764	9138	17.7
祥云	335498	421217	17.7	307386	386830	18.3	119810	157111	19.0	33392	41091	23.1
宾川	113062	148520	20.4	46042	58215	14.3	141981	170968	15.0	18992	21889	15.3
弥渡	65517	89374	28.7	35847	50638	34.3	96371	113038	10.3	13039	17416	33.6
南涧	30309	41094	28.8	17798	24042	29.0	79416	95018	14.0	16339	20928	28.1
巍山	55111	71233	21.6	35745	45893	20.6	83931	101242	15.4	13432	18666	39.0
永平	46000	61489	27.2	33000	43000	24.5	56862	64498	8.2	13789	16242	17.8
云龙	79247	107296	28.4	30721	43774	36.1	57700	65879	9.1	10930	15090	38.1
洱源	77909	106538	27.5	63774	88848	29.6	83020	96014	9.7	12027	14516	20.7
剑川	61761	80054	21.7	46461	59858	20.7	38192	44006	9.9	9763	13072	33.9
鹤庆	115939	207682	44.2	91437	181374	55.7	65330	71685	4.8	18748	22669	20.9

2011年大理州县市经济社会发展主要指标（表三）

地　区	地方财政一般预算支出（万元）			固定资产投资（万元）			社会消费品零售总额（万元）			耕地面积（公顷）		
	2010年	2011年	比上年增长（%）	2010年	2011年	比上年增长（%）	2010年	2011年	比上年增长（%）	2010年	2011年	比上年增长（%）
合计	1242429	1596232	28.5	2827992	3603637	27.4	1421032	1705026	20.0	196357	196227	-0.1
大理	210488	281547	33.8	1071621	1394492	30.1	589789	707496	20.0	14041	13263	-5.5
漾濞	50907	58098	14.1	94275	99780	5.8	28919	34403	19.0	8058	8143	1.1
祥云	113780	148020	30.1	181438	251301	38.5	181985	218637	20.1	21014	21012	-0.1
宾川	99520	119639	20.2	262419	342046	30.3	105918	127141	20.0	24811	24858	0.2
弥渡	85624	108321	26.5	109339	142856	30.7	98065	117665	20.0	14641	14616	-0.2
南涧	69255	87556	26.4	67491	87772	30.0	63476	76173	20.0	13972	13972	—
巍山	82463	105611	28.1	94194	124812	32.5	76969	92390	20.0	19042	19139	0.5
永平	61479	81863	33.2	82411	108398	31.5	46397	55691	20.0	14892	14895	—
云龙	79730	114913	44.1	280600	366218	30.5	51585	61904	20.0	17100	17217	0.7
洱源	85022	107006	25.9	138520	189329	36.7	72826	87397	20.0	18102	18097	—
剑川	65044	77686	19.4	77773	110476	42.0	42800	51379	20.0	13097	13085	-0.1
鹤庆	90009	102646	14.0	367911	386157	5.0	62304	74751	20.0	17587	17930	2.0

2011年大理州县市经济社会发展主要指标（表四）

地　区	农林牧渔业总产值（万元）			粮食总产量（万元）			烤烟产量（吨）			水果总产量（吨）		
	2010年	2011年	比上年增长（%）	2010年	2011年	比上年增长（%）	2010年	2011年	比上年增长（%）	2010年	2011年	比上年增长（%）
合计	1986924	2348207	18.2	1366949	1572553	15.0	81988	84719	3.3	354952	461369	30.0
大理	246000	282000	14.6	166483	165318	-0.7	3600	3843	6.8	13958	16861	20.8
漾濞	47997	58559	22.0	49592	58997	19.0	2500	2250	-10.0	4770	4833	1.3
祥云	272889	312556	14.5	157409	190357	20.9	15685	16680	6.3	6690	7703	15.1
宾川	377899	472326	25.0	137218	142952	4.2	8091	8358	3.3	273959	374787	36.8
弥渡	157553	182128	15.6	108732	159883	47.0	9375	9050	-3.5	3921	3967	1.2
南涧	117354	137973	17.6	69561	105686	51.9	8974	9363	4.3	3591	3611	0.6
巍山	149342	176453	18.2	121389	149715	23.3	9458	9747	3.1	6818	7036	3.2
永平	109780	134432	22.5	78350	89556	14.3	6577	6700	1.9	2737	3448	26.0
云龙	122300	144963	18.5	105565	119371	13.1	4390	4447	1.3	5064	5128	1.3
洱源	189632	224513	18.4	164583	170989	3.9	5621	6470	15.1	20563	20833	1.3
剑川	67099	75932	13.2	78366	80841	3.2	4003	4250	6.2	3167	3433	8.4
鹤庆	129079	146372	13.4	129701	138888	7.1	3714	3560	-4.1	9714	9732	0.2

2011 年大理州县市经济社会发展主要指标（表五）

地区	年末大牲畜头数（头）			农村居民人均纯收入（元）			全部工业总产值（万元）			在岗职工年平均工资（元）		
	2010 年	2011 年	比上年增长（%）	2010 年	2011 年	比上年增长（%）	2010 年	2011 年	比上年增长（%）	2010 年	2011 年	比上年增长（%）
合计	1238668	1245266	0.5	3902	4733	21.3	4771074	6079458	27.4	28956	34111	17.8
大理	60332	57854	-4.1	5407	6430	18.9	2000000	2450124	22.5	29522	35571	20.5
漾濞	82512	85399	3.5	3232	4238	31.1	190468	240036	26.0	30706	35544	15.8
祥云	76911	74059	-3.7	3801	4857	27.8	903079	1132911	25.4	26326	32106	22.0
宾川	98059	94200	-3.9	3915	4918	25.6	180880	241325	33.4	29404	34961	18.9
弥渡	103513	106212	2.6	2935	3755	27.9	120139	171793	43.0	27674	31348	13.3
南涧	112128	116053	3.5	2502	3391	35.5	104100	155743	49.6	32773	31783	-3.0
巍山	110065	111353	1.2	2532	3398	34.2	144296	192461	33.4	29683	32653	10.0
永平	113631	115239	1.4	3060	4138	35.2	108701	140600	29.3	27878	32006	14.8
云龙	168651	171175	1.5	2377	3189	34.2	125799	168854	34.2	30543	33821	10.7
洱源	143875	146740	2.0	3428	4266	24.4	302751	378795	25.1	26633	32360	21.5
剑川	94023	95385	1.4	2396	3199	33.5	161190	223184	38.5	28858	31734	10.0
鹤庆	74968	71597	-4.5	3408	4365	28.1	300573	420922	40.0	29384	34543	17.6

2011 年南涧县各乡（镇）经济发展情况

名称	农村经济				粮食生产				畜牧业		
	总收入（万元）	总收入人均（元）	纯收入人均（元）	人均比上年+、-（元）	播种面积（公顷）	总产量（吨）	人均（千克）	人均比上年+、-（千克）	生猪存栏（头）	大牲畜存栏（头）	山羊存栏（只）
全县	143688	6926	3391	889	26220	105686	509	172	180539	116053	80097
南涧	32960	8645	3615	885	4077	18258	479	168	28295	18021	7653
拥翠	13225	6585	3272	880	2651	12060	600	210	12225	12210	6695
乐秋	10414	5892	3157	874	2890	9297	526	199	15802	13202	10701
碧溪	12387	7091	3325	879	2801	9888	566	200	15706	13204	6854
小湾	10397	5730	3201	863	2510	9961	549	209	14832	10307	9259
公郎	23010	7564	3428	881	3873	15877	522	147	23000	15700	14100
宝华	19495	6458	3416	886	3506	14156	469	171	22316	14507	11385
无量	21800	6164	3408	928	3912	16189	458	135	48363	18902	13450

2011年南涧县国民经济主要指标对比表（一）

指　标	单位	全国	全省	全州	南涧
生产总值（GDP）	亿元	471564	8751.0	568.5	21.5
比上年增长	%	9.2	13.7	14.2	15.0
第一产业增加值	亿元	47712	1407.8	123.5	7.9
比上年增长	%	4.5	6.0	7.0	9.7
第二产业增加值	亿元	220592	3991.0	238.2	4.1
比上年增长	%	10.6	18.0	20.6	28.8
全部工业增加值	亿元	188572	3205.9	197.6	2.4
比上年增长	%	10.7	17.6	22.2	29.0
第三产业增加值	亿元	203260	3352.2	206.8	9.5
比上年增长	%	8.9	11.8	11.7	14.0
第一产业增加值占GDP的比重	%	10.1	16.1	21.7	36.6
第二产业增加值占GDP的比重	%	46.8	45.6	41.9	19.1
全部工业增加值占GDP的比重	%	40.0	36.6	34.8	11.2
第三产业增加值占GDP的比重	%	43.1	38.3	36.4	44.3

2011年南涧县国民经济主要指标对比表（二）

指　标	单位	全国	全省	全州	南涧
财政总收入	亿元	103740	2258.2	100.3	3.2
比上年增长	%	24.8	24.8	24.4	30.0
地方财政一般预算收入	亿元	—	1110.8	46.0	2.1
比上年增长	%	—	27.5	22.1	28.1
社会消费品零售总额	亿元	183919	3000.1	170.5	7.6
比上年增长	%	17.1	20.0	20.0	20.0
全社会固定资产投资	亿元	311022	7109.7	360.3	8.8
比上年增长	%	23.6	27.4	27.4	30.0
人均生产总值	元	34999	18957	16389	9682
城镇居民人均可支配收入	元	21810	18576	17713	17641
农村居民人均纯收入	元	6977	4722	4733	3391
人均地方财政一般预算收入	元	—	2399	1325	942

（王兴忠　康亚娅）

附　录

一、领导讲话

南涧彝族自治县人民代表大会常务委员会工作报告

——2012年2月7日在南涧彝族自治县第十届人民代表大会第五次会议上

南涧县第十届人大常委会主任 李光琴

各位代表：

我受县十届人民代表大会常务委员会的委托，向大会报告县人大常委会的工作，请予审查。

一、2011年主要工作

2011年，县人大常委会在中共南涧县委的领导和上级人大常委会的指导下，高举中国特色社会主义伟大旗帜，以邓小平理论和“三个代表”重要思想为指导，深入贯彻落实科学发展观，紧紧围绕我县“十二五”发展规划和“提高全民素质，改善生态环境，提升优势产业，抓实项目建设，强化招商引智，创新发展模式，促进科学发展”的工作思路，认真履行宪法和法律赋予的职权，各项工作取得较好成绩，为全县经济社会的健康发展作出了积极的贡献。

（一）组织召开县十届人大四次会议

2011年5月24至27日，县第十届人民代表大会第四次会议在县城召开，162名代表出席会议。会议听取和审查了县人民政府、县人大常委会、县人民法院、县人民检察院工作报告，审查和批准了县国民经济和社会发展第十二个五年规划纲要，审查和批准了县2011年国民经济和社会发展计划、县级财政预算及部门预算；补选了县十届人大常委会主任和县十届人民政府县长。会议期间，与会代表充分行使代表权利，认真履行代表职责，在审查好报告的同时，积极向大会反映全县各族人民普遍关心的问题，会议期间提出意见建议103件。

（二）认真做好民族立法准备工作

南涧跳菜艺术是我县民族民间文化艺术精品，为切实加强对南涧跳菜艺术的传承与保护，县人大常委会依照立法法和民族区域自治法的有关规定，认真开展立法调查研究，常委会会议作出了制定《云南省南涧彝族自治县跳菜艺术传承与保护条例》的决议，并向省人大常委会民族委上报了立法计划。

（三）扎实开展监督工作

县人大常委会把县委重要决策、政府着力推进、人民群众普遍关注的事项作为重点，依法开展监督工作。

1. 加强经济运行情况的监督。在深入调查研究的基础上，县人大常委会听取和审查了县人民政府关于2010年本级财政决算情况的报告，听取和审议了县人民政府关于2011年1～7月国民经济和社会发展计划执行情况、2011年1～7月地方财政预算执行情况的报告，作出了批准2010年度财政决算的决议。通过加强对经济运行情况的监督，推动了全县“十二五”经济健康发展，促进了各项基础设施和基础产业重点项目建设的顺利实施。同时，注重发挥财政监督和审计监督的作用，听取和审议了2010年本级财政预算执行情况和其它收支情况的审计工作报告，提出要加大审计决定的执行力度，做好审计揭示问题的整改，促进责任追究制度的落实，提高依法行政、依法理财水平。

2. 听取和审议专项工作报告。2011年，县人大质、工作能力和服务水平。

4. 加强宣传工作。为使社会更加了解人大、支持人大，县人大常委会采取多种形式广泛宣传人大工作。一是召开部门工作座谈会和与县总工会的联席会议。通过座谈交流，把行使监督权与支持部门工作、宣传人大有机结合，使县级各部门进一步认识和了解县人大常委会的工作，达到了互相理解、互相支持、共同促进的目的。二是在开展执法检查、工作调研和接待群众来信来访中，加强对党的路线方针政策和法律法规的宣传。三是认真做好机关刊物《会刊》和《人大通讯》的编印工作，机关干部职工积极向《云南人大》、《大理人大》、《南涧县人民政府公众信息网》等各类新闻媒体投稿宣传人大工作。

（八）认真完成其他工作任务

县人大常委会在履行工作职权的同时，围绕中心、服务大局，认真完成其它各项工作任务。常委会领导认真做好对重点项目建设的挂钩联系工作。定期选派干部深入挂钩村委会指导工作，谋划发展思路，协调项目资金，为当地群众切实解决实际困难。牵头组织开展了以“共享的水、共享的机遇——节水、防污”为主题的环保世纪行宣传活动。完成绿色走廊责任路段的绿化工作和“百棵大树进县城”的分包任务，认真开展“植纪念树、造纪念林”活动。常委会领导带领各委室，积极开展看望慰问企业困难职工、残疾群众、少年儿童、单位离退休老干部等活动。选派干部参与高考巡视监督和各单位录用工作人员面试监督工作。

各位代表，过去的一年，县人大常委会的工作取得了一定的成绩，但是，我们也清醒地认识到，工作中存在一些困难和差距，主要是：深入基层、联系群众调查研究不够；围绕中心提高监督实效方面还有差距；自身建设需要进一步加强。针对存在的问题，我们将在今后的工作中认真加以研究解决。

二、2012 年工作要点

2012 年，县人大常委会工作的指导思想是：高举中国特色社会主义伟大旗帜，以邓小平理论和“三个代表”重要思想为指导，认真贯彻党的十七大、十七届六中全会和省、州、县党代会精神，全面贯彻落实科学发展观，把坚持党的领导、人民当家做主和依法治国有机统一起来，在中共南涧县委的领导下，紧紧围绕工作大局，切实关注民生，认真履行宪法和法律赋予的各项职权，努力促进全县经济社会全面协调可持续发展。

（一）深入推进民族立法工作

按照县委批准的立法工作方案，认真做好《云南省南涧彝族自治县跳菜艺术传承与保护条例》的立法工作，指导好条例起草工作，召开常委会会议对条例进行审议。

（二）认真履行监督职权

认真贯彻实施监督法，进一步改进监督方式，切实增强监督实效，继续加强对“一府两院”的工作监督和法律监督，保证宪法和法律在我县的贯彻实施。

1. 加强工作监督。加强对经济运行情况的监督，审查县人民政府 2011 年本级财政决算情况的报告，审议 2011 年本级财政预算执行情况和其他收支情况的审计工作报告、2012 年 1 至 7 月国民经济和社会发展计划执行情况的报告、2012 年 1 至 7 月地方财政预算执行情况的报告。加强对涉及产业发展和民族发展进步等工作的监督检查，审议县人民政府关于旅游事业发展工作和少数民族特色村寨建设工作情况的报告。按照省、州人大环保世纪行宣传活动的有关要求，认真组织开展宣传活动，广泛宣传节约资源和保护环境的法律法规及相关知识，促进我县生态文明建设。加强对移民安置工作和库区维护工作的监督检查，组织部分县人大代表、我县选出的州人大代表对小湾电站移民组内自行安置和库区维护情况进行专题视察。

2. 加强法律监督。加强法律法规贯彻实施情况的监督检查，组织部分常委会组成人员和人大代表对《云南省企业工会条例》贯彻实施情况进行执法检查。继续做好规范性文件备案审查工作，确保出台的规范性文件合法有效。根据上级人大常委会的工作安排，配合省、州人大常委会开展好有关执法检查、代表视察和工作调查等活动。

（三）审查决定重大事项

根据县委的重大决策和重要工作部署，结合我县实际，依法讨论、决定本行政区域内政治、经济、教育、科学、文化、卫生、环境和资源保护、民政、民族等工作的重大事项，努力促进决策的科学化和民主化。

（四）做好人事任免工作

根据“一府两院”的提请和县人大常委会主任会议的人事任免议案，依法行使人事任免权。坚持党管干部和依法任免相结合的原则，坚持任前法律知识考试、供职报告、任后宣誓和递交履职保证书等制度，进一步增强被任命干部的公仆意识和责任意识，促进任职人员认真履职。

（五）做好代表工作

坚持常委会领导分工联系代表小组和代表、代表列席常委会会议、邀请代表参加常委会活动等制度，根据活动议题及所涉区域，选择一定数量的基层人大代表参加，广泛听取各方面的意见和建议；代表小组按照“围绕中心，服务大局”的要求，组织代表开展专题调研、工作视察或学习考察等活动，努力探索完善闭会期间代表活动的有效形式，切实提高代表活动的针对性、实效性；建立健全代表培训制度，不断推进代表学习培训工作。选择群众反映强烈、社会影响较大的公诉案件，组织部分人大代表进行临案听诉、听审；加强重点建议督办工作，努力提高重点建议办理质量；加强沟通协调，认真落实县级国家机关向人大代表通报工作制度，为代表知情知政提供保障；做好“代表工作网络管理系统”的推广应用，为人大代表依法履职搞好服务。

（六）依法组织县乡人大换届选举

2012年底，县、乡两级人民代表大会任期届满，县人大常委会将在县委的正确领导下，及早谋划，精心组织，统筹安排，依法组织好县乡人大换届选举。及时组织有关人员学习新修订的选举法和云南省县乡两级人民代表大会代表选举实施细则；针对换届选举工作中的新情况、新问题，组织开展摸底调研和学习借鉴外地成功经验；切实做好城乡按相同人口比例选举人大代表工作，并按有关规定认真做好选区划分和代表名额分配，保证换届选举工作的正确方向，尊重和保障选民的选举权利，同时注重优化代表结构、提高代表整体素质，选出能为民办事、参政议政能力强的人大代表，为下一届人大及其常委会依法履行职责打下良好的基础。加强宪法、法律法规、人大制度的宣传教育和学习培训，努力提高代表的综合素质和履职能力，确保县乡人大换届选举工作圆满完成。

（七）扎实开展“四群”教育活动

按照县委的总体安排部署，紧紧围绕访民情、送政策、办实事、促发展、强组织五项任务，深入实际、深入基层、深入群众，扎实开展群众观点群众路线群众利益群众工作教育活动。全面实行干部直接联系群众制度，切实帮助基层和群众解决实际困难。

（八）不断加强自身建设

认真贯彻落实县委关于加强和改进新形势下人大工作的意见，坚持把党的领导贯穿于人大工作的始终，进一步加强思想政治建设，按照建设学习型党组织和机关的要求，抓好机关干部职工的理论学习和人大工作业务的学习，努力提高履职能力和工作水平。加强人民代表大会制度和人大工作的宣传，发展社会主义民主政治，努力推动依法治县进程。加强机关党建工作，深入开展“创先争优”活动。努力营造和谐的机关工作环境，加强群团组织建设，积极开展形式多样、内容丰富的教育活动，落实与县总工会的联系制度，持续开展文明单位创建活动。加强与其他地方人大的工作联系及信息交流，学习借鉴先进工作经验，不断提高人大工作水平。

各位代表，2012年是落实“十二五”规划的关键一年，我们将在县委的坚强领导下，深入贯彻落实科学发展观，认真履行宪法和法律赋予的职责，振奋精神，开拓进取，扎实工作，为实现全县经济社会科学发展、和谐发展、跨越发展做出新的更大的贡献。

中国人民政治协商会议
南涧彝族自治县第七届委员会常务委员会
工作报告

——2012年2月5日在政协南涧彝族自治县第七届委员会第五次会议上

政协南涧县委员会主席　李德忠

各位委员：

我受中国人民政治协商会议南涧彝族自治县第七届委员会常务委员会的委托，向大会报告工作，请予审议。

一、2011年工作回顾

2011年是我县实施“十二五”规划的开局之年，也是推进南涧经济社会跨越发展的重要一年。一年来，县政协常委会在中共南涧县委的正确领导下，高举中国特色社会主义伟大旗帜，坚持以邓小平理论和“三个代表”重要思想为指导，深入贯彻落实科学发展观，紧紧围绕县委、县人民政府的中心工作，按照县政协七届四次会议确定的任务，牢牢把握团结和民主两大主题，认真履行政治协商、民主监督、参政议政职能，齐心协力谋发展，凝心聚力促和谐，为全县“十二五”良好开局作出了积极贡献。

（一）注重学习，提高素质，增强履职能力

学习是人民政协的重要工作任务之一，是加强政协自身建设、提高政协组织的理论水平和履职能力的客观要求。县政协把理论学习放在首位，建立健全学习制度，以创建“学习型组织”为载体，不断加强自身建设，努力提高素质，进一步增强履职能力。

加强理论学习。运用党组会议、常委会议、主席会议、职工例会、委员活动小组参加专题讲座和会议培训等多种形式，认真学习中共十七大和十七届四中、五中、六中全会精神，学习省第九次、州第七次和县第十次党代会精神，深刻领会会议精神实质，准确把握“十二五”期间国家和省、州、县经济社会发展的主题、主线、目标任务和重大举措，切实把思想和行动统一到中央对形势的分析判断和对工作的总体部署上来，把智慧、力量凝聚到省、州、县党委政府提出的奋斗目标和主要任务上来，努力在领会精神实质中统一思想，在把握实质中明确方向，在深化认识中推动工作，自觉围绕县委、县政府的决策部署谋划工作，做到同县委、县政府在思想上同心、在目标上同向、在行动上同步。把学习贯彻会议精神和省、州、县党委《关于支持人民政协履行职能发挥作用的意见》结合起来，坚持学以致用、用以促学，更加准确地把握人民政协工作的科学定位，更加坚决地维护中国共产党的领导核心，更加自觉地服务中心任务，把政协工作放到全县的工作大局中去谋划，切实把人民政协履行职能、服务“十二五”规划的着力点放在对全县经济社会发展趋势上，放在对统筹兼顾、科学发展的思考上，真正使学习的过程变为统一思想认识、凝聚智慧力量的过程，从而进一步推动了政协工作的发展。

抓实业务学习。广大政协委员和政协工作者在通过政治理论学习，不断提高理论素养的同时，紧密结合工作实际，立足本职工作，认真学习政协、统战理论和业务知识，激发创新活力，不断提升工作能力，进一步提高了提出问题、分析问题、解决问题的水平，坚持服务人民、奉献社会，努力在本

职工作岗位上作出应有的贡献。

坚持学用结合。以加强学习、端正学风、增强实效为目的，注重理论与实践创新。把加强学习与落实县委、县人民政府推进全县经济社会平稳较快发展的科学决策结合起来；与开展“创先争优”活动、学习“杨善洲精神”、“龙进品先进事迹”结合起来；与促进社会和谐稳定结合起来；与推动县政协工作结合起来。按照聚精会神搞建设、一心一意谋发展的要求，深入思考，认真准备，精心策划，组织开展视察调研等工作，积极为我县科学发展建睿智之言、献务实之策。

（二）围绕中心，履职尽责，推动科学发展

政治协商不断加强。围绕县委、县政府的中心工作和人民群众关心关注的热点、难点问题，通过全委会整体协商、常委会专题协商、主席会重点协商等方式，开展协商议政，努力做到在政治协商中鼓实劲、求实效。县政协七届四次全会期间，全体委员听取和审议了县政协常委会工作报告、提案工作情况的报告，列席了县十届人民代表大会第四次会议，协商讨论了《政府工作报告》及其它报告。全体政协委员热情高涨，畅所欲言，为全县各项事业发展建言献策，提出了具有针对性和实效性的意见建议，经整理形成了《关于对县政府工作报告的协商意见》，及时报送县委、县人民政府，供决策参考。

提案办复有新提高。坚持把抓好提案工作作为关注民生、反映社情民意、解决群众普遍关注的热难点问题的有效举措，强化对提案工作的领导，创新方法，健全制度，规范程序，注重实效，狠抓落实，确保提案数量增加、质量提高。一是抓好提案征集工作。县政协七届四次会议以来共收到提案121件，经审查立案121件。大多数提案主题鲜明，重点突出，贴近群众，关注民生，内容详实，涵盖了经济、教科文卫、环保、社会保障、法制等多个领域。二是抓实提案办理。对收到的提案认真梳理，按时召开提案交办会，将收集到的121件提案分别交27个部门办复落实，并确定5件重点提案由主席、副主席分别进行督办。县委、县政府高度重视，有关部门积极支持配合，有效地推动了提案办理。

调研视察富有成效。调研视察活动是政协贯彻落实科学发展观、履行职能的重要形式和服务发展的主要切入点，县政协紧紧围绕全县经济和社会发展、重大项目和重点工程建设、社会主义新农村建设等工作。在县委、县政府的重视支持和有关部门的配合下，先后对核桃林下资源开发利用、城市管理工作、农村太阳能使用等情况进行了深入调研。组织大理州政协南涧活动小组和部分县政协委员对工业经济发展和县城东片区开发建设情况进行了专题视察。通过调研视察、听取各方面意见建议和认真分析论证，形成调研视察报告，及时报送县委、县人民政府及县级有关部门供决策参考，提出的部分意见建议得到县委、县政府及有关部门采纳。

评议部门扎实认真。在总结近年民主评议部门工作经验的基础上，对大理州南涧县质量技术监督局工作进行了民主评议。通过召开各种形式的座谈会，多方征求意见建议，在广泛了解情况和认真分析的基础上，按照实事求是、客观公正和促进工作的原则，对县质量技术监督局贯彻党的路线方针政策和国家法律法规情况、履行工作职能情况、领导班子建设和队伍建设情况等工作进行了民主评议。充分肯定工作成绩，指出不足，提出意见建议，有力地促进了县质量技术监督局的工作。

听取通报知情明政。一是县政协常委会议听取了县人民政府2011年经济运行情况、全县茶叶产业发展情况的通报。二是县政协主席会议听取县安监局、县人民法院工作情况通报。通过听取情况通报，进一步了解县人民政府、县人民法院及有关部门开展工作情况，使政协更好地知情明政和献计出力。

宣传、文史工作有新进展。切实抓好县政协重要会议、活动和重点工作的宣传报道。一年来，政协机关干部职工积极撰写理论文章、新闻稿件，在各种宣传媒体上刊载稿件25篇，充分利用新闻媒体宣传报道政协各种重要会议、活动，为开展政协工作营造了良好氛围。加强与省、州政协的联系，参加了云南省二十县市区第二十九次横向联系会议，大理州第二十九、三十次横向联系会议，促进了工作交流，宣传了南涧。充分发挥政协文史资料“存史、资政、团结、育人”的社会作用，通过广泛征集和认真编审，《南涧文史资料》第四辑，现已编印出版。

（三）服务大局，真抓实干，促进各项工作

一是县政协班子领导经常深入基层，调查研

究，掌握实情，积极帮助指导挂钩联系村组的各项工作，分阶段派工作队员协助做好新农村建设和产业发展等工作，帮助协调解决工作中遇到的困难和问题。二是根据县委的统一安排部署，政协班子领导认真抓好挂钩县内项目和重点工作，深入现场调研，详细掌握情况，积极献计献策，推动工作发展。三是服从服务于全县工作大局，选派部分工作队员，积极参与做好国有土地收储、基层党建、经济林（果）权证抵押贷款和绿色家园建设等工作。四是热情服务，积极配合省、州政协和有关部门对我县“优生促进工程”、工业经济发展、农田水利基础设施建设、民政工作等方面进行调研视察。五是做好挂钩联系村委会工作，先后为挂钩的公郎镇底么、落底河和宝华镇兔街、小铁窑四个村委会争取新农村建设、学校建设等项目经费20.5万元。六是努力提高服务水平，积极为省、州政协和委员开展好调研和视察搞好服务。

（四）突出主题，努力为促进社会和谐贡献力量

一是关注民生、惠及民意。努力在保障民生方面认真履行职能，积极为群众排忧解难。配合县委、县政府及有关部门认真做好群众工作，协调关系、化解矛盾，为促进科学发展、维护社会和谐稳定发挥作用。二是团结合作、汇聚力量。切实发挥政协团结各界、凝聚力量的优势和作用。团结和联系各族各界人士，围绕县委、县人民政府的中心工作，统一思想，凝聚力量，为促进发展作贡献。三是协调关系、促进和谐。加强与民族宗教界、台侨属界人士的联系，大力宣传党和国家的民族宗教政策和法律法规，发挥民族宗教界人士在构建和谐南涧中的积极作用，发挥台侨属界的桥梁和纽带作用，不断加强与海内外同胞的联谊和交流。

（五）切实加强自身建设，充分发挥职能作用

充分发挥党组在政协工作中的领导核心作用，始终坚持和维护中国共产党的领导，保证党的路线方针政策和各项工作在政协工作中贯彻落实；充分发挥县政协常委会的集体领导作用，进一步加强县政协常委会自身建设，不断提高领导能力和领导水平。突出发挥政协委员的主体作用和县政协各专委室的职能作用，凝心聚力，共谋发展，立足岗位，建言献策。各委员活动小组结合各自特点，联系界别实际、行业实际和基层实际，积极撰写提案，反映社情民意，组织开展多形式的调研和视察活动，努力为促进南涧经济社会发展服务。充分发挥政协各专门委员会在县政协工作中的基础性作用，不断提高专门委员会组成人员的政治和业务素质，积极探索专门委员会工作新思路新方式，切实增强工作活力和成效。县政协各专委室认真负责，组织完成各项调研视察工作，积极参加各项中心工作，担任有关部门的行风监督员、巡视员、陪审员等，参加了公务员、事业单位人员招考监督和中考、高考巡视等工作。

加强政协机关建设，努力适应需要，有效履行职能，积极发挥作用。按照建设学习型组织的要求，加强政治理论学习，不断提高干部素质。加强制度建设，改进机关作风，搞好规范管理。加强党风廉政建设，坚持勤政廉政，全面贯彻落实党风廉政建设责任制。

积极探索政协同党委、政府及有关部门、界别之间的协商交流，促进社会各阶层和不同利益群体之间的团结和谐。根据界别的特点和要求，积极探索开展界别活动的新方法、新途径，充分调动各界别参政议政的积极性，切实发挥政协界别作为扩大社会各界有序政治参与的重要渠道作用，及时准确地向党委、政府反映各界群众的合理诉求。

各位委员，2011年县政协各项工作成绩的取得，是在中共南涧县委的正确领导下，在省、州政协的指导下，在县人大、县人民政府及有关部门的大力支持下，全体委员和政协各参加单位团结协作，共同奋斗的结果。在此，我谨代表县政协常委会，向全体委员和所有关心、帮助、支持县政协工作的领导和同志们表示衷心的感谢并致以崇高的敬意！

一年来，县政协工作虽然取得了一定成绩，但是与新形势、新任务的需要，与中共南涧县委和省、州政协的要求，还存在一些需要加强和改进的方面：一是政协委员、界别和活动小组的整体作用需要进一步发挥，部分政协委员履职的积极性和参政议政水平有待提高；二是调研视察工作有待进一步深入；三是自身建设需要进一步加强。对这些差距和不足，我们将在下步工作中认真研究，采取有效措施，切实加以解决。

二、2012 年主要工作任务

2012 年是承前启后加快发展的关键之年，做好今年的工作意义重大。我们要在中共南涧县委的领导下，高举中国特色社会主义伟大旗帜，坚持以邓小平理论和“三个代表”重要思想为指导，深入贯彻落实科学发展观，认真学习贯彻省第九次、州第七次和县第十次党代会精神，牢牢把握团结和民主两大主题，紧紧围绕县委、县人民政府确定的“提高全民素质、改善生态环境、提升优势产业、抓实项目建设、强化招商引智、创新发展模式、促进科学发展”的工作思路和奋斗目标，切实履行政治协商、民主监督、参政议政职能，发挥好协调关系、汇聚力量、建言献策、服务大局的重要作用，努力推动全县经济社会科学发展、和谐发展、跨越发展。

（一）强化学习，不断增强履职能力

学习是人民政协的一项重要职能和永恒的主题，要组织政协机关干部职工和全体政协委员学习贯彻中共十七届五中、六中全会精神，学习省第九次、州第七次和县第十次党代会精神。下半年，中共十八大即将召开，要把突出学习贯彻中共十八大精神作为一项政治任务，更加准确地把握人民政协工作的科学定位，更加自觉地服务中心工作，努力为推进全县经济社会跨越发展作出新的更大贡献。按照中共南涧县委《关于支持人民政协履行职能发挥作用的意见》的具体要求，在认真学习领会的基础上，贯彻落实对政协工作的统一部署，准确把握做好政协工作的指导思想和目标任务，切实把思想统一到中共南涧县委的要求上来。要进一步强化政治意识，更加坚决地维护中国共产党的领导核心，坚持正确的政治方向，自觉接受中国共产党的领导。要进一步强化大局意识，更加自觉地服务中心，围绕县委、县政府的中心工作履行职能，把推动科学发展作为履行职能的第一要务，把政协工作放到县委、县政府的工作大局中去谋划，为实现我县经济社会发展多作贡献。

（二）充分履职，为全县实现经济社会跨越发展服务

开好县政协七届五次会议。认真组织全体政协委员听取和审议县政协常委会工作报告和提案工作情况的报告，协商讨论政府工作报告和其它相关工作报告，围绕我县经济、政治、文化、社会和生态文明建设等重要问题，进行协商讨论。认真开展提案收集、整理和审查工作。

扎实开展民主评议部门工作。民主评议是人民政协履行民主监督职能的一种有效形式，年内拟对无量山国家级自然保护区南涧管理局工作进行民主评议。

精心组织视察。组织州政协委员南涧活动小组和部分县政协委员对无量药谷项目推进情况、宝华镇虎街整村推进和茶马古道蒙乐古镇修复项目进行视察。

深入开展调研。一是对全县水利基础设施建设情况进行调研；二是对全县群众文化活动开展情况进行调研；三是对全县幼儿教育情况进行调研。

听取情况通报。县政协常委会议将听取县人民政府四个方面的工作情况通报：一是关于全县城乡居民社会养老保险工作情况的通报；二是关于全县烤烟生产工作情况的通报；三是关于全县残疾人事业发展情况的通报；四是关于 2012 年经济运行情况的通报。县政协主席会议还将听取两个部门的工作情况通报：一是南涧县司法局工作情况通报；二是南涧县民政局工作情况通报。

切实加强提案工作。认真抓好提案的交办和回复，进一步加大对提案的督办力度，促进提案的办理和落实，强化对重点提案的督办。创新方式，大胆探索，注重做好提案成果转化工作，不断增强提案办理的实效性。

认真做好县政协换届筹备工作。今年是本届政协任期的最后一年，我们要在全面完成年度工作任务的同时，认真总结本届政协五年来的工作，按照《政协章程》和各级党委对政协换届工作的总体部署和要求，积极做好政协换届的相关准备工作。

（三）加强团结，积极为构建和谐社会凝聚力量

团结和民主是人民政协必须牢牢把握的两大主题，政协工作最根本的是要实现大团结、大联合，形成共同推进中国特色社会主义事业的强大合力。一是要以发扬民主、广泛协商来凝聚人心、促进团结，充分吸收社会各族各界人士的意见建议，为各团体和各界别表达愿望、发表意见提供畅通的渠道。二是要充分发挥人民政协联系面广、包容性强的优势，围绕群众思想认识的困惑点、利益关系的交织点、现实矛盾的易发点，主动协助县委、县政府做好教育引导、协商疏通、化解矛盾的工作，发挥协调关系、增进团结、凝聚力量的作用。三是要以关注民生、改善民生来凝聚人心、促进团结，以维护人民的利益作为政协工作的宗旨，切实把关注民生、改善民生贯穿到履行职能的各个方面，认真开展好“四群”教育及干部直接联系群众活动，努力做好挂钩联系村委会帮扶工作，切实实现好维护好发展好最广大人民的根本利益。四是要进一步加强联谊，扩大交流，继续加强与各地县市政协的交往和交流，相互学习、共同提高；加强与侨胞侨眷、台胞台属的联谊和交流，进一步扩大对外交往。

（四）抓好建设，为做好政协工作奠定坚实基础

加强政协组织建设，充分发挥职能作用。切实加强政协党组建设，充分发挥政协党组在政协工作中的领导核心作用，始终坚持和维护中国共产党的领导，保证党的路线方针政策和各项工作部署在政协工作中贯彻落实；不断加强县政协常委会建设，充分发挥县政协常委会的集体领导作用，不断提高领导能力和领导水平；以开展“创先争优”、“四群”教育活动为载体，加强支部建设，充分发挥支部的战斗堡垒作用和共产党员的先锋模范作用。以“三化”建设为目标，加强县政协各专门委员会和各委员活动小组建设，积极发挥各专门委员会和各委员活动小组在县政协工作中的基础性作用，探索专门委员会工作新思路新方式，加强对口联系，互通情况、互相支持、互相配合，共同做好工作。

加强委员队伍建设，充分发挥政协委员的主体作用。重视政协委员的思想政治工作，着力提高委员的整体素质，强化委员学习培训，通过各种方式，传达学习党委、政府和上级政协会议的有关精神，使全体委员知情明政，更好地履职。尊重委员首创精神，维护委员民主权利，切实发挥政协委员在本职工作中的带头作用、政协工作中的主体作用、界别群众中的代表作用，自觉树立和展示政协委员的良好形象。强化委员活动，积极探索委员活动的形式，努力营造宽松活跃的政协工作氛围。

加强政协机关建设，切实做好服务工作。加强政协机关干部队伍的政治理论学习，不断提高干部素质。进一步加强制度建设，不断完善各项工作制度，改进机关工作作风，努力提高服务水平，积极配合省、州政协到南涧开展调研视察。认真做好县委、县政府交办的各项工作，协助配合有关部门做好相关工作。认真贯彻落实惩防体系建设暨党风廉政建设责任制，把党风廉政建设和反腐败工作落到实处。

各位委员，今年是深入实施“十二五”规划、加快南涧发展步伐的攻坚之年，我们面临着新的机遇和挑战，尽责履职，促进发展，肩负着新的历史使命，任务艰巨，责任重大。让我们更加紧密地团结在以胡锦涛同志为总书记的中共中央周围，高举中国特色社会主义伟大旗帜，坚持以邓小平理论和“三个代表”重要思想为指导，全面贯彻落实科学发展观，在中共南涧县委的坚强领导下，切实发挥人民政协汇聚力量、建言献策、服务大局的重要作用，同心同德、开拓奋进，努力为促进全县经济社会发展新跨越作出新的贡献，以优异的成绩迎接中国共产党的十八大胜利召开！

统筹谋划 全面履职
深入推进我县党风廉政建设和反腐败工作

——2012年3月9日在中共南涧县纪委十届二次全体会议上的工作报告

中共南涧县委常委、县纪委书记 张若尘

各位委员、同志们：

这次会议的主要任务是：传达学习十七届中央纪委七次全会、省纪委九届二次全会、州纪委七届二次全会精神，深入贯彻党的十七大、十七届六中全会和县委十届二次全会精神，总结2011年全县党风廉政建设和反腐败工作，安排部署2012年工作任务。

受县纪委常委会委托，我向全会报告工作，请予审议。

一、2011年主要工作回顾

2011年，在县委、县人民政府和州纪委、州监察局的坚强领导和各级各部门的大力支持下，我县纪检监察机关围绕经济建设这个中心，突出重点，服务大局，以巩固"两无"为目标，推进惩治和预防腐败体系建设为抓手，强化源头治理，加强监督检查，深化宣传教育，严肃责任追究，全县党风廉政建设和反腐败工作取得了新的成效。

（一）抓制度执行，源头治腐工作得到加强

严格执行中共中央、国务院《关于实行党风廉政建设责任制的规定》，结合实际，制定了我县《关于实行党风廉政建设责任制的实施办法》，进一步健全完善落实责任制考核的方法、程序，把党群部门纳入党风廉政建设责任制工作考核，对考核中发现的问题跟踪督促整改，对考核不合格单位责令限期整改，并对单位主要领导进行责任追究。扎实推进惩防体系建设，印发《南涧县2012年底前落实〈工作规划实施意见〉推进惩治和预防腐败体系建设工作要点》，明确了2012年底前惩防体系建设中要完成的100项任务，对已启动的18项任务和持续性开展的70项任务进行跟踪督促落实。认真贯彻《农村基层干部廉洁履行职责若干规定（试行）》，基层党务、政务、村务和财务公开工作进一步深化，农村集体资金、资产、资源"三资"管理工作进一步规范，无群众越级集体上访、农村基层党员干部无严重违纪违法案件，"两无"目标得到进一步巩固。制定《南涧县2011年村级勤廉监督工作落实情况督查方案》，对全县80个村级勤廉监督机构设置、规章制度、工作职责和工作运转情况等开展督促检查。严格执行《南涧县关于移风易俗节俭办事的规定》，对30名乡科级领导干部办客严格审批，并进行现场督查。贯彻执行《党政领导干部职务任期暂行规定》和《南涧县关于认真贯彻落实干部选拔任用工作四项监督制度》，对70名拟任乡科级领导干部进行了任前廉政考试和廉政谈话。稳步推进廉政风险重点环节防范管理工作，制定防范管理实施细则，建立了科级以上领导班子、领导干部防范管理及考核情况"廉政档案"，把廉政风险防范管理工作纳入党风廉政建设责任制进行考核。有序推进县委权力公开透明运行，健全和完善了工作制度，县委用权进一步规范，重大决策事项、重要人事任免、重大项目安排、重大事件处置和大额度资金的使用等"四重一大"问题的决策更加民主化、科学化。

（二）抓监督检查，确保各级党委、政府重大决策部署的贯彻落实

以加强对工程建设领域的督促检查为重点，构建监督体系，促进各项政策措施的贯彻落实。开展对2010年中央投资27个项目建设情况和已完工30个中央扩大内需项目监督检查，限期整改问题5个；开展对加快转变经济发展方式44个重点项目建设情况监督检查，建立了工作情况月报制；开展对全县1至4批230套廉租房入住情况监督检查，对存在的问题进行了督促整改；开展对农村公路通达通畅工程、节能减排、环保收费、政府采购、小农水建设项目、安全生产法律法规及政策落实情况进行专项执法监察，对招商引资、保障性住房进行效能监察；加强对工程建设招投标、经营性土地使用权招标、拍卖和挂牌出让工作的监管；加强对县乡党委换届和维护社会稳定等决策部署贯彻落实情况的监督检查；加强对政务服务体系建设情况的监督检查，督促各级各部门落实《南涧县政务服务体系建设实施方案》、《南涧县加快推进政务服务体系建设工作方案》，促进全县政务服务体系建设工作有序开展。以维护群众利益为出发点，对纠风专项治理工作进行立项督查，纠正96128政务信息直通车管理专网运行不合理收费2.1万元，纠正违规发放农村义务教育阶段贫困家庭寄宿学生生活补助的学校3所，纠正非法占用农村集体土地问题9个。对8个乡镇农村低保扩面和“五保户”动态管理工作中不“以户施保”、不“分类施保”及“关系保、人情保”行为责令限期整改。对14个县级单位、3个乡镇2010年落实强农惠农政策情况和资金安排使用情况开展专项检查，对发现的问题进行督促整改。民主评议35个县级行政机关和5个公共服务部门政风行风，清理和规范庆典、研讨会、论坛活动，开展公务用车专项治理取得了明显成效。加强对机关单位干部职工在岗情况、上下班纪律检查，对不严格遵守上下班纪律的11个部门及65名干部职工在全县范围内通报批评。加大问责力度，年内共问责干部职工13人，其中正科级干部4人，副科级干部1人，一般干部职工8人。

（三）抓宣传教育，领导干部廉洁自律意识得到增强

以增强教育的针对性和实效性作为开展反腐倡廉宣传工作的切入点，不断创新教育的方式方法，多层次全方位开展理想信念、廉洁从政和党性党风党纪教育。发挥反腐倡廉宣传阵地的作用，扎实抓好宣教工作。信息工作得到突破，被《云南纪检监察》采用稿件3篇，被《大理纪检监察》采用4篇，被州纪委网站采用11篇，被中央纪委采用2条，省纪委采用33条，州纪委采用42条。关注网络舆情，网络评论文章被州纪检监察网采用5篇。抓实廉政文化“六进”活动。制定廉政文化“六进”创建量化标准，指导全县各级各部门开展好廉政文化“六进”创建活动，在8个乡镇分别创建1个“党风廉政建设、惩防体系建设、廉政文化进农村”示范点。抓实勤政廉政教育。开展上级纪委负责人同下级党政主要领导干部谈话工作，县纪委书记与乡镇主要领导谈话16人（次）。学习贯彻《廉政准则》，组织中心组理论学习139次，媒体宣传88次，以身边人身边事对党员干部开展学习教育5706人（次）。抓实理想信念教育。组织开展领导干部带头讲廉政党课、党员干部学习先进典型、观看警示片、到州警示教育中心接受教育、重温入党誓词、参加纪念建党90周年反腐倡廉知识竞赛和文艺汇演等活动，广大党员干部廉洁意识得到进一步增强。

（四）抓信访举报，严肃查办违纪违法案件

严格执行案件查办工作联席会议制度，强化对查办案件工作的组织协调，整合力量，提升查办案件的能力和水平。2011年共受理来信来访39件，其中，上级转办9件，本级受理30件，全部办结，办结率为100%。查办案件14件14人，审结14件14人，作出党政纪处分14件14人（含党政纪双处分1人），其中：开除党籍3人，留党察看2人，撤销党内职务1人，党内严重警告3人；行政开除1人，行政降级1人，行政记过1人，行政警告3人。恢复党员权利1人，解除行政处分1人。

2011年，我县党风廉政建设和反腐败各项工作取得明显成效，得到了上级党委和政府的充分肯定。在全州2011年度惩防体系建设和党风廉政建设责任制检查考核中，我县被考核为优秀和实现农村党风廉政建设“两无”目标县，县领导苏发吉、吉向阳、张若尘、田强4人被考核为优秀领导干部，宝华镇被考核为加强农村党风廉政建设“五个建设”先进乡镇。但是，我们也要清醒地看到，当前党风廉政建设和反腐败斗争呈现出成效明显和问题突出并存，防治力度加大和腐败现象易发多发并存，群众对反腐败期望值不断上升和腐败现象短期内难以根治并存的总体态势，反腐败斗争形势依然严峻、任务依然艰巨。一些领域和重点环节的消极腐败现象易发多发，顶风违纪时有发生；部分乡镇和部门对推进惩防体系建设和执行党风廉政建设责任制工作的重要性认识不足，工作落实存在一定差距；部分领导干部履行“一岗双责”的自觉性不强；少数党员干部作风漂浮、与民争利、奢侈浪费、弄虚作假等行为屡禁不止；少数单位和部门推进惩防体系建设和党风廉政建设的机制、方法有待创新；纪检监察干部队伍的整体素质、履职能力、工作水平有待进一步提高等等。我们必须以更加坚定的信心、更加坚决的态度、更加有力的举措，认真加以解决。

二、2012 年党风廉政建设和反腐败工作任务

2012 年是全面实施“十二五”规划的重要一年，是全面实现《中共中央建立健全惩治和预防腐败体系 2008 ~ 2012 年工作规划》各项任务目标的最后一年，抓好今年的党风廉政建设和反腐败工作具有十分重大的意义。今年工作的总体要求是：高举中国特色社会主义伟大旗帜，以邓小平理论和“三个代表”重要思想为指导，深入贯彻落实科学发展观，坚持标本兼治、综合治理、惩防并举、注重预防的方针，围绕中心、服务大局，扎实推进惩防体系建设和党风廉政建设，着力解决人民群众反映强烈的突出问题，努力提高反腐倡廉建设科学化水平，为推动全县科学发展和谐发展跨越发展提供坚强的政治和纪律保证。

（一）加强作风建设，着力解决人民群众反映强烈的突出问题

切实加强党员干部作风建设。坚持以人为本、执政为民，加强对党员干部廉政勤政教育，促使各级干部弘扬良好作风，树立正确政绩观，做到立身不忘做人之本、为政不移公仆之心、用权不谋一己之私，做政治坚定、勤政为民、求真务实、改革创新、团结和谐、清正廉洁的表率。深入贯彻省、州、县党委关于开展“四群”教育工作部署，严格执行干部直接联系群众制度。狠抓作风整顿工作，力戒官僚主义、形式主义、弄虚作假、心浮气躁等不良风气，严禁搞劳民伤财的“形象工程”和沽名钓誉的“政绩工程”。大力倡导真抓实干的良好风气，提倡少开会、开短会、开解决问题的会，提倡讲短话、讲真话、讲管用的话。严格执行党政领导干部问责制，切实加大治庸、治懒、治散和解决干部监管不严、责任心缺失问题的工作力度，严厉问责慢作为、不作为、乱作为，切实提升工作效能。继续执行厉行节约、反对铺张浪费的规定。继续巩固“小金库”治理成果，逐步建立健全长效机制。

着力解决群众反映强烈的突出问题。进一步抓好群众利益协调、诉求表达、矛盾调处、权益保障机制建设，深入推行领导干部接访，不断拓展和延伸群众诉求渠道。进一步抓好群众关心、社会关注的突出问题，坚决纠正和防治损害群众利益的不正之风。严肃纠正在村级事务决策和管理中独断专行、损公肥私、与民争利等行为，严肃处理少数干部侵占挪用惠民资金、违规处置集体资产、侵吞集体收益等问题。规范行政执法行为，着力解决执法态度粗暴、方法简单等问题，坚决纠正滥用职权、办事不公、假公济私等行为。坚决纠正“门难进、脸难看、话难听、事难办”等问题。继续抓好关于移风易俗节俭办事等各项规定的贯彻执行，严肃查处借机敛财行为。认真贯彻落实《廉政准则》，督促领导干部切实做到依法用权、规范从政、正确履职。严肃处理领导干部存在的不廉洁行为。认真执行领导干部报告个人有关事项制度。继续整治领导干部违规收受礼金、有价证券、支付凭证等问题。深入治理违规建房和廉租住房入住问题及动态管理中存在的问题。

（二）深入推进惩防体系建设和党风廉政建设，不断提高反腐倡廉工作水平

认真落实党风廉政建设责任制。以巩固“两无”为目标，认真落实农村基层干部廉洁履职的有关规定，加强对干部的教育、管理和监督，实行乡镇党政“一把手”重点管理，及时纠正并查处违反规定的行为。科学制定党风廉政责任制目标任务考核办法和党风廉政建设与反腐败工作主要任务分解，督促各单位各部门领导班子认真落实“一岗双责”，切实承担起反腐倡廉建设的主体责任。加强对村级党组织的监督指导，巩固提升 8 个乡镇村级“党风廉政建设、惩防体系建设和廉政文化进农村示范点”建设工作，今年，各乡镇要在原建设示范点的基础上，再创建二至三个村级示范点。抓实“三公开”工作，切实保障群众的民主权利。健全完善村级勤廉监督委员会日常管理、履职考核的奖惩办法，促使其更好地发挥职能作用。进一步完善

"三资"代管工作，建立健全日常管理和监督检查制度，切实提高"三资"代管水平。开展对公共资源营业性收入、公共建设投入等资金管理使用情况的监督检查。加强教育、卫生系统反腐倡廉建设，认真解决教育、卫生系统在基本建设项目、物资采购、财务管理等方面存在的突出问题，继续治理教育乱收费和医药购销以及医疗服务中的不正之风。加强对非公有制经济组织和新社会组织的监管，完善行业自律机制，防止和纠正违规违法行为。

深入开展《中共南涧县委建立健全惩治和预防腐败体系 2008～2012 年工作规划的实施意见》落实情况的监督检查。督促牵头单位和协办单位落实责任，加大推进力度，对已经完成的工作，要巩固提高；对正在开展的工作，要抓紧推进；对进展缓慢、难度较大的工作，要提出有针对性的推进办法，确保工作规划各项任务圆满完成。

扎实开展反腐倡廉宣传教育。全面贯彻落实中共南涧县委《关于加强领导干部反腐倡廉教育的意见》，深入开展理想信念教育、党章学习教育、党性党风党纪教育和从政道德教育；深入开展示范教育、警示教育和岗位廉政教育，把培育廉洁价值理念贯穿于领导干部培养、选拔、管理和使用的全过程。深入推进廉政文化建设，着力培育领导干部秉公用权、廉洁从政的价值理念。创建命名一批廉政文化示范点，充分发挥示范带动作用。坚持新提拔副科级以上领导干部任前廉政知识考试、廉政谈话制度，并注重结果运用。加强反腐倡廉宣传工作，发挥"南涧纪检监察网"、纪检监察信息和反腐倡廉电教片库作用，并通过报刊、电视、网络、墙报、橱窗等载体深入开展宣传教育，充分展示反腐倡廉建设所取得的成效、经验及做法。建好宣传阵地，为反腐倡廉建设营造良好的舆论环境。进一步提高反腐倡廉网络舆情信息收集、研判、处置和网上舆论引导的工作能力和水平。

加大违法违纪案件的查办力度。近年来，党政领导机关、行政执法机关、司法机关、经济管理部门"三机关一部门"职务犯罪案件时有发生，并呈智能化、隐蔽化趋势，查办"三机关一部门"腐败犯罪成为当前案件查办工作的重点。我们要紧紧围绕县委中心工作，突出重点，不断建立和完善与市场经济体制相适应的教育、制度、监督并重的惩治和预防腐败工作体系，加大查办案件工作力度，严肃查办"三机关一部门"中的领导干部、国有企业经营管理人员、乡镇和村级组织工作人员贪污受贿、失职渎职等职务犯罪案件，工程建设、土地出让、产权交易、医药购销、政府采购、资源开发等重点领域中的商业贿赂犯罪案件，重大安全生产责任事故背后隐藏的职务犯罪案件，农村党员干部违纪违法案件。畅通和规范网络举报渠道，切实做好信访举报工作。

深化工程建设领域专项治理工作。加强对工程建设领域的项目规划、立项审批和建设程序、资金管理使用情况、工程建设质量、安全生产、项目信息公开和诚信体系建设等工作的监督检查，对涉及民生的重大建设项目，既要加快工作进度，更要严格依法办理。严肃查处违纪违法案件，坚决遏制工程建设领域腐败行为易发多发势头。

规范权力运行制约机制。深化廉政风险防控工作。认真总结、分析廉政风险重点环节防范管理工作中取得的成效和经验，查找不足及薄弱环节，修改完善廉政风险防控措施，逐步建成覆盖全县各部门、各单位和各领域的廉政风险重点环节防范管理工作网络，建立制度保障、程序运行、动态监控和考核评价等配套体系。推进县委权力公开透明运行工作，建立健全督促检查和考核评价机制，把党的基层组织党务公开与政务、厂务、村务公开和公共企事业单位办事公开等有机结合，凡是涉及群众切身利益的决策和事项都向社会公开，接受群众监督。完善政务服务体系，按照运转高效、公开透明、管理规范的要求，规范县级政务服务中心、公共资源交易中心运行，推动政府投资、国有产权和使用国有资金的工程项目、政府采购、土地使用权和矿业权进场交易，完善规章制度，加强监督管理；进一步完善乡镇为民服务中心和村（居）委会为民服务站建设，健全政务服务体系，不断提高政务公开和政务服务水平。加强对领导干部的监督，严格执行《中国共产党党内监督条例（试行）》和州委《关于进一步从严管理干部的实施意见》，切实加强对干部的监督和管理，规范权力运行。坚持和完善民主集中制，提高民主生活会质量，严格执行领导干部述职述廉、诫勉谈话、函询等制度。进一步深化党政主要领导干部经济责任审计。加强纪检监察机关派出机构对负责部门领导班子成员、党员干部及下设部门的监督。

（三）加强监督检查，确保各级党委、政府重大决策部署的贯彻落实

加强对党的政治纪律执行情况的监督检查。要切实加强对各级各部门领导班子和领导干部执行政治纪律情况的监督检查，坚决纠正有令不行、有禁不止的现象，保证党委、政府政令畅通。要严格执行党政领导干部选拔任用工作有关规定，加强对拟提拔干部的廉政考察。严格组织人事纪律，认真落实“5个严禁、17个不准和5个一律”的要求，加强对干部选拔任用全过程的监督，坚决整治跑官要官、买官卖官、拉票贿选和突击提拔干部等问题。领导干部要严格要求自己，切实担负起本单位、本部门严格执行政治纪律的领导责任。对违反政治纪律的，要及时给予批评教育或组织处理；对造成严重后果的，依纪依法严厉惩处。

要紧紧围绕科学发展和谐发展跨越发展和“微笑南涧、诚信南涧、创新南涧、活力南涧、森林南涧、和谐南涧”建设，全面开展对中央和省、州、县党委关于“十二五”规划、加快转变经济发展方式、加强和改善宏观调控、做好“三农”工作、规范和节约用地、强化基础设施建设、生态建设、环境保护、保障和改善民生及县委十届二次全会各项工作部署等重大决策部署的监督检查。进一步健全和完善监督检查体系，采取有力措施，全力推进各项政策措施的落实。加强对政府投资和使用国有资金项目的监督检查，切实提高资金使用效益和工程建设质量，确保资金使用安全、高效。要加强对维护民族团结、社会稳定、群众工作纪律和创新社会管理等重大政策措施贯彻落实情况的监督检查，营造和谐稳定的发展环境。在具体工作中，我们还要善于把发现问题、督促整改和查处违纪违规行为结合起来，坚决制止不切实际、不顾民力、不计长远的决策行为。

（四）加强自身建设，提高纪检监察队伍素质

认真贯彻落实中央和省、州、县关于进一步加强和改进纪检监察干部队伍建设的要求，全面加强自身建设，努力建设一支政治坚定、公正廉洁、纪律严明、业务精通、作风优良的干部队伍。以开展“四群”教育活动为契机，重心下移、工作下沉，深入实际、深入基层、深入群众开展调查研究，向群众问计问策，认真听取群众对加强和改进反腐倡廉工作、加强纪检监察机关领导班子和队伍作风建设的意见和建议，有针对性地制定和落实改进措施，提高纪检监察机关贯彻落实以人为本、执政为民要求的能力。把提升能力作为重点，有针对性地选调各方面优秀人才，加大新进入纪检监察机关干部的培训力度，加大内部轮岗锻炼力度，加强纪检监察机关干部与其他部门的交流力度。认真总结、分析派出机构运行情况，进一步完善工作管理制度，提升派出机构履职能力，切实发挥监督职能。加强乡镇纪委队伍建设，积极探索充分发挥职能作用的有效途径和办法。把科技强纪作为支撑，继续加强纪检监察信息化建设，进一步改善办公办案条件。

同志们，反腐倡廉建设任务艰巨，责任重大，使命光荣。让我们更加紧密地团结在以胡锦涛同志为总书记的党中央周围，在县委和州纪委的坚强领导下，围绕中心、服务大局，真抓实干、锐意进取，不断开创反腐倡廉工作新局面，为推动全县科学发展和谐发展跨越发展作出新的贡献！

南涧彝族自治县人民法院工作报告

——2012年2月7日在南涧彝族自治县第十届人民代表大会第五次会议上

南涧县人民法院院长　姚卫平

各位代表：

我代表县人民法院向大会报告工作，请予审查，并请县政协委员和列席会议的同志提出意见。

2011年，我院在县委的领导下，在县人大及其常委会、县政府、县政协及上级法院的监督、指导和关心支持下，全面贯彻党的十七大和十七届五中、六中全会精神，坚持“党的事业至上、人民利益至上、宪法法律至上”工作指导思想，紧紧围绕“为大局服务，为人民司法”工作主题，深入推进“社会矛盾化解、社会管理创新、公正廉洁执法”三项重点工作，扎实开展“人民法官为人民”、“发扬传统、坚定信念、执法为民”主题实践活动和“创先争优”、“社会主义法治理念再学习再教育”活动，全面加强审判执行工作，着力抓好自身建设，不断夯实基层基础，各项工作取得了较好成绩。

一、发挥审判职能作用，维护社会和谐稳定

紧紧围绕党委和政府中心工作，充分发挥职能作用，突出司法服务重点，以维护社会稳定、构建和谐社会为目标，全面履行审判职责，积极为经济社会又好又快发展提供司法保障和法律服务。全年受理各类案件709件，审、执结692件，结案率97.60%，解决财产争议标的2124万元。同比收、结案数分别下降14.27%和15.51%。

（一）严厉打击刑事犯罪，维护社会平安稳定。坚持“宽严相济”刑事政策，全面加强刑事审判工作。全年受理并依法审结刑事案件79件128人，同比收、结案数分别上升3.95%。判决生效的70件110人中，给予刑事处罚103人，其中判处十年以上不满十五年有期徒刑5人，判处七年以上不满十年有期徒刑4人，判处五年以上不满七年有期徒刑7人，判处三年以上不满五年有期徒刑9人，判处三年以下有期徒刑、拘役78人（其中宣告缓刑44人）。并处罚金54人。免予刑事处罚7人。

审判中，一是依法严惩杀人、抢劫等严重暴力性犯罪及盗窃、诈骗等危害群众生命财产安全的多发性侵财犯罪，审结此类案件43件70人；加大对贪污贿赂犯罪、渎职犯罪的打击力度，审结此类案件7件8人；依法判处聚众斗殴、寻衅滋事等妨害社会管理秩序案件10件30人；依法判处交通肇事、重大劳动安全事故等危害公共安全案件14件14人；依法判处非法经营等破坏社会主义市场经济秩序犯罪5件6人。二是加大刑事自诉案件和解和刑事附带民事案件调解力度，审结刑事自诉案件6件10人，均和解结案；审结刑事附带民事案件25件，调解14件，调解率56%。三是深入推进量刑规范化改革。全年有76件案件将量刑纳入庭审程序，涉及交通肇事、故意伤害、强奸、抢劫、盗窃、诈骗等，其中66件采纳了公诉机关的量刑建议，确保量刑规范化工作平稳有序开展。四是加强少年司法工作，贯彻“教育、感化、挽救”方针，切实保护未成年人合法权益，审结未成年人犯罪案件5件5人。

（二）化解民事纠纷，促进经济发展与社会和谐。关注经济发展态势，关注民生，牢固树立服务大局、司法为民的法治理念，充分发挥民事审判职

能作用。全年受理民事案件344件，审结343件，结案率99.71%，解决财产争议标的878.14万元。同比收、结案数分别下降11.79%和11.83%。

审判中，一是注重维护婚姻家庭的和谐稳定，审结婚姻家庭、继承等纠纷案件165件；着眼于保护竞争有序的市场秩序，促进经济发展，审结合同纠纷案件73件；切实保护公民的人身权和财产权，审结权属、侵权及其他民事纠纷案件105件。二是围绕和谐主题，作大调解文章。坚持“调解优先、调判结合”工作原则，把做好诉讼调解工作作为提高民事审判质量、促进司法公正的一项重要措施，努力提高调解工作质量和调解率，切实达到定纷止争、案结事了的效果。全年调解结案142件，经调解撤诉74件，调撤率62.97%。三是深入基层，巡回审理，方便群众诉讼，减轻群众负担；推行“速裁”审理机制，缩短办案周期，提高审判效率。全年巡回审理174件，“速裁”审结56件。

（三）依法审理行政案件，促进依法行政。行政审判中，既注重加强对行政机关的司法监督，以保护行政相对人的合法权益，又注重支持行政机关依法行政，维护行政执法的严肃性。深入开展行政诉讼法制宣传活动，热情接待群众行政诉讼咨询，落实执法责任制，推进依法治县进程。全年受理行政非诉申请执行案件8件，其中裁定准予执行3件，裁定准予撤回申请2件，责令停工3件，执行标的1.75万元。没有行政诉讼案件起诉来院。

（四）加大执行力度，维护法律权威。高度重视执行工作在人民法院各项工作中的重要性和独立价值，以解决执行难为着力点，采取有效措施，建立完善执行威慑机制，维护司法权威。全年受理执行案件278件，执结262件，执结率94.24%，执结标的695.08万元。同比收、结案数分别下降21.25%和24.28%。

执行工作中，一是不断探索新的执行方法，充分发挥执行和解及协调作用，着力提高案件执结率。二是对具有履行能力而拒不履行生效法律文书或阻挠执行的被执行人，在说服教育无效的情况下果断采取查封、扣押、拘留等强制措施坚决予以执行。全年决定司法拘留4人（次）。三是开展反规避执行专项活动，进一步巩固“清积”活动成果，将反规避执行贯穿到整个执行工作中，着力解决“执行难”问题。全年对22件历年终结本次执行程序案件恢复执行并成功执结，执行标的337.79万元。四是持续开展争创“无执行积案先进法院”活动，案件执结率、实际执结率、执结标的到位率、当事人自动履行率、涉执行信访案件息访率各项指标均达到活动要求。五是大力开展司法救助活动，全年对11案15名特困申请人发放司法救助金4.25万元，切实维护申请人的合法权益。

（五）加强立案信访、审判监督工作，发挥窗口作用。一是结合“四亮四评”活动的开展，切实加强立案信访窗口建设，不断完善“大立案”工作格局，实现了立案工作以单纯的诉讼审查到全方位诉讼服务功能转变。进一步落实“首问首办、服务承诺、办事公开、文明接待和岗位责任”五项制度，健全立案工作“保障、过渡、化解、分流、服务”五大功能，充分发挥服务社会、服务百姓、服务审判的作用，树立公正高效、亲民便民、廉洁文明、严肃庄重的良好司法形象。二是继续落实司法救助制度，为困难群众排忧解难。全年为16件案件的18名困难群众依法缓减免交诉讼费5.08万元。三是加强信访工作，改善群众来访接待环境，最大限度地为群众提供方便；从提高办案质量、抓好初信初访入手，加强信访法规宣传教育，在“事要解决、息诉罢访”上下功夫，从源头上减少信访，将矛盾化解在基层。全年无上访老户来信来访，无上级督办的涉法涉诉信访案件。四是开展案件质量评查。年内共评查699件826卷，其中优秀658件，良好22件，合格19件，无不合格案件。在自查基础上，分别报送30件和50件案件参加县委政法委的“百案评查”活动和省高院的“万件案件评查”活动。

（六）服务大局，围绕中心促发展。一是积极参与社会治安综合治理。始终把综治维稳作为重要工作来抓，充分发挥法院保障社会和谐稳定的职能作用。法官进学校、进机关、进企业开展法制讲座22场（次）；开展“12·4”法制宣传；积极参与突发事件处置和违法用地整治等集中执法行动，维护社会和谐稳定；利用公开审判，以案说法，加强法制宣传教育，提高公民的法律意识；充分发挥基层人民法庭前沿窗口作用，指导基层人民调解，参与社会治安综合治理。二是联系挂钩村委会，开展新农村建设。抽调党员干警分四批20人（次），深入红星村委会，融入到基层干部群众之中助推春耕生产高潮；助残日、建党节期间走访慰问辖区内的困难户、残疾人、高龄党

二、坚持能动司法，服务经济社会发展

正确把握能动司法的内涵和要求，自觉把审判工作置于党委和政府工作大局中去谋划，深化实践，紧紧抓住科学发展这个主题和加快转变经济发展方式这条主线，把握好“稳中求进”的工作总基调，找准工作的结合点，不断提高司法服务水平。有效应对宏观经济形势的新变化，妥善处理民间借贷、劳动争议、房屋买卖等案件，促进各类市场主体公平竞争，着力保障宏观经济平稳运行；依法稳妥审理因经济结构调整、资源开发等引发的矛盾纠纷，着力服务经济发展；加强涉及民生案件审判工作，依法妥善审理医疗、教育、婚姻家庭等民事案件，审理好诈骗、危险驾驶等刑事案件，维护群众切身利益，着力保障和改善民生。加强涉诉信访源头治理，推进涉诉信访工作机制创新，预防和减少涉诉信访案件。

三、开展“两项活动”，增强法院队伍整体素质

今年法院主题实践活动突出“法院文化建设”和“司法能力建设”两个重点，以此推动队伍建设和各项工作全面发展。一是结合实际，在深化“两项活动”、提高队伍素质上下更大功夫。强化思想认识、实现知行合一、拓展教育实践活动的广度、深度和效果，深入开展“忠诚、为民、公正、廉洁”实践活动，切实加强政法干警核心价值观和司法核心价值观教育，充分彰显和实现司法的人民性，为人民法院工作赢得最广泛、最可靠、最牢固的群众基础和力量源泉。二是大力探索加强法院党建工作的新思路、新机制和新方法，巩固和完善“一岗双责”和党风廉政建设责任制，切实加强法院党建工作。三是结合“四群”教育活动的推进，深入开展领导干部接访下访活动，深入基层，深入群众，依法解决群众反映强烈的突出问题，注重提高法官做群众工作、化解社会矛盾纠纷的能力，结合“四群”教育，开展干警下基层活动，在教育活动中增强干警的群众意识和群众观念。

四、加强法院文化建设，营造文明的法院文化氛围

党的十七届六中全会就推动社会主义文化大发展大繁荣做出重大部署，我院在贯彻全会精神中，一方面要充分发挥职能作用，依法促进文化改革发展，另一方面要大力加强法院文化建设，把保障意识形态安全作为法院服务文化改革发展的重要任务，更加注重以司法公正促公信，以监督制约促公信，着力加强司法公信建设，繁荣审判理论研究，加强法院文化阵地建设，精心打造反映法院形象、法官风貌的文化专栏，营造特色鲜明的法院文化氛围，着力弘扬社会主义法治文化和法院文化。

五、落实司法改革，实现法院工作科学化

今年是落实“三五”改革纲要的关键一年，要始终坚持“把握正确方向、立足中国国情、依法稳妥推进、确保公平正义”的原则，加强审判质效评估工作、审判管理机制建设，进一步创新和加强审判管理，重点推进量刑纳入庭审程序、刑事被害人救助、人民陪审员、舆论监督工作，真正把司法改革工作落到实处、见到实效。

六、完善监督指导，夯实基层基础建设

始终坚持党的领导，紧紧依靠党委领导、人大监督、政府和有关部门的支持，解决人民法院发展中的困难。做好监督联络的互动工作，针对法院的重点工作部署、重要活动开展、重要案件审理积极主动邀请代表委员参与，认真听取代表、委员建议，及时研究反馈，并将好的意见建议转化为工作举措。牢固树立固本强基的思想，更加积极主动的做好基层司法保障、基层人才保障和干警职业保障工作。

各位代表，面对人民群众的新期待，面对科学发展的新要求，面对自身建设的新任务，县人民法院将认真执行本次会议决议，在县委的领导下，在县人大及其常委会、县政府、县政协及上级法院的监督、指导和关心支持下，忠实履行宪法和法律赋予的职责，锐意进取、奋力前行，出新招、使实劲、破难题，为建设平安和谐南涧作出新的更大的贡献！

南涧彝族自治县人民检察院工作报告

——2012年2月7日在南涧县第十届人民代表大会第五次会议上

南涧县人民检察院检察长 赵成武

各位代表：

我代表南涧县人民检察院向大会报告工作，请予审议，并请各位政协委员和列席的同志提出意见。

2011年，我院在县委和上级检察院的正确领导下，在县人大的法律监督、县政府的大力支持、县政协的民主监督和社会各界的关心下，紧紧围绕我县的经济发展大局，立足“十二五”开局之年，深入落实科学发展观，不断强化法律监督、强化自身监督、强化高素质检察队伍建设，强化高标准基础设施建设，各项检察工作取得了较好的成绩。

一、以履行检察职能为责任，司法保障能力进一步提升

（一）全面贯彻宽严相济刑事政策，依法惩治刑事犯罪。2011年，我院共受理提请批准逮捕案件71件115人（同比上升1.7%），批准和决定逮捕59件95人（同比上升14.4%），不（予）批准逮捕14件30人。受理移送起诉案件87件157人（含2010年未结5件7人）（同比上升1.2%），提起公诉82件148人（同比上升26.4%），报送州人民检察院审查起诉8件25人（同比上升87%）；未结5件9人；依法不起诉5件5人。批捕案件准确率、公诉案件有罪判决率均达100%。全年没有出现超期羁押现象，没有出现错案，整体办案质量逐年提高。

认真落实宽严相济的刑事政策，我们始终把严重暴力犯罪、涉及民生经济犯罪、多发性侵财犯罪和毒品犯罪作为打击重点。建立并完善轻微刑事案件调解工作机制和“捕、诉、教、防”一体化工作机制，对主观恶性小、犯罪情节轻微的初犯、偶犯、过失犯以及因邻里、家庭纠纷引发的轻微刑事案件，贯彻教育、感化、挽救方针，慎用刑事手段，给当事人以改过自新的机会，对符合条件的轻微刑事犯罪依法从宽处理，使亲情得以维系，社会更加和谐，努力体现司法人文关怀。

（二）深入查办和积极预防职务犯罪，促进反腐倡廉建设。切实履行查办职务犯罪职责，加大办案力度，突出办案重点，提高办案质量，保持了查办职务犯罪工作平稳健康发展。2011年，共立案查办职务犯罪案件9件9人，其中贪污贿赂案件6件6人，渎职侵权案件3件3人。立案查办的贪污贿赂犯罪案件6件6人均为大案，其中要案3件3人，占立案数的50%；渎职侵权案件要案1件1人，占立案数的33%，贪污贿赂案件和渎职侵权案件起诉率和有罪判决率均为100%。实现当年立案，当年判决，没有撤案、不起诉和无罪判决情况，把每一起案件都办成了经得起检验的“铁”案，案件质量得到了明显提高。通过办案，挽回经济损失140余万元，立办案件数达到上一年度的同期水平，大要案数和挽回经济损失数都比上一年有较大提升。坚决落实办案规程、办案纪律和安全防范有关要求，没有发生违法办案问题，没有发生办案安全事故。达到了较好的法律效果、社会效果和政治效果，使广大人民群众坚信了党和政府反腐败的决心，促进了党风廉政建设。

加强了对举报线索的分流、评估和分析，严格

案件质量管理。认真执行职务犯罪案件决定逮捕上提一级制度和撤销案件、不起诉案件报批制度。加强了与纪检、行政执法机关的案件移送和信息沟通机制，积极拓展了案件线索渠道。认真查办工程建设领域、"惠民涉农"领域背后的职务犯罪案件。

建立了惩防一体化机制，结合办案开展职务犯罪预防工作。一是多层次开展预防职务犯罪警示教育，做到了一案一警示，力求查处一案，教育一片，增强了查办和预防职务犯罪的效果。二是采取个案预防与系统预防相结合，对重点领域和重点行业的十多家单位和部门开展了系统预防，进行了法制讲座34次，带领相关单位到州职务犯罪警示教育基地开展警示教育4次。三是建立了行贿犯罪档案电子查询系统，向工程建设领域的招标单位提供查询45件次，加大了反腐监控力度。

（三）抓好控申宣传，参与综治维稳，认真做实群众工作。2011年共处理群众来信来访及其他单位转入的信访材料35件，举报4件，申诉28件，控告3件，办理刑事申诉案件2件，刑事被害人救助案件6件，举报奖励案件3件。开展了"举报宣传周活动"；用图文并茂的方式向群众展示近年来南涧县查处的鲁某某等渎职侵权、李某某、段某某等商业贿赂案件，发放宣传资料1400份，受宣传教育人数达5000余人（次），现场提供法律咨询6人（次），受理举报1件。信访接待室达标规范，并制定完善检察业务、行政管理等各类规章制度16项。2011年，最高检授予了我院控申科信访接待室"文明接待示范窗口"荣誉。

切实搞好检察环节的社会治安综合治理工作，对可能出现或已经出现不稳定因素的地方和部门，积极组织干警参与转化、消除、整治工作，及时派员参加综治工作。参与了县委政法委组织的2011年到重点乡镇"综治维稳 送法下乡"活动。2011年8月8日南涧镇安定村委会总府庄村百余名群众因山林纠纷到县人民政府办公场所内群体上访，接到通知后，我院立即抽调业务骨干，在分管领导的带领下，及时赶赴现场了解情况、参与现场勘查、案件讨论，对证据收集固定、事实认定和罪名确定提出意见和建议。

二、以维护公平正义为目标，法律监督及社会管理能力进一步强化

（一）不断加大法律监督工作力度。进一步深化机制建设，强化执法办案工作。与公安机关建立了相关案件定期通报制度，向公安机关发出《纠正违法通知书》2份，发出《检察建议书》8份，引导公安机关调查取证，提高了起诉案件的质量。主动加强与行政执法机关的沟通，开展对行政执法机关移送涉嫌犯罪案件专项监督活动，发现立案监督线索2条并建议公安机关进行了立案。对已经发生法律效力的民事和行政申诉案件，依法向法院提出抗诉1件，提请上级检察院抗诉1件，对法院正确判决，积极做好息诉罢访工作，与去年同期相比息诉服判率上升了80%。加强了刑罚执行和监管活动监督，2011年10月起开展了监外执行罪犯"教育矫正、监督管理和解除矫正"情况专项检察活动，深入全县8个乡镇，对122名监外执行罪犯的社区矫正工作进行检察，并对脱管漏管的23名罪犯提出了检察建议，依法维护刑罚执行的严肃性。审查监督暂予监外执行案件4件，对监管活动中的违法情况提出纠正意见6件次。

（二）积极推进社会矛盾化解，不断维护社会和谐稳定。认真落实首办责任制和领导约访、带案下访、联合接访制度。充分运用简易程序、刑事和解、量刑建议等机制和措施，努力减少社会对抗。全面推行执法办案风险评估预警和检调对接等工作，促进执法办案向化解社会矛盾延伸。对不立案、不批捕、不起诉、不抗诉案件加强释法说理工作，注重从检察环节上有效化解社会矛盾。

（三）积极参与社会管理创新，不断延伸检察工作触角。针对执法办案中出现的社会管理问题，研究提出改进工作的制度和机制。一是建立和完善"两刑一体化"、"侦防一体化"、"检务保障一体化"机制，优化管理模式，整合办案力量。二是建立案件质量内控机制，对案件进行精细化管理，实行案件初审制度，院领导对重大热点敏感案件靠前指挥。三是加强与公安机关、人民法院的协调配合，建立联席会议制度、重大案件提前介入制度，确保案件质量。四是完善审查逮捕讯问犯罪嫌疑人，听取被害人、辩护人、诉讼代理人意见机制，防止冤错案件的发生。五是落实办案风险评估预警机制。六是建立刑事和解机制和检调对接机制，拓宽检察环节化解社会矛盾的渠道。七是积极推进量刑规范化改革，制定量刑建议工作机制。八是落实刑事被

害人救助制度，做好息诉罢访工作。

建立了8个民行检察工作联系点，落实司法便民利民措施，依法妥善解决群众合理诉求。坚持推行未成年犯罪嫌疑人分案起诉、回访帮教制度。建立了检察环节应急处理机制，明确责任部门和人员，加强对突发事件和网络舆情的监控处置应对工作。在检察人事制度改革方面，进一步规范中层干部选任、检察员晋升等人事制度，严格选人、用人程序。在检务公开方面，开展"检察长接待日"、公诉庭审评议、反贪案件讲评、反渎工作视察等"阳光检务"系列活动，拓宽接受人大和社会各界监督的渠道，不断加强和改进检察工作，充分发挥检察机关在社会管理中的职能作用。

三、以服务检察事业为己任，检务保障能力进一步提高

2011年，我院着眼长远发展，致力基础设施建设和帮助挂钩村委会扶贫脱困，为检察事业可持续发展夯实了基础。

（一）信息化建设优先发展。贯彻高检院"三位一体"的基层检察院建设方针，结合南涧实际，提出信息化建设优先发展的工作思路，投资90多万元完成了技侦综合大楼和老办公楼的"两网"系统建设、高标准视频会议系统建设、侦查指挥系统建设、办公区安全监控系统建设，网络安全和网络保密系统建设，走出一条体现南涧检察特点的经济、实用、高效的信息化建设道路。

（二）办案装备建设突飞猛进。重点强化侦查办案、证据收集、安全防范等科技装备的建设与应用。建成了功能齐备的办案工作区，确保办案安全。新配备了办案电脑、照相机、摄像机、全方位监控等办案技侦设备，提高了办案科技含量，实现了办公办案的无纸化和网络化管理。

（三）办公楼建设实现历史性飞跃。在县委、县政府和上级各部门的支持下，我院在2011年8月底完成了总投资380多万元，建筑面积为1700平方米的技侦综合大楼建设 。2011年10月份投资120余万元，建筑面积为1650余平方米的老办公楼改造也全面启动，现该工程已经全面完成。今天的南涧县检察院"两房"建设面貌焕然一新，功能设施齐全，可以较好地满足检察工作的需要，为我县检察事业的发展提供了有力的保障。

（四）自觉把检察工作放在县域经济社会发展大局中来谋划，紧紧围绕"十二五"时期我县发展战略，促进经济社会平稳较快发展，扎实开展扶贫帮困工作。根据县委、县政府统一安排，结合我院挂钩扶贫的乐秋乡联合村委会的实际情况，重点帮助改善道路基础设施。积极向上争取了乐秋乡政府至联合村委会投资为350余万元的水泥路乡村道路通畅工程项目。该工程已经在2011年5月份全面完成，彻底解决了该村的出行难问题，为群众脱贫致富打下了坚实的交通基础。

四、以保证检察权正确行使为根本，队伍建设进一步加强

（一）进一步加强了执法规范建设。严格执行检察机关执法办案内部监督暂行规定和执法过错责任追究制度，建立内部纠错机制，积极推行"执法业绩档案"工作。全面整合上下互联、内外对接的信息网络，对所有职务犯罪案件实行全程同步录音录像和动态监控，在提升办案科技化水平的同时，逐步实现规范办案、保护嫌疑人权益和保障办案安全的有机统一。认真落实上级院对下级院执法办案活动监督的规定和搜查、扣押、冻结款物的规定。按照高检院的要求，全面推行了人民监督员制度，加强了对查办职务犯罪案件"七种情形"的监督。深入开展"维护人民群众合法权益，解决反映强烈突出问题"专项检查活动，认真查找自身问题，征求人大代表、政协委员和相关单位对检察工作的意见和建议，确保"理性、平和、文明、规范"执法，树立了检察机关良好的执法形象。

（二）扎实开展了主题教育实践活动。在全体干警中认真组织开展了"恪守检察职业道德、促进公正廉洁执法"及"发扬传统、坚定信念、执法为民"主题教育实践活动，队伍思想政治素质不断提升。做到三个结合：一是与提升检察干警思想政治素质相结合，采取多种形式，着力查找检察干警在理想信念、宗旨意识、执法办案等方面存在的突出问题，激励检察干警忠诚履职的责任感。二是与党建工作相结合，以纪念建党90周年活动为契机，组织干警参加唱红歌文艺汇演、学党史、重温入党誓词和党课教育活动接受革命传统教育，引导检察干警牢固树立理性、平和、文明、规范的现代执法理念。三是与"创先争优"相结合，积极开展各项检

察工作的考评工作。通过各种措施，全院干警的凝聚力、执行力和战斗力不断增强。

（三）加强了检察队伍的自身监督。认真落实领导干部述职述廉制度、个人有关重大事项报告制度、任前廉政谈话与诫勉谈话制度，抓好领导班子建设。深入开展廉洁从检、纪律作风和警示教育，坚持以执法监督为核心，以制度建设为关键，积极推进廉政风险防控机制建设，排查廉政风险点，健全内控机制，构建制度防线，着力加强对执法岗位、执法环节、执法人员的监督。通过学习《中国共产党党员领导干部廉洁从政若干准则》和《检察机关领导干部廉洁从检若干规定》等文件，引导干警进一步筑牢了反腐倡廉的思想道德防线，增强了廉洁从检的自觉性。

（四）加大了队伍专业化的教育培训力度。以教育培训为抓手，认真组织干警80多人（次）参加各种学习培训，17名副科级以上干警参加云南省领导干部在线学习，完成率达100%。加强对青年干警的培养，狠抓司法考试工作，系统、规范地开展司法考试培训，目前有9名青年干警通过了国家司法考试，司考过关率达90%，多次得到省、州各级领导的肯定，工作经验在全省检察机关得到推广，多个兄弟院来院学习借鉴。定向培养少数民族“双语”检察人员2人，全院干警本科以上学历提升到91.5%。

五、以党的领导和人大监督为保证，各项检察工作进一步改进

坚持把检察工作置于党的领导，人大、政协及社会各界的监督之下。及时向县委、人大报告高检院、省院各项重要会议精神和全州检察机关重大工作部署。依托《检察简报》及时向党委、人大、政府、政协通报检察工作重大信息和案件情况24次。向我县人大代表、政协委员、人民监督员、特约检察员赠阅《检察日报》等宣传资料20余份，报送有关文件、工作简报300余份，自觉地把检察工作置于人大的法律监督和政协、人民群众的民主监督之下。认真办理人大交办、批办、转办的信访件，逐件建立档案，逐件跟踪反馈。进一步深化检务公开，积极探索实践人民监督员、特约检察员制度，切实强化联络机制，推行检察长负总责、领导班子成员分片联络、人民监督员办公室具体负责的联络机制。

各位代表，过去的一年，是我院加强法律监督、维护公平正义，围绕“保增长、保稳定、保民生”工作大局的一年；是队伍素质不断提高，执法形象明显改善，执法保障更加有力的一年；是检察改革扎实推进，工作机制创新发展，检察工作活力不断增强的一年。这些成绩的取得，是党委、人大、政府、政协和社会各界重视、关心和支持的结果，在此，我代表南涧县人民检察院全体干警对各位代表及列席的同志表示衷心的感谢！

回顾一年来的工作，虽然取得了较好的成绩，同时，我们也清醒的认识到与人民群众对司法工作新要求新期待还有一定的差距，主要表现在：贯彻落实科学发展观，服务全县的大局意识和紧迫感还需进一步增强；深入推进三项重点工作的机制还有待进一步健全和完善；社会主义法治理念有待进一步增强，程序意识、人权保护意识有待进一步提高；办理案件的质量上还有待进一步提升；高精尖检察专业人员的培养仍需进一步加强。对这些不足和问题，我们将采取积极有效措施，认真加以解决。

2012年我院检察工作总体任务和要求是：深入学习贯彻党的十七大和十七届六中全会精神，认真落实科学发展观，积极维护社会和谐稳定、维护人民群众利益、维护社会公平正义；强化责任意识，全力提升案件质量；不断创新检察管理工作机制，提升检察工作科学发展水平，为我县实施“十二五”规划提供有力的司法保障。

一、更加注重服务大局，积极保障经济社会发展

紧紧围绕县委提出的“微笑南涧、诚信南涧、创新南涧、活力南涧、森林南涧、和谐南涧”的战略目标，进一步增强大局意识、责任意识、服务意识，深化细化实化检察工作服务经济发展的各项措施，充分发挥打击、监督、教育、预防、保护等职能，努力维护县域经济秩序，保障政府投资安全，保障和改善民生，不断提高检察工作服务大局的能力和水平。

二、更加注重办案效果，全力提升案件质量

我院将2012年至2014年定为“案件质量提升年”，对各项业务工作都将制定具体的质量标准和量化目标，并对办案的各个重点环节配套制定具体的精细化实施细则。进一步要求整个办案过程和每一个具体的办案环节都有严格的质量要求和标准依据。规范程序监督，实现责任明晰。在办案程序的每个环节上，将要求主办案件的检察官一旦发现质量问题，必须向上一环节提出改进意见，在案件质量控制表上记录，并对监督的环节负责。对存在的质量问题，应当发现而未发现的，与原办案人共同承担责任，将建立质量监督与责任追究相结合的监督管理体系，保证案件质量。

三、更加注重维护社会和谐稳定，积极参与社会管理创新

加大打击危害社会安全感的各类刑事犯罪，充分发挥批捕、公诉职能，定期对社会稳定形势进行分析、研判和排查，在检察环节上妥善处置可能影响社会稳定的苗头性、倾向性问题。扎实推进社会矛盾化解工作，建立健全群众诉求表达机制、涉检信访处理机制、贯彻宽严相济刑事政策工作机制，力求实现案结事了人和 。积极参与社会管理创新，加强社区矫正，配合有关部门做好监外执行罪犯帮教和管理工作。建立网络舆情处置应对机制，做好舆情引导。认真开展未成年人和在校学生犯罪的预防工作，积极落实社会管理综合治理措施，搭建好检察机关参与社会管理服务的新平台。

四、更加注重反腐倡廉建设，积极查办和预防职务犯罪

认真贯彻中央关于加强新形势下反腐倡廉建设的决策部署，充分发挥检察机关在惩治和预防腐败体系中职能作用，加大办案力度，严肃查办发生在领导机关和领导干部中以权谋私、失职渎职犯罪案件，重点领域和关键环节中职务犯罪案件，破坏生态资源、重大责任事故、执法司法不公、群体性事件的职务犯罪案件。着力提高办案质量和效果，坚持理性、平和、文明、规范执法。进一步加强预防职务犯罪工作，促进从源头上遏制和减少职务犯罪，努力创造良好的政务环境。

五、更加注重队伍建设，积极提升公正廉洁执法水平

认真开展“忠诚、为民、公正、廉洁”政法干警核心价值观教育实践活动，不断加强对检察人员的政治教育、职业道德教育、职业行为教育、职业纪律教育，树立正确的权力观、利益观和价值观；突出抓好对自身执法办案的监督制约，严格执行检察机关执法工作基本规范，进一步细化办案流程和执法标准，确保公正廉洁执法，努力提高执法公信力。切实加强领导班子建设和机关党的建设，做到以班子带队伍，以党建带队建，促进机关日常管理和纪律作风建设。坚持把抓基层、打基础摆在重要位置，积极开展创先进基层检察院和模范基层检察院活动。坚持人才强检战略，加强检察人员各类业务和综合素能培训，努力提高执法能力和执法水平。进一步加强和改进人大代表、政协委员联络工作，自觉接受人大、政协以及社会各界的监督，以良好的工作实绩展现检察机关的形象。

各位代表，面对新的形势和任务，我们将以邓小平理论和“三个代表”重要思想为指导，在中共南涧县委的坚强领导下，在县人大法律监督和县政协民主监督下，在政府和社会各界关心支持下，开拓创新，锐意进取，奋发有为，扎实工作，全面履行各项检察职能，努力为加快推进南涧经济社会科学发展作出新的贡献，以实际行动和优异成绩迎接党的十八大胜利召开！

动南涧县天然气利用总体规划编制工作。

（五）城镇建设有力推进，城镇功能不断完善。 完善城乡规划编制工作，按照保护坝区农田、建设山地城市要求，启动县城总规修编、控规修改工作，完成了7个乡镇集镇总体规划编制和19个行政村318个自然村村庄规划编制工作，完善了全县土地利用总体规划。县城建成区面积达4.75平方千米，城镇化率达28.1%。加强市政基础设施建设，市政功能不断完善，完成跳菜雕塑广场、县城40米大街至祥临路连接口及小军庄平交口绿化工程、涧河宋词长廊工程、南北端城市公园土方回填工程、中兴路扩建、十六米街建设，县城5个平交口红绿灯工程及电子监控系统已经投入使用，县城供水管网二期工程、金龙路改扩建二期工程、县城路灯改造工程、果蔬批发交易市场正在实施。“龙凤丽都”房地产开发项目完成投资27600万元，主体工程竣工7.314万平方米。加强城镇管理工作，认真落实“门前三包”责任制。

（六）生态建设和环境保护得到加强，森林南涧建设取得成效。 深入推进“七彩云南”保护行动，按照“生态建设产业化、产业发展生态化”的思路，在巩固“绿色走廊”建设和“百棵大树进县城”成果的基础上，开展了植“杨善洲纪念林”和“万棵树苗入农家”等活动，新增特色经济林1133.33公顷（1.7万亩）。实施县城绿化工程，新增城市绿化面积2.7万平方米。完成春夏季造林3733.33公顷（5.6万亩）、小湾电站淹没区植被恢复易地造林800公顷（1.2万亩）、2010年天保工程公益林建设1666.67公顷（2.5万亩）、中低产林改造2666.67公顷（4万亩）、森林抚育2000公顷（3万亩）。加强林业防灾能力建设，完成县级森林防火营房及南涧、公郎天保工程管理所建设。完成《南涧县地质灾害防治项目规划》编制工作，完成公郎龙平小流域治理工程，扎实开展县城和灰河地质灾害防治项目前期工作。全面落实节能减排目标责任制，切实加强新上项目的环评审批和节能审查工作，加大对企业排污监管和查处工作力度，有效避免污染物违规排放。“两污”项目建设稳步推进，县城污水处理厂正式运营，建成污水管网5.6千米，县城市生活垃圾处理场项目已完成可研、初设调整审批工作，完成投资2500万元。推广节能灯8万只。万元GDP能耗下降2.6%，控制在州下达指标以内。

（七）社会事业不断加强，民生保障全面推进。 制定出台中、高考奖励办法，建立教育奖励专项资金。巩固“两基”成果，全县小学、初中毛入学率达99.6%以上，普通高考上线率达97.1%。全面落实“两免一补”政策，发放“两免一补”资金3169万元。加强教育基础设施建设，文启小学学生宿舍楼、团山小学教学楼、卫国小学援建工程、拥翠小学校安工程全面完成。西山小学、凤岭小学、沙乐小学、得胜小学、大石房小学校安工程开工建设。112套教师周转宿舍全部开工。编报民族中学扩建、学前教育、教师周转宿舍建设规划。实施名师工程和城乡教师双向交流制度，不断提高教师队伍素质。深化医药卫生体制改革，不断推进公共卫生均衡发展。全面推行基本药物制度，药品价格显著降低。扎实抓好“新农合”工作，2011年新农合参合率达到93.1%，支出新农合基金3122.4万元，受益群众60.98万人（次）。甲型H1N1、血吸虫病、艾滋病等传染病和地方病得到有效控制。加强卫生基础设施建设，县医院医技楼、传染科二期项目全部完工，县医院门诊综合楼项目（含县急救中心）正在建设。加强非物质文化遗产的传承和保护，完成非物质文化遗产“三普”资料库建设。加强文化基础设施建设，完成毓秀书院古建筑群修缮工作，完成无量山镇和宝华镇综合文化站建设，建成43个行政村农家书屋。广泛开展全民健身运动，增强全民体质。广播电视覆盖面不断扩大，数字电视和宽带覆盖工程稳步推进，完成5754户广播电视村村通工程。人口和计划生育工作有序推进，计划生育和“奖优免补”政策全面落实，年末总人口达22.22万人，人口自然增长率3.3‰，控制在计划目标以内。启动并实施“六五”普法工作。巩固提升“平安南涧”建设成果，全面加强社会管理，促进社会和谐稳定。加强政法基础设施建设，增强社会管控能力，完成公安看守所扩建、检察院综合楼建设工程，启动县公安业务技术用房建设项目。完成了县法院审判大楼、司法业务用房和森林公安业务用房可研审批工作。切实加强安全生产监督管理工作，避免重特大安全事故发生。

抓好“就业再就业”政策落实工作，新增城镇就业人口1207人，城镇登记失业率3.2%，控制在年初下达指标内。建成县就业和社会保障服务中心，社会保障覆盖面不断扩大。全县职工参加养老保险3239人、工伤保险4406人、生育保险1350人、失业保险4490人，参加基本医疗保险14572人，共支出社保基金1405.07万元。切实抓好受灾群众和贫困群众救助工作，发放灾民生活救助金663.8万元、粮食340吨，救助灾民10.09万人(次)。低保扩面1300人，享受城镇、农村低保人数分别增加到3836人和25400人，发放城乡低保保障金及其他生活补贴3949.2万元。全面启动新型农村社会养老保险和城镇居民社会养老保险试点工作，参保人数达12.7万人。规范廉租房管理，严格入住条件和完善退出机制，加快保障房建设，15000平方米保障性住房全部开工，发放廉租住房补贴221万元。切实纠正价格和收费领域的不正之风，严厉查办3起哄抬食盐价格违法案件，依法查处涉农价格、医疗卫生收费等领域乱收费行为，规范了餐饮行业明码标价。受理价格鉴定案件59件、鉴定金额138万元，为司法机关、纪检监察机关依法办案提供价格依据。

总体上看，全年经济运行平稳，计划执行情况总体较好，但还有差距和问题：一是经济总量依然较小，整体实力较弱，增长质量不高。二是项目工作仍然存在较多问题，前期工作滞后，实施进度较慢，基本建设程序执行不到位，少数工程管理不到位、工程质量不高。三是国家新的产业结构调整政策实施以后，矿冶、有色、建筑建材等行业准入条件更加严格，加之银根紧缩、土地调控等因素影响，工业发展形势严峻。四是新财源培植任务艰巨，财政增长后劲乏力，收支矛盾突出。五是统筹城乡发展任务艰巨，社会事业发展不足，物价高位运行，影响城乡居民生活水平提高。六是重点工程遗留问题较多，特别是随着工业化、城镇化进程加快，土地征用和山林权属纠纷等引发的社会矛盾日益凸显，维护和促进社会和谐稳定的任务十分繁重。这些困难和问题，需要我们在今后工作中高度重视、认真解决。

二、2012年国民经济和社会发展计划安排意见

根据县委十届二次全会精神，结合县“十二五”总体规划和国家宏观政策，综合考虑经济社会发展的需要与可能，现提出2012年全县国民经济和社会发展的主要奋斗目标：

——地区生产总值增长15%以上，其中：一产增长9%以上、二产增长30%以上、三产增长13.5%以上；

——财政总收入增长22%以上，其中地方财政一般预算收入增长20%以上；

——全社会固定资产投资增长30%以上；

——工业总产值增长30%以上；

——工业增加值增长35%以上；

——农业总产值增长10%以上；

——社会消费品零售总额增长20%以上；

——农村经济总收入增长15%以上；

——农村居民人均纯收入增长20%以上；

——城镇居民人均可支配收入增长10%以上；

——人口自然增长率控制在5‰以内；

——城镇登记失业率控制在4%以内；

——万元GDP能耗控制在州下达指标以内。

为实现上述经济社会发展奋斗目标，必须着力抓好以下七个方面的工作。

(一)加快发展生态农业，推动农村经济较快发展。加大强农惠农富农政策力度，加快农业科技进步，努力促进农业增产、农民增收、农村发展，力争实现农业总产值151767万元，增长10%以上，农村经济总收入165240万元，增长15%以上。围绕生态农业示范县建设目标，切实抓好九个特色产业基地建设，增强农产品供给保障能力。粮食：加强基本农田建设，计划改造中低产田地658.47公顷(9877亩)，计划种植粮食2.69万公顷（40.33万亩)、全年粮食总产达10688万千克以上。烤烟产业：推进山区现代烟草农业示范县建设，完善烟叶生产考核机制，推进规模种植，扶持种烟大户，打造乡镇核心示范区，计划种植烤烟5333.33公顷(8万亩)、收购烟叶925万千克、力争实现烟农收入25000万元以上、“两烟”税收7000万元以上。泡核桃产业：推进泡核桃标准化生产示范基地建设，抓好3.43万公顷（51.4万亩）幼林抚育，新种植泡核桃1733.33公顷（2.6万亩)，计划产量1000万千克、产值30000万元以上。茶叶产业：计划改造中低产茶园666.67公顷（1万亩)，补植补造133.33公顷（2000亩)，茶叶产量410万千克、产值21000万元以上。畜牧业：计划肉牛存栏10.6万头、出栏7.61万头，生猪存栏18.2万头、出栏

18.6万头，无量山鸡存栏120万羽、出栏180万羽，肉类总产量3.54万吨，畜牧业产值60000万元以上。中草药产业：全力推进“无量药谷”中药材标准化生产示范基地建设，计划种植三七、板蓝根等中草药1000公顷（1.5万亩）。特色产业：计划种植啤大麦5460公顷（8.19万亩）、早蚕豌豆693.33公顷（1.04万亩）、冬春马铃薯1333.33公顷（2万亩）、油菜籽833.33公顷（1.25万亩）、冬早蔬菜1380公顷（2.07万亩），产值1亿元以上。

（二）加快推进工业化，促进工业经济较快发展。认真落实《关于加快工业经济发展的决定》，坚定不移地抓好工业经济发展。加快推进工业园区建设，完成工业园区环评规划编制工作，计划收储工业用地113.33公顷（1700亩），完成蚂蟥箐及都根河治理工程，加快推进园区水、电、路等基础设施项目前期工作，争取启动部分项目，切实加强工业园区管理，科学论证入住条件，严格投资强度审查，制定出台具体管理办法。继续强化招商引资工作，认真筛选项目，加强可行性论证，全面提高项目成熟度，利用各种招商方式和招商平台，强力推介项目和比较优势，集中力量招大商，计划引进县外资金100000万元、增长38.3%以上。认真开展对外贸易经营者备案登记工作，鼓励企业出口创汇，力争实现出口创汇250万美元，增长10%以上。抓好重点项目建设，计划完成工业固定资产投资20000万元、增长30%以上，完成云南凤凰木业5000吨生物制炭生产线、红云核桃加工厂迁建、无量维和药业中药饮片厂等重点项目建设，争取全面投产。计划实现工业总产值202500万元、增长30%以上，工业增加值32460万元、增长35%以上。

（三）加快发展服务业，培育新的经济增长点。围绕《南涧县旅游产业发展总体规划（2011～2025）》，加快编制旅游开发详细规划，科学筛选近期开发项目，对项目的可行性进行深入研究和论证，具备开发条件的项目深入推进前期工作，重点抓好无量药谷旅游开发、灵宝山森林公园、凤凰山至罗伯克万亩生态茶园、虎街茶马古道景区、白云寺生态旅游村、西山跳菜村等重点旅游区的详细规划和可行性研究，分步推进旅游基础设施建设，并全力招商引资。大力发展农家乐，推介特色自驾车旅游线路。充分利用“中国民间（南涧跳菜）文化艺术之乡”影响力和小湾电站知名度，全面宣传南涧旅游文化资源，全力打造“跳菜彝乡”、“无量药谷”、“品茶观鸟”、“高峡平湖”旅游品牌，提高南涧知名度，拓展客源市场。引导餐饮酒店业整合壮大，大力支持餐饮酒店企业“星级”达标创建，争取通过招商引资方式建设四星级跳菜大酒店，提高服务质量。大力发展商贸物流业，完成县城农贸市场升级改造、果蔬批发交易市场建设，启动家装市场建设项目，积极争取实施“万村千乡”市场建设工程，鼓励规模批发零售企业和商贸流通企业向乡镇发展，推进农副产品快速流通和农村消费升级。完善成品油销售网络，新建县城新区、南涧镇仁和、无量山镇和平、碧溪乡碧溪4座加油站。落实中央和省、州稳定物价的政策措施，进一步整顿和规范市场秩序，依法打击价格违法行为，切实改善消费环境。严格执行房地产调控政策，加大对房地产企业的监管，鼓励自住购房。认真落实“家电下乡”、“摩托车下乡”、“家电以旧换新”政策，鼓励群众适度超前消费。计划实现服务业增加值111080万元，增长13.5%以上，社会消费品零售总额91400万元、增长20%以上。

（四）加快基础设施建设，持续打牢发展基础。认真研究国家、省、州“十二五”专项规划和产业政策，加快推进重点项目前期工作，抓好项目申报、争取、实施和监管工作，切实落实好县级领导挂钩重点项目责任制和重大建设项目协调推进机制，计划完成全社会固定资产投资114060万元、增长30%以上。交通方面：完成碧溪至宝华一期、云华至发达、新山、虎街油路建设工程，力争启动无量红星公路、碧溪至宝华二期公路、公郎中山公路、宝华白竹公路油路、2012年农村公路大中修工程建设项目。配合中铁二院做好祥临铁路南涧段前期工作。农田水利方面：完成大尧水库、喂羊盐水库、草皮湾水库除险加固工程，2011年中央财政小农水、县城后山提水工程、南涧河县城段提蓄水工程、2011年巩固退耕还林基本口粮田建设、2011年农业综合开发建设工程。启动南涧河流域灌区改造水利血防工程、2012年中央财政小农水项目、凤凰山水库除险加固工程、山洪灾害防治县级非工程措施项目。扎实推进乐秋河水库建设项目前期工作，完成宝华荨麻箐小（二）型水库建设项目可行性研究报告、初步设计审批工作，配合省完成小湾库区提水工程规划。能源方面：完成2009年和2011年无电区电力建设、2011年农网改造升级工程10千伏及以下（增补工程）、2011年农网改造升级工程10千伏及以下工程、35千伏无量输变电工程，启动2012年农网升级改造工程，推进月亮山风电场和母子垦太阳能光伏电站项目前期工作，配合昆明燃气规划院完成南涧县天然气利用总体规划，争取完成项目核准工作。

（五）加快城镇化进程，统筹城乡协调发展。抓好县城规划和乡镇村规划。以建设“彝族文化生态园林山城”为目标，高起点高标准完成县城总体规划修编工作；按照新农村建设总体要求完成村庄规划编制工作，形成县、乡镇、村三级规划体系。以创建省级园林县城为目标，加强市政基础设施建设，全面启动大坝地小军庄片区规划建设，完成县城振兴北路延伸段、博爱路改造、县城南北端城市公园、巍南路祥临路过县城段照明建设工程，实施好金龙路二期工程、县城及东片区供水管网配套工程和“龙凤丽都”房地产开发项目，完成移动大楼和信用大楼主体工程，启动维和大楼建设项目。完善以工促农、以城代乡发展机制，放开城镇户籍限制，鼓励农村居民转为城镇居民，引导农村人口有序向城镇转移，并与城镇居民享有同等待遇，计划城镇化率达到29.2%。深入推进社会主义新农村建设，统筹城乡发展，完成公郎镇中心集镇和中心村、示范村建设，扎实做好宝华镇中心集镇建设的规划、可行性研究等前期工作。切实加强农村基础设施建设，完成2011年1.1万人农村人口和4200人师生饮水安全工程，建设1476口沼气池、推广太阳能1000台，完成2011年农村危房改造工程，启动2012年3万人农村饮水安全工程，改造村组公路100千米。切实加快实施扶贫开发项目，完成《连片特困地区区域发展与扶贫攻坚规划（2011～2020)》编制工作，完成2011年77个重点村建设、2011年公郎落底河布朗族扶持项目、碧溪杏子山以工代赈项目、无量保台以工代赈项目、阿招箐和黄栗窝易地扶贫搬迁项目，启动2012年90个扶贫重点村建设、2012年公郎落底河布朗族扶持项目、乐秋乡麻栗上虎以工代赈项目。切实加大扶贫贷款和产业扶持力度，计划发放扶贫到户贷款10000万元以上，林业贴息贷款5000万元以上。

（六）加强生态建设和环境保护，加快建设森林南涧。坚持保护优先和自然恢复为主，加大封山育林和植树造林力度。重点抓好2011年退耕还林工程封山育林666.67公顷（1万亩）、2011年天保二期工程人工造林666.67公顷（1万亩）和封山育林333.33公顷（5000亩）、2011年巩固退耕还林成果林业项目和县城后山生态修复工程，实施低效林改造4400公顷（6.6万亩）。加强城乡绿化，深入推进“万棵树苗入农家”活动，大力发展核桃、板栗、水果等林果基地建设，加快培育商品林基地，增强森林碳汇能力，实现“林农经济收入增加”和“森林覆盖率提高”的双赢目标。加强自然保护区管理和生物多样性保护。加强中小河流治理，争取实施乐秋河南涧段河道治理工程，增强县城防洪能力。抓好县城和灰河地质灾害治理项目前期工作，全力争取国家支持。加大环境保护力度，严格落实节能减排责任制。切实加强对企业排污行为的监管，严格污染物排放标准。加快推进承担减排项目建设速度，完成县城市生活垃圾处理场建设，加快推进县城污水管网建设，积极争取农村面源污染治理项目。继续推广使用节能灯、节能灶、沼气、太阳能等清洁能源。严格执行国家产业政策，严格项目环评审批和节能审查，从源头控制新上高能耗、高排放、高污染项目，积极预防新污染产生，确保完成主要污染物减排目标任务，万元GDP能耗控制在州下达指标以内。

（七）大力保障和改善民生，加强和创新社会管理。优先发展教育，增加教育投入，提高教育质量，推进义务教育均衡发展，巩固和扩大“两基”成果。加快推进教育基础设施建设，完成2011年校安工程和教师周转宿舍项目，启动2012年校安工程和无量山镇中学校舍改造工程，开展民族中学扩建项目、2013年农村学前教育和教师周转宿舍项目前期工作。认真落实中、高考奖励办法，充分调动教职工积极性。切实加强职业教育工作，提高职业教育水平。继续抓好医药卫生体制改革工作，严格执行基本药物制度，稳妥处理乡镇卫生院历史债务和落实财政补偿机制。强化对乡村医生管理，规范村卫生室财务制度。抓好新型农村合作医疗保险工作，切实管好用好新农合基金。切实加大对民营医院医疗行为和收费的监督管理工作，严肃查处违规行为。继续加强对艾滋病、血吸虫病的预防和救治用保护规划，为工业项目用地预留发展空间。抓好矿权整治，规范探矿权、采矿权管理，积极借鉴整装勘查模式，以整治促资源整合、以资源整合促整装勘查、以整装勘查探采选冶一体化促矿冶业健康发展。

（七）加快园区建设，打造一流工业发展平台。按照产业集聚、用地集约、节能环保、功能配套、服务高效、持续发展的要求，加快工业园区建设，切实解决项目等土地、项目等基础设施和园区体制不顺、机制不活的问题。完善工业园区规划，加快工业用地收储，保障工业用地，加强园区通路、通电、通水、通信、通排污管网及土地平整“五通一平”建设。抢抓机遇，加大工业园区标准厂房建设、老园区改造提升和安居房建设工作力度。创新园区开发模式，鼓励企业和民间资本参与园区建设，鼓励园区按市场化方式进行工业园区基础设施开发建设。创新园区管理机制，提升园区管理服务水平，有力推动项目、资金、技术、人才、政策等要素向工业园区集中，努力把工业园区建设成“工业强县”的支撑，企业壮大的平台，经济增长的龙头，对外开放的窗口，跨越式发展的示范区。

（八）抓实项目工作，不断增强工业发展后劲。高度重视项目工作，把加快工业发展的决心、思路、目标、措施落实到具体实在的工业项目上。强化跟踪服务，支持扶持已建成投产企业做大做强；强化项目协调服务，千方百计加快在建项目建设进度；强化项目危机和增量意识，每年启动实施一批大项目、好项目；强化项目策划、储备和推介，争取每年推出一大批新项目，真正使项目策划推介、项目快速实施、项目跟踪服务成为加快工业经济发展的重要抓手和支撑。

（九）大力招商引智，有力推动工业快速发展。深入实施招商引资绩效考核办法，切实加大招商引资、招贤引智工作力度，综合考虑投资强度、产业关联度和生态环境承受力，主动承接发达地区的产业梯度转移，通过引进理念、引进人才、引进管理、引进资金，加速推进全县工业经济发展。创新招商引资的思路，支持本地优势企业引进合作伙伴做大做强，提高招商引资的质量和效益，促进招商引资从注重数量向注重质量转变。对符合国家产业政策、投资规模大、产业链长、带动力强、对财政和就业贡献大的重大工业项目，实行一企一策，给予重点支持。按照“非禁即可”的原则，引导和鼓励非公资本投资兴办工业。认真贯彻落实《中共南涧县委、南涧县人民政府关于进一步促进招商引资工作的意见》，落实好招商引资目标责任制和奖惩机制。

（十）改善发展环境，努力提高服务企业水平。树牢“企业创造财富，政府营造环境”的理念，深入推进法治政府、责任政府、阳光政府和效能政府建设，切实提高服务企业发展的水平。积极推行“六个一”重大工业项目建设协调推进机制，全面落实县级领导挂钩重点企业制度。探索创新行政审批模式，对重大工业项目和招商引资项目实行“政府领导、部门联动、提前介入、各尽其责、平行推进、联审联批、限时办结、依法规范”的行政审批和服务制度，营造合力推动企业发展的良好环境。

（十一）拓宽融资渠道，加大信贷支持工业力度。改善投融资环境，推进银政、银企合作，开展重点工业项目融资指导，创新金融产品，优化融资服务。积极培育壮大民营小额贷款公司和融资担保公司，支持金融企业拓展业务，积极培育地方法人金融机构，完善对金融机构增加工业信贷的奖励政策，加大信贷对工业的支持。

（十二）转变发展方式，着力促进工业转型升级。坚定不移地坚持生态优先战略，坚定不移地推进新型工业化进程，围绕转变经济发展方式，引导和支持企业创新技术和生产经营模式，积极发展低碳经济、循环经济，促进能源、资源的高效利用和循环利用。认真落实低碳节能减排目标责任制，努力实现低碳节能减排目标。

（十三）推进技术创新，大力提升企业竞争能力。加强企业技术创新，支持企业技术中心建设，加强“产学研”结合，加快科技成果转化，提升产品科技含量，提高技术装备水平，促进企业的技术进步、产品升级换代和产业升级。把运用信息技术改造提升传统工业产业作为技术改造的重要内容，大力推进信息化与工业化融合。实施名牌战略，支持企业自主创新争创名牌产品和著名商标。进一步加大对我县名牌产品、地理标志产品、驰名商标、自主创新产品的开发、保护和宣传，提升南涧品牌的知名度。

（十四）强化质量兴企，不断提升产品质量档次。实施“质量兴县”战略，以标准推行、行业监管、品牌培育、诚信建设为抓手，切实抓好产品质量和食品、药品质量安全，以质量创品牌、树形象和提升竞争力。坚决查处假冒伪劣产品，坚决打击制假售假行为。发挥优势，积极扶持龙头企业采取土地流转经营、租赁、林权流转、与农户联营等多种形式建设农产品基地。支持龙头企业按国际化、标准化要求，推进危害分析与关键控制点认证（HACCP 认证）和无公害农产品、绿色食品、有机产品等认证，提升产品档次，增加产品附加值。

（十五）重视安全生产，确保工业发展有序规范。高度重视安全生产，切实健全和落实好各项制度，严格操作规程，加强教育培训，认真落实安全生产责任制，最大限度避免和减少安全生产事故，保障人民生命财产安全。高度重视环境安全，积极防范工业污染危害公众健康。

（十六）加强队伍建设，强化工业发展人才支撑。以全面提高各类工业人才的整体素质和能力水平为核心，重点抓好培养、引进和使用三个环节，以高层次人才、紧缺型人才、创新创业人才和实用型人才为重点，建立企业家培养和激励机制，大力表彰奖励优秀民营企业和企业负责人，着力培育一支具有创业精神、战略眼光、现代理念、创新意识的现代企业家队伍，为南涧工业经济发展集聚更多的人才。

四、政策措施

（十七）加大扶持力度。一是加大财政扶持力度。县财政每年按不低于地方财政一般预算收入3%的比例设立工业发展专项资金。二是完善园区扶持政策。从2011年起，以上年为基数，工业园区当年比上年新增税收的县级留成部分的50%由县财政补助给工业园区，专项用于加快园区建设发展。加大工业园区标准厂房建设扶持。2011～2012年，凡纳入省级工业园区标准厂房建设扶持范围取得省级扶持资金的，州级财政给予每平方米200元的配套补助，未被纳入省级扶持范围的工业园区标准厂房，对由工业园区管委会统一规划、在工业园区建设、符合标准厂房建设要求，经州级相关部门验收合格，按程序批准，在州级每平方米补助100元的基础上，县财政给予每平方米100元的补助。三是实行工业用地倾斜。从2011年起，县财政从土地出让收益金中划出不低于2%的比例，建立工业用地收储建设专项资金，用于工业园区土地收储、基础设施建设。在年度新增建设用地中，国土资源部门在确保民生项目、基础设施项目用地的同时，优先上报重点工业用地。工业用地不得擅自改变为非工业用地，违反规定的，政府依法收回。

（十八）鼓励非公投资工业。鼓励非公有制经济投资发展工业，从2011年起5年内，对新建非公有制工业企业投产当年实际缴纳企业增值税、企业所得税合计100万元以上，以100万元为基数，超基数县级留成部分，经企业提出申请，税务部门核实，县人民政府批准，由县财政奖励或补助企业。对年缴纳增值税、所得税合计100万元以上，两税税款收入合计连续两年环比增长25%以上的非公有制工业企业，增值税、企业所得税税款合计第二年比上年增加部分县级留成的50%，经企业提出申请，税务部门核实，县人民政府批准，由县财政奖励或补助企业。奖励或补助资金主要用于企业技术改造和对企业有功人员的奖励。

（十九）创新区域合作机制。按照合理布局、整合资源、优势互补、分工协作、互利共赢的原则，积极推进跨区域经济合作。以资源占有份额为主要依据，建立促进资源开发、体现利益共享的农特产品、矿冶等资源性开发的财税、工业指标利益分配机制。

（二十）激励企业做大做强。对财务制度健全并经工信、统计等部门确认的新增规模以上工业企业，在州级一次性奖励10万元的基础上，县财政再给予一次性奖励5万元；对销售收入首次突破10000万元、50000万元、100000万元、300000万元、500000万元、700000万元、1000000万元以上的工业企业，在州级一次性分别奖励10万元、20万元、50万元、100万元、200万元、500万元、1000万元的基础上，县财政予以重奖。具体奖励政策是：销售收入首次突破5000万元、10000万元、15000万元、20000万元、30000万元、40000万元、50000万元、100000万元以上的工业企业，县财政分别给予一次性奖励5万元、10万元、15万元、20万元、30万元、40万元、50万元、100万元，对当年纳税额占销售收入的比例低于3%的，按奖励金额的50%予以奖励。每年在销售收入居全县民营工业企业前10位、上缴南涧税金居全县民营工业企业前列、吸纳就业人员多、带动全县相关产业发展贡献较为突出的民营工业企业中，评选产生优秀民营工业企业6户，设一等奖1名、奖励10万元，二等奖2名、分别奖励8万元，三等奖3名、分别奖励6万元（评选申报程序和奖励按照《南涧县优秀民营工业企业、企业负责人和个体工商户评选奖励办法》进行，一并申报、一并评审、一并表彰，具体评选工作由县工信局牵头负责）。

（二十一）激励企业技术创新。对企业产品被新认定为中国驰名商标、中国名牌产品和荣获省级著名商标、省级名牌产品的企业，在州财政给予相应补助的基础上，县财政给予相应奖励。其中国家级每项一次性奖励50万元，省级每项一次性奖励5万元；对被新认定为省级及其以上的企业技术中心给予奖励，国家级一次性奖励50万元，省级一次性奖励15万元；对新认定为国家级高新技术企业的给予一次性奖励15万元。

五、组织领导

（二十二）加强组织领导。县、乡镇两级分别成立加快工业经济发展协调领导组，把加快工业发展作为“一把手工程”来抓，由政府主要领导任组长，政府分管领导任副组长，相关部门主要领导为成员，加强对工业发展的统一领导、统筹协调和督促检查。

（二十三）提高领导水平。各级领导干部要重视学习工业经济管理知识，掌握了解工业经济运行情况，不断提高领导工业发展的能力和水平。加强工业管理干部队伍建设，配齐配强工业经济管理部门领导班子。选派优秀年轻干部到企业挂职锻炼，选调优秀年轻干部到省、州工业经济管理部门挂职，提高管理工业经济的能力，培养工业管理后备人才。对推动工业发展工作实绩突出的工业管理干部优先提拔使用。

（二十四）狠抓工作落实。推行重点工业企业及重大工业项目领导干部挂钩责任制、领导干部“一线工作法”和项目实施目标倒逼机制三项措施，确保工业发展各项任务的落实和目标的实现。

（二十五）完善考核机制。进一步完善工业发展考核机制，对工业发展目标、重大工业发展项目、低碳节能减排、安全生产等重要指标细化考核措施，严格兑现奖惩。

（二十六）强化督促检查。对本决定的贯彻落实情况由县委督查室和县人民政府督查室牵头，县纪委、县监察局、县工信局和县级媒体参加，进行督促检查，总结宣传好的做法经验和先进典型。对工业发展中慢作为、不作为、乱作为的，按有关规定问责，情节严重的要严肃查处。

本决定自发文之日起执行，之前我县有关规定与本决定不一致的，按本决定执行。

中共南涧县委
南涧县人民政府
2011年7月4日

南涧县关于移风易俗节俭办事的规定

为进一步转变机关作风和干部思想观念，加强党风廉政建设和社会主义精神文明建设，提倡移风易俗、节俭办事的良好风气，制止大操大办等不正之风，特制定本规定。

第一条　适用范围

全县国家公职人员（含离退休人员），包括省、州属驻南涧单位干部职工。

第二条　办客种类、规模

（一）办客种类：婚事客、乔迁客、丧事客。其它客事一律不得请客或变相请客。

（二）办客规模：婚事客、乔迁客桌数不得超过50桌（10人/桌，下同），户数不得超过230户。丧事客桌数不得超过60桌，户数不得超过270户。

第三条　办客要求

（一）除在农村家中筹办宴席外，一律不得办“果酒宴”和“相帮宴”。

（二）婚事客，男女双方可以合并办客，也可以分开办客。若一方属初婚，一方属再婚，只允许初婚一方办客。

（三）在县域内首次购房或建房，并取得合法手续的，允许办乔迁客。

（四）若客人中含国家公职人员的，宴客时间必须在法定工作时间外（即除周末及法定节假日外，午餐须安排在 11：30 以后，晚餐安排在 17：30 以后），杜绝“多请少办”和公职人员上班时间做客。

第四条　申报审批

（一）婚事客、乔迁客，当事人必须在办客日 5 个工作日前办理报批手续；丧事客，当事人必须在办客后 15 个工作日内办理申报手续。

（二）申报客事，由职级较高的一方申报（婚事客中男女双方分开办客的除外）。

（三）审批材料：请客名单、审批表、承诺书。

（四）审批部门

1. 县处级干部（含非领导职务）办客，由县委审批。

2. 乡镇实职正科和县级机关实职副科以上领导干部办客，由县纪委审批。

3. 乡镇副科（含非领导职务）和一般干部职工（包括乡镇级机关各站所、离退休人员）办客，由乡镇党委审批。县属部门直管站所驻乡镇的干部职工办客，由县属直管部门审批，同时报乡镇党委备案。

4. 其他干部职工（含非领导职务、离退休人员）办客，由主管部门审批。

（五）除县委、县纪委审批的客事外，各审批单位要在当事人办客后 5 个工作日内将请客名单、审批表、承诺书、督查报告送所属县纪工委、乡镇纪委备案。乡镇纪委按季度向县纪委报送上述材料；审批单位主要领导每半年向县纪委汇报 1 次执行情况。

第五条　违反规定的情形

（一）操办婚事客、乔迁客、丧事客以外其他客事的。

（二）未经申报审批擅自操办婚事客和乔迁客的。

（三）隐瞒不符合办客情况，取得办客手续的。

（四）审批工作人员利用职权，暗箱操作的。

（五）超过审批桌数办客的。

（六）邀请未列入请客名单客人的。

（七）办“果酒宴”、“相帮宴”及其他变相请客的。

（八）在法定工作时间内宴客的。

（九）督查人员包庇办客当事人，不如实上报督查事项的。

（十）包庇办客当事人，不配合督查组调查的。

第六条　违规处理和责任追究

（一）干部职工违反本规定的，年内不得参加各类“先进”评选，当年履职考核确定为不称职（不合格），两年内不得提拔任用，不得晋升专业技术职务。并作如下处理：

1. 县处级干部（含非领导职务）违反此规定办客的，由县委向上级党委、纪委如实报告违纪违规情况，并记入个人廉政档案。

2. 实职科级领导干部违反此规定办客的，给予免职处理，并记入个人廉政档案；非领导职务（含享受正科和副科待遇、保留正科和副科待遇）干部违反此规定办客的，给予取消非领导职务，从科员起算工资待遇，并记入个人廉政档案。

3. 专业技术人员违反此规定办客，属高职、中职的，给予取消相关职称，从初级职称起算工资待遇，并记入个人档案。

4. 省、州属驻南涧单位的干部职工违反此规定办客，由县纪委和县委组织部向其上级主管部门如实报告违纪情况，并建议按照地方干部职工违纪违规处理情况予以处理。

5. 凡违反此规定的干部职工，按照处理决定，由县人大、县政府、县委组织部、县人力资源和社会保障局按规定程序办理。执行情况报送县纪委备案。

（二）本规定实行“一案双查”制度。违反本规定办客的，既要追究当事人的责任，又要追究单位负责人的责任。

1. 对领导干部和一般干部职工违反本规定的，除按照第（一）款规定处理外，还要对单位主要负责人给予党政纪处分。

2. 由乡镇党委审批的干部职工办客违反本规定的，对乡镇党委书记给予降职处理。由县属部门审批的直管站所驻乡镇干部职工办客违反本规定的，对主管单位负责人给予党政纪处分。

3. 实行通报制度。违反本规定办客的公职人员，按规定程序处理后，在各类媒体上通报。

（三）违反本规定的中国共产党党员同时是公务员的，除按照本规定第（一）款相应款项处理外，按照《中国共产党纪律处分条例》和《行政机关公务员处分条例》等相关规定处分。不是中国共产党党员的公务员或其他公职人员，除按照本规定第（一）款相应款项处理外，按照《行政机关公务员处分条例》和其他相关规定给予相应的处分。

（四）有干部职工违反本规定的单位，对单位作如下处理：

1. 年内不得参与各类“先进”评选。

2. 不是文明单位的，两年内不得参加文明单位评选；已是县级文明单位的由县文明委给予撤销文明单位称号，两年内不得参加文明单位评选；已是省、州文明单位的，建议上级文明委给予撤销，两年内不得参加文明单位评选。

第七条　监督奖励机制

（一）本规定的执行，由县纪委、县委组织部牵头，抽调相关部门人员组成督查组，定期不定期进行监督检查。督查工作由县纪委党风廉政室负责。督查组要建立严格的监督检查制度。督查人员要认真负责，秉公办事，如实上报督查事项。督查中发现问题及时向县纪委反映。

（二）以工作津贴补助的形式，聘请群众监督员实施动态监督。

（三）各纪工委、各乡镇纪委负责对所辖部门、地区干部职工办客情况的日常监督。

（四）由县委宣传部牵头，各媒体单位配合，加强对大操大办客事情况的舆论监督。

（五）开展群众监督。对经查证属实的首位举报人，给予人民币3000元奖励，并为举报者保密。

举报电话：8522405（县纪委党风廉政室），8522850（县委组织部办公室）。

第八条　提倡农村办客移风易俗，节俭办事，反对大操大办，以村规民约等形式加以规范。

第九条　提倡文明办客，自觉抵制低俗闹婚、乱放鞭炮扰民等行为。

第十条　各乡镇、各单位、各部门执行本规定情况，纳入“五个文明”建设考核。各党委党组书记、各单位（含省、州属驻南涧单位）主要领导或主持工作的副职是管理和执行本规定的第一责任人，要认真学习贯彻执行本规定。

第十一条　本规定由县纪委、县监察局负责解释。

第十二条　本规定自发文之日起执行。原《中共南涧县委办公室南涧县人民政府办公室关于印发〈南涧县关于提倡移风易俗，禁止大操大办的规定〉的通知》（南办发〔2004〕59号）和《中共南涧县纪委南涧县监察局关于执行党办通〔2003〕56号文件有关问题的通知》（南纪发〔2003〕17号）同时废止。

中共南涧县委办公室
2011年3月29日

南涧县“彝乡人才”评选和激励暂行办法

第一条　为认真贯彻落实人才强县战略，加强人才队伍建设，激发各类人才为南涧经济社会发展作贡献，努力营造干事创业的良好氛围。结合我县实际，特制定本暂行办法。

第二条　南涧县“彝乡人才”是指南涧县属各行业各层次人才队伍中，具有较强专业能力，对南涧经济社会发展有突出贡献的人才。

第三条　评选应坚持党管人才方针，遵循公开、平等、择优的原则，坚持标准，确保质量，重点突出工作实绩和贡献。

第四条　评选条件。坚决拥护中国共产党的领导，爱岗敬业，乐于奉献，勇于创新，有较强的事业心和责任感，创业创新能力强，有突出贡献，群众公认的各类优秀人才。党政人才（公务员和参照公务员法管理单位工作人员）不参加评选。

（一）专业技术人才。在教育教学、科研、技术发明创造、新产品研发、医疗卫生、文化体育等方面成绩突出，获得过省级以上表彰奖励。

（二）企业经营管理人才。本企业规模在全州同行业中连续两年居前三名，企业近三年没有发生重大安全、环境污染事故，企业利润稳步增长，职工福利逐年改善，经济效益和社会效益显著，本人为企业发展作出重大贡献，企业管理处于同行业领先水平的优秀企业经营管理人才。

（三）技能人才。坚持学习钻研本职业务，在本职岗位上操作技能娴熟，技术精湛，在技术创新和技术改造方面有较大贡献。

（四）农村实用人才。努力学习、运用和推广先进科学生产技术，带领农民群众脱贫致富成效明显，在发展农村经济方面有较大贡献。

（五）民族文化人才。积极创作文艺作品，作品或成果在州级有重大影响，获得州级以上表彰奖励。

（六）其他在我县经济社会发展中有重大创新或有重大贡献的优秀人才。

第五条 评选届期和人数。南涧县“彝乡人才”从2011年起每两年评选一届，每届评选10名（根据情况可以缺额），冠名为“南涧县第×届‘彝乡人才’”，到期后称号自行终止，如符合条件可继续申报。

第六条 评选程序：

（一）推荐。由各乡镇各部门自下而上广泛推荐，确定出初步人选，由本人填写《南涧“彝乡人才”申报登记表》并提交能够反映本人专业水平、工作成绩的证书等材料。

（二）初审。各乡镇各部门成立初评组，对初步推荐人选进行初审，在广泛听取各方面意见基础上确定推荐人选，报县委组织部审核并征求纪检监察、公安、检察院等部门意见后，报县人才工作领导小组评审。

（三）评审决定。县人才工作领导小组对推荐人选进行评审，报县委常委会议研究决定。

（四）公示。县委常委会研究决定后，对评选的南涧县“彝乡人才”人选对象进行公示，接受社会监督。

（五）表彰命名。县委、县人民政府对南涧县“彝乡人才”予以命名，授予荣誉称号。

第七条 激励措施：

（一）对评选产生的南涧县“彝乡人才”，县委、县人民政府给予命名表彰和颁发证书。

（二）获得南涧县“彝乡人才”荣誉称号的，每人每届奖励1万元，以年度考核为依据分年度兑现奖金。

（三）积极推荐南涧县“彝乡人才”参加省、州优秀高层次人才的评选。

第八条 作用发挥：

（一）围绕全县经济社会发展战略、特色优势产业发展、重大建设项目、重大科技攻关项目等，充分发挥知识技能和专业特长，推动科学技术与经济建设紧密结合，充分发挥人才资源是第一资源和科学技术是第一生产力的作用。

（二）组织“彝乡人才”参加全县重大建设项目的论证、实施，并就全县经济建设、社会发展和科技进步等方面积极献计献策，为县委、县人民政府科学决策当好参谋。

第九条 管理服务：

（一）管理制度。“彝乡人才”的管理工作由县人才工作领导小组负责，所在单位及有关部门协助管理，县人才工作领导小组办公室负责处理日常事务。对调出县外工作、因身体原因不能正常履职、违法违纪、有与荣誉称号条件不相符的，取消其称号及所享受的待遇。

（二）考核制度。县人才工作领导小组办公室对“彝乡人才”进行年度考核，考核结果报县人才工作领导小组审核，对年度考核不合格的，取消其称号及所享受的待遇。

（三）服务制度。由县人才工作领导小组负责做好以下五个方面的服务工作：

1. 定期召开座谈会，向“彝乡人才”通报县委、县人民政府重大决定和全县经济社会发展情况，广泛听取“彝乡人才”的意见、建议。

2. 结合南涧经济社会发展需要，组织学习、考察、培训等活动。

3. 对“彝乡人才”申报的项目给予政策支持，鼓励和支持他们参加各种学术交流活动，提高学用结合能力。

4. 每年进行一次走访慰问，积极协调解决其工作和生活中遇到的困难。

5. 加强舆论宣传，广泛宣传“彝乡人才”的奉献精神和工作业绩，努力营造优秀人才脱颖而出的良好氛围。

第十条 本办法自公布之日起施行，由县人才工作领导小组办公室负责解释。

中共南涧县委办公室

2011年7月12日

南涧县优秀民营工业企业、企业负责人和个体工商户评选奖励办法（试行）

为深入实施工业强县战略，推动民营经济快速发展，积极鼓励全县企业和个体工商户科学管理、守法经营、发展壮大，通过典型引路带动全社会创业热情，促进全县经济社会又好又快发展，特制定本办法。

一、评选范围

（一）优秀民营工业企业评选范围

全县范围内所有民营工业企业。

（二）优秀企业负责人评选范围

全县范围内所有企业（包括国有企业、国有控股企业和民营企业）的主要负责人。

（三）优秀个体工商户评选范围

全县范围内所有个体工商户。

二、评选条件

（一）优秀民营工业企业评选条件

1. 模范执行党和国家的路线方针政策和法律法规，诚实守信，合法经营，照章纳税，销售收入居全县民营工业企业前10位，年上缴南涧税金居全县民营工业企业前列。

2. 坚持以人为本，保障职工合法权益，为职工缴纳社会保险，按时足额支付职工工资，劳动用工制度健全。

3. 市场开拓意识强，在企业经营、技术、管理上大胆创新，建立规范有效的运行机制。

4. 年内未发生各种安全、质量和环境污染事故。

5. 注重企业文化建设，积极参与支持社会公益事业，回报社会贡献突出，有良好的社会声誉。

（二）优秀企业负责人评选条件

1. 所负责企业模范执行党和国家的路线方针政策和法律法规，诚实守信，合法经营，照章纳税，销售收入居全县企业前10位，年上缴南涧税金居全县企业前列。

2. 坚持以人为本，解决就业贡献大，并能保障职工合法权益，为职工缴纳社会保险，按时足额支付职工工资。

3. 市场开拓意识强，在企业经营、技术、管理上大胆创新，建立规范有效的运行机制。

4. 所负责企业年内未发生各种安全、质量和环境污染事故。

5. 重视团队建设，所负责企业具有鲜明的企业文化和凝聚力，积极参与支持社会公益事业，回报社会贡献突出，有良好的社会声誉。

（三）优秀个体工商户评选条件

1. 模范遵守党和国家的路线方针政策和法律法规，诚实守信，合法经营，照章纳税，年上缴南涧税金居全县个体工商户前10位，且上缴南涧税金达3万元以上。

2. 经营店铺有一定规模和特色品牌效应，在县内外产生一定影响力，社会知名度较高。

3. 劳动用工制度健全，积极吸纳本县就业人员，无拖欠员工工资情况。

（四）有下列情形之一的民营工业企业、企业负责人和个体工商户不得参加评选

1. 生产或销售假冒伪劣产品的。

2. 偷税、抗骗税、逃避银行债务的。

3. 发生各种安全和环保责任事故的。

4. 拖欠劳动者报酬的。

5. 企业和个人有违法违纪违规行为的。

三、评选程序

（一）申报

评选采取自下而上、逐级推荐的程序进行。由符合条件企业和个人于每年12月30日前向主管部门申报（优秀民营工业企业、优秀企业负责人向县工信局申报，优秀个体工商户向县工商局申报），也可由县工信局或县工商局推荐申报。

申报时需提供以下材料：1. 1000～1500字的基

本情况介绍；2. 营业执照复印件、身份证复印件；3. 年度纳税情况证明（税票复印件）和能证明本企业营业收入的相关资料；4. 为公益事业发展作出突出贡献的投入资金或捐赠物品证明等。

（二）审查

次年1月5日前分别由县工信局、县工商局对申报的优秀民营工业企业、优秀企业负责人和优秀个体工商户进行资格审查，审查合格的报县评审委员会组织评审。

（三）评审

成立评审委员会，由县人民政府分管工业经济副县长担任主任，县工信局局长、工商局局长担任副主任，县委办、县委政研室、县政府办、县工商联、县文明办、县外宣办、县人力资源和社会保障局、县监察局、县公安局、县国税局、县地税局、县财政局、县教育局、县安监局、县环保局、县卫生局、县质监局、县药监局等部门主要领导为成员，评审委员会设办公室在县工信局，由县工信局局长兼任评审委员会办公室主任，负责处理日常事务。评审委员会于次年1月10日前对申报对象进行评审。

（四）公示

评审结果在媒体上进行公示，公示时间不少于5天，公示无异议后报县委、县人民政府审批。

四、奖励办法

（一）奖项设置及奖励金额

1. 优秀民营工业企业6名。设一等奖1名，奖励人民币10万元；二等奖2名，分别奖励人民币8万元；三等奖3名，分别奖励人民币6万元。

2. 优秀企业负责人6名，分别奖励人民币4万元。

3. 优秀个体工商户6名，分别奖励人民币1万元。

（二）资金来源

优秀民营工业企业和企业负责人奖励资金在县工业发展基金中安排，优秀个体工商户奖励资金由县财政安排。

（三）表彰奖励

县委、县人民政府于次年春节前组织召开企业新春团拜会，对获奖对象进行表彰，并颁发荣誉证书和奖金。

五、评选要求

（一）评选奖励优秀民营工业企业、企业负责人和个体工商户是一项社会影响较大的活动，各乡镇各部门一定要严肃认真，坚持标准，严格审核把关。

（二）评选工作坚持“强中选优”的原则，在符合评选条件的前提下，重点以对南涧税收贡献大小为评选依据，兼顾对带动产业发展、促进农民增收具有重大贡献的企业和个体工商户。

（三）企业和个体工商户要根据评选条件，提供真实准确的相关数据资料，确保评选奖励活动公开、公平、公正。

（四）优秀民营工业企业和企业负责人年内原则上不重复表彰。

（五）宣传部门要组织新闻媒体加大对优秀民营工业企业、企业负责人和个体工商户的宣传力度，以典型引路、示范带动促进全县企业和个体工商户的发展。

中共南涧县委办公室
南涧县人民政府办公室
2011年7月15日

《南涧彝族自治县国民经济和社会发展第十二个五年规划纲要》主要奋斗目标和重点任务分解方案

一、“十二五”时期经济社会发展主要奋斗目标

1. 地区生产总值年均增长15%以上。

责任单位：县发改局牵头，县统计局配合。

2. 财政总收入年均增长20%以上，其中地方财政一般预算收入年均增长15%以上。

责任单位：县财政局牵头，县国税局、县地税局配合。

3. 全社会固定资产投资年均增长25%以上。

责任单位：县发改局牵头，县统计局配合。

4. 社会消费品零售总额年均增长15%以上。

责任单位：县商务局牵头，县统计局配合。

5. 工业总产值年均增长30%以上。

责任单位：县工信局牵头，县统计局配合。

6. 工业增加值年均增长35%以上。

责任单位：县工信局牵头，县统计局配合。

7. 农业总产值年均增长10%以上。

责任单位：县农业局牵头，县林业局、县统计局、县畜牧局、县茶办配合。

8. 农村经济总收入年均增长15%以上。

责任单位：县农业局牵头，县统计局配合。

9. 农村居民人均纯收入年均增长18%以上。

责任单位：县农业局牵头，县统计局配合。

10. 人口自然增长率控制在6‰以内（约束性指标）。

责任单位：县计生局。

11. 城镇登记失业率控制在4%以内（约束性指标）。

责任单位：县人社局。

12. 城镇化率达33%以上。

责任单位：县住建局。

13. 万元GDP能耗下降13%以上（约束性指标）。

责任单位：县工信局牵头，县统计局配合。

二、“十二五”时期经济社会发展重点任务分解

（一）推进生态农业发展，加快社会主义新农村建设步伐

14. 推进“1个农产品加工示范区，3个生态农业示范区，9个标准化生产示范基地”建设。

责任单位：县农业局牵头，县工信局、县环保局、县林业局、县水务局、县文体广电旅游局、县畜牧局、县茶办、烟草南涧分公司配合。

15. 稳定粮食种植面积2.27万公顷（34万亩），年均产量9800万千克以上。

责任单位：县农业局。

16. 实施好山区现代烟草农业整县推进项目，建成基本烟田1万公顷（15万亩），年均种植烤烟5000公顷（7.5万亩）、产量22万担。

责任单位：烟草南涧分公司。

17. 种植泡核桃4073.33公顷（6.11万亩），配套滴灌设施6666.67公顷（10万亩）。

责任单位：县林业局。

18. 建成生态茶园基地8000公顷（12万亩），其中有机茶园1333.33公顷（2万亩）、绿色食品茶园2000公顷（3万亩）、无公害茶园4666.67公顷（7万亩）。

责任单位：县茶办。

19. 实现肉牛存栏12万头、出栏8.8万头，生猪存栏20万头、出栏19.4万头，无量山鸡存栏280万羽、出栏600万羽以上。

责任单位：县畜牧局。

20. 建设名贵药材示范基地1333.33公顷（2万亩）。

责任单位：县商务局牵头，县农业局、县林业局配合。

21. 建成生态果园1666.67公顷（2.5万亩），无公害蔬菜基地2333.33公顷（3.5万亩），无公害冬春马铃薯基地1333.33公顷（2万亩）。

责任单位：县农业局。

22. 力争打造2个中心集镇、10个中心村、15个新农村示范村。

责任单位：县住建局牵头，县委政研室、县农业局、县环保局、县扶贫办配合。

23. 解决7.9万人饮水安全问题。

责任单位：县水务局牵头，县发改局配合。

24. 建设7000口沼气池、1万眼节能灶，推广太阳能3万套。

责任单位：县农业局牵头，县林业局配合。

25. 改造农村危房1万户、加固1.2万户。

责任单位：县住建局牵头，县委政研室、县发改局、县财政局、县地震局配合。

26. 争取实施50个自然村农村清洁工程、80个自然村村容村貌整治工程。

责任单位：县农业局牵头，县委政研室、县扶贫办配合。

27. 力争改造村组公路3160千米。

责任单位：县交通运输局。

28. 加快解决深度贫困群体的困难问题，重点扶持79个特困村。

责任单位：县扶贫办牵头，县发改局配合。

29. 争取实施2个整乡推进项目，20个自然村整村推进项目，25个以工代赈项目，易地扶贫搬迁8000人。

责任单位：县扶贫办牵头，县发改局配合。

30. 完成瓦木自、灵宝山、三字克和小湾东镇岔江新区移民安置工程，抓好移民区后期扶持，促进移民区全面发展。

责任单位：县移民局牵头，小湾东镇、碧溪乡配合。

31. 全县贫困人口减少4万人以上，深度贫困问题得到有效缓解。

责任单位：县扶贫办。

（二）推进工业化，增强产业发展协调性

32. 全县工业总产值突破380000万元，年均增长30%以上；工业增加值突破90000万元，年均增长35%以上，工业增加值占地区生产总值的比重达22%以上。

责任单位：县工信局牵头，县统计局配合。

33. 抓好安定片区、白岩河片区、灰河片区土地收储，水、电、路、通讯和标准化厂房等基础设施建设。到“十二五”末，园区土地开发利用率达40%，力争建成标准厂房40万平方米。

责任单位：县工信局牵头，县国土局配合。

34. 到“十二五”末，实现矿冶产业工业总产值100000万元以上。

责任单位：县工信局。

35. 到“十二五”末，实现生物资源和农副产品加工产业工业总产值200000万元以上。

责任单位：县工信局牵头，县农业局、县林业局、县畜牧局、县茶办配合。

36. 到“十二五”末，实现新能源工业总产值30000万元以上。

责任单位：县工信局牵头，县发改局配合。

37. 到“十二五”末，实现建筑建材产业工业总产值50000万元以上。

责任单位：县工信局。

（三）推进服务业发展，培育新的经济增长点

38. 围绕“一个中心、两条线路、三个片区”的发展思路，完成《南涧县旅游发展总体规划（2011～2025年）》和县城片区、无量山片区、小湾电站片区旅游开发详细规划的编制，积极争取旅游发展项目纳入全省全州旅游开发规划盘子。

责任单位：县文体广电旅游局。

39. 整合旅游文化资源，提升旅游文化内涵，优化旅游产业要素，全力打造“民族风情旅游、高山生态旅游、水电工业旅游”三大旅游品牌。

责任单位：县文体广电旅游局牵头，县国土局、县住建局、县林业局、县自然保护区管理局配合。

40. 加大旅游基础设施建设力度，县城片区争取实施西山跳菜村和白云生态旅游村开发项目；无量山片区重点解决灵宝山景区游路、供水、供电、通讯等基础设施建设；小湾电站片区重点解决罗伯克和凤凰山景区游路、供水、供电、通讯等基础设施建设。

责任单位：县文体广电旅游局牵头，县发改局、县交通运输局、县农业局、县林业局、县水务局、县自然保护区管理局、县扶贫办、县茶办配合。

41. 三个片区和小普线、岔小线两条线路沿线科学布局商业网点、餐饮、酒店、公交等与旅游开发有关的配套服务。

责任单位：县林业局牵头，县自然保护区管理局配合。

78. 建成防汛调度指挥中心，推进南涧河、巍山河和公郎河等中小河流治理，增强城镇防洪能力。

责任单位：县水务局。

79. 加快建立地质灾害易发区群测群防体系、监测预警体系、防治体系和应急体系，主要抓好城镇、村庄、工业园区、学校等人口密集地区的地质灾害防治项目，重点实施县城周边、公郎镇和无量山镇集镇周边、灰河流域、瓦郎和自可咱片区地质灾害防治项目，力争实施乡镇驻地、阿招箐、西舍埂、红星小学和凤岭小学所在地地质灾害防治工程。

责任单位：县国土局牵头，县级有关单位和各乡镇配合。

80. 加强地震监测预报、震灾预防和紧急救援三大体系建设。

责任单位：县地震局。

81. 抓好气象防灾、减灾和救灾体系建设，争取建成县级气象灾害应急指挥中心，提高应对自然灾害的处置能力和气象服务水平。

责任单位：县气象局。

82. 以解决饮用水不安全、土壤污染等损害群众健康的突出环境问题为重点，大力开展农业污染治理和农村面源污染治理工程，明显改善环境质量。

责任单位：县环保局牵头，县工信局、县农业局、县水务局配合。

83. 加强项目环评审批和节能审查，强化污染物减排和治理。

责任单位：县环保局牵头，县发改局、县工信局配合。

84. 加快城镇污水、垃圾处理设施建设，积极预防重点流域水污染。

责任单位：县住建局牵头，县发改局、县环保局配合。

85. 严格污染物排放标准，强化执法监督，健全重大环境事件和污染事故责任追究制度。

责任单位：县环保局牵头，县监察局、县法制局配合。

86. 完善环境保护政策，建立健全污染者付费制度。

责任单位：县环保局。

87. 完善土地管理制度，严格用途管制，保持 2.27 万公顷（34.75 万亩）耕地保有量。

责任单位：县国土局。

88. 重视饮水安全，强化水资源管理和有偿使用，严格控制地下水开采。

责任单位：县水务局。

89. 以提高资源产出率为目标，开发应用源头减量、循环利用、零排放和产业链接技术，推广循环经济典型模式。

责任单位：县工信局。

90. 加强矿产资源综合利用，鼓励产业废物循环利用，完善再生资源回收体系和垃圾分类回收制度，推进资源再生利用产业发展。

责任单位：县工信局牵头，县国土局、县环保局、县住建局、县商务局配合。

（七）推进社会事业全面协调发展，构建平安和谐南涧

91. 大力发展城乡公办学前教育，鼓励支持发展民办学前教育，解决城乡幼儿入园难问题，完成县城和八个乡镇示范性幼儿园建设项目。到“十二五”末，县机关幼儿园达到一级二等办学水平，全县学前教育普及率达到国家中长期教育发展的标准。

责任单位：县教育局牵头，县发改局配合。

92. 提高义务教育的办学质量和水平，巩固“两基”成果，适度撤并教学点，扩大办学规模，推进普及高中阶段教育逐步向优质化方向发展。到“十二五”末，全县保留 15 所中学、53 所完小、32 所村小。到“十二五”末，小学、初中阶段毛入学率达到 100%，巩固率保持在 99% 以上。创建 3 所一级示范性初级中学，县示范小学从省一级三等学校晋升到省一级一等学校，各乡镇均有 1 所一级学校。高中阶段毛入学率达到 85%，办学水平进一步提升。

责任单位：县教育局牵头，县发改局配合。

93. 按照职业教育品牌化、专业化发展思路，面向市场需求，突出专业特色，进一步提高职业教育办学水平。

责任单位：县教育局。

94. 加强未成年人思想道德建设，坚持德育为先、能力为重，注重学生健康成长，促进学生全面发展。

责任单位：县教育局牵头，县文明办、县文体广电旅游局、团县委配合。

95. 高度重视教师培养，加强师德师风建设，提高教师业务水平，按照标准配齐各类教师，提升教师队伍整体素质，抓好教师培训中心建设项目。

责任单位：县教育局牵头，县人社局配合。

96. 加大投入，整合资源，着力改善办学条件。重点抓好5万平方米D级校舍重建和10万平方米BC级校舍加固，义务教育标准化学校建设项目，争取实施南涧一中和民族中学扩建项目、职业中学实训中心建设项目。

责任单位：县教育局牵头，县发改局、县财政局配合。

97. “十二五”末，孕产妇死亡率控制在35人/10万人以下，婴儿死亡率控制在15‰以内，孕产妇住院分娩率达80%以上；法定报告传染病发病率控制在160~200人/10万人以下；国家免疫规划接种率达95%以上。

责任单位：县卫生局。

98. 按照保基本、强基层、建机制的要求，增加财政投入，深化医药卫生体制改革。

责任单位：县卫生局牵头，县发改局、县财政局配合。

99. 坚持以覆盖城乡居民的基本医疗卫生制度为目标，进一步完善城乡医疗保障制度，逐步提高保障标准，全面协调城乡均衡发展，努力缩小城乡之间、不同收入人群之间的差距。到“十二五”末，新型农村合作医疗参合率保持在90%以上。

责任单位：县卫生局牵头，县人社局配合。

100. 加大卫生基础设施投入，重点抓好中医院门诊医技综合楼、妇幼保健院门诊综合楼、卫生监督所、村卫生室信息网络和农村无害化厕所建设，争取县级公共卫生服务体系建设，社区卫生服务中心用房基础设施建设，乡镇卫生院综合服务体系建设。

责任单位：县卫生局牵头，县发改局、县人民医院、县中医院、县妇幼保健院、县卫生监督所、各乡镇、村卫生室配合。

101. 充分利用“中国民间南涧跳菜艺术之乡”影响力，把“南涧跳菜”打造成全国知名文化品牌。

责任单位：县委宣传部牵头，县文体广电旅游局配合。

102. 力争建设规模宏大、功能齐全、藏书丰富的县图书馆，抓好南涧县综合影剧院、无量山镇和宝华镇综合文化站及110个自然村文化室建设，加快推进广播电视村村通工程、农村电影放映工程、农家书屋工程、文化信息资源共享工程。

责任单位：县文体广电旅游局。

103. 大力发展民间文化艺术，传承和弘扬优秀民间文化艺术，建设“南涧跳菜”博物馆，展示跳菜民俗文化。

责任单位：县文体广电旅游局。

104. 加快建设民族特色文化活动场所，争取建设110个群众舞台、戏台。

责任单位：县文体广电旅游局牵头，各乡镇配合。

105. 加强对民族文化遗产的挖掘和保护，加快民族文化遗产调查登记和申报工作，对重要濒危民族文化遗产进行抢救性保护，争取启动古定边县城建筑群遗址修复工程。

责任单位：县文体广电旅游局牵头，县住建局配合。

106. 加强人文景观、自然景观开发，促进文化产业振兴。挖掘南涧古歌、古舞和剪纸、服饰、刺绣等艺术资源，打造影响力重大的民族文化品牌。

责任单位：县文体广电旅游局。

107. 积极开展以群众性体育活动为主的全民健身运动和传统民族民间体育活动，加大体育基础设施建设力度，提升人民体质和健康水平，重点抓好160个自然村体育健身场所建设。

责任单位：县文体广电旅游局牵头，各乡镇配合。

108. 加强培养竞技体育人才，力争启动南涧县综合体育运动场馆项目。

责任单位：县文体广电旅游局。

109. 坚持计划生育基本国策，统筹解决人口问题，促进人口长期均衡发展。

责任单位：县计生局。

110. 支持残疾人事业发展，健全残疾人服务体系，抓好县残疾人康复中心和县残疾人托养中心建设，提高对残疾人的保障水平。

责任单位：县残联牵头，县发改局配合。

111. 深入开展民族团结进步宣传教育活动，依法加强宗教事务管理，建立健全民族宗教管理责任制度，让宗教与经济社会发展相适应。

责任单位：县委统战部牵头，县民宗局配合。

112. 加大食品药品监管力度，确保人民群众饮食和用药安全。

责任单位：县药监局。

113. 加强档案基础设施建设，新建县档案馆和数字档案室，提高档案管理水平。

责任单位：县档案局。

114. 加强政法基础设施建设，抓好县公安局、县法院、县司法局办公场所整体搬迁和乡镇派出所建设项目。

责任单位：县发改局牵头，县法院、县公安局、县司法局配合。

115. 加强职业培训和择业观念教育，提高劳动者就业能力，重点抓好农村剩余劳动力、城镇就业困难人员就业工作。

责任单位：县人社局牵头，县教育局、县民政局配合。

116. 努力提高居民收入在国民收入分配中的比重，提高劳动报酬在初次分配中的比重。逐步提高最低工资标准，创造条件增加居民财产性收入。

责任单位：县人社局。

117. 加快推进覆盖城乡居民的社会保障体系建设，扩大社会保障覆盖范围，逐步提高保障标准。

责任单位：县人社局牵头，县民政局配合。

118. 实现新型农村社会养老保险制度全覆盖，完善城镇职工和居民养老保险制度。

责任单位：县人社局。

119. 实现城乡社会救助全覆盖，大力发展慈善事业，完善城乡居民最低生活保障制度，逐步扩大最低生活保障范围和提高最低生活保障标准，做好移民和受灾群众生活救助工作。

责任单位：县民政局。

120. 努力解决农民工和失地农民的社会保障问题。

责任单位：县人社局牵头，县民政局、县国土局配合。

121. 完善新型农村合作医疗制度和城镇居民基本医疗保险制度，提高医疗保障水平。

责任单位：县人社局牵头，县卫生局配合。

122. 加大保障性住房建设力度，力争建设5万平方米廉租房和2万平方米公租房，切实解决城镇居民住房困难。

责任单位：县住建局牵头，县发改局、县国土局配合。

123. 实施县敬老院扩建、县社会福利中心、南街社区服务中心项目，争取建设南街社区居家养老服务中心和部分乡镇敬老院及老年护理院建设，切实提高社会弱势群体的生活保障能力。

责任单位：县民政局牵头，县国土局配合。

124. 深入开展文明单位创建活动，加强理想信念和思想政治教育，弘扬以爱国主义为核心的民族精神和“仁德无量、坚韧不拔、智信明达、自强不息”的南涧精神。

责任单位：县委宣传部牵头，县文明委成员单位配合。

125. 坚持正确的舆论导向，加强先进典型的宣传，弘扬社会公德、职业道德和家庭美德。

责任单位：县委宣传部牵头，县教育局、团县委、县妇联、县文体广电旅游局配合。

126. 深入开展以文明南涧为核心的群众性精神文明创建活动。

责任单位：县文明办牵头，县文明委成员单位配合。

127. 倡导尊重知识、崇尚学习的社会风气。开展多种形式的科普教育，反对封建迷信。大力提倡科学文明健康生活方式，提高群众文明素质和城乡文明程度。

责任单位：县委宣传部牵头，县委建设学习型党组织工作领导小组成员单位、县建设学习型社会工作领导组成员单位配合。

128. 坚持党的领导、人民当家做主、依法治国有机统一，发展社会主义民主政治，保障人民知情权、参与权、表达权、监督权。

责任单位：县委办牵头，县政府办配合。

129. 巩固和壮大最广泛的爱国统一战线，发挥工会、共青团、妇联等人民团体作用。

责任单位：县委统战部牵头，县总工会、团县委、县妇联配合。

130. 全面落实依法治国基本方略，维护法制权威，推进依法行政、公正廉洁执法，开展“六五”

普法活动，加强法制宣传教育，推进依法治县，形成人人学法、懂法、守法的社会氛围，加快建设社会主义法治国家。

责任单位：县司法局牵头，县委政法委、县委宣传部、县法院、县检察院、县公安局、县法制局配合。

131. 加强社会管理法规、体制、能力建设。健全基层管理和服务体系，发挥群众组织和社会组织作用，形成社会管理和服务合力。

责任单位：县法制局牵头，县民政局配合。

132. 健全政府主导的维护群众权益机制，完善人民调解、行政调解、司法调解联动的工作体系，整合各方面力量，建立调处化解矛盾纠纷综合平台。畅通和规范群众诉求表达、利益协调、权益保障渠道。

责任单位：县委政法委牵头，县委群众工作局、县法院、县检察院、县公安局、县监察局、县司法局、县法制局、县信访局配合。

133. 建立重大工程项目建设、重大决策出台和重大政策制定的社会稳定风险评估机制。

责任单位：县委政法委牵头，县委宣传部、县委群众工作局、县政府新闻办、县法院、县检察院、县发改局、县工信局、县公安局、县监察局、县司法局、县国土局、县环保局、县法制局、县信访局配合。

134. 加大公共安全投入，加强安全生产，健全对事故灾难、公共卫生事件、食品安全事件、社会安全事件的预防预警和应急处置体系。

责任单位：县安监局牵头，县公安局、县民政局、县财政局、县卫生局、县药监局配合。

135. 完善社会治安防控体系，加强城乡社区警务、群防群治等基层基础建设，加强政法队伍建设，严格公正廉洁执法，增强公共安全和社会治安保障能力，加强重点地区社会治安综合治理。

责任单位：县委政法委牵头，县法院、县检察院、县公安局、县司法局配合。

136. 严密防范和依法打击各种违法犯罪活动，切实保障人民群众生命财产安全。

责任单位：县公安局牵头，县法院、县检察院配合。

137. 以开展“质量兴乡（镇）”、“质量兴业”、“质量兴企”、“质量兴品”活动为载体，深入实施“质量兴县”战略。到“十二五”末，农产品、食品等产品质量合格率持续上升，制造业质量竞争力指数达到全州平均水平，工程质量全面提高，服务业质量显著提升，环境质量明显改善。

责任单位：县质监局牵头，县工信局、县环保局、县住建局、县交通运输局、县水务局、县药监局、县工商局、县商务局配合。

（八）继续深化改革，努力扩大开放

138. 进一步转变政府职能，深化行政审批制度改革，加快推进政企分开，减少政府对微观经济活动的干预。继续优化政府结构、职能职责，降低行政成本。

责任单位：县法制局牵头，县四项制度办配合。

139. 全面落实法制政府、责任政府、阳光政府和效能政府制度，打造行为规范、运转协调、公正透明、廉洁高效的行政体系，不断提高政府公信力。

责任单位：县政府办牵头，县监察局配合。

140. 完善重大决策的规则和程序，建立健全公众参与、专家论证和政府决策相结合的决策机制，推进决策的科学化、民主化和制度化。

责任单位：县法制局。

141. 完善行政过错责任追究制、绩效考核评价体系、奖惩机制和监督检查机制。

责任单位：县监察局牵头，县财政局、县审计局配合。

142. 建立健全教育、制度、监督并重的惩治和预防腐败体系。

责任单位：县纪委牵头，县监察局、县财政局、县审计局配合。

143. 坚决纠正损害群众利益的不正之风，努力营造风清气正的社会环境。

责任单位：县政府纠风办牵头，县监察局配合。

144. 按照财力与事权相匹配的要求，加大对乡镇的投入力度，加强政府提供基本公共服务财力保障。

责任单位：县政府办牵头，县财政局配合。

145. 完善预算编制和执行管理制度，提高预算完整性和透明度。

责任单位：县财政局。

146. 积极推进和规范城乡供水、垃圾处理、污水处理等收费改革。

责任单位：县发改局牵头，县住建局、县水务局配合。

147. 推进土地承包经营权依法流转，发展多种形式的适度规模经营。

责任单位：县农业局牵头，县国土局配合。

148. 深化集体林权制度改革配套工作，建立健全林权抵押贷款机制，加快发展林业合作经济组织。

责任单位：县林业局牵头，各乡镇配合。

149. 充分利用地处大理州南大门的区位优势，加大招商引资、选商引智、招才引智力度，提高招商引智水平，加快构建“开放南涧”建设，积极参与对外经济技术合作，引进一批有利于延长产业链、提高附加值、增加就业、增加税收的项目，不断拓展发展空间。

责任单位：县商务局牵头，县级各部门、各乡镇配合。

150. 建立《纲要》实施督促检查机制，研究制定具体实施意见，分解目标任务，落实责任单位，将其列入政府考核范围。

责任单位：县监察局牵头，县委政研室、县委督查室、县发改局、县政府督查室配合。

151. 建立《纲要》评估修订机制和规划中期评估制度，滚动修订相关内容。

责任单位：县发改局牵头，相关职能部门配合。

152. 修改完善专项规划，科学编制年度计划，把《纲要》中的目标任务体现到专项规划中，分解到年度计划中，确保《纲要》顺利实施。

责任单位：县发改局牵头，14 个重点专项规划部门配合。

中共南涧县委办公室
南涧县人民政府办公室
2011 年 11 月 28 日

关于加快无量山乌骨鸡产业发展的意见

南涧无量山乌骨鸡由红色原鸡演化而来，经无量山世居农民长期培育、驯化，形成了以无量山系为中心分布的无量山乌骨鸡类群。无量山乌骨鸡品种资源独特，产品质量好，市场起点高。2009 年被列入国家畜禽品种资源遗传名录，2011 年被评为云南省“六大名鸡”之一。为推进特色优势资源开发，做大做强无量山乌骨鸡产业，打造无量山乌骨鸡特色农产品品牌，特提出如下意见。

一、发展思路和主要目标

（一）发展思路。以“生产高效、资源节约、绿色安全、可持续发展”为目标，坚持品种资源保护与开发并重，优化产业结构和布局，走政府引导、种源场为龙头、合作社搭桥，示范园区带动养殖户，品牌推动产业发展的路子，提高无量山乌骨鸡特色产业集群规模效益，促进农业增效、农民增收、农村经济发展。

（二）主要目标。2012 年出栏无量山乌骨鸡 180 万只，实现产值 10800 万元，增加农民收入 1440 万元；2013 年出栏无量山乌骨鸡 320 万只，实现产值 19500 万元，增加农民收入 3200 万元；2014 年出栏无量山乌骨鸡 440 万只，实现产值 29920 万元，增加农民收入 5280 万元；2015 年出栏无量山乌骨鸡 600 万只，实现产值 42000 万元，增加农民收入 7200 万元；力争在“十二五”期间，打造出具有全省影响力的南涧县无量山乌骨鸡产品品牌。

二、工作重点

（一）创新发展理念。打破传统农业经营模式，实施农产品品牌战略，用商业化理念谋划产业发展，走政策引导发展，专业合作社牵动发展，品牌促进发展，效益驱动发展路子。以种鸡场为龙头，合作社为牵引、养殖户为基础建立示范园区形成生产基地；通过合作社搭桥，与市场联姻，统一种源，统一饲养规程，统一产品质量，统一产品价格，统一产品销售，形成上连市场、下接农户的产业链，做大做强无量山乌骨鸡产业。

围绕国家畜禽品种遗传资源鉴定委员会确定的无量山乌骨鸡品种标准，制定南涧县无量山乌骨鸡品种标准，规范保种、选种、鸡苗脱温技术和养殖卫生安全与环境控制，建立健全投入品使用、疫病防治技术、标准化养殖技术和产品质量规范，并对生产销售过程实施全程监管，提高产品质量安全水平。积极做好“南涧县无量山乌骨鸡地理标识”和“南涧县无量山乌骨鸡绿色食品”认证。通过政府引导、合作社运作、业务部门监管，采取扶大促小、以点带面的方式，用效益促进广大民众参与，用“规范”保障产品质量，建立特色农产品生产基地，提高产品产量和质量安全水平。建设无量山乌骨鸡产品销售终端，扩大消费群体，提高无量山乌骨鸡影响力，形成集群式产业发展模式，用品牌战略推动无量山乌骨鸡产业发展。

（二）保护品种资源。积极争取把无量山乌骨鸡列入国家品种资源保护计划。建立可持续发展机制，在我县无量山乌骨鸡原始种群集中地带划定保种区保护遗传资源，防止外来品种鸡的基因介入。重点扶持保种区原种保种户，确保无量山乌骨鸡原始种群的数量和质量，保护地方优良品种资源。

（三）建立产销体系。遵循统一规划、区域布局、专业生产、集约经营的原则，制定无量山乌骨鸡产业发展战略规划，把农户、合作组织、基地、产品、市场紧密结合起来，以种鸡场为龙头，合作社为纽带，建立示范园区，形成生产基地；以优质产品占领市场，发展产品市场终端。

1. 扩大种源。每年扶持原种保种区饲养200只以上原种保种户200户，重点扶持饲养2000只以上原种鸡场10个，2013年起每年提供种鸡或鸡苗150万羽。把中华山原种保种场扩建为无量山乌骨鸡选育中心，完善技术路线，加强选育工作。2012年实现规模种鸡1万羽，鸡苗100万羽；2013年实现种鸡2万只，鸡苗200万羽。每个乡镇规划建设5万羽以上鸡苗脱温场1~2个，为生态养殖户提供合格脱温鸡苗。

2. 发展养殖大户。加快由小群体、小规模向大群体、大规模的发展转变。充分利用果园、茶园、泡核桃地、林地、荒山荒坡等土地资源，扶持发展一批上规模的生态养殖户，建立生态养殖示范园区，形成区域集群优势。每个乡镇扶持年出栏4000只以上的生态养殖大户20~40户；扶持年出栏10000只以上的生态养殖大户5~10户，扶持年出栏20000只的生态养殖大户2~5户，以生态养殖示范园区带动小规模生产户，建立层层相带、紧密相联的生产基地，形成保种户、种鸡场、脱温户、生态养殖户互动的生产模式。

3. 建立产销对接机制。坚持走“专业合作社+基地+农户+市场”的发展模式，改进管理措施，优化经营模式，提高产业效益，推动产业从规模化经营向集约化经营发展。成立一个涵盖全县的无量山乌骨鸡养殖专业合作社，各乡镇按片区组建若干个同类专业合作社，按照制定的产业技术体系和产品质量体系建设示范园区并形成基地，以专业合作社为桥梁把基地与产品销售市场对接，采用市场社会化、流通专业化的手段，逐步建立品牌销售专业市场，做到按计划生产、按合同销售，形成连接产销、功能完善、内外通达的生产经营体系。

三、保障措施

（一）提高产业组织化程度

1. 以南涧县吉兴无量山乌骨鸡开发专业合作社为龙头，统领全县无量山乌骨鸡产业发展的专业合作。以服务成员，打造无量山乌骨鸡特色品牌，推动全县无量山乌骨鸡发展为宗旨，按照产品质量规范和生产技术规范，实施产销一条龙服务，指导好各片区的同类专业合作社。对条件成熟的同类专业合作社可纳为分社进行管理，依法为成员养鸡户提供所需设备、用具、药品、疫苗、饲料原料等生产资料及有关的技术、信息等服务。引进新技术、新理念，开展养殖技术培训、技术交流和咨询服务，建设无量山乌骨鸡养殖示范园区，把农户、基地、产品、销售、专业合作组织紧密结合起来，形成由合作社上连原材料供应商和产品市场，下接养殖基地的模式。

2. 各乡镇按片区组建相应的专业合作社，按照《中华人民共和国农村专业合作社法》运转，对申请入社成员进行资格审查，成熟一户吸纳一户。专业合作社组建后，按照成员分工履行职责，通过成员的分工合作，形成种苗、脱温、商品鸡生态饲养、产品销售等各个环节既相对独立又相互联合的生产格局，共同抵御自然和市场“双重”风险。

（二）加大产业发展扶持力度

1．实行以奖代补扶持。饲养成年种鸡200只以上的保种户，经技术部门鉴定（合作组织机构认可），与种鸡选育中心签订保种合同，按要求做好保种工作，提供种源的保种户，每年给予500～1000元的保种补助；饲养2000只以上的原种鸡场，功能设施齐全，能提供种鸡或鸡苗，生产稳定，经验收合格给予3～6万元以奖代补扶持。年脱温鸡苗5万羽以上的生产户，经验收合格给予3～5万元以奖代补扶持。生态养殖场达到年出栏4000只以上并稳定生产，验收合格给予1～2万元以奖代补扶持；达到年出栏10000只以上，生产稳定，验收合格给予2～4万元以奖代补扶持；达到年出栏20000只以上，生产稳定，验收合格给予4～10万元以奖代补扶持。加强种鸡选育场基础设施建设，增加种鸡舍和设备，饲养种鸡达到2万只以上，年生产鸡苗达到200万羽以上，根据建设进度给予以奖代补扶持。对投入使用的生态养鸡场，在扩建、更新改造、技术改造、技术创新等方面给予扶持。对不加入产业发展体系和产品质量体系的养殖户一律不予扶持。

2．建立财政保障体系。建立多元化、多层次、多渠道的投入机制，采取群众筹一点、银行贷一点、向上争取一点、招商引进一点、财政补助一点的办法，保障产业发展所需资金。县财政每年安排不少于100万元的产业发展资金，专门用于扶持产业体系建设和产品市场开发。县级各相关部门要积极向中央、省、州争取现代农业、生态农业、生物产业、产业扶贫、农业产业化发展、项目贴息等项目资金。支持有实力的企业、集团和其他经济组织采取独资、合资、合作等方式进行开发；鼓励合作社与养殖户融资开发，做大做强无量山乌骨鸡产业。

（三）强化科技配套措施

1．建立健全动物防疫体系。完善社会公益性服务体系和技术支撑体系，为产业发展提供有力技术支撑。完善疫病防控体系，严格执行免疫程序，采用场地轮换全进全出的饲养模式，强化消毒、隔离、疫病净化、场地安全防范、鸡群保健、产品安全追溯等相关技术配套措施，提高生产安全和产品质量安全水平。

2．规范产业发展。由县畜牧兽医局牵头，县质量技术监督局配合，制定“一个标准，八个规范”，即《南涧县无量山乌骨鸡品种标准》，《南涧县无量山乌骨鸡保种技术规范》、《南涧县无量山乌骨鸡选种技术规范》、《南涧县无量山乌骨鸡鸡苗脱温技术规范》、《南涧县无量山乌骨鸡养殖卫生安全与环境控制规范》、《南涧县无量山乌骨鸡投入品使用规范》、《南涧县无量山乌骨鸡疫病防治技术规范》、《南涧县无量山乌骨鸡标准化养殖技术规范》、《南涧县无量山乌骨鸡产品质量规范》。各相关部门要密切配合，在实施过程中对“规范”不断修订和完善，形成云南省无量山乌骨鸡产业发展地方规范。各生产环节要严格按照标准和规范进行生产，在专业合作社的管理和指导下，接受业务部门、技术监督部门的监督，严格执行产品质量验收标准，合格产品加挂地理标识，无标识的产品不进入品牌店销售。

3．加强科技创新。吸纳先进技术，采取送出去、请进来、参加知识讲座、技术研讨等形式培养技术创新人才，通过科技创新和技术进步加快产业链建设步伐，加快地方优势产业的转型升级。加大动物疫病预防控制关键技术研发力度，加速现有科技成果的转化，强化先进实用技术的推广普及，做好养殖户的培训工作，提高科学养殖水平。

（四）积极拓展产品市场

1．由南涧县吉兴无量山乌骨鸡养殖专业合作社注册“无量山乌骨鸡地理商标”，结合全县无公害农产品基地县认证和“无量山乌骨鸡地理标识”认证，争取“无量山乌骨鸡绿色产品”认证，用品牌来推动产业发展，逐步扩大品牌效应。

2．积极拓展无量山乌骨鸡及产品销售市场，加强与产品市场企业合作，把生产前端和产品销售终端结合起来，在省内大中城市分步建立无量山乌骨鸡鲜活产品销售专门店，尽快形成连接产销、功能完善、内外通达的产品市场体系。条件成熟，引进1家特色禽产品加工企业，年屠宰无量山乌骨鸡300万只，年产量达4500吨，采取分部位、分级包装或深加工产品推向市场。

3．加强产品质量和产品安全监管。建立产品质量监管体系，由县畜牧兽医局牵头，县质量技术监督、工商、农业执法大队等职能部门配合对整个生产实行全程监控。加强农民的诚信教育，对养殖环境、疫病防治、生产投入品实行严格管理，对制售假饲料、假兽药、产品掺杂使假、以次充好坑害消费者的行为坚决予以打击。建立产品安全追溯体系，严防安全事故。

4. 认真落实产业发展优惠政策。执行国家对养殖企业的免税政策，对各类养殖场、养殖户免征政府性基金和行政性收费；农村集体经济组织、农民合作经济组织建立的养殖场、养殖园区用地按农业用地管理；规模养殖场和养殖园区用水用电执行农业生产水电价。

（五）营造良好社会氛围

1. 各相关部门要充分利用电视、报刊、科普展览、互联网等积极宣传无量山乌骨鸡特色产业，及时报道无量山乌骨鸡产业发展动态，对产业推进中成绩突出的乡镇、部门、专业合作社要重点报道，对涌现出的先进养殖户、科技人员要大张旗鼓宣传。南涧电视台要设立电视专栏，以专题形式播报各类生产技术规范，让更多农户自觉加入到无量山乌骨鸡产业发展中来。

2. 产品市场终端利用广告、专题、专访、促销等手段做好宣传。统一使用无量山乌骨鸡产品商标，在运输车辆、运输用具、专门店等设置统一标识，让消费者认知，逐步扩大消费群体，高质量、高起点运作，打响无量山乌骨鸡产品品牌。

（六）切实加强组织领导

1. 成立由分管畜牧工作副县长任组长，分管科技工作副县长任常务副组长，县农业局局长、县畜牧兽医局局长任副组长，县委政策研究室、县发展和改革局、县财政局、县质量技术监督局、县国土资源局、县扶贫办、县茶办、县林业局、县工商局、县文体广电旅游局、县政府新闻办、人行南涧县支行、信用联社、供电公司等部门主要领导为成员的南涧县无量山乌骨鸡产业发展领导组，下设领导组办公室在县畜牧兽医局，抽调专人负责日常工作。各乡镇也要成立相应机构，明确乡镇长为第一责任人，分管副乡镇长为直接责任人，形成层层抓落实的工作格局。

2. 县畜牧兽医局负责编制产业发展战略规划和年度发展计划，做好项目申报工作，指导和监督合作社按“规范”运作，制定各生产环节的验收标准及管理办法，做好实用技术推广，指导和监督好产业发展工作。各乡镇农业综合服务中心要分派专业技术人员，与各类生产（场）户直接挂钩，实行定岗、定责、定任务，成绩突出的，在履职考核、职称评定等方面给予倾斜。

3. 建立责任考核机制。把开发无量山乌骨鸡产业纳入经济社会发展重点工作考核内容，考核的各项指标分解到各部门、各乡镇，按照责任目标实行跟踪督办，严格考核。

南涧县人民政府

2012 年 2 月 16 日

南涧县招商引资目标责任绩效考核办法

第一章　总　则

第一条　为建立招商引资长效激励机制，推动招商引资工作，提高对外开放水平，树立全民招商引资理念，促进全县经济社会科学发展、和谐发展、跨越发展，制定本办法。

第二章　招商引资目标任务

第二条　县四班子年招商引资任务 21000 万元。其中县委班子（县委书记、专职副书记、省下派挂职副书记和县委办公室）每年 5000 万元，县人民政府班子（含县政府办公室及内设机构和归口管理部门）每年 10000 万元，县人大班子和县政协班子每年 3000 万元。

第三条　乡镇年招商引资任务 24000 万元。

一类乡镇 4 个：南涧镇、无量山镇、公郎镇、宝华镇，每个镇每年 4000 万元；

二类乡镇 4 个：小湾东镇、拥翠乡、碧溪乡、乐秋乡，每个乡（镇）每年 2000 万元。

第四条　县级部门年招商引资任务 95000 万元。

一类部门9个：县发改局、县工信局、县商务局、县工商局、县林业局、县畜牧局、县文体广电旅游局、县农业局、县茶办，每年3000万元；

二类部门23个：县纪委、县委政法委、县委组织部、县委宣传部、县委统战部、县检察院、县法院、县人武部、县总工会、县公安局、县住建局、县财政局、县环保局、县国税局、县地税局、县水务局、县国土局、县交通运输局、县扶贫办、县教育局、县卫生局、县民政局、县供销社，每年2000万元；

三类部门22个：县委政研室、团县委、县妇联，县工商联、县残联、县科协、县自然保护区管理局、县司法局、县统计局、县科技局、县人防办、县人社局、县计生局、县审计局、县档案局、县志办、县地震局、县安监局、县药监局、县民宗局、县移民局、县粮食局，每年1000万元。

第五条 没有明确下达招商引资任务的国家和省、州级垂直管理部门要努力营造良好的招商引资环境，提供优质服务，积极做好招商引资工作，积极鼓励社会各界人士参与招商引资工作，完成招商引资任务1000万元以上的纳入考核。

第三章 招商引资责任

第六条 县委、县政府班子主要领导及成员，各乡镇党政“一把手”，县级责任部门主要领导是招商引资责任人。责任人要采取有力措施，确保任务完成。

第七条 责任部门要成立招商引资机构，主要领导负总责，明确1名副职领导具体负责，配备专兼职工作人员，积极落实工作任务。

第四章 招商引资的确认

第八条 招商引资项目要符合国家产业政策和投资政策，符合县情和发展需要。引进工业项目的，原则上厂房和设备投资在300万元以上；引进民营医院的，原则上要达到国家二级医院标准；引进房地产开发项目的，到位资金按照项目完成投资计算，考核资金奖励按完成投资额的0.15系数折算；除四星级以上高星酒店外的宾馆、酒店和物流等市场自行调节项目列入招商引资实绩统计，但不纳入招商引资绩效考核奖励。

第九条 帮助县内企业内引外联实现增资扩建，且单个项目投资100万元以上的，其增资额视为招商引资。帮助县内创业者投资兴业，且单个项目投资在100万元以上的，其投资额视为招商引资。

第十条 招商引资额以考核时实际到位资金计算。引进的新技术、新工艺、专利技术和国内、国际知名商标等无形资产，按合同规定并经有关部门评估确定其价值，其价值确认为招商引资。

第十一条 招商引资项目前期可行性论证工作，由县发改局、县商务局、县工信局和项目涉及乡镇、部门完成，各责任单位要做好招商引资项目的整理和包装工作，县商务局要适时向招商引资责任单位提供招商引资项目信息。引进的项目，由有关职能部门负责落实。

第十二条 向国家、省、州争取的政府性投资项目和扶持资金，接受社会捐赠捐助的项目和资金，不纳入招商引资范围。部门联合招商项目，由联合招商部门达成一致意见，经项目建设人确认后，报考核组备案，以此确认部门招商引资实绩。

第五章 考核奖惩

第十三条 招商引资任务实行一年一考核，考核项目论证、包装、推介等前期工作和完成绩效两个方面。完成责任目标的，当年兑现奖励，对没有开展前期工作的责任部门不予考核招商引资工作实绩。

第十四条 招商引资考核工作每年年底由县委组织部牵头，县委督查室、县政府督查室、县监察局、县招商引资工作领导组办公室（县商务局）等部门参与组成县招商引资目标责任考核组，负责组织考核工作，考核结果报县委、县人民政府作为奖励依据。

第十五条 招商引资工作设工作任务、绩效考核、党政部门“一把手”奖励和特别贡献奖4个奖项。

工作任务奖。对完成年度招商引资目标任务的班子、乡镇和部门，按确认考核奖励到位资金额的2‰奖励工作经费，工作经费的50%可奖励个人。

绩效考核奖。为确保招商引资企业（不含在县内开发房地产和矿产资源的企业）建成投产，各班子、乡镇和部门引进的企业，投产当年上缴各种税款属地方财政收入部分达10万元以上的（扣除国家政策减免税部分），增资扩建的按当年新增税款考核，续建项目按当年投入资金比例产生税款考核，投产当年按上交税金10%的比例奖励招商引资责任主体。奖金可用于弥补工作经费和奖励招商引资工作成绩明显的个人。

党政部门“一把手”奖金。对完成年度招商引资责任目标且引进项目达到绩效考核奖励条件的班子、乡镇和部门党政“一把手”进行奖励，奖金在本乡镇和本部门所获奖金总额以外增发。奖励标准：完成年度招商引资目标任务且引进单个项目完成地方税收达10万元（含10万元）至20万元的，按责任单位所获奖金总额的10%给予奖励；引进项目完成地方税收达20万元（不含20万元）至40万元的，按责任单位所获奖金总额的15%给予奖励；引进项目完成地方税收超过40万元（不含40万元）的，按责任单位所获奖金总额的20%给予奖励。

特别贡献奖。对年内新引进实施到位资金达2000万元以上的项目，对招商引资人员或部门领导进行特别贡献奖励。奖励标准：引进项目到位资金达2000万元特别奖励3万元，在此基础上每增加1000万元到位资金相应给予增加奖金1万元。

第十六条　乡镇和部门完成招商引资任务情况列为干部选拔任用的重要依据，在招商引资中做出突出贡献的个人，同等条件下优先提拔任用。未下达招商引资目标任务的单位，年度招商引资额达1000万元以上，参照本办法给予考核奖励。

第十七条　在招商引资申报中弄虚作假的乡镇和部门，除不得参与各种先进表彰评选外，对有关责任人及单位主要负责人予以通报批评，情节严重的给予相应的纪律处分。

第六章　附　则

第十八条　本办法由县招商引资工作领导组办公室负责解释。

第十九条　本办法自发文之日起执行。《中共南涧县委南涧县人民政府关于印发南涧县招商引资目标责任绩效考核办法的通知》（南发〔2009〕33号）文件同时废止。

中共南涧县委办公室
南涧县人民政府办公室
2012年2月17日

南涧县项目资金争取工作考核办法

第一条　为加快实施项目带动战略，充分发挥项目对经济的拉动作用，不断强化发展意识，激发和调动全县各部门争取项目资金的积极性，推动全县经济社会跨越发展，根据国家、省、州有关项目扶持和管理政策，结合实际，制定本办法。

第二条　本办法所称项目资金，是指根据全县国民经济和社会发展需要，通过向国家、省、州或其他渠道争取用于县内基本建设、产业发展的各类项目资金（包括各类捐款中用于基础设施建设和产业发展的投入部分）。其中，下列资金不纳入考核奖励范围：

（一）各种捐款、贷款、上级配备的设备。

（二）上级对单位目标考核资金。

（三）用于单位办公经费的资金。

（四）上级从我县统筹上缴后再分配回的资金。

（五）单个项目低于5万元的资金。

第三条　考核组织领导

成立由县财政局局长任组长，县发展和改革局、县监察局局长任副组长，县委政研室、县政府办、县审计局、县统计局主要领导为成员的南涧县项目资金争取工作考核领导小组。领导小组下设办公室在县财政局，负责协调落实具体事宜。

第四条　考核基本原则

（一）坚持实事求是、公开公平公正的原则。

（二）坚持科学合理、奖优罚劣的原则。

（三）坚持年终考核与平时考核相结合的原则。

第五条 考核对象、内容及依据

（一）考核对象：县级各项目资金争取部门。

（二）考核内容：各部门项目资金实际到位情况。

（三）考核依据：通过财政部门下达的资金以实际下达资金指标为依据，通过其他部门直接下达的资金以实际到款凭证为依据。

第六条 考核程序

（一）各部门于次年2月20日前将上年项目资金争取情况形成书面总结报考核领导小组办公室，并附相关证明材料。

（二）两个或两个以上部门共同争取的项目资金，由牵头部门负责申报，注明协助部门，并提出部门间分配比例，由考核领导小组认定，不得重复申报。

（三）不报送申报材料、申报时间超过认定时限以及申报依据不充分的，一律不予认定。

（四）经考核领导小组办公室根据各部门申报材料进行审核汇总，提出初步意见报考核领导小组审定。

（五）考核领导小组审定并提请县委、县人民政府研究批准后，兑现奖惩。

第七条 奖惩考核办法

（一）按照各部门项目资金到位情况设置"基础补助"。

1. 争取项目资金在15000万元以上（含15000万元，下同）的补助工作经费20万元；

2. 争取项目资金在10000万元以上不足15000万元的补助工作经费16万元；

3. 争取项目资金在8000万元以上不足10000万元的补助工作经费14万元；

4. 争取项目资金在6000万元以上不足8000万元的补助工作经费12万元；

5. 争取项目资金在4000万元以上不足6000万元的补助工作经费10万元；

6. 争取项目资金在2000万元以上不足4000万元的补助工作经费8万元；

7. 争取项目资金在1000万元以上不足2000万元的补助工作经费6万元；

8. 争取项目资金在500万元以上不足1000万元的补助工作经费4万元；

9. 争取项目资金在200万元以上不足500万元的补助工作经费2万元；

10. 争取项目资金在50万元以上不足200万元的补助工作经费1万元；

11. 争取项目资金不足50万元的不予补助。

（二）根据部门上年度实际到位项目资金予以奖惩。以部门上年度实际到位项目资金为基数，超基数的按超基数部分的0.3%补助工作经费，完不成基数的按完不成基数部分的0.3%扣减补助工作经费，扣完为止。补助工作经费25万元封顶。

（三）考核中所得补助资金的50%用于部门工作经费，50%可奖励个人。

第八条 本办法由县项目资金争取工作考核领导小组办公室负责解释。

第九条 本办法自发文之日起执行。《中共南涧县委办公室南涧县人民政府办公室关于印发〈南涧县项目资金争取工作考核办法〉的通知》(南办发〔2011〕32号）同时废止。

中共南涧县委办公室
南涧县人民政府办公室
2012年2月17日

三、企业简介

云南凤凰木业有限责任公司

云南凤凰木业有限责任公司于2009年8月由云南凤凰水利水电工程有限公司发起成立。公司主要依托澜沧江库区木材打捞项目，主要从事原木、锯材、木制品、林产品的购销、调运、加工、销售，以及造林苗、城镇绿化苗、经济林木的培育和销售。

公司在南涧县安定工业园区内建厂，计划建设项目是：年产5000立方米的集成材及地板加工项目；年产3.3万件（套）实木制品生产项目；年产5000吨生物质综合利用项目；6666.67公顷林地流转改造项目。所有项目建成后，计划投入资金5000万元，可实现产值10000万元，利税1700万元，解决就业300多人。2010年，公司带锯车间建成投产，年内生产民用材2980立方米、包装用材3870立方米，产值920万元，实现税利258万元。2011年8月和2012年2月，集成材车间、木制品车间先后建成投产。机制炭车间正在建设之中，预计2013年底可以建成投产。另外，公司重视加大林地流转力度，现已完成林地流转3333公顷，投入资金1500万元。

2011年，公司实现产值2000万元，上缴税金305万元，解决就业120人。至2012年5月，公司累计投入资金3900万元，建成标准化厂房7096平方米。

法人代表：茶绍祥
联系电话：0872—8521777　13908723677
地　　址：南涧县城安定工业园区

南涧无量山倚天达核桃加工有限责任公司

南涧无量山倚天达核桃加工有限责任公司建于无量山镇马鹿田小普公路边，距县城40千米。公司地处南涧核桃、茶叶主产区的中心位置，可辐射景东、云县、凤庆等核桃、茶叶生产区。公司主要从事核桃、茶叶等系列产品的粗、精加工和销售，区位条件优越，交通较为便利。该项目投资2000万元，年加工、销售泡核桃1500吨、茶叶400吨、早豌豆3000吨。

2010年6月，公司项目建成投产，建成标准厂房4000平方米，全年实现产值2160万元，解决就业100人。2011年，公司投资60万元建成办公、住宿综合楼450平方米，投资30万元购置疏果烘干机10台、地板秤1台，全年实现产值5000万元，解决就业150人。

法人代表：茶文寿
联系电话：0872—8765029 13887225979
地　　址：无量山镇马鹿田

南涧沃南特农产品开发有限公司

南涧沃南特农产品开发有限公司（前身为南涧沃南特良品工贸有限公司）成立于2009年8月。是集科学种植、精深加工、出口贸易为一体的综合性企业。公司注册资本308万元，经营范围主要以白芸豆、核桃、野生菌类等农副产品的初级加工和出口销售为主。

2010年，公司投资1600万元，建成冷库900立方米、速冻库200立方米，购置白芸豆加工设备及野生菌速冻、加工设备各1套，并建成白芸豆加工车间、野生菌加工车间和办公楼、住宿楼等设施，年内实现出口农产品价值28.3万美元。2011年，公司投资60万元新购农产品分捡设备1套，全年销售收入达3100万元，其中出口收入70万美元，提供就业岗位45人。该项目的建成，填补了南涧县新型农特产品加工的空白，带动了全县农业产业化发展。

法人代表：钟　静
联系电话：0872—8713358　13808700262
地　　址：南涧县城安定工业园区

南涧县罗伯克茶场

罗伯克茶场始建于1964年，至2011年有固定资产350万元，茶园18.33公顷，职工66人，年产量50吨，年产值400万元。茶场主要产品有礼盒装、袋装系列罗伯克茶。

罗伯克茶场地处海拔1800米的无量山支脉中，茶园土壤属红壤、砂壤，土层深厚肥沃，有机质含量丰富，适宜茶树生长，所种茶树为国家优良品种“云南大叶种孟库茶”。所产茶叶内质优异，茶香浓郁，深受消费者青睐。

罗伯克茶场一方面根据市场需求积极调整生产模式和产品结构，不断改善茶园生态环境，建设优质生态茶园；另一方面调整生产管理措施，禁止使用化学农药，大量使用有机肥，按照无公害茶叶标准进行生产管理，积极开发优质无公害产品。2004年1月，罗伯克茶场通过“云南省无公害农产品”生产认证。2004年7月，通过农业部农产品质量安全中心“无公害农产品”生产产地认证和产品生产认证。

罗伯克茶场在不断发展壮大的同时，积极带动周边茶农的发展，茶场周边村组已建起20多公顷优质丰产茶园，成为南涧县知名的茶叶村，全村茶农因种茶走上了致富路。

法人代表：李正林
联系电话：0872—8710669　13508720727
地　　址：公郎镇凤岭村委会罗伯克

南涧县飞龙钾盐综合回收有限公司

南涧县飞龙钾盐综合回收有限公司是祥云飞龙有色金属股份有限公司下属的全资子公司，现有员工近200名，至2012年5月，公司实际完成投资7910多万元。

公司生产以进口锌氧粉为原料，经碱洗后渣子运往祥云县化工冶炼厂提炼纯锌，溶液经四效蒸发后提取氯化钾和氯化钠，属于非金属加工行业中的无机盐制造。以上生产工艺属国内先进技术，是国家政策扶持的产业，也是目前全省采用此类工艺生产的唯一一条生产线。产品氯化钠是用途广泛的工业盐，氯化钾是紧俏的农业化肥原料，两种产品社会需求量大，发展前景乐观。

公司投资300多万元建造了一套生活污水生化处理系统，实现了厂区生活污水的深度净化，处理后的水质基本达到饮用水标准。为保证外排水水质更好，公司增设了外排水活性炭吸附工段，使各项硬指标100%合格的前提下，感观上也更能被社会接受。经大理州环境监测站监测采样分析，各项指标均达到国家规定标准。为了进一步节约能源，提高生产效率，公司又对钾盐蒸馏回收系统进行了技术改造，并完成了清洁生产试点单位验收的前期工作。

从2010年8月试生产至2011年末，公司累计处理锌氧粉9880万千克，产值24000万元，上缴税金1438万元。

法人代表：杨利雄
联系电话：0872—8528298　13887289806
地　　址：南涧镇白岩河工业园区

南涧无量山水泥有限责任公司

南涧无量山水泥有限责任公司成立于2002年11月，占地面积1.6公顷，注册资本150万元，现有员工45人。公司生产的“无量山”牌P.O42.5、P.C32.5硅酸盐水泥，质量稳定、信誉良好，主要销往临沧市和景东县。近年来，公司加强内部管理机制，建立和完善各项规章制度，严把产品质量关，诚实守信经营，得到广大用户的肯定和赞扬，取得了良好的经济、社会效益。2011年1月开始，公司本着适应国家新的产业政策，把企业做大做强的远景发展理念，筹资1500万元，新建一条年生产能力为60万吨的水泥粉磨生产线，并于2011年10月建成投入试生产，为企业的进一步发展打下了坚实的基础。2011年，公司实现产值2105万元，上交增值税89万元，2012年计划实现产值5000万元。

2007年公司被评为“诚信纳税先进单位”；2008年、2010年被评为“安全生产先进单位”；2011年1月被南涧县委、县政府评为2010年“先进工业企业”；2011年3月被南涧县委、县政府表彰为“南涧县城乡绿化先进企业”；2011年10月被列为“质量兴县示范单位”；2012年3月被南涧县委、县政府评为2011年“优秀民营工业企业”。

公司始终把产品质量视为企业的生命，为树立企业质量品牌，从2011年7月份开始，公司已启动ISO9001质量管理体系认证和产品认证工作，积极为今后的品牌战略打下坚实的基础。

法人代表：张文斌
联系电话：0872-8528048　13987204370
地　　址：南涧镇大涝箐

南涧县红云核桃加工销售有限责任公司

2008年3月，南涧县红云核桃加工销售有限责任公司注册成立，成为南涧县第一家核桃加工销售企业。公司占地面积4000平方米，总投资2000万元，其中固定资产投资500万元，流动资金1500万元。公司坚持以“龙头企业+基地+农户”的经营模式，以打造南涧泡核桃产业品牌为突破口，提高核桃产品附加值，进一步提高核桃产业经济效益，逐步成为全县核桃加工、销售的龙头企业。公司产品主要销往北京、上海、青岛等市场，销售产品主要有泡核桃仁、铁核桃仁、纯核桃油和核桃粉。公司现有职工60多人。2011年，公司实现销售总量1600吨，销售收入近2400万元。2012年，预计销售核桃2000吨，实现销售收入3000万元、利税192万元。

2010年12月，南涧县红云核桃加工销售有限公司开始筹备实施投资3300多万元的加工厂异地搬迁项目。异地扩建项目选址于南涧镇大军庄，距离县城3千米，建设用地面积1.8公顷（27亩），总投资3202万元，总建筑面积8164平方米。项目建成后，公司可达到年产2500吨核桃系列产品加工能力，实现年产值16146万元，税收415万元，净利润1244万元。

法人代表：左红云
联系电话：0872—8791888　13988521438
地　　址：南涧县城振兴南路小军庄

云南茶花林化有限公司

云南茶花林化有限公司成立于2006年10月，经营期限30年，注册资金420万元。经营范围是松脂生产、加工和自产松香、松节油、林副产品销售。

公司占地1.73公顷，有生产车间1600平方米，仓库大棚2180平方米，配套设施房屋968平方米，同时建有生产用水、消防管网、污水处理系统，有厂区道路346米，有1套连续式松香蒸馏设备。公司下设办公室、生产办、原料部、质检部、财务室等5个部门，生产车间设有生产班组3个，员工56人。公司年产松香1.8万吨、松节油4500吨，产品主要用于出口，主要产品“茶花”牌松香在欧美十分畅销，年创汇可达1000万美元以上。2011年，公司生产松香6744吨、松节油1519吨，总产值16567万元，销售收入16047万元，上缴税收215多万元。

公司自创建以来，始终以“安全第一、质量第二、科技主导、争创一流”作为经营宗旨，以“科学管理、带动农户、发展企业、贡献南涧”为经营理念，以“公司+基地+农户”的经营模式，大力发展林业产业附加产品开发，使企业走上可持续发展的良性轨道。

法人代表：段　波
联系电话：0872—8528366　13808723579
地　　址：南涧县南涧镇白岩河

云南大理华庆茶业有限公司

云南大理华庆茶业有限公司成立于2000年，属县内台资企业。公司主要开发高山有机乌龙茶系列产品，至2011年末，公司已投资3000多万元人民币，建造了7000平方米的有机肥处理厂2座，建设了加工厂房（内设茶叶审评室、精制车间、萎凋车间、包装车间、茶叶仓库等）6000平方米、办公大楼1200平方米、职工住宅区3700平方米。公司种植有高山有机茶66.67多公顷，产品有乌龙、铁观音、金萱、翠玉等品种。现有员工180人。

公司在发展过程中，秉持现代生态理念，将公司基地打造成为设施农业、有机农业和观光农业示范园区。目前，公司茶园种植管理和茶业加工水平均处于云南省前列，已成为南涧县发展现代生态农业的示范企业。在发展设施农业方面，公司修建了覆盖66.67多公顷茶园的自动喷灌系统，缓解了南涧春季干旱缺水的制约，提升了春茶的品质和产量；根据茶叶清洁化加工的需要，从台湾、福建购买了整套茶叶加工机械设备。在发展有机农业方面，公司按照有机农业的要求，使用自制有机肥，采用生物病虫害防治方法。在发展观光农业方面，公司基地位于无量山自然保护区边缘，在茶园建设过程中，公司十分注重保护茶园周边环境，在茶园内种植了覆荫树，改善茶园小环境，保护茶园小环境的多样性，增强茶园生态调节功能；另外，公司还在茶园内种植了大量樱花树，到每年12月份中旬，灵宝山下樱花烂漫，茶与樱花相映成趣，成为全国独具特色的生态茶园之一，吸引越来越多的人来赏花购茶。公司采用有机茶生产管理模式，采茶、除草均采用人工方式，需要大量的劳动力，给周围群众提供了大量就业机会，公司每年要向周边群众支付100万元以上的劳务费。

法人代表：谢启佑
联系电话：0872—8766678　13987252728
地　　址：南涧县无量山镇德安村

云南凤凰水利水电工程有限公司

云南凤凰水利水电工程有限公司2005年10月注册成立，注册资金为2100万元，占地面积4.59公顷，现有员工252人。

公司主要经营范围是水利水电工程建设、房屋建设、市政建设、道路桥梁建设、林产品加工开发、工程绿化、工程机械设备租赁维修、工程材料及土石方运输、茶叶加工销售（“鑫凤凰”为云南著名商标）、漂浮物打捞、小额贷款等。

公司主要大型机械设备有挖掘机10台、推土机6台、装载机3台、砼拌和系统1套、搅拌机4台、风钻50台、空压机20台、石料生产线1条、红岩金刚自卸车20辆、超高长材料运输车8辆、小客车2辆、小车17辆、变压器和卷扬机9台。

公司承建完工的主要项目是小湾明洞工程、漭街渡大桥工程、小湾水电站转轮厂房工程、抗滑桩工程、豹子洞高边坡治理工程、转轮厂房工程、功果桥水电站引水洞开挖工程、弥渡蒙化箐水库抢险加固工程、凤庆新华轮渡码头淹没复建工程、南涧县小湾水电站四级路淹没改线工程、南涧县孔雀轮渡淹没复建工程、大瓦房移民街场建设工程、南涧镇文启公路建设工程、南涧镇瓦折公路建设工程、乐秋东升烟水工程、沙乐混凝土路面工程、祥云鹿鸣乡公路工程等。

2007年以来，公司经营一年跃上一个新台阶。2007年完成产值1900万元；2008年完成产值6017万元；2009年完成产值8824万元；2010年完成产值10713万元；2011年完成产值10858万元。

公司成立以来，公司领导在重视抓好生产经营的同时，始终重视企业文化和精神文明建设，被授予“大理州守合同重信用企业”、“云南省价格诚信单位”、“南涧县文明诚信企业”、“南涧县2010年度先进工业企业”、“红歌唱响红高原优秀组织奖”、“质量兴县示范活动—质量提升示范单位”、“南涧县文明单位”所获荣誉称号。

法人代表：魏红东
联系电话：0872—8521777 13808760958
地 址：南涧县城小红桥2号

云南南涧凤凰生态茶厂

云南南涧凤凰生态茶厂成立于2005年7月，是一家打造“绿色生态食品”以茶叶为主题的现代化茶厂。自建厂以来，该厂始终坚持纯料制造的理念，2006年底在无量山脚下的公郎镇，建成了占地2万多平方米的“云南南涧凤凰生态茶厂公郎镇第一初制所”，初制所规模与产能比在云南普洱茶企业中名列前茅。2009年初，该厂逆势投巨资，按照国际化食品加工企业标准，新建综合配套厂区2.5万平方米。

得天独厚的自然环境，结合现代化企业的经营管理理念，该厂先后取得了“QS生产许可”认证、有机产品认证、HACCP食品安全卫生管理体系认证，并严格执行“5S”标准。

该厂生产的全系列普洱茶，其原料均采自无量山生态古茶园，以董事长“汪俊仲”先生之名注册“俊仲号”商标，先后推出了“稀有紫条茶”、“紫条王”、“俊仲号龙珠系列”、“凤凰第一沱”、“凤凰第一瓜”、“冰岛原生老树”、“凤凰第一饼”、“凤凰银生毫沱茶”、“国宝五牛图收藏套装”等百余种系列产品，其中“稀有紫条茶”、“凤凰第一沱”、“凤凰第一饼”、“冰岛原生老树”在国内外茶展上多次获奖。

“俊仲号”产品以独特的风格和品质，受到越来越多消费者的青睐，纯料制造理念已成为普洱茶的一道独特风景。

2010年5月，该厂3000吨茶叶加工项目建成投产，资产总计3000万元，其中固定资产投资1800万元，企业职工人数280人，总产值1000万元，年销售收入880万元，利润200多万元。2011年，完成固定资产投资500万元，产值2000万元，销售收入1800万元，利润600万元。

法人代表：汪俊仲
联系电话：0872—8528888 13388728777
地 址：南涧县城杨免庄

云南南涧凤凰沱茶厂

云南南涧凤凰沱茶厂成立于2005年6月，注册资金500万元。现有员工116人，加工厂房5056平方米，基地1133.33公顷，并辐射带动周边2666.67公顷茶园。茶厂年生产能力达3000吨以上，主要开发生产普洱茶、绿茶，产品有“鑫凤凰”和“老林”牌凤凰系列沱茶、“小湾”牌小湾系列绿茶、“鑫凤凰”牌系列绿茶，现已创制各种饼茶、砖茶、沱茶、纪念茶、礼品茶、青茶膏片等各种级别的散茶近100多个花色品种。

云南南涧凤凰沱茶厂以“质量第一、顾客至上、诚信经营”为宗旨，以“为大家、为社会、为全人类服务”为理念，以“强化质量意识、创造绿色产品、求实创新服务、促进企业发展”为质量方针，以“乐于奉献、自强不息”为企业精神，按照“公司+

基地+农户”的发展模式，严格按照国家技术监督局茶叶生产加工标准进行生产。该厂于2006年3月通过QS认证及ISO9001国际质量管理体系认证，2007年6月通过绿色食品认证，2008年10月通过出口卫生注册及出口原料基地备案，2009年“鑫凤凰”商标被评为“云南省著名商标”称号，2010年6月茶厂被评为“云南省价格诚信单位”称号，同年9月，“鑫凤凰”牌凤凰沱茶系列产品被评为“云南名牌农产品”称号，2011年7月“鑫凤凰”牌凤凰沱茶生沱、熟沱产品在中国国际普洱茶评鉴委员会首届“云香杯”名优普洱茶评比活动中荣获“金获”，被云南省档案馆作为云南省品牌普洱茶实物档案永久性收藏，2009~2011年该厂连续三年创造茶叶直接出口韩国纪录，创汇金额达45万美元。

法人代表：李世章
联系电话：0872—8740327　13908723611
地　　址：云南省大理州南涧县宝华镇

云南土林茶业有限公司

云南土林茶业有限公司是集茶叶种植、加工为一体的规模化专业化茶叶加工企业，其前身是1991年2月组建的国营南涧县茶叶公司，2007年7月重组成立，注册资本5000万元。

公司占地2.5万平方米，建筑面积1.3万平方米，有茶叶初制所6个、精制加工厂1个，年生产能力3000吨。依托6666.67公顷无量山生态茶园基地，主力打造公司传承的南涧县第一个注册商标——“土林”牌凤凰沱茶，积极开发“无量山”牌普洱茶和绿茶。2011年，公司实现产值3800万元，上缴税金10.4万元，解决社会就业180人。

公司始终坚持“创新无限，诚信永恒”的经营理念，以做“最受尊重的普洱茶企业”为经营目标。2007年被云南省人民政府评为“云南省茶叶产业发展先进企业”；2008年被国务院扶贫办列为国家扶贫龙头企业，同年通过了ISO9001（2000）质量体系认证、HACCP食品安全认证和有机茶认证；2009年被列为云南省省级农业产业化重点龙头企业；2010年“土林”商标被评为“云南省著名商标”。

法人代表：王建宝
联系电话：0872—8521808　13502915369
地　　址：南涧县城安定工业园区

云南维和药业无量药谷种植有限公司

云南维和药业无量药谷种植有限公司是云南维和药业股份有限公司旗下的全资子公司，2011年6月1日注册成立，成立之初名称为云南维和药业药材种植有限公司，注册资本200万元，注册地址为南涧县城振兴南路63号。2011年7月，公司经过工商变更后注册资本增为1000万元，注册地址改为南涧县无量山镇发达水库管理所。2012年6月，公司更名为云南维和药业无量谷种植有限公司。公司主要从事中药材、香料作物、茶及其他饮料作物的种植、开发、经营和农副产品收购。公司共设行政事业部、财务部、物资部、种植推广部、种植管理部、后勤部、质量部、农科中心、工程部9个下属部门，共有员工110人。

维和药业股份有限公司2010年10月6日与南涧县人民政府达成投资开发“无量药谷”的意向性意见后，及时制定“无量药谷”建设规划，11月25日在红星村委会复垦区正式启动“无量药谷”建设，并于2011年1月5日开始种植第一期三七。至

2011年5月30日，公司在药谷区域内完成以三七为主的中草药7个品种（三七、板蓝根、木香、大黄、三分三、当归、芹归）100公顷（1500亩）的种植，共投入资金2700万元。为使无量药谷药材种植更规范、上规模，维和药业股份有限公司又在南涧成立了云南维和药业药材种植有限公司，全面负责中药材的种植、管理工作。至2012年5月，公司已完成三七种植631.53公顷（9472.95亩），总投资达到1.12亿。除种植三七外，公司还在项目区种植了樱花2.1万株、马缨花500株、波斯菊266.67公顷（4000亩）、香竹1700株、山胡椒2000株、白花杜鹃200株，并且种植了三叶复地草、串芎、红杆化血丹等多种中药材，大大丰富了“无量药谷”中药材宝库。

在今后发展中，公司计划投资3454万元购置一批国内一流的生产设备，在“无量药谷”建设一条年处理三七原料500万千克、生产高质量三七饮片120万千克的生产线。另外，公司计划在3年内达到1333.33公顷（2万亩）以上的种植规模，并逐渐增加中药材的种植种类，努力将“无量药谷”打造成中国最大的三七连片种植示范园和中药材种类最多的种植基地之一，同时建成国际性的养生、休闲、度假园区。

法人代表：张顺猛
联系电话：0872—8743076
地　　址：南涧县无量山镇发达水库管理所

索　　引

说　　明

一、本索引采用主题分析法编制，索引范围为全书栏目、类目、分目、条目、表格。每个分目下面的“概述”及相同标题名称超过 5 条以上的未做索引。

二、本索引按汉语拼音音序排列，即以索引条目第一字的音序为准。

三、索引后的阿拉伯数字表示该索引内容所在的页码。

四、栏目名称用黑体，类目、分目名称用宋体，条目名称用楷体字标注。

A

B

E

F

G

H

J

K

L

M

N

P

Q

W

X

Y

Z